Ulrich Quack
Heidrun Brockmann

Karibik -
Kleine Antillen

IWANOWSKI'S REISEBUCHVERLAG

Im Internet:

www.iwanowski.de

Hier finden Sie aktuelle Infos zu allen Titeln, interessante Links – und vieles mehr!

Einfach anklicken!

6., überarbeitete und veränderte Auflage 2006

© Reisebuchverlag Iwanowski 1994, 1996, 1998, 2003, 2005, 2006
Salm-Reifferscheidt-Allee 37 • 41540 Dormagen
Telefon 0 21 33/2 60 311 • Fax 0 21 33/26 03 33
E-Mail: info@iwanowski.de
Internet: www.iwanowski.de

Titelbild: Dr. Volkmar Janicke, München
Alle anderen Farbabbildungen: s. Bildnachweis S. 252
Redaktionelles Copyright, Konzeption und
dessen ständige Überarbeitung: Michael Iwanowski
Karten: Palsa-Graphik, Lohmar
Umschlagkarten und Reisekarte: Thomas Buri, Bielefeld
Layout: Monika Golombek, Köln
Titelgestaltung sowie Layout-Konzeption: Studio Schübel, München

Alle Informationen und Hinweise erfolgen ohne Gewähr für die Richtigkeit einer Produkthaftung Verlag und Autoren können daher keine Verantwortung und Haftung für inhaltliche oder sachliche Fehler übernehmen. Auf den Inhalt aller in diesem Buch erwähnten Internetseiten Dritter haben Autoren und Verlag keinen Einfluss. Eine Haftung dafür wird ebenso ausgeschlossen wie für den Inhalt der Internetseiten, die durch weiterführende Verknüpfungen (sog. "Links") damit verbunden sind.

Gesamtherstellung: B.o.s.s.-Druck, Kleve
Printed in Germany

ISBN-10: 3-923975-34-1
ISBN-13: 978-3-923975-34-1

Inhaltsverzeichnis

1. EINLEITUNG   9

Die Kleinen Antillen auf einen Blick _____ 11

2. DIE KLEINEN ANTILLEN – LAND UND LEUTE   15

Historischer Überblick   15
Zeittafel der Kleinen Antillen _____ 15
Geschichte der Kleinen Antillen _____ 17
• Die Ureinwohner 17 • Die Entdecker 19 • Sklaven auf den ‚Zuckerinseln' 24 • Bukaniere und Filibuster – das Zeitalter der Piraten 29 • Kolonialmächte und Kolonialkriege 32

Das 20. Jahrhundert   39

Wirtschaft   44
Landwirtschaft _____ 45
Industrie und Bodenschätze _____ 47
Tourismus _____ 47
Soziale Lage _____ 48

Landschaftlicher Überblick   49
Geologie und Landschaftsformen _____ 49
• Was ist eigentlich die Karibik? 49 • Was sind die Antillen? 49
Geologische Entwicklung _____ 50
• Das Meer 53 • Klima/Reisezeit 54 • Hurricans 56
• Reisezeit 57 • Das Klima auf den Kleinen Antillen 58
Flora und Fauna _____ 59
• Flora 59 • Fauna 65

Karibisches Kaleidoskop – Gesellschaft, Kunst und Kultur   71
Bevölkerung _____ 71
Religionen _____ 74
Sprachenvielfalt und Sprachenverwirrung _____ 75
• Englisch und Patois 76 • Französisch und Créole 76
• Niederländisch und Papiemento 77 • Trinbagianesisch 78
Literatur _____ 78
• Buchtipps 80
Architektur _____ 80
• Kolonialarchitektur der Briten 80 • Kolonialarchitektur der Franzosen 81 • Kolonialarchitektur der Holländer 82
• Kolonialarchitektur der Dänen 82
Bildende Kunst _____ 82

Musik – Calypso, Karneval und Steelbands _____ 82
Essen und Trinken auf den Antillen _____ 88
· Speisen 89 · Getränke 90

3. DIE KLEINEN ANTILLEN ALS REISEZIEL 109

Allgemeine Reisetipps für die Kleinen Antillen von A-Z 109
Regionale Reisetipps für unsere Favoriten der Kleinen Antillen 137
   inklusive Übernachtungs- und Restauranttipps

Die Grünen Seiten: Das kosten Sie die Kleinen Antillen

Die Blauen Seiten: News von den Kleinen Antillen

4. DIE KLEINEN ANTILLEN – SEHEN UND ERLEBEN 253

INFO Die US und British Virgin Islands 253

Saint Martin/Sint Maarten 256
   Redaktionstipps _____ 260
   Überblick und Geschichte _____ 256
   Sint Maarten: der holländische Inselteil _____ 259
   · Der Direktweg nach Marigot 261 · Philipsburg 262
   Saint Martin: der französische Inselteil _____ 264
   · Marigot 266

INFO Anguilla und St. Barthélémy 269

Saba 272
   Redaktionstipps _____ 273
   Überblick und Geschichte _____ 272
   Inselbesichtigung _____ 274
   · Windwardside 275 · The Bottom 276
   · Der Saba Marine Park 277

INFO St Eustatius (Statia) 277

Antigua und Barbuda 279
   Redaktionstipps _____ 281
   Überblick _____ 279
   Inselbesichtigung Antigua _____ 280
   · Die Hauptstadt St. John's 280 · Sehenswürdigkeiten im
   Zentrum 281 · Sehenswürdigkeiten in der Umgebung 284
   Antigua: der nördliche Teil _____ 285
   · Parham 286 · Devil's Bridge 287

Antigua: der südliche Teil _____ **288**
· Fig Tree Drive 289 · English Harbour 289 · Shirley Heights 291
Barbuda: ein Inselbesuch _____ **292**

INFO **St Kitts und Nevis** **295**

Montserrat **297**
    Überblick und Geschichte _____ **297**
    Inselleben trotz Naturkatastrophen _____ **299**
    Besichtigungen auf Montserrat _____ **301**
    · Montserrat National Trust 303 · Montserrat Vulcano
    Visitor's Center 308

Guadeloupe und zugehörige Inseln **309**
    Redaktionstipps _____ **311**
    Überblick _____ **309**
    Der nordöstliche Flügel des Schmetterlings _____ **309**
    Der südwestliche Flügel des Schmetterlings _____ **310**
    Pointe-á-Pitre und Umgebung _____ **310**
    Pointe-á-Pitre _____ **311**
    · Place de la Victoire 311 · Place Gourbeyre 313 · Stadtmuseum
    Saint John-Perse 316 · Le Gosier 317
    Der flache Norden: Rundfahrt Grande-Terre _____ **317**
    · Morne-à-l'Eau 320 · Port Louis 321 · Anse Bertrand 321
    · Pointe de la Grande Vigie 322 · Le Moule 323 · Saint François 324
    · Sainte Anne 325 · Fahrt durch die Grands Fonts 326
    Der gebirgige Süden: Rundfahrt Basse-Terre _____ **326**
    · Einmal rund um Basse-Terre 326 · Die Carbet-Wasserfälle 327
    · Trois-Rivière 328 · Basse-Terre 329 · Die Route de la Traversée 332
    · Von Basse-Terre zur Soufriére 334
    Weitere Inseln des Départements Guadeloupe _____ **335**
    · Die Iles des Saintes (Les Saintes) 335 · Marie-Galante 336
    · La Désirade 336 · St. Barthélémy (St. Barth) 337

Martinique **342**
    Redaktionstipps _____ **343**
    Überblick _____ **342**
    Die Hauptstadt: Fort-de-France und Umgebung _____ **344**
    · Place de la Savane 344
    Rundfahrt Nordwesten _____ **348**
    · Ausflugsziel St. Pierre 348 · Paul Gauguin-Museum 349
    · Saint-Pierre 349 · Abstecher nach Le Prêcheur 352
    Norden und Nordosten: nach Macouba und La Trinité _____ **353**
    Rundfahrt Südwesten: nach Trois-Ilets und Le Diamant _____ **357**
    · Trois-Ilets 357 · Die ‚Domaine de la Pagerie' 357
    · Botanischer Garten 358 · Anse Mitan/Pointe du Bout 358
    · Rocher du Diamant 359
    Rundfahrt Südosten mit Ausflugsziel Ste. Anne _____ **359**

Dominica — 362
- **Redaktionstipps** — 365
- **Überblick und Geschichte** — 362
- **Dominica sehen und erleben** — 365
  - Roseau 365 · Fahrt durch Roseau River Valley 367
  - Sulphur Springs 368 · Trafalgar Falls 369 · Valley of Desolation und Boiling Lake 369 · Freshwater Lake und Boeri Lake 370
- **Der Süden: nach Scott's Head und Grand Bay** — 371
- **Die Westküste: von Roseau nach Portsmouth** — 372
  - Indian River 374 · Portsmouth 374 · Cabrits-Nationalpark 375
- **Der Osten: von Portsmouth nach Roseau über Marigot** — 376
- **Abstecher in den Südosten** — 378

INFO St. Vincent und die Grenadinen — 380

Saint Lucia — 383
- **Redaktionstipps** — 386
- **Überblick und Geschichte** — 383
- **Saint Lucia sehen und erleben** — 386
- **Der Norden und die Hauptstadt Castries** — 387
  - Castries: das Zentrum 387 · Am Stadtrand von Castries 388
- **Der Norden** — 389
  - Pigeon Island National Park 390 · Marquis Valley 391
- **Der Westen: über Soufrière nach Vieux Fort** — 391
  - Soufrière 393 · Anse Chastanet/Marine Park 394 · Östlich von Soufrière 394 · Fond St. Jaques 395 · Südlich von Soufrière 395
- **Der Osten: über Dennery nach Vieux Fort** — 396

Barbados — 398
- **Redaktionstipps** — 399
- **Überblick und Geschichte** — 398
- **Barbados sehen und erleben** — 400
  - Die Südküste zwischen Flughafen und Bridgetown 400
  - St. Lawrence Beach 402 · Rockley Beach 403
  - Needham's Point 403
- **Die Hauptstadt: Bridgetown** — 403
  - Südlicher Stadtrand 404 · Garrison Savannah 404
  - St. Patrick's Cathedral 406
- **Stadtzentrum** — 406
  - The Carenage 406 · Trafalgar Square 407
- **Östlich des Stadtzentrums** — 408
- **Nordwestlich des Stadtzentrums** — 409
- **Die Westküste: von Bridgetown zum North Point und zur nördlichen Ostküste** — 410
  - Holetown 410 · Speightstown 412 · North Point 413
  - Von Speightstown zur Ostküste über St. Nicholas Abbey 414

Die Ostküste: über Bathsheba in den Süden _____ 416
· Andromeda Botanic Gardens 417 · Codrington College 418
· Sam Lord's Castle 418
Das Inselinnere: quer durch Barbados _____ 419
Highway 2: von Bridgetown nach The Potteries _____ 420
Highway 3: von Bridgetown nach Bathsheba _____ 421
**Highway 4: von Bridgetown
zum Ragged Point Lighthouse** _____ 422
**Highway 5 und 6: von Bridgetown
zum Oughterson Wildlife Park** _____ 423

Grenada und zugehörige Inseln 424
Redaktionstipps _____ 425
Überblick und Geschichte _____ 424
Grenada sehen und erleben _____ 426
Der Südwesten: vom Flughafen nach St. George's _____ 427
· Lance aux Èpines 428 · Grand Anse und Morne Rouge Bay 428
Die Hauptstadt: St. George's _____ 429
· The Carenage 430 · Scotts Kirk 431 · Sendal Tunnel 431
· Fort George 431 · Parlament (Houses of Parliament) 433
· Römisch-katholische Kathedrale 433 · Weitere
Sehenswürdigkeiten 434
Die Küsten: einmal rund um Grenada _____ 435
· Gouyave 436 · Grenville 439
Das Inselinnere: quer durch Grenada _____ 440
Die zugehörigen Inseln _____ 442
· Carriacou 442 · Petit Martinique 443 · Weitere Inseln 444

INFO Die ABC-Inseln 445

Trinidad und Tobago 449
Redaktionstipps _____ 450
Überblick und Geschichte _____ 449

Inselbesichtigung Trinidad 452
Die Hauptstadt: Port of Spain _____ 455
Sehenswürdigkeiten im Westen der Hauptstadt _____ 458
Der Norden: von Port of Spain nach Mayaro _____ 460
· Maracas Bay 461 · Las Cuevas Bay 461 · Blanchisseuse 461
· Arima 462
Von Arima nach Port of Spain _____ 463
Von Arima zur Ostküste _____ 465
Der Süden: Mayaro – San Fernando – Port of Spain _____ 466
· San Fernando 466
Von San Fernando zum Pitch Lake und weiter in den Süden _____ 467
· Pitch Lake 468 · Südlich von La Brea 468
Von San Fernando nach Port of Spain _____ 470
· Caroni Swamp 470

Inselbesichtigung Tobago 472
Tobago sehen und erleben 472
Die karibische Seite: Crown Point – Charlotteville 473
· Pigeon Point und Buccoo Reef 474 · Plymouth 475
· Charlotteville 479
Die atlantische Seite:
Roxborough – Scarborough – Crown Point 480
· Scarborough 481

5. LITERATURVERZEICHNIS 483
· Reiseführer 483 · Historisches 485
· Landeskunde 485 · Belletristik 486

6. STICHWORTVERZEICHNIS 487

Außerdem weiterführende Informationen zu folgenden Themen

Christoph Kolumbus 22 · Wer war Bartholomé de Las Casas? 25 · Nach Deutschland kommen wenig Bananen aus der Karibik 46 · Wie entsteht ein Hurrican? 57 · Der blaue Sack 63 · Wie entsteht Rum? 91 · Von der einstigen Pionierfahrt ins Paradies bis zum Wirtschaftszweig Kreuzfahrt 125 · Das Kreuzfahrtschiff als schwimmende Kleinstadt 126 · Unter Segeln durchs Karibische Meer 129 · Rechts, links, rechts, links – Fahrbahnwechsel im Inseltakt und andere Tücken des Verkehrs 135 · Lunch to take away 242 · Kulinarische Weltreise 245 · Die besten Tauchspots auf Tobago 249 · Die niederländischen Inseln über dem Wind 258 · Holländisches Leben in der Karibik 275 · Horatio Nelson und English Harbour 291 · Montserrat – die ‚Grüne Insel' 300 · Quakende ‚mountain chicken' 301 · Der Ausbruch des Vulkans Soufrière Hills 304 · Die Französischen Antillen 314 · Museum Edgar Clerc 323 · ‚Le Monde du Silence' 331 · Die gemeinsame Geschichte von Antigua und Barbuda, Montserrat sowie St. Kitts und Nevis 340 · Der Ausbruch von 1902 – Tagebuch einer Katastrophe 350 · Das erste Unesco-Weltnaturerbe der Karibik: der Morne Trois Tritons-Nationalpark 369 · Die ‚fliegenden' Fische 402 · Das Insel-Wappen 451 · Artenreichste Flora und Fauna 453 · Asa Wright Nature Centre 463 · Der Asphaltsee von La Brea 469 · Der Scharlachibis (Roter Sichler) 471 · Die Unterwasserwelt Tobagos 475 · Die Lederrücken-Schildkröte (Leather-back turtle) 476

Übersicht der Karten ab S. 253

- Antigua **280**
- Barbuda **293**
- Bridgetown (Barbados) **405**
- Dominica **364**
- Fort de France (Martinique) **345**
- Grenada **427**
- Guadeloupe **318/319**
- Marigot (Saint Martin) **267**
- Montserrat **298**
- Philipsburg (Sint Maarten) **263**
- Pointe-à-Pitre (Guadeloupe) **312**
- Port-of-Spain (Trinidad) **454**
- Roseau (Dominica) **367**
- Saba **274**
- Saint Lucia **385**
- St. George's (Grenada) **432**
- St. John's (Antigua) **282**

Eine Tabelle der Karten-Legendenpunkte finden Sie auf S. 495

1. EINLEITUNG

Die Kleinen Antillen – Paradiese der karibischen Wunderwelt
Wohl kein Besucher der Kleinen Antillen kann sich dem Zauber der karibischen Wunder- und Inselwelt entziehen. Palmenstrände und Korallenriffe, tropische Vegetation und Vulkanberge, türkisfarbenes Meer und Mangrovenwälder – kaum ein Ort auf dieser Welt kommt der Vorstellung vom Paradies so nahe. Eigentlich muss man das Wort ‚Paradies' sogar in den Plural setzen, denn keine Insel ist wie die andere, jede repräsentiert einen eigenen kleinen Kosmos mit seinen jeweiligen Besonderheiten und Sehenswürdigkeiten.

So bunt wie die Natur der Antillen ist deren Bevölkerung. Hervorgegangen aus einem Schmelztiegel, in dem indianische, europäische, afrikanische und asiatische Elemente aufgingen, findet man heute ein verwirrendes Gemisch der verschiedenen Bevölkerungsgruppen, bunte Vielfalt verschiedener Ethnien, Sprachen, Religionen und Lebensweisen vor. Merkmale dieser karibischen Kultur erlebt der Reisende tagtäglich auf den Märkten und Gassen der Inselstädte, genauso wie auf den farbenfrohen Festen, in der Architektur und auf dem Speisezettel der Antillen. Weltberühmt geworden sind der Calypso und die Musik der Steelbands, der Karneval von Trinidad und ‚rum punch' (Rum-Punsch).

Was den Besucher heute anzieht und zweifellos den Reiz des Inselbogens ausmacht, ist jedoch nicht das Resultat einer freiwilligen Entwicklung, sondern einer aufgezwungenen Geschichte. Die Kehrseite des Paradieses begann gleich nach der ‚Entdeckung' Amerikas durch Kolumbus. Das Auftreten der Weißen war der Beginn der Ausrottung der indianischen Ureinwohner. Es folgten die Leidensgeschichte der schwarzen Sklaven und die blutigen Gemetzel in den Kolonialkriegen.

Besonders verwirrend ist in der historischen Rückschau jene Zeit, in der viele Provinzen eng an das jeweilige europäische bzw. amerikanische Mutterland gebunden wurden, während andere einen halbautonomen Status bekommen und schließlich auch mehrere Ministaaten ihre politische Unabhängigkeit gewonnen haben. Relikte der wechselnden Geschichte sind allenthalben zu entdecken: jahrtausendealte Felszeichnungen der Urbevölkerung, Sklavenhütten, Landhäuser der Zuckerbarone, Festungen gegen Korsaren- und Piratenstützpunkte, dänische Bürgerhäuser, holländische Windmühlen, britische Forts, französische Kirchen...

Das Ziel dieses Reise-Handbuches ist es, Ihnen sowohl die Landschaft und die Hauptsehenswürdigkeiten unserer Favoriten der Kleinen Antillen wie auch die weniger bekannten, jedoch lohnenden Ziele vorzustellen. Unsere Insel-Infokästen informieren Sie darüber hinaus über weitere Kleinode der Karibik und zeigen Ihnen, wohin sich mindestens eine Tagestour während Ihres Urlaubs lohnt.

Die verhältnismäßig geringe Größe und Überschaubarkeit der Inseln kommt Ihnen dabei insofern zugute, als alle angegebenen Rundfahrten und Abstecher in wenigen Tagen bequem zu bewältigen sind.

In den vergangenen Jahren stieg die Zahl der Besucher, die sich nicht mehr nur auf die Erlebniswelt einer Insel konzentrieren und sie für Besichtigungstouren und Wassersportmöglichkeiten ausgiebig nutzen wollen, sondern mehrere Ziele miteinander verbinden möchten – sei es als individuelle ‚Inselhüpfer', sei es als Kreuzfahrttouristen oder sei es als Segler in einem der schönsten Reviere der Welt. Wie auch immer Sie Ihren Urlaub planen und einteilen, wir sind sicher, dass es Ihnen auf den Kleinen Antillen gefallen wird. Jede einzelne Insel ist auf ihre Art liebenswert – und schon Kolumbus meinte: „Ich habe keinen schöneren Ort je gesehen (...). Das ist die beste, die fruchtbarste, die reizendste Gegend auf der ganzen Welt.".
Die Chancen stehen nicht schlecht, dass auch in Ihren Reiseerinnerungen dieser Satz geschrieben steht.

Nicht versäumen möchten wir, uns bei allen zu bedanken, die zum Gelingen dieses Buches beigetragen haben – für ihre wertvollen Hinweise und logistischen Hilfen besonders bei Marvlyn Alexander, Frederic Adams, Ulrike Beinlich, Anette Brandt, Philippe Boucard, Ernestine M. Y. Cassell, Gisela Cecil, Héléne Desportes, Dirk Kruse-Etzbach, Gisela Frankenberg, Gabriele Friedrich, Guy Claude Germain, Berthold Holly, Marjo Jofstee, Helma Hoppe, Ulrike Kesten, Edyth Leonard, Garry Leblanc, Gabi Romberg, Edith Seale, Elena Sosson, Arlene Stevens, Gudrun Wurm, Antje van Zwienen.

Wir wünschen Ihnen eine intensive Vorfreude bei der Vorbereitung der Reise und einen schönen, erfolgreichen Aufenthalt auf den Kleinen Antillen.

Hamburg und Wegberg, im Juni 2006

Die Kleinen Antillen auf einen Blick

	Antigua und Barbuda
Flagge	Auf rotem Hintergrund untergehende Sonne über blauem Meer und weißem Strand vor schwarzem Himmel
Fläche	443 km² inklusive Rhodonda
Einwohner	65.000
Hauptstadt	St. John's
Wirtschaft	Landwirtschaft, Tourismus
Währung	East Carribean Dollar (EC$)
Status	Parlamentarische Monarchie im British Commonwealth

	Dominica
Flagge	Gelb-schwarz-weißes Kreuz auf grünem Grund mit einem Papagei auf rotem Grund in der Mitte
Fläche	751 km²
Einwohner	73.000
Hauptstadt	Roseau
Wirtschaft	Landwirtschaft, Tourismus
Währung	East Carribean Dollar (EC$)
Status	Republik im British Commonwealth

	Grenada
Flagge	Jeweils zwei mit der Spitze aufeinander stehende gelbe und grüne Dreiecke mit einer Muskatnuss und rotem Rahmen mit sechs Sternen
	305 km²
Einwohner	97.000
Hauptstadt	St. George's (4439 Einwohner)
Wirtschaft	Tourismus, Landwirtschaft (Muskat, Kakao, Bananen) mit verarbeitender Industrie, Tourismus
Währung	East Carribean Dollar (EC$)
Status	Konstitutionelle Monarchie im britischen Commonwealth

Die Kleinen Antillen auf einen Blick

Trinidad und Tobago	
Flagge	Weiß-schwarz-weißer Querbalken auf rotem Grund
Fläche	5 128 km²
Einwohner	ca. 1.3 Millionen (davon 50.000 in Tobago)
Hauptstadt	Port-of-Spain (ca. 43.400 EW), ca. 430.000 EW/Großraum
Städte	San Fernando, Arima (je 31.000 EW), Chaguana, Scarborough (Tobago 17.500 EW)
Sprachen	Englisch (Amtssprache), Spanisch, Französisch, Patois, Hindi, Chinesisch
Wirtschaft	Erdöl und -gas, Teer, Landwirtschaft, Tourismus
Währung	Trinidad and Tobago Dollar (TT$ = 100 Cents)
Status	Präsidialrepublik im British Commonwealth

Guadeloupe	
Flagge	Gelbe Sonne und grüne Zuckerrohrpflanzen vor rotem Grund
Fläche	96 km²⋅ (inklusive Marie-Galante, 157 km²; St. Barthélemy, 22 km²; La Désirade, 22 km²; Les Saintes, 14 km²; Saint Martin, 54 km²)
Einwohner	422.496 (inklusive der dazugehörigen Inseln)
Hauptstadt	Basse-Terre
Währung	Euro ( )
Status	Département Guadeloupe

Martinique	
Flagge	Weißes Kreuz auf blauem Grund mit jeweils einer weißen Schlange pro Ecke
Fläche	1.106 km²
Einwohner	ca. 381.000
Hauptstadt	Fort-de-France (ca. 130.600 Einwohner)
Wirtschaft	Tourismus, Landwirtschaft
Währung	Euro ( )
Status	Département Martinique (Frankreich)

St. Lucia

Flagge	Gelb-schwarzes Dreieck mit weißem Rand auf blauem Grund
Fläche	618 km²
Einwohner	ca. 154.000
Hauptstadt	Castries (ca. 60.900 Einwohner)
Wirtschaft	Tourismus, Landwirtschaft, Leichtindustrie
Währung	East Carribean Dollar (EC$)
Status	Konstitutionelle Monarchie im British Commonwealth

Montserrat

Flagge	Union Jack und Frau, die mit der einen Hand ein Kreuz stützt und mit der anderen eine Harfe festhält, vor blauem Hintergrund
Fläche	98 km²
Einwohner	4.340
Hauptstadt	Plymouth (verschüttet)
Währung	East Caribbean Dollar (EC$)
Status	Englische Kronkolonie

Saint Martin / Sint Maarten

		Saint Martin		Sint Maarten
Flagge		Segelschiff vor untergehender Sonne		Weißer Wimpel mit Symbol des Königshauses auf rotem und blauem Grund
	insgesamt			
Fläche	96 km²	42 km²		54 km²
Einwohner	50.500	32.000		28.500
Hauptstadt		Philipsburg		Marigot
Wirtschaft	Handel, Tourismus			
Währung		Antillen-Gulden (NAf)		Euro ( )
Status		Niederländische Antillen		Département Guadeloupe

Die Kleinen Antillen auf einen Blick

	Saba
Flagge	Weiße Raute mit gelbem Stern vor rotem und blauem Hintergrund
Fläche	13 km²
Einwohner	1 400
Hauptstadt	The Bottom
Währung	Antillen-Gulden (NAf)
Status	Niederländische Antillen

	Barbados
Flagge	Violett-gelb-violett längs gestreift und auf dem gelben Streifen ein Dreizack
Fläche	431 km²
Einwohner	260.000
Hauptstadt	Bridgetown (inkl. Umland) ca. 100.000 Einwohner
Wirtschaft	Landwirtschaft mit verarbeitender Industrie (Zucker, Rum), Tourismus, Kleinindustrie, Handel
Währung	Barbados Dollar (BDS$)
Status	Konstitutionelle Monarchie im britischen Commonwealth

2. DIE KLEINEN ANTILLEN – LAND UND LEUTE

Historischer Überblick

Zeittafel der Kleinen Antillen

ca. 5000-3500 v.Chr. Die karibischen Inseln werden von den Vorfahren der Ciboney von Venezuela aus besiedelt.
ca. 100-1100 n.Chr. Die ackerbautreibenden Arawaken besiedeln den Raum von Venezuela aus und errichten die sog. Igneri- und Taino-Kultur.
ca. 1400-1500 n.Chr. Die kriegerischen Kariben drängen die Arawaken von den Kleinen Antillen nach Norden ab.
1492 Christoph Kolumbus ‚entdeckt' die Westindischen Inseln.
1492 Erste europäische Stadtgründung auf dem neuen Kontinent: Santo Domingo auf Hispaniola.
1499 Forschungsreise des Amerigo Vespucci, nach dem die Neue Welt benannt wird.
1524 Die ersten schwarzen Sklaven treffen in der Karibik ein.
1621 Die Holländisch-Westindische Kompanie wird gegründet.
1623 Die Engländer besetzen St. Kitts, es folgen Barbados (1625), Antigua (1636) und weitere Inseln.
1632 Die Niederländer besetzen Curaçao.
1635 Die Franzosen besetzen Martinique, Guadeloupe und weitere Inseln.
1671 Die Dänen besetzen St. Thomas.
17./18. Jh. Erbitterte Kriege zwischen den europäischen Mächten im karibischen Raum; die meisten Inseln wechseln mehrmals den Besitzer, Piraten und Freibeuter unterstützen die kämpfenden Parteien.
1782 Französisch-englische Seeschlacht bei den Illes des Saintes, durch die die Briten ihre Vorherrschaft über die Antillen sichern.
1834 Aufhebung der Sklaverei auf den britisch besetzten Inseln.
1848 Auch Franzosen und Dänen verbieten die Sklaverei, es folgen die Niederländer (1863) und die Spanier (1886).
1902 Verheerender Ausbruch des Vulkans Mont Pelée auf Martinique, bei dem die Stadt Saint Pierre völlig vernichtet wird.
1914 Eröffnung des Panama-Kanals.
1917 Die USA kaufen den Dänen die Virgin Islands ab.
1941-44 Der Zweite Weltkrieg bringt deutsche U-Boote in die Karibik; enorme wirtschaftliche Probleme auf Grund der Blockade der Französischen Antillen durch die Alliierten.
1962-83 Fast alle britischen Inseln der Antillen werden unabhängig, verbleiben aber zum größten Teil im Commonwealth: 1962 Trinidad und Tobago, 1966 Barbados, 1974 Grenada, 1978 Dominica, 1979 St. Lucia sowie St. Vincent und Grenadinen, 1981 Antigua, 1983 St. Kitts und Nevis.

1967 Die *West Associates States* (Antigua, Dominica, St. Lucia, Grenada, St. Vincent, St. Kitts) werden gegründet, ein Jahr später die Freihandelszone *Caribbean Free Trade Area* (CARIFTA).

1969 Unruhen auf Anguilla, Curaçao und den US Virgin Islands.

1973 Die Freihandelszone CARIFTA wird in den Gemeinsamen Karibischen Markt Carribean Common Market (CARICOM) umgewandelt.

1982 Die Organisation der englischsprachigen *East Caribbean States* (OECS) mit einer gemeinsamen Zentralbank und Währung (EC$) wird gegründet. Nach der Ermordung des von Fidel Castro unterstützten Premierministers Maurice Bishop Besetzung Grenadas durch Landungscorps unter Führung der USA; Sturz des sozialistischen Regimes ‚New Jewel'.

1986 Die Insel Aruba erhält den ‚Status Aparte' und gehört damit nicht mehr zu dem Inselverbund der Niederländischen Antillen.

1989 Der Zyklon ‚Hugo' verwüstet als einer der schlimmsten des 20. Jahrhunderts Guadeloupe und andere Inseln der Kleinen Antillen.

1989 Die islamischen Kräfte auf Trinidad scheitern mit ihrem Umsturzversuch. Vertreter von Reiseunternehmen und Fremdenverkehrsämtern schließen sich zur ‚Arbeitsgemeinschaft Karibische Inseln e.V.' zusammen.
Starke Wirbelstürme verwüsten einen Großteil der karibischen Inselwelt. Besonders Saint Martin und Antigua haben durch den Hurrican ‚Luis' große Schäden zu beklagen.

1992 Literaturnobelpreis für den auf St. Lucia geborenen Schriftsteller Derek Walcott.

1994 Guadeloupe wird wegen extremer Wasserknappheit zum Katastrophengebiet erklärt; St. Lucia leidet hingegen unter Überschwemmungen.

1995 Trinidad erhält erstmals einen indisch-stämmigen Ministerpräsidenten.

1997 Auf Montserrat bricht der Vulkan Soufrière Hills aus und verschüttet die Inselhauptstadt Plymouth.
Die Regierung von Großbritannien sichert den Bewohnern der von nun an *British Overseas Territories* genannten Staaten, d.h. den von ihnen abhängigen Territorien, einen britischen Pass und damit die britische Staatsangehörigkeit zu.

2000 Zur Stärkung des wirtschaftlich wichtigen Sektors Tourismus unterstützt die Europäische Union zahlreiche Projekte in der Karibik.
Die Organisation für wirtschaftliche Zusammenarbeit und Entwicklung (OECD) wirft 35 Ländern vor – darunter Anguilla, Antigua und Barbuda, Aruba, Barbados, die britischen Jungferninseln, Dominica, Grenada, Montserrat, die Niederländischen Antillen, St. Kitts und Nevis, St. Lucia, St. Vincent und die Grenadinen sowie die US Virgin Islands – eine ‚schädliche Steuerkonkurrenz' auszuüben. Binnen zwölf Monaten sollen sie sich entscheiden, ob sie mit der OECD ‚zusammenarbeiten' wollen, um z.B. anonyme Konten abzuschaffen und Bankinformationen in zivilen Steuerfällen zugänglich zu machen.

2001 Der aus Trinidad stammende Schriftsteller V. S. Naipaul erhält den Literaturnobelpreis.

2002 In den französischen Départements Martinique und Guadeloupe gilt der Euro als offizielles Zahlungsmittel.
Der Tropensturm ‚Lili' beschädigt auf der Insel Barbados mehr als 100 Wohnhäuser. Zahlreiche Bäume werden entwurzelt, mindestens ein Mensch

wird verletzt. Auch über St. Lucia und St. Vincent zieht der Wirbelsturm mit 95 Stundenkilometern und heftigen Regenfällen hinweg.

Die OECD verkündet, dass sich die US Virgin Islands, Anguilla, Montserrat, Dominica, St. Kitts und Nevis, St. Lucia, Grenada, St. Vincent und die Grenadinen, Antigua und Barbuda sowie Barbados verpflichten, mit der OECD gegen eine ‚schädliche Steuerpraxis' zusammenzuarbeiten.

2004 Der Hurrikan „Ivan" der Kategorie 4 fegt über die Insel Grenada hinweg und richtet großen Schaden auf der Insel an. Es war der schwerste Hurrikan seit mehr als zehn Jahren.

2005 Der neue Flughafen im Norden von Montserrat ist fertig gestellt und regelmäßiger Flugbetrieb wird aufgenommen.

2005 Die östlichste Insel der Kleinen Antillen, Barbados, wird zum zweiten Mal in Folge mit dem World Travel Award als schönstes Urlaubsziel in der Karibik ausgezeichnet.

2006 Barbados ist Austragungsort der World Golf Championships.

Geschichte der Kleinen Antillen

Die Ureinwohner

Als im Jahre 1429 der genuesische Seefahrer Christoph Kolumbus zum ersten Mal das vermeintliche Westindien sichtete, stieß er dort auch auf Menschen, die er als „schön und freundlich" beschrieb. Seinem historischen Irrtum ist es zu verdanken, dass wir heute diese Menschen ‚Indianer' nennen. Und die traurige Tatsache, dass die ‚schönen und freundlichen' Ureinwohner der Antillen fast ausnahmslos ausgerottet sind, ist ebenfalls ein Resultat der so genannten Entdeckungsfahrt der Europäer. Die Vorfahren der Indianer waren es jedoch, die als erste und wahre Entdecker Amerikas in Erscheinung traten.

Auf der Suche nach Jagdgebieten brachen sie vor ca. 30.000 Jahren aus den kargen Steppen Asiens auf, überquerten die damalige Landbrücke der Bering-Straße und betraten jenen menschenleeren Doppelkontinent, der sich von den Gletschern der Arktis bis nach Feuerland erstreckt. In mehreren Schüben verteilten sie sich über Nord-, Mittel- und Südamerika und bauten voneinander unabhängige, z. T. überraschend hochstehende Zivilisationen auf. Doch ihr Siedlungsgebiet blieb nicht auf das Festland beschränkt. Von den Küsten Perus und Kolumbiens aus befuhren die Indianer als kühne Seefahrer den Pazifischen Ozean und stießen vermutlich auf die Oster- und die Galapagos-Inseln. Und von der Nordküste Südamerikas (dem heutigen Venezuela) aus führte sie ihr Weg auf Einbäumen und Flößen in das Karibische Meer, das durch einen weit geschwungenen Inselbogen vom Atlantik abgegrenzt wird.

Mindestens 4.000, wenn nicht sogar 6.000 Jahre oder mehr vor Kolumbus gelang es auf diese Weise den Indianern, einige karibische Inseln zu besiedeln. Fels- und Höhlenzeichnungen, Knochenfunde und Siedlungsspuren zeugen von dieser alt- und

2. Die Kleinen Antillen – Land und Leute/Historischer Überblick

mittelsteinzeitlichen Kultur. Grabbeigaben der **Ciboney**, die ab etwa 2000 v. Chr. fast alle Antillen bis nach Kuba bevölkerten, zeigen eine nahe Verwandtschaft zu Funden, die man in Venezuela gemacht hat.

Während die Ciboney noch Fischer und Sammler waren, brachte das Volk der **Arawaken**, das nach der Zeitenwende (zwischen dem 1. und 11. Jahrhundert n.Chr.) auf dem gleichen Weg nachfolgte und den gesamten Raum der Antillen besiedelte, bereits den Ackerbau (besonders Maniok) mit. Dieses friedliebende Volk bestand aus mehreren Stämmen, von denen die **Igneri** und **Taino** eine hoch stehende Gesellschaft mit einem komplizierten Sozialgefüge entwickelten. Gefundene Überreste ihrer Kultur sind Kultplätze, wunderschöne Keramiken (Töpfe, Krüge, Figuren, Schmuck) sowie Arbeitsgerät, Schmuck, Waffen und Musikinstrumente. Obwohl die Arawaken auf den Kleinen Antillen ausgerottet wurden, sind sie durch einige Vokabeln und Kulturtechniken, die in die westliche Zivilisation eingegangen sind, immer noch lebendig: beispielsweise durch die Hängematte (in der Taino-Sprache *hamaca* genannt, span.: *hamaca*, engl.: *hammock*), durch das Kanu (*canoa*), den Tabak (*tabaco*) oder das Barbecue (*barbacoa*). Auch das Wort Hurrican leitet sich von der Taino-Sprache ab (*huracán*).

Felsmalereien der Ureinwohner (Guadeloupe)

Bezüglich der **Namensgebung** der indianischen Stämme muss an dieser Stelle jedoch darauf hingewiesen werden, dass es sich bei den *Ciboney, Arawaken, Igneri, Taino* und vor allem *Kariben* nicht um authentische Namen handelt; die erwähnten Stämme oder Völker sind vielmehr von Nachgeborenen oder Europäern so getauft worden. Dies ist insofern wichtig, als mit den Bezeichnungen auch bestimmte Charaktereigenschaften verknüpft wurden und später nur noch von ‚friedlichen Arawaken' und ‚kriegerischen Kariben' die Rede ist.

Insgesamt war der karibische Raum in eine Vielzahl zwar verwandter, aber kulturell sehr verschiedener Stämme zersplittert – so wie etwa in Europa ‚die Germanen'. Nach der herkömmlichen Lesart fand *Kolumbus* auf den Bahamas und den Großen Antillen Angehörige der Arawaken vor, während diese auf den Kleinen Antillen von den kulturell weniger entwickelten, dafür aber kriegerischeren **Kariben** bereits mehr oder weniger verdrängt worden waren.

Auch sie brachen von der Nordküste Südamerikas (Surinam, Guayana) auf und navigierten ihre hochseetüchtigen, großen Kanus in die Karibische See, wo sie ab dem frühen 14. Jahrhundert n.Chr. die Arawaken überfielen, deren Männer versklavten und ihre Frauen heirateten. Den Kariben mit ihren überlegenen Waffen hatten die einzelnen Arawaken-Stämme nichts entgegenzusetzen und ließen sich von diesen nach Norden abdrängen. Nur Trinidad und einige der Jungferninseln waren zu Kolumbus' Zeit noch von den Arawaken bewohnt.

Durch mehrere Berichte ist bezeugt, dass es bei den Kariben zu (wahrscheinlich kultischem) Kannibalismus kam. Trotzdem ist die Gleichsetzung des Stammesnamens *Karibe* – der so viel bedeutet wie ‚Held' – mit *Menschenfresser* ein **Produkt der spanischen Gräuelpropaganda**. Diese erlaubte es den Konquistadoren, die gnadenlose Ausrottung der Indianer moralisch zu rechtfertigen. Sicher scheint hingegen zu sein, dass die kriegerische Natur jenen Stämmen, die man als ‚Kariben' bezeichnet, half, länger als die so genannten Arawaken den Eroberern zu widerstehen. Mehrfach konnten sie in Aufständen die Europäer von einigen Inseln vertreiben, und oft bedurfte es der Anstrengung vereinigter europäischer Kampfverbände, diese Indianer zu besiegen.

Schon 1495 konnte der große **Eingeborenen-Aufstand** auf Hispaniola (Haiti und Dominikanische Republik) von den Spaniern nur mit Mühe und äußerster Brutalität unterdrückt werden, wobei etwa 100.000 Indianer ums Leben kamen. Auf Grenada stürzten sich die letzten Kariben vor den angreifenden Franzosen von einer Felsenklippe ins Meer. Und auf anderen Inseln begingen die verzweifelten Indianer Selbstmord, indem sie rohe Maniokwurzeln aßen.

Nur auf Dominica und vor allem auf St. Vincent konnten sich einige Kariben bis in unser Jahrhundert halten, wo sie an den Hängen des Soufrière lebten. Ihr tragisches Schicksal wurde durch die Vulkanausbrüche von 1902 und 1912 besiegelt. Heute schätzt man die Zahl der reinrassigen Überlebenden des ehemals so mächtigen Volkes auf nur noch ca. 200 Personen.

Die ‚Entdeckung' Amerikas – zeitgenössischer Holzschnitt

Insgesamt hatte die ‚Entdeckung' Amerikas durch Kolumbus für die Ureinwohner der Antillen die schrecklichsten Folgen. Da die Europäer auf ihrem Weg nach Westen zuerst auf die karibischen Inseln stießen, waren die dort lebenden Indianer auch zuerst der Vernichtung ausgesetzt. Das Schicksal der ‚schönen und freundlichen Menschen' hieß **Sklaverei, Zwangschristianisierung, Folter, Verstümmelung, Ermordung und Tod durch eingeschleppte Krankheiten**. Binnen weniger Generationen, in noch nicht einmal 100 Jahren, fielen schätzungsweise zwei Millionen Indianer der ‚Entdeckung' Amerikas zum Opfer. Vor diesem Hintergrund gab es im ‚Kolumbus-Jahr' 1992 wahrlich nichts zu feiern.

Die Entdecker

Dass Kolumbus nicht der erste Europäer in der Neuen Welt war, hat sich inzwischen herumgesprochen. Durch archäologische Ausgrabungen in Kanada sind z.B. die Fahrten der **Wikinger** nachgewiesen, die um 1000 n.Chr. für eine Zeit lang kleinere Kolonien gründeten und den Nordatlantik regelmäßig auf der Route Island-Grönland-Amerika befuhren. Aber die Indizienbeweise haben sich gemehrt, dass es auch vor und nach den Wikingern Kontakte zwischen den beiden Welten gab. Schon die sensationelle Atlantiküberquerung von Thor Heyerdahl auf seinem ägyptischen Papyrusboot ‚Ra II' bewies die technische Möglichkeit solcher Reisen in der Antike. Tatsächlich lassen Abertausende von Spuren in den altamerikanischen Kulturen – von der Tempelarchitektur über Kunst- und Gebrauchsgegenstände bis hin zu sprachlichen Parallelen – Rückschlüsse auf Besucher aus der Alten Welt zu.

Besonders die genialen Seefahrer des Altertums, die **Phönizier**, kommen deshalb als erste ‚Entdecker' Amerikas in Betracht – während des ersten vorchristlichen Jahrtausends oder noch früher. Die ‚Fernen Inseln' der Karthager, die weit im Westen liegen sollen, sind bereits in der Bibel erwähnt.

Mit den Phöniziern mögen daneben auch **Kelten** den Atlantik überquert haben, worauf aufgefundene Steine mit keltischen Ogham-Inschriften (u.a. in Paraguay) schließen lassen.

Nach der Zeitenwende soll zur Mitte des 6. Jahrhundert der irische Mönch **Brendan** die nordamerikanische Küste und sogar die großen Antillen erreicht haben. Weiter vermutet man mit guten Gründen, dass nach den Wikingern und vor Kolumbus (ab dem 14. Jahrhundert) Seeleute aus der Bretagne und portugiesische Dorifischer von den reichen Fischgründen bei Labrador und Neufundland profitierten. Schließlich ist bekannt, dass die so genannte Toscanelli-Karte, die Kolumbus mit sich führte, schon 1474 ein ‚Antilia' jenseits des Atlantik verzeichnete.

Der im Atlantik herrschende ‚**Kreisverkehr' der Winde und Strömungen**, von dem auch Kolumbus und seine Nachfahren profitierten, macht es denn auch eher unwahrscheinlich, dass nicht schon längst einmal ein Seefahrer der Alten Welt zur Neuen Welt abgetrieben wurde. Bereits die Phönizier segelten von der Westküste Afrikas nicht entgegen der Strömung direkt nach Gibraltar und zurück, sondern zu den Kanarischen Inseln und weiter bis Madeira, von wo günstige Winde für den östlichen Kurs sorgten.

Wer allerdings auf Höhe der Kanaren abdriftet (und das wird im Lauf der Jahrhunderte mehr als einmal passiert sein), kommt mit den Passatwinden und dem Äquatorialstrom zwangsläufig weiter in Richtung Westen, nämlich entweder zu den Antillen und von dort zur mittelamerikanischen Küste oder weiter südlich nach Südamerika.

Bekanntestes ‚Opfer' dieses ‚Kreisverkehrs' war der Seefahrer **Pedro Alvarez Cabral**, der im Jahre 1500 auf seiner Route von Portugal nach Indien (um die Südspitze Afrikas herum) bei den Kanarischen Inseln vom Kurs abkam – und Brasilien entdeckte! Von der Karibik aus bringt einen der Antillenstrom zur Küste Floridas und dann der Golfstrom zurück nach Europa. Genau auf diese Wind- und Strömungsverhältnisse im Atlantik waren übrigens auch die Routen des so genannten Dreieckshandels im 17. und 18. Jahrhundert abgestimmt (vgl.: ‚Sklaven auf den Zuckerinseln' S. 24 ff.).

All diese möglichen oder erwiesenen Atlantiküberquerungen ändern jedoch nichts an der Tatsache, dass die geschriebene Geschichte Amerikas mit den epochalen Fahrten des **Christoph Kolumbus** beginnt.

Mit der Entdeckung Amerikas im Jahre 1492 wurde welt- historisch eine neue Epoche eingeläutet: das Mittelalter ging seinem Ende entgegen, die Neuzeit hatte begonnen. Für Europa bedeutete dies in politischer, kultureller und wirtschaftlicher Hinsicht Umwälzungen allergrößten Ausmaßes – und für Amerika den Untergang der alten Kulturen. Es ist erstaunlich, wie schnell nach der ersten Fahrt des Kolumbus der Doppelkontinent erforscht und erobert werden konnte. Vorreiter der Entwicklung waren neben Kolumbus selbst seine Begleiter und nahen Verwandten, die allesamt in spanischen Diensten standen. Bereits 1496 konnte Kolumbus' Bruder **Bartolomé Colón** auf Hispaniola (= Espanola, heute Haiti und Dominikanische Republik) die erste europäische Stadt auf dem neuen Kontinent gründen: Santo Domingo.

Kolumbus' Schiffe verlassen Amerika – Stich von 1621

1499 war der Florentiner **Amerigo Vespucci** (1451-1512) zu seiner berühmten Forschungsreise aufgebrochen, die ihn an die Küste von Guayana führte. Da sich auf Grund dieser Fahrt die Gewissheit verbreitete, dass Kolumbus nicht den Westweg nach Indien, sondern einen völlig neuen Kontinent gefunden hatte, benannte 1504 zum ersten Mal der deutsche Geograf Martin Seewaldmüller die neue Welt nach Vespuccis Vornamen: Amerika.

In Konkurrenz zu den Spaniern bemühten sich nun auch die Portugiesen um Kolonialgebiete, eingeleitet von der eher zufälligen Entdeckung Brasiliens durch **Pedro Alvarez Cabral** im Jahre 1500. Eine Lawine war losgetreten worden, die nahezu in jedem Jahr zu neuen Expeditionen, Entdeckungen und Kolonisierungen in Amerika führte. So entdeckte 1503 der Spanier **Juan Bermudez** den nach ihm benannten Bermudas-Archipel, fünf Jahre später gründete **Juan Ponce de León**, der auch zu den Begleitern von Kolumbus gezählt hatte, eine Kolonie auf Puerto Rico. Kurze Zeit später entdeckte er Florida.

Nachdem 1536 der portugiesische Seefahrer **Pedro a Campo** schließlich Barbados gesichtet hatte, waren fast alle Kleinen Antillen dem europäischen Horizont erschlossen. Im Vergleich zu den riesigen Gebieten Mittel- und Südamerikas schienen sie jedoch wirtschaftlich nur wenig attraktiv und besaßen allenfalls strategische Bedeutung. Jene Gold- und Silberschätze, die sich schon Kolumbus erhofft hatte, gab es nicht hier, sondern in den indianischen Hochkulturen, die die Spanier nun mit beispielloser Brutalität und Konsequenz vernichteten. Schon 1519 war **Hernándo Cortés** von Kuba aus in südwestlicher Richtung gesegelt und an der mexikanischen Küste gelandet.

Dort unterwarf er im Auftrag der spanischen Krone das blühende Reich der Azteken und gründete die Kolonie Neuspanien. 1534 hatte auch für das Inkareich in Peru die Stunde geschlagen, dessen Vernichtung in Gestalt eines **Francisco Pizarro** ihren Lauf nahm.

In dem Maße aber, in dem Portugal und Spanien ihre Aktivitäten auf das amerikanische Festland verlagerten, rückten die anderen europäischen Mächte nach – zunächst die Engländer, Holländer und Franzosen, später auch Dänen, Deutsche und Schweden (vgl.: ‚Kolonialmächte und Kolonialkriege', S.32 ff.). Sie waren es, die in der Folgezeit die Geschichte der Kleinen Antillen prägten.

INFO Christoph Kolumbus

Christoph Kolumbus

Der 1451 in Genua geborene Seefahrer *Kolumbus* (ital.: *Cristoforo Colombo*; span.: *Cristóbal Colón*) fasste, im Glauben an die Kugelgestalt der Erde, schon in jungen Jahren Pläne, den Westweg nach Indien zu finden. Portugal, die größte europäische Seemacht der damaligen Zeit, gab ihm Gelegenheit, auf ausgedehnten Reisen bis nach Island im Norden, den atlantischen Inselgruppen im Westen und Afrika im Süden nautische Erfahrungen zu sammeln.

Weil er bei der portugiesischen Krone kein Gehör für seinen eigentlichen Traum fand, trat er in spanische Dienste über. Doch auch hier dauerte es noch viele Jahre, bis er schließlich, nach vielem Hin und Her, die Königin Isabella auf seine Seite ziehen und für das Projekt gewinnen konnte. Am 3. August 1492 verließ Kolumbus als ‚Großadmiral' und zukünftiger Vizekönig aller neuentdeckter Gebiete die südspanische Atlantikküste in westlicher Richtung. Seine kleine Flotte umfasste die drei Karavellen ‚Santa Maria', ‚Pinta' und ‚Nina'. Als er nach drei Monaten, am 12. Oktober 1492, endlich eine Insel sichtete, glaubte er, Indien erreicht zu haben. Deswegen nannte er die Inselgruppe auch ‚Westindische Inseln' und ihre Einwohner ‚Indianer' (Indios).

Kolumbus und Ureinwohner auf Guanahani

Nach überwiegender Forschermeinung war das erste Eiland, das Kolumbus betrat und auf den Namen ‚San Salvador' taufte, die Insel Guanahani (= Watling's Island), die zu den Bahamas gehört. Neuerdings mehren sich aber die Stimmen, dass sich die ‚Entdeckung' Amerikas weiter südlich, im Bereich der Kleinen Antillen, abgespielt hat. Weitere Anlaufpunkte der Santa Maria waren Kuba, Hispaniola, bevor Kolumbus in die Heimat zurückkehrte.

Noch insgesamt dreimal sollte der Seefahrer später zum vermeintlichen ‚Westindien' den Atlantik überqueren:

Die 4 Reisen von Christoph Kolumbus

2. Fahrt 1493-1496
‚Entdeckung' der Kleinen Antillen – u.a. Dominica, Guadeloupe und Jungferninseln – sowie Puerto Ricos und Jamaicas.

3. Fahrt 1498-1500
‚Entdeckung' von Trinidad und der Nordküste Südamerikas (Venezuela)

4. Fahrt 1502-1504
‚Entdeckung' von Teilen der Küste Mittelamerikas (Honduras) und weiteren Inseln der Kleinen Antillen (u.a. Martinique).

Persönlich konnte Kolumbus durch seine Fahrten nicht den erhofften Erfolg erzielen. Die entdeckten Inseln und Landstriche bargen nur wenige Reichtümer, Intrigen und Missgunst verhinderten eine steile Karriere. So starb er enttäuscht und unbeachtet im Jahre 1506 in Valladolid – bis zum Schluss im Glauben, den Seeweg nach Indien gefunden zu haben und ohne die Tragweite seiner Entdeckungen zu ahnen.

Während der Doppelkontinent nach dem Italiener Amerigo Vespucci getauft wurde, lebt der Name Kolumbus u. a. in der kanadischen Provinz Columbia, im Columbia River und im südamerikanischen Staat Kolumbien weiter fort.

Viele Inseln der Kleinen Antillen tragen jedoch heute noch den Namen, den ihnen Kolumbus bei seinen Entdeckungsfahrten gegeben hatte.

Dominica etwa heißt so, weil die Insel an einem Sonntag entdeckt wurde; **Marie-Galante** seinem Schiff Santa Maria zu Ehren; **La Désirade**, weil er sich einen Ort für die Wasseraufnahme ersehnt hatte (span.: La Deseada = die Ersehnte); die **Iles des Saintes** nach dem Festtag Allerheiligen; **Guadeloupe** nach einem berühmten spanischen Kloster (Santa Ma-ria de Guadeloupe de Extremadura); die Insel **Antigua** verdankt ihren Namen der Kirche Santa Maria la Antigua in Sevilla, und die **Jungferninseln** den tausend Jungfrauen der Ursula- Legende...

Sklaven auf den ‚Zuckerinseln'

Terror der Spanier – zeitgenössische Darstellung

Die europäische Ausbeutung der karibischen Inselwelt begann praktisch mit ihrer Entdeckung durch Kolumbus. Und da der Genuese bald merkte, dass die Antillen nicht über die erwarteten Edelmetalle verfügten, wurde er nach seinen Fahrten nicht müde, der Krone vom anderweitigen Wirtschaftsnutzen der Gebiete vorzuschwärmen. „Gewürze, Baumwolle und Mastixharz", so schreibt er, stünden im Übermaß zur Verfügung, selbst Rhabarber und Zimt glaubt er gefunden zu haben. Und schließlich seien da die Menschen selbst, die man versklaven und zur Arbeit nach Spanien schicken könnte. Gemeint hatte er damit die Kariben, die sich gegen die Europäer zur Wehr setzten und sich nicht scheuten, mit ihren Kanus selbst die Schiffe der Eroberer anzugreifen. Folglich nahmen die Spanier alle Kariben gefangen, falls diese nicht im Kampf getötet wurden oder fliehen konnten. Dies war nach Kolumbus' Meinung auch moralisch gerechtfertigt; schließlich waren die Ureinwohner *„Wilde"* und *„Menschenfresser"* und verhinderten die *„friedliche Besiedlung der Inseln"*.

Kolumbus selbst beteiligte sich mehrfach an diesem ersten transatlantischen Sklavenhandel: Im Februar 1495 z.B. schickt er vier Schiffe nach Spanien mit 500 Sklaven im Alter zwischen 12 und 35 Jahren an Bord, vier Monate später nochmals 300 Sklaven. Dem Klimawechsel und der anstrengenden Arbeit fielen alle Indianer innerhalb von fünf Jahren zum Opfer. Vielleicht war dies der Grund, dass man im Jahre 1500 die Verschiffung von Indianersklaven nach Spanien verbot.

Auf den Antillen jedoch blieb die Indianersklaverei erlaubt, wenn auch im Jahre 1542 durch Schutzgesetze eingeschränkt. Immerhin galten wegen der spanischen Inbesitznahme die Eingeborenen als freie Untertanen des Königs. Wer sich aber der Bekehrung widersetzte oder *„sonst als Wilder bekannt"* war, musste für die Spanier arbeiten. Obwohl selbst Papst Julius I. in seiner Bulle 1513 erklärt hatte: *„Jawohl, die Indios sind Menschen (veri homines) und als solche zu behandeln"*, waren auch nach den so genannten Schutzgesetzen unvorstellbare Gräueltaten an der Tagesordnung.

Kolumbus' paradiesisches Bild der Antillen wird nur 50 Jahre später durch die Berichte des dominikanischen Geschichtsschreibers **Bartolomé de Las Casas** in ein Szenario des Schreckens verwandelt: *„Sie (= die Spanier) drangen unter das Volk, schonten weder Kind noch Greis, weder Schwangere noch Entbundene, rissen ihnen die Leiber auf, und hieben alles in Stücke, nicht anders, als überfielen sie eine Herde Schafe. Sie wetteten miteinander, wer unter ihnen einen Menschen auf einen Schwertstreich mitten voneinander hauen könne ... Sie machten auch breite Galgen und hingen zu Ehren und zur Verherrlichung des Erlösers und der zwölf Apostel je 13 Indianer an jeden derselben, legten dann Holz und Feuer darunter, und verbrannten sie alle lebendig!"*

2. Die Kleinen Antillen – Land und Leute/Historischer Überblick

INFO Wer war Bartolomé de Las Casas?

Seitdem der junge, 1474 in Sevilla geborene Dominikanermönch Bartolomé de Las Casas mit 18 Jahren Kolumbus triumphale Rückkehr aus Amerika miterlebt hatte, begeisterte er sich für die Seefahrt und die fremden Länder jenseits des Atlantiks. Er wurde nicht nur ein enger Freund der Familie Kolumbus, sondern begleitete zusammen mit seinem Vater den Genuesen auch auf dessen dritter Reise mit der ‚Santa Maria'. Dabei blieb er in den neu entdeckten Ländereien – in Hispaniola, später auch in Nicaragua und Mexiko.

Bereits 1514 wandte er sich erstmals vehement gegen die Versklavung und die daraus folgende Ausrottung der Indianer, eine Position, die er im Laufe der Zeit immer stärker vertrat und die ihm zum Beinamen ‚Apostel der Indianer' und zu Audienzen beim König verhalf, die schließlich aber auch zu starken Anfeindungen durch die Kolonialisten führte. Obwohl er mehrmals von der Krone zur Mäßigung ermahnt wurde, weihte man ihn 1544 zum Bischof von Chiapas. Drei Jahre später kehrte er nach Spanien zurück, legte sein Amt als Bischof nieder und widmete sich von da an ganz der Sache der Indianer und seinem Geschichtswerk, das er bereits in zehnjähriger Klosterklausur begonnen hatte.

Bartolomé de Las Casas

Dabei vervollständigte er seine Aufzeichnungen mit anderen Quellen und schuf so Bücher wie ‚Kurzgefasster Bericht von der Verwüstung der westindischen Länder' oder ‚Allgemeine Geschichte der Westindischen Länder'. Ebenfalls von ihm stammt eine Kopie des berühmten Logbuches von Kolumbus, dessen Original heute nicht mehr existiert und das eine wichtige Geschichtsquelle wurde. Tragischerweise sollte seine Parteinahme für die Sache der Indianer zu ganz neuen und in ihrer Dimension noch schlimmeren Verbrechen gegen die Menschlichkeit führen. Denn die Dezimierung der Eingeborenen andererseits und die schließlich härter kontrollierten Schutzgesetze andererseits bewirkten in den Kolonien einen Mangel an Arbeitskräften, da die Spanier weder willens noch fähig waren, im tropischen Klima selbst zu arbeiten. Um den Bedarf zu decken machten nun spanische und portugiesische Kaufleute mit ihren bewaffneten Gehilfen Jagd auf Schwarze an der Westküste Afrikas, die man als Sklaven nach Amerika verkaufte.

Es war der um die Indianer so besorgte Las Casas gewesen, der den „*Handel mit Negern*" anregte, da diese als widerstandsfähiger galten. Den versklavten Afrikanern half natürlich nicht, dass Bartolomé de Las Casas kurz vor seinem Tod 1566 in Madrid seinen Irrtum einsah und bedauerte. Er schrieb, dass er „*nicht ahnen konnte, wie ungerecht die Europäer die Neger behandeln würden. Um nichts in der Welt würde er einen solchen Vorschlag ein weiteres Mal machen, denn es gelte dasselbe humane Recht für die Neger wie für die Indianer*".

2. Die Kleinen Antillen – Land und Leute/Historischer Überblick

Zuckerfabrik auf den Französischen Antillen im 17. Jahrhundert

Schon 1524 wurden die ersten schwarzen Sklaven zu den Antillen transportiert. Und in einer Art Arbeitsteilung waren es zunächst hauptsächlich Portugiesen, die für die Sklavenjagd in Afrika und deren Verschiffung verantwortlich waren, und bald schon beteiligten sich auch Piraten, Strandräuber und ‚ehrbare Kaufleute' anderer Nationalitäten am lukrativen Handel.

Über dieses düstere Kapitel der Menschheitsgeschichte ist viel geschrieben worden. Doch können Worte nicht wiedergeben, was an bestialischen Grausamkeiten zwischen dem 16. und 19. Jahrhundert diesseits und jenseits des Atlantiks zum Alltag gehörte. Angefangen mit dem Überfall auf afrikanische Dörfer, dem planmäßig kalkulierten Aufhetzen lokaler Stämme bzw. Häuptlinge gegeneinander bis hin zu regelrechten Sklavenkriegen; dann das Selektieren und Brandmarken im Heimatland sowie die Verschiffung der lebenden ‚Ware'; weiter die unsäglichen Verhältnisse an Bord der Sklavenschiffe, die für Unzählige mit Tod durch Erschöpfung, Krankheiten und Hunger, Selbstmord oder Kannibalismus endeten; schließlich der entwürdigende Verkauf am Zielort, die monotone Arbeit auf den Plantagen des Sklavenhalters, die drakonischen Strafen und ein Leben in Unfreiheit.

Die Schwarzen arbeiteten zunächst vorwiegend auf Tabakplantagen, bis 1639 der europäische Markt übersättigt war und die Preise ins Bodenlose fielen. Die Kolonialisten reagierten, indem sie auf den Antillen andere Kulturpflanzen anbauen ließen, wie etwa Baumwolle und Indigo.

Den größten Erfolg und die höchsten Preise erzielte man jedoch mit dem **Anbau von Zuckerrohr**, der im 17. Jahrhundert wiederum eine verstärkte Einfuhr von Sklaven notwendig machte.

Wie auf einigen Inseln im Indischen Ozean, wurden Zucker und dessen Nebenprodukte (Melasse) zum wichtigsten Kapital der Karibik, das den Erwerb oder die Eroberung der Ländereien für alle seefahrenden europäischen Mächte lohnend machte. Auf den ‚Zuckerinseln', wie man bald schon die Antillen nannte, wurde jene **verhängnisvolle Monokultur** installiert, die bis in unsere Tage Hemmschuh der wirtschaftlichen Entwicklung blieb. Besonders betroffen waren und sind davon aber eher die Großen Antillen (vor allem Kuba), auf denen rund ein Viertel der Zucker-Weltproduktion aus Zuckerrohr anfällt.

Seit 1630 auf Barbados zum ersten Mal von einem aus Zuckerrohr hergestellten Schnaps die Rede war, wurde schließlich auch der **Rum** zu einem begehrten Exportartikel.

Die Sklavenhändler – neben Franzosen, Briten und Niederländern übrigens erstaunlich viele Norddeutsche bzw. Dänen – fanden heraus, dass sie nicht nur vom Leben und Tod der Afrikaner, sondern auch in anderer Hinsicht profitieren konnten, indem sie den Wind- und Strömungsverhältnisse im Atlantik und der Karibik (vgl. S. 19 ff.) folgten. Nach dem Sklaventransport füllten sie ihre Schiffe mit den **Produkten der Sklavenarbeit: Tabak, Baumwolle, Indigo, Zucker und Rum.** Diese Waren brachte man zu den Absatzmärkten nach Europa, wo man all das einlud, was in den Handelsniederlassungen an der afrikanischen Küste gegen Sklaven getauscht werden konnte (u.a. Alkohol, Schusswaffen, Manufakturprodukte), woraufhin der Kreislauf von neuem begann.

Unter dem Stichwort **Dreieckshandel** ist jene koloniale Form der Weltwirtschaft des 17. und 18. Jahrhunderts in die Geschichte eingegangen, in der Europa die Konsumgüter lieferte, Afrika die Sklaven und die Karibik Zucker und andere Produkte. Obwohl die Schätzungen weit auseinander gehen, wie viele Menschen damals gefangen genommen, gefesselt, gebrandmarkt und wie Vieh verschickt wurden (zwischen 30 und 100 Millionen Menschen!), handelt es sich hier in jedem Fall um die gewaltigste Massendeportation in der Geschichte.

Für die Kleinen Antillen mag die folgende Tabelle veranschaulichen, wie viele Sklaven man im 18. Jahrhundert auf einigen Inseln jährlich importierte und wie sich zur Mitte des Jahrhunderts die Relation zwischen Weißen und Farbigen darstellte. Ein ähnliches Wachstum fand auf fast allen Inseln statt, unabhängig von der jeweiligen Wirtschaftslage.

Übersicht	Bevölkerungsanteile		
	durchschnittliche Einfuhr von Sklaven pro Jahr	Anzahl der Weißen	Anzahl der Farbigen
Antigua	1.362	2.590	37.808
Barbados	3.100	16.167	62.115
Dominica	2.742	1.236	14.967
Virgin Islands	214	1.200	9.000
Nevis	253	1.000	8.420
Montserrat	357	1.300	10.000

Quelle: Wolfgang Wimmer, Die Sklaven, Hamburg 1979

2. Die Kleinen Antillen – Land und Leute/Historischer Überblick

Die Zahlen machen deutlich, dass einer kleinen, im Luxus lebenden Schicht weißer Großgrundbesitzer und ‚Zuckerbarone' eine überwältigende Mehrheit von rechtlosen Sklaven gegenüberstand. Deren Behandlung richtete sich allein nach menschenverachtenden Grundsätzen der ‚Wirtschaftlichkeit': nach fünf Jahren härtester Arbeit auf den Plantagen waren die meisten tot oder am Ende ihrer Kräfte, so dass billiger Nachschub aus Afrika die Lücken füllen musste.

Das ‚Menschenmaterial' wurde nicht nur bei der Schufterei verschlissen, sondern durch drakonische Strafen, sadistische Quälereien weißer Aufseher und unsägliche Wohn- und hygienische Verhältnisse in Mitleidenschaft gezogen. In den französischen Ländereien nahmen selbst für abgebrühte Kolonialbeamte die Grausamkei- ten so überhand, dass sie Ludwig XV. um ein Gesetzbuch baten, das den schlimmsten Missständen abhelfen sollte.

Dass dieser ‚**Code Noir**', der übrigens auch für Mauritius und La Réunion im Indischen Ozean galt, der Situation der Betroffenen zwar einen rechtmäßigen Rahmen gab, sie aber nicht wesentlich verbesserte, zeigt u.a. der Artikel 36, der die Fluchtversuche von Sklaven folgendermaßen bestrafte: Beim ersten Mal wurde ein Ohr abgeschnitten, beim zweiten Mal wurden die Kniekehlen durchtrennt, beim dritten Mal wurde der Sklave umgebracht ...

Es ist einleuchtend, dass die Schwarzen angesichts dieser Zustände und ihrer zahlenmäßigen Überlegenheit entweder jede Möglichkeit zur Flucht wahrnehmen oder sich zusammen mit Leidensgenossen zur Wehr setzten.

Die Chronik der **Sklavenaufstände** reicht bis ins 16. Jahrhundert zurück (Kuba, Jamaika) und erreicht ihren Höhepunkt im 18./19. Jahrhundert, als die Gedanken der amerikanischen und französischen Revolution auch in den karibischen Raum gelangten. Gemeint ist hier nicht nur der berühmte Große Aufstand der haitianischen Sklaven gegen die Franzosen ab 1791, der schließlich zur Installierung des Kaiserreiches von Haiti als zweiter unabhängiger Staat Amerikas (1803) führen sollte. Auch auf den Kleinen Antillen regte sich Widerstand, vor allem auf St. John (1733); auf Antigua (1736), St. Croix (1759), besonders auf St. Vincent (1795), im gleichen Jahr auf Grenada, auf Tobago (1801) und schließlich auf Barbados (1816).

Auf Grund solcher Vorfälle, aber mehr noch wegen der **scharfen Kritik in den Kolonialstaaten** und wegen eines geänderten Bewusstseins, verboten im ersten Viertel des 19. Jahrhundert die meisten Länder den Sklavenhandel. Zuerst Dänemark im Jahre 1803, dann Großbritannien (1807), Frankreich (1817), Holland (1818), Spanien (1820) und Schweden (1824). Eine Generation später wurde schließlich auch die Sklaverei in den Kolonien abgeschafft: 1834 auf den britisch besetzten Inseln, 1848 in den französischen und dänischen Kolonien, 1863 in den niederländischen und zum Schluss in den spanischen Gebieten (1886).

Für die freigelassenen Sklaven bedeutete dieser *Emancipation Act* freilich nicht sofort eine Besserung ihrer sozialen Lage. Noch lange Zeit mussten sie – wie ja auch in den USA – in mehr oder weniger starken Abhängigkeiten von den ehemaligen Sklavenhaltern leben. Andererseits bedeutete die Aufhebung der Sklaverei erneut

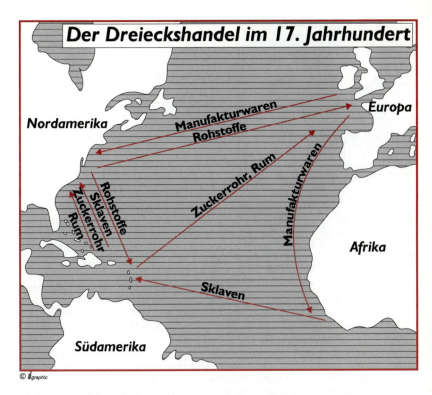

einen Mangel an billigen Arbeitskräften, der durch den ‚Import' von Arbeitern aus China, Indien und dem Nahen Osten ausgeglichen wurde. Diese Menschen, deren Arbeitsbedingungen sich zunächst nur unwesentlich von denen der Sklaven unterschieden, haben erheblich zur ethnischen Vielfalt auf einigen Inseln beigetragen, insbesondere auf Trinidad.

Bukaniere und Filibuster – Das Zeitalter der Piraten

Zumindest in seiner Jugend hat wohl jeder begeistert Seeräuber-Geschichten gelesen oder gebannt aufs Fernsehen geschaut, wenn Sir Francis Drake, der ‚Pirat der Königin', neue Abenteuer zu bestehen hatte. Oder wenn von der ‚Schatzinsel', von Freibeutertum und von waghalsigen Korsaren die Rede war.

Die meisten dieser Geschichten nahmen die Antillen zum Schauplatz, wo ab dem 16. Jahrhundert **holländische, französische und britische Piraten** in einer solchen Zahl auf den Plan traten, dass geradezu von einem ‚Zeitalter der Seeräuber' gesprochen werden kann. Dieses ‚Zeitalter' ist jedoch nicht von der Epoche der Sklaverei oder der Kolonialkriege zu trennen, sondern bezeichnet nur eine der vielen schillernden Seiten der Karibik in der frühen Neuzeit.

2. Die Kleinen Antillen – Land und Leute/Historischer Überblick

Britischer Bukanier – Holzschnitt um 1700

Den Grund für die Piraterie lieferten die reichen **Gold- und Silberschätze**, die die Spanier und Portugiesen bei der Ausplünderung der amerikanischen Hochkulturen einsammelten und nach Europa verschifften. Obwohl nach den ersten Überfällen im Konvoi gesegelt wurde und Kriegsschiffe die reiche Fracht begleiteten, stellten die bis zum Rand mit Kostbarkeiten gefüllten und unbeweglichen Frachter doch ein so verlockendes Ziel dar, dass sie Kaperattacken geradezu provozierten.

Unterstützt wurde die Seeräuberei durch den Umstand, dass sich die europäischen Mächte im permanenten Kriegszustand befanden und Angriffe auf die spanische Handelsflotte daher von vornherein den Segen der anderen Nationen hatten. Als so genannte ‚Freibeuter', die bei den Englän- dern auch als ‚**Privatiere**' (*privateers*) und ‚**Bukaniere**' (*buccaneers*), bei den Franzosen ‚**Korsare**' (*Corsaires*) und bei den Holländern ‚**Filibuster**' (*Filibustiere*) bezeichnet wurden, operierten die Piraten mit ihren wendigen Schaluppen teils auf eigene Rechnung, teils ganz offen mit Wissen und im Auftag der heimatlichen Marine.

Insofern liefert das Phänomen der Freibeuterei nicht nur Stoff für Abenteuerromane, sondern ist auch von größerem historischen Interesse. In dem Moment nämlich, in dem das Aufbringen spanischer Schiffe zu einem lukrativen Geschäft wurde, entbrannte ein Wettlauf um die günstigsten Piratenstützpunkte. Aus diesen Schlupfwinkeln entwickelte sich kurze Zeit später nicht selten die Keimzelle der jeweiligen europäischen Kolonisation.

Wie viel Gold, Silber, Edelsteine und andere Pretiosen durch Piratenüberfälle an Land oder zur See für immer verloren gingen, weiß heute niemand mehr zu sagen. Da das Misstrauen der Freibeuter gegenüber ihren ‚Berufskollegen' bekannt war, machten bald schon Geschichten über sagenhafte Schätze die Runde, die sorgfältig vergraben und auf geheimnisvollen Karten verzeichnet waren.

Tatsache ist, dass noch heute viele Hobby-Archäologen und professionelle Schatzsucher mit Spaten, Metalldetektor und Tauchausrüstung nach dem Gold der Spanier fahnden und bisweilen auch erfolgreich sind. Größere Chancen auf einen spektakulären Fund hat man jedoch bei der Suche nach jenen **Wracks, denen Wirbelstürme oder Korallenriffe zum Verhängnis wurden.**

Ob das Schicksal nun in Gestalt von Freibeutern oder Hurricans eintraf – von ehemals 100 stolzen Schiffen, die die spanische Handelsflotte Ende des 16. Jahrhunderts besaß, erlebten nur 21 den Anfang des 17. Jahrhunderts...

2. Die Kleinen Antillen – Land und Leute/Historischer Überblick

Es versteht sich von selbst, dass die Spanier nicht immer nur die Opfer waren, sondern sich die europäischen Freibeuter (besonders die britischen und französischen) auch gegenseitig bekämpften und einander die Beute abjagten. Und als die Sklavenhalter begannen, ihr ‚schwarzes Geld' über den Atlantik zu transportieren, wurden schließlich auch deren Schiffe Ziel von Überfällen. So legendär wie das **abenteuerliche Leben auf See** und die **rumgeschwängerte Atmosphäre** in den Spelunken der Schlupfwinkel, so legendär wie der Stolz und der Ehrenkodex der Piraten, so legendär wurden schließlich auch ihre abenteuerlichsten Gestalten. Längst nicht alle davon starben im Pulverdampf einer Seeschlacht, sondern als begüterte und angesehene Mitglieder der Gesellschaft, die eine erstaunliche Karriere durchlaufen hatten, zu Nationalhelden aufgestiegen und in die Geschichte der Seefahrt eingegangen waren.

Bei den Engländern war der berühmteste Seefahrer seiner Zeit der bereits erwähnte **Sir Francis Drake**. 1539 in Crowndale bei Plymouth geboren, bereiste er als Freibeuter schon in jungen Jahren die Weltmeere auf der Suche nach Schätzen und Ruhm. Von der afrikanischen Küste führte ihn sein Weg ab 1567 dann nach Westindien, wo er den Spaniern unermessliche Verluste an Gold, Silber und Schiffen beibrachte. Ob er deren dickbäuchige, bis zum Rand mit Schätzen gefüllte Schiffe kaperte oder an Land ihre Maultierkarawanen, beladen mit Juwelen und Gold, überfiel – **immer konnte er den wütenden Nachstellungen der Spanier entgehen**. Und stets pflegte er die reiche Beute mit seiner Mannschaft gerecht zu teilen. Schließlich machte eine ganze Armada Jagd auf Drake, ohne ihn je fassen zu können. Stattdessen führte der Brite 1577-1580, nachdem er vor Cádiz die spanische Flotte in Brand gesetzt hatte, seine berühmte Weltumsegelung durch, woraufhin er von Königin Elizabeth I. zum ‚Sir' ernannt wurde. Seinen größten Triumph feierte der ehemalige Pirat im Jahre 1588, als er als Vizeadmiral beim Sieg über die spanische Armada maßgeblich beteiligt war. Sir Francis Drake starb wohlhabend und als angesehenes Mitglied der Gesellschaft 1596 in England.

Seine Nachfolge trat der 1635 in Wales geborene **Henry Morgan** an, über den später genau so viele Geschichten und Legenden kursierten wie über Drake. Sein Betätigungsfeld war hauptsächlich die Karibik, wo er zusammen mit den Filibustern die spanischen Schiffe aufbrachte und 1671 sogar die gesamte neuspanische Stadt Panama erobern konnte, plünderte und anschließend zerstörte. Auch Henry Morgan wurde für seine ‚Verdienste' als ‚Sir' in den Adelsstand aufgenommen und 1674-1683 mit einem hohen Posten belohnt – als Vizegouverneur von Jamaika! Dort starb er nach einem Leben voller Abenteuer und Ausschweifungen im Jahre 1688 eines natürlichen Todes.

Eine ähnliche Berühmtheit erreichten **Sam Lord**, dessen komfortables Castle eine Sehenswürdigkeit von Barbados ist (siehe auch im entsprechenden Reiseteil); und auch die Seeräuber **Blackbeard, Jackson, Cavendish, Hawkins** und **Kidd**.

Zu Ende ging das *Zeitalter der Piraten* in jenem Moment, als die Seemächte, die früher von der Seeräuberei gegen die Spanier profitiert hatten, immer häufiger selbst zur Zielscheibe von Freibeutern wurden. Einer der letzten Piraten, **Woodes**

Rogers, der durch die Eroberung von Guayaquil unermessliche Schätze angehäuft hatte, wurde schließlich von den Engländern als Feind gegen seinesgleichen gewonnen: Durch seine Ernennung zum Gouverneur der Bahamas gelang es, dem dort grassierenden Seeräuber-Unwesen ein für allemal ein Ende zu bereiten.

Auf französischer Seite wurde der Korsar **Francis le Clerc**, der Jagd auf spanische Schiffe unternommen und in seinem größten Coup die Stadt Cartagena schlimm geplündert hatte, von König Heinrich II. geadelt.

Und die Holländer besaßen in **Pieter Schouten** und **Piet Heyn** ihre verwegenen Seefahrer, die sich im karibischen Meer ebenfalls an den spanischen Schätzen bedienten. Der 1577 bei Rotterdam geborene Piet Heyn (alias Pieter Pierszoon), der 1600 für zwei Jahre in spanische Gefangenschaft geriet, machte 1623 als Vizeadmiral der Niederländischen Westindischen Kompanie Karriere. Dass sich ein solcher Posten mit dem Freibeutertum ohne weiteres vertrug, beweist die Tatsache, dass er 1628 – ein Jahr vor seinem Tod – im kubanischen Golf von Matanzas die spanische Silberflotte aufbringen und dabei etwa 12 Millionen Gulden erbeuten konnte.

Kolonialmächte und Kolonialkriege

Die Kleinen Antillen gerieten zunächst als Schlupfwinkel für Freibeuter – von denen aus der Kaperkrieg gegen Spanien zu führen war – in den Blickpunkt der europäischen Politik, dann als Flottenstützpunkte und schließlich als Zucker-, Kaffee- und Gewürzinseln.

Mit dem Verfall der spanischen und dem Aufstieg der anderen europäischen Mächte begann ein wahrer **Wettlauf in die Karibik**, bei dem die Inseln zu einem Spielball der wechselnden Koalitionen und andauernden Kriege wurden.

Während dessen beuteten die neu gegründeten Handelskompanien ihre natürlichen Ressourcen aus und verschifften die Früchte der Sklavenarbeit nach Europa.

Es war das Zeitalter des Kolonialismus und später die Epoche des Imperialismus, die alle führenden Seemächte der Zeit zu den Antillen brachte, wo in sog. ‚Stellvertreterkriegen' europäische Zwistigkeiten ausgetragen wurden. Ob nun Holländer gegen Spanier, Spanier gegen Briten, Briten gegen Franzosen oder Franzosen gegen Holländer kämpften, ob der kriegerische Hauptschauplatz nun Amerika oder Europa war – die karibische Inselwelt war immer mitbetroffen.

Deswegen ist es nahezu unmöglich, in diesem Raum das Territorium der einzelnen Kolonialmächte gegeneinander abzutrennen, weil mit wenigen Ausnahmen alle Inseln einem häufigen Besitzerwechsel ausgesetzt waren und in schneller Abfolge erobert, verwüstet, verkauft, zurückerobert oder in Verträgen an andere abgetreten wurden. Allein St. Lucia musste vor der Unabhängigkeit 14-mal den ‚Besitzer' wechseln, St. Maarten 16-mal und St. Eustatius und Tobago über 30-mal. Die Kolonisierungen der europäischen Mächte im Einzelnen:

Die Kolonisierung durch die Spanier

Obwohl sich Spanien recht schnell von den Kleinen Antillen zurückzog, besaß das Königreich noch bis weit ins 19. Jahrhundert hinein große Kolonialgebiete in Nord-, Mittel- und Südamerika. Innerhalb der Großen Antillen mussten die Spanier Jamaika schon 1655 und Haiti 1697 räumen, dafür war man aber auf Kuba von 1511 bis 1898 präsent, in Florida immerhin bis 1763, in Santo Domingo mit wenigen Unterbrechungen von 1492 bis 1863 und in Puerto Rico von 1509 bis 1898!

Seeschlacht vor Dominica

Im Kampf um die Kleinen Antillen könnten die Spanier als die großen Verlierer bezeichnet werden, allerdings bemühten sie sich nie ernsthaft um eine Wiedereroberung der als wenig lukrativ angesehenen Archipele. Und so überließen sie, mit Ausnahme von Trinidad (das 1498-1797 spanisch war), eine ehemalige Besitzung nach der anderen den Holländern, Engländern oder Franzosen. Trotzdem ist nicht nur in den Inselnamen, die oftmals noch auf Kolumbus zurückgehen, sondern auch in der Kolonialarchitektur und in sprachlichen Eigenheiten ein spanisches Element fast überall bis heute erhalten.

Spanisches Erbe

...durch die Engländer

Englands Aufstieg zur See- und Kolonialmacht begann, nachdem Königin Elizabeth I. die spanische Armada Philipps II. besiegt hatte. Noch unter ihrer Regentschaft erwarben die Engländer erste Kolonialgebiete in Nordamerika (im Jahre 1581 ‚Virginia' und Sir Walter Raleigh), während Freibeuter vom Schlage eines Francis Drake und eines John Hawkins im Karibischen Meer den Boden für die spätere Kolonisation bereiteten. Im Jahre 1605 besetzten die Engländer St. Lucia, anschließend St. Kitts (1623), Barbados und Tobago (1625), Dominica (1627), Barbuda (1628), Antigua (1636) und weitere Inseln. In der zweiten Hälfte des 17. Jahrhunderts war fast der gesamte Bereich der Kleinen Antillen ein Meer in rein britischer Hand.

Ihre schärfsten Widersacher fanden die Briten im aufstrebenden Frankreich, mit dem sie verbittert um jede einzelne Insel rangen: Kaum ein Eiland im südkaribischen Raum, das nicht wenigstens für einige Jahrzehnte unter französischer Herrschaft war.

Britische Seeherrschaft

In der zweiten Hälfte des 18. Jahrhunderts, als sich die Franzosen kurzzeitig fast aller britischer Inseln bemächtigen konnten, war die Flottenbasis *English Harbour* auf Antigua der wichtigste militärische Stützpunkt der Engländer im karibischen Raum.

*Ent-
scheidende
Seeschlacht*

Im Jahre 1784 wurde Admiral Horatio Nelson, der spätere Seeheld von Trafalgar, deren Befehlshaber. In seine Zeit fällt auch jene entscheidende Seeschlacht bei den Illes des Saintes/Guadeloupe (1782), in der die Briten den Franzosen eine solche Niederlage beibrachten, dass ihre Vorherrschaft über die Antillen für die nächsten Jahrzehnte gesichert war.

Dadurch wurde der englische Einfluss bestimmend, was heute vor allem an der Bezeichnung der Wasserstraßen, der Orts- und topografischen Namen und der Einteilung in *Leeward and Windward Islands* ablesbar ist.

Bis auf den heutigen Tag sind Montserrat und die British Virgin Islands britisches Kolonialgebiet (mit Selbstverwaltung), während Anguilla ein assoziierter Staat der britischen Krone ist. Die anderen karibischen Kolonien entließen die Briten nach dem Zweiten Weltkrieg in die Unabhängigkeit.

*Common-
wealth*

Als freie Mitglieder des Commonwealth (wie z.B. auch Neuseeland) ist deren offizielles Staatsoberhaupt jedoch immer noch Königin Elizabeth II., die wiederum einen General-Gouverneur (meist auf Vorschlag der einheimischen Regierung) bestimmt. Zu diesen Ländern gehören Barbados, Grenada, Antigua und Barbuda sowie St. Kitts und Nevis.

... durch die Holländer

Zu denjenigen Mächten, die vom Niedergang der spanisch-portugiesischen Macht profitierten, gehörten neben England vor allem die Freien Niederlande (Holland). Durch ihre Ost- und Westindischen Kompanien (1621 gegründet) schufen sie ein weit ausgedehntes Netz von Handelsstützpunkten – u.a. Molukken, Java, Ceylon, Südafrika, Neu-Amsterdam –, das die Welt mit Kolonialwaren versorgen und außerdem später in Kolonialbesitz umgemünzt werden konnte.

*Aufstieg
der
Nieder-
lande als
Seemacht*

Damit war auch der Aufstieg von Amsterdam zum ersten Handels- und Börsenplatz des Kontinents vorprogrammiert. In der Karibik führten die Holländer im frühen 17. Jahrhundert gegen Spanien Krieg, wobei eine Flotte aus 800 holländischen Kriegsschiffen 13 Jahre lang die Antillen durchstreifte und Portugiesen und Spaniern eine Beute im Wert von 30 Millionen Pfund abjagte. Feste Stützpunkte nahmen sie dabei zunächst auf den Jungferninseln ein, nämlich auf St. Croix (1625-45) und auf Tortola (1627-72). Anders als die Briten und Franzosen, gaben sie später dem Handel den Vorzug vor landwirtschaftlicher Nutzung ihrer Kolonien, außerdem konzentrierten sie sich auf nur einige Inseln, die auch heute noch mehr oder weniger eng an die Niederlande angelehnt sind.

Den Anfang machte St. Eustatius (ab 1626), gefolgt von Curaçao (ab 1632), Aruba (ab 1634), Bonaire (ab 1635), Saba (ab 1640/1648) und Sint Maarten (ab 1641). Heute bilden Bonaire, Curaçao, Saba, St. Eustatius und Sint Maarten als ‚Niederländische Antillen' einen unabhängigen Verbund von Inseln innerhalb des Königreichs der Niederlande. Seit 1986 hat sich Aruba von diesem abgekoppelt und besitzt einen autonomen Sonderstatus.

...durch die Franzosen

Während und nachdem in Europa Frankreichs Machtstellung unter den Kardinälen Richelieu (ab 1624) und Mazarin (ab 1642) sowie vom ‚Sonnenkönig' Ludwig XIV. (ab 1661) ausgebaut wurde, bemühte sich das Königreich um überseeische Gebiete. Dies war umso dringender, als die merkantilistische Wirtschaftspolitik des Finanzminister Colbert darauf angewiesen war, fremde Rohstoffe (wozu auch Gewürze gehörten) zu importieren, ohne hohe Zölle zahlen zu müssen. Zu den Territorien, die sich Frankreich in heftigen Kämpfen gegen die spanische, niederländische und britische Konkurrenz aneignete, gehörten außer Nordamerika (Louisiana), Indochina und Madagaskar auch mehrere der westindischen Inseln.

Kolonien als Rohstofflieferanten

Noch **im 17. Jahrhundert konnten die Franzosen in schneller Folge in der Karibik Fuß fassen**: 1625 St. Kitts, 1635 Guadeloupe, Martinique, La Désirade und Marie-Galante, 1648 St. Barthélemy und St. Martin, 1650 St. Croix, 1659 Grenada und St. Lucia, 1663 Tobago sowie 1664 Montserrat. Nach langem Streit mit Spanien wurde 1697 sogar das große St. Dominique den Franzosen zugesprochen, die 1719 ebenfalls St. Vincent und die Grenadien erwarben.

Dafür, dass diese Herrschaftsverhältnisse nicht stabil blieben, sorgte der so genannte **Spanische Erbfolgekrieg** (1701-1713/14), in dem sich England, Holland und andere gegen Frankreich zusammenschlossen und der in Spanien, Oberitalien, Deutschland, den Niederlanden und in Amerika geführt wurde.

Auch vor den Antillen verloren die Franzosen kurzzeitig viele Inseln, andere veräußerten sie aus wirtschaftlichen Erwägungen an Schweden und Dänemark. Trotzdem blieben sie die bestimmende Großmacht in Westindien, auch nachdem sie 1763 von den Briten endgültig aus Nordamerika vertrieben worden waren.

Eroberung Westindiens

Zeitweilig sah es sogar so aus, als könnte Frankreich dem gesamten karibischen Raum seinen Stempel aufdrücken. **Bis 1782 hatte das Königreich fast alle britischen Inseln eingenommen.** Der letzte Schritt, um die Eroberung Westindiens zu vollenden, geriet den Franzosen dann zur Katastrophe: Trotz eines Aufgebotes von 35 Kriegs- und 150 Frachtschiffen waren sie 1782 in der entscheidenden Seeschlacht vor der Südküste von Guadeloupe den Truppen des gefürchteten Admirals George Rodney unterlegen. Außer dem Verlust von 1500 Menschenleben und allen Schiffen hatte Frankreich die Rückgabe aller Inseln (mit Ausnahme Tobagos) an England zu beklagen.

Kurze Zeit später veränderten die Ideen der Französischen Revolution das gesellschaftliche Gefüge auf den Antillen. Und fast gleichzeitig (1791-1803) brach der berüchtigte Aufstand der Haitianer gegen ihre Kolonialherren aus, der in der Etablierung des Kaiserreichs von Haiti als zweiter unabhängiger Staat Amerikas mündete. Damit war Frankreichs Großmachtrolle endgültig gebrochen, was nicht bedeutete, dass nun die Zeiten friedlicher wurden. Neue Kämpfe flammten auf, in denen einerseits die Franzosen Eroberungen machten, andererseits die Engländer selbst Martinique und Guadeloupe einnehmen konnten. Heute nehmen sich die

Ende der französischen Großmacht

Übersicht	Die karibischen Kolonialgebiete
Kolonialmacht	zugesprochene und bestätigte Kolonien
Spanien	Kuba, Ostteil Hispaniola (Dominikanische Republik) Puerto Rico
Frankreich	Martinique, Guadeloupe, die Nordhälfte von Sint Maarten, St. Barthélemy, La Desirade, Marie Galante, Iles des Saintes
England	Jamaika, Virgin Islands, St. Kitts, Nevis, Antigua, Montserrat, Anguilla, Barbuda, Dominica, St. Lucia, St. Vincent, Grenada, Trinidad, Tobago
Holland	Aruba, Curaçao, Bonaire, Südhälfte von Sint Maarten, St. Eustatius
Dänemark	Virgin Islands: St. Thomas, St. Croix, St. John

‚Französischen Antillen' im Vergleich zum ehemaligen Besitz bescheiden aus, wenn auch Inseln wie Martinique und Guadeloupe zu den größten des Raumes gehören.

Ungebrochen ist hingegen der französische Einfluss in Sprache, Orts- und topografischen Namen, Religion und Gebräuchen in der gesamten Karibik. Von Trinidad im Süden bis hinaus nach St. Thomas haben sich französische Kulturgruppen erhalten, das Patois (siehe auch S. 71 ff.) ist die übliche Umgangssprache, und die kreolische Kolonialarchitektur zeigt eindeutig französische Eleganz.

...durch die Dänen

Nur wenigen ist bekannt, dass in der frühen Neuzeit Dänemark zusammen mit Großbritannien und den Niederlanden eine der wichtigsten europäischen Seefahrer-Nationen war. Das enorm große Staatsgebiet des nordischen Königreichs umfasste im 17. und 18. Jahrhundert neben der Provinz Norwegen und nordatlantischen Ländern wie Island, Grönland und den Färöern auch ein tropisches Territorium, nachdem es 1655 St. Thomas und 1733 St. Croix erwerben konnte.

Zunächst im Sklavenhandel führend vertreten, verlegten sich die Dänen später durch ihre eigene Westindische Kompanie auf den Handel mit Kolonialwaren, bis schließlich die Inseln direkt der Krone unterstellt wurden.

Nordeuropäer in der Neuen Welt

Mit einigen Unterbrechungen gehörten die westlichen Jungferninseln bis 1917 zu Dänemark, als man sie für 25 Millionen Dollar an die USA verkaufte. Das dänische Erbe ist vor allem in den Namen und der Kolonialarchitektur von Städten wie *Charlotte Amalie*, *Frederiksted* und *Christiansted* lebendig.

...durch die Schweden

Auch die Schweden, durch den 30-jährigen Krieg für einige Zeit europäische Großmacht, waren bestrebt, bei der Kolonisierung in der Neuen Welt mitzuspielen, wenngleich nur in bescheidenem Rahmen. In Nordamerika gelangten sie 1638 an die Delaware-Bucht, wo ihre Kolonie ‚Neuschweden' einen kurzen Bestand hatte.

Im karibischen Raum profitierten sie von den traditionell guten Beziehungen zu Frankreich, mit dem sie im Austausch für Ankerrechte oder Handelserleichterungen Inseln als Kolonialbesitz erhielten, so 1793 Saint-Barthélémy, das sie erst 1877 an die Franzosen zurückgaben.
Heute noch kündet der schwedische Königsname der Hauptstadt ‚Gustavia' vom Engagement der Nordeuropäer.

..durch andere Europäer

Die bisher genannten europäischen Nationen waren nicht die einzigen, die Siedler und Soldaten auf die Antillen brachten.

In jenen verworrenen Tagen kamen beispielsweise katholische **Schotten** mit den Franzosen in die Karibik, Tausende von **Iren** wurden unter Cromwell nach Barbados deportiert, **Norddeutsche** und **Norweger** taten Dienst auf den Besitzungen Dänemarks, und französische **Hugenotten** und **Juden** suchten Zuflucht in den holländischen Kolonien.

Selbst die **Malteserritter** unternahmen bescheidene Kolonisierungsversuche (auf St. Croix). Interessant ist in diesem Zusammenhang die Besiedlungsgeschichte von Tobago, wo die **Herzöge von Kurland** 1639-1693 die Kolonie ‚Neu-Kurland' mit der Hauptstadt Jakobus (lettisch: *Jaunkurzeme*) etablieren konnten.

Neu-Kurland

Dort lebten neben Deutschen und Letten auch Skandinavier, Holländer, Engländer, Franzosen, Juden, Kariben und Gambianer aus Afrika als freie Bürger zusammen und formten für gewisse Zeit ein funktionierendes multikulturelles Gemeinwesen.

Übersicht: Aufhebung der Sklaverei

Kolonialmacht	Jahr
Dänemark	**1792**
England	**1833**
Frankreich	**1847**
Holland	**1863**
Spanien	**1880**

...durch die US-Amerikaner

Die USA konnten erst in dem Moment kolonisatorisch tätig werden, als sie selbst ihren kolonialen Status abgelegt und ihre Unabhängigkeit von Großbritannien erklärt hatten (1776): Als erster Staat der neuen Welt mischten sie sich dann jedoch sehr bald schon in die bis dato rein europäischen Auseinandersetzungen ein: Bereits 1776 versuchten sie, die Engländer von den Bahamas zu verdrängen. In der Folgezeit übernahmen die USA schrittweise die Großmachtrolle von den Europäern und betrachteten den gesamten karibischen Raum als ihr ureigenstes Interessengebiet.

Monroe-Doktrin: Berühmt wurde die Erklärung des US-Präsidenten James Monroe vom Dezember 1823, in der es hieß: „*Jede europäische Einmischung in die Angelegenheiten unabhängiger amerikanischer Regierungen und umgekehrt ist zurückzuweisen, und die Vereinigten Staaten von Amerika sind als Schutzmacht der mittel- und südamerikanischen Staaten anzusehen.*" Nach dieser so genannten ‚**Monroe-Doktrin**' war es nur konsequent, wenn US-Streitkräfte im 19. und 20. Jahrhundert bei Unruhen oder politischen Problemen mehrfach intervenierten, u.a. in Puerto Rico, der Dominikanischen Republik, in Kuba und in Haiti. Ein solches militärisches Eingreifen wird von Historikern als ‚**Neo-Kolonialismus**' bezeichnet, obwohl das betreffende Land ja nicht in den direkten Besitz der ‚Schutzmacht' überging, sondern nur ein ihr genehmes Regime eingesetzt wurde. Außerdem griffen die USA nicht nur ‚lenkend' ein, sondern erwarben damit auch Territorien, wie z.B. auf den Großen Antillen Kuba (1898-1902) und Puerto Rico (ab 1898).

USA – Schutzmacht der Karibik Ihren Fuß setzten die Amerikaner dauerhaft auf die Kleinen Antillen erst im Jahre 1917, als sie die westlichen Jungferninseln Dänemark abkauften. Kulturell ist die nordamerikanische Präsenz überall zu spüren, wobei dem Tourismus eine wichtige Rolle zukommt. Und die Auseinandersetzungen um Grenada in den 1980er Jahren zeigten, dass sich die USA nach wie vor als politisch-militärische Schutzmacht der Karibik verstehen.

Das 20. Jahrhundert

Auch auf den Kleinen Antillen waren die Auswirkungen der beiden Weltkriege nicht nur zu spüren, zusätzlich erlebte und erlitt der Raum tief greifende Veränderungen. Die **Emanzipation der ehemaligen Kolonien** war begleitet von blutigen Unruhen und sozialer Verunsicherung, von Tendenzen gleichzeitigen politischen Auseinanderstrebens und wirtschaftlichen Zusammenwachsens. Politisch blieb bis zur Hälfte des Jahrhunderts fast alles beim Alten, wenn man davon absieht, dass sich 1917 die Dänen als Kolonialmacht verabschiedeten und die USA auf den Jungferninseln an deren Stelle traten.

Wirtschaftlicher Wandel

Wirtschaftlich hatte die **Eröffnung des Panama-Kanals** im Jahre 1914 für die Kleinen Antillen große Bedeutung. Dadurch geriet der Inselbogen wieder in den Gesichtskreis der internationalen Schifffahrtslinien. ‚Passend' dazu entdeckte man 1910 auf Trinidad Erdöl, was sich sehr schnell in der Eröffnung großer Raffinerien (u.a. auf Curaçao und Aruba) niederschlug.

Da sich nun einige der lange vernachlässigten Eilande den großen Konzernen für Investitionen genauso wie als Spekulationsobjekte anboten, wurde die südliche Karibik wirtschaftlich differenziert in einen ‚entwickelten', industrialisierten und verhältnismäßig wohlhabenden Teil und in einen unterentwickelten, dessen einzige Lebensgrundlage der Zuckerrohranbau bleiben musste.

Langsam aber wurden die Kleinen Antillen auch als **tropisches Paradies für erholungsbedürftige Europäer und Amerikaner** entdeckt – die ersten touristischen Einrichtungen waren die Folge. Gesellschaftlich waren die Inseln selbst viele Jahrzehnte nach der Sklaverei noch vom überkommenen kolonialzeitlichen System geprägt, das der farbigen Mehrheit weder soziale Gleichberechtigung noch kulturelle Eigenständigkeit zugestand. Inzwischen hatte sich jedoch eine zwar kleine, aber aktive und politisierte Schicht farbiger Anwälte, Künstler und Intellektueller herausgebildet, die dafür sorgte, dass auch hier einiges in Bewegung geriet, die Farbigen ein **neues Selbst- und Klassenbewusstsein** bekamen und sich die Weißen immer häufiger von lieb gewonnenen und bequemen Verhaltensweisen verabschieden mussten.

Stellvertretend für viele sei hier nur der Schriftsteller **Aime Césaire** aus Martinique genannt, der in den 1930ern als Mitbegründer der so genannten **Négritude-Bewegung** in Erscheinung trat. Dadurch angeregt, entstand zunächst in den karibischen Industriestandorten eine politische Arbeiterschicht. Und die Wut über die diskriminierenden Lebensumstände machte sich u.a. auf Barbados und Trinidad in blutigen Aufständen Luft. Schließlich sah man auf den Antillen die ersten politischen Parteien, auf deren Fahnen der Begriff ‚Unabhängigkeit' stand.

Politische Emanzipation

In dieser Umbruchzeit brachte der beginnende **Zweite Weltkrieg** eine Periode militärischer Gefährdung und wirtschaftlicher Schwierigkeiten. Die Niederlande, von den Deutschen besetzt, konnten sich nicht um ihre Außenbesitzungen kümmern, was das **Auftauchen deutscher U-Boote** in den Gewässern der ABC-Inseln zur Folge hatte. Den Schutz der Inseln (und den des Panama-Kanals) übernahmen die USA. Ähnliches galt auch für die britischen Kolonien.

Während des Zweiten Weltkriegs

Währenddessen wurden Guadeloupe und Martinique zu potenziellen Unruheherden, da ihr gemeinsamer Verwalter, Admiral Georges Robert, nach der Niederlage Frankreichs zur deutschfreundlichen Vichy-Regierung übergegangen war. Amerikaner und Briten befürchteten nun, die Deutschen würden nicht nur U-Boote in Fort-de-France stationieren, sondern die französischen Antillen gleich als Operationsbasis besetzen.

Die deshalb in die Wege geleitete **Blockade** traf die Inseln ganz empfindlich, vor allem natürlich die farbige Bevölkerung. Eine Hungersnot größeren Ausmaßes konnte gerade noch abgewendet werden, indem Robert 1943 sein Amt niederlegte und die Gaullisten die Führung der französischen Antillen übernahmen.

Dennoch sollte die **prekäre wirtschaftliche Situation**, die auch die Nachbarinseln betraf, bis weit nach dem Krieg anhalten. Neben den Versorgungsnöten der Antillen darf nicht vergessen werden, dass viele Einwohner zum Militärdienst innerhalb der jeweiligen Kolonialmacht herangezogen worden waren – auf den europäischen Schlachtfeldern floss auch karibisches Blut!

Vielleicht lag es an den Erfahrungen des Krieges, den die Kolonien mehr oder weniger auf sich gestellt überstehen mussten, dass ab 1945 jene Stimmen sich mehrten, die eine völlige **Loslösung von den ‚Mutterländern'** befürworteten. Da auch ein großer Teil der öffentlichen Meinung in Europa auf die Lage der Antilleninseln aufmerksam wurde und nach einer anderen Politik verlangte, wurde man vor allem in London aktiv und suchte nach neuen administrativen Strukturen.

Dies war umso wichtiger, als die veränderte weltpolitische Lage nach dem Krieg inzwischen auch das **Interesse der Sowjetunion** für den karibischen Raum geweckt hatte. Denn nachdem auf Kuba die Revolutionstruppen Fidel Castros und Che Guevaras 1959 den Sieg über den verhassten Diktator Batista erringen konnten, war sozusagen ein sozialistischer Brückenkopf in der Region aufgebaut. Von nun an hatten alle Kolonien oder sonstwie abhängigen Staaten der Antillen ein politisches Modell vor Augen, das zumindest in der Anfangsphase Gleichberechtigung versprach und sich zur Nachahmung empfahl.

Vorbild Kuba

Der kubanische Sonderweg wurde zuletzt in Grenada vom charismatischen Führer Maurice Bishop kopiert, ein Experiment, das allerdings 1983 im Kugelhagel der Invasionstruppen unterging.

Für London ging es also darum, das Gefüge der englischsprachigen *Windward and Leeward-Inseln* politisch und wirtschaftlich neu zu strukturieren, ohne sie an den Sozialismus zu verlieren. Aus diesem Grund rief man 1958 die so genannte ‚**West-indische Föderation**' ins Leben, gab den einzelnen Mitgliedstaaten z.T. eigene Verfassungen und bot ihnen insgesamt die Unabhängigkeit an. Die wirtschaftlich stärksten Mitglieder der Föderation – Jamaika einerseits und Trinidad und Tobago andererseits – waren jedoch nicht bereit, sich einer westindischen Zentralregierung und einem gemeinsamen Steuersystem zu unterwerfen, und erklärten 1962 einseitig ihre Souveränität.

Von der Autonomie zur Souveränität

Nachdem solcherart die Idee der Föderation gestorben und 1966 auch das wirtschaftlich ebenfalls starke Barbados in die Unabhängigkeit abgesprungen war, blieb **eine Gemeinschaft der ‚Kleinen Acht'** übrig, die Großbritannien 1967 zu ‚assoziierten Staaten' (*West Indies Associated States*) machte – was eine autonome Regelung der inneren Angelegenheiten bedeutete, während die Außen- und Verteidigungspolitik in London verblieb. Das Ziel blieb jedoch der endgültige Schritt in die volle Souveränität, vor dem sich zunächst noch manche einheimische Politiker fürchteten, der von anderen aber herbeigesehnt und gefordert wurde.

Unabhängig wurde Grenada 1974, gefolgt von Dominica (1978), St. Lucia, St. Vincent und die Grenadinen (1979), Antigua (1981) und schließlich St. Kitts und Nevis (1983).

Caribbean unity: A 'do or die' effort

In den Schlagzeilen: Karibische Einheit

Innerhalb von wenigen Jahren war damit aus einem zusammenhängenden Kolonialgebiet ein System von Zwergstaaten geworden, deren politische Autonomie nichts mit wirtschaftlicher Lebensfähigkeit zu tun hatte. Deswegen gab es von Anfang an, neben den auseinander driftenden politischen Tendenzen, das Bestreben, den karibischen Raum wirtschaftlich zusammenzuschließen. Bereits ein Jahr nach der Etablierung der *West Indies Associates States* wurde von Antigua und Barbuda, Barbados, Guayana sowie Trinidad und Tobago 1968 die **Freihandelszone CARIFTA** (*Caribbean Free Trade Area*) gegründet, der sich später auch Anguilla, Belize, Dominica, Grenada, Jamaika, St. Kitts und Nevis, Montserrat, St. Lucia sowie St. Vincent und die Grenadinen anschlossen.

Wirtschaftliche Zusammenschlüsse

1973 wandelte man die CARIFTA in den **Karibischen Gemeinsamen Markt CARICOM** (*Caribbean Common Market*) um. Weitere Schritte auf dem Weg zu stabiler Einheit war die Gründung der **Karibischen Entwicklungsbank CDB** (*Caribbean Development Bank*) im Jahre 1969 und vor allem die Einrichtung der **Organisation of East Caribbean States** (OECS) im Jahre 1982.

Die OECS brachte die englischsprachigen Staaten Antigua und Barbuda, Dominica, Grenada, St. Kitts und Nevis, St. Lucia, St. Vincent und Grenadinen sowie die britische Kolonie Montserrat zusammen. Sie alle haben die gleiche Währung, den **East Caribbean Dollar** (EC$), und eine gemeinsame Zentralbank (vgl. dazu auch S. 44 f.).

Während aus dem ehemals britischen Raum nur Montserrat und die Jungferninseln ihren kolonialen Status (mit Selbstverwaltung) behalten haben, nahm die Geschichte der **Niederländischen Antillen** einen anderen Verlauf. Schon in der ersten Hälfte des Jahrhunderts war hier – vor allem durch die Shell-**Ölraffinerien** – ein Lebensstandard erreicht worden, der weit über dem karibischen Durchschnitt lag. Obwohl der materielle Wohlstand kaum wirtschaftliche Gründe für den Wunsch nach Unabhängigkeit entstehen ließ, konnten die Inselbewohner mit ihrem Status nicht zufrieden sein: Die farbige Mehrheit blieb diskriminiert, und selbst die Weißen waren, da sie z.B. nicht wählen durften, ‚Staatsbürger zweiter Klasse'.

Autonomie der Niederländischen Antillen

1954 schließlich erklärte Königin Juliane die volle administrative Selbstständigkeit der überseeischen Besitzungen. Auf den Inseln, die nun über ihre eigenen Angelegenheiten selbst bestimmen konnten und auch im Den Haager Parlament repräsentiert wurden, war die Herstellung sozialer Gerechtigkeit die dringlichste Aufgabe. Von den diesbezüglichen Missständen erfuhr die Weltöffentlichkeit durch jene Unruhen und **blutigen Arbeiteraufstände**, die 1969 Curaçao (Willemstad) erschütterten. Erst anschließend änderte sich die koloniale Einstellung der weißen Oberschicht und trat das Papiemento, die Verkehrssprache der Farbigen, gleichberechtigt neben das Niederländische.

Eine völlige Loslösung vom ‚Mutterland' hat dieser Prozess aber weder erreicht noch intendiert, u.a. auch, weil man von den chaotischen Zuständen im ehemals niederländischen Guayana, das sich 1975 zur unabhängigen ‚Republik Surinam' erklärt hatte, abgeschreckt wurde.

Der **Verbund der Niederländischen Antillen**, der zwei 900 km voneinander entfernte Inselgruppen umfasste (im Süden Aruba, Bonaire, Curaçao, im Norden Saba, St. Eustatius und Sint Maarten), bestand in dieser Form bis zum Jahre 1986, als sich Aruba abkoppelte und einen autonomen Sonderstatus (‚*status aparte*') erhielt. Innerhalb des Königreichs der Niederlande stehen demnach **die Niederlande**, die **Niederländischen Antillen** und **Aruba** gleichberechtigt nebeneinander.

Französische Übersee-Départements

Ähnliches gilt auch für die **Französischen Antillen**, deren Einwohner sich allerdings, trotz eines genauso hohen Anteils an Farbigen wie überall in der Karibik, als vollwertige Franzosen fühlen. Selbst zu Zeiten des Algerienkrieges gab es nie Loslösungsbestrebungen, die von einer breiten Schicht getragen worden wären. Zwar haben einige militante Gruppierungen dieses Ziel zum politischen Programm erhoben, aber diese scheinen doch eher in der Minderheit zu sein.

Seit 1946 sind Martinique und Guadeloupe durch den **Status eines Übersee-Départments** (*département d'outre-mer*) – genau wie die Insel La Réunion im Indischen Ozean oder jedes Département in Frankreich – auch **politisch gleichberechtigt**: Ihre Bürger genießen alle französischen Bürgerrechte und sind in Paris mit Abgeordneten und Senatoren vertreten.

Die beiden Verwaltungseinheiten der Französischen Antillen haben freilich eine völlig unterschiedliche Struktur: Während das Département Martinique praktisch nur aus einer Insel besteht, umfasst das Département Guadeloupe einen ganzen

Archipel, zu dem neben der Hauptinsel auch die Trabanten Les Saintes, Marie-Galante und La Désirade sowie die über 200 Kilometer weiter nördlich gelegene St. Barthélemy und St. Martin gehören.

Die **US Virgin Islands** schließlich sind seit dem überhastet durchgeführten und für die Bewohner schmerzlichen Verkauf durch Dänemark (1917) amerikanisches Territorium, ohne allerdings einen Bundesstaat zu bilden. Stattdessen unterstanden sie 1917-34 dem Marineministerium, von 1937 bis heute dem Innenministerium in Washington. Diese Art der kolonialen Verwaltung sowie soziale Gegensätze hatten 1969 Unruhen zur Folge.

US-amerikanische Inseln

Obwohl im gleichen Jahr durch den **Elective Act** die Institution der von Washington eingesetzten Gouverneure durch direkt gewählte ersetzt wurde, sind **viele ‚Virgin Islanders' mit ihrem politischen Status unzufrieden.** Dies wurde insbesondere im Jahr 1992 deutlich, als man auf dem ‚unincorporated territory' wieder einmal von den Präsidentenwahlen ausgeschlossen war.

> Saturday, March 21, 1917
>
> **JEWEL IN DANISH CROWN BECOMES PART OF U.S. FOR $25,000,000 IN GOLD**

Dänemark verkauft die Jungferninseln.

Außerdem beklagen die Bürger der englischsprachigen und völlig amerikanisierten Jungferninseln, dass man in der Frage, welcher der 51. Bundesstaat wird, in den USA dem zwar größeren, aber spanischsprachigen Puerto Rico bessere Chancen einräumt.

Der historische Überblick zeigt, dass die paradiesische Landschaft der Kleinen Antillen nicht gleichbedeutend ist mit paradiesischen Verhältnissen. Die brutale Eroberung, die Versklavung von Millionen von Schwarzen, die Ausnutzung der Plantagenarbeiter, der schmerzhafte Weg der politischen und kulturellen Emanzipation – all das ist mehr als bloße Vergangenheit. Der europäische Besucher muss sich immer darüber klar sein, dass er für die meisten Einwohner allein schon wegen seiner Herkunft ein Teil ihrer kolonialen Geschichte ist.

Historisches Erbe

Heute fühlen sich die Antillenbewohner nicht mehr als Holländer, Briten oder Amerikaner, sondern nennen sich selbstbewusst nach ihrer Insel Bajan, Tobagian, Grenadian oder Virgin Islander.
Der Tourist sollte dem Nationalstolz und neuen Selbstwertgefühl dieser freundlichen Menschen mit Sympathie gegenübertreten, sich nicht nur für ihre Natur, sondern auch für ihre Geschichte interessieren und tunlichst das hässliche Wort von den ‚Bananenrepubliken' vermeiden. Sicher ist der Fremdenverkehr für fast alle Inseln der Devisenbringer Nummer eins. Als Besucher daraus aber irgendwelche Privilegien ableiten zu wollen, hieße, den Werdegang des Gastlandes zu verkennen.

Wirtschaft

Aus der wirtschaftlichen Perspektive gesehen, haben die Antillen-Inseln enorme Probleme. Die politische Bedeutung der kleinen Karibik-Inseln ist jedoch zu gering, als dass dies Schlagzeilen machen würde. Daher ist die wirtschaftliche Situation auch nur den Wenigsten bekannt.

Oftmals ist der **Tourismus** zum wichtigsten Devisenbringer geworden und schwächt damit das Erscheinungsbild der Strukturkrise ab. Bei Inseln, die einen selbstständigen Staat bilden oder nicht so stark vom Tourismus profitieren, wie z.B. Dominica oder Montserrat, werden die wirtschaftlichen Probleme schnell deutlich. Sind sie hingegen Bestandteil europäischer Staaten oder der USA, werden ökonomische Schwachstellen vom ‚Mutterland' gesteuert und daher durch zahlreiche **Subventionen** überdeckt.

Trotzdem besteht kaum ein Zweifel, dass es auch zu Beginn des 21. Jahrhunderts mit der Wirtschaft der Kleinen Antillen nicht zum Besten steht: Die entwickelten, industrialisierten Inseln haben unter **schwankenden Ölpreisen** zu leiden; die vorwiegend agrarischen Inseln dagegen kämpfen ebenfalls mit **fallenden Weltmarktpreisen,** den **Schranken des europäischen Binnenmarktes** und der Ungunst ihres Naturraumes.

Kleiner Fischerhafen (Basse-Terre)

Für Inselbesucher, die den Tag eher am Strand verbringen oder Exkursionen in die Natur machen, ist es oftmals nicht gleich ersichtlich, dass ein kleiner Staat wie etwa Dominica als ein **Entwicklungsland** eingestuft werden muss. Die Insel ist zwar nicht übermäßig arm, gilt strukturell aber doch als ein Land der Dritten Welt mit all den dazugehörigen Problemen.

Schlechte Wirtschaftslage
Dazu gehören die Abwanderung breiter Bevölkerungsschichten in stärker entwickelte Gebiete, die zunehmende Verschuldung bei den Industrienationen und damit einhergehende Zinslast, die die Wirtschaft daran hindern, wieder auf die Beine zu kommen.

Ein Grund für die schlechte Wirtschaftslage ist sozusagen ‚hausgemacht': die **Zwergstaaterei**. Sie lässt funktionierende Volkswirtschaften schon auf Grund räumlicher Gegebenheiten nicht zu.
Es war bei weitsichtigen Politikern daher von Anfang an das Bestreben, bei aller politischen Selbstständigkeit, ökonomisch mit den Nachbarn zusammenzuarbeiten und einheitliche Wirtschaftsräume zu schaffen.

Ein wichtiger Schritt wurde dazu 1968 mit der Gründung der **CARIFTA** (Caribbean Free Trade Area) getan, die den stufenweisen Abbau der Zollschranken untereinander betreibt.

Den Gründungsmitgliedern Antigua und Barbuda, Barbados, Guyana, Trinidad und Tobago haben sich später Anguilla, Belize, Dominica, Grenada, Jamaika, St. Kitts und Nevis, Montserrat, St. Lucia sowie St. Vincent und Grenadinen angeschlossen.

Wirtschaftliche Zusammenschlüsse

Ein Jahr später nahm die **Entwicklungsbank CDB** (Caribbean Development Bank) mit Sitz auf Barbados ihre Arbeit auf. Zu ihren wichtigsten Mitgliedern zählen Barbados, Guyana, Kanada, Jamaika, Trinidad und Tobago, die USA und Venezuela. 1973 wandelte man nach dem Vorbild der EG die CARIFTA in den **gemeinsamen Markt CCM** (Caribbean Common Market) um.

1982 schließlich war das Gründungsjahr der **Organisation Ostkaribischer Staaten (OECS)**. Sie brachte sieben englischsprachige Staaten mit einer Gesamtfläche von knapp 3.000 km^2 und einer Bevölkerung von 530.000 Menschen zusammen.

Dieser Zusammenschluss war – bedingt auch durch den ‚Bananen-Boom' in den 1980ern – sehr erfolgreich: Während andere karibische Ökonomien stagnierten oder zurückgingen, verzeichneten die OECS-Staaten ein Wirtschaftswachstum von 5,5 Prozent und der EC$ wurde **die** stabile Währung aller karibischen Staaten.

Landwirtschaft

Mit wenigen Ausnahmen überwiegen Ackerbau und Viehzucht traditionell auf jeder Antilleninsel. Hinsichtlich der Früchte, des Gemüse, des Fleisches und Geflügels sind die meisten Staaten Selbstversorger und erhalten durch den entsprechenden Export auch Deviseneinnahmen.

Als ‚**Zuckerinseln**' kann man die Kleinen Antillen jedoch längst nicht mehr bezeichnen. Nach der Etablierung der nördlichen Zuckerrüben-Industrie, einer weltweiten Überproduktion und ins Bodenlose fallenden Weltmarktpreisen verschwand die einstige Monokultur sehr schnell, völlig z.B. auf Antigua, den Jungferninseln, St. Lucia oder St. Vincent.

Von den OECS-Staaten ist St. Kitts das einzige Land, das Zucker in die EU exportiert.

Eine nennenswerte Zuckerindustrie gibt es außerdem auf Guadeloupe

Rumdestillerie auf Guadeloupe

(staatlich subventioniert) und auf Barbados, das aber ebenfalls unter Fabrikstilllegungen und Streiks zu leiden hat.

Landwirtschaftliche Produkte

Ein aktiver Posten ist hingegen die Destillation von **Rum**, die vielen Inseln ‚über dem Wind' ein Zubrot sichert. Ähnlich wie mit dem Zucker verhält es sich mit Produkten wie **Kaffee, Kakao oder Gewürzen.**

Einer der größten agrarischen Hoffnungsträger war die Kultivierung von Bananen, die häufig die des Zuckerrohrs ablöste. Insbesondere für die OECS-Staaten ist dieser Wirtschaftszweig enorm wichtig. Dies ging gut, solange Großbritannien eine Abnahme- Garantie mit weit über dem Weltmarkt liegenden Preisen gegeben hatte, was für einen regelrechten ‚**Bananen-Boom**' sorgte.

Anfang der 1990er Jahre machten Bananen innerhalb der landwirtschaftlichen Importe in St. Lucia 91 Prozent, in Dominica 88 Prozent und in St. Vincent 70,2 Prozent aus.

Sorge macht den OECS-Ländern das immer weiter voranschreitende Zusammenwachsen Großbritanniens mit Europa, da der Inselstaat der Hauptabnehmer der Bananen war. Frankreich wird überwiegend aus den eigenen Übersee-Départements Guadeloupe und Martinique versorgt, Spanien und Portugal von den Kanaren und Madeira.

> **INFO** **Nach Deutschland kommen wenige Bananen aus der Karibik**
>
> Die Deutschen sind Europameister im Bananenverzehr. Dennoch: Kaum eine Banane, die ein Deutscher verzehrt, kommt aus der Karibik. Das liegt daran, dass generell nicht mehr so viele Bananen wie noch in den Neunzigern importiert werden – im Jahre 1992 war mit 1,38 Millionen t Bananen eine Rekordmarke erreicht worden. Zudem begann ein Streit zwischen der Europäischen Union und den USA über Importquoten für Bananeneinfuhren aus ehemaligen Kolonien verschiedener EU -Länder.
> Und seitdem steigen die Importpreise für Bananen deutlich an.
>
> Die überwiegende Menge der von Deutschland importierten Bananen stammen aus den süd- und mittelamerikanischen Ländern Ecuador (255.000 t), Kolumbien (214.000 t), Panama (210.000 t) und Costa Rica (195.000 t). Etwa 85 Prozent aller Bananeneinfuhren entfielen 1998 auf diese Länder, mit denen die OECS-Bananen nicht konkurrieren können. Sie wachsen in kleineren Plantagen, die Erträge sind viel geringer, die Anbauflächen wegen der gebirgigen Struktur schwieriger und die Lohnkosten höher.
>
> Die Einfuhren nach Deutschland aus Martinique und Guadeloupe (EU-Länder) und Spanien (mit den Kanarischen Inseln) betrugen 1998 knapp 60.000 t. Nur die Einfuhren aus Afrika spielen mit 13.000 t eine noch geringere Rolle.
>
> Quelle: Statistisches Bundesamt, Wiesbaden, 1999

Industrie und Bodenschätze

Da die Kleinen Antillen weder an Bodenschätzen reich sind noch einen lukrativen Binnenmarkt darstellen, sind die Versuche zur Industrialisierung bisher eher bescheiden ausgefallen. Eine **Ausnahme** bildet **Trinidad**, das mit seinen Erdölraffinerien, Asphalt- und Schwefelvorkommen 50 Prozent seines Bruttosozialproduktes erwirtschaftet.

Erdölindustrie

Die **Erdölindustrie** bestimmt oder bestimmte auch das Wirtschaftsleben von St. Croix und den ABC-Inseln zu großen Teilen mit. Zerstörungen durch den Hurrican ‚Hugo' (St. Croix), Stilllegungen und Rationalisierungen sorgten trotz Wiederaufbaus oder neuer Inbetriebnahme für einen starken Rückgang der Beschäftigungszahlen. Die Zukunft liegt auf den Antillen jedoch nicht in großindustriellen Anlagen, sondern in mittelständischen Betrieben mit Leichtindustrie. Dies zeigt das Beispiel der funktionierenden Industrieparks von Barbados.

Ihre elektrische **Energie** gewinnen die meisten Inseln in Ölkraftwerken. Da, wo es die Landstruktur und die Niederschlagsmenge zulassen, wie z.B. auf Dominica, entstehen immer häufiger Wasserkraftwerke.

Bau eines Hauses

Erfreulich ist auch die Zuwendung zu sanften Energieträgern: Insbesondere auf den Niederländischen Antillen ist eine Zunahme von Windgeneratoren und Sonnenkollektoren zu beobachten. Potenziell kann daneben auch die Erdwärme der vulkanischen Inseln genutzt werden, obwohl Versuche mit geothermischen Kraftwerken auf St. Lucia fehlgeschlagen sind.

Tourismus

Zweifellos wird zu Anfang des 21. Jahrhunderts der Fremdenverkehr auf allen karibischen Inseln, mit Ausnahme Trinidads, die größte ökonomische Rolle spielen. Schon lange ist er nicht mehr Spielbein, sondern Standbein der insularen Wirtschaft. Die Jungferninseln beispielsweise leben zu vier Fünfteln vom Tourismus.

Fremdenverkehr

Während die Karibik bisher traditionell das bevorzugte Reiseziel von Touristen aus den USA und Kanada ist, steigt seit der zweiten Hälfte der 1980er Jahre die Zahl der europäischen Besucher unaufhaltsam an. Dies ist für die Kleinen Antillen umso wichtiger, als der europäische Tourist mit 14,5 Tagen im Durchschnitt zum einen länger in der Region bleibt als der amerikanische mit 6,5 Tagen, dadurch zum anderen auch mehr Geld ausgibt und schließlich mehr über das ganze Jahr verteilt anreist.

Soziale Lage

Wer an einem beliebigen Tag einen Rundgang durch Antiguas Hauptstadt St. John's macht, wird die Diskrepanz deutlich sehen: Auf der einen Seite liegen die riesigen Kreuzfahrtschiffe, die jedes Gebäude der Stadt überragen und ein Pier mit klimatisierten Duty-free-Läden haben. Auf der anderen Seite hört dieser Luxus nur ein paar Häuser weiter auf, dort wirken die Straßenzüge bald ärmlicher und die Häuser werden kleiner.

Ein ähnliches Bild ergibt sich in Roseau auf Dominica, wenn ‚Cruiseship day' ist. In anderen Gebieten, vor allem auf Trinidad oder auf den Niederländischen und Französischen Antillen, ist der Eindruck zwar zunächst ein anderer und wird nicht selten von Villen und Parabolantennen geprägt.

Ein optimistischer Junge

Aber auch dort fallen starke soziale Gegensätze ins Auge. Hauptproblem ist die weit verbreitete Arbeitslosigkeit, die selbst im industrialisierten Trinidad fast 17 Prozent ausmacht.

Auch wenn der Tourismus der wichtigste Devisenbringer ist, kann er nur eine begrenzte Zahl von Arbeitsplätzen schaffen.

Zudem fließt ein Großteil des erwirtschafteten Geldes entweder zurück nach Europa oder Nordamerika, wo die meist ausländischen Investoren sitzen. Von dem Rest müssen erneut teure Importwaren für den Fremdenverkehr gekauft werden.

Die wenigsten karibischen Staaten waren in der Vergangenheit in der Lage, ein Sozialsystem europäischen Zuschnitts zu errichten. Insofern wird Arbeitslosigkeit nicht durch staatliche Zuwendungen in der Wirkung abgeschwächt. Trotzdem hat man in der Karibik nur selten den Eindruck von Tristesse, wirklicher Armut, Hunger oder Verzweiflung. Tatsächlich scheinen für das alltägliche Leben statistische Angaben wie ‚30 Prozent Arbeitslosigkeit' nicht so dramatisch wie hierzulande.

Fast alle Inseln bieten Fische, wild wachsendes Obst, Früchte und Gemüse zum Nulltarif. Und die Mehrzahl der Arbeitslosen leben auf dem Land, d.h. sie besitzen außer ihrem Häuschen ein kleines Grundstück, auf dem sie Gemüse anbauen können und manchmal einige Stück Vieh halten.

Landschaftlicher Überblick

Geologie und Landschaftsformen

Was ist eigentlich die Karibik?

Unter dem Begriff ‚Karibik' versteht man sowohl das sog. ‚amerikanische Mittelmeer' bzw. das Karibische Meer als auch jene Inselwelt, die dieses vom Atlantik abtrennt. Dabei ziehen sich die Karibischen Inseln als knapp **3.500 km langer, geschwungener Bogen von Kuba bis Aruba bzw. von Florida bis Venezuela** hin. Im Gradnetz des Globus findet man den Inselbogen zwischen 60° und 85° westlicher Länge und zwischen 10° und 12° nördlicher Breite.

Inselreich der Karibik

Die **Landfläche** aller Karibischen Inseln zusammengenommen, ist mit **234.000 km²** kleiner als die von Deutschland (355.872 km²).

Während im engeren Sinn die Karibik am nördlichen Wendekreis (12° 27') endet, zählt man den nördlicher gelegenen Archipel der Bahamas noch zur geografischen Einheit ‚Westindien' hinzu, die damit aus den Großen Antillen, den Kleinen Antillen und den Bahamas besteht.

Demgegenüber gehört der atlantische Außenposten der Bermudas weder zur Karibik noch zu Westindien.

Was sind die Antillen?

Die Antillen, die ihren Namen nach dem sagenhaften Land ‚Antilla' bekommen haben, werden wie folgt getrennt:

• Die **Großen Antillen** (*Greater Antilles*), die in Ost-West-Richtung aneinandergereiht sind, umfassen **Kuba, Jamaika**, Hispaniola (**Haiti und Dominikanische Republik**) und **Puerto Rico**. Ihre Landfläche macht **zusammen fast 90 Prozent der Fläche der Karibischen Inseln aus**.

Große...

• Die **Kleinen Antillen** (*Lesser Antilles*), die einen hauptsächlich in Nord-Süd-Richtung verlaufenden Bogen beschreiben, umfassen die kleinen Eilande der **Jungferninseln** im Norden bis **Trinidad** im Süden und von **Barbados** im Osten bis **Aruba** im Westen.

...und Kleine Antillen

Die Einteilung in Inseln ‚*unter und über dem Wind*' entstammt dem Sprachgebrauch spanischer Seefahrer, die nach ihrer Atlantiküberquerung zuerst auf jene Inseln stießen, die voll dem Wind (d.h. dem kräftigen Nordostpassat) ausgesetzt sind. Demnach liegt am ehesten (da am östlichsten) Barbados *über dem Wind*, dahinter aber die gesamte Inselkette von den Jungferninseln bis nach Trinidad *unter dem Wind*, d.h. völlig im geschützten Karibischen Meer, liegen die zu Venezuela gehörenden Inseln sowie die ABC-Inseln (Aruba, Bonaire, Curaçao). Die Begriffe ‚*Leeward Islands*' und ‚*Windward Islands*', die ja eigentlich lediglich die Lee- und Luvseiten meinen, sorgen für Verwirrung, da sie sich nicht an den Windverhältnissen, sondern an ehemaligen britischen Verwaltungseinheiten orientieren. Sie beziehen sich ausschließlich auf die Inseln *über dem Wind* und werden wie folgt unterteilt (jeweils von Norden nach Süden):

Inseln über dem Wind

- Zu den **Leeward Islands** gehören die Jungferninseln, Anguilla, St. Martin, St. Barth, Barbuda, Saba, St. Eustatius, St. Kitts, Antigua, Nevis, Montserrat und Guadeloupe.

- Zu den **Windward Islands** gehören Dominica, Martinique, St. Lucia, Barbados, St. Vincent, Grenadinen, Tobago und Trinidad.

Geologische Entwicklung

Der erdgeschichtliche Entstehungsprozess der Karibik ist teilweise sehr kompliziert, so dass auf alle Einzelheiten an dieser Stelle nicht eingegangen werden kann. Wichtig ist, dass die **Antillen nicht alle gleich alt** sind und nicht alle den gleichen Ursprung haben. Aus dieser Tatsache erklärt sich ihr unterschiedliches Erscheinungsbild, wenn man beispielsweise Bonaire, Dominica und Barbados miteinander vergleicht.

Geomorphologie

Bekanntlich ist das heutige Aussehen der Erde nur ein temporärer Zustand, wobei die Zuordnung von Kontinenten und Ozeanen in der Vergangenheit völlig anders war und sich zukünftig weiter verändern wird. Die auf großen Krustenschollen treibenden Land- und Meerstücke bilden ein Mosaik, bei dem einzelne Bausteine aufeinander stoßen, zerreißen und weiter wandern.

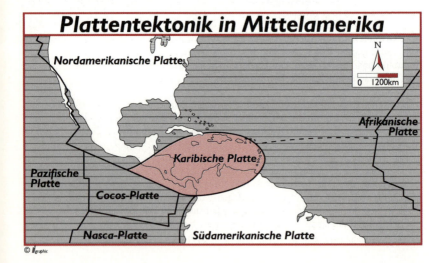

Die Kleinen Antillen – Land und Leute/Landschaftlicher Überblick

An den Nahtstellen der Schollen kommt es i.d.R. zu vulkanischer Tätigkeit. Von den heute auf der Erde existierenden zwölf Großplatten umgeben allein fünf (siehe Abb.) die verhältnismäßig kleine **Karibische Platte**, die sich in einer langsamen Nordbewegung befindet. Dabei kollidiert sie mit der nordamerikanischen oder atlantischen Platte, die sich unter die karibische schiebt (Subduktion) und ins Erdinnere drückt. Das dort aufgeschmolzene Gestein steigt als Lava nach oben und bildet vulkanische Gebirgszüge, deren über das **Wasser ragende Spitzen** die Antillen bilden.

Plattentektonik

Davor liegen sehr tiefe Gräben, die bis zu 9000 m hinabhängen. Weil dieser Prozess von Nordost nach Südwest fortschreitet, ist der **äußere Bogen der Inseln über dem Winde** (*St. Martin, Barbuda, Antigua, Marie-Galante, Barbados*) älter. Hier hat die vulkanische Tätigkeit aufgehört, die Erosion hat die Inseln abgeschliffen, und über den Inselkernen haben sich Korallenplateaus gebildet. Das bedeutet, dass diese Inseln nicht nur flacher sind und mit ihrer geringen Höhe weniger Niederschlag haben, sondern auch wegen des vorherrschenden Kalksteins mehr verkarstet und damit vegetationsärmer sind.

Der **innere Bogen** hingegen (*St. Barth, St. Kitts, Montserrat, Dominica, Martinique, St. Lucia, St. Vincent, Grenada*) ist das jüngste Produkt des Prozesses und damit vom **Vulkanismus** weit mehr betroffen. Aktiv ist dieser noch am Mont Pelée auf Martinique und an den Soufrières auf Guadeloupe, St. Vincent und Montserrat. Trotz der jüngsten Vulkanausbrüche auf Montserrat ist der bekannteste der des Mont Pelée im Jahre 1902, bei dem die Hauptstadt St. Pierre völlig vernichtet wurde und rund 30.000 Menschen in einer Glutwolke umkamen.

Solfatar auf St. Lucia

Fast gleichzeitig starben auf St. Vincent 1600 Menschen durch einen Ausbruch des Soufrière und wurden auf Guadeloupe weite Landstriche durch den Namensvetter verschüttet, der 1958 erneut und 1978 zum dritten Mal aktiv war. 1979 mussten auf St. Vincent Tausende von Menschen vor dem ausbrechenden Soufrière evakuiert werden, 1997 wurde die Stadt Plymouth auf Montserrat vollständig verschüttet.

Vulkanismus

Aber auch das Landschaftsbild der anderen genannten Inseln ist durch den reichen Formenschatz vulkanischer Tätigkeit geprägt: durch Fumarolen, Vulkanruinen und eingestürzte Krater (*calderas*), Schwefelquellen (*sulphur springs*) und heißes Erdwasser (*boiling springs, boiling lakes*). Die Insel St. Eustatius ist ein perfekter Vulkan-

Plattentektonik der Erde
- Vor 225 Millionen Jahren (Perm) -

Plattentektonik der Erde
- Vor 180 Millionen Jahren (Trias) -

Plattentektonik der Erde
- Vor 65 Millionen Jahren (Kreide/Tertiär) -

Plattentektonik der Erde
- Vermutlich in 50 Millionen Jahren -

kegel, und die zuckerhutförmigen *Pitons* auf St. Lucia, geradezu ein Wahrzeichen der Karibik, stellen Staukuppeln zäher Lava dar. Im Gegensatz zum flachen äußeren Bogen sind die Inseln des inneren Bogens steiler und höher (oft über 1000 m) und deswegen auch niederschlagsreicher. Die abregnenden Wolken haben hier eine überquellende Vegetation mit dichten Regenwäldern entstehen lassen.

Dieser Gegensatz ist am schönsten in **Guadeloupe** zu sehen, das von der Grenzlinie in der Mitte durchschnitten wird: Ihr flacher, verkarsteter Ostteil (*Grande-Terre*) gehört dem äußeren, der dicht bewaldete Westteil (*Basse-Terre*) mit seinem hohen Vulkan dem inneren Bogen an. Die bisher unerwähnten Inseln haben eine andere Entstehungsgeschichte:

Die Jungferninseln sind kleinere Trabanten der Großen Antillen, und, wie diese, Bestandteile der mittelamerikanischen **Kordilleren**. Zwar können sie bei weitem nicht die Höhen der benachbarten Inselgruppe erreichen (auf Hispaniola im Pic Duarte mit 3.175 m!), sind aber durchweg gebirgiger Natur.

Auch die Inseln *unter dem Wind* und die beiden südlichsten *Windward Islands* sind Ableger des sog. **Bruchfaltengebirges** der Kordilleren, allerdings der südamerikanischen: Dieser Gebirgszweig biegt in Venezuela östlich ab und findet seinen Weg über die ABC-Inseln bis nach Trinidad. Während er auf Bonaire, Aruba und Curaçao verwittert und von Korallenkalk überdeckt ist (d.h. kaum Niederschläge, Savannen- oder Wüstenvegetation), erreicht er im Norden Trinidads und im venezuelanischen Margarita immerhin Höhen von über 900 m.

Überhaupt besitzen Trinidad und Tobago insofern eine eigene Genese, als sie nicht aus erloschenen Vulkanen oder Korallenriffen entstanden sind, sondern erst in jüngster Zeit (vor ca. 9.000 Jahren) durch die Überflutung der ehemaligen Landverbindungen vom südamerikanischen Festland abgelöst wurden. Dass aber auch das Bruchfaltengebirge der Kordilleren letztlich plattentektonischen Hebungen und damit vulkanischen Prozessen zuzuordnen ist, beweist nicht zuletzt der Asphaltsee (*Pitch Lake*) auf Trinidad.

Das Meer

Wie schon erwähnt, haben die Inseln *über dem Wind* zwei verschiedene Meerseiten, nämlich eine atlantische und eine karibische, wobei sich die atlantische dem Nordostpassat entgegenstellt und damit i.d.R. rauer, gefährlicher und einer höheren Brandung ausgesetzt ist.

Die ständigen Passatwinde sind auch für die **Strömungsverhältnisse** im karibischen Raum verantwortlich, indem sie das ganze Jahr hindurch gewaltige Wassermassen vor sich hertreiben (Nordäquatorialstrom), die durch die Kanäle zwischen den Inseln in das Karibische Meer gepresst und dabei zusätzlich beschleunigt werden.

Kariben- und Golfstrom

Diese als Karibenstrom bekannte und etwa 2 bis 3 km/h schnelle **Oberflächenströmung** drängt an Kuba vorbei durch die Straße von Yucatán in den Golf von Mexiko und fließt dann, inzwischen 7 km/h schnell, an Florida vorbei in den Atlantik zurück, um als Golfstrom ein wenig des karibischen Warmwassers auch nach Europa zu bringen.

Als Ausnahmen von der Regel des allgemeinen Systems gibt es mehrere und nicht immer ungefährliche Strömungen, die unter lokalen Bedingungen entstehen. Vor allem auf der atlantischen Seite haben die Unterströmungen schon viele Opfer unter Schwimmern und Seglern gefordert.

Kaum spürbar sind in der Karibik hingegen ausgeprägte **Gezeiten**. Der Tidenhub, also die Differenz zwischen Ebbe und Flut, beträgt selten mehr als 30-40 cm. Die **Wassertemperaturen** um die Kleinen Antillen sind äußerst angenehm und fast gleichbleibend warm. Sie betragen an der Oberfläche bis zu 30° C im wärmsten und nie weniger als 25° C im kältesten Monat.

Warme Gewässer

Dagegen sind die **Meerestiefen** im karibischen Raum äußerst unterschiedlich. Viele küstennahe Gebiete sind sehr flach, weil sie eigentlich noch zu den Inseln bzw. zum Festland gehören und erst nach der letzten Eiszeit vom ansteigenden Meeresniveau überflutet wurden.

So ist z.B. der Golf von Paria zwischen Trinidad und Venezuela eine typische Flachsee, die die ehemalige Landverbindung überdeckt und kaum unter 40 m geht. Auf der anderen Seite ist die Karibische See insgesamt sehr tief und in mehrere 4.000-5.000 m hinabreichende Becken unterteilt. Der *Cayman-Graben* an der Südküste Kubas ist sogar 7.250 m tief.

Eine noch größere Wassertiefe besitzen die Gräben an der Außenseite der Antillen, wo sich die atlantische Platte unter die karibische schiebt. Da z.B. im *Puerto-Rico-Graben* der Meeresbogen bis max. 9.540 m absinkt, ergeben sich insgesamt sehr große Höhendifferenzen zwischen höchster Landspitze und tiefstem Seepunkt (bis zu 12.000 m!). Dies trifft aber weit eher für die Großen als für die Kleinen Antillen zu.

Tiefe See

Klima/Reisezeit

Das Thema ‚Wetter' in der Karibik ist – von den Wirbelstürmen einmal abgesehen – eines der erfreulichsten. Insgesamt stimmt nämlich das Klischee vom sonnigen, warmen und durch erfrischende Brisen nie zu heißen Urlaubsziel. Allerdings gibt es auch hier von Insel zu Insel Unterschiede, die durch die gebirgige oder flache Bodengestalt und die geografische Lage bestimmt sind.

Ganzjährig angenehme Temperaturen

Gemeinsam ist allen Antillen, dass klar unterscheidbare **Jahreszeiten** wie bei uns fehlen. Die Temperaturdifferenz zwischen dem wärmsten und dem kältesten Monat beträgt durchschnittlich höchstens 3.5° C, anders ausgedrückt: Es ist tagsüber selten heißer als 30° C und selten kühler als 25° C, also rund ums Jahr angenehm. Da der Unterschied zwischen der mittleren Tages- und Nachttemperatur größer ist als der zwischen Winter- und Sommertemperatur, spricht man von einem **Tageszeitklima**. Über die Temperatur entscheidet natürlich auch die jeweilige Höhenlage, wobei sich etwa je 1000 Höhenmeter die Durchschnittstemperatur um ca. 6° C verringert. Zwar kann es also beispielsweise auf dem *Morne Diablotin* auf Dominica oder dem *Soufrière* auf Guadeloupe etwas kühler werden, aber selbst in einer winterlichen Nacht sinkt dort die Quecksilbersäule nicht unter 15° C oder gar unter den Gefrierpunkt.

Ein weiteres gemeinsames Charakteristikum der Antillen ist ihre **Tag- und- Nacht-Gleiche**, d.h. dass die Tage und die Nächte gleich oder fast gleich lang sind. Abweichungen vom Merksatz, dass die Sonne das ganze Jahr um ca. 6.00 Uhr auf und um ca. 18.00 Uhr untergeht, sind nur bis höchstens 30 Minuten möglich. Die Dämmerung ist, anders als bei uns, sehr kurz. Nachdem der rote Ball der Sonne im Meer versunken ist, dauert es oft nur 15 Minuten, bis aus einem phantastischen Farbenspiel tief schwarze Nacht geworden ist.

Stetige Winde

Ungleich ist innerhalb der Karibik die Verteilung von Wind, Sonnenschein und Regen. Wie die Bezeichnung ‚Inseln unter und über dem Wind' schon aussagt, ist der Einfluss der **Passatwinde** mal mehr und mal weniger stark. Unter Passatwinden versteht man ganzjährig wirksame Luftbewegungen, die durch den Sog von subtropischen Hochdruckgebieten zu äquatorialen Tiefdruckgebieten entstehen. Eigentlich müssten die Passatwinde der nördlichen Halbkugel also ständig in Nord-Süd-Richtung wehen. Da die Luftströmung aber durch die Erdrotation nach Südost abgelenkt wird, weht der Wind von Nordosten her (deshalb: ‚*Nordostpassat*').

Nicht alle der Kleinen Antillen sind den Passatwinden gleichermaßen ausgesetzt: Trinidad z.B. liegt im Einzugsbereich des südamerikanischen Kontinentalklimas, das sich durch längere Perioden der Windstille auszeichnet. Aber auch auf die anderen Inseln über dem Wind haben die Passatwinde je nach Landschaftsprofil eine unterschiedliche Wirkung: Über die eher flachen Eilande (u.a. Barbados, Grenada, Barbuda und Nordost-Guadeloupe) ziehen die vom Passat angetriebenen atlantischen Wolken hinweg, während sie sich an den steileren Berghängen des inneren Bogens (u.a. Dominica, Martinique, St. Lucia, St. Vincent, Südwest-Guadeloupe) stauen und abregnen.

Womit wir beim Thema **Regen** wären! Allgemein kann bei den meisten Inseln von einer **winterlichen Trocken-** und einer **sommerlichen Regenzeit** gesprochen werden. Im **Winter** steht Ende Dezember die Sonne senkrecht (im Zenit) über dem südlichen Wendekreis, also südlich des Äquators und außerhalb unseres Reisegebietes. Dann ist dort Regenzeit, während in der Karibik **trockenes Hochdruckwetter** herrscht und der Nordost-Passat stark und gleichmäßig bläst. Im Sommer hingegen ist auf den meisten Inseln Regenzeit.

Verantwortlich für die Verteilung von Regen- und Trockenzeit ist der Zenitstand der Sonne, d.h. wann die Sonne senkrecht auf die Erde scheint. Dies ist in der Karibik im Hochsommer der Fall, und dann erwärmt sich hier auch die Erde am stärksten.

Viele Niederschläge im Sommer

Die nicht nur warme, sondern auch sehr feuchte Luft steigt hoch in die Atmosphäre auf und wird dabei abgekühlt. Kältere Luft aber kann nicht so viel Wasser speichern wie warme Luft. Die Folge: Im **heißen Sommer** (normalerweise von Mai/Juni bis Oktober/November) gehen immer wieder **heftige Regenschauer** nieder, die für z.T. sehr hohe Niederschlagsmengen sorgen.

Der tropische Regen hat nichts mit unserem Dauer- und Nieselregen zu tun, und der manchmal benutzte Begriff ‚Regentage' mag missverständlich sein. Denn tatsächlich unterscheidet sich die tägliche Sonnenscheindauer der Regenzeit nur unwesentlich von der der Trockenzeit. Das bedeutet, dass der **Niederschlag in ziemlich heftigen, aber auch kurzen Wolkenbrüchen** niedergeht und dass es zwischendurch immer wieder aufklart. Durch diesen Wechsel bekommt die Regenzeit ihren eigenen Reiz. Niemand, der in dieser Zeit in der Karibik war und vielleicht mit kleinen Flugzeugen von Insel zu Insel geflogen ist, wird die **phantastischen Wolkenformationen** vergessen, die man nur im Sommer beobachten kann. Die Regenzeit bringt zwangsläufig eine erhöhte Luftfeuchtigkeit mit sich. Am Meer jedoch wird die Schwüle durch den Passatwind gemildert.

Natürlich gibt es auch hier Ausnahmen von der Regel. So geriet ich auf einer meiner Recherche-Reisen während des Monats November, also weder im Sommer noch in der ‚Hurrican-Saison', auf St. Vincent in einen gut 30 Stunden anhaltenden Dauerregen, der von heftigen Windböen begleitet war. Die Folgen: umgeknickte Bäume, unpassierbare Straßen, Wassereinbrüche ins Hotelzimmer, totaler Stromausfall, zwei weggeschwemmte Häuser, Bergrutsche. Da der Flughafen von Schlammmassen beeinträchtigt wurde, konnte zwei Tage lang kein Flugzeug landen oder starten, wodurch der gesamte karibische Fahrplan, etwa der Fluggesellschaft LIAT, völlig ins Wanken geriet. Ähnliches hatte sich zeitgleich auf Guadeloupe, St. Lucia und Dominica abgespielt.

Unwetter

Die ABC-Inseln nehmen hinsichtlich der Niederschlagsmenge eine Sonderrolle ein. Auch hier weht der Wind, der allerdings kaum noch feuchte Luftmassen herantransportiert. Außerdem sind diese Inseln relativ flach, so dass auch kein Steigungsregen auftreten kann. Zwar ist deswegen das Problem des Wassermangels auf Aruba, Bonaire und Curaçao akut, dafür sind diese Inseln aber in anderer Hinsicht begünstigt: Die gefürchteten Hurricans ziehen so gut wie immer an ihnen vorbei.

Wassermangel

Sonne satt!

Wenn man die durchschnittliche **Sonnenscheindauer** pro Jahr vergleicht, wird deutlich, dass der Unterschied zwischen den gebirgigen und flacheren Inseln gar nicht so ausgeprägt ist. Barbados etwa, das in seiner Relation von Luftfeuchtigkeit, Niederschlag und Sonnenschein als ideal gilt und dem das gesündeste Klima in der gesamten Karibik zugesprochen wird, kommt auf 3000 Sonnenscheinstunden, das sehr viel höhere und regenreichere Martinique hingegen auf immerhin noch 2750 Sonnenscheinstunden – weit mehr als in Deutschland jemals zu erwarten wären!

Hurricans

Etwa 10-20 der gefürchteten Wirbelstürme suchen jedes Jahr die Karibik heim, und zwar meist in den Monaten August bis Oktober. Wer die Bilder durch die Luft wirbelnder Autos, wegradierter Städte, umgestürzter Strommasten und weit aufs Land geworfener Schiffe gesehen hat, mag erahnen, welche Auswirkungen solch ein Hurrican für die betroffene Bevölkerung hat. Die Bedeutung wirklich verstehen kann nur der, der einen Hurrican mit Gefühlen von Ohnmacht und Todesangst erlebte.

Der Name ‚Hurrican' stammt aus der Indianersprache der Arawaken und bedeutet so viel wie ‚Windgott' oder ‚böser Geist des Windes'. Wirbelstürme sind aber ein Charakteristikum der Tropen allgemein und tragen je nach Region unterschiedliche Namen. In Ostasien wird ein solcher Wirbelsturm *Taifun*, in Australien *Willy-Willy* und im Indischen Ozean (wie auch im karibischen Raum) *Zyklon* genannt.

Unvorstellbare Naturgewalt

Um die Hurricans eines Jahres zu unterscheiden, werden sie in alphabetischer Reihenfolge benannt. Auf diese Weise sind die schlimmsten Wirbelstürme der letzten 30 Jahre unter harmlos klingen Vornamen bekannt: *Flora* (1963), *Cleo* (1964), *Betsy* (1965), *Ines* (1966), *Francelia* (1969), *Eloise* (1975), *Greta* (1978), *David* und *Frederick* (1979), *Allen* (1980), *Gilbert* (1988), *Hugo* (1989), *Andrew* (1992) und *Iris* (2001).

Die Hurricans stoßen meist im Südosten auf die Antillen und setzen ihren Weg – i.d.R. in einer schwer vorhersagbaren **Zickzack-Linie** – in nordwestlicher Richtung fort. Die meisten enden jenseits des Golfs von Mexiko im Süden der USA oder auch in Mexiko. Wenn sie, bis zu 20 m hohe Wassermassen einhertreibend, auf die karibischen Inseln treffen, spielen sich **unvorstellbare Szenen von Naturgewalt** ab, der der Mensch nichts entgegenzusetzen weiß. Deshalb fürchten sich die Einwohner vor ihnen mehr als vor Vulkanausbrüchen und Erdbeben. Noch lange nach einem solchen schrecklichen Ereignis wird die Zeit eingeteilt in ‚vor' oder ‚nach dem großen Sturm', und immer noch gibt es Alte, die ihrer Zuhörerschaft vom ‚Jahrhundertzyklon' des Jahres 1928 erzählen müssen.

Mit Ausnahme der ABC-Inseln und dem südlichen Trinidad hat jede Insel in unserem Jahrhundert Bekanntschaft mit mindestens einem schrecklichen Hurrican machen müssen, dessen Wunden noch nicht verheilt sind.

Ein eigenes Warnsystem besitzt kein einziger karibischer Staat – allerdings geben die USA ihre Erkenntnisse weiter, die sie durch Luftaufklärung und Satellitenaufnahmen gewinnen.

INFO: Wie entsteht ein Hurrican?

Hurricans entstehen über den tropischen Meeren, wenn das Oberflächenwasser eine Temperatur von mindestens 26° C hat und stark verdunstet. Dies ist in der heißesten Jahreszeit der Fall, über dem Atlantik in den Monaten August bis Oktober. Die warme, feuchtigkeitsgeladene Luft steigt rasch in große Höhen empor, wo sie abgekühlt wird.
Dies wiederum führt zu gigantischen Quellwolken, die sich in heftigen Gewittern und heftig niedergehendem Regen entladen. All dies kreist um ein Tiefdruckgebiet (= Zyklon) in immer schneller werdenden Wirbeln, die ab einer Geschwindigkeit von 60 km/h ‚Tropensturm' genannt werden. Dieser orkanartige Wirbelsturm ist zunächst noch ein senkrecht stehendes System, das aber durch die Erdrotation in eine Schieflage gerät bzw. umkippt und sich vorwärts bewegt. Im Zentrum des Orkans sinkt der Luftdruck extrem ab.

Wenn sich die geballten Luftmassen und Wolkentürme, die im Durchmesser bis zu 800 km betragen können, mit mehr als 120 km/h um die eigene Achse drehen, spricht man von einem Hurrican. Allerdings kann sich die Drehgeschwindigkeit bis 230 km/h steigern, während im ‚**Auge des Hurricans**' Windstille herrscht. Dieses ganze System wandert mit einer Geschwindigkeit von 20-50 km/h über die Wasserflächen, aus denen es immer wieder mit feuchter Luft gespeist wird. Trifft der Hurrican auf Land, zieht er mit seiner verheerenden Kraft eine Spur der Verwüstung, bis ihm schließlich ‚die Luft ausgeht'.

Allerdings sind die Landflächen der Antillen oder auch Floridas nicht groß genug, um eine ernsthafte Schwächung des Wirbelsturms herbeizuführen. Er zieht über sie hinweg und erholt sich wieder über dem offenen Meer.

Das besondere Interesse der USA an der Richtung der Wirbelstürme ist leicht erklärbar: Schließlich ist es das amerikanische Festland, wo die meisten Hurricans ihren Weg beenden.
Wie machtlos aber selbst ein so hoch entwickeltes Land ihnen gegenübersteht, zeigt die Geschichte von *Andrew* im Jahre 1992, der auf den Bahamas und in Florida eine Schneise der Verwüstung hinterließ und in Florida für die Evakuierung von einer Million Menschen verantwortlich war.

Katastrophale Folgen

Allein dort forderte der Wirbelsturm 15 Todesopfer, mehr als 50.000 Obdachlose und einen Sachschaden von rund 20 Milliarden US$.
Nachdem *Andrew* Florida heimgesucht hatte, raste er mit 270 km/h über den Golf von Mexiko auf die Küste Louisianas und die Metropole New Orleans zu. Innerhalb von 60 Stunden mussten dort zwei Millionen Menschen evakuiert werden.

Reisezeit

Die Gefahr, in einen Hurrican zu geraten, ist zwischen August und Oktober zwar gegeben, aber für den einzelnen doch so gering, dass sich keiner davon abhalten lassen sollte, seinen Urlaub in diese Zeit zu legen. Als **Reisezeit kommt also das ganze Jahr** in Frage.

Sicher: Die winterliche Trockenzeit sagt dem Besucher aus den gemäßigten Breiten vielleicht mehr zu als die Regenzeit, aber die Chancen, unangenehm schwüle oder total verregnete Ferien zu erleben, sind auch dann äußerst gering. Abgesehen davon ist die ideale Reisezeit nicht nur eine Frage des Wetters. Denn wenn es in unseren Breiten grau, kühl, regnerisch oder verschneit ist, locken die Kleinen Antillen mit ihrer Bilderbuchseite.

Hochsaison Weihnachten

Es ist leicht einzusehen, dass im europäischen-nordamerikanischen Winter und vor allem in den **Weihnachtsferien** daher die Preise enorm anziehen. Die Urlaubsdestination Karibik ist in dieser Zeit also nicht nur teuer, sondern auch ziemlich voll.

Tipp
*Besuchen Sie die Kleinen Antillen, wenn Sie es zeitlich einrichten können, bevor der Trubel losgeht: **Ende November/Anfang Dezember**, oder wenn er wieder abgeflaut ist, im Februar/März. Das Wetter ist stabil, die Kosten vor Ort sind geringer, und viele Reiseveranstalter locken mit Sonderpreisen.*

Das Klima auf den Kleinen Antillen

Die Temperaturunterschiede zwischen den einzelnen Inseln sind relativ gering. Grundsätzlich gilt, dass auf den Inseln im Süden (Trinidad und Tobago, ABC-Inseln) die Temperaturen im Durchschnitt ca. 3-4 °C höher liegen als auf den nördlichen Inseln der Kleinen Antillen.

Übersicht: Klima im Bereich der Kleinen Antillen

	Jan.	Feb.	März	April	Mai	Juni	Juli	Aug.	Sep.	Okt.	Nov.	Dez.
Durchschnittstemperaturen in Grad Celsius	23,5	23,5	24	24,9	25,9	26,7	26,7	26,7	26,6	25,9	25,3	24,7
Jahresdurchschnitt	25,3 Grad Celsius											
Regen in mm	98	55	64	119	156	130	193	206	246	230	221	128
Jahresdurchschnitt	846 Millimeter											
Anzahl der Regentage	20	16	16	17	19	21	25	22	23	22	22	23
Jahresdurchschnitt	246 Tage											
Relative Luftfeuchtigkeit in Prozent	80	70	76	77	79	79	80	81	82	84	84	81
Jahresdurchschnitt	80 Prozent											
Sonnenstunden	23,5	23,5	24	24,9	25,9	26,7	26,7	26,7	26,6	25,9	25,3	24,7
Jahresdurchschnitt	2737 Stunden											

Flora und Fauna

Die Kleinen Antillen erwarten den Besucher mit einer manchmal kargen, meistens aber **überquellenden Vegetation**, die die Lebensgrundlage eines **reichen Tierbestandes** ist.

Allgemein gilt: Blumen, Sträucher und Bäume wachsen auf den Antillen in einer **atemberaubenden Pracht**, und was dazwischen kreucht und fleucht, ist oft nicht minder exotisch, interessant und oft nur hier in freier Wildbahn anzutreffen. Allein das Kennenlernen der Flora und Fauna lohnt die Reise!

Artenreiche Tier- und Pflanzenwelt

So schön die Pflanzen- und Tierwelt der Karibik ist, so gefährdet ist sie auch. Der Tourismus spielt dabei eine nicht unerhebliche Rolle. Seit Jahrzehnten wird nicht nur von Wilderern Jagd auf die seltensten Arten gemacht, um die Nachfrage von Zoos und privaten ‚Liebhabern' in Europa und Nordamerika zu befriedigen. Viele Besucher betätigen sich selbst sogar in diesem Geschäft und versuchen, Pflanzen oder Tiere zu schmuggeln. Manchmal ist es nur reine Neugier oder Unachtsamkeit, die Taucher und Schnorchler veranlasst, farbenprächtige Korallen anzufassen und abzubrechen, manchmal aber auch ungebremster ‚Trophäen'-Sammeltrieb. Beides hat schon einige der schönsten Riffgebiete zu Unterwasser-Brachlandschaften verkommen lassen.

Schmuck aus Korallen, Schneckengehäusen und Muscheln wird vielerorts auch von ‚fliegenden Händlern' und auf Touristenmärkten angeboten. Durch diesen touristischen Ausverkauf stehen einige der seltenen Arten in karibischen Gewässern vor dem Aussterben. Man sollte daher nicht bedenkenlos kaufen, was angeboten wird. Glauben Sie den Händlern nicht unbedingt, wenn sie behaupten, es handele sich um Import-Ware. Außerdem verweigert der deutsche Zoll die Einfuhr von Tieren oder Tierprodukten, die dem Artenschutzabkommen unterliegen. Davon betroffen sind u.a. Schildplatt- Gegenstände und Panzer von Seeschildkröten.

Gefährdetes Paradies

Hinweis
Deswegen die dringende Bitte: Nehmen Sie die Tatsache, dass Umweltschutz in vielen Inselstaaten noch kleingeschrieben wird, nicht zum Anlass, ebenfalls leichtfertig die Natur zu (zer)stören, sondern gehen Sie mit gutem Beispiel voran. Nähern Sie sich nicht um eines schönen Fotos willen den Brut- und Nistplätzen gefährdeter Tierarten. Kaufen Sie keine Souvenirs, die aus gefährdeten Tier- und Pflanzenarten hergestellt sind und erst recht keine lebenden Tiere. Verzichten Sie auf das Harpunieren von Fischen oder das Abbrechen von Korallen. Bitte helfen Sie mit, die Karibik als Paradies zu erhalten!

Flora

Die Flora ist auf den Kleinen Antillen überall da gleich, wo gleiche oder ähnliche Bedingungen hinsichtlich der Niederschlagsmenge, der insularen Oberflächenstruktur und der Windverteilung herrschen. Vor allem der innere Bogen der *Inseln über dem Wind* besitzt eine ähnliche Vegetation. Hier haben sich auch Restbestände der tropischen Urwälder erhalten, aus denen vor der europäischen Kolonisierung die

Tropen-hölzer

Pflanzenwelt hauptsächlich bestand. Die meisten der einst berühmten Baumkönige (**Mahagoni-, Ebenholz-, Brasilholz-Bäume**) sind wegen ihres Wertes als harte Nutz- und Farbhölzer fast vollständig abgeholzt worden. Wanderungen durch den Regenwald sind möglich, am schönsten auf Dominica, durch kleinere Bestände auch noch auf St. Vincent, Guadeloupe, Martinique, St. Lucia, Tobago und Trinidad. Hier kann man sich einen guten Eindruck vom ursprünglichen Aussehen der Antillen verschaffen. Ansonsten ist dieses mehr und mehr durch Kulturpflanzungen bestimmt, seit die ersten europäischen Siedler Saatgut mitbrachten und mit Erfolg anbauten.

Bleiben wir aber zunächst noch bei den Bäumen: Wenn es eine Baumfamilie gibt, die sofort mit der Karibik assoziiert wird, dann ist das natürlich die **Palme**. Tatsächlich ist diese Familie mit etlichen Arten in Westindien vertreten, von denen aber nicht alle einheimischen Ursprungs sind. Auch ist mancher Besucher, der ausschließlich palmengesäumte Strände erwartet, vom ebenso häufigen Vorkommen von Kasuarinen überrascht. Nicht eingeführt, sondern auf den Antillen heimisch, ist die bis zu 25 m hohe **Königspalme** (*Royal Palm*), die besonders gut auf Kuba gedeiht. Man erkennt sie an ihrem in der Mitte verdickten Stamm und den bis zu 8 m langen Wedeln.

Der ‚Baum der Reisenden'

Noch höher, nämlich bis zu 45 m, kann die **Kohlpalme** (*Cabbage Palm*) werden. Mit ihrer verdickten Basis schmückt sie oft die Alleen der alten Plantagenhäuser. Sie ist vielseitig nutzbar (u.a. für Korbflechter) und liefert einen nahrhaften ‚Kohl'.

In dichten Büschen kommt die **Rotstielpalme** vor, während die kleine **Bethelnusspalme** eine Einzelgängerin ist. Natürlich darf die **Kokosnuss-Palme** (*Coconut Palm*) nicht fehlen, die häufig in Hotelgärten und am Strandsaum zu finden ist. Sie stammt allerdings nicht aus der Karibik, sondern kommt aus Südostasien, von wo sie sich durch übers Meer treibende Früchte oder mit menschlicher Hilfe verbreitet hat.

Auch der herrliche ‚**Baum der Reisenden**' (*Travellers Tree, Ravenal*) ist ein Import-Gewächs. Dieser aus Madagskar stammende Baum bekam seinen Namen, weil sich durstige Reisende an dem in seinen Blättern gespicherten Wasser laben können. Bisweilen kann man auch die in Afrika beheimateten **Affenbrotbäume** entdecken. Wie allerdings deren größtes Exemplar – ein knorriges und schätzungsweise 1000 Jahre altes Ungetüm von 18 m Umfang – nach Barbados geraten ist, bleibt ein botanisches Rätsel.

Bekannt hingegen ist die Geschichte des **Brotfruchtbaums** (*Breadfruit Tree*), dem wohl sagenumwobensten Gewächs, das die britische Kolonialmacht einführte. Er fand seine Verbreitung über Westindien, nachdem ihn der berüchtigte Kapitän Blight (der von der ‚Bounty') von Tahiti nach St. Vincent brachte. Die grünen, kugelartigen Brotfrüchte – eigentlich eher eine auf Bäumen wachsende Gemüseart – waren für die Lebensmittelversorgung der Sklaven von Ausschlag gebender Bedeutung.

Nicht aus der Südsee, sondern aus der alten Welt wurden der **Flammenbaum** (*Flamboyant*) und aus Afrika der **afrikanische Tulpenbaum** eingeführt.

Um aber wieder zu den **einheimischen Bäumen** zurückzukommen: Da haben wir beispielsweise den **Frangipani** oder **Pagodenbaum**, ein phantastisch blühender, etwa 10 m hoher Tropenbaum mit einem betörenden Duft oder den von goldgelben, glockenförmigen Blüten übersäten **Goldbaum** (*Golden Trumpet Tree*). Das harte Holz dieses bis zu 15 m hohen Begoniengewächses wird für stabile Konstruktionen und sein gelber Farbstoff als Medizin benutzt. Zu gigantischen Bäumen mit Luftwurzeln wachsen auch mehrere **Feigenbaum-Arten** (z.B. *Ficus Benjamin*) heran, die bei uns mit viel Mühe höchstens Wohnzimmerhöhe erreichen. Der Insel Barbados haben die Luftwurzeln, die wie ‚Bärte' aussehen, sogar den Namen eingebracht.

Handballgroße Früchte: der Affenbrotbaum

Überquellende Vegetation

Achtung
*Weniger angenehm hingegen ist der **Manzanillo-Baum** (auch: Manzinella-Baum, Manchineel Appletree), ein hochgiftiges Wolfsmilchgewächs, dessen Früchte schon die ersten Konquistadoren ‚Apfel des Todes' nannten. Aber nicht nur die Früchte, die tatsächlich wie kleine grüne Äpfel aussehen, sind gefährlich (von Verätzungen der Haut bis hin zu Lebensgefahr!), sondern auch die Rinde und die Blätter. Sogar Regentropfen, die von seinen Blättern fallen, können noch Verbrennungen hervorrufen. Deswegen hat man auf vielen Inseln versucht, den meist am Strand vorkommenden Manzanillo-Baum auszurotten oder wenigstens durch eine deutliche Markierung auf seine Gefährlichkeit hinzuweisen.*

Schön ist dagegen der **Kanonenkugelbaum** (*Canonball Tree*), ein mittelgroßer, schwer duftender Laubbaum mit 8 kg schweren kugeligen Früchten und schönen Blüten. Der **Palisander** oder **Jacaranda** ist allein mit 40 Arten auf den Antillen vertreten. Sein dunkelrotes und angenehm duftendes Holz wird gern für Schnitzarbeiten verwendet. Es ist unmöglich, auch nur ansatzweise die wichtigsten und schönsten Exemplare der tropischen Pflanzenwelt zu nennen. Botanisch Interessierte werden

Mangroven am Indian River auf Dominica

begeistert sein, vielleicht sogar ein wenig neidisch: Denn das, was hierzulande nur unter aufopferungsvoller Pflege zu bescheidener Größe gelangt, wächst dort in überquellender Fülle und wuchernden Dimensionen. Der **Weihnachtsstern** (*Pointsetia*) etwa wird auf Nevis, Grenada und anderswo bis zu 4 m hoch, ähnlich der **Regen- oder Schirmbaum** mit seinen orangefarbenen Blüten, etliche **Gewürzbäume** und **-sträucher, Bambusarten, Drachenbäume, Philodendren** und **Baumfarne**.

Ein Strauch (Familie der Johannisbrotbaumgewächse) – aber einer, der bis zu 6 m hoch wird – ist auch die **Zwerg-Poinciane**, deren englischer Name ‚*Pride of Barbados*' schon eines ihrer Hauptverbreitungsgebiete nennt. Mit ihren flammend roten Blütenständen gilt sie bei Kennern zu Recht als der schönste Strauch der Tropen. In ihrer Farbenpracht stehen dem allerdings die einheimischen **Orchideenarten, Heliconien**, die **Königin der Nacht, Hibiskus, Flamingo-Blumen** u.v.m sowie importierte **Oleander, Bougainvilleen** etc. kaum nach.

Eine der eigenartigsten Vegetationsformen der Tropen stellen die **Mangroven** dar. Als Pioniere unter den Bäumen ist es ihnen gelungen, im Einflussbereich von Salzwasser zu gedeihen, wo sie mit ihren Stelzwurzeln in Flussmündungen oder Lagunen undurchdringliche Dickichte bilden. In dieser schwer zu besiedelnden Zone zwischen Meer und Festland mussten die Mangroven eine spezifische Strategie des Überlebens und der Fortpflanzung entwickeln: Da der Samen bereits an der Mutterpflanze gekeimt hat, spricht man hier von einer ‚Lebendgeburt' (*Vivipare*). Gegen Überdosen an Salz schützen sie sich durch Wasser speichernde Blätter (*Succulenten*), die im Bedarfsfall Süßwasser an die Zellen abgeben.

Bäume im Salzwasser

Die durch Mangroven gebildeten Biotope zeichnen sich durch einen großen Artenreichtum tierischen Lebens aus, wobei viele Kreaturen (u.a. verschiedene Krabbenarten und Schlammspringer) eine ähnliche, amphibische Überlebenskunst an den Tag legen. Mangrovensümpfe sind längst nicht auf allen Inseln der Kleinen Antillen anzutreffen. Die größten Areale gibt es auf Trinidad, aber auch auf Guadeloupe, Martinique, Dominica und St. Vincent findet man sie.

Eine völlig andere Vegetationsform bilden die **Kakteen**, die in trockenen (*ariden*) Gebieten durchaus auch Baumhöhe erreichen können. Sie kommen vor allem auf den Inseln unter dem Wind vor, deren Wüsten- und Savannenklima nur Dornbüsche zulässt und wo sie zwischen **Agaven** und vielen Kakteenarten als Kugel-, Säulen- und Kandelaberkakteen wachsen.

Früchte und Obst

Von eingeführten **Nutzpflanzen** wie dem Brotfruchtbaum war schon die Rede. Doch gab und gibt es auch heimische Nutzpflanzen, die bereits lange vor der Zeit der Europäer von den westindischen Ureinwohnern kultiviert wurden. Dazu gehören **Maniok**, **Ananas**, **Guyave**, **Cashewnüsse**, **Paprika**, **Pepperoni** und natürlich **Tabak**. Nicht vergessen werden dürfen daneben die vielen Gewächse, die man medizinisch nutzen konnte.

Viele davon sind noch heute Bestandteile pharmazeutischer oder kosmetischer Artikel, wie z.B. **Aloe Vera**.

Aus der Alten Welt eingeführt wurden u.a. **Zitrusfrüchte**, **Muskat**, **Kaffee**, **Kakao**, **Vanille**, **Nelken**, **Piment** und **Zimt**, die auf vielen Antilleninseln ideale Wachstumsbedingungen fanden. **Reis** baut man mit Erfolg in Trinidad an.

Wie im Garten Eden: frische Früchte am Straßenrand

Unter den importierten Nutzpflanzen müssen zwei besonders erwähnt werden.

Bananen

In der Karibik gibt es mehrere Obst-, Gemüse- und Zierbananen, von denen aber keine einzige heimisch ist. Nach dem Ende des Zuckerbooms – vor allem in den 1970er und 1980er Jahren – wurden Bananen oft als Ersatzpflanzen angebaut, obwohl sie viel empfindlicher sind und ganze Plantagen regelmäßig Hurricans zum Opfer fallen.

INFO Der blaue Sack

Dem Besucher der Antillen werden zwangsläufig beim Vorbeifahren an sattgrünen Bananenplantagen blaue Plastiktüten auffallen, die über die Bananenstauden gestülpt sind. Diese sind keineswegs bereits die Verpackung für die Verschiffung nach Übersee.

Vielmehr sollen die blauen, durchsichtigen Plastiksäcke über den Stauden Parasiten abhalten und das Sonnenlicht abschwächen. Sie sorgen für eine gleichmäßige Temperatur, damit nicht schon die äußeren Früchte zur vollen Größe heranreifen, während die inneren noch in der Wachstumsphase sind.

Zunächst wurde versucht, mit durchsichtigen Tüten die Stauden vor Parasiten zu schützen, doch damit wurde die Sonneneinstrahlung verstärkt und die Bananen ‚verbrannten' regelrecht.

Eine Bananenstaude im blauen Plastiksack

*Export-
artikel
Bananen...*

Die Volkswirtschaft mehrerer Zwergstaaten ist inzwischen existentiell mit der Kultivierung von Bananen verknüpft. Auf St. Lucia machten Ende der neunziger Jahre des 20. Jahrhunderts Bananen innerhalb der landwirtschaftlichen Exporte 91 Prozent aus. Man erkennt die Staudenpflanzen an ihren metergroßen Blättern (die leicht einreißen können) und den violett-roten Blütenspitzen. Neben diesen bildet sich der Fruchtstand in Form eines ‚Bündels' aus.

Zuckerrohr

Keine andere Nutzpflanze hat die meisten Antilleninseln bis auf den heutigen Tag so geprägt wie Zuckerrohr. Was die Pflanze in der Vergangenheit so wichtig machte, war die Tatsache, dass sie sehr **biegsam und widerstandsfähig** ist und es schon eines sehr schlimmen Hurricans bedurfte, um sie ernsthaft zu gefährden.

Sie blüht ab den frühen Wintermonaten, wenn man überall die zierlichen, silbergrauen Federbüschel über dem kräftigen Grün sieht.

Die bis zu 5 m hohen Pflanzen werden ab Dezember geerntet, d.h. die Halme werden abgeschlagen und von den Blättern befreit. Diese Prozedur hat sich bis heute nur wenig verändert: Immer noch müssen bis zu 70 Prozent der Blätter in einer wahren Knochenarbeit manuell abgetrennt werden – abenteuerliche Gestalten mit Macheten sind ein alltäglicher Anblick in der Karibik.

Nach der Ernte erfordert die Zuckerkultur keine neue Aussaat, denn über den abgeschlagenen Halmen wachsen die neuen sofort wieder nach. Dieses System funktioniert drei Jahre lang. Dadurch sind insgesamt **vier Ernten aus einer Pflanze** möglich.

*... und
Zucker*

Dann ist der Boden ausgelaugt, das Feld muss umgepflügt und mit Mineralien angereichert werden. Für ein Jahr wird der Boden für eine andere Pflanzenart genutzt, bevor der Prozess wieder von vorn beginnen kann. Dazu setzt man die ca. 20-30 cm langen Ableger in die frisch umgepflügten Felder ein, wo sie nach 15-17 Monaten erntereif sind.

Das abgeerntete Zuckerrohr wird zu den Fabriken transportiert, was früher von Sklaven sowie von Ochsen- und Eselsgespannen (auf Barbados sogar von Kamelkarawanen) besorgt wurde und später mit eigens angelegten Eisenbahnen.

Heute verrichten Traktoren und Lastwagen diese Arbeit. In den Fabriken wird das Rohr so lange durch verschiedene Walzen und Pressen geschickt, bis es keinen Saft mehr abgibt. Das ausgepresste Zuckerrohr wird dann getrocknet, damit es als Brennmaterial für die Öfen dienen kann, in denen der Saft aufgekocht wird. Früher wurde der Sirup auf 500°C erhitzt, bis er kristallisierte.

Heute wird der Vorgang beschleunigt, indem man den eingedickten Zuckersaft zentrifugiert, wobei die braunen Zuckerkristalle an den Rändern kleben bleiben, während unten das letzte Abfallprodukt des Prozesses herausläuft: die Melasse. Diese kann in einem weiteren Arbeitsgang zu Rum destilliert werden.

Fauna

Auf Grund ihrer Insellage besitzen die Kleinen Antillen naturgemäß eine nicht so vielfältige Tierwelt wie das Festland. Trotzdem ist auch die Fauna – u.a. weil sich viele Arten spezialisiert haben und nur auf bestimmten Inseln anzutreffen (endemisch) sind – genau wie die Flora interessant und sorgt für manch seltene Überraschung.

Säugetiere

Säugetiere hatten kaum eine Chance, die isoliert liegende Inselwelt zu bevölkern, wenn sie nicht schwimmen oder fliegen wollten.

Letzteres konnten die **Fledermäuse** tun, die deshalb als artenreichste unter den Säugetieren in der ursprünglichen Fauna vorkommen.

Waschbär auf Guadeloupe

Einfacher war es im Fall von **Trinidad und Tobago**, da die beiden Inseln noch vor 9000 Jahren durch eine Landbrücke mit dem südamerikanischen Kontinent verbunden waren und sich deshalb auch dessen Tierwelt teilten – einschließlich Affen, Jaguare, Ozelots, Fischottern, Moschusschweinen und Gürteltieren. Diese Tiere freilich sind heutzutage von den Menschen ausgerottet.

Und auch die noch existierenden **Ameisenbären**, **Tigerkatzen**, **Waschbären** und **Brüllaffen** sind akut vom Aussterben bedroht. Häufiger sieht man das Pflanzen fressende Nagetier **Aguti** sowie **Ferkelratten** und Baumratten.

In den Sümpfen Guadeloupes wehrt sich der putzige **Waschbär** *(raccoon)*, der sich von Fischen, Krebsen und Schnecken ernährt, hartnäckig gegen seine Vernichtung, hoffentlich mit Erfolg, denn immerhin ist er das größte Säugetier der Insel.

Importierte Säugetiere

Die meisten Säugetiere sind jedoch – aus unterschiedlichen Gründen – importiert worden. **Schweine** beispielsweise wurden schon früh auf den Schiffen als lebender Proviant mitgeführt und auf den kleinen Eilanden ausgesetzt, wo sie bei nächster Gelegenheit leicht eingefangen werden konnten. Diese Frischfleisch-Lieferanten vermehrten sich teilweise prächtig.

Als die Engländer z.B. zum ersten Mal nach Barbados kamen, fanden sie die Insel voller verwilderter Schweine – allesamt Nachkommen jener wenigen Rüsseltiere, die die Portugiesen dort ausgesetzt hatten. Auch heute begegnet man auf vielen Inseln etlichen halb wild lebenden Schweinen, etwa auf St. John (US Virgin Islands).

Sea-Island-Schafe auf Montserrat

Ähnlich verhält es sich mit den **Ziegen**, deren Fleisch gerne gegessen wurde und die heute besonders häufig auf Trinidad und Tobago und den ABC-Inseln vorkommen. Trotz einer Ähnlichkeit haben die **Blackbelly Sheep** (= *Schwarzbauchschafe*) nichts mit Ziegen zu tun, sondern sind eine ursprünglich aus Afrika stammende Schafart. Diese Rasse hat kein Wollfell und wurde nur zur Fleischgewinnung gezüchtet; sie ist nicht nur ideal für das Tropenklima, sondern zudem sehr widerstandsfähig, genügsam und vermehrungsfreudig. Auch andere **Nutztiere** wurden mit solchem Erfolg angesiedelt, dass einige Inseln Selbstversorger für Rind-, Schweine- und Hühnerfleisch sind.

Nutztiere und Schädlinge

So hat sich auch das indische **Buckelrind** (*Zebu*) an die neue karibische Umgebung gewöhnt und ist seinerseits dafür verantwortlich, dass sich der **Kuhreiher** (*Ibis*) auf den Antillen niederließ.

Affen, von den einheimischen Arten auf Trinidad und Tobago einmal abgesehen, kamen an Bord der Sklavenschiffe aus Afrika oder Südeuropa. Vor allem auf Barbados hatten sich zeitweilig die **Kapuzineräffchen** (*cebus capucinus*) stark vermehrt, weil sie in den Frucht- und Obstplantagen reichhaltig Nahrung fanden.

Auf manchen Inseln trifft man auch die asiatische Schleichkatze, den **Mungo** (engl.: *mongoose*; lat.: *herpestis griseus*) an. Er wurde importiert, um die giftigen **Schlangen** in den Zuckerplantagen zu bekämpfen, was auch bis zu deren Ausrottung gelang. Anschließend, bis heute, machten die Mungos Jagd auf **Ratten**, richten aber auch unter Geflügel Schaden an.

Hühner, Enten und **Gänse** brachte man als Fleisch-, Feder- und Eierlieferanten in die Karibik, wobei auf den Herrenhöfen von Barbados die Gänse auch die Funktion von Wachhunden erfüllten.

Reptilien und Lurche

Endemische Arten

Zahlreicher als die Säugetiere sind Reptilien und Amphibien mit einheimischen Arten vertreten. Dazu zählen verschiedene Leguan-, Schildkröten-, Schlangen-, Eidechsen- und Geckoarten, während Krokodile oder Kaimane auf

Leguan

den Kleinen Antillen nicht vorkommen. Die kleinen, grünen **Anolis-Eidechsen** sieht man überall, besonders häufig aber auf dem trockenen Kalkboden der ABC- Inseln. Hier ist auch der große, grüne **Leguan** zu Hause, dessen Bestand allerdings immer mehr abnimmt, da er als wohlschmeckender Bestandteil einer lokalen Suppe in die Kochtöpfe wandert.

Einige der karibischen Inseln sind völlig schlangenfrei, auf anderen gibt es mehrere, aber fast immer harmlose und ungiftige **Schlangenarten**. Beträchtliche Größe er- reicht die Boa Constrictor, die u.a. auf Trinidad stark präsent ist. In Acht nehmen muss man sich jedoch auf Aruba vor der einheimische Klapperschlange (Cascabel) und auf Martinique und St. Lucia vor den sehr giftigen Lanzenottern

Besondere Erwähnung verdienen die **Pfeiffrösche**, die mit nur 2,5 cm Länge zwar schwer zu sehen, dafür aber unüberhörbar sind. Mit Einbruch der Dunkelheit beginnt ihr allabendliches Konzert, das als ‚große Nachtmusik' so manchen Hotelgast zur Verzweiflung bringt. Die kleinen Frösche quaken nicht, sondern pfeifen, um Insekten anzulocken.

Riesenschildkröte auf St. Lucia

Zoologische Besonderheit

Als zoologische Besonderheit muss sich der *Whistling Frog* (engl.: whistle = pfeifen) nicht erst über den Umweg der Kaulquappe entwickeln, sondern schlüpft bereits voll ausgebildet aus dem Ei. So klein der Pfeiffrosch ist, so groß ist sein artverwandter Kollege, das sog. ‚Mountain Chicken'. Diese auf Dominica vorkommende Großfroschart erreicht eine Größe von 20 cm, wobei die langen Sprungbeine noch nicht einmal mitgerechnet sind. Wie der Name (‚Berghühnchen') andeutet, leben die Mountain Chicken im gebirgigen Inselinneren und werden als Delikatesse geschätzt.

Vögel

Die Vogelwelt präsentiert sich in der Karibik mit einer großen und bunten Artenvielfalt. Die Vögel hatten keine Schwierigkeit, selbst die entlegensten Außenposten der Inselwelt zu erreichen, sich hier heimisch zu machen und z.T. neue, nur dort vorkommende (endemische) Arten zu entwickeln. Außerdem werden die idealen Überwinterungsmöglichkeiten von einer großen Zahl an Zugvögeln aus Nordamerika genutzt. Der Fauna

Bunte Vogelpracht

Farbenprächtige Vögel

der Neuen Welt zuzuordnen sind **Kolibris** *(hummingbirds)* und **Papageien** *(parrots)*, die es in mehreren, z.T. endemischen Arten gibt. **Greifvögel** kommen wegen des Mangels an Beutetieren kaum vor, allerdings sind auf Trinidad die **Truthahngeier** *(turkey vulture)* und andere Geier heimisch. Auf den Feldern sieht man sehr häufig **Kuhreiher** *(cattle egrets)*, die Wasserbüffel und Rinder von Ungeziefer befreien.

Ganz massiv treten auf Grund der Insellage natürlich Wasservögel auf. Wo es Mangrovenwälder mit ihrem typischen Wurzelgeflecht gibt, haben zahlreiche Arten wie z.B. **Reiher** oder **Krabbenfischer**, **Strandläufer** und **Enten** ideale Nistplätze gefunden. Im seichten Wasser anzutreffen ist der **Rotreiher** *(reddish egret)*, ein Stelzvogel mit kobaltblauen Beinen und rosa Schnabel.

Während **Pelikane** auf vielen Inseln gesehen werden können, ist der **Rotschnabel-Tropenvogel** *(redbilled tropic bird)* weitaus seltener. Den wunderschönen Seevogel er kennt man an den ungewöhnlich langen Schwanzfedern, die ihn lange Zeit zur begehrten Jagdbeute des Menschen machte.

Ebenfalls recht selten, in größeren Beständen aber auf Barbuda vertreten, ist der **Prachtfregattvogel** *(magnificent man-o'war-bird)*, der mit seinen schmalen, weit ausladenden Flügeln (Spannweite bis 2,20 m) ein herrliches Bild abgibt. Als ‚Schmarotzer' verfolgt er gerne andere Seevögel, um ihnen die Beute abzujagen. Deswegen haben die Prachtfregattvögel ihre Brutstätten gerne in der Nähe von **Tölpelkolonien**.
Einige der einheimischen Vögel sind zu Symboltieren ihres Landes geworden, wobei der **Scharlachibis** auf Trinidad und der **Rote Flamingo** auf Bonaire relativ häufig vorkommen, während der Bestand der **Grenada-Taube** nur noch auf 60 Exemplare geschätzt wird. Auch der goldbraune **St. Vincent-Papagei** ist wie sein Artgenosse auf Dominica (**Dominica-Amazone**) akut vom Aussterben bedroht.

Hirnkoral

Insekten

Ein wahres Eldorado ist die Tropenwelt für alle möglichen Formen von Insekten, die hier nicht nur in großer Zahl, sondern auch erstaunlich dimensioniert auftauchen. Obwohl mancher Tourist angesichts äußerst großer Spinnen, Käfer und

Kakerlaken erschrecken mag, sind diese Tiere meist ganz harmlos. Staaten bildende Insekten kommen auch außerhalb der Regenwälder vor, und Ameisenstraßen oder Termitennester sieht man überall. Unangenehm können Moskitos und ‚sandflies' werden. Moskitos belästigen die Menschen in der Dämmerung und nach Einbruch der Dunkelheit, weshalb fast alle Hotelzimmer Mückengitter in den Fenstern haben. Grund zur Freude und eine wahre Augenweide sind demgegenüber die großen, bunten Schmetterlinge.

Jede Menge Insekten

Unterwasserwelt

Für Schnorchler und Taucher, für Angler und Hochseefischer sind sicher die Abermillionen von kleinen und großen, farbenprächtigen und unscheinbaren, gefährlichen und harmlosen Geschöpfen in der Welt unter Wasser am interessantesten.

Ein äußerst interessantes und artenreiches Biotop stellen dabei die **Mangrovendickichte** dar, deren Brackwasser voller Jungfische und Larven ist. Neben dem merkwürdigen Schlammspringer wachsen hier auch Krabben und Langusten heran, bevor sie an Land krabbeln oder ins Riff übersiedeln. Auch eine wohlschmeckende Auster (franz. *les palétuviers*), die nur auf den Antillen heimisch ist, siedelt ebenfalls an den Mangrovenwurzeln.

Oft sind dem Ufersaum in der Karibik Korallenriffe vorgelagert, die die hohen Brecher des Ozeans (und mit ihnen gefährliche Raubfische) abhalten und die Küstengewässer in seichte, warme Lagunen verwandeln. Da auch die **Koralle** ein Kleintier ist, gehört diesem Bereich sogar ein charakteristischer und landschaftsbildender Teil der Antillen an. Nur mit Staunen kann der Tourist bei Tauchgängen oder vom Glasbodenboot aus dieses Wunderwerk der Natur betrachten und sehen, welch phantastische Formenvielfalt Korallen bilden können. Ähnlich wie die Seeanemonen sind sie sehr einfach strukturierte, schlauchartige Lebewesen. Ihre Hauptbestandteile sind Außen- und Innenhaut, der Schlund und der Darm. Sie ernähren sich von Kleinstlebewesen, die durch Berührung mit ihrem Schlund (Tentakel) gelähmt werden. Durch das Ausscheiden von Kalk bilden diese Tiere eine Art Skelett, mit dem sie auf dem Meeresboden bzw. Riff aufsitzen und das gleichzeitig die Basis für andere Korallen darstellt.

Korallen brauchen warmes Wasser

Wenn Millionen und Abermillionen von abgestorbenen Korallen sich Schicht um Schicht aufgebaut haben, ist ein Korallenriff entstanden. An dessen Aufbau sind jedoch auch Schwämme, Röhrenwürmer und Seeanemonen beteiligt, die das ganze System zusammenhalten.

Korallen: Kleintiere und Biotop

Die Voraussetzung für das Entstehen einer Korallenkolonie sind sauerstoff- und nährstoffreiches sowie mindestens 20°C warmes Wasser, eine geringe

Briefmarkenmotiv auf Dominica

Meerestiefe mit ausreichend Licht, eine vorbeiziehende Strömung und klares Wasser mit mehr als 2,5 Prozent Salzgehalt. Dieses hochempfindliche System wird zerstört, wenn eine der genannten Voraussetzungen nicht mehr gegeben ist. Und mit der Koralle verschwindet dann auch der Lebensraum für die vielen, häufig farbenprächtigen Fische, die bei ihnen Schutz vor Feinden suchen oder sich von ihnen ernähren. Zu den bizarrsten Fischen gehören Gaukler, Doktorfisch, Igelfisch, Königsdrücker, Trompetenfisch, Kugelfisch und Papageifisch. Außer den Fischschwärmen bevölkern Seeigel, Einsiedlerkrebse, Schnecken, Muscheln, Langusten und Muränen diese phantastische Unterwasserwelt. Außerhalb der Riffe beginnt das offene Meer, wo etliche Arten an Großfischen und Säugetieren beheimatet sind. Dort ist das Revier der Barakudas, Haie, Walhaie, Marline und Thunfische, von denen aber für den Badegast keine Gefahr ausgeht. Selbst Wale und Tümmler fühlen sich in den karibischen Gewässern wohl.

Fischreiche Gewässer

Häufiger sieht man Fliegende Fische, die zu einem Symboltier für Barbados geworden sind. Auch die Meeresschildkröte ist noch nicht völlig ausgerottet und legt ihre Eier u.a. auf den Sandstränden von Tobago ab. Bei diesem Fischreichtum ist klar, dass Hochseeangeln zu einem beliebten Sport wurde. In der Karibik (besonders im Bereich der Jungferninseln) wurden beim so genannten ‚*Big Game Fishing*' die meisten Weltrekorde aufgestellt – u.a. der Fang eines Blauen Marlins von 580 kg!

Geangelt und verspeist werden übrigens auch *dolphins*, womit jedoch nicht Delphine, sondern eine Fischart gemeint ist (deswegen der freundliche Hinweis auf einigen Speisekarten: ‚*It's not Flipper*').

Übersicht: Für Hochseeangler: Welchen Fisch Sie wo finden

Fischart	Meeresgegend	Saison	Beste Fangzeit
Blauer Marlin	180 m tief, in Ufernähe	ganzjährig	Juli-Oktober Die Fische sind im Sommer größer
Weißer Marlin	180 m tief, in Ufernähe	ganzjährig	Frühjahr
Fächerfisch	von der Küste entfernt	Okt.-April	Dezember und Februar
Wahoo	von der Küste entfernt	ganzjährig	Herbst und Winter
Allison-Thunfisch	von der Küste entfernt	ganzjährig	Herbst und Winter
Dolphin (Fisch)	von der Küste entfernt	März-Dez.	Frühjahr
Königsdorsch	an Riffen	ganzjährig	Frühjahr
Tarpon	an der Küste	ganzjährig	Frühjahr

Karibisches Kaleidoskop
Gesellschaft, Kunst und Kultur

Bevölkerung

Wie im ‚Historischen Überblick' schon erwähnt, waren die **indianischen Ureinwohner** gegen Ende des 16. Jahrhunderts durch Kämpfe mit den Europäern, durch Zwangsarbeit, Deportation und eingeschleppte Krankheiten mit wenigen Ausnahmen ausgerottet. Gering ist ebenfalls die Anzahl von **Mischlingen** (*Mestizen*), die auf die Verbindung weißer Männer mit indianischen Sklavinnen bzw. Vergewaltigungsopfern zurückzuführen sind. Dass das niederländische Aruba einen vergleichsweise sehr hohen Mestizen-Anteil hat, ist auf die spätere Einwanderung von katholischen Indianern aus Venezuela zurückzuführen.

Aber auch die **Spanier**, die ersten europäischen Kolonisatoren, haben kaum Spuren im Erscheinungsbild der Inselbewohner hinterlassen. Die wenigen als ‚spanisch' zu bezeichnenden ethnischen und kulturellen Merkmale auf den ABC-Inseln und Trinidad lassen sich nicht vergleichen mit dem viel größeren Bevölkerungsanteil altspanischer Abstammung auf den Großen Antillen (vor allem Kuba und Puerto Rico). Das **portugiesische** Element ist ebenfalls äußerst gering und hauptsächlich in den ‚sephardischen' Juden vertreten, die von Brasilien zu den *Inseln über dem Wind* flohen.

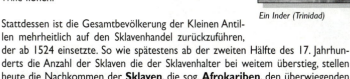

Ein Inder (Trinidad)

Stattdessen ist die Gesamtbevölkerung der Kleinen Antillen mehrheitlich auf den Sklavenhandel zurückzuführen, der ab 1524 einsetzte. So wie spätestens ab der zweiten Hälfte des 17. Jahrhunderts die Anzahl der Sklaven die der Sklavenhalter bei weitem überstieg, stellen heute die Nachkommen der **Sklaven**, die sog. **Afrokariben**, den überwiegenden Teil der karibischen Bevölkerung dar. Dabei gibt es aber große Unterschiede im „Vermischungsgrad" zwischen Schwarzen und Weißen – Unterschiede, die auf die spezifische koloniale Vergangenheit zurückzuführen sind. Auf den britisch beeinflussten Inseln ist der Anteil rein schwarzer oder sehr dunkelhäutiger Einwohner ausgesprochen hoch (80-90 Prozent).

Nachfahren der Sklaven

Dies ist darauf zurückzuführen, dass die Engländer weniger häufig eine Verbindung mit Sklaven eingingen und Mischlinge daher kaum vorkamen. Auf den französischen Inseln waren die Barrieren zwischen den Ethnien (nicht zwischen den Schichten) sehr viel durchlässiger, vor allem nach der Aufhebung der Sklaverei. Deswegen ist hier der Anteil der **Kreolen** bzw. **Mulatten** höher, so dass die Départements nur sehr wenige Weiße und schwarze Afrokariben aufweisen, dafür aber umso mehr Menschen in allen Hauttönungen.

Mischlinge

Die Inseln mit Plantagenwirtschaft benötigten nach der Sklavenbefreiung dringend billige Arbeitskräfte, die vor allem aus Indien geholt wurden. Deswegen gibt es einen gewissen Prozentsatz an **Indern** (hauptsächlich Tamilen), der auf allen Antillen durchschnittlich etwa zwei Prozent betragen mag, im bevölkerungsreichen Land Trinidad aber immerhin 40 Prozent ausmacht.

Weiße Minderheit

Weiße Bewohner sind auf fast jeder Insel der Kleinen Antillen in der absoluten Minderheit. Zahlenmäßig noch kleiner ist die Bevölkerungsgruppe, die sich direkt von den Familien der Zuckerbarone ableiten kann. Diese macht höchstens ein Prozent der Gesamtbevölkerung aus, besitzt z.T. aber noch sehr viel Macht und Grundbesitz.

Interessant ist die historische Situation auf den Französischen Antillen: Auf Martinique blieb die weiße Bourgeoisie während der Französischen Revolution erhalten, auf Guadeloupe hingegen starben viele unter der Guillotine. Ausnahmen stellen auch jene Eilande dar, die keine oder kaum Sklaverei gekannt haben. So kann man z.B. auf St. Barth oder den Saintes-Inseln überproportional viele Weiße (oft rothaarig und sommersprossig) antreffen, die von bretonischen und normannischen Seefahrern abstammen.

Musik wird überall auf den Kleinen Antillen gespielt.

Auf diesen und allen anderen Inseln, die noch offiziell zu einem europäischen Mutterland gehören oder damit assoziiert sind, macht die Gruppe der Weißen etwa zehn Prozent der Gesamtbevölkerung aus; viele davon sind aber nicht auf den Inseln geboren und bleiben als Beamte oder Firmenbeauftragte außerdem nur temporär.

Auf einigen britischen Inseln (besonders Montserrat) und den US-Virgin-Islands machen inzwischen auch ‚red legs' (= Rotbeine) oder ‚retired lobsters' (= pensionierte Hummer) einen gewissen Prozentsatz aus. So nennt man spöttisch die an ihrem Sonnenbrand erkennbaren amerikanischen, englischen oder irischen Rentiers, die ihren Lebensabend im angenehmen tropischen Klima verbringen möchten.

Weitere Einwanderer

Eine weitere Gruppe von Zuwanderern sind die **Chinesen**, die u.a. auf Trinidad, Curaçao und Guadeloupe kleinere Gemeinden bilden, und Immigranten aus dem Nahen Osten, wie **Libanesen** oder **Syrer**.

Dazu kommt eine Vielzahl von Einwanderern aus zahlreichen Ländern, die aus den unterschiedlichsten Gründen in der Karibik blieben, so dass das viel bemühte Wort vom ‚Schmelztiegel der Nationen' für die Kleinen Antillen in ganz besonderem Maße zutrifft.

Oft wird behauptet, dass sich hinsichtlich ihrer **Mentalität** die Afrokariben in den französischen Gebieten von denen der britisch beeinflussten Inseln deutlich unterscheiden; z.B. seien französische Kreolen aufgeschlossener. Mein persönlicher Eindruck war hingegen, dass es da keine gravierenden Unterschiede gab. Mir begegneten überall freundliche, offene und selbstbewusste Menschen. Das Selbstwertgefühl und die Psychologie der Farbigen wird heute weniger von der kolonialen Vergangenheit als vielmehr von der amerikanischen Mediengesellschaft bestimmt. Gerade die Jugendlichen haben ihre Vorbilder in den erfolgreichen farbigen Sportlern und Musikern, fühlen sich nicht als ‚Onkel Tom's Erben', sondern als die von Peter Tosh, Bob Marley und Michael Jackson.

Schulkinder

Sowieso besteht in Westindien eine offizielle Rassendiskriminierung heute nirgendwo mehr. Das soll nicht heißen, dass es nicht noch Rassendünkel gäbe – und zwar von beiden Seiten! Immer noch halten sich einige Holländer, Franzosen, Briten und US-Amerikaner auf Grund ihrer hellen Hautfarbe für etwas ‚Besseres' und Schwarze für primitiv oder arbeitsfaul. Und immer noch reagieren manche Farbige darauf durch eine unterwürfige Nachahmung der weißen Gesellschaft oder im Gegenteil durch deren strikte Ablehnung im Gefolge der **Black-Power-Bewegung**. In der Regel aber gibt es die Akzeptanz des jeweils anderen innerhalb einer multikulturellen Gesellschaft, in die auch der Tourist aus Europa eingeschlossen ist. An diesem ist es gelegen, die Akzeptanz des jeweils anderen zu erwidern – und niemals einen farbigen Kellner als ‚Boy' zu bezeichnen!

Hinsichtlich der **Bevölkerungsgröße und -dichte** ergibt sich kein einheitliches Bild. Insgesamt leben in der Karibik etwa 30 Millionen Menschen, was einer Verteilung von nur 125 Ew/km^2 entspricht. Nicht mitgerechnet sind hierbei diejenigen, die in der Karibik geboren wurden und ausgewandert sind – 2002 lebten allein in Großbritannien knapp 550.000 Westinder. Auf den Kleinen Antillen sind allerdings viele der Zwergstaaten, vor allem die Inseln über dem Wind, außerordentlich dicht besiedelt, allen voran Barbados mit mehr als 640 Ew/km^2.

Dichte Besiedlung

Und wenn Inseln wie St. Vincent oder Dominica unter dem karibischen Durchschnitt liegen, so ist hierbei zu bedenken, dass sich dort wegen der gebirgigen Struktur nur fünf Prozent der Landesfläche zur Besiedlung eignen – mit anderen Worten: Überall da, wo Menschen bauen und leben können, tun sie es auch, und zwar in ziemlich beengten Verhältnissen. Sicher gibt es auch andere Beispiele – etwa Bonaire, das mit 10.000 Einwohnern nahezu menschenleer ist, oder, noch deutlicher, St. John's mit insgesamt 3.000 und Virgin Gorda mit 1.500 Einwohnern. Trotzdem ist es berechtigt, hinsichtlich der Zahl der Gesamtbevölkerung von einem gewissen Grad an **Überbevölkerung** zu sprechen. Wegen der hohen Geburtenrate wird die relativ hohe Bevölkerungsdichte möglicherweise zu einem ernsten Problem werden.

Kinderreiche Gesellschaft

Allgemein liegt das **Bevölkerungswachstum** bei über 1,5 Prozent, auf St. Lucia sogar bei 2,7 Prozent, ein viel zu hoher Wert für einen Ministaat ohne industrielle Arbeitsplätze. Oft ist mehr als die Hälfte der Bevölkerung unter 20 Jahre alt. Sozialer Sprengstoff liegt auch darin, dass die meisten neugeborenen Kinder außerehelich zur Welt kommen – je nach Insel 50-80 Prozent. Wieder einmal liefert die Geschichte nicht den einzigen, aber einen wichtigen Grund für diese Tatsache: Die weißen Kolonialherren untersagten den Sklaven enge Bindungen und zerstörten ihren Familiensinn. Gleichzeitig jedoch waren sie an zahlreichen Neugeborenen (und damit zukünftigen Sklaven) interessiert...

Religionen

Mit der Ausrottung der indianischen Ureinwohner verschwand auch deren Mythologie und Religion von den Antillen. Jeder heute anzutreffende Glaube ist also ein ‚importierter', der i.d.R. dem afrikanischen und indischen, aber auch dem europäischen Kulturraum entstammt. Da ganz Westindien in jahrhundertelangen Kriegen zwischen den Kolonialmächten zerrissen wurde, konnte sich ein einheitliches religiöses Gefüge nur schwer herausbilden. Ein religiöses Bekenntnis konnte sich nur dann etablieren, wenn eine europäische Nation über einen langen Zeitraum hinweg oberste und einzige Einflussinstanz war – etwa auf Barbados.

Christentum

Auch dort ist die z.B. anglikanische Kirche nicht so stark vertreten, wie man annehmen könnte, denn besiedelt wurde die Insel u.a. mit irischen Strafgefangenen, also mit Katholiken. Ähnliches gilt für die gesamte Region. So stimmt zwar die Faustregel, dass Inseln mit einer französischen oder spanischen Vergangenheit eher **katholisch** geprägt sind und solche mit einer britischen, niederländischen oder dänischen Vergangenheit eher **protestantisch**, aber die Ausnahmen von der Regel sind signifikant: Im niederländischen Aruba z.B. gehören 90 Prozent der römisch-katholischen Kirche an. Zudem fanden viele religiös verfolgte Europäer in der Karibik Zuflucht und andere wiederum kamen aus missionarischem Eifer hierher.

Auf diese Weise wurde das Bild der Religionszugehörigkeiten zu einem Mosaik, das sich aus vielen Steinchen zusammensetzt. Auf die lange Geschichte der Juden verweisen beispielsweise die Synagogen in Willemstad und Bridgetown, die älter sind als irgendwo sonst in der Neuen Welt. Auch **Hugenotten**, **Quäker**, **Moravianer** (= Mährische Brüder), **Zeugen Jehovas**, **Methodisten**, **Pietisten**, **Baptisten** usw. kamen bereits sehr früh auf die Kleinen Antillen.

Allein auf Barbados sind schätzungsweise nicht weniger als 90 Glaubensbekenntnisse versammelt. Darin eingeschlossen sind auch Kulte, die die Sklaven aus ihrer afrikanischen Heimat mitbrachten und im Laufe der Zeit mit anderen Glaubensinhalten vermengten.

Bekannt ist der **Voodoo-Kult**, der auf Haiti stark verbreitet ist, aber auch auf Dominica noch angetroffen werden kann. So wie das Wort ‚vodun' (= Gott oder Geist) aus Westafrika stammt, sind dabei afrikanische Ur-Götter mit christlichen Vorstellungen verwoben worden. Geisterglaube, Tänze bis zur Ekstase und Trance, Opferzeremonien, aber auch ernst zu nehmende Verfahren der Naturheilkunde sind Bestandteile dieser Religiosität.

Viele Gemeinsamkeiten mit dem Voodoo weist der **Shango**-(Xango-)**Kult** auf, der vor allem auf Trinidad, aber auch auf Grenada und St. Lucia und sogar noch in der Dominikanischen Republik praktiziert wird. Im Shango wurden westafrikanische Riten mit katholischen, protestantischen und selbst hinduistischen Vorstellungen vermischt. Der als Wahrsager, Heiler und Hexer angerufene Hauptgott *Shango* offenbart sich durch Blitz und Donner. Wie Apostel stehen ihm zwölf Diener (*obas*) zur Seite, die der Priester *(teacher)* während der Zeremonie um Hilfe bittet.

Kulte mit afrikanischen Wurzeln

Geheimnisvolle Riten und übernatürliche Kräfte sind aber kein Privileg der Voodoo- oder Shango-Anhänger. Auch Farbige, die sich als tiefgläubige Katholiken oder Protestanten bezeichnen, glauben nicht selten an Dämonen, Geister, Wiedergeborene, Hexen, böse Omen oder das Zweite Gesicht.

Im 20. Jahrhundert wurden nicht zuletzt die Reggae-Musik und die quasi-religiöse **Rasta-Bewegung** über alle Antillen verbreitet. Die Rastafaris, die meist leicht an ihrem langen Haarzöpfen und Bärten zu erkennen sind, bekennen sich zum christlich-orthodoxen Glauben äthiopischer Prägung, wobei sie dem verstorbenen Kaiser Haile Selassie die Funktion eines Messias zusprechen, der sie in ihre afrikanische Heimat zurückführen wird. Rasta-Bewegung und Reggae-Musik sind jedoch weit eher wegen ihrer soziokulturellen und politischen als wegen ihrer religiösen Bedeutung ein Thema.

Nicht nur die schwarzen Sklaven brachten die Religion ihrer Vorfahren in die Karibik, sondern auch die indischen Vertragsarbeiter, die nach der Sklavenbefreiung auf den Plantagen schufteten. Je nach Herkunft in Indien waren diese entweder **Hindus oder Moslems**. Auf Trinidad, wo der größte indische Bevölkerungsanteil lebt, sind dementsprechend auch diese Religionsgruppen am stärksten vertreten.

Starke religiöse Differenzierung

Mit seiner spanischen und britischen Kolonialgeschichte gibt daher Trinidad ein besonders gutes Beispiel für die religiöse Differenziertheit des karibischen Raumes ab: 36 Prozent sind Katholiken, 25 Prozent Hindus, 19 Prozent Anglikaner, 6 Prozent Moslems, 4 Prozent Presbytianer. Auf die restlichen 10 Prozent verteilen sich die Mitglieder von mehreren Dutzend Sekten, Shango-Anhänger und Nichtgläubige.

Sprachenvielfalt und Sprachverwirrung

Wer vor dem Urlaub auf den Kleinen Antillen noch mal seine englischen oder französischen Sprachkenntnisse aufgefrischt hat, wird vielleicht überrascht feststellen, dass ihm das im Zielgebiet nicht viel nützt. Denn auch wenn als ‚offizielle' Landes-

Offizielle und inoffizielle Landessprachen

sprache Englisch oder Französisch angegeben ist, kann man in Gesprächsversuchen mit Einheimischen doch häufig nur erahnen, welche ehemalige Kolonialsprache sich hinter den Lauten verbirgt. Tatsache ist, dass dabei nicht nur Deutsche, sondern selbst Briten oder Franzosen oft an die Grenzen der Kommunikation stoßen.

Noch schwieriger wird es, wenn man unvermittelt mit reinen Papiemento- oder Trinibagianesisch-Sprechern konfrontiert wird. Folgenden Sprachen wird man auf den Kleinen Antillen am häufigsten begegnen:

Englisch und Patois

Englisch ist die offizielle Sprache der Jungferninseln sowie auf Anguilla, Antigua und Barbuda, Barbados, Dominica, Grenada, Montserrat, St. Kitts und Nevis, St. Lucia, St. Vincent und Grenadinen und auf Trinidad und Tobago. Auf reines Oxford-Englisch wird man auf diesen Inseln aber allenfalls bei einigen englischen Hotelmanagern oder Verwaltungsbeamten treffen.

Die überwiegende Mehrheit spricht eine Umgangssprache (*local talk*), die nicht nur in ihrer Intonation, sondern z.T. auch in Satzstellung, Grammatik und Vokabular von unserem Schulenglisch abweicht.

Wer immer schon Probleme mit dem ‚th' gehabt hat, kann sich freuen: Auch auf den Antillen wird nicht ‚gelispelt' – stattdessen sagt man einfach ‚d'. Der Vokal ‚a' wird häufig nicht zum Umlaut (‚der Mann' ist also nicht *‚sse män'*, sondern *‚de mann'*), während man das ‚r' wie im Bayrischen rollt. Endsilben lässt man der Einfachheit halber gleich ganz weg. Fast jede englischsprachige Insel hat ihre eigenen Besonderheiten, die mal mehr, mal weniger von der Hochsprache abweichen.

Dialekte und Mischsprachen

Da die meisten Inseln über dem Wind für eine z.T. beträchtlich lange Zeit französisch gewesen sind, tritt neben den jeweiligen englischen Dialekt (*local talk*) außerdem eine Mischsprache auf, die man als ‚Patois' bezeichnet. Wenn auch in der Literatur Patois häufig mit Créole gleichgesetzt wird, besteht der Unterschied doch darin, dass das Patois eine große Anzahl englischer Vokabeln enthält. Ansonsten ist das sprachliche Grundmuster – wie im Créole – aus französischen und afrikanischen Elementen zusammengesetzt.

Französisch und Créole

Französisch ist Landessprache in den Départements Martinique und Guadeloupe, aber auch in dem 6-Millionen-Staat Haiti. Mehr noch als auf den englischen Inseln wird diese offizielle Sprache nur in den Chefetagen von Wirtschaft, Handel und Politik benutzt, während sich die lokale Bevölkerung im sog. Créole unterhält.

Viele halten das Créole für eine Art primitives Französisch, das in einigen abgelegenen Orten dieser Welt von wenigen Menschen gesprochen wird und irgendwann einmal aussterben wird. All das ist falsch! Denn Créole ist eine durchaus gebräuchliche Umgangssprache nicht nur in der Karibik, sondern auch auf den Inseln des

Indischen Ozeans. Insgesamt sind es wohl sieben bis zehn Millionen Menschen, die Créole reden, viele davon sprechen es als einzige Sprache.

Der historische Hintergrund des Créole ist die französische Kolonialzeit, als die aus allen Teilen Afrikas in die Karibik verfrachteten Sklaven nur eine Möglichkeit hatten, sich mit ihren Herren oder untereinander zu verständigen: das Erlernen eines Grundbestandes an Französisch.

Vielgesprochenes Créole

Dabei flossen allerdings nicht nur viele afrikanische Elemente mit ein, sondern das Französische wurde auch im Vokabular, in der Aussprache und in der Grammatik abgeändert (zumeist vereinfacht). Außerdem kamen im Lauf der Zeit neue Ausdrücke aus anderen Sprachen hinzu (Spanisch, Englisch), oder das kreolische Wort blieb bestehen, während sich das französische Vorbild veränderte.

Da sich zudem Artikel, Pronomen, Pluralformen und Satzstellung vom Französischen erheblich unterscheiden, muss man sagen, dass das Créole kein Dialekt, sondern eine eigenständige Sprache ist.

Interessanterweise können sich Kreolen aus Guadeloupe mit Kreolen aus Mauritius, La Réunion und den Seychellen im Indischen Ozean unterhalten, obwohl beide Sprachen unabhängig voneinander entstanden und unterschiedlichen Einflüssen ausgesetzt waren.

Niederländisch und Papiemento

Die Amtssprache auf den Niederländischen Antillen ist zwar Niederländisch, doch ist die allgemeine Umgangssprache die interessante Mischform des Papiemento. Anders als bei Patois und Créole kann man hier die Sprache der ehemaligen Kolonialherren kaum noch heraushören, während Spanisch und Portugiesisch dominierenden Einfluss haben.

Die holländischen Elemente stehen etwa gleichwertig neben französischen, englischen, indianischen und afrikanischen.

Der Name ‚Papiemento' leitet sich vom Verb ‚papia' ab, was ‚sprechen' bedeutet. Seit dem 17. Jahrhundert ist aus diesen unterschiedlichen Vorbildern eine wirkliche Muttersprache der Inseln unter dem Wind geworden, die sich nach langer Zeit der Diskriminierung als ‚minderwertig' inzwischen emanzipiert hat und auf dem besten Wege ist, als Unterrichtssprache eingeführt zu werden.

Merkwürdige Mixtur

Den romanischen Hintergrund erkennt man am besten an den Zahlwörtern (von null bis zehn): *cero, un, dos, tres, cuater, cincu, seis, siete, ocho, nuebe, dies*. Genauso die Begrüßungsformeln: ‚Guten Tag' heißt ‚*bon tardi*' ‚Guten Morgen' ‚*bon día*', ‚Guten Abend' ‚*bon nochi*' und ‚Willkommen' ‚*bon bini*'. Die Frage: ‚Wie geht es dir/ihnen?' übersetzt man mit ‚*con ta bai?*' Und die Antwort: ‚Mir geht es gut!' mit ‚*mi ta bon*'. Eindeutig holländisch-deutschen Ursprungs ist hingegen das Wort für ‚Danke': ‚*danki*' (‚Vielen Dank' = ‚*masha danki*').

Trinibagianesisch

Auf Trinidad mit seiner spezifischen Bevölkerungs-Zusammensetzung (40 Prozent Inder) ist wiederum eine völlig andere Sprache entstanden: das **Trinibagianesisch**.

In dieser Sprache werden Grammatik und Vokabular des Englischen, Spanischen und des Hindi miteinander vermengt.

Literatur

Es ist erstaunlich, dass die Kleinen Antillen trotz ihrer geringen Größe und nur kurzen literarischen Tradition nicht nur eine **Vielzahl begabter Autoren**, sondern auch mehrere Literaturnobelpreisträger hervorgebracht haben. Und sie konnten nicht nur in ihren Heimatländern Erfolge aufweisen, sondern wurden auch in mehrere Sprachen, u.a. ins Deutsche, übersetzt.

Dabei wurden nach dem Untergang der indianischen Kultur auf dem Gebiet der Literatur, Architektur oder Malerei zunächst nur europäische Vorbilder kopiert.

Die Antillen als literarische Landschaft

Im Lauf der Zeit vermengten sich jedoch die unterschiedlichsten Einflüsse und bildeten teilweise eine **eigenständige Formensprache**.

Kaum eins der literarischen Talente lebt allerdings noch auf den Inseln der Kleinen Antillen. Bereits in jungen Jahren zog es die Schriftsteller in die großen Metropolen, auf der Suche nach Arbeit und Anerkennung: So auch den auf Guadeloupe geborene **Saint-John Perse** (1887-1975), der bereits mit zwölf Jahren fortging, um in Paris, Peking und ab 1940 in den USA zu leben. Dass sich Perse, der eigentlich Lyriker war, mit seiner Heimat dennoch verbunden fühlte, beweisen seine epischen ‚Eloges' (1910), mit denen er der Karibik ein literarisches Denkmal setzte: Er erhielt **1960 den Nobelpreis für Literatur.**

Nach diesen Anfängen erlebten die Inseln ab den 1930er Jahren einen regelrechten **Schreibrausch**. Die junge antillianische Literartur entstand mit der sog. ‚**Négritude-Bewegung**'. Deren Begründer war der 1913 auf Martinique geborene **Aimé Césaire**, zusammen mit Léon-Gontran Damas (Guayana) und Léopold Senghor (Senegal). Ihr Programm, das sie während gemeinsamer Jahre in Paris ausarbeiteten, war die Rückbesinnung auf die afrikanische Kultur und die kritische Auseinandersetzung mit Kolonialismus und Neokolonialismus.

Anders als Perse, ging der mehrfach preisgekrönte Césaire später nach Martinique zurück, wo er als Bürgermeister von Fort-de-France und Präsident der *Parti Progressiste Martiniquais* eine wichtige politische Aufgabe übernahm. Sein besonderes Interesse an Geschichte und Zeitgeschichte kommt in Werktiteln wie ‚Zurück ins Land der Geburt' und ‚Über den Kolonialismus' zum Ausdruck.

Ebenfalls internationale Bekanntheit erlangten **George Lamming** aus Barbados, **Owen Campbell** aus St. Vincent und **Jean Rhys** aus Dominica. Die 1890 in

Roseau geborene Rhys war mit 16 Jahren nach England gegangen, weshalb ihre Geschichten hauptsächlich auf ihren Kindheitserinnerungen auf Dominica beruhen. Ihr berühmtestes Werk, die in Jamaika spielende Novelle ‚Wide Saragossa Sea' wurde 1993 verfilmt.

Die jüngeren Autoren nehmen häufig Césaire oder lateinamerikanische Schriftsteller (besonders García Márquez) zum Vorbild, um politisch ambitioniert und literarisch erfolgreich Stellung zu beziehen. Populär wurde vor allem **Joseph Zobel** aus Martinique mit seinem Roman ‚Die Straße der Negerhütten' (‚La Rue Cases-Nègres'). Das 1950 erschienene Werk schildert die Lebensverhältnisse auf seiner Heimatinsel während der 1930er Jahre; dem deutschen Publikum wurde es hauptsächlich durch jene Verfilmung nahe gebracht, die 1983 in Venedig mit dem Silbernen Löwen ausgezeichnet wurde.

Derek Walcott

Der bedeutendste Literat der Gegenwart ist immer noch **Derek Walcott**. Der 1930 auf St. Lucia geboren Schriftsteller bekam 1992 den Nobelpreis für Literatur nach der Veröffentlichung seines Gedichtbandes ‚Omeros' (1990): Damit hatten die Kleinen Antillen ihren zweiten Nobelpreisträger. Stationen seines Lebenswegs waren das Studium in Jamaika sowie Journalistentätigkeit und Gründung eines Theaters auf Trinidad. Nach großen Erfolgen mit Theaterstücken und Gedichtbänden, die ihm in der englischsprachigen Welt den Beinamen ‚karibischer Homer' einbrachten, ging Walcott in die USA, wo er an der Universität von Boston Dramaturgie lehrt.

Literatur-Nobelpreisträger

Dass die ‚karibische Identitätskrise' auch bei ihm zum Thema wurde, zeigen z.B. diese Zeilen:

‚Ein roter Nigger, der lieben das Meer
Bin ich, mit echt kolonialem Diplom;
Hab Holländisch, Nigger und Englisch in mir,
Bin entweder niemand oder eine Nation.'

Die Kleinen Antillen können sich auch rühmen, den **ersten Literatur-Nobelpreisträger des 21. Jahrhunderts** hervorgebracht zu haben. Der aus Trinidad stammende **V. S. Naipaul** zählt mittlerweile zum britischen Kultur-Establishment. Die Königliche Schwedische Akademie würdigte den englischsprachigen Schriftsteller 2001 als ‚literarischen Weltumsegler', dessen Werke die ‚Gegenwart verdrängter Geschichte' sichtbar machen. Getrieben von der Suche nach den Wurzeln des modernen Menschen, führten ihn seine Reisen in die indische Heimat seiner Eltern, nach Afrika, Südamerika, auf die Antillen und in den Orient. Der literarische Durchbruch gelang ihm 1971, als er für ‚Sag mir, wer mein Feind ist', den renommierten britischen Brooker-Preis erhielt.
Der 1990 zum Ritter geschlagene Naipaul verarbeitete in ‚Ein Haus für Mr. Biswas' (1961) die schmerzvollen Erfahrungen der postkolonialen Geschichte. Das langsame

Zusammenbrechen der alten kolonialen Herrschaftskultur bei gleichzeitiger fortschreitender Europäisierung beschreibt er in das ‚Das Rätsel der Ankunft' (1987).

Buchtipps

Die bekanntesten Werke der beiden karibischen Nobelpreisträger sind in den letzten Jahren ins Deutsche übersetzt und in Taschenbuchausgaben neu aufgelegt worden.

Von **Vidiadhar Surajprasad Naipaul** liegen vor:
„Dunkle Gegenden. Sechs große Reportagen" (Eichborn-Verlag Frankfurt/M. 1995); „Eine islamische Reise. Unter den Gläubigen" (Dtv 2001); „Ein halbes Leben" (Claassen-Verlag 2001); „Wahlkampf auf karibisch. Oder: Eine Hand wäscht die andere" (Ullstein-Taschenbuchverlag 2001); „Der mystische Masseur" (Ullstein 2001) „Land der Finsternis. Fremde Heimat Indien" (Ullstein 2001); „Guerillas" (Ullstein 2001); „Briefe zwischen Vater und Sohn" (Claassen 2002); „Jenseits des Glaubens. Eine Reise in den anderen Islam" (Claassen 2002); „An der Biegung des großen Flusses" (Ullstein 2002); „Ein Haus für Mr. Biswas" (Econ-Taschenbuchverlag 2003) und „Miguel Street. Eine Geschichte aus Trinidad" (Ullstein 2003).

Von **Derek Walcott** liegen vor:
„Das Königreich des Sternapfels – Gedichte" (Carl Hanser Verlag 1992 oder Fischer-TB-Verlag 1993); „Erzählungen von der Insel" (Carl Hanser 1993); „Omeros" (Carl Hanser 1995) und „Mittsommer/Midsummer" (Carl Hanser 2001).

Architektur

Angesichts der viel beschriebenen Hurricans und Kolonialkriege könnte man meinen, die Kleinen Antillen böten keine besonderen architektonischen Attraktionen. Das Gegenteil ist der Fall! Alle, die diesbezüglich Interesse haben, werden ein Eldorado finden und eine gute Ausbeute an Fotos von ästhetischen und liebevoll gepflegten Bauwerken mit nach Hause nehmen.

Kolonialarchitekur der Briten

Die Briten waren zusammen mit den Franzosen die großen **Baumeister von Festungsanlagen**. Die von ihnen errichtete Zitadelle von *Brimstone Hill* auf St. Kitts stellt die sehenswerteste Festung der Kleinen Antillen dar und wird zu Recht das ‚Gibraltar der Karibik' genannt. Aber auch jede Hauptstadt der englischsprachigen Leeward Islands hat mindestens ein hoch gelegenes Fort (St. George's auf Grenada sogar vier), das Stadt und Hafen beschützte und heute immer für einen phantasti-

Mächtige Festungen

Die St. John's Cathedral; Antigua

schen Panoramablick gut ist. Gleiches gilt für das imponierende *Fort George* oberhalb von Port of Spain (Trinidad) und die gleichnamige Festung in Scarborough (Tobago). Das recht einsam zwischen Dschungel und Meer gelegene *Fort Shirley* im Norden von Dominica hat seinen ganz eigenen Reiz.

Unter den vielen befestigten Häfen hinterläßt der *English Harbour* auf Antigua den größten Eindruck. Die **Sakralarchitektur** stellt sich mit offenen Dachstühlen aus Holz und georgianischen oder neugotischen Stilmerkmalen überall als typisch ‚britisch' dar. Gute Beispiele dafür findet man u.a. in den elf Gemeindekirchen von Barbados, auf St. Vincent, Grenada und Antigua (*St. John's Cathedral* in St. John's; *St. Peter* in Parham).

Koloniale Sakral- und Profanarchitektur

Wie die Kirchen sind die repräsentativen **öffentlichen Bauten** meist im georgianischen, viktorianischen oder neugotischen Baustil gehalten. Zwei Parlamentsgebäude können das verdeutlichen: das ‚Red House' in Port of Spain (Trinidad) als bestes Beispiel für den georgianischen Klassizismus, und die *Houses of Parliament* in Bridgetown (Barbados) für die Neogotik. Die einfachen **Wohnhäuser** der englischen Kolonialarchitektur sind oft weiß oder pinkfarben gestrichene Holzbauten auf einem Steinsockel. Als weitgehend erhaltene Stadtbilder geben davon Basseterre (St. Kitts) und St. George's (Grenada) den besten Eindruck.

Aufwändig gestaltete **Bürger- und Landhäuser** (*Great Houses*) findet man im gesamten britischen Einflussbereich, wobei die Gebäude rund um die ‚Savannah' in Port of Spain (Trinidad) die Stilunsicherheit des 19. Jahrhundert repräsentieren, während in den Plantagenhäusern auf Barbados am besten die Wohnkultur der Zuckerbarone erhalten ist.

...der Franzosen

Auch Frankreich hat sein Schutzbedürfnis und seinen Machtanspruch in imponierenden **Festungsbauten** dargestellt, von denen viele freilich später von den Briten übernommen und umgebaut worden sind. Der wichtigste Beitrag der Franzosen zur antillianischen Baukunst ist jedoch die Entwicklung der **kreolischen Architektur**. Ihre schönsten Beispiele sind in den Plantagenhäusern, Villen und reichen Bürgerhäusern zu finden, sie beeinflusste aber genauso die Bauweise der übrigen Bevölkerung.

Charakteristisch ist das Material, nämlich weiß oder bunt gestrichenes (Edel-)Holz und eine verschwenderische Vielfalt in der ornamentalen Dekoration. So sieht man auf den Dachfirsten verzierte Leisten, filigrane Dachreiter und hölzerne Gitterwerke, das gleiche unterhalb der Dächer, an Türen und an Fenstern. Die größeren Plantagenhäuser der

Das Saint-John-Perse-Museum

kreolische Baukunst

alten ‚Zuckerbarone' haben fast alle eine herrliche, oft zweistöckige Veranda, baldachinverzierte Fenster und Freitreppen mit schmiedeeisernen Brüstungen. Viele sind außerdem von einem schönen Park umgeben.

Die offen gehaltenen Abdachungen schützen gleichermaßen vor Sonne und Regen und gestatten daneben eine ungehinderte Luftzufuhr. Diese ‚kreolische Architektur' hat Einzug auf fast allen Inseln gehalten, auch auf den britisch beeinflussten. **Kirchen** und repräsentative **öffentliche Gebäude** (Präfekturen, Justizpaläste, Mairies) sprechen meistens die Sprache des Empire und der Neogotik.

... der Holländer

Holländische Akzente

Vor allem den Inseln unter dem Wind haben die Niederländer unverkennbar ihren architektonischen Stempel aufgedrückt. Ganze **Stadtviertel** und Straßenzüge von Curaçaos Hauptstadt Willemstad können als ein in die Karibik verpflanztes Klein-Amsterdam gelten. Mit ihren **Festungen, Sakralbauten und den schmalen Treppengiebel-Häusern** besitzt Willemstad einige der größten Bauschätze der Neuen Welt. Im Inselinnern beeindrucken auf Curaçao die 70 hoch gelegenen **Landhäuser** aus dem 17./18. Jahrhundert.

Im Gegensatz zu dieser hochherrschaftlichen Architektur stehen die kleinen, aus Lehm gebauten Cunucu-Häuschen, die durch ihre geschickt in den Wind gestellte Bauweise eine Art ‚natürliche Klimaanlage' besitzen. Noch kleiner sind die weiß gekalkten **Sklavenhäuschen** an den Salinen von Bonaire, die gleichzeitig wichtige zeithistorische Bauten sind.

Die holländische Architektur wird seit den 1970er Jahren wieder nachgeahmt (besonders in Oranjestad auf Aruba), ohne aber an die Qualität des 17. bis 19. Jahrhunderts anknüpfen zu können.

... der Dänen

So wie die Holländer den Inseln unter dem Wind, haben die Dänen den heutigen US Virgin Islands architektonische Schmuckstücke hinterlassen. Dies betrifft sowohl die **Festungsbauten** als auch die sakrale und zivile Bauweise mit ihren behäbigen **Kaufmannshöfen**. Die gelb getünchten Backstein-Fassaden, roten Ziegeldächer und Schatten spendenden Arkadenbögen sind unverkennbar in subtropischer Umgebung.

Dänische Architektur in Christiansted

Von besonderem Reiz ist Christiansted auf St. Croix, wo sich die besten Beispiele des dänischen Barock und Klassizismus befinden.

Bildende Kunst

Die beeindruckendste originär karibische Kunst findet man in den Steinritzungen (*Petroglyphen*) oder Felsmalereien, die die verschiedenen prähistorischen Indianerstämme hinterlassen haben.

Das Spektrum der Darstellungen reicht von bloßen Ornamenten und geometrischen Anordnungen über fratzenähnliche Gestalten, die Götter darstellen könnten. Ohne dass man ihr genaues Alter bestimmen könnte, überzeugen sie auch heute noch durch Klarheit der Umrisse, sichere Wahl der Farben und durchdachte Kompositionen.

Beispiele dafür kann man auf den meisten Inseln antreffen, oft allerdings versteckt und nicht ‚touristisch erschlossen'. Die größten und leicht erreichbaren Komplexe findet man auf Anguilla, Aruba, Guadeloupe, St. Kitts und St. Vincent. Darüber hinaus besitzen etliche Museen Originale oder wenigstens Fotodokumente dieser Kunstform

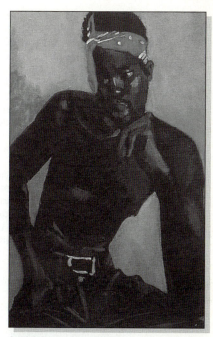
Red Bandanna – Boscoe Holder

In der Kolonialzeit schmückten einige Künstler Kirchen und Herrensitze mit Skulpturen, Reliefs und Malereien aus, die dem Zeitgeschmack entsprachen und sich an europäischen Vorbildern orientierten.

Zumeist wurde Kunst jedoch direkt aus den Mutterländern importiert. Auch heutzutage ist von Originalität in der Bildenden Kunst nicht viel zu bemerken. Zwar gibt es – gerade in den touristischen Hochburgen – eine Vielzahl von Galerien, wo aber hauptsächlich Landschaftsmalereien, karibische Portraits, selten auch Dekorativ-Abstraktes gezeigt werden.

Wenig Originelles

Einflussinstanzen sind sowohl Paul Gauguin, der sich 1887 für fünf Monate auf Martinique aufhielt, als auch der französische Impressionist Camille Pissarro, der auf St. Thomas (Charlotte Amalie) geboren wurde. Nicht zu verkennen ist ebenfalls der Einfluss der naiven Malerei, wie sie vor allem aus Haiti bekannt ist.

Musik – Calypso, Karneval und Steelbands

Wenn von einem ‚karibischen Kaleidoskop' die Rede ist, gehören die Themen Musik und Karneval wie selbstverständlich dazu – sind sie es doch, die das landläufige Bild vom überschwänglichen Lebensrhythmus der Antillen geprägt haben.

Wer Musikalität und karnevalistische Lebensfreude auf den Inseln erwartet, wird nicht enttäuscht werden – vielleicht aber wird er außerhalb der Hotels eine andere Art von Musik und Tanz erleben, als sie immer noch als inoffizielles Wahrzeichen der Karibik gilt. Sicher, der Calypso wird noch gesungen, die Steelbands treten noch auf, und Limbo-Tänzer gibt es allenthalben zu sehen. Den Musikgeschmack der jungen Leute trifft diese Art von Folklore aber längst nicht mehr.

Neuere Musikrichtungen

Wer einheimische Diskotheken besucht oder mit den vom Radio- und Kassettenprogramm laut beschallten Sammeltaxen gefahren ist, weiß, dass dort Harry Belafonte zum ‚alten Eisen' gehört wie bei uns Hans Albers. Reggae, Rap und vor allem Soca sind die Trends, denen eine ganze Generation anhängt.

Während **Reggae** aus Jamaika stammt und, zusammen mit der Rasta-Bewegung, auch auf den Kleinen Antillen Einzug in alle Bevölkerungsschichten und Altersgruppen gehalten hat, ist der Sprechgesang des **Rap** eine US-amerikanische Richtung, die aus den Schwarzen-Ghettos der Millionenstädte heraus ihren Siegeszug antrat. Beiden gemeinsam ist der Ursprung aus einer unterprivilegierten Schicht und eine Botschaft, die viel mit sozialer Anklage und schwarzem Selbstbewusstsein zu tun hat.

Originär karibisch hingegen ist **Soca**. Wie viele andere musikalische Stilrichtungen, nahm Soca in Trinidad seinen Ausgang und hat sich schnell über Barbados bis nach Jamaika verbreitet. ‚Soca' ist die Abkürzung für ‚Soul Calypso', also eine modifizierte, modernere Form des alten Calypso, dessen Melodie durch Schlagzeug, Bläsersätze und E-Gitarren bestimmt wird, und dessen Texte sehr direkt oder wenigstens sehr zweideutig sein können. Die unbestrittenen Großmeister des Soca sind die Bandmitglieder der Gruppe ‚Kassav', die seit Anfang der 1980er Jahre die Musikrichtung auch in Amerika und Europa populär gemacht haben.

Allerdings verkörpern sie wiederum eine eigene Art des Soca, nämlich den ‚**Zouk**', der im französisch-karibischen Dialekt des Créole oder Patois gesungen wird. Heutzutage gibt es jedenfalls keine Party, keine Disko und keinen Musiksender auf den Antillen, der nicht wenigstens einige Stücke im englischen Soca oder kreolischen Zouk spielt.

Das ‚Crop over'-Festival auf Barbados

Letzten Endes ist aber auch Soca nur eine – wenn auch besonders moderne – Form einer karibischen Volksmusik, deren Wurzeln in der Zeit der Sklaverei zu suchen sind und die aus dem Zusammentreffen der rhythmischen afrikanischen Chorgesänge mit der Musikauffassung der europäischen Sklavenhalter (Briten, Holländer, Franzosen, Dänen, Schweden) entstand.

Während in Nordamerika eine ähnliche Konstellation zum Jazz und weiter zum Blues, Rock 'n' Roll und zum modernen Rock führte, entstand in Westindien eine ganz eigene musikalische Ausdrucksweise, die eine ebenso vielfältige Entwicklung nahm und unterschiedliche Stilarten hervorbrachte wie jene, außerdem auch immer wieder vom Jazz, Blues, Rock usw. zusätzlich befruchtet wurde. Dazu fand diese Musik – weit mehr als alle anderen Formen karibischer Kunst und Kultur – relativ schnell Verbreitung über die räumlichen Grenzen Westindiens hinaus.

Für die Sklaven waren Musik und Tanz die einzige Möglichkeit, ihre Traditionen zu bewahren und ihrer Religiosität Ausdruck zu verleihen. Die weißen Herren versuchten zwar, alles ‚Heidnische' daran auszurotten, bildeten ihrerseits aber Sklavenorchester, die zur Freude und Belustigung kolonialer Gesellschaften zum Tanz aufspielen mussten. Auf diese Weise kamen afrikanische und europäische Ideen zusammen, und eine neue Musik entstand, die besonders nach der Sklavenbefreiung in ihrer Kreativität und Ausdrucksstärke geradezu explodierte: Der **Calypso** war geboren.

Festival der Einheit auf den British Virgin Islands

Typisch karibisch: Calypso

Das Wesen des Calypso sind **improvisierte Gesänge in kreolischer Sprache**, die tatsächliche Ereignisse oder Situationen zum Inhalt haben und diese in spöttischer Weise darstellen. Bei der Sklavenarbeit verhöhnten Gruppen von Zuckerrohrschneidern mit einem Vorsänger die Bemühungen der konkurrierenden Gruppen oder machten sich über ihre Herren lustig.

Ähnlich verfuhr man später bei den Karnevalsumzügen, als Politiker, Geistliche, lokale Berühmtheiten oder aktuelle Geschehnisse durch die Stegreif-‚Dichtung' des Calypso kommentiert wurden. Auf diese Weise hatte der Gesang auch eine kommunikative Funktion, indem sich alle Zuhörer (die i.d.R. nicht lesen konnten oder keine Zeitungen besaßen) über das Zeitgeschehen informieren konnten.

Eine Veränderung trat ein, als 1899 auf Trinidad erstmals ein Calypso auf Englisch gesungen wurde und die Trommeln, die den Gesang anfänglich nur begleiteten, von den Briten verboten wurden und durch andere Instrumente ersetzt werden mussten. Der durch **Gitarren**, **Rasseln**, **Rhythmusstöcke und Xylophone** melodischer gewordene Calypso erregte nun auch die Aufmerksamkeit der Weißen.

Vor allem nach dem Ersten Weltkrieg kam eine echte Calypso-Welle auf Amerika zu, in den USA u.a. gefördert von Bing Crosby und ermöglicht durch die neuen Medien Rundfunk und Schallplatte. 1944 brachten die Andrew Sisters ihr ‚*Rum and Coca Cola*' heraus, und kaum zehn Jahre später betrat **Harry Belafonte** (‚*Dayoh-Day-Oh*') die Bühne. Mit ihm kam der ganz große internationale Durchbruch der Calypso-Musik, und im Zuge dieses Booms gelang es auch vielen anderen karibischen Gruppen, populär zu werden und Hits zu landen.

Sänger... Heutzutage hat Calypso noch seine Bedeutung, nicht zuletzt beim Karneval, ist allerdings mehr und mehr zur Radiomusik und zur Touristenunterhaltung geworden.

Besonders häufig auf Trinidad, manchmal jedoch auch auf anderen Inseln, wird es Ihnen sicher passieren, dass sich Ihnen ein Gitarrenspieler nähert, Ihnen einige belanglose Fragen stellt und dann spontan ein Lied über Sie, Ihr Aussehen, Ihre Herkunft oder Ihren Charakter anstimmt. Anders als früher soll damit der Adressat aber nicht kritisiert oder lächerlich gemacht, sondern nur unterhalten werden – in Erwartung eines angemessenen Trinkgeldes natürlich!

... und Steelbands Untrennbar mit der Geschichte des Calypso verbunden sind die **Steelbands**, die ihren Ursprung ebenfalls in Trinidad haben. Eben wurde schon erwähnt, dass die Briten, denen der ungezügelte Charakter und der sozialkritische Grundton der neuen Musik langsam zu viel wurde, einfach die Trommeln als deren wichtigste Begleitinstrumente verboten.

Auf der Suche nach einem Ersatz kam Ende der 1930er Jahre ein findiger Kopf namens Ellie Manette auf die Idee, die überall herumliegenden ausrangierten Ölfässer in unterschiedliche Längen zu zersägen. In die Deckelflächen trieb er dann eine Anzahl von Feldern, die von der Kreismitte aus angeordnet sind und die beim Schlagen mit einem Stock verschiedene Töne ergeben.

Mit Hammer und Meißel konnten die Ölfässer – sog. ‚*pans*' – sogar gestimmt werden. Diese Idee verbreitete sich von Trinidad aus in Windeseile über die ganze Karibik und wurde technisch immer vollkommener.

Heute stellen die **pans** sehr weit entwickelte Musikinstrumente dar. Es gibt ‚*bass pans*' mit drei oder vier Tönen, ‚*cello pans*' mit fünf oder sechs, ‚*guitar pans*' mit 14 und ‚*tenor*' oder ‚*ping pong pans*' mit 26 bis 32 Noten. Im Zusammenspiel wird dabei ein herrlich voller, tiefer und melodischer Klang erzeugt, mit dem praktisch alle Melodien (selbst klassische Musik) spielbar sind.

Die Steelbands sind unterschiedlich mit den einzelnen *pans* ausgestattet. In den Hotels spielen zur Unterhaltung der Touristen meist weniger als zehn Musiker, aber selbst diese verstehen es, einen Klangzauber zu erzeugen, dem sich keiner entziehen kann.

Auf Dorf- und Straßenfesten treten i.d.R. mehr als 20 Musiker auf, und bei besonders großen Orchestern schlagen bisweilen 30 Musiker allein jeder zwei *tenor pans*, wozu noch je zehn Musiker für die *bass, cello* und *guitar pans* kommen – also ein äußerst stattliches Aufgebot von 60 Musikern mit 90 Fässern.

In fast jedem größeren Hotel wird abends zu den Klängen einer Steelband eine Art weiteres ‚karibisches Wahrzeichen' aufgeführt: der **Limbo**. Darunter versteht man eine Mischung aus Tanz und Artistik, bei der ein Tänzer immer wieder unter einer tiefer und tiefer gehängten Holzlatte hindurchbalanciert, ohne sie oder den Boden zu berühren. Häufig wird der Stab auch noch angezündet, wenn er auf der untersten Sprosse angelangt ist.

Wie Musik und Tanz, ist auch der **Karneval** ein Resultat historischer Prozesse, bei denen die Sklaverei eine große Rolle spielte – und beide, Musik und Karneval, sind nicht voneinander zu trennen.

Steelpans

Der Karneval selbst kam auf die Antillen durch **katholische Europäer**, die vor der Fastenzeit noch einmal ausgiebig feiern wollten. Die afrikanischen Sklaven wiederum kannten Umzüge und Masken ebenso aus eigenen **religiösen Riten**.

Karneval: Pure Lebensfreude

Nach der Sklavenbefreiung verwandelte die schwarze Bevölkerung den Karneval – von einem europäisch-vornehmen Bankett-Geschehen – in ein brodelndes Straßenfest, das in zynischer oder ironischer Weise den Mächtigen spottete, ebenso gut aber allgemein menschliche Schwächen und den Kampf der Geschlechter zum Thema nahm.

Dass solche Straßenfeste nicht nur dem Tanz und den Calypso-King-Wettbewerben gewidmet waren, sondern auch als Ventil für den Unmut über soziale Ungerechtigkeiten dienten, beweist die Tatsache, dass es dabei nicht selten zu Ausschreitungen bewaffneter Banden kam.

Auch der Termin hat nicht mehr überall etwas mit dem europäischen Ursprung zu tun: Häufig findet der Karneval Ende Juli/Anfang August statt, mit dem Fixdatum des ‚**August Monday**' – dem Montag, an dem die Sklaven auf den Jungferninseln befreit wurden (1. August 1834).

Auf anderen Inseln ist hingegen nach wie vor der Bezug zu Ostern gegeben, auf wieder anderen feiert man Karneval Ende Dezember (zwischen Weihnachten und Neujahr). Schließlich gibt es Inseln, die aus verschiedenen Gründen einen ganz eigenen Termin haben.

Das bekannteste Fest ist ohne Zweifel das von Trinidad, das manchmal schon mit dem Karneval in Rio verglichen wurde.

Übersicht — **Die Karnevalstermine auf den Kleinen Antillen**

Weiberfastnacht bis Aschermittwoch (wie in Europa)	Ende Juli/August	Ende Dezember/ Anfang Januar	Andere Termine
Aruba, Bonaire, Curaçao, Dominica, Guadeloupe, St. Lucia, Martinique, Sint Maarten, St. Barthélémy, Tobago, Trinidad	Anguilla, Antigua, Barbados, Grenada, britische Jungfern-inseln, Saba, St. Eustatius, St. John's, St. Vincent	Montserrat St. Croix St. Kitts	St. Thomas: nach Ostern Barbuda: Juni

Essen und Trinken auf den Antillen

Wer möchte, kann sich in den touristischen Zentren natürlich mit Pizzen, Sandwiches und Hamburgern durchschlagen oder Restaurants mit ‚internationaler Küche' bevorzugen. Das wäre jedoch mehr als schade, denn gerade auf kulinarischem Gebiet haben die Kleinen Antillen einiges zu bieten.

Kulinarische Quellen

Eigentlich ist das auch nicht weiter verwunderlich, denn wenn man die Geschichte kennt und weiß, aus welchen Ecken der Erde die karibische Bevölkerung ursprünglich kommt, dann liegt die Schlussfolgerung nahe, dass Einflüsse wie u.a. aus Afrika, Frankreich, Indien, Spanien und China für schmackhafte Bereicherungen sorgen.

Es ist berechtigt, die Karibik als ‚kulinarischen Schmelztiegel' zu bezeichnen, wobei jede Insel allerdings ihre eigenen Vorlieben und Spezialitäten kennt.
Die ‚karibische Küche' kann es daher kaum geben – weder beim Essen noch beim Trinken.

Daher der Rat: Suchen Sie, wann immer es geht, die einheimischen Restaurants auf, in denen lokale Gerichte angeboten werden. Das müssen keine Gourmet-Paläste sein, oft ist schon die kleine Gaststätte ‚um die Ecke' gerade richtig. Denn genau wie die Strände des Urlaubszieles bietet diese das ‚besondere Etwas', das man zu Hause lange und vergeblich suchen kann.

Speisen

Das Verführerische an den nationalen Gerichten kann man beim samstäglichen Bummel über einen beliebigen Markt der Kleinen Antillen mit Händen greifen, sehen und riechen: Da steigen einem prickelnd die Aromen der Würzmischungen in die Nase, da sieht man Fische und Meeresfrüchte aller Größen und Farben, da sind bekannte und unbekannte Früchte oder Gemüsesorten zu regelrechten Pyramiden aufgetürmt.

Gewürzt wird in der Karibik – wie überall in heißen Ländern – recht ordentlich: mit Muskat, Anis, Thymian, Zimt, Nelken, Pfeffer, Knoblauch, Chili, Piment oder Ingwer. Dabei wird das Essen aber nie so scharf wie in Süd- oder Südostasien zubereitet.

Mr. Johnson in ‚seinem' Restaurant, dem ‚Coconut Grove'

Da die Antillen ein Inselparadies sind, müssen **Fische und Meeresfrüchte** als kulinarische Spezialitäten an erster Stelle genannt werden. Ob Fliegender Fisch auf Barbados, Red Snapper auf Dominica, Hummer auf Barbuda, Krabben auf Grenada oder Garnelen auf St. Croix – immer darf man sich auf fangfrische und exquisite Gaumenfreuden einstellen. Eine weit verbreitete Spezialität ist die Meeres- bzw. Trompetenschnecke, die im Spanischen ‚concha', im Englischen ‚conch' und im Créole ‚lambi' genannt wird.

Spezialitäten: Seafood, Fisch und Eintopf

Hinsichtlich **Wild-**, **Geflügel-**, **Ziegen-**, **Schweine-** und **Rindfleisches** sind viele Inseln Selbstversorger und haben somit eine lange Tradition in der Zubereitung. Geradezu legendär ist der karibische *Pepperpot*, ein Eintopfgericht aus Schweinefleisch bzw. Cornedbeef, Zwiebeln, verschiedenen Gemüsen, Pfeffer und Tomaten, für das jeder Ort und jede Köchin eigene Rezepte besitzen. Auf einigen Inseln über dem Wind liefert der Regenwald hierzulande völlig unbekannte Gerichte – etwa den Riesenfrosch *(mountain-chicken)* auf Dominica.

Auf den ABC-Inseln wiederum findet sich nicht selten ein grüner Leguan in der Suppe. Natürlich muss man nicht alles ausprobieren und sollte es auch genau dann nicht tun, wenn zu den persönlich-geschmacklichen Gründen solche des Artenschutzes treten – etwa beim Angebot von Schildkrötensuppe oder -fleisch (besonders auf den Französischen Antillen).

Es gibt viele antillianische Rumsorten.

Als Beilage werden gerne **Reis** (ein Erbe der spanischen und indischen Küche), **Süßkartoffeln** (*batata* oder *kassava*) und **Gemüse** serviert – z.B. Kochbananen, Brotfrucht, Okra und das spinatähnliche *Callaloo*. Letzteres ist ebenso Beilage wie Grundlage verschiedener Gerichte, z.B. der speziellen Callaloo-Quiche und Callaloo-Suppe.

Als Dessert und erfrischende Strandkost bietet die unglaubliche Vielfalt an Früchten und Obst für jeden Geschmack mehr als genug.

Getränke

Die vielen karibischen Früchte sind es auch, die den **Cocktails**, **Juices** und anderen **nicht-alkoholischen** Getränken Frische und vollen Geschmack verleihen. Oft wird Ihnen am Strand kalte **Kokosnuss-Milch** (*coco frio*) oder ein frisch gepresster **Orangensaft** angeboten.

Selbst normales **Wasser** ist auf einigen Inseln eine Köstlichkeit, etwa auf Barbados, durch dessen kalkhaltigen Boden der Regen bis zur völligen Reinheit gefiltert wird. Weitere wohlschmeckende Durstlöscher sind **Eistee** oder **Ingwerbier** (*maubi*), die verschiedentlich angeboten werden.

Daneben gibt es natürlich alle international bekannten Namen an **Soft-Drinks**.

Zu den Mahlzeiten, nach Feierabend oder auf Festen trinkt man in der gesamten Karibik jedoch hauptsächlich **Bier** – und das nicht zu knapp!
Wer auch hier lieber den internationalen Markennamen vertraut, bekommt in den besseren Hotels und Restaurants alle gängigen Sorten deutscher, niederländischer und dänischer Herkunft, auf den US Virgin Islands auch das unvermeidliche Budweiser.

Man sollte aber durchaus auch die jeweils lokalen Biere probieren – sie brauchen sich geschmacklich nicht zu verstecken und sind sämtlich mehrfach ausgezeichnet worden. Häufig wird auf den Kleinen Antillen in Lizenz gebraut: Auf Grenada etwa ist *Guinness* mit dem ‚deutschen Bier' Satzenbrau vertreten, auf St. Vincent ebenfalls *Guinness* mit seinem *Stout* und *Kulmbacher* mit *EKU*, *Carlsberg* hat einige Brauereien in der Region, und auf den Niederländischen Antillen ist *Heineken* zu Hause.

Dort können Sie übrigens das einzige Bier probieren, das aus entsalztem Meerwasser hergestellt wird (manche sagen, deshalb schmecke es sogar besser als das Original-Heineken!).

Daneben hat jede Insel ihre eigene Marke: *Hairoun* auf St. Vincent, *Carib* und *Stag* auf Trinidad, *Corsaire* und *Lorrain* auf den Französischen Antillen, *Piton* auf St. Lucia, *Banks* auf Barbados und *Carib* auf Grenada.

Bier, Wein und Rum

Wer dagegen Wein den Vorzug gibt, kommt in den besseren Hotels und Restaurants auf seine Kosten, die italienischen, französischen und kalifornischen Wein importieren. Letzterer ist bei einem guten Essen auf den US Virgin Islands ein ‚Muss', während die Französischen Antillen immer für einen guten Tropfen gut sind, der selbstverständlich aus Frankreich eingeflogen wird.

Bei den **hochprozentigen Getränken** sind *Angostura Bitter* aus Trinidad und der *Curaçao-Likör* (natürlich aus Curaçao) weltweit bekannte Namen. Das Nationalgetränk der Karibik ist jedoch der **Rum**, den man pur, mit Früchten oder als berühmten *Planter's Punch* (bzw. Planteur) genießt.

Rum ist auf den Antillen an jeder Straßenecke zu kaufen und außerordentlich beliebt, so dass man in Abwandlung eines Sprichworts durchaus behaupten kann: ‚Rum ist in der kleinsten Hütte'. Für Touristen eignen sich die besseren Marken (besonders: Mount Gay) gut als Mitbringsel, zumal sie recht preiswert sind.

INFO Wie entsteht Rum?

Rum ist ein Destillat der bitter schmeckenden Melasse, die als 'Abfallprodukt' beim Auspressen des Zuckerrohrs entsteht. Die zähflüssige Melasse wird von den Zuckerfabriken in großen Tankwagen zu den Destillerien gefahren und dort mit einer Gärhefe versehen und in große offene Becken gegossen. Bereits nach wenigen Tagen setzt die Gärung ein und ist ein Alkoholgehalt von 5-6 Prozent erreicht.

Diese immer noch dicke Flüssigkeit wird nun mit Wasser verdünnt (= je besser das Wasser, desto besser später die Rum-Qualität) und destilliert. Das Produkt ist der junge, noch weiße Rum, der z.T. schon in Flaschen abgefüllt wird und später beim Planters Punch Verwendung findet. Der Rest des weißen Rums wird in Eichenfässern gelagert. Da diese innen ausgebrannt sind und auch Zusatzstoffe hinzugefügt werden (z.B. Karamel), bekommt das Getränk im Lauf der Zeit sein volles Aroma und seine bräunliche Färbung.

Nach einer Lagerzeit von mindestens zwei Jahren kann der braune Rum erstmals auf Flaschen gezogen werden. Ein guter Rum braucht jedoch schon fünf Jahre und ein ausgezeichneter mehr als zehn Jahre – erst dann erhält er das Gütesiegel VSOR (= *very special old rum*). Dieses Getränk ist natürlich für Cocktails zu schade, sondern es sollte ausschließlich pur genossen werden.

Auf Barbados tauchte das Getränk im 17. Jahrhundert als ‚rumbullion' zum ersten Mal auf. Während die Insel für sich in Anspruch nimmt, nicht nur den ersten, sondern bis heute auch den besten Rum zu destillieren, haben die Norddeutschen offensichtlich immer schon der grenadinischen Konkurrenz den Vorzug gegeben – wie sonst ist es zu erklären, dass die Abkürzung des Namens ‚Great Rum of Grenada' ausgerechnet dort als G.R.O.G (= Grog) zu Ehren kam?

Selbstverständlich wird Rum nicht nur auf Barbados und Grenada produziert, sondern mit ansprechenden Resultaten überall da, wo es die Kultivierung des Zuckerrohrs gab oder noch gibt. Guadeloupe etwa hat u.a. seinen *Montebello Rhum*, Antigua seinen *Cavalier* und die amerikanischen Jungferninseln ihren *Couzan*.

Für den fruchtig-wohlschmeckenden *Planter's Punch* (im kreolischen Raum auch *Planteur* genannt) nimmt man möglichst weißen Rum und mixt ihn mit Lime Juice und Zuckersirup. Nach einem anderen Rezept nimmt man Ananas- und Orangensaft plus ein wenig Pampelmuse, wobei die Fruchtsäfte mindestens die doppelte Menge des Rums ausmachen sollten. Dazu kommen noch viel gestoßenes Eis (oder Eiswürfel), ein Spritzer Angostura-Bitter, eine Prise Muskatnuss (oder Zimt) und vielleicht auch eine Maraschino-Kirsche oder Bananen- bzw. Orangenstücke.

Reisegast

Die **Kulturführer** mit unzähligen Tipps für das Verstehen, Erleben und Verhalten in einer anderen Kultur, unterhaltsam und mit einem Augenzwinkern geschrieben.
Die ideale **Ergänzung** für jeden Reiseführer!

Reisegast in England, 208 S., ISBN 3-923975-78-3, Euro 17,95
Reisegast in Russland, 224 S., ISBN 3-923975-84-8, Euro 17,95
Reisegast Japan, 216 S., ISBN 3-923975-82-1, Euro 17,95

 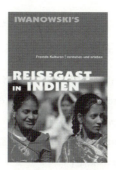 

Reisegast in Indien, 210 S., ISBN 3-933041-24-4, Euro 17,95
Reisegast in China, 210 S., ISBN 3-923975-71-6, Euro 17,95

www.iwanowski.de

Home Infos Aktuelles Reisebücher Reiseangebote: Südafrika Namibia Botswana Zimbabwe

WAREN SIE SCHON IN
@FRIKA?

ERLEBEN SIE UNS IM INTERNET

WWW.AFRIKA.DE

IWANOWSKI'S REISEN: DER SPEZIALIST FÜR DAS SÜDLICHE AFRIKA!

Surfen Sie doch einfach mal in die Kalahari – oder nach Kapstadt.

Bei uns finden Sie zahlreiche Informationen zu den Ländern des Südlichen Afrika:

Super-Preise für Flüge, Mietwagen, Camper, Safaris

und natürlich individuell ausgearbeitete Selbstfahrertouren.

Wenn Sie Afrika dann „live" erleben wollen:

Wir buchen Ihre Reise für Sie komplett von A bis Z.

IWANOWSKI'S *REISEN*

Iwanowski's Individuelles Reisen GmbH · Salm-Reifferscheidt-Allee 37 · 41540 Dormagen
Tel. 0 21 33 / 2 60 30 · Fax 0 21 33 / 26 03 33 · E-Mail: iwanowski@afrika.de

Zwar machen die Kleinen Antillen nur gut 10% der Fläche der Antillen insgesamt aus. Dafür unterscheiden sie sich aber von den Großen Antillen durch die Vielzahl ihrer Inseln und Inselchen, die weit in die Tausende gehen. Und zu Recht wird diese einzigartige Wasser-Landschaft als eins der **schönsten Segelreviere der Welt** *gerühmt.*

In Ermangelung verwertbarer Bodenschätze stellen die Naturschönheiten bei den meisten Inselstaaten das größte Kapital dar. **Antigua** *konnte mit seiner reich gegliederten Küste, den ausgezeichneten Naturhäfen, ausgedehnten Korallenriffen und vielen feinen Sandstränden – angeblich 365! – eine blühende Fremdenverkehrsindustrie aufbauen.*

Am Westkap von **Tobago**, *dem so genannten* **Pigeon Point**, *scheinen die hohen, schlanken Palmen direkt aus dem feinkörnigen weißen Sandstrand in die Höhe zu wachsen. Diesem Postkartenmotiv verlieh die touristische Literatur den Beinamen ‚Traumstrand der Karibik'.*

*Der Inselstaat **Barbados** ist der östlichste der Karibik und wird von Schiffsreisenden aus Europa als erster Teil der Neuen Welt erblickt. Da das atlantische Ufer der Insel – wie hier am Sandstrand des Barclays Park – nicht von Riffen geschützt ist, kann man hier bisweilen hohe Wellen und ideale Surfbedingungen erwarten.*

*An der Südwestküste von **Saint Lucia** ragt der **Petit Piton** wie ein ‚karibisches Matterhorn' steil aus dem Meer hinauf; allerdings nur 736 Meter! Zusammen mit seinem etwas größeren Zwilling Gros Piton (798 m) bildet er ein fotogenes Ensemble, das als Wahrzeichen der gesamten Region gelten kann.*

*Gut 30 Inseln formen den Archipel der **Grenadinen**, der zu **Saint Vincent** gehört und dessen größten Eilande Bequia, Mustique und Union Island heißen. Die von puderfeinen, weißen Sandstränden gesäumten Inselchen bilden ein herrliches Puzzle von Atollen im türkisfarbenen Meer, das am stilvollsten per Segelyacht bereist werden will.*

*Ein Ausflugsboot hat nahe dem **Buccoo Reef** auf **Tobago** festgemacht. In diesem Unterwassergarten direkt vor der Küste kann man wie an vielen Stellen der Karibik knapp unter der Meeresoberfläche die gesamte Wunderwelt maritimer Flora und Fauna bestaunen – beim Schnorcheln, Tauchen oder einer Fahrt mit dem Glasbodenboot.*

Reiseimpressionen 97

Das zwischen Guadeloupe und Martinique gelegene **Dominica** ist die gebirgigste und unzugänglichste Insel der Kleinen Antillen. Eine steigende Zahl von Besuchern schätzt ihre Ursprünglichkeit, vor allem die unberührte Natur, die zu Bergwanderungen und Tierbeobachtungen animiert. Das Beispiel des Inselstaates beweist, dass Fremdenverkehr in der Karibik auch ohne schöne Sandstrände, moderne Hotels und Casinos funktioniert.

Kreolisches Schnitzwerk schmückt ein Häuschen an der Front Street von **Philipsburg**. Die Hauptstadt des niederländischen Inselteils **Sint Maarten** wird ansonsten von Casinos, Hotels, Restaurants, Modeboutiquen und Schmuckgeschäften dominiert. St. Maarten/St-Martin ist eines der karibischen Fremdenverkehrszentren und des Kreuzfahrttourismus.

Am Rande der zentralen Grünanlage Queen's Park Savannah in **Port-of-Spain** bietet ein mobiler Kokosnussverkäufer seine Ware an. Solche idyllischen Szenen sind in der Kapitale von **Trinidad** inzwischen die Ausnahme, denn in der größten Metropole der Kleinen Antillen regiert hektisches Großstadttreiben.

Die Geschichte der Antillen versammelte nach den karibischen Ureinwohnern die unterschiedlichsten europäischen Kolonialmächte, die sich im 17./18. Jahrhundert erbitterte Kämpfe lieferten. Diese **Wandmalerei** bei Bathsheba auf **Barbados** stellt lokale Größen und das ‚leichte Leben' der heutigen Zeit dar.

Kaum noch etwas erinnert im heutigen 6.000-Einwohner-Städtchen **Saint Pierre** an seine Vergangenheit als wirtschaftliches und kulturelles Zentrum von **Martinique**. Im Jahre 1902 kam es hier zu einer Katastrophe, als der Vulkan Pelée mit einer Glutlawine die ehemalige „Perle der Antillen" und mit ihr 30.000 Menschen innerhalb von zwei Minuten auslöschte.

*Zwar gibt es auch auf den Kleinen Antillen durchaus touristische Ballungszentren, doch sind von Hotelhochburgen gesäumte Strandabschnitte immer noch die ganz große Ausnahme. Stattdessen können Individualtouristen bei Inselerkundungen etwa der **Leeward Islands** noch jede Menge verschwiegener Sandbuchten entdecken.*

*Eine der größten Naturkatastrophen auf den Kleinen Antillen der jüngeren Zeit ereignete sich im Jahre 1997, als in einer riesigen Aschenwolke der Vulkan **Soufrière Hills** explodierte und die Insel **Montserrat** in Unmassen von Lava und Geröll erstickte. Der überwiegende Teil der Insulaner musste seine Heimat damals verlassen.*

*Sowohl die indianischen Ureinwohner als auch die europäischen Kolonisatoren haben schwache Spuren im Erscheinungsbild der Antillen hinterlassen, doch stellen die Nachkommen der Sklaven, die so genannten Afrokariben, den überwiegenden Teil der heutigen karibischen **Bevölkerung** dar.*

*Ein Unikum innerhalb der Kleinen Antillen stellt die Insel **Saint Martin/Sint Maarten** dar, die schon seit 1648 zu zwei Nationen gehört. Die Niederlande besitzen den südlichen, Frankreich den etwas größeren nördlichen Teil. In letzterem liegt an der **Baie Orientale** einer der schönsten Sandstrände.*

*Ein Großteil der Antillianer lebt in ärmlichen Verhältnissen. Dementsprechend sind kleine Häuschen und einfache Baumaterialien bestimmend für die karibische Architektur. Fast immer sieht man den Häusern jedoch die Farbenfreude ihrer Bewohner an – wie hier in **Soufrière** auf **St. Lucia**.*

Reiseimpressionen 103

Das französische Département **Guadeloupe** umfasst einen kleinen Archipel verschiedener Inseln. Die Hauptinsel mit ihrer charakteristischen Schmetterlingsform besteht aus der nordöstlichen, relativ flachen Grande-Terre und dem gebirgigeren Südwestteil **Basse-Terre**.

Ein kleiner Wasserfall auf **Dominica** illustriert, dass die Insel die niederschlagsreichste der Antillen ist – auf der windzugewandten Seite fallen an der Küste jährlich fast 4.000 mm, an den Hängen des Morne Diablotin sogar gut 10.000 mm an! Die Folge sind über 360 Flüsse und Bäche, die aus dem tropischen Regenwald der Küste zuströmen.

An einem schattigen Plätzchen auf **Martinique** sitzen Einwohner unterschiedlicher Hautfarbe einträchtig nebeneinander. Selten wird das Schlagwort von der multikulturellen Gesellschaft so mit Leben gefüllt wie gerade auf den französischen Antillen. Die überwiegende Mehrheit der Bevölkerung unterhält sich in der Umgangssprache Créole.

Seitdem die Franzosen im 17. Jahrhundert überall in der Karibik Fuß fassten und zur ersten Großmacht der Region aufstiegen, ist der französische Einfluss in Sprache, Orts- und topographischen Namen ebenso ungebrochen wie in der kreolischen Kolonialarchitektur, in Religion und Gebräuchen. Und Boule-Spieler wie hier auf **Guadeloupe** sieht man allenthalben.

*Trotz ihrer geringen Größe entfaltet sich auf allen Antillen-Inseln eine tropische Pflanzenwelt von großer Artenvielfalt und einem überwältigenden Spektrum an Formen und Farben. Wer sich für Botanik interessiert, wird in der Karibik zu jeder Jahreszeit begeistert sein – und vielleicht auch ein wenig neidisch. Was bei uns nur unter Mühe und im Blumentopf zu bescheidener Größe gelangt, findet man hier am Straßenrand, im Regenwald oder in Vorgärten – besonders natürlich in Botanischen Gärten wie z.B. in der **Soufrière Estate** auf **St. Lucia**.*

Reiseimpressionen

Inselrundfahrten auf den Kleinen Antillen geraten leicht zum Abenteuer, z.B. entlang der rauhen Ostküste von **Barbados**. Die Straßen sind oft eng, steil, kurvenreich und voller Schlaglöcher. Und Selbstfahrer müssen sich auf vielen Inseln auf Linksverkehr und ungewohnte Vehikel einstellen.

Dass die geologische Situation des Inneren instabil ist, kann an vielen Stellen beobachtet werden. Die rauchenden Solfatare der **Sulphur Springs** auf **Saint Lucia**, heiße Quellen und Vulkane, die bis in jüngste Vergangenheit aktiv sind, berichten von den Urkräften der Natur, denen die Inseln ihre Entstehung verdanken.

Reiseimpressionen 107

*Freizeitboote und Surfer an der Küste von **Antigua** stehen stellvertretend für den wichtigsten Erwerbszweig fast aller karibischer Inseln: den Fremdenverkehr. Nach jahrhundertelanger Ausbeutung durch die Kolonialmächte, trägt die Tourismusindustrie heutzutage entscheidend zum wirtschaftlichen Überleben der Bevölkerung bei.*

*Schiffspassagiere der Nachbarinsel Trinidad erblicken nach einer 6-stündigen Überfahrt die bewaldeten Höhenzüge von **Tobago** am Horizont. Die überschaubare und großenteils unberührte Tropeninsel entspricht allen gängigen Südsee-Wunschträumen – und wurde nicht umsonst von Daniel Defoe zum Schauplatz seines Romans „Robinson Crusoe" ausgewählt.*

Weißer Sandstrand, Palmen, türkisfarbenes, warmes Wasser und allerbeste Bedingungen für Wassersport – all das gehört zu jenen touristischen Klischees, ohne die ein „Karibik-Paradies" nicht auskommen kann. An der **Pointe du Bout** auf **Martinique** und an vielen anderen Stellen der Karibischen See werden solche romantischen Sehnsüchte fast immer befriedigt.

3. DIE KLEINEN ANTILLEN ALS REISEZIEL

Allgemeine Reisetipps von A-Z

> **Benutzerhinweise**
>
> Die Gelben Seiten werden regelmäßig aktualisiert, so dass Sie immer auf dem neuesten Stand sind. In den Allgemeinen Reisetipps für die Kleinen Antillen von A-Z (S. 109ff) finden Sie – alphabetisch geordnet – allgemeine reisepraktische Hinweise für die Vorbereitung Ihrer Reise zu und für Ihren Aufenthalt auf den Kleinen Antillen. Die Regionalen Reisetipps von A-Z (S. 137ff) geben konkret – ebenfalls alphabetisch geordnet – zu jeder einzelnen Insel Auskunft. Hier finden Sie auch Unterkunftsmöglichkeiten, Restaurants etc.
>
> Die Insel La Désirade finden Sie unter ‚G' wie ‚Guadeloupe und zugehörige Inseln', da sie zum Département Guadeloupe gehört.

Anreise _____ 110
Auskunft _____ 111
Ausreise _____ 112
Auto fahren _____ 112

Behinderte _____ 112

Diplomatische Vertretungen _____ 112

Einreise _____ 114
Essen und Trinken _____ 114

Feiertage _____ 115
Fotografieren und Filmen _____ 116

Gesundheit _____ 116

Heiraten _____ 118

Impfungen _____ 118
Inselhüpfen _____ 119
Internetcafé _____ 120

Kartenmaterial _____ 121
Kinder _____ 121
Kleidung _____ 122
Kreuzfahrten _____ 122
Kriminalität _____ 125

Mietwagen _____ 126

Nachtleben _____ 126

Post _____ 126

Reisezeit _____ 127

Segeln _____ 127
Sport _____ 129
Sprache _____ 129
Strom _____ 129

Telefonieren _____ 129
Trinkgeld _____ 130
Trinkwasser _____ 130

Unterkunft _____ 130

Verhalten im Alltag _____ 132
Verkehrsmittel _____ 133
Verkehrsunfall _____ 134
Versicherung _____ 134

Währung/Geld _____ 135

Zeit _____ 136
Zoll _____ 136

A

▷ **Anreise**

PER FLUGZEUG

Viele Inselstaaten der Kleinen Antillen haben ihre Flughäfen auf **internationalen Standard** gebracht. Sie werden von Fluggesellschaften direkt von Europa aus angeflogen und sind ihrerseits **Drehscheiben für den innerkaribischen Luftverkehr**. Im Bereich der Kleinen Antillen sind das vor allem **Antigua, Barbados, Grenada, Guadeloupe, Martinique, Sint Maarten** und **Trinidad**. Auch fast alle anderen Inseln der Kleinen Antillen verfügen über einen Flugplatz, der die Landung mindestens einer kleinen Chartermaschine ermöglicht. Eine Ausnahme bildet die Insel Montserrat: Durch den Ausbruch des Vulkans Soufrière (1997) wurde auch die Landebahn verschüttet. Montserrat ist seitdem nur noch per Hubschrauber zu erreichen.

Mit dem Helikopter nach Montserrat

Von Deutschland (Frankfurter Flughafen) aus gibt es je nach Saison **Direktflüge** nach Barbados, St. Lucia und Trinidad. Ansonsten geht es aus Europa von London, Paris oder Amsterdam an die karibischen Strände. **British Airways** (Antigua, Barbados, St. Lucia und Grenada), **Air France** (Guadeloupe, Martinique) und **KLM** (Saint Martin) sind die großen Fluggesellschaften, die regelmäßige Flüge in die karibische Inselwelt anbieten. Die Preise der Flüge variieren stark je nach Saison. Preisgünstiger als mit Linienflügen gelangen Sie mit **Charterflügen** wie z. B. der **Condor** auf die Kleinen Antillen. Allerdings werden hier Flüge in der Regel nur in der Hochsaison angeboten.

Wer in seinem Karibikurlaub möglichst viele Inseln der Kleinen Antillen sehen möchte, sollte mit einem **Airpass** fliegen, der günstigsten Variante des **Inselhüpfens** (siehe unter dem gleichnamigen Stichwort in diesem Kapitel). Den Blick aus der Vogelperspektive auf das Mosaik der vielen unterschiedlichen Inseln erfolgt aus Mini-Propellermaschinen. Auch wenn die Flüge nur sehr kurz sind, lohnt sich so ein Flug meist schon allein wegen der phantastischen Sicht und den oftmals spektakulären Landungen auf verhältnismäßig kurzen Landebahnen. Auch ist zu beachten, dass bei fast allen Destinationen eine **Flughafen- und Sicherheitsgebühr** zu zahlen ist, und zwar in örtlicher Währung oder US-Dollar. Die ungefähre Höhe der Flughafengebühr ist für die einzelnen Inseln in den Regionalen Reisetipps von A-Z jeweils unter dem Stichwort „Flughafen und Airport Tax" angegeben.

Die Internet-Adressen der wichtigsten Fluggesellschaften:
- **Air France**: www.airfrance.com/de
- **American Airlines**: www.americanairlines.com
- **British Airways**: www.britishairways.com

- **Condor**: www.condor.com
- **KLM**: www.klm.com.nl
- **Lufthansa**: www.lufthansa.com
- **Martinair**: www.martinair.com

Infos zu Airpässen:
- **BWIA**: www.bwee.com, www.bwia.de
- **Liat**: www.liatairline.com

PER FLUGZEUG UND SCHIFF

Es besteht auch die Möglichkeit, die Hin- bzw. Rückreise wahlweise mit Flugzeug oder Schiff anzutreten. Oder Sie buchen **Hin- und Rückflug** nach Miami und fahren von dort aus weiter mit einem Kreuzfahrtschiff. Miami ist die internationale Drehscheibe für Kreuzfahrtschiffe. Von hier aus gibt es regelmäßige Verbindungen in die Karibik. Von den Kleinen Antillen werden jedoch von Miami aus vor allem die nördlichen Inseln angelaufen (vgl. dazu Stichwort „Kreuzfahrten", S. 122 ff.)

PER FRACHTSCHIFF

Wer Zeit, Lust und einen Hauch Pioniergeist hat, kann auch heute noch mit dem **Frachtschiff** oder den einst so legendären **„Bananendampfern"** den Atlantik in Richtung Karibik überqueren. Dabei muss man auf Kabinenkomfort keineswegs verzichten. Die wenigen Kabinenplätze sind jedoch oftmals schon weit im Voraus ausgebucht. Auch sind „Rundreisen" eher zu bekommen als Oneway-Passagen.

Informationen gibt es bei:
- **Internaves Frachtschiffreisen Christina Horn**, Lichtentaler Straße 14, 76530 Baden-Baden, ☎ 07221-393837, 393836, 🖳 www.frachtschiff.de
- **Wagners Frachtschiffreisen**, Stadlerstraße 48, 8404 Winterthur/Schweiz, ☎ 052-242 1442, 📠 2421487.

Zwischen Felixstowe/Le Havre und Guadeloupe/Martinique pendelt das französische Frachtunternehmen **Compagnie Générale Maritime** einmal die Woche. Informationen gibt es unter folgender Adresse: 88 York Street, London W1H 1QT, England, ☎ 020-772 32450, 📠 020-77232486, 🖳 www.frenchlines.com.

⇨ **Auskunft**

Informationsmaterial – u. a. über Unterkünfte, Flüge etc. – erhalten Sie außer von den Fremdenverkehrsämtern der einzelnen Zielgebiete auch über die **Arbeitsgemeinschaft Karibik e.V.**, Friedberger Anlage 21, D-60316, Frankfurt/M., ☎ 069-40 59 37 77, 📠 069-40 59 37 76, 🖳 www.karibik.de.

Die **Öffnungszeiten der Touristenbüros** sind von Insel zu Insel unterschiedlich und können sich auch spontan auf Grund der karibischen Lebensweise ändern. In der Regel stimmen sie in ihren Kernzeiten jedoch mit den allgemeinen Geschäftszeiten überein. Die Telefonnummern und Adressen finden Sie unter dem Stichwort der jeweiligen Insel in den „Regionalen Reisetipps von A-Z".

Ausreise

Wenn Sie keine Zoll- oder Drogenbestimmungen überschritten haben, unterliegt die Ausfuhr keinen besonderen Auflagen. Bei der Aus- und Weiterreise innerhalb der Kleinen Antillen müssen Sie Ihr Rückflugticket nach Europa vorzeigen. Die meisten Staaten verlangen zudem vor der Ausreise die Bezahlung einer Gebüh (vgl. dazu Stichwort „Zoll" und in „Regionale Reisetipps von A-Z" Stichworte „Flughafen" und „Departure Tax").

Rückbestätigungen des transatlantischen Rückfluges sind heute in der Regel nicht mehr erforderlich. Dennoch sollten Sie sich vorher im Reisebüro erkundigen, wie Ihre Airline diesen Punkt handhabt. Bei Pauschalflügen erledigt die Reiseagentur dies normalerweise automatisch. Innerhalb der Karibik sollten Sie sich beim Ticket-Kauf vor Ort nach der Handhabung des jeweiligen Inselstaates erkundigen.

Auto fahren

Stichwort „Verkehrsmittel", S. 133 f.

B

Behinderte

Flugzeuge und Kreuzfahrtschiffe sind zum größten Teil auf die Bedürfnisse der Behinderten eingestellt. Somit gibt es auf dem Transportweg bis zu den Kleinen Antillen normalerweise keine Probleme. Vor Ort wird es hingegen schon schwieriger. Es gibt nur wenige Hotels, die behindertengerecht ausgestattet sind. Zudem sind für z. B. Rollstuhlfahrer in den Orten kaum Gehwege vorhanden oder mit sehr hohen Bordsteinkanten versehen. Allerdings besteht eine sehr große Hilfsbereitschaft der Menschen auf den Inseln, die Behinderte hilfreich unterstützen.

D

Diplomatische Vertretungen

> **Hinweis**
>
> *Die Französischen und Niederländischen Antillen sowie die britischen Inseln werden in der Regel über die Botschaften ihrer Mutterländer repräsentiert. Einige Inseln unterhalten jedoch eigene Honorarkonsulate in Deutschland.*
>
> *Die Adressen und Telefonnummer der nächsten deutschen Vertretung auf den Kleinen Antillen finden Sie in den „Regionalen Reisetipps von A-Z" oder unter* *www.auswaertigesamt.de.*

IN DEUTSCHLAND
Botschaft von Frankreich mit Konsularabteilung, Pariser Platz 5, 10969 Berlin, ☏ 030-590039000, 🖶 590039171, 🖵 www.botschaft-frankreich.de
Generalkonsulate
- Cecilienallee 10, 40474 Düsseldorf, ☏ 0211-497730, 🖶 4912240
- Zeppelinallee 35, 60325 Frankfurt/M., ☏ 069-7950960, 🖶 79509646
- Pöseldorfer Weg 32, 20148 Hamburg, ☏ 040-414106-0
- Möhlstraße 5, 81675 München, ☏ 089-4194110, 🖶 41941123

Botschaft von Großbritannien, Wilhelmstr. 70-71, 10117 Berlin Germany, ☏ 030-20457-0, 🖶 20457-579, 🖵 www.britischebotschaft.de
Generalkonsulate
- Harvestehuder Weg 8a, 20148 Hamburg, ☏ 040-448032-0
- Yorckstraße 19, 40476 Düsseldorf, ☏ 0211-94480, 🖶 488190
- Triton Haus, Bockenheimer Landstraße 42, 60323 Frankfurt/M., ☏ 069-1700020, 🖶 729553
- Bürkleinstraße 10, 80538 München, ☏ 089-211090, 🖶 21109166

Botschaft des Königsreichs der Niederlande, Klosterstraße 50, 10179 Berlin, ☏ 030-20956-0, 🖶 20956-441, 🖵 www.dutchembassy.de
Generalkonsulate
- Alsterufer 10, 20354 Hamburg, ☏ 040-450338-0, 🖶 45035073
- Oststraße 10, 40030 Düsseldorf, ☏ 0211-179301-0, 🖶 359040
- Bockenheimer Landstr. 39, 60325 Frankfurt/M., ☏ 069-971201-0, 🖶 971201-55
- Nymphenburger Str. 20a, 80335 München, ☏ 089-206026710, 🖶 206026730

IN ÖSTERREICH
Botschaft von Frankreich, Siebensterngasse 21, 1070 Wien, ☏ 01-533261670, 🖶 533261685, 🖵 www.ambafrance-at.org
Botschaft von Großbritannien, Schenkenstraße 4, 1010 Wien, ☏ 01-5332616, 🖶 533261685, 🖵 www.britishcouncil.org/de/austria/
Botschaft der Niederlande, Opernring 5, 1010 Wien, ☏ 01-58939, 🖶 58939-265; Postfach 190, A-1015 Wien, 🖵 www.netherlands-embassy.at

IN DER SCHWEIZ
Botschaft von Frankreich, Schosshaldenstr. 46, 3006 Bern, ☏ 031-3592111, 🖶 3592191, 🖵 www.ambafrance-ch.org
Botschaft von Großbritannien, P.O.Box 532 Sennweg 2, 3000 Bern 11, ☏ 031-3011 473; 🖵 www.britishcouncil.org/switzerland
Botschaft der Niederlande, Kollerweg 11, 3006 Bern, ☏ 031-3508700, 🖶 3508710

VERTRETUNGEN EINZELNER INSELN IN DEUTSCHLAND/EUROPA
Konsulat von Antigua und Barbuda, Van-der-Smissen-Str.2, 22767 Hamburg, ☏ 040-389989, 🖶 3046209
Honorarkonsulat von Barbados, Am Karlsbad 11, 10785 Berlin, ☏ 030-25467258, 🖶 25467300
Botschaft von Dominica, 1 Collingham Garden, London SW5 0HW, ☏ 0044-207-3-705194, 🖶 738743
Botschaft von Grenada, 24, Avenue de la Toison d'Or, 1050 Brüssel, ☏ 02-5141242, 🖶 5138724; **Honorarkonsulat**: Stierstr. 10, 12159 Berlin, ☏ 030-8522202, 🖶 8532354

Honorarkonsulat von St. Lucia, Weidebornweg 21, 61348 Bad Homburg, ☎ 06172-302324, 📠 305314
Honorarkonsulate der Republik Trinidad und Tobago:
- Raboisen 3, 20097 Hamburg, ☎ 040-2200396, 📠 2206756
- Zollstockgürtel 7, 50969 Köln, ☎ 0221-93640213, 📠 3604566
- Leipzigerstraße 16, 82008 Unterhaching, ☎ 089-61566636/7, 📠 61566630

⇨ Einreise

Für die Einreise benötigen Sie einen Reisepass, der je nach Zielgebiet noch mindestens 3 oder 6 Monate gültig ist. Für die **Einreise** auf die Französischen Antillen genügt ein Personalausweis. Generell müssen Sie ein **Rück- oder Weiterreise-Ticket** vorweisen. Manchmal wird überprüft, ob über ausreichende Geldmittel verfügt wird. Das **Einreiseformular**, das Ihnen i. d. R. im Heimatflughafen oder im Flugzeug ausgehändigt wird, muss korrekt und auf Englisch ausgefüllt sein.

Der **Ablauf im Zielflughafen** ist bei manchen Destinationen eine äußerst langwierige und penible Prozedur. Oft hat man den Eindruck, dass gerade die Ministaaten durch übertriebene Bürokratie „weltgewandter" wirken wollen.

Überall müssen Sie auf längeres Schlange stehen und **stichprobenartige Kontrollen** des Reisegepäcks gefasst sein. Manchmal wird sogar der gesamte Kofferinhalt ausgeleert. Aber auch wenn Sie nach dem langen Anflug leicht reizbar sind: Lautstarkes Protestieren oder gar beleidigendes Verhalten den Beamten gegenüber hilft niemals weiter.

Es versteht sich von selbst, dass die internationalen **Zollvorschriften** einzuhalten sind (siehe Stichwort „Zoll", S. 136). Allergisch reagiert man in der Karibik auf den Versuch, Drogen (auch für den eigenen Gebrauch) zu schmuggeln. Die Strafen sind z. T. drakonisch!

⇨ Essen und Trinken

Internationale, kreolische, chinesische, taiwanesische, indische, afrikanische oder französische Gerichte – die Küche der Kleinen Antillen bietet fast für jede Geschmacksrichtung etwas. Ob ehemalige Kolonialherren oder seit Generationen in der Karibik lebende Einwanderer, auch gastronomisch haben alle ihre Spuren auf den Inseln hinterlassen. Besonders auf **Trinidad** wird dies deutlich, wo Sie, kulinarisch gesehen, eine Weltreise veranstalten können.

Auf den **Französischen Antillen** macht sich der Einfluss des Mutterlandes ausgesprochen stark bemerkbar. Heimische Inselspezialitäten sind dort vor allem Meeresfrüchte und Fisch wie z. B. der „Crabes farcis", also Taschenkrebs, das „Ragout de Requin" (Haifischragout) und in scharfer Soße eingelegter Fisch („Blackened Fish").

ESSEN

Jede Insel hat ihre eigenen Spezialitäten, doch „Pepper Pots" und „Callalous", die scharf gewürzten Fleischeintöpfe mit Gemüse, stehen auf den meisten Inseln auf dem Speiseplan genauso wie „Accras", frittierte Fischbällchen mit scharfer Sauce, Garnelen oder der klassische Hummer („Lobster"). Die zahlreichen Snack-Bars bieten die Möglichkeit, karibische Gerichte wie z. B. Huhn oder Lamm in Kokosnusssoße mit Ingwer und Zitronengras relativ preiswert zu kosten.

Auf **Barbados** sind ein günstiger Mittagstisch der „Flying Fish" oder der gebratene Schweinerücken mit gebackenen Süßkartoffeln („Jerked Pork"). Der Clou des ehemals aus Jamaika stammenden Gerichts sind die aus zahlreichen Zutaten bestehende Soße – mindestens aus Pfeffer, Peperoni, Knoblauch, Muskatnuss, Zimt und Ingwer – und die „Jerk" genannte Garung im Ofen bei schwacher Hitze.

Das **Preisniveau** entspricht dem einer europäischen Großstadt. Die Gerichte sind, je nach Lokalität, zwischen preisgünstig (Snack-Bar) und moderat (Pizzeria, Taverne, Restaurant/Bars, Fastfood) bis hin zu teuer und sehr teuer (z. B. exquisite Restaurants von Sterne-Hotels). In einem gehobenen Restaurant kostet ein Hauptgericht 20 bis 30 US$, in einem mittelpreisigen 12 bis 25 US$ und in einem einfachen 8 bis 15 US$.

Da sich auf den Kleinen Antillen immer mehr Hotels mit Pauschalangeboten inklusive Vollpension bzw. Halbpension etablieren, verfügen die meisten Anlagen über gute Restaurants. Eigenständige Gastronomieszenen fern der Hotelanlagen können sich dadurch auf den Kleinen Antillen jedoch nur schwer durchsetzen. Auch das Nachtleben findet überwiegend in den Hotelanlagen oder in Kasino-Komplexen statt.

GETRÄNKE

Rum ist das Nationalgetränk jeder Insel. Dabei gibt es Hunderte verschiedener Sorten in der gesamten Karibik. Martinique und Barbados gehören zu den Hauptproduzenten, aber auch die anderen Inseln und vor allem Grenada stellen hochwertige Produkte her. Für Cocktails wird hauptsächlich der noch junge, weiße Rum verwendet, während alter, dunkler Rum wie ein guter Whisky getrunken wird.

F

⇨ **Feiertage**

Die besonderen regionalen Feiertage der einzelnen Inseln finden Sie in den „Regionalen Reisetipps von A-Z".
Allgemein werden auf allen Inseln folgende Tage gefeiert:
- **Neujahr** (New Year´s Day)
- **Karfreitag** (Good Friday)
- **Ostermontag** (Easter Monday)
- **Pfingstmontag** (Whit Monday)
- **Fronleichnam** (Corpus Christi)
- **Weihnachten** (Christmas Day: 25.12., Boxing Day: 26.12.)

Allgemeine Reisetipps von A-Z

⇨ **Fotografieren und Filmen**

An guten Motiven für eine reiche Foto- oder Filmausbeute herrscht auf den Antilleninseln kein Mangel! Umso wichtiger ist es, eine funktionierende Kameraausrüstung (Spiegelreflex-, Kleinbild- oder Digitalkamera) und **genügend Filmmaterial**, Batterien, Akkus, **Speicherkarten**, Aufladekabel dabei zu haben. Ein Nachkauf ist nicht immer möglich. **Diafilme** z. B. sind besonders schwer zu bekommen und falls doch, nur zu horrend hohen Preisen.

Wegen der starken Sonnenstrahlung sollte ein **UV-Filter** nicht in Ihrer Ausrüstung fehlen. Denken Sie auch an einen **Adapter** für Ihre Videokamera, das Blitzlichtgerät oder die Digitalkamera, da die bei uns üblichen Steckdosen und Stromspannungen meist nicht vorhanden sind.

Trotz oder gerade wegen der vielen **Sonnenstunden** in den Tropen gibt es dort weniger günstige Momente für Filmaufnahmen als in Mitteleuropa. Die kurze Morgen- und Abenddämmerung von nur 15 bis 20 Minuten lassen die Sonne sehr früh am Tag und sehr lange steil und senkrecht am Himmel stehen. Dadurch fehlt den Motiven eine gute seitliche Beleuchtung. Es lohnt sich demnach durchaus, schon früh morgens einen Großteil seiner Fotos zu verschießen. Wer aber immer schon mit dem Gedanken gespielt hat, sich eine Unterwasser-Kamera zu kaufen, der sollte vor dem Karibik-Urlaub nicht länger zögern: Klares Wasser, in allen Farben schimmernde Korallen und bunt durcheinander gewürfelte Fischbestände warten in der Unterwasserwelt. Sie bieten Motive für einzigartige Aufnahmen.

Schien die Gefahr der Beschädigung für unbelichtete und belichtete Filme durch neue Röntgen-Apparate zumindest auf europäischen Flughäfen gebannt, so warnen Flughafenbetreiber neuerdings wieder im Hinblick darauf vor den neuesten Geräten. Lassen Sie demnach nicht nur in den karibischen Staaten – oftmals veraltete Technik – , sondern auch in Europa Ihre **Filme von Hand kontrollieren** oder legen Sie sie von vornherein in einen Filmsafe-Beutel (erhältlich im Foto-Fachhandel).

Zum Fotografieren im Gastland beachten Sie bitte auch die Hinweise unter dem Stichwort „Verhalten im Alltag".

⇨ **Gesundheit**

INFEKTIONSKRANKHEITEN
Weltweit treten immer häufiger Infektionskrankheiten auf, die Kleinen Antillen bilden da leider keine Ausnahme. Dennoch: Die Chancen, an Gelbsucht, Wundstarrkrampf oder an den Infektionskrankheiten Typhus oder Diphtherie zu erkranken, sind geringer als auf den Großen Antillen oder in vielen anderen tropischen Ländern. (für empfohlene Impfungen vgl. Stichwort „Impfungen").

HIV-INFEKTION
Da Prostitution und Drogenkonsum (noch) nicht die Ausmaße etwa von Haiti, Jamaika oder der Dominikanischen Republik erreicht haben, ist die Gefahr einer Ansteckung auf den Kleinen Antillen geringer. Dennoch ist sie natürlich genau wie in Europa beim Intimkontakt mit Einheimischen oder Urlaubsgästen gegeben. Wie auch zu Hause, sollte Safer Sex zur Selbstverständlichkeit gehören.

KLIMAUMSTELLUNG
Um Ihren Urlaub richtig genießen zu können, sollten Sie Ihrem Körper **Zeit geben**, sich an das neue Klima mit bis zu 40 Grad Temperaturunterschied zu unserem Winter **anzupassen**. Legen Sie am besten erst einmal zu Beginn der Reise einen Ruhetag ein und halten sich nicht nur in klimatisierten Räumen auf. Der Wechsel von schweißtreibender Außentemperatur und „polarer Kaltluft" in Hotels, Restaurants und Büros führt leicht zu einer hartnäckigen Erkältung, die einen dann oft die ganzen Ferien über belästigt. Gott sei Dank sind viele Hotels so geschickt gebaut, dass der Nordostpassat eine Air Condition überflüssig macht – die dann als „Extra" in der Hotelbeschreibung (auch von Luxusherbergen) fehlt.

SONNE
An der häufigsten Erkrankung sind Urlauber jedoch selbst schuld. Gemeint ist der Sonnenbrand, der durch die sehr intensive UV-Strahlung in den tropischen Breitengraden schnell eintreten kann – selbst bei bewölktem Himmel oder im Schatten. Also seien Sie bitte **vorsichtig beim Sonnenbaden** und halten sich für den Anfang an einfache Regeln:

- Schützen Sie sich durch Sonnencreme mit einem hohen Lichtschutzfaktor (mind. LV 20).
- Sonnenbaden (mit Schutzcreme) am ersten Tag mittags höchstens 20 min, nach 17 Uhr 40 min; am zweiten Tag mittags 40 min, nach 17 Uhr 60 min.
- Meiden Sie stark parfümierte Kosmetika oder Rasierwasser, da diese die UV-Strahlung potenzieren können.
- Tragen Sie beim Segeln oder am Strand eine Kopfbedeckung, evtl. sogar dünne Handschuhe und geschlossene Segelschuhe gegen Sonnenbrände auf dem Hand- und Fußrücken.
- Ziehen Sie beim Schnorcheln ein T-Shirt an und tragen Sie wasserfeste (!) Sonnencreme auf.

PFLANZEN
Ebenfalls von oben droht eine Gefahr der ganz besonderen Art: Kokosnusspalmen sehen in der Regel am Strand zwar phantastisch aus, sich direkt darunter zu legen kann allerdings für eine böse Überraschung sorgen. Die Früchte neigen zu unangekündigten Flügen senkrecht nach unten. Wegen der beträchtlichen Höhe, aus der die Kokosnüsse fallen, können gerade spielende Kinder regelrecht erschlagen werden. Auf gar keinen Fall sollten Sie Ihren Kinderwagen unter diesen Pflanzen abstellen. Weit gefährlicher (glücklicherweise aber auch seltener) ist der **Manzanillo-Baum** (auch Mancenillier bzw. Manzinella-Baum genannt, engl.: *machineel tree*). Diese „Apfelbäume" kommen auf einigen Inseln in Strandnähe vor, wo sie oft durch einen roten Farbanstrich oder ein Giftsymbol markiert sind. Die Berührung irgendeines Pflanzenteils (Rinde, Blätter, Früchte) kann zu Verätzungen der Haut, Blindheit oder sogar zum Tod führen.

MÜCKEN
Fast überall in der Karibik sind unter den Tieren die Mücken (Moskitos) die ärgsten Urlaubsverderber. Sie belästigen einen in der Dämmerung und nach Einbruch der Dunkelheit.

Allerdings brauchen Sie keine Angst vor den Mückenstichen haben, da die Moskitos auf den Kleinen Antillen keine Malaria-Erreger in sich tragen. Eine Malaria-Prophylaxe ist daher nicht notwendig. Zum **Schutz vor den Plagegeistern** helfen beim abendlichen Bummel lange Kleidung, entsprechende Cremes oder Sprays. Für die Innenräume bieten Hotels oftmals Rauchspiralen (bzw. deren elektrische Varianten) an. Die natürlichste Mückenbekämpfung sind allerdings Moskitos verspeisende Tiere wie Geckos – verjagen Sie sie nicht aus Ihrem Zimmer. Unter dem Aspekt ertragen Sie vielleicht auch eher die Quakkonzerte der Frösche vor Ihrem Fenster.

SANDFLÖHE UND ANDERE TIERE

Unangenehm sind auch Bisse von den häufig am Strand vorkommenden Sandflöhen (sandflies), die vor allem am Nachmittag und abends besonders aktiv sind. Neben speziellen Schutzmitteln hilft oft auch schon der Wechsel vom Sand auf einen Liegestuhl. Auch nasse Haut mögen die Sandflöhe nicht. Im Inselinnern gibt es oftmals einige Furcht erregend aussehende Spinnen, die allerdings **meist harmlos** sind. Da es mitunter aber auch giftige Artgenossen gibt, halten Sie am besten generell Abstand. Gleiches gilt für die Schlangen, die man zu Gesicht bekommen kann – sie sind i. d. R. ungiftig und vom Typ der Würgeschlange. **Im Meer** ist die Begegnung mit Haien äußerst selten, da sie meist von Korallenriffen abgehalten werden und sich nur selten in die flachen Küstengewässer verirren. Der Vorzug der Korallen ist gleichzeitig jedoch auch eine Verletzungsquelle für Schwimmer und Schnorchler. Die scharfen Ecken und Kanten der Korallenbänke und -riffe führen oft zu schlimmen Schnittwunden oder Schürfverletzungen. Weit verbreitet sind Seeigel, deren glasartige, scharfe Stacheln schmerzhafte Wunden hervorrufen und nicht leicht zu entfernen sind (im Zweifelsfall Badeschuhe tragen). Taucher sollten sich vor **Attacken von Muränen** in Acht nehmen!

⇨ **Heiraten**

Paradiesische Kulisse, garantiert warmes Wetter und Sonnenschein, die Braut ist in ihrem Kleid keinem deutschen Sturm oder Nieselregen ausgesetzt, die Frisur bleibt heil. Ideale Voraussetzungen, um auf einer der Inseln der Kleinen Antillen den Bund fürs Leben zu besiegeln. Zudem bieten alle Inseln und viele Hotels **spezielle Arrangements für Heiratswillige** an. Für das nötige Kleingeld wird alles organisiert.

⇨ **Impfungen**

Für die Kleinen Antillen gibt es für aus Europa kommende Touristen **keine Impfpflicht**. Das **Zentrum für Impfmedizin und Infektionsepidemiologie** (Beltgens Garten 2, 20537 Hamburg, ☎ 040-42854-4420, 🖥 www.hygiene-institut-hamburg.de) empfiehlt jedoch, sich gegen Tetanus (Wundstarrkrampf), Diphtherie (Infektionskrankheit) und Hepatitis

A/B (Lebererkrankungen) impfen zu lassen. Vor allem, wenn Sie sich nicht nur in der unmittelbaren Umgebung Ihres Hotels aufhalten, sondern auf z. B. Wanderungen Land und Leute näher kennen lernen möchten, werden die Impfungen empfohlen.

Mehr Infos zu den einzelnen Impfungen erhalten Sie auch beim **Bernhard-Nocht-Institut für Tropenmedizin**, Bernhard-Nocht-Str. 74, 20359 Hamburg, ☏ 040-42818-400, 🖥 www.bni-hamburg.de.

⇨ **Inselhüpfen**

Wer wirklich individuell reisen und seine Flugroute selbst bestimmen möchte, hat die Möglichkeit, mit einem Airpass, den verschiedene Fluggesellschaften anbieten, zu operieren. Solche Pässe haben eine maximale Gültigkeitsdauer und sind in der Regel nur in Europa in Verbindung mit einem Transatlantikflug zu buchen (Ausnahme: ALM Caribbean Airpass). Oft muss auch das genaue Routing, d. h. wann Sie wo hinfliegen wollen, festgelegt sein. Über die genauen Konditionen unterrichten Reisebüros und Spezial-Veranstalter.

Die karibische Fluggesellschaft Liat hat ihren Firmensitz auf Antigua.

Die wichtigsten Airpässe
BWIA Airpass • www.bwia.de Der praktische **Carribbean Airpass** von BWIA, der nationalen Fluggesellschaft von Trinidad and Tobago mit Sitz in Port of Spain. Bis zu acht verschiedene Ziele können damit in einem Zeitraum von 30 Tagen angeflogen werden. Flugziele sind bei Ticketzahlung des Transatlantikflugs mit BWIA. Jeweils ein Stopp auf den Inseln Antigua, Barbados, Grenada, Jamaika, St. Lucia, Sint Maarten sowie Trinad und/oder Tobago möglich (außer in der Zeit vom 19. Dezember bis zum 6. Januar). Kosten: von 350 US$ für 4 Flüge, bis 750 US$ für beliebig viele.
Der **Kombi-Airpass** von **Air Jamaica** „Caribbean Hopper" ab 565 US$, info@airjamaica.de.
American Airline/American Eagle • www.americanairline.com American Airlines und ihre Tochter-Gesellschaft American Eagle bieten einen Caribbean Explorer an, mit dem 23 Karibik-Inseln angesteuert werden können. Deutlicher Nachteil ist: Die meisten Verbindungen laufen über San Juan. Wegen des Zeitaufwands und der nervenaufreibenden bürokratischen Formalitäten, die einem sowieso in der Karibik schon nicht erspart bleiben, ist das Bereisen der Karibik mit diesen Airlines nicht unbedingt zu empfehlen.

ALM-Dutch Caribbean Airpass
www.dutch-caribbean.com
Die auf Curaçao ansässige niederländische Fluggesellschaft ALM (Antillean Airlines) bietet einen regional auf die karibischen Inseln der Niederlande beschränkten Airpass an. Der **Dutch Caribbean Airpass** kostet rund 280 US$ für Inselhopping innerhalb von 30 Tagen zwischen Aruba, Bonaire, Curaçao und Sint Maarten.

Regionale Airlines wie **LIAT** (www.liatairline.com), **Winair** (www.fly-winair.com) oder **Caribbean Star** (www.flycaribbeanstar.com) bieten eine Vielzahl von täglichen Flügen zwischen den einzelnen Inseln. Jüngster Zuwachs im karibischen Streckennetz ist die von **Tiara Air** bediente Verbindung von Aruba nach Curacao und Bonaire.

So verlockend die Preise der Airpässe auch erscheinen mögen, denken Sie daran, dass auf einer individuellen Hüpfer-Tour eine Reihe **zusätzliche Kosten** hinzukommen:
• Jeder Abflug bedeutet zumeist das Zahlen einer Airport Tax. Bei einem Durchschnittswert von US$ 30 pro Destination erhöht sich der wahre Flugpreis damit erheblich.
• Individualtouristen müssen vor Ort weit höhere Hotelpreise zahlen, als dies Pauschalurlauber tun. Billige Pensionen sind längst nicht überall vorhanden. Und Ziele wie Antigua, Martinique oder die Virgin Islands zählen zu den teuersten der Karibik!
• Bei einigen Flugpässen werden die Coupons, die man nicht benutzt hat, auch nicht zurückgezahlt.

Die **Alternative** zum Inselhüpfen mit einem Airpass sind so genannte „**Karibik-Kombinationen**" von europäischen Reiseveranstaltern. Dabei sind die Hotels sowie Transatlantik- und innerkaribischen Flüge im Pauschalpreis enthalten, der weit günstiger ist als bei einer jeweiligen Einzelbuchung der gleichen Leistungen. **Meier's Weltreisen** (www.meiers-weltreisen.de) hat z. B. mehrere Inselkombinationen im Programm. Reizvoll an diesen Karibik-Paketen ist die Möglichkeit, verschiedene Inseln unterschiedlichen Klimas und unterschiedlicher Landschaft, Sprache und Nationalität kombinieren zu können.

Hinweis
Beachten Sie bitte, dass fast jede Flugreise und damit auch eine Tagestour innerhalb der Karibik in der Regel eine internationale Strecke ist. Das bedeutet, dass die üblichen Zollbestimmungen befolgt werden müssen, der Reisepass ins Handgepäck gehört, rechtzeitiges Erscheinen am Flughafen verlangt wird und evtl. auch die Flüge rückbestätigt werden müssen. Außerdem ist jedes Mal eine Flughafen-Gebühr fällig und die Einreise bzw. erneute Einreise mit Zoll- und Passkontrollen verbunden.

Internetcafés

Es gibt einige Internetcafés auf den Kleinen Antillen-Inseln und immer wieder wird das Online-Surfen mit originellen Geschäftsideen verknüpft. So ist es z. B. auf Tobago die neueste

Mode, parallel zum Wäschewaschen im Waschsalon zu chatten. Da die Anbieter und Lokalitäten jedoch oftmals genauso schnell wieder verschwinden wie sie gekommen sind, erkundigen Sie sich nach einem Internet-Zugang am besten bei der Touristeninformation. Oftmals stellen die Verkehrsämter auch selbst einen Computer zur Internet-Recherche oder zum Abschicken einer E-Mail zur Verfügung.

▷   **Kartenmaterial**

Da das Reisegebiet vor allem aus kleineren Inseln mit relativ übersichtlichen Straßensystemen besteht, reichen die in diesem Reisehandbuch abgebildeten Landkarten und Stadtpläne sowie die der Broschüren der Fremdenverkehrsämter für den „normalen" Inselbesuch völlig aus.

Wer allerdings auf eigene Faust, etwa als Wanderer oder Segler, die Karibik bereist, braucht genauere See- und Detailkarten. Das umfangreichste Angebot hat in Deutschland das **Internationale Landkartenhaus/Geo Center Touristik Medienservice**, Schockenriedstr. 44, 70508 Stuttgart, ☏ 0711-7889340, 🖨 781946-54, 🖥 www.geocenter.de.

▷   **Kinder**

Was Krankheiten angeht – es gibt weder Malaria noch andere in tropischen bzw. Entwicklungsländern vorkommende Krankheiten – sind die Kleinen Antillen für Kinder unbedenklich. Auch was die Flugzeit von acht bis zehn Stunden und die Zeitumstellung betrifft, verkraften die Kleinen das in der Regel ohne weiteres. Insgesamt sind die karibischen Inseln sehr kinderfreundlich. Es gibt nur wenige Hotels (z. B. Unterkünfte nur für Paare der Sandals-Gruppe), die ausdrücklich keine Kinder als Gäste wünschen, bzw. mit leichten Einschränkungen in der Hochsaison. Meist werden jedoch extra Einrichtungen wie Kinderbett, -stühle, Spielzeug, Kinderclubs etc. angeboten.

Die Verständigung ist für Kinder trotz des oftmals vorherrschenden Sprachgewirrs kein Problem. Obwohl Deutsch nur in seltenen Fällen gesprochen wird, kommen die Kleinen in der Regel schnell auf Grund ihrer Mimik oder Handzeichen oder gemeinsamen Aktivitäten klar. Die größeren Kinder können spielend, je nach Insel, ihr Schulenglisch oder –französisch aufbessern.

Wegen der oft abwechslungsreichen Landschaft gibt es für Kinder auch während der Autofahrt immer etwas zu schauen, und die Strände sind geradezu ideal zum Spielen. Allerdings sollten Sie Ihre Kinder an der Atlantikseite wegen oftmals gefährlicher Unterströmung nicht ins Wasser gehen lassen und auch an der Karibikseite nur unter Aufsicht.

Da Kinder sensibler auf Bakterien reagieren, sollten Sie Ihnen am besten nur in Flaschen abgefülltes Wasser zu trinken geben und darauf achten, dass Sie billige Hotels und Restaurants meiden. Wegen des feuchtschwülen Klimas brauchen die Kleinen mindestens zwei Liter Flüssigkeit am Tag. Zudem sollten Sonnenschutzmittel und Kopfbedeckung eine Selbstverständlichkeit sein. Auch bei bedecktem Himmel ist die Sonnenintensität sehr hoch. Wenn Sie ein Babyphone mitnehmen, denken Sie an einen Adapter, da die Hotels zwar oftmals über welche verfügen, diese aber vergriffen sein können, wenn mehrere Deutsche bzw. Europäer im gleichen Haus übernachten.

⇨ Kleidung

Dicke Pullover und Jacken wie für einen Strandurlaub in heimischen Regionen können Sie für den normalen Strandurlaub auf den Kleinen Antillen getrost zu Hause lassen. Dagegen gehören legere, lockere Kleidung aus Naturfasern, T-Shirts, Shorts und Sonnenhut ins Gepäck. Für den Aufenthalt in einem exklusiven Resort/Hotel sollten Sie eine Abendgarderobe einpacken. Wer sein Glück in Spielcasinos versuchen möchte oder abends gerne ausgeht, darf Jackett und Krawatte bzw. Cocktailkleid nicht vergessen. Ansonsten sind für den Abend lange Hosen und Hemden mit langen Ärmeln nützlich, weil sie u.a. ein guter Insektenschutz sind. Wer allerdings vorhat, in einem der Nationalparks eine Wanderung durch den Regenwald zu machen, sollte vor allem in der Regenzeit einen Pulli und Regenkleidung mitnehmen. Tropische Regenschauer und schattige Wege können plötzlich einen Temperatursturz verursachen.

Für „Inselhüpfer" empfiehlt sich eine separate Tasche mit Kulturbeutel und Ersatzkleidung, um unabhängig vom Gepäcktransport per Flugzeug zu sein – es klappt nicht immer so, wie Sie es vielleicht gewohnt sind (vgl. auch Stichwort „Verhalten im Alltag", S. 132 f.)

⇨ Kreuzfahrten

So vielfältig wie die Eindrücke auf einer Kreuzfahrt sind, so umfangreich sind auch die Angebote der Veranstalter: Auf dem nahezu **unüberschaubaren Markt** tummeln sich die **größten Passagierschiffe der Welt** neben kleinen, luxuriösen **Yachten**. Schiffe, auf denen vor allem Amusement und Glücksspiel betrieben werden, teilen sich die Hafenplätze mit so genannten **„Studien"-Kreuzfahrtschiffen**. Schließlich sind in der Karibik auch Großsegler anzutreffen. Die Windjammer bieten, ausgerüstet mit modernster, computergesteuerter Technik, unter voll aufgerickten Segeln einen spektakulären Anblick.

Die **Startpunkte** einer Karibik-Kreuzfahrt sind i. d. R. **nordamerikanische oder karibische Häfen**. Wer aus Europa kommt, muss daher auf Fly-and-Cruise-Arrangements zurückgreifen. Demnach wird die Transatlantik-Passage per Flugzeug zurückgelegt. Im Rahmen einer Rund-um-die-Welt-Kreuzfahrt kann man auch von Europa aus mit dem Schiff anreisen. Im Herbst, wenn viele Reedereien ihre Schiffe aus den Kreuzfahrtgebieten der Alten Welt abziehen und in die der Neuen Welt überführen, bieten sich auch günstigere Überfahrtmöglichkeiten.

Das absolute **Zentrum des internationalen Kreuzfahrttourismus** ist **Miami** in Florida, das am häufigsten als Ausgangspunkt genommen wird. Hier haben die größten Ree-

Allgemeine Reisetipps von A–Z

dereien (z. B. **Carnival Cruises**, 3655 NW, 87th Ave Miami Fl.33178/USA, ☎ 305-599-2600, 🖥 www.carnivalcruises.com) ihren Sitz oder wenigstens eine Dépendance, da hier die Infrastruktur voll auf die Seefahrt abgestimmt ist. Zubringerdienste der Fluggesellschaften bringen die Kreuzfahrer vom Flughafen direkt zum **Miami Seaport**. Ein Nachteil des Startpunktes Miami ist zwar die relativ große Entfernung zu den Kleinen Antillen, dafür gibt es aber die Möglichkeit, vor oder nach der Kreuzfahrt noch ein paar Tage Urlaub in Florida machen zu können. Gleiches gilt auch für **Fort Lauderdale**, von wo ebenfalls eine Reihe von Seereisen startet. Das von Florida am häufigsten angelaufene Ziel ist jedoch der Archipel der Bahamas, wobei ein Großteil der amerikanischen Kreuzfahrer Kurztrips von Miami nach Nassau/Freeport und zurück bucht.

Die **Großen und Kleinen Antillen** werden häufig vom **Startpunkt San Juan** (Puerto Rico) aus angelaufen, der dritten großen Drehscheibe, zu der dieses Zielgebiet natürlich näher liegt. Bei Kreuzfahrten mit einer Dauer von mehr als einer Woche sind einige der schönsten Inseln der Kleinen Antillen i. d. R. im Programm, oft liegen sogar die Inseln unter dem Wind, die venezolanische Küste und das mexikanische Yukatan auf der Route. Seereisen nur zu den Kleinen Antillen sind relativ selten, wobei dann als Ausgangspunkte **Pointe-à-Pitre** auf Guadeloupe, **Bridgetown** auf Barbados und **Willemstad** auf Curaçao am ehesten in Frage kommen.

Bei der Durchsicht von Kreuzfahrt-Katalogen werden Sie feststellen, dass die Kreuzfahrtschiffe trotz unterschiedlichster Routen immer wieder die gleichen **Häfen** anlaufen. Dort hat sich eine Infrastruktur für Touristen aus z. B. **Duty-Free-Shops** gebildet. Dadurch ergibt sich jedoch auch das skurrile Bild, dass sich manchmal bis zu fünf, sechs Riesenschiffe in den kleinen Häfen drängen. Der Individual-Tourist, der ein festes Quartier auf einer Insel gebucht hat, sollte an den so genannten Cruiseship days lieber auf einen Stadtbesuch und einen Trip zu den touristischen Sehenswürdigkeiten verzichten. Dann sind die Orte durch **Tausende Tagestouristen** von den Kreuzfahrtschiffen überlaufen, Taxis und Kleinbusse verstopfen die Straßen in Hafennähe und Taxifahrer verlangen dann teilweise auch eine höhere Gebühr. Fragen Sie einfach an der Rezeption Ihres Hotels, wann die Kreuzfahrtschiffe einlaufen. Aber auch in vielen Tages- und Touristenzeitungen sind die geplanten Schiffsanläufe angegeben.

Welche Tour auf welchem Schiff? Die Antwort auf diese Frage hängt mindestens genauso vom **Geldbeutel** wie vom **Temperament** und vom Interesse an den **Zielhäfen** ab.

> **Tipp**
>
> *Einen guten Überblick über das Angebot an Kreuzfahrtschiffen bietet die Internetseite www.cruise2.com. Durch die Möglichkeit, nach Schiffsnamen, Reederei, Zielgebiet, Preis und Bewertung zu suchen, sparen Sie sich die mühsame Suche in unzähligen Katalogen. Besonders hilfreich: Die Seite bietet zu jedem Schiff eine Bewertung der Klientel inklusive des Durchschnittsalters. Besonders die Rubrik Best Cruises lohnt den Mausklick. Hier werden z. B. „Die besten Kurztrips für Paare", „Die besten Kreuzfahrten für Senioren oder Kinder" oder „Die beste Reise für Anfänger" vorgestellt.*
>
> *Einen kritischen Blick auf Angebot und Preise hat sich auch der **Cruise Reporte** zur Aufgabe gemacht: 🖥 www.cruise-report.com.*

Gerade die **Riesenschiffe** mit einer **Passagierzahl von über 1900**, wie z. B. die „Infinity" der Reederei **Celebrity** (www.celebritycruises.com) sind nicht unbedingt geeignet, einen romantischen Urlaub zu verbringen oder gar den Hauch von Exklusivität zu verspüren. Die so genannten „Fun-Ships" wie die der **Carnival Cruises Line** mit über 2600 Passagieren bieten eine gut geölte Maschinerie von Tingeltangel, Revue-Shows, Bingo, Karaoke und Glücksspiel, bei der „Spaß" an Bord einziger Inhalt der Kreuzfahrt ist. Landgänge werden hauptsächlich durchgeführt, um in Duty-Free-Läden zu „shoppen". Dafür sind solche Kreuzfahrten aber vergleichsweise billig (www.carnivalcruises.com).

Im krassen Gegensatz dazu stehen die teuren **Mini-Kreuzfahrtschiffe** wie z. B. die „Sea Goddess" der Kreuzfahrtlinie **Cruises of Value** (www.cruisesofvalue.com). Hier ist man im exklusiven Kreis unter sich, genießt eine exquisite Küche, lauscht Vorträgen und freut sich auf den nächsten Landausflug. Noch etwas kostspieliger ist eine Tour mit der „Seabourn Goddess II". Deutlich billiger sind die größeren Schiffe der Reederei **Princess Cruises** (www.princesscruises.com), die allerdings auch ein gehobenes Publikum im Visier hat. Die **Seewind Line** bietet mit der „Seewind Crown" eine Mischung aus „Seefahrt um ihrer selbst willen" und Studien-Kreuzfahrt an.

> **INFO** ## Von der einstigen Pionierfahrt ins Paradies bis zum Wirtschaftszweig Kreuzfahrt
>
> *Samuel Cunard* kann getrost als der Pionier der modernen Kreuzfahrtschiffe bezeichnet werden. Als er mit seinem Segelschiff „Britania" am 4. Juli 1840 Liverpool in Richtung Boston verließ, befanden sich außer der Post und Auswanderergruppen zum ersten Mal auch Passagiere an Bord, die nichts weiter wollten, als den Luxus ihres „schwimmenden Hotels" genießen und ihren Horizont erweitern. Aus diesen bescheidenen Anfängen ist einer der am stärksten wachsenden Zweige des Fremdenverkehrs geworden. Und die Karibik ist am weltweiten Geschäft mit weit über 50 Prozent beteiligt – zumindest, was die Passagierzahlen, das Anlaufen von Hafenstädten und die Frequentierung der Gewässer angeht. Im Vergleich zu der Zahl der Kreuzfahrtpassagiere ist die Zahl der Flugreisenden und Hotelgäste zwar höher und wirtschaftlich interessanter für die Region. Aber der Unterschied ist nicht überwältigend groß. Eine ganze Industrie ist inzwischen auf dem Kreuzfahrtschiff-Sektor des Tourismus aufgebaut, der auch für die Geschäfte, Straßenhändler, Casinos, Taxifahrer und Fremdenführer der Kleinen Antillen von elementarer Bedeutung ist. Immerhin gibt jeder Kreuzfahrttourist pro Hafen durchschnittlich fast US$ 80 aus.
>
> Während früher die Kreuzfahrten im karibischen Raum eine Domäne ausschließlich der Nordamerikaner waren, entdeckten ab den 1970er Jahren immer mehr Europäer die Reize der „Karibik auf See". Denn wie die klassischen europäischen Kreuzfahrtziele – das Mittelmeer, die Ostsee und die norwegische Küste – liegen auch im Karibischen Meer die größten Reize in der Vielfalt der geografischen Einheit: Einerseits hat man dies mit einem mehr oder weniger geschlossenen Raum zu tun, andererseits kann man als Kreuzfahrer jeden Tag ein anderes Land, eine andere Kultur, eine andere landschaftliche Umgebung kennen lernen. Darin liegt eines der wirtschaftlichen Potenziale der Karibik.

Eine gute Zusammenstellung der Reiseziele in der Südkaribik wird auf einem komfortablen Schiff geboten. Häufig stehen Experten-Vorträge oder Konzerte namhafter Künstler auf dem Programm, genauso aber auch Shows im Las-Vegas-Stil. Der neueste Clou sind große Segelschiffe, die Seefahrtromantik vergangener Tage mit modernstem Hightech verknüpfen. Fast lautlos kreuzen so seit einigen Jahren Großyachten mit klangvollen Namen wie die „Polynesia" (Französische Antillen), die **„Legacy"** (USI/ BVI), die **„Flying Cloud"** (BVI), die **„Yankee Clipper"** (Grenadines) oder auch die **„Mandala"** (Leeward und Windward Inseln) durch das Karibische Meer und prägen das Landschaftsbild. Die **Windjammer Barefoot Cruise** (www.windjammer.com) bietet zudem spezielle Themen-Fahrten an, z. B. für Singles, Schwule, Golfer oder für Jazz-Liebhaber zu diversen Festivals.

Die **Kosten einer Karibikkreuzfahrt** hängen von vielen Faktoren ab: Dauer und Termin der Reise, gewählte Kabinen-Kategorie, Kategorie des Schiffes, Trinkgelder, Flug oder Anschlussprogramm usw. Am preiswertesten sind die „Fun"-Schiffe (z. B. der „Carnival Cruises"). Zum Vergleich: Mindestens das Zehnfache kostet etwa eine gleich lange Kreuzfahrt mit der „Sea Goddess I". Die aktuellen Preise, Route-Pläne, Fahrtzeiten etc. erfragen Sie am besten in Ihrem Reisebüro. In der Regel haben die meist mehrere Schiffe verschiedener Reedereien in ihrem Programm.

INFO Das Kreuzfahrtschiff als schwimmende Kleinstadt

Eigentlich gibt es kaum einen Grund, die riesigen „schwimmenden Kleinstädte" zu verlassen, in denen es an nichts mangelt. Glatt könnte man vergessen, dass sich rundherum eine wunderschöne Inselwelt befindet.

Die „Carnival Destiny" (Carnival Cruise) bietet z. B. mit 101.353 BRT, 270 m Länge und 35 m Breite 2642 Passagieren Platz. 1000 internationale Besatzungsmitglieder kümmern sich auf 12 Decks um das Wohlergehen der Gäste, achten auf die Wünsche in den 1321 Kabinen, von denen 418 einen Balkon und 740 zumindest ein Fenster haben. Für das leibliche Wohl sorgt eine riesige Küchen-Crew, die in mehreren Speisesälen die unterschiedlichsten Geschmäcker zu bedienen sucht. 18 Aufzüge garantieren die Bewegungsfreiheit auf dem riesigen Schiff. Zwei Aufenthaltsräume, drei Swimmingpools, ein Kino, Sporthallen, eine Bücherei, Sauna, Kinderspielplätze, Kasinos, Spielautomaten und Massageräume bieten den Gästen rund um die Uhr Vergnügungs- und Entspannungsmöglichkeiten. Und wer wirklich die „schwimmende Kleinstadt" verlassen will, kann auf ein umfangreiches Exkursionsprogramm zurückgreifen.

⇨   **Kriminalität**

Die Kleinen Antillen können im Vergleich zu den Großen Antillen sowie Mittel- und Südamerika als **verhältnismäßig sicher** gelten. Trotzdem haben der enorm gestiegene Drogenkonsum und soziale Ungleichheiten auch hier zu einem sprunghaften **Anstieg der Diebstahl-Delikte** geführt.

In der Öffentlichkeit sollte man keinen übertriebenen Schmuck tragen, die Zimmer- oder Hotelsafes nutzen, den Mietwagen abschließen und Wertgegenstände nicht offen oder unbeaufsichtigt herumliegen lassen (vgl. auch Stichwort „Verhalten im Alltag", S. 132 f.)

⇨ **Mietwagen**

Viele lokale und internationale Firmen bieten Mietwagen, Jeeps und Mopeds an. Fast alle Anbieter haben **Büros an den Flughäfen oder in den größeren Hotels**. Die Preise variieren je nach Wagengröße und Mietdauer. Je länger Sie von vornherein den Mietwagen buchen, desto billiger wird er. Bei einer Verlängerung schlägt dann wieder der Tarif für die neue Mietdauer zu Buche.

⇨ **Nachtleben**

Auf den Kleinen Antillen gibt es eine große Anzahl von Nachtclubs, Pianobars und Diskotheken, die sich jedoch meistens in oder in der Nähe der Hotel- oder Kasinoanlagen befinden. Das Nachtleben auf Saint Martin/Sint Maarten, Martinique, Grenada, Barbados und Trinidad und Tobago ist aktiver als auf den anderen Antillen-Inseln. Ob Beach-Party oder Disco-Night, immer klingen Steelpan-Klänge, die zum Tanz bis in den Morgen einladen. In der Hochsaison finden Sie fast überall gute Entertainment-Shows einheimischer und ausländischer Künstler.

⇨ **Post**

An die Daheimgebliebenen eine Karte aus der Karibik zu schicken, lohnt sich nicht nur wegen der schönen Postkartenmotive. Auch die Briefmarken sind absolut sehenswert. Mit wunderschönen Motiven der vielfältigen Fauna und Flora der Karibik warten die Postämter der einzelnen Inseln auf.

Um sicher zu gehen, dass Ihre Post **in** die Karibik ankommt, sollten Sie hinter den Inselnamen „W.I." für West Indies schreiben. Besonders bei Dominica treten sonst häufig Verwechslungen mit der Dominikanischen Republik auf.

▷ Reisezeit

Die Gefahr, in einen Hurrican zu geraten, ist zwischen August und Oktober zwar gegeben, aber für den einzelnen doch so gering, dass sich keiner davon abhalten lassen sollte, seinen Urlaub in diese Zeit zu legen. Aus all dem ergibt sich, dass als Reisezeit das ganze Jahr in Frage kommt. Dabei ist es im Winter klimatisch für Europäer angenehmer, da das Klima trocken und warm ist und nicht so feucht wie zu den anderen Jahreszeiten. Doch auch in der Regenzeit ist die Chance, durchgängig feuchtschwüle oder verregnete Ferien zu erleben, äußerst gering. Die ideale Reisezeit ist jedoch nicht nur eine Frage des Wetters. Denn wenn es in unseren Breiten grau, kalt und unangenehm feucht wird, locken die Antillen mit ihrer Bilderbuchseite. Aus diesem Grund sind um Weihnachten herum und im Januar nicht nur die Preise am höchsten, sondern auch die Inseln am vollsten.

> **Tipp**
>
> *Besuchen Sie die Kleinen Antillen, wenn Sie es zeitlich einrichten können, bevor der Trubel beginnt, also Ende November/Anfang Dezember, oder wenn er wieder ab Anfang Februar/ März abflaut. Das Wetter ist dann immer noch stabil, die Kosten vor Ort sind aber geringer. Viele Reiseveranstalter locken dann zudem mit Sonderangeboten.*

▷ Segeln

Die Karibik das **„schönste Segelrevier der Welt"** zu nennen, ist mit Sicherheit nicht übertrieben. Das ganzjährig gute Klima, zauberhafte Landschaften, türkisblaues Wasser, die kulturellen Eindrücke und der ständig wehende Nordost-Passat lassen nicht nur die Seglerherzen höher schlagen. Vor allem **zwischen Antigua und St. Lucia** zeigt sich die Karibik von ihrer schönsten Seite. Nicht zuletzt die mit **Yachten jeder Größe gefüllten Marinas** auf den Kleinen Antillen zeigen, dass der Zauber dieser karibischen Inselwelt auf die Skipper ungebrochen wirkt.

Wenn in der Alten Welt die Bäume anfangen, ihre Blätter zu verlieren, brechen jedes Jahr Hunderte von Segelbooten auf und steuern zunächst Barbados an. Nachdem dort Weihnachten und Neujahr gefeiert wurde, werden die Schiffe für **Regatten** wie z. B. die Internationale Segelwoche von Antigua klargemacht, die Ende April/Anfang Mai stattfindet. Viele dieser Segelschiffe sind **Charter-Boote**, d. h. sie können gemietet werden – mit oder ohne Besatzung. Wer sich aber selbst hinter das Steuerruder stellen will, muss **sehr gute nautische Fähigkeiten** und den entsprechenden Segelschein besitzen. Denn obwohl man beispielsweise im Bereich der Jungferninseln oder der Grenadinen immer das nächste Ziel vor Augen hat, ist die Karibische See nicht ohne Gefahren. Auch ohne die hohe Brandung des Atlantik kann die Dünung zur Herausforderung werden, auf eine plötzliche Änderung der Windverhältnisse oder – im schlimmsten Fall – auf einen Hurrican muss man vorbereitet sein. Eine **Auswahl von Charter-Booten** bietet eines der größten amerikanische Yacht-Charter-Unternehmen, das auch in Deutschland vertreten ist: **Moorings** Deutschland GmbH, Peter Fritz, Candidplatz 9, 81543 München, ☎ 089-693508-10, 📠 693508-17, 🖥 www.moorings.com.

Verhältnismäßig gering, aber nie auszuschließen ist die Gefahr, vor der süd- oder mittelamerikanischen Küste **Piraten bzw. Drogenschmugglern** zu begegnen. Beides bedeutet eine lebensgefährliche Situation! Falls Sie in diese Situation geraten sollten, spielen Sie nicht den Helden, sondern gehen, wenn möglich, auf evtl. Geldforderungen ein.

Wer eine Erkundungsfahrt auf See ohne organisierten „Rummel" machen will, kann vor Ort an den Marinas **kleinere Segelboote mit oder ohne Besatzung** mieten. Oder Sie sprechen einfach einen vertrauenswürdigen Skipper an und fragen, ob er Sie gegen Entgelt mitnimmt. Der Vorteil ist, dass Sie dann keinen Segelschein benötigen.

 Hinweis

In den „Regionalen Reisetipps von A-Z" finden Sie unter den einzelnen Inseln jeweils eine Auswahl der besten Yachthäfen und Ankerplätze.

INFO **Unter Segeln durchs Karibische Meer**

Wer ein Schiff chartern will, sollte dies möglichst frühzeitig und vom Heimatland aus arrangieren. Gute Möglichkeiten, mit entsprechenden Anbietern in Kontakt zu kommen, sind Fachzeitschriften. Auf den großen Segel-Messen wie die ªboot in Düsseldorf oder die ªHanseboot in Hamburg sind die Veranstalter sogar meistens selbst vertreten. Weitere Auskünfte gibt auch der **Verein Deutscher Charterunternehmer** (VDC e.V.), Unter Krähenbäumen 1, 50667 Köln, ☎ 0221-1207409, 📠 1207413, 🖥 www.vdc.de.

Doch keine Angst, auch wenn Sie nicht selbst segeln können, müssen Sie nicht auf das Segelvergnügen verzichten. Sie können auch einfach ªmitsegeln, indem Sie ein Boot mit Crew chartern. Oder Sie packen gleich selbst an Bord als zahlendes Crew-Mitglied mit an. Die Kosten variieren je nach Kojenplatz, Schiffstyp und Anzahl der Crew (Anreise und Bordkassenanteil für Essen, Hafengebühren, Treibstoff etc. sind bei den Preisen meist nicht mitgerechnet). Auch hier sollten entsprechende Arrangements möglichst weit im voraus getroffen werden. Buchen können Sie bei der **Agentur für Mitsegler**, Kreuzhofstraße 10, 81476 München, ☎ 089-74576262, 📠 74576263.

Völlig problemlos und vor Ort zu buchen ist die Teilnahme an einem touristischen Segeltörn (etwa von **Jolly Rogers**, Bridgetown Port, Bridgetown, Barbados, W.I., ☎ 436-6424 I 430-0901, 🖥 www.tallshipscruises.com). Hier lauert die größte Gefahr allerdings in der Vergnügungsecke. Der Rum-Punch fließt bereits in Strömen, wenn die Sonne noch hoch am Himmel steht.

⇨ Sport

Die Sportmöglichkeiten auf den Inseln sind sehr vielfältig und werden von Jahr zu Jahr umfangreicher. Sowohl für Anfänger wie auch Fortgeschrittene oder sogar Extremsportler wird ein breites Spektrum geboten. Neben Tennis, Reiten, Wasserski, Schnorcheln, Kanu- und Kajak fahren, Surfen, Schwimmen, Golf, Cricket, Boule-Spielen, Pferderennen, Hochseeangeln, Fahrradfahren bzw. Mountainbiken werden vor allem die Sportarten Tauchen und Segeln auf den Inseln groß geschrieben. Besonders die Unterwasserwelten von Saba, Guadeloupe, St. Lucia und Tobago bieten sowohl für Anfänger wie auch für Fortgeschrittene faszinierende Erlebnisse. Und obwohl das Revier der Antillen-Inseln insgesamt für Segler eines der attraktivsten Ziele darstellt, sind vor allem die Gewässer um Antigua weltweit in Seglerkreisen für hervorragende Winde bekannt. Hier treffen sich im April/Mai die Segler aus aller Welt zur Internationalen Segelwoche, dem Höhepunkt der zahlreichen Regatten.

Für Adressen und Telefonnummern siehe in den „Regionalen Reisetipps von A-Z" unter den Stichworten „Sport", „Exkursionen", „Tauchen", „Segeln" und „Veranstaltungen".

⇨ Sprache

Bis auf die Französischen Antillen (Guadeloupe, Martinique, St. Bart, Saint Martin), wo Französisch die Inselsprache ist und Sint Maarten und Saba, wo Niederländisch gesprochen wird, ist überall die offizielle Sprache Englisch. Auf Trinidad und Tobago können Sie sich ferner auf Spanisch verständigen. Auf jeder Insel gibt es zudem das so genannte Patois, die jeweils inselspezifische Sprache, in der sich die Einheimischen untereinander verständigen.

⇨ Strom

Auf den Inseln der Kleinen Antillen gibt es 110 Volt bzw. 220/240 Volt Wechselstrom. Das bedeutet, dass es in der Regel keine Probleme für neue europäische Elektro-Geräte geben dürfte, die heute weitgehend auf beide Stromspannungen ausgerichtet sind. Sie sollten die Stromversorgung Ihrer Geräte und die der Insel vor Abflug jedoch auf jeden Fall überprüfen. Um sicher zu gehen, dass auch die Steckverbindungen von Gerät und Steckdose passen, sollten Sie auf jeden Fall einen internationalen Adapter bzw. ein Adapter-Set für verschiedene Stecker mitnehmen. Große Hotels verfügen zum Teil auch über ein gewisses Kontingent an Adaptern, bei kleineren kann man sich jedoch nicht darauf verlassen.

T

⇨ Telefonieren

Wegen der Staatenvielfalt der Kleinen Antillen müssen Sie bei Telefonaten von Deutschland aus in die Region besonders auf die Vorwahl achten: Jede Insel hat nahezu ihre eigene Insel-

bzw. Landesvorwahl. Die internationalen und nationalen Vorwahlnummern finden Sie in den „Regionalen Reisetipps von A-Z". Nach **Deutschland** wählen Sie die 011-49, nach **Österreich** 011-43 und in die **Schweiz** 011-41, anschließend die Vorwahl ohne die erste Null und die private Rufnummer.

Beachten Sie bitte, dass in der Karibik teilweise eine Gebühr schon nach dem dritten Klingelton berechnet wird, auch wenn keine Verbindung zu Stande gekommen ist. Informieren Sie sich vorher unbedingt an der Hotelrezeption, da die Telefonbeschreibungen in den Zimmern nicht immer eindeutig Auskunft darüber geben.

Das Mobiltelefonsystem auf den Kleinen Antillen entspricht dem in den Vereinigten Staaten, das sich grundsätzlich von dem in Europa unterscheidet. Das **Telefonieren mit einem Handy** ist daher in der Regel nur mit einem entsprechenden Gerät möglich, das mit einem Tribandsystem ausgestattet ist. Andere Geräte können Sie gleich zu Hause lassen. In der Regel sind Handys, die auch mit dem amerikanischen System kompatibel sind, sehr teuer. Günstiger ist es, sich für die Zeit ein Gerät vor Ort zu mieten. Sie sollten sich vor Ihrer Reise bei ihrem Anbieter nach der Ausstattung ihres Handys erkundigen.

➪ **Trinkgeld**

Normalerweise ist überall auf den Kleinen Antillen eine „service charge" von 10-15 Prozent im Preis enthalten, trotzdem ist es üblich aufzurunden. Zimmerpersonal bekommt in der Regel einen US-Dollar bzw. den Gegenwert in örtlicher Währung pro Tag, Gepäckträger das gleiche pro Gepäckstück.

➪ **Trinkwasser**

Bitte beachten Sie, dass Leitungswasser kein Trinkwasser ist. Zum Zähneputzen ist es jedoch bedenkenlos geeignet. In den Hotels steht meistens eine Thermoskanne zum Trinken bereit. Für unterwegs sollten Sie abgefüllte Flaschen im Supermarkt kaufen.

➪ **Unterkunft**

Spätestens wenn Sie Ihre Übernachtungen auf den Kleinen Antillen buchen wollen, werden Sie feststellen, dass die Kleinen Antillen **kein billiges Vergnügen** sind. Hier einen preisgünstigen Urlaub zu machen, ist so gut wie ausgeschlossen. Selbst für **Rucksackreisende**, die bereit sind, weitgehend auf Komfort zu verzichten, gibt es kaum günstige Unterkünfte bzw. Jugendherbergen. Hinzu kommt noch, dass diese Urlauber gar nicht gern gesehen sind. Auch **Zeltplätze** gibt es nicht auf allen Antillen-Inseln. Das Bild auf den Kleinen Antillen wird vor allem von guten oder weniger guten Mittelklasse-, von First-Class- und von Luxushotels bestimmt.

Weitgehend durchgesetzt hat sich die amerikanische „Resort"-Idee, mit komfortablen und teuren Herbergen, die über Swimmingpools, Sportstätten, Strände, Restaurants, Bars und zum Teil auch über eigene Casinos, Marinas und Golfplätze verfügen.

Allgemein steht die **Hotellerie** der meisten Inseln auf einem **sehr hohen Niveau**. Die Zimmer sind meist großzügig und nicht selten auch mit einer Küche/Küchenecke (kitchenette) ausgestattet. Ein eigenes TV oder auch nur Aircondition (AC) sind jedoch selbst bei Drei-Sterne-Hotels nicht selbstverständlich. Das Preisgefüge ist auf den einzelnen Inseln sehr unterschiedlich, eine einheitliche Klassifizierung daher kaum möglich. Insgesamt gilt, dass Sie für feine, kleine Hotels mit individueller Betreuung in der Regel weit mehr ausgeben müssen, als für große Hotels, in denen vor allem Pauschaltouristen Urlaub machen.

Es gibt Zielgebiete, deren Namen allein schon eine gewisse Exklusivität garantieren (etwa Barbuda oder St. Barth), die sich natürlich auf den **Zimmerpreis** niederschlägt. Zur ersten Orientierung wird deshalb bei den einzelnen Inseln (siehe unter „Regionale Reisetipps von A-Z") eine kurze Einschätzung des Preisniveaus angegeben. Auf fast allen Inseln gibt es zusätzlich zu den reinen Hotelpreisen einen Aufschlag in Form von Steuern, die das Bedienungsgeld (service charge), die Hotelsteuer (room tax) oder andere Abgaben (z. B. government tax) beinhalten und mit maximal 20 Prozent zu Buche schlagen.

Wenn Sie sich durch gelegentliche Regentage bzw. Regenschauer nicht stören lassen, sollten Sie im europäischen Sommer bzw. Herbst in die Karibik reisen und die **Hauptsaison im Winter** und insbesondere die Zeit um Weihnachten herum meiden. Dann schnellen die Preise nämlich Schwindel erregend in die Höhe. Im Frühsommer, Sommer und Herbst hingegen gibt es **Preisnachlässe** von bis zu 30 Prozent. Zu der Übernachtung wird in der Regel noch mindestens eine Mahlzeit im Hotel gebucht.

Im amerikanischen und internationalen Sprachgebrauch sind dabei folgende Abkürzungen üblich:
- **EP** (= European Plan): Übernachtung ohne Mahlzeiten
- **CP** (= Continental Plan): Übernachtung mit Frühstück
- **MAP** (= Modified American Plan): Halbpension, d. h. Frühstück und Abendessen
- **AP** (= American Plan): Vollpension, d. h. drei Mahlzeiten am Tag

All Inclusive: Im Zimmerpreis enthalten sind alle Mahlzeiten und Getränke, die Benutzung der Sport- und Freizeiteinrichtungen und oft auch Trinkgelder und Ausflugsangebote.

Wer sich vorab über die Zimmeranzahl, Ausstattung und Preise der verschiedenen Hotels des Urlaubsziels unterrichten möchte, sollte sich rechtzeitig bei Reisebüros und Spezialveranstaltern beraten lassen.

Generelle Informationen enthält das halbjährlich erscheinende „**Caribbean Gold Book**" (zu bestellen bei der **Caribbean Hotel Association**, c/o Caribbean Publishing Company, Box 688, Cayman Islands, W.I. oder unter 🖳 www.caribbeantravel.com).

Zudem besitzen die meisten Hotels auch ihre eigene Internet-Seite. Die jeweilige Adresse finden Sie unter „Regionale Reisetipps von A-Z".

Verhalten im Alltag

Die Gewohnheiten und das Verhalten der Einwohner auf den Kleinen Antillen steht ganz im Zeichen des **karibischen Lebensgefühls**. Diese gewisse **Gleichmut und Entspanntheit** zum Beispiel empfindet der urlaubsreife Reisegast oft so angenehm anders zu seiner sonstigen Arbeitswelt. Allerdings ändert sich diese Atmosphäre auch dann nicht, wenn wir es plötzlich eilig haben. Daher akzeptieren Sie einfach von vornherein, dass **Pünktlichkeit nicht als eine Tugend** auf den Kleinen Antillen angesehen wird. Ärgern Sie sich nicht, wenn es nicht nach Ihrem gewohnten Tempo geht, der Hotelmanager nicht erscheint oder der Taxifahrer nicht wartet. Lassen Sie sich auf den **Rhythmus der Inselbewohner** ein und glauben Sie daran, dass zu guter Letzt doch eine ganze Menge klappt.

Allzu oft neigen Touristen zu der Erwartung, dass sich die Einheimischen auf jeden Fall über ihr Erscheinen freuen und zudem noch dankbar sein müssen, dass sie Devisen bringen. Die **großen sozialen Unterschiede** zur westlichen Freizeitgesellschaft führen aber stattdessen oft zu Frustration bei den Insulanern – manchmal sogar zu Aggression! Deshalb sollten die Besucher durch **unauffälliges und respektvolles Verhalten** unangenehme Situationen schon im Vorfeld entschärfen. Und oftmals hilft auch schon ein Lächeln und ein nettes „Bonjour" in Guadeloupe, ein „Bonbini" in Sint Maarten oder ein „Hello" auf Barbados. Und auch Humor oder ein Lächeln können Wunder wirken – selbst beim abweisenden Flughafenbeamten und beim mürrischsten Kellner!

- **Kleidung**: Bei gleich bleibend angenehmer Wärme bietet es sich an, von morgens bis nachts in Badesachen herumzulaufen. Dennoch gelten auch auf den Kleinen Antillen Anstandsregeln, die Sie unbedingt beachten sollten. Gerade hier legen die Menschen, und mögen sie noch so arm sein, großen Wert auf angemessene Kleidung – egal ob zu Hause, in ihren Siedlungen oder beim Kirchgang. Nehmen Sie darauf Rücksicht und tragen Sie ihre **Strandmode nur dort, wofür sie gemacht wurde: am Strand**.

Apropos Baden: Wer gerne hüllenlos braun wird, ist auf vielen Inseln fehl am Platze! FKK ist nur selten erlaubt. „Topless" am Strand zu liegen wird zunehmend toleriert, zumeist jedoch nur an besonders dafür vorgesehenen oder hoteleigenen Stränden.

- **Fotografieren und Filmen**: Karibik ohne einen Fotoapparat ist wie Baden ohne Wasser! Hier können Sie traumhafte Strandfotos machen, Sonnenuntergänge festhalten und die verschiedensten Grün-Töne des Regenwaldes auf Fotopapier bannen.

Wenn Sie allerdings Fotos von Einheimischen machen wollen, sollten Sie immer zuerst vorher um Erlaubnis fragen! Viele Inselbewohner haben z. B. **aus religiösen Gründen** grundsätzlich etwas gegen eine Aufnahme. Andere möchten nicht wie „Tiere im Zoo" abgelichtet werden. Auch Menschen, die z. B. an Bächen und Flüssen ihre Wäsche waschen, fühlen sich oftmals in ihrer **Privatsphäre** gestört. Und auch sonst sollte **Pietät und Respekt beim Filmen und Fotografieren** eine Selbstverständlichkeit sein. Auf den „Schnappschuss" durchs geöffnete Wohnungsfenster, beim Gottesdienst oder während einer Beerdigung sollten Sie verzichten, auch wenn keiner dagegen protestiert! Und wenn

Sie gefragt werden, ob Sie der abgelichteten Person nicht einen Abzug schicken können, überlegen Sie gut, ob Sie Ihr Versprechen halten können. Ansonsten freuen sich die Einheimischen wochenlang darauf und werden arg enttäuscht, wenn sie dann doch keine Post aus Germany bekommen.

➪ Verkehrsmittel

Generell ist der **Bus** das billigste Fortbewegungsmittel auf allen Inseln der Kleinen Antillen, trotz unterschiedlich ausgebauter und funktionierender Verkehrssysteme. Hier bekommen Sie zudem garantiert und gratis viel Lokalkolorit mit. Auch ein Hauch Abenteuer schwingt mit, denn der Fahrplan ist oftmals ein Geheimnis und die Regeln, nach denen auf den Kleinen Antillen gefahren wird, liegen im Verborgenen. Unter einem „Bus" dürfen Sie sich übrigens keine modernen oder gar klimatisierten Personentransporter europäischen Standards vorstellen, sondern meist handelt es sich um Minibusse oder andere, mittelgroße Vehikel älteren Datums.

Taxen sind ebenfalls auf allen Inseln zu Hause und haben häufig festgelegte Fahrpreise. Bei halbwegs moderaten Tarifen kann man mit ihnen Inselrundfahrten durchführen, wobei der Taxifahrer als Fremdenführer fungiert. Als **Routentaxen** bezeichnet man Minibusse, die nach einer bestimmten Route fahren und – soweit noch Platz ist – nach entsprechenden Handzeichen Fahrgäste aufnehmen. Die Fahrer dieser häufig gedrängt vollen Vehikel kennen vielleicht die Strecke, nicht aber irgendwelche Verkehrsregeln, und rasen zum Teil mit abenteuerlicher Geschwindigkeit und „Mut zum Risiko" übers Land. Dazu dröhnt aus den Verstärkerboxen Reggae- oder Rap-Musik – oft schon zu hören, bevor das Routentaxi in Sichtweite ist.

Wer es sich zutraut (auf vielen Inseln herrscht Linksverkehr!), kann fast überall auch einen **Mietwagen** bekommen. Zum Mieten brauchen Sie aber unbedingt einen internationalen Führerschein und eine Kreditkarte, von der die Kaution abgebucht wird. Wenn keine Mängel aufgetreten sind und die Transaktion geklappt hat, erscheint am Schluss die Summe wieder als Guthaben auf Ihrem Konto. Teilweise ist zudem noch eine örtliche Fahrerlaubnis notwendig. Diese erhalten Sie entweder direkt bei der Mietwagenfirma oder bei der Polizei vor Ort.

INFO **Rechts, links, rechts, links – Fahrbahnwechsel im Inseltakt und andere Tücken des Verkehrs**

Je nach historischer Prägung gibt es entweder Rechts- oder Linksverkehr auf den Inseln der Kleinen Antillen. Bei einer Reise durch die Inselwelt mit dem Auto können Sie da schon mal durcheinander kommen. Wenn Sie z. B. von Antigua nach Guadeloupe und weiter über Dominica nach Martinique reisen, wechseln Sie – links, rechts, links, rechts – viermal die Straßenseite. Erschwerend kommt hinzu, dass die geltenden internationalen Verkehrsregeln von der einheimischen Bevölkerung äußerst flexibel ausgelegt werden.

Besonders in der Dunkelheit, wenn Mopeds, Fahrradfahrer und Fußgänger auf den unbeleuchteten Straßen unterwegs sind, ist Vorsicht geboten! Doch auch tagsüber müssen Sie auf plötzlich auf die Fahrbahn laufende Kinder und Tiere jederzeit gefasst sein. Besonders tückisch sind die Schlaglöcher auf Grund abgesackter Asphaltplatten: Je ärmer die Insel, desto tiefer sind diese!

Bei Anmietung Ihres Autos sollten Sie unbedingt auf die Funktionstüchtigkeit Ihrer Hupe achten. Die Einheimischen bedienen sie nicht nur zur Warnung bei Überholvorgängen und vor scharfen Kurven, sondern auch zum Gruß von Nachbarn und Freunden oder einfach aus purer Lebensfreude.

Vorsichtig sollten Sie auch an Ortseinfahrten walten lassen. Nach amerikanischem Vorbild gibt es auf fast allen Inseln Bodenschwellen (bumper), um die Autofahrer in Ortschaften oder an gefährlichen Stellen abzubremsen. Manchmal sind diese Beton- oder Metallschwellen aber selbst gefährlich – zumindest für den unerfahrenen Europäer, der seinen Mietwagen damit demoliert oder plötzliche Bremsmanöver vollführt.

⇨ **Verkehrsunfall**

Sie können noch so vorsichtig sein, ein Unfall kann immer passieren. Unabhängig davon, ob Sie Schuld haben oder nicht, sollten Sie folgende Regeln beachten:

- **Ruhe bewahren** und einen klaren Kopf behalten: **Atmen Sie erst einmal tief durch!**
- **Bleiben Sie höflich** – auch wenn der Ärger groß ist.
- **Sichern Sie die Unfallstelle** weiträumig ab, damit nicht noch mehr passiert. Warnblinklichter einschalten und Warndreieck in entsprechenden Abstand zur Unfallstelle aufstellen!
- Um mögliche **Verletzte** kümmern.
- Telefon suchen und evtl. **Krankenwagen** und **Polizei** benachrichtigen!
- Von **Unfallbeteiligten** Name, Anschrift, Kennzeichen und Fabrikat des Fahrzeugs notieren!
- **Unfallort** und **-zeit** festhalten!
- **Auf keinen Fall ein Schuldeingeständnis unterschreiben!**

⇨ **Versicherung**

Prüfen Sie Ihre bereits abgeschlossenen Versicherungen, ob diese auch für das Reisegebiet gelten. Auf jeden Fall ist der Abschluss einer **Gepäck- und Reisekrankenversicherung** zu empfehlen, die im Ernstfall auch den Rücktransport einschließt.

Oftmals können Sie im Reisebüro so genannte „**Rundum-sorglos-Pakete**" abschließen. Allerdings sind diese Pakete in der Regel auf einige Wochen begrenzt. Bei längerem Aufenthalt sollten Sie Einzelversicherungen abschließen, die jedoch teuer sind. Der Abschluss einer **Reiserücktrittsversicherung** für den Krankheitsfall ist auf Grund der relativ teuren Reise zu empfehlen.

➪ **Währung/Geld**

Bereisen Sie alle Inseln der Kleinen Antillen, müssen Sie sich mit **sieben verschiedenen Währungen** auseinander setzen. Noch nicht mitgerechnet ist der US-Dollar, der fast überall zusätzlich angenommen wird. Das Wechselgeld erhalten Sie dann meist in einheimischer Währung. Empfehlenswert ist die **Mitnahme von US$-Reiseschecks** und **US$-Noten** (in kleiner Stückelung, keine 100-Dollar-Scheine) sowie von **Kreditkarten** (z. B. Visa, Mastercard – wichtig, um ein Auto zu mieten). Der Euro wird zu einem schlechteren Kurs als der US-Dollar umgetauscht. Auf den Französischen Antillen können Sie sogar mit der **EC-Karte** bezahlen und am Geldautomaten Geld abheben, denn Sie befinden sich in Frankreich!

In einer ganzen Reihe von Banken und auch auf den Flughäfen können Sie die örtliche Währung eintauschen. Hier bekommt man zwar einen günstigeren Kurs als in den Hotels, die Prozedur ist allerdings oft äußerst langwierig. Die **aktuellen Kurse** können Sie im Internet unter www.oanda.com abrufen.

• **Anguilla, Antigua, Dominica, Grenada, Montserrat, St. Kitts, St. Lucia, St. Vincent**: Alle diese Zwergstaaten haben als Landeswährung den **East Caribbean Dollar (EC$)**, der durch seine Koppelung an den US-Dollar den üblichen Kursschwankungen unterliegt.

• **Barbados**: Die Landeswährung ist der **Barbados-Dollar (BDS$)**, der im Verhältnis 2:1 zur amerikanischen Währung steht.

• **Französische Antillen**: Die offizielle Währung ist der **Euro** ( ). Auf Saint Martin und St. Barths kann man auch mit US-Dollar bezahlen, allerdings mit Währungsverlust. Die Akzeptanz von Kreditkarten ist allgemein sehr hoch.

• **Niederländische Antillen**: Die Landeswährung ist der **Niederländisch-Antillianische Florin** (Gulden/Guilder) (1Naf =100 Cent), der an den US-Dollar gekoppelt ist. **Aruba** hat mit dem **Aruba-Florin** (1AF = 100 Cent), auch Gulden oder Guilder genannt, seine **eigene Währung**, die nur dort umgetauscht wird und auf den anderen niederländischen Inseln nicht als Zahlungsmittel gilt.

• **Trinidad und Tobago**: Die Landeswährung ist der **Trinidad-and-Tobago-Dollar** (1TT$=100 Cent), der an die amerikanische Währung gekoppelt ist. US$-Noten werden offiziell nicht als Zahlmittel akzeptiert. Einige Hotels, Restaurants und Geschäfte machen aber Ausnahmen. Die Ein- und Ausfuhr der einheimischen Währung ist zzt. auf 200 TT$ beschränkt.

Z

▷ **Zeit**

Allgemein gilt auf den Kleinen Antillen die **Atlantic Standard Time**, d. h. MEZ minus 5 Stunden (12 Uhr in Frankfurt entspricht 7 Uhr in Fort-de-France) bzw. 6 Stunden für die europäischen Länder mit Sommerzeit. Eine **Ausnahme** bildet der Inselstaat **Trinidad and Tobago** mit der Eastern Standard Time: MEZ minus 6 Stunden (während der Sommerzeit minus 7 Stunden).

▷ **Zoll**

Die karibischen Staaten gestatten in der Regel die zollfreie Einfuhr von **Gegenständen des persönlichen Bedarfs**: 200 Zigaretten, 50 Zigarren, 250 g Tabak, 250 g Kaffee, eine Flasche (ein Liter) alkoholischer Getränke und eine „angemessene" Menge (ca. 50 g) Parfum. Davon nicht betroffen sind die französischen Übersee-Départements und die Niederländischen Antillen.

Regionale Reisetipps von A-Z
Inklusive Hotel- und Restauranttipps

Benutzerhinweise

Es wird ausdrücklich darauf hingewiesen, dass alle Angaben über Preise, Telefonnummern, Telex, Fax, Öffnungszeiten u. s. w. nur zum Zeitpunkt der Drucklegung gültig waren. Sie sind oft Änderungen unterworfen.
Wir freuen uns über Hinweise auf Änderungen: info@iwanowski.de

Die in diesem Reise-Handbuch genannten Übernachtungsmöglichkeiten sind überwiegend Unterkünfte der Mittelklasse bis Luxus-Klasse. Die Auswahl der Übernachtungsmöglichkeiten ist nach persönlichen Recherchen vor Ort erstellt worden und erhebt keinen Anspruch auf Vollständigkeit. Ebenfalls soll mit ihr nicht die Redaktionsmeinung ausgedrückt werden, andere Hotels seien nicht akzeptabel! Die dabei verwendete Klassifizierung durch $-Zeichen orientiert sich am offiziellen Preis für das Doppelzimmer (ohne Steuern, sonstige Abgaben, Frühstück oder weitere Mahlzeiten – sofern nicht anders angegeben). Abweichungen zum tatsächlichen Zimmerpreis können sich durch die jeweilige Saison, Pauschalangebote oder eine veränderte Preispolitik des Leistungsträgers ergeben. Die Angaben dienen also nur als Richtlinie.

ÜBERNACHTUNGSKATEGORIEN FÜR EIN DOPPELZIMMER PRO TAG

$$$$$ über 160 US$
$$$$ von ca. 120 bis ca. 160 US$
$$$ von 90 bis ca. 120 US$
$$ von 60 bis ca. 90 US$
$ unter 60 US$

RESORTS

Luxuriöse Hotelanlagen, in denen Sie eine große Anzahl an Freizeitangeboten und Sportmöglichkeiten wie eigene Tennis- und Golfanlagen vorfinden; Fitnesszentren, Tauch- und Windsurfschulen, Reitställe und diverse Wassersporteinrichtungen.

TOURISTENHOTELS GEHOBENER KLASSE

Hier finden Sie internationalen Standard der modernen Anlagen mit entsprechender Ausstattung. Vielfach verfügen die an der Küste gelegenen Hotels über Privatstrände oder separate Strandzugänge. Die Zimmer sind mit Bad, WC und Klimaanlage versehen. Bar, Restaurant, Swimmingpool, Tennisplätze, diverse Sporteinrichtungen zu Wasser und Land, Diskotheken, Tresore für Wertsachen, Animation und Security-Dienst gehören in der Regel zum Standard. Sie können Doppelzimmer und Suiten oder Studios mit mehreren Zimmern mieten.

ALL-INCLUSIVE-HOTELS

Für einen „Rundum-sorglos"-Urlaub steht diese Art von Hotel. Neben einem günstigen Pauschalpreis für Flug, Übernachtung und Verpflegung ist vor Ort zudem alles organisiert. Zudem fallen während des Urlaubs kaum noch Kosten an, wenn Sie in der Hotel-Anlage bleiben. Mit einem farbigen Plastikarmband ist Ihnen freier Zugang zu Buffets, Spezial-Restaurants und sämtlichen Getränken gewährt. Kostenlos sind zudem sämtliche Aktivitäten des Sport- und Animationsprogramms. Um Land und Leute der jeweiligen Antillen-Insel kennen zu lernen, ist diese Art Unterkunft jedoch nicht geeignet. Zu leicht kann man der Versuchung erliegen, den ganzen Urlaub am Pool oder Strand der Hotelanlage zu verbringen.

Antigua und Barbuda _____ 139

Barbados _____ 150

Dominica _____ 164

Grenada und zugehörige Inseln _____ 172

Guadeloupe und zugehörige Inseln _____ 182

Martinique _____ 198

Montserrat _____ 210

Saba _____ 218

St. Lucia _____ 222

Saint Martin/Sint Maarten _____ 230

Trinidad und Tobago _____ 237

Antigua und Barbuda (S. 279 ff.)

Wichtige Telefonnummern
Internationale Vorwahl	☏ 001-268
Diplomatische Vertretung	☏ 462-3174
Hospital	☏ 462-1439/1891
Polizei	☏ 462-0125
Touristeninformation	☏ 462-0480

Anreise
PER FLUGZEUG

Antigua ist gut an das **internationale** und **innerkaribische Flugsystem angebunden**. Von Deutschland aus fliegt die **Condor** einmal wöchentlich ab Frankfurt den Zwei-Inselstaat an. Zudem fliegt die **BWIA** von London nach Antigua. Es gibt auch Direktflüge aus den USA oder Anschlussflüge von Nordamerika via Saint Martin.

Die wichtigsten Airlines sind:
- **Air Canada**, ☏ 462-1147, 🖥 www.aircanada.ca
- **American Airlines**, ☏ 462-0950, 🖥 www.aa.com
- **BWIA**, ☏ 0262/3, 0934 (St. John's), 3101/2 (V.C. Bird Airport), 🖥 www.bwee.com
- **British Airways**, ☏ 462-3219, 🖥 www.ba.com
- **Condor**, ☏ +49 (0)1803/1333130, 🖥 www.condor.de

Auch innerkaribisch sind die **Verbindungen von und nach Antigua gut**. Die regionalen Fluggesellschaften **Liat** und **Caribbean Star** steuern tägl. 20 Inseln, vor allem in der Ostkaribik, an:
- **Liat**, ☏ 480-5601, 🖥 www.liatline.com
- **Caribbean Star Airlines Ltd**, ☏ 480-2561, 🖥 www.flycaribbeanstar.com
- **Air St. Kitts/Nevis**, ☏ 465-8571
- **Carib Aviation**, ☏ 462-3147, 3452

PER SCHIFF

Der Anleger für die zahlreichen **Kreuzfahrtschiffe** ist der Heritage Quai im Hafen von St. John's. Mit einer Fähre ist Antigua ohne Segel- oder Motorschiff nicht zu erreichen. Darüber hinaus bieten allerdings eine Vielzahl von Charteragenturen die Möglichkeit, privat mit dem Schiff anzureisen. Die Zoll- und Einwanderungsbehörden befinden sich in **St. John's Harbour**, **Crabbs Marina**, **English** und **Jolly Harbour**.

Auf Antigua selbst können Sie im Hafen von **St. John's** Segel- und Motorboote, mit und ohne Besatzung, chartern, ebenso an der Westküste: in **English Harbour**, in **St. James** im Süden oder in **Crabbs Marina** im Nordosten.

Zwischen **St. Johns** und **Barbuda** verkehrt der **Barbuda Express** an fünf Tagen in der Woche. Die Überfahrt dauert 90 Minuten. Unter 🖥 www.antiguaferries.com werden auch Tagestouren angeboten.

Charteragenturen sind:
- **Nicholson's Yacht Charters**, ☎ 617-661-0554, 🖥 www.nicholsonyachts.com
- **Sun Yacht Charters**, ☎ 207-236-9611, 🖥 www.saltyseas.com/sun.html
- **Nicholson Yacht Charters Inc.**, ☎ 617-661-0555, 📠 -0554, 🖥 www.yachtvacations.com

IN DEUTSCHLAND
- **KH+P yachtcharter**, Ludwigstraße 112, 70197 Stuttgart, ☎ 0711/638282, 📠 6365709, 🖥 www.khp-yachtcharter.de
- **So long Yachting**, Holstenkamp 58, 22525 Hamburg, ☎ 040/211571, 📠 216084, 🖥 www.solong.de

Auskunft
IN ANTIGUA
- **Antigua and Barbuda Department of Tourism**, P.O. Box 363, Government Complex, St. Johns, Queen Elzabeth Highwa y, ☎ 462-0480, 📠 2483, 🖥 www.antigua-barbuda.org

IN DEUTSCHLAND
- **Fremdenverkehrsamt von Antigua und Barbuda**, Thomasstraße 11, 61348 Bad Homburg, ☎ 06172-21504, 📠 21513

Diplomatische Vertretungen
- **Konsulat der Bundesrepublik Deutschland**, Oceanview, Hodges Bay, Box 1259, St. John's, Antigua, ☎ 462-3174, 📠 -3496

Exkursionen
Antigua ist im wahrsten Sinn des Wortes **relativ überschaubar**, da die Insel keine höheren Berge besitzt, sondern verhältnismäßig eben ist. Aber auch sonst ist die Insel nicht sehr kompliziert zu erkunden, so dass **eine geführte Inselrundfahrt nicht unbedingt notwendig ist**. Dennoch gibt sie einen ersten Überblick. Der Vorteil einer geführten Inseltour ist zudem, dass Sie z. B. bei einem Tagesbesuch Zeit sparen. Handeln Sie auf jeden Fall den Preis für eine solche Tour mit dem Taxifahrer vorher aus. Die Küste und vorgelagerten Inseln lohnen sich auf jeden Fall während eines **gemütlichen Segeltörns**, einer Tour mit einem **Katamaran** oder mit **Jolly Roger's „Piratenschiff"** zu erkunden. Von besonderem Reiz ist es natürlich, die Außenposten Barbuda und Redonda zu besuchen.

Fast täglich werden auch **eintägige Flugreisen** zu den benachbarten Inseln Dominica, Montserrat, St. Kitts, Sint Maarten oder Guadeloupe angeboten.

Katamaran-Touren bieten an:
- **Wadadli Cats**, ☎ 462-4792, 🖥 www.wadadlicats.com, moderner und schneller Mega-Kat „Spirit of Antigua", Touren rund um die Insel
- **Kokomo Cat Cruise Ltd.**, ☎ 462-7245, 🖥 www.kokomocat.com, Inselrundfahrt, Vogelnationalpark, Schnorcheltouren
- **Treasure Island Cruises**, ☎ 461-8675, E-mail: armstronge@candw.ag, Inselrundfahrten, Entertainment, Barbecue- und Picknick-Touren

Feiertage

- 1. Januar
- 1. Mo im Mai
- Neujahr
- Karfreitag
- Ostermontag
- Tag der Arbeit
- Pfingstmontag
- 2. Sa im Juni
- 1. Mo und Di im August
- 1. November
- 25./26. Dezember
- Queen´s Birthday
- Summer Carnival
- Unabhängigkeitstag
- Weihnachten

Flughafen und Airport Tax
FLUGHAFEN

Der **V.C. Bird International Airport** liegt im Norden der Insel, etwa 6 km von St. John's und 20 km von English Harbour entfernt. Er verfügt über alle üblichen Einrichtungen wie Taxi-Stand, Mietwagen-Counter, Bank, Post, Restaurant und Duty-Free-Shops.

AIRPORT TAX
Bei der Ausreise wird eine Gebühr fällig, die rund **50 EC$** beträgt.

Hotels
ANTIGUA
St. John's
- **City View $$**, P.O.Box 2692, Newgate Street, St. John's, ☏ 562-0256, 🖷 -0242, E-Mail: cityviewhotel@candw.ag; mitten in der Stadt gelegenes Hotel mit 38 Zimmern, AC, TV, Telefon, Küchenzeile, Kühlschrank.
- **Murphey´s Apartments $**, P.O. Box 491, All Saints Road, ☏ 461-1183; preisgünstige Alternative zu den teuren Strandhotels; mitten im Trubel von St. John's gelegen; schöner Garten, schlichte, modernisierte Zimmer.
- **Joe Mike´s Hotel $**, P.O. Box 136, Nevis Street ☏ 462-1142, 🖷 462-1699, E-mail: joemikes@candw.ag; einfache, saubere Zimmer ohne Balkon, leider nur schlecht funktionierende Klimaanlage, Einkaufsmöglichkeiten, Restaurants und Snack-Bars in der Nähe.

Westlich von St. John's
- **Gallery Bay $$$** P.O.Box 305, Galley Bay, ☏ 462-0302, 🖷 -4551, 🖳 www.antigua-resorts.com; eine schöne All-inclusive- Anlage, versteckt in der Gallery Bay gelegen, mit 70 Zimmern, die z. T. in strohgedeckten Hütten direkt am Strand liegen; umrahmt von einer breiten und meilenlangen Sandbucht und einer Lagune im Hinterland (Vogelschutzgebiet); Restaurant und Bar, kostenlos sind Fahrradmiete, Hauswein zu den Mahlzeiten sowie mehrere Wassersportarten.
- **Hawksbill Beach Hotel $$$**, P.O.Box 108, Five Islands, ☏ 462-0301, 🖷 1515, 🖳 www.hawksbill.com; Mittelklasse-Hotel in herrlicher Umgebung, in der dazugehörenden alten Zuckermühle ist eine Boutique, vier Sandstrände, davon ein FKK-Strand, mehrere Wohnblocks und Bungalows mit 111 Zimmern, Restaurant, Bar und Swimmingpool, kostenloses Angebot mehrerer Wassersportarten und Tennis.
- **The Royal Antiguan Beach and Tennis Resort $$ $$$**, P.O. Box 305, St. John´s, Deep Bay, ☏ 462-0302, 🖷 -4551, 🖳 www.geographia.com/antigua-barbuda/royal-antiguan; ein im inter-

nationalen Einheitsstil errichtetes modernes Hotel mit großer Gartenanlage, Swimmingpool und Sonnenterrasse, von den 3 Restaurants eines direkt am Strand, Coffeeshop, Bars und ein beliebtes Casino, etliche kostenlose Sportarten im Angebot (acht Tennisplätze), schöner Strand, 266 Zimmer und 12 Cottages.

Dickenson Bay
• **Rex Halcyon Cove Beach Resort $$$-$$$$$**, Dickenson Bay, St. John´s, ☎ 462-0256, 🖨

Katamaran-Touren sind vor den Küsten Antiguas sehr beliebt.

-027, 💻 www.rexcaribbean.com; im Norden der wunderschönen Dickenson Bay gelegenes, unpersönliches Resort mit 3 Wohnblocks; 210 schön dekorierte Zimmer mit Balkon, davon 17 Suiten, TV, Kühlschrank, sehr schöne Gartenanlagen, Swimmingpool und 4 Tennisplätzen (mit Flutlicht), kostenloses Angebot vieler Wassersportarten, Tauchshop, mehrere z. T. hoch gelegene Restaurants und Bars mit Blick auf die Bucht, die man per Shuttle-Service erreicht; auch All-inclusive-Resort.
• **Siboney Beach Club $$$$**, P.O. Box 222, Dickenson Bay, St. John's, ☎ 462-0806, 🖨 -3356, 💻 www.turq.com; kleines, romantisches Hotel, geschützt gelegen am südlichen Ende der wunderschönen Dickenson Bay; mit eigenem kleinem vorgelagerten Palmenstrand; 12 Suiten mit Kochecke, Schlafzimmer mit AC, Telefon; mit Blick auf den wunderschönen tropischen Garten, 6 Zimmer zusätzlich mit Meerblick; nur wenige Meter vom Wasser entfernt, unter Palmen gelegen, liegt das sehr gute, preisgekrönte und gemütliche „**Coconut Grove**"-Restaurant mit hervorragendem Fischgerichten und exzellenter karibischer Küche; Swimmingpool; Wassersportmöglichkeiten, Golf und Tennis in der Nähe; sehr freundliches Personal; die rote Telefonzelle am Eingang ließ der Besitzer Mr. Johnson in Gedenken an sein Heimatland aus Großbritannien einfliegen.

Der Nordosten
• **Pineapple Beach Club $$$$$**, Long Bay, P.O.Box 54 ☎ 941-775-7200, 💻 www.fortmyers.com; das an der Long Bay inmitten einer tropischen Landschaft gelegene zweistöckige All-inclusive-Resort ist im karibischen Stil gehalten. Das Mittelklasse-Hotel verfügt über 135 Zimmer/AC, 6 Tennisplätze, 2 Restaurants, Bars, einen großen Pool und ein Wassersportzentrum.
• **Jumby Bay $$$$**, P.O. Box 243, St. John´s, ☎ 462-6000, 🖨 -602, 💻 www.jumbybayresort.com; die Anlage der Reichen und Schönen befindet sich auf der 4 km2 großen Insel Long Island, die sonst nur noch von ein paar Dutzend Schafen, Palmen, tropischen Blumen und viel Sand „bewohnt" wird; in den 1990er Jahren durch die Weinhändler-Brüder Mariani aus New York zu einem Feriendomizil par excellence ausgebaut, ist es im Sommer 2002 für 5,6 Millionen US$ komplett renoviert worden. Ein Drittel der 300 Acre großen Insel nimmt das Luxus-Resort in Anspruch, das zur Rosewood-Hotel-Kette gehört; 50 lichtdurchflutete Suiten und Villen ohne Radio und TV; ein Naturhafen, lange weißsandige Strände; eingebettet in Golf-, Cricket- und Tennisplätze, umrahmt von tropischen Gärten, um die sich 12 Gärtner kümmern; Zentralpunkt ist das 230

Jahre alte Herrenhaus, in dem nicht nur der „afternoon tea" serviert wird, sondern man auch die Spezialmarke Jumby Bay Rum bekommen kann, 2 Restaurants und 3 Bars; Fortbewegung mit Fahrrädern. Hier soll nichts die Gäste vom Naturgenuss ablenken und an die Hektik der modernen Welt erinnern.
• **Banana Cove $$$**, P.O.Box 231, Long Bay, ☎ 463-2003, 🖷 463-2425; die familiäre Anlage mit 32 Zimmern liegt oberhalb des kleinen, felsigen Strandes der Dian Bay, den man über Treppen erreicht (der Strand von Long Beach ist ca. 20 Gehminuten entfernt). Das Apartment-Hotel ist ideal für Selbstversorger; es gibt einen Swimmingpool mit Sonnenterrasse, ein gutes Restaurant und einen kleinen Supermarkt.
• **Amaryllis $-$$**, P.O. Box 2624, Airport Road, ☎ 462-8690, 🖷 560-0375; 💻 www.amaryllishotel.com; etwas versteckt im Hinterland der Nordostküste (in Flughafennähe) gelegenes, gemütliches kleines Hotel mit 22 Zimmern, teilweise mit Aircondition; Swimmingpool, Transport zum Strand, Supermarkt, Golfclub in der Nähe, gutes Restaurant/Bar mit freundlicher Atmosphäre und schönem Garten.
• **The Airport Hotel $-$$**, direkt am Flughafen gelegen, ☎ 462-1191, 🖷 462-1534, freundlicher Service, einfache Zimmer, Restaurant, Bar; besonders gut geeignet, wenn Sie abends ankommen und am nächsten Tag nach Montserrat weiterfliegen wollen.

Der Süden

• **Copper & Lumber Store Hotel $$$$**, Nelson's Dockyard, English Harbour ☎ 460-1058, 🖷 -1529; historisches und sehr „britisches" Hotel direkt am Yachthafen, schöner, mediterraner Innenhof, durch den ständig ein angenehmer Wind weht, einzigartige Atmosphäre, in den alten Gemäuern von Nelsons Warenlager (1782) untergebracht, die 13 Zimmer sind z.T. dunkel getäfelt und mit Antiquitäten ausgestattet, zwei Restaurants und Bars.
• **St. James Club Antigua $$$$**, P.O.Box 63, Shirley Heights ☎ 460-5000, 🖷 -3015 💻 www.antigua-resorts.com; exklusives und herrlich gelegenes First-Class-Hotel, tropische Gärten und Swimmingpool, mehrere Restaurants, Bars, Diskothek, Geschäfte etc., Casino, die 100-Acre-Anlage mit 162 Zimmern und 13 Suiten (AC), die alle Blick auf das Meer haben, liegt auf einer grünen Halbinsel, die nur für Hotelgäste zugänglich ist; sie teilt die Mamora und die Willoughby-Bucht, die jeweils ihre eigenen Palmenstrände haben; sehr britische Atmosphäre; im Jahr 2000 für 10 Millionen US$ renoviert; 3 Swimmingpools, sieben Tennisplätze, Casino, Wellness, Marina, Wassersportmöglichkeiten, Reiten.
• **The Catamaran Hotel's Location $$**, Falmouth Harbour ☎ 460-1036, 🖷 460-1339 💻 www.catamaran-antigua.com; kleines sympathisches Hotel mit 14 Zimmern, ruhig inmitten von Palmen und direkt am Strand im historischen Falmouth Hafen, direkt neben der Marina gelegen; wer hier während der zahlreichen Segelregatten ein Zimmer haben möchte, muss mindestens sechs Monate im Voraus buchen.
• **Falmouth Beach Apartments $$**, Falmouth Harbour ☎ 460-1027, 🖷 460-1534; in unmittelbarer Nähe des Admiral's Inn und des Nelson's Dockyard Gebietes gelegen; Handwerksläden, Restaurants und der English Harbour; 14 Apartments mit voll ausgestatteter Küchenzeile und Balkon sowie Meer- bzw. Bergsicht; Strandnähe; 💻 www.caribbeans.com

Der Südwesten

• **Curtain Bluff $$$$**, P.O.Box 288, Old Road, ☎ 462-8400, 🖷 -8409, 💻 www.curtainbluff.com; ein vornehmes All-inclusive- Resort, das sich architektonisch schön vom Strand auf ein Felsenkap hochzieht, 63 Zimmer mit Meerblick, gutes Restaurant mit anspruchsvoller Weinliste, wegen der 4 modernen Tennisplätze und guter Betreuung ideal für Tennisliebhaber/-anfänger oder sonstwie Sportbegeisterte (Fitness-Center).

- **Admiral´s Inn** $$-$$$$, Nelson´s Dockyard, English Harbour, ☎ 462-1027, 🖷 -1534, 🖳 www.antiguanice.com/admirals; ein atmosphärisches Hotel mit Geschichte (ehemaliges Lager- und Bürohaus aus dem 18. Jh.), inmitten der historischen Schiffswerft gelegen, 14 einfache, aber geschmackvolle Zimmer mit Kochgelegenheit und Blick auf den Hafen, Bootsservice zum Strand der nahe gelegenen Freeman´s Bay.
- **The Blue Heron Beach Hotel** $$-$$$, Johnson´s Point, ☎ 462-8564, 🖷 -800, 🖳 www.rexcaribbean.com; eine einsam an der Westküste direkt am Sandstrand gelegene Anlage mit familiärer Atmosphäre, 64 Zimmer, teilweise mit Balkon, Restaurant, Bar, verschiedene Wassersportarten (Windsurfen, Schnorcheln) sind kostenlos.

BARBUDA
Der Süden
- **Coco Point Lodge** $$$$$, P.O.Box 90, Codrington, CocoPoint Barbuda, ☎ 462-3816, 🖷 -5340; kleines Strandresort ganz im Süden der Insel, herrlicher Strand, gute Tennis- und Angelmöglichkeiten, 34 Zimmer mit Terrasse, Restaurant und Bar, geöffnet nur Dezember bis Mai.
- **K-Club** $$$$$, Spanish Point, Barbuda, ☎ 462-3000, 🖷 -0305, 🖳 www.lhw.com; nördlich in Sichtweite vom Coco Point gelegenes 30-Millionen-Dollar-Resort in Weiß und Türkis, 35 bis in Detail durchgestylte Bungalows der absoluten Luxuskategorie (DZ mit VP, US$ 1.100 pro Nacht, Villa für 4 Personen mit VP, US$ 2.500), Restaurant, Tennisplätze, Golfplatz, Pool, Wassersport, Motorboot, Segelyacht, Wasserflugzeug. Das „K" steht für „Krizia", der Nachname der Mailänder Modedesignerin Mariuccia Mandelli, die die All-inclusive-Anlage – ganz im eleganten italienisch neokaribischen Stil gehalten – durch ihren Stil beeinflusst hat; das Inventar einschließlich Weinkeller, Küche, Keramik und Yacht sind in 70 Containern von Italien nach Barbuda transportiert worden. Auch das Küchenpersonal samt Chefkoch kommt aus Italien.

Palmetto Point
- **Palmetto Beach Hotel** $$$$$, Barbuda Island, ☎ 460-0442, 🖷 -0440; das an der 30 km langen Sandbucht von Palmetto Point gelegene Luxusanwesen für Publikum mit großem Geldbeutel erfuhr 2004 einen Besitzerwechsel und soll in Zukunft nur noch privaten Mitgliedern vorbehalten sein. Der Normaltourist wird es nicht bemerken.

Medien
Die Medienlandschaft zeichnet sich auf Antigua nicht gerade durch ihre Vielfalt aus. **Internationale Zeitungen** sind nur sehr schwer zu bekommen, wenn es sie gibt, sind sie sehr schnell vergriffen. Die **örtliche Presse** besteht aus der regierungsfreundlichen **„Antigua Sun"** und dem eher kritisch eingestellten **„Daily Observer"**. Für Touristen dient zur ersten Orientierung die in Hotels ausliegende Broschüre **„Adventure"**.

Öffnungszeiten
- Die **Geschäfte** sind von 8.30-12 Uhr und 13-16 Uhr geöffnet, wobei die meisten am Donnerstagnachmittag geschlossen sind. **Lebensmittelläden**, **Souvenirshops** u. a. machen oft keine Mittagspause.
- **Banken**: Mo-Do 8-13 Uhr und 15-17 Uhr, Fr 8-12 Uhr und 15-17 Uhr.
- **Post**: Mo-Do 8.15-12 Uhr, 13-16 Uhr, Fr bis 17 Uhr.

Post

Die **Hauptpost** befindet sich in St. John's am Ende der Long Street, weitere Poststellen befinden sich am Flughafen und in Nelson's Dockyard.

Preisniveau

Für karibische Verhältnisse sind Antiguas Preise moderat bis ziemlich teuer. Barbuda ist außerhalb der Luxusresorts preiswert. Ein Zimmer in den Hotelanlagen ist für einen Normal-Urlauber nicht bezahlbar.

Restaurants

Snack-Bars und Take-Aways gibt es über die ganze Insel verteilt. Zudem bieten die meisten Hotel-Anlagen gute Restaurants und eine Rundum-Verpflegung. Dennoch sollten Sie auch außerhalb der Hotelanlage die heimische Küche, auch wenn sie nicht ganz billig ist, probieren.

Ein „Muss" ist der Genuss eines original karibischen Cocktails bei Sonnenuntergang, z. B. eines Daiquiri-Punsch – weißer Rum mit roter Kirsche. Und begabte Cocktail-Mixer gibt es genug auf Antigua. Wegen der saisonabhängigen Öffnungszeiten vorher in Bars und Restaurants informieren.

St. John's

• **Hemingway's**, St. Mary's Street, ☎ 462-2763; gegenüber dem Heritage Quay gelegenes Lokal mit Veranda im Obergeschoss, Mo-Sa mittags Snacks, aber besonders zu empfehlen wegen der Atmosphäre, abends westindische Seafood-Spezialitäten.
• **The Redcliffe Taverne**, Big Banana, Redcliffe Quai, St. John's, ☎ 480-6985, Sa geschlossen, überraschend gute Pizzas und Local Food à la Antigua, die besonders die Einheimischen zu schätzen wissen; local meeting spot.
• **Le Bistro**, Hodge Bay, St. John's, ☎ 462-3881, etabliertes Lokal mit hervorragender französischer Küche, Di-Sa abends geöffnet, Reservierung erwünscht.
• **Le Gourmet**, Fort Road, St. John's, ☎ 462-2977; das unter Schweizer Leitung stehende Restaurant ist eines der besten der Insel, Schweizer Spezialitäten und frischer Fisch (aus eigenem Tank), geöffnet Di-Sa ab 19 Uhr (die Bar ab 17 Uhr).
• **The Lemon Tree**, Long Street, ☎ 462-1969; schönes Lokal amerikanischen Stils, abends Live-Musik und Nachtclub-Atmosphäre, geöffnet Mo-Fr für Lunch und Dinner, Sa nur Dinner, Hauptgerichte.

Dickenson Bay

• **Coconut Grove**, ☎ 462-3356; Strandrestaurant in der Dickenson Bay à la romantischer, karibischer Vorstellung; gehört zum Siboney Beach Club; unter Palmen, nur wenige Meter neben dem plätscherndem Meer können Sie es sich beim Frühstück, Mittagessen oder Dinner (bei Kerzenschein) gut gehen lassen; beliebter Lunch-Treffpunkt bei Seglern; vorzüglicher Fisch und Barbuda-Lobster, tägl. 8.15-23 Uhr geöffnet.
• **Spinnakers**, Dickenson Bay, in der Nähe von Sandals, ☎ 462-4158; innerhalb der Hotelanlage The Village und direkt am Strand gelegenes Restaurant mit französisch-karibischer Küche, tägl. Zum Lunch und Dinner geöffnet, vorzügliche Meeresfrüchte und Fisch (besonders Red Snapper), die

Spezialität sind gegrillte Rippchen mit flambierten Bananen in Karamel-Orangen-Sauce. Probieren Sie den Irish Coffee zum Dessert!

English Harbour
- **The Inn**, English Harbour, ☎ 462-1014, die einfache Gaststätte liegt direkt am Wasser und bietet einen schönen Blick auf das turbulente Treiben im Hafen. Mittags bekommt man Sandwiches und Hamburger, abends u.a. guten Fisch. In der Hauptsaison tägl. geöffnet.

Shirley Heights
- **Shirley Height's Lookout**, Shirley Heights, ☎ 460-1785, geöffnet 10-24 Uhr; mit dem weiten Panoramablick (atemberaubende Sonnenuntergänge!), dem gepflegten Essen (Spezialitäten: frischer Hummer und Fisch) und der Volksfest-Stimmung an Wochenenden hat das Restaurant viel zu bieten. Sonntags gibt es zu Barbecue-Gerichten von 15-21 Uhr ein Nonstop-Programm mit Steelbands, Reggae-Gruppen und ausgelassener Stimmung; Andenken hält der Souvenirladen bereit.

Nonsuch Bay
- **Harmony Hall Restaurant**, Brown's Baymill, ☎ 460-4120; tägl. außer Mo 10-18 Uhr geöffnet (Dinner nur nach Reservierung), schöne Bar auf der Mühlenspitze mit wunderbarem Rundumblick (auch Mo geöffnet).

Reiseagenturen
Einige Reisebüros und -agenturen bieten Inselrundfahrten, Exkursionen zu Wasser und Ausflüge zu den Nachbarinseln an. Als besonders zuverlässig hat sich erwiesen: **Antours**, Corner Long & Thames Street Box 508, St. John's, ☎ 462-4788, 🖨 -4799.

Souvenirs
Auf Antigua brauchen Sie sich keine Sorge um Souvenirs machen – **die Souvenirs kommen ganz einfach zu Ihnen**. Jeder von Touristen besuchte Strand ist gleichzeitig Betätigungsfeld für etliche „fliegende Händler" mit den üblichen Mitbringseln im Angebot. Augen auf: Teilweise sind wirklich sehr schöne T-Shirts oder Stoffe etc. darunter. Ansonsten hat die Hauptstadt St. John's ein breit gefächertes Angebot, hauptsächlich in den **Einkaufsstraßen St. Mary's Street**, **Long Street** und **High Street**.

Beliebte Mitbringsel sind **Stroh- und Sisalartikel**, die örtliche **Rummarke Cavalier**, **Pfeffersaucen**, **Tonwaren** (besonders die auf der Insel zum Grillen benutzten Gefäße), **Batik- und Siebdruckstoffe**, **Schmuck**, **englisches Porzellan** und **Parfums**. Oder wie wäre es mit einem originellen **Warri-Brett**, auf dem eine komplizierte Art von antiguanischem Backgammon gespielt wird?

Zusätzliche Einkaufsmöglichkeiten bietet der **Heritage Quay**, ein **Duty-Free-Shopping-Centre** vorwiegend mit Kreuzfahrt-Kundschaft. Hier können auch Inselurlauber gegen Vorlage des Flugtickets in über 40 Geschäften lokale und internationale Waren einkaufen. Ganz in der Nähe ist **Redcliffe Bay**, ein ähnliches, jedoch kleineres Einkaufszentrum. Das modernste ist das **Wood Center** in St. John's mit Postschalter, Supermarkt und zahlreichen Geschäften.

Sport

Antigua und Barbuda sind untrennbar mit dem Wassersport verbunden. Das breit gefächerte Angebot erstreckt sich vom Schwimmen an den (öffentlichen) Stränden übers **Tauchen** und **Schnorcheln** bis hin zu sämtlichen **Segel- und sonstigen Bootssportarten**.

TAUCHEN

Rund um die Insel locken Korallenriffe, phantastische Spots wie **Cades Reef**, **Sandy Island Reef**, **Horseshoe Reef**, **Barracuda Alley** und **Little Bird Island** sowie die **Deep Bay** mit einigen Schiffswracks. Es gibt viele hoteleigene Tauchschulen für Anfänger und Fortgeschrittene, u. a.:
- **Aquanaut Diving Centre** im St. James's Club, ☎ 460-5000,
- **Deep Bay Divers**, ☎ 463-8000, 🖥 www.deepbaydivers.com
- **Dockyard Divers** im Nelsons Dockyard, ☎ 460-1178
- **Jolly Dive**, Jolly Beach Resort ☎ 462-8305, 🖥 www.kokomocat.com

SEGELN

Wer gerne segelt, wird sicher auf seine Kosten kommen. Entweder nehmen Sie an einer **Katamaran-Tour** rund um die Insel teil oder Sie **chartern sich ein Segelboot**: Vom hundert Jahre alten Schoner bis zur luxuriösen Großyacht steht alles im Programm. Das umfangreichste Angebot (mehr als 80 Segelboote und Yachten) hat **Nicholson Yacht Charters Inc.**, ☎ 617-661-0555, 📠 617-661-0554, 🖥 www.yachtvacations.com. Höhepunkte für Segler sind die Sailing Week und die Classic Yacht Regatta.

HOCHSEEANGELN

ist in den antiguanischen Gewässern ein beliebter Sport und ganzjährig möglich. Über einige Agenturen und Hotels, darunter Blue Waters Beach, Runaway und St. James's Club, kommen Sie an entsprechende Boote. Charterboote bieten an:
- **Nightwing**, eine ca. 35 Fuß lange Yacht, die vom Falmouth Habour ablegt, ☎ 460-5337, 🖥 www.fishantigua.com. Kosten: ca. 350 US$ für 4 Stunden, ca. 500 US$ für fünf Stunden, Trinkgeld nicht inbegriffen.
- **Overdraft**, ca. 40 Fuß langes Tiefseefischerboot, ☎ 464-4954, 🖥 www.antiguafishing.com Kosten: ca. 400 US$ für vier Stunden, ca. 500 US$ für 6 Stunden. Weiterhin werden für Wassersportbegeisterte **Wasserski**, **Windsurfen** (für Fortgeschrittene ist die Atlantikseite ideal) und **Paragliding** angeboten.

GOLF

Für Golffreunde gibt es zwei 18-Loch-Golfplätze, einen im **Cedar Valley Golf Club**, ☎ 462-0161 und in Jolly Beach. Im November finden die Antigua Open im Cedar Valley Golf Club sowie die Eastern Caribbean Golf Championchips statt. Barbuda (K-Club) verfügt über einen 9-Loch-Golfplatz.

TENNIS

Schon wegen der **internationalen Turniere** wird Tennis auf Antigua groß geschrieben, und alle größeren Hotels haben eigene Plätze. Ansonsten gibt es einen öffentlichen und modernen Court mit Flutlicht im **Temo Sports Complex**, Falmouth Bay.

SONSTIGES

Auch **Squash** und **Reiten** stehen auf dem Programm. **Fahrräder** vermieten einige Hotels und Cycle Krazy in der St. Mary's Street in St. John's, ☎ 462-9253. Für Zuschauer eignen sich **Cricket**- und **Fußballspiele** sowie **Pferderennen** und **Triathlon**-Meisterschaften. für aktuelle Veranstaltungen schauen Sie vor Ort in die Broschüren, die in den Hotels ausliegen.

Sprache
Englisch ist die offizielle Landessprache, wird aber mit einem strengen Dialekt gesprochen. Darüber hinaus verständigt sich die Bevölkerung in **Patois**.

Strände
Mit angeblich **365 Stränden** – einen für jeden Tag im Jahr – haben Touristen die Qual der Wahl. Unter Dutzenden herrlicher Sandstrände sticht die **Carlisle Bay** mit ihrem langen, weißsandigen Strand heraus, vor der das Karibische Meer und der Atlantik zusammentreffen. Auch die **Half Moon Bay**, südöstlich von Freetown an der Atlantikseite, ist einen Ihrer ersten Strandbesuche wert. Die unterschiedlichen Strände am Hawksbill Hotel (Five Islands) sind ebenfalls wunderschön. Einer der Strände ist für FKK vorgesehen.

Strom
Die Stromspannung beträgt 110 oder 220 V Wechselstrom. Üblich sind Flachstecker amerikanischer Bauart. Es empfiehlt sich, einen Adapter mitzubringen.

Telefonieren
Bei Ferngesprächen von **Antigua nach Deutschland** wählen Sie 011-49, nach Österreich 011-43 und in die Schweiz 011-41, anschließend die Ortskennzahl jeweils ohne die erste Null. Für Anrufe nach Antigua lautet die internationale Vorwahl: 001-268, anschließend die siebenstellige Rufnummer. **Ferngespräche** können direkt von den meisten Telefonapparaten getätigt werden. Auch vom **Büro der Telefongesellschaft Cable and Wireless** in der St. Mary Street sind Ferngespräche möglich.

Veranstaltungen
Antigua ist reich an sportlichen, folkloristischen oder kulturellen Veranstaltungen, die in der Regel überschwänglich gefeiert werden.

• Januar/April
Der erste Monat des Jahres ist vor allem durch die Amateur- und Profiturniere im Rahmen der Tennis-Wochen der Herren geprägt. Die Damen ziehen dann im April nach.

• Ende April/Anfang Mai
Einer der beiden Höhepunkte des Festtagskalenders und des Segelkalenders, der zahlreiche Regatten enthält, ist die **Internationale Segelwoche** (Info: ☏ 462-8872, 🖥 www.sailingweek.com), die als **eines der zehn Top-Rennen** auf der Welt gilt. Yachten verschiedenster Klassen kommen von weit her, um am Wettkampf teilzunehmen. Inzwischen ist für viele Antiguaner die Segelwoche Anlass für einen ersten Karneval im Jahr. Am Ufer liefern sich Steelbands und Rockgruppen musikalische

Duelle, und Stegreif-Calypsolieder werden auf die Bootsnamen getextet. An der Dickenson Bay und in English Harbour gibt es nach jedem Rennen Partys bis in den frühen Morgen sowie tagelang Spaß und Spiele mit einigen zweideutigen Wettbewerben („Wet-T-Shirt-Contest"). Das Sportereignis endet mit dem ziemlich formellen Finale des „Lord Nelson Ball".

• **Ende Juli/Anfang August**
Der farbenprächtige **Höhepunkt des Jahres** ist der **Mittsommer-Karneval** (Summer Carnival, 🖳 www.antiguacarnival.com): Zehn Tage lang Musik, Tanzen ohne Pause, kostümierte Umzüge, Wahl der Karnevals-Königin, Calypso-Shows, Musikparaden etc. bestimmen das öffentliche Leben, Banken und Geschäfte sind in dieser Zeit nur bedingt geöffnet. Wer den Karneval verpasst, weil er zu früh auf Antigua Urlaub macht, hat vielleicht auf **Barbuda** Glück: Dort findet der Karneval im Juni statt.

• **Oktober**
Jazzfestival

• **Dezember**
Mit der Antigua Yacht-Show, der Fachmesse für Yachtbauer, klingt in der ersten Dezember-Woche das Kalenderjahr langsam aus. Allerdings nicht nur für Schönwetter-Segler zählt dieser Monat wegen der Hurrican-freien Zeit zu den Höhepunkten des Jahres.

Verkehrsmittel

Auf Antigua stehen gut **1.000 Straßenkilometer** zur Verfügung, wovon allerdings nur rund 200 Kilometer asphaltiert und die wiederum in ziemlich schlechtem Zustand sind. Wenn Sie auf eigene Faust eine Tour unternehmen, müssen Sie sich auf eine kaum vorhandene Beschilderung und eine manchmal **halsbrecherische Fahrweise** der Einheimischen gefasst machen. Für Pisten abseits der asphaltierten Straßen sollten Sie sich einen **Geländewagen** mieten. Auf Antigua und Barbuda herrscht **Linksverkehr**.

Am Flughafen und in St. John's stehen ausreichend Taxen zur Verfügung, die man am Buchstaben „**H**" (= hire) auf dem Nummernschild erkennt. Die Preise sind festgelegt, trotzdem sollten Sie sie vor Fahrtantritt vom Fahrer bestätigen lassen. Die offizielle Preisliste erhalten Sie am Flughafen oder der Fahrer trägt sie bei sich. Handeln ist jedoch immer einen Versuch wert.

Die Alternative zum **dürftig ausgebauten Bussystem** (es gibt keine Busverbindung zum Airport bzw. in den Norden insgesamt) bieten sog. **Minitaxen**, das sind zum Taxi umfunktionierte, zumeist japanische, Kleinbusse. Damit gelangen Sie von der zentralen Sammelstelle am Bahnhof von St. John's bis nach Old Road. Die Taxifahrer betätigen sich dabei auch als Reiseführer und erzählen gerne die eine oder andere lokale Geschichte. Außerdem werden Sie feststellen, dass Ihr Fahrer so ziemlich jeden auf der Insel kennt und gerne mal die Hupe zum Grüßen betätigt.

MIETWAGEN
Sie brauchen zum Mieten eines Autos eine **Local Driving Licence**, d. h. eine lokale, zeitlich begrenzte Fahrerlaubnis. Diese kostet rund 20 US$ und wird gegen Vorlage des nationalen oder internationalen Führerscheins von den Verleihstationen oder der Polizei ausgestellt.

Auf Antigua werden von mehreren Agenturen PKWs, Mopeds, Fahrräder und Jeeps verliehen. Ein japanischer Mittelklasse-Wagen ist ab US$ 58 am Tag erhältlich. Falls Sie über keine Kreditkarte verfügen, verlangt die Mietwagenfirma eine Kaution von mehreren Hundert US-Dollar.

Regionale Reisetipps von A-Z (Antigua und Barbuda, Barbados)

A
B

Mietwagenfirmen sind:
- **Budget**, P.O. Box 1600, ☎ 462-3009 und 6702, (Barrymore Beach Branch)
- **Hertz**, P.O. Box 1323, All Saints Road St. John´s, ☎ 462-4114/5
- **National Car Rental**, Carlisle Airport Road, ☎ 462-2113
- **Oakland Rent-A-Car**, VC.Bird International Airport Coolidge, ☎ 462-3021

Währung/Geld
Die offizielle Währung ist der **Eastern Caribbean Dollar** = EC$, der an den US-Dollar mit dem Kurs 1 US$ = 2,67 EC$ gekoppelt ist. US-Dollars, Traveller Checks und Kreditkarten werden fast überall akzeptiert. In St. John's gibt es zahlreiche Banken.

Yachthäfen und Ankerplätze (Auswahl)

ANTIGUA
- Carlisle Bay
- English Harbour
- Five Islands Harbour
- Falmouth Harbour
- Mamora Bay
- Mosquito Cove
- Nonsuch Bay
- Parham Harbour
- St. John's Harbour
- Willoughby Bay

BARBUDA
- Coco Point
- Spanish Point

Barbados (S. 398 ff.)

Wichtige Telefonnummern	
Internationale Vorwahl	☎ 001-246
Diplomatische Vertretung	☎ 427-1876
Hospital	☎ 436-6450 (Queen Elizabeth Hospital), ☎ 436-5446 (Bayview Hospital)
Ambulanz	☎ 115
Polizei	☎ 112 und 436-6600
Feuerwehr	☎ 113
Touristeninformation	☎ 427-2623
Tauchunfälle	☎ 684-8111
Küstenwache	☎ 436-6185

Anreise
PER FLUGZEUG

Die Destination Barbados ist **gut ans internationale Flugnetz angebunden**, allerdings zu Weihnachten und zur Hochsaison oft überbucht. Die Insel wird von der Condor einmal in der Woche ab Frankfurt angeflogen. Täglich geht es direkt mit der BA und mit der BWIA dreimal in der Woche ab London nach Barbados Zum und vom nordamerikanischen Kontinent bestehen zahlreiche Direktverbindungen.

Innerkaribisch verkehren die Fluggesellschaften **Liat**, **Mustique Airways** und **Trans Island Air** regelmäßig zwischen Barbados und den Nachbarinseln.

Die wichtigsten Fluggesellschaften und ihre Telefonnummern vor Ort:
- **BWIA**, ☏ 426-2111
- **British Airways**, Speedbird House, ☏ 436-6413
- **Liat**, St. Michael's Plaza, St Michael's Row, ☏ 436-6224
- **Mustique Airways**, Hastings Plaza, Christ Church, ☏ 435-7009
- **Virgin Atlantic**, Hastings, ☏ 744-7477
- **American Airlines**, ☏ 428-4170

PER SCHIFF
Zumeist liegen gleichzeitig mehrere **Kreuzfahrtschiffe** im Hafen von Bridgetown, der gut einen Kilometer westlich der Insel-Hauptstadt liegt. Über 300.000 Besucher kommen jährlich im Rahmen einer Kreuzfahrt nach Barbados. Von Barbados geht es je nach gewählter Reiseroute zu den Grenadinen, den Windward Islands, den Leeward oder Treasure Islands. Informationen finden Sie u. a. unter 🖥 www.starclipper.de und 🖥 www.royalclipper.de.

Weitere Informationen zu Kreuzfahrten siehe auch unter dem gleichnamigen Stichwort in den „Allgemeinen Reisetipps".

INSELHÜPFEN MIT DER FÄHRE
Die Fährgesellschaft **Star Ferries** bietet zeitweilige Fährverbindungen zu den benachbarten Karibikinseln St. Lucia, Martinique, Dominica und Guadeloupe an. Allgemeine Informationen zu Preisen und Abfahrzeiten erhalten Sie unter www.remactours.com. Ob und wann eine Fähre fährt, sollten Sie bei Ihrer Reiseplanung auf jeden Fall aktuell telefonisch erfragen.

Auskunft
IN BARBADOS
- **Barbados Tourism Authority**, Harbour Road, Bridgetown, ☏ 427-2623, 📠 4264080; Informationsbüros befinden sich auch im Grantley Adams International Airport, ☏ 428-5012 und am Kreuzfahrtschiffshafen, ☏ 426-2111.

IN DEUTSCHLAND
- **Fremdenverkehrsamt Barbados**, Neue Mainzer Str. 22, 60311 Frankfurt/M., ☏ 069-242 69630, 📠 069-230077, 🖥 www.barbados.org

Diplomatische Vetretungen
IN EUROPA

Die auch für den deutschsprachigen Raum zuständige **Botschaft von Barbados** *ist die in Brüssel:*
- **Embassy of Barbados**, Avenue Franklin D. Roosevelt 100, 1050 Brüssel, ☏ 0032-2-7321737, 7321867, 📠 7323266, 💻 www.foreign.gov.bb

IN DEUTSCHLAND
- **Honorarkonsulate von Barbados**, Seitzstraße 9-11, 80538 München, ☏ 089-21578630, 📠 089-21578423 Marktplatz 2, 71229 Leonberg, ☏ 07152-927563, 📠 07152-927565

DEUTSCHE VERTRETUNG IN BARBADOS
- **Honorarkonsul der Bundesrepublik Deutschland**, Bridgetown, Dayrell's Road, Pleasant Hall, Christ Church, Postanschrift: P.O. Box 17 B, Brittons Hill, St. Michael, Barbados.W.I., ☏ 427-1876, 📠 427-8127

Exkursionen

Für einen Überblick empfiehlt sich, zu Beginn Ihres Urlaubes an einer **Inselrundfahrt** (teilweise auch auf Deutsch) teilzunehmen. Den besten **Überblick** über das **vielfältige Angebot** verschafft die Web-Seite der **Barbados Tourism Authority**, 💻 www.barbados.org. Adresse und Telefonnummer siehe unter dem Stichwort „Auskunft".

Mehrtägige **Touren zu Nachbarinseln** bieten u. a. an:
- **Caribbean Safari Tours**, Ship Inn, St. Lawrence Gap, ☏ 427-5100
- **Grenadine Tours**, Hastings Plaza, Christ Church, ☏ 435-8451

Rundtouren in der Luft bietet **Bajan Helicopters** an, ☏ 431-0069. Der Heliport befindet sich in der Nähe des Kreuzfahrtterminals in Bridgetown. Häufig stehen auch **ein- bis mehrtägige** Flugreisen mit Sightseeing (per Bus, Taxi oder Segelboot) zu den Nachbarinseln auf dem Programm der Reiseagenturen, etwa zum Archipel der Grenadinen, nach Grenada, St. Lucia, Martinique und Tobago.

Auf Barbados sollte eine Fahrt zur **wildzerklüfteten Landschaft bei Bathsheba** an der Ostküste, wo der Atlantik mit voller Wucht auf die Felsenküste trifft, auf Ihrem Programm stehen. Immerhin ist Barbados die östlichste Insel der Kleinen Antillen und sozusagen völlig ungeschützt den Winden vom Atlantik her ausgesetzt.

Die sicherlich intensivste Art Barbados kennen zu lernen ist sie zu erwandern. Jeden Sonntag bietet der Barbados National Trust kostenlos geführte **Wanderungen** zu einem anderen Schauplatz der Insel an. Diese gemeinnützige Institution will damit Besuchern und Einheimischen Flora und Fauna sowie die Kulturschätze von Barbados näher bringen. Die Teilnehmer können zwischen drei verschiedenen **Schwierigkeitsstufen** wählen: Die „Stop'n'Stare"-Wanderungen sind zwischen acht und zehn Kilometer lang, „Here'n'There" zwischen 12 und 16 Kilometer und „Grin'n'Bear" zwischen 20 und 22 Kilometer. Die Touren, die alle rund drei Stunden dauern, starten an den verschiedenen Ausgangspunkten entweder morgens um 6 Uhr oder nachmittags um 15.30 Uhr. Schöne Variante: geführte Wanderung im Mondschein (Beginn: 17.30 Uhr). Weitere Einzelheiten unter www.barbados.org/hike/htm.

Auch eine „**Rum-Tour**" sollten Sie einplanen. Da die Insel über keinen Regenwald verfügt, wurde das Hinterland der Küsten für die Einrichtung von Zuckerrohrplantagen genutzt. Viele Plantagenhäuser bieten einen Direktverkauf. Besonders zu empfehlen ist ein Besuch der Rumfabrik **Mount Gay Rum Distilleries**, die seit 1703 Rum herstellt und somit einen der ältesten der Welt anbietet. Aber auch das **Francia Plantation House** oder das **Sunbury Plantation House** lohnen einen Abstecher, ebenso wie z. B. die tropischen Gärten **Andromeda Garden**, **Flower Forest** oder der **Farley Hill National Park**. Auch die letzten beiden noch bestehenden Urwaldreservate der Insel, **Welchman Hall Gully** und **Joe's River Tropical Rain Forest**, versprechen ein beeindruckendes Erlebnis. Verschiedene Agenturen bieten auch eine Kombinationstour eines der Parks mit der sehenswerten Tropfsteinhöhle **Harrison's Caves** an.

Museen und **historische Gebäude** dokumentieren die oftmals bewegte Geschichte von Barbados. Mit dem Barbados Heritage Passport, der vom Verein für Denkmalschutz Barbados National Trust ausgegeben wird, lassen sich eine Vielzahl der Sehenswürdigkeiten auf Naturpfaden, wie z. B. dem **Arbib Nature & Heritage Trail**, kostenlos besichtigen. Zu erwerben bei **Barbados National Trust**, ☏ 426-2421, 🖳 www.barbados.org.

Wer eine eigene **Yacht** hat, Freude an luxuriösem Ambiente und dazu das nötige Kleingeld, wird mit Sicherheit einen Abstecher zum neu gebauten Resort **Port St. Charles** machen wollen, 🖳 www.marinabarbados.com. Mit Ankerplätzen direkt vor der Apartmenttür, eigenem Strand und hervorragendem Restaurant könnte man hier ein zweites Zuhause finden – oder einfach einen schönen Abendspaziergang machen.

Auch für die **Erkundung der Unter- und Oberwasserwelt** gibt es ein breit gefächertes Angebot. Schön ist die Segeltour mit den Katamaranen „**Tiami**" (☏ 436-6424, 🖳 www.tallshipscruises.com) und „**Irish Mist**" (☏ 436-9201) die entlang der Westküste durchgeführt wird. Auch die so genannten **Cocktail-Cruises** können reizvoll sein; obwohl (oder weil?) der Konsum beliebig vieler Planter's Punchs inbegriffen ist. Solche Mini-Kreuzfahrten bieten das „Piratenschiff" „**Jolly Roger**" und der Schaukelraddampfer – gleichzeitig Schwesternschiff – „**Bajan Queen**", ☏ 436-6424, 📠 430-0901, u. v. m.; Startpunkt ist stets Bridgetown. In ein phantastisches **Unterwassererlebnis** führt Sie die **Atlantis Submarine**, ☏ 436-8929, 📠 436-8828, 🖳 www.barbadosadventures.com, zu den Fischen und Riffen der Westküste. Dieses U-Boot hat große Fenster auf jeder Seite und ist mit starken Scheinwerfern ausgestattet; es befördert 28 Passagiere in eine Tauchtiefe bis zu 50 m.

✈ Feiertage

- Neujahr
- 21. Januar
- Karfreitag
- Ostermontag
- 1. Mai
- **Errol Barrow Day**
- **Tag der Arbeit**
- Pfingstmontag
- 1. Mo im August
- 1. Mo im Oktober
- 30. November
- 25./26. Dezember
- **Kadooment Day**
- **Tag der Vereinten Nationen**
- **Unabhängigkeitstag**
- **Weihnachten**

✈ Flughafen und Airport Tax

Der moderne internationale Flughafen **Grantley Adams** verfügt über alle üblichen Einrichtungen, einschließlich Restaurant, Post, Duty-Free-Shops und Wechselstuben. Er liegt im Süden der Insel, rund 20 Minuten von der Hauptstadt Bridgetown entfernt.

AIRPORT TAX
Bei der Ausreise ist am Flughafenschalter eine **Airport Tax** in Höhe von ca. BDS$ 25 zu entrichten, wenn Sie länger als 24 Stunden auf der Insel waren.

Sport
GOLF

Golf nimmt auf Barbados mittlerweile eine so große Rolle unter den vielen Sportarten der Insel ein, dass es abweichend von den anderen Insel ein eigenes Stichwort verdient hat. Vier 18-Loch-Anlagen und vier 9-Loch- Anlagen gibt es auf der Insel. Dabei wurde die anspruchsvolle 18-Loch-Anlage des **Royal Westmoreland Golf Course** erst kürzlich komplett umgebaut. Golfprofis wie Bernard Gallagher, Manuel Ballesteros, Ian Woosnam und Bernhard Langer haben hier bereits auf dem offiziellen Austragungsort der PGA European Tour ihre Bälle geschlagen.

Zu den absoluten Top-Golfplätzen gehört auch die 2001 entworfenen 18-plus-9-Loch-Anlage des **Sandy Lane Golf Clubs**. Mit spektakulärem Panorama über die Karibische See ist der Platz für Anfänger und Könner gleichermaßen geeignet. Zu der Anlage gehört auch der 18-Loch- Platz des Green Monkey. Am Country Club bieten zwei Driving Ranges eine wahre Seltenheit: Auf der einen spielt man mit dem Wind, auf der anderen gegen den Wind. Der hoteleigene 120.000 m² große 9-Loch-Golfplatz des **Almond Beach Resorts** verfügt über Spielbahnen von 60 bis 190 m. Ein idealer Platz für das tägliche Training, allerdings nur für Hotelgäste. Der **Barbados Golf Club** lädt Golfer auf einem 18-Loch-Platz in Durants an der Südküste der Insel zum Spiel. Wind, fünf Wasserlöcher rund um den riesigen See und vier Korallensand-Bunker fordern die Spieler auf das Höchste. In dem **Rockley Golf Club** (9-Loch-Platz) können nicht nur Hotel-Gäste der All-inclusive-Anlage spielen. Und wer mit der ganzen Familie auf dem grünen Rasen Bälle schlagen will, dem bietet die **Barbados Academy of Golf** in Christ Church Möglichkeiten zum Abschlagen des weißen Balles auf einer Driving Range und im Mini-Golf-Parcours. Weitere Infos zum Golfen auf Barbados unter www.barbados.org/golf.

Hotels

Wer auf den Kleinen Antillen Luxusunterkünfte erwartet, ist in Barbados genau richtig. Besonders an der Westküste, aber auch im Süden der Insel können Sie wie z. B. im exquisiten „**Sandy Lane**" leicht über 300 US$ pro Nacht für ein Zimmer ausgeben. Dennoch gibt es an der West-, Ost- und auch an der Südküste einige günstigere Alternativen, wie z. B. Apartments und kleine Hotel mit einfachem Standard. Wenn Sie von vornherein planen, Ihren Urlaub in einem größeren Hotel oder einem Resort zu verbringen, sollten Sie das Hotel von zu Hause durch ein Reisebüro buchen lassen. Oder Sie überlegen sich gleich, ob Sie nicht lieber wegen der Kostenersparnis auf ein Pauschal- bzw. All-inclusive-Angebot zurückgreifen möchten. Sind Sie nicht darauf angewiesen, im Dezember oder Januar Urlaub zu machen, gibt es zudem günstige Angebote vieler Reiseveranstalter. Reisen Sie individuell und suchen spontan einfach nur einen Platz zum Schlafen, ist das „**YMCA**" (s. u.) in Bridgetown die günstigste Alternative.

Bridgetwon
• **YMCA** $, Pinfold Street, Bridgetown, ☏ 426-3910/1240; 24 Betten zum Teil in Schlafsälen oder Einzelräumen, Frühstück und Mittagessen.

Der Süden
• **Silver Rock** $$$$$, Silver Sands Beach, Christ Church, ☏ 428-2866 und 0049-611-5319335, 📠 428-3687, 🖥 www.gemsbarbados.com; direkt am Silver Sands Beach an der Südspitze der Insel; hervorragendes Gebiet für professionelle Windsurfer; drei Kilometer vom Airport, zwölf Kilometer von Bridgetown entfernt; 70 Zimmer und Luxus-Suiten, AC/TV, Open-Air-Restaurant mit Meerblick, Bars, Pool, sehr gute Wasser- und Strandsportmöglichkeiten.

- **The Savannah Hotel $$$$$**, Hastings, Christ Church, ☏ 228-3800, 🖷 288-4385; 🖳 www.gemsbarbados.com; rund fünf Kilometer von Bridgetwon und elf Kilometer vom Grantley Adams International Airport entfernt, unweit des historischen Garrison Savannah-Gebietes; kleines Luxushotel mit 88 Zimmern und 3 Suiten, wunderschön mit antiken Möbeln und modernem Komfort eingerichtet; AC/TV, Restaurants, Bars, Pool und direkter Strandzugang, viele Sportmöglichkeiten; Sonderkonditionen für Golfplatzbenutzung.
- **Casuarina Beach Club $$$$-$$$$$**, St. Lawrence, Christ Church, ☏ 428-3600, 🖷 428-1970, 🖳 www.casuarina.com; direkt am Strand und in einem schönen Garten gelegenes Hotel mit 167 Studios mit Kitchenette in lang gestreckten, vierstöckigen Gebäudetrakten, schöner Swimmingpool inmitten exotischer Pflanzen, Restaurant, Bar, Tennisplätze, 15 Fahrminuten vom Flughafen entfernt.
- **Southern Palms Beach Club $$$$-$$$$$**, St. Lawrence, Christ Church, ☏ 428-7171, 🖷 428-7175, schönes Hotel der oberen Mittelklasse, 92 Zimmer (AC/TV) und Suiten mit Blick auf Pool, Strand und Meer, neben dem Dover Convention Centre am Strand gelegen, tropische Gärten, viele Sportangebote.
- **Time out at the Gap $$$$-$$$$$**, St. Lawrence Gap, Christ Church, ☏ 420-5021 und 0049-611-5319335, 🖷 420-5034, 🖳 www.gemsbarbados.com; im lebendigen Lawrence Gap mit pulsierendem Nachtleben gegenüber dem weißen Sandstrand des Dover Beach gelegen; 70 Standard- und 6 Superior-Zimmer, AC/TV, Restaurant, Sports Bar im englischen Pub-Stil mit großen Multi-Screen TVs, Strandpartys, Exkursionen.
- **Golden Sands $-$$$**, Maxwell, Christ Church, ☏ 428-8051, 🖷 3897; jeweils 8,5 km von Bridgetown und vom Flughafen entfernt; Restaurants, Geschäfte, Nacht-Clubs und Banken in Geh-Nähe; Swimmingpool; der Golden Sand Strand ist auf der gegenüberliegenden Straßenseite; 🖳 www.goldensandshotel.com
- **Bonanza (Fred LaRose) $-$$**, Apartments, 4th Avenue Dover Christ Church, ☏ 428-9097, 🖷 (246) 428-3924, 🖳 www.bonanzaapartments.com; Die Besitzerin Mrs. Lecent Gittens schafft es seit 40 Jahren durch die familiäre Atmosphäre immer wieder, ihre Gäste in die drei Apartment-Gebäude zu locken; das „Venice Garden" hat acht Studio-Apartments und ein Zwei-Schlafzimmer-Apartment; das „Fred La Rose" bietet ein Ein-Bett-Apartment (AC) und „The Bonanza" Zwei-Bett-Apartments. Alle Selbstversorger-Unterkünfte sind ausgestattet mit Küche, Bad, Esszimmer und Balkon. Restaurants, Strände und Shopping-Möglichkeiten in der Nähe.
- **Nautilus Beach Apartments $-$$**, Bay Street, St. Michael, ☏ 426-3541, 🖷 -9191, 🖳 www.barbados.org; fünf Minuten von Bridgetown und zwanzig Minuten vom Flughafen entfernt liegen die Nautilus Beach Apartments in der schönen Carlisle Bay; zehn Selbstversorgerapartments, vier Studios, AC; Einkaufsmöglichkeiten, Nachtklubs und Restaurants in der Nähe. Zu Fuß können Sie leicht die Carlisle Bay mit ihren zahlreichen Wassersportmöglichkeiten erreichen.
- **Melrose Beach Apartments $**, Worthing, Christ Church, ☏ 435-7985/6, 🖷 7984, 🖳 www.barbados.org; 15 Minuten vom Flughafen und Bridgetown entfernt gelegen, zwei Minuten Fußweg zum schönen Sandy Beach, 10 Minuten zum Accra Beach und fünf Minuten Fußweg zum St. Lawrence Gap, wo Sie auch Night-Clubs und Restaurants finden. 14 Apartments mit einem Doppelbett, AC, Kitchenette, Bad/Dusche; Supermärkte, Banken in der Nähe; gegenüber liegt eine Bar/Snack-Bar.

Der Westen
- **Sandy Lane $$$$$**, Sandy Lane Bay, St. James, 35 Minuten vom Flughafen entfernt, ☏ 444-2000, 🖷 444-2076, 🖳 www.sandylane.com; Hotel der absoluten Luxusklasse in britischem Kolonialstil, direkt am Sandstrand gelegen, gilt als „grande dame" der Barbados-Hotellerie; auf elegante Kleidung wird Wert gelegt; 112 Luxus-Zimmer und -Suiten, davon einige 300 m² groß; mit allem ausgestattet, was man zum Wohlfühlen braucht: DVD-Player, Breitbild-TV, Stereoanlage, private Bar;

Swimmingpool, exzellentes Restaurant in perfektem Ambiente, Dinner am Strand, Bars, 18-Loch-Golfplatz, Tennis, Reiten, Wellness-Bereich, Kinder-Animation.
- **The Fairmont Glitter Bay $$$$$**, Porters, St. James, ☎ 422-5555, 📠 422-1367; luxuriöses Strandhotel inmitten eines Palmengartens, 71 elegante Zimmer, Tennisplätze, großer Pool, Restaurants, Bars, kostenlose Sportangebote, 💻 www.fairmont.com; direkt daneben das im feudalen maurischen Stil mit Teichen, Springbrunnen etc. angelegte Luxushotel der gleichen Hotelgruppe, das **Royal Pavillon**, **$$$$$**.
- **Discovery Bay Beach Hotel $$$$-$$$$$**, Holetown, St. James, ☎ 432-1301, 📠 432-2553, 💻 www.barbados.org; Mittelklasse-Hotel mit 84 Zimmern, Pool, Restaurant, Bar, einige kostenlose Sportmöglichkeiten (u. a. Tennis), freier Busservice nach Bridgetown.
- **Asta Beach Resort $$$-$$$$$**, 2nd Street, Holetown, St. James, ☎ 427-2541, 📠 426-9566, 💻 www.asta-beach.com; Strandanlage mit 124 Zimmern, davon 100 Studios bzw. Apartments mit Kitchenette, Internet-Café an der Rezeption, Restaurant, Bar, Tennis, Fitness-Center, Pool.
- **Smugglers Cove Hotel $$-$$$**, Paynes Bay, St. James, ☎ 432-1741/1744, 📠 432-1749; 💻 www.barbados.org; familiäre Mittelklasse-Hotelanlage mit 20 zweckmäßig eingerichteten Studios bzw. Apartments, hübscher Garten, Strandlage, Swimmingpool, Restaurant, Bar, Sport-Areal in der Nähe.
- **Best E Villas $$**, Green-Ridge, Crusher Site Road, Prospect, St. James, ☎ 425-9751, 💻 www.bestevillas.com; drei Minuten Fußweg zum Strand, Bridgetown lässt sich in zehn Autominuten erreichen, genauso wie Holetown mit Restaurants, Nachtleben, Geschäften und Banken; Selbstversorger-Häuser, mit zwei Schlafräumen, Küche, Wohn- und Essraum, kleiner Balkon (AC/TV); schöner Blick auf die Westküste.
- **Cool Hill House Apartment $$**, Dale and Marilyn Downing, Maynards, St. Peter, Barbados, ☎ 422-4118, 💻 www.coolhillhousebarbados.com; Familienbetrieb, der eine freundliche und persönliche Atmosphäre ausstrahlt; geräumige Zwei- und Einbett-Schlafzimmer-Apartments mit TV/AC, Telefon, Computer mit freiem Internet-Zugang; Zimmerservice, Swimmingpool; drei Minuten entfernt liegt der nächste Strand, zehn Minuten Fahrt bis zum Mullins Beach.
- **Hibiskus Apartments $-$$**, Villa 55, Hibiscus Avenue, Sunset Crest, St. James, ☎/📠 432-5583, 💻 www.barbados.org; an der beliebten Sunset Crest Küste im Westen der Insel gelegen; zwei Selbstversorger-Apartments mit jeweils einem Schlafzimmer; voll ausgestattete Küche, Esszimmer, Kühlschrank, TV/AC, der Blick geht über den schönen tropischen Privatgarten; der Besitzer der Anlage wohnt auf dem gleichen Gelände und gibt gerne Auskunft über Aktivitäten.
- **Peaches $-$$**, Kyle or Ava Harrison, Lashley Rd, Fitts Village, St. James ☎ 432-8140, 💻 www.barbados.org; elegante Apartmentanlage nur eine Minute von der Westküste entfernt; Apartments mit drei Schlafzimmern, zwei Badezimmern, Wohn- und Esszimmer und Veranda, voll ausgestattete Küche; Möglichkeit, mit drei, zwei oder einem Schlafzimmer zu mieten, max. sechs Erwachsene; das Apartment mit drei Schlafzimmern kann als ein separates Studio mit einem privaten Eingang, Badezimmer und Küchenbereich gemietet werden.

Der Osten
- **Sam Lord's Castle $$$$$**, Long Bay, St. Philip, ☎ 423-5918, 📠 423-7350; an der Südküste von Barbados, am schönen Strand gelegenes Luxushotel und Sehenswürdigkeit in einem, 248 komfortable Zimmer, 6 Tennisplätze, Restaurants, Pools, Bars, Sonderveranstaltungen wie Castle Dinner und Schiffswrack-Piratenparty; 💻 www.samlordscastle.com
- **Villa Nova $$$$$**, St. John's, ☎ 433-1524, 📠 433-6363, 💻 www.villanovabarbados.com; geschichtsträchtiges Luxus-Hotel im 1834 erbauten herrschaftlichen Plantagenhaus, das auch auf einer Briefmarke abgebildet wurde; Gäste waren hier schon der frühere Ministerpräsident von

England, Sir Anthony Eden oder Sir Winston Churchill ebenso wie Ihre Majestät, Queen Elizabeth II. Seit der Neueröffnung im Jahre 2001 verkehren hier auch gerne viele Leinwand- bzw. TV-Stars; 28 luxuriös ausgestattete Suiten mit allen Annehmlichkeiten, 2 Tennisplätze, Fitness-Raum, Bücherei, Pool, die Sportmöglichkeiten umliegender Hotels können genutzt werden.
- **Rainbow Apartments $$-$$$**, 19 Mojarra Close, Crane Haven, St.Philip, ☏ 423-2218, 🖷 -22 18, 🖳 www.barbados.org; voll ausgestattete Selbstversorger-Apartments mit Balkon und Terrasse; gut auch für Familien geeignet; unweit des beliebten Crane Beach; Apartments mit vier Schlafzimmern.
- **Sea-U! $$**, Bathsheba, St. Joseph, ☏ 433-9450, 🖷 433-9210 🖳 www.seaubarbados.com; an der landschaftlich reizvollen Ostküste in Bathsheba inmitten eines Palmengartens oberhalb der Küste gelegen; atemberaubender Blick auf den Atlantik vom Veranda-Balkon; Stil eines traditionellen karibischen Hauses; familiäre Atmosphäre und viele Insel-Infos durch die Inhaberin Uschi Wetzels; geschmackvoll eingerichtete Zimmer und Apartments/Studios mit angenehm weißen Holzwänden und dunklen Holzfußböden, Restaurant mit sehr guter einheimischer Küche, gute Surfmöglichkeiten am Tent Bay.
- **Edgewater Inn $-$$$**, Bathsheba, St. Joseph, ☏ 433-9900, 🖷 -990, 🖳 www.edgewaterinn.com; das einzeln stehende Haus wurde bereits 1947 zum kleinen und intimen Hotel umgebaut; direkt oberhalb der Klippen des Atlantiks, nur eine kurze Wegstrecke südlich des Scotland District, am Rande eines tropischen Waldes gelegen; das Hotel bietet Atlantikblick, Swimmingpool, Naturpark in der Nähe; ausgestattet mit heimischem Kunsthandwerk, beliebter Treffpunkt für Surfer auf einen Drink; Restaurant mit lokalen Spezialitäten.
- **Bajan Surf Bungalow $**, Powell Spring, Bathsheba, St. Joseph, ☏ 433-9920, 🖷 9278, 🖳 www.bajansurfbungalow.com; vor allem für Surfer und Wellenreiter gut geeignet, denn hier wird alles rund um den Surf-Sport groß geschrieben; am Strand in Bathsheba gelegen, befinden sich die mit allem Notwendigen ausgestatteten Bungalows mit Balkons inmitten der Surfspots; der Wellengang des Atlantiks kann direkt vom Bungalow aus gecheckt werden.

Medien

Die **lokalen Zeitungen** „**The Advocate**", „**The Sunday Advocate**" und „**The Nation**" haben vor allem nationale Themen zum Inhalt. Internationale Presse ist problemlos erhältlich. Touristen-Zeitungen und Insel-Magazine liegen in den Hotels aus, darunter der vierzehntägig erscheinende „**Sun Seeker**", der „**Visitor**" und das jährlich erscheinende „**In and Out**", das vom Tourismusbüro herausgegeben wird.

Die meisten **lokalen Sender** können Sie auf UKW empfangen, **CBC Radio** und **Starcom Gospel** auf Mittelwelle. Außer einem Lokalsender empfängt man auf der Insel über die allgemein übliche Satellitenschüssel **jede Menge US-Sender**.

Nightlife/Entertainment

Im Gegensatz zu den meisten anderen Antillen-Inseln bietet Barbados ein lebhaftes Abendprogramm und Nachtleben. Durch weltweit anerkannte Restaurants mit ausgezeichneter heimischer und internationaler Küche, zahlreiche renommierte Nightclubs, Pubs, Openair-Bars mit Live-Musik, Dinner-Shows und Party-Cruises wird das ganze Jahr über Entertainment geboten. Die meisten Clubs nehmen um die 12.50 US$ Eintritt (je nach Getränke-Voucher wird es mehr oder weniger). In vielen Clubs gibt es Live-Musik, die meist gegen Mitternacht beginnt und um 4 Uhr morgens aufhört.

In St. Laurent Gap vergnügen sich auch die Einheimischen. Hier finden Sie ein lebhaftes Nachtleben, eine breite Musikszene und viele gute Clubs: **After Dark**, hier gehen auch viele Bajans hin, oftmals Live-Musik, viel los; ins Hotel **Time Out at the Gap** steigen viele bekannte Jazz-Musiker ab; im Openair-Club **Reggae Lounge** wird bis in die frühen Morgenstunden unterm Sternenhimmel zu Reggae, Calypso, Rhythm and Blues u. a. getanzt; „**The Ship Inn**" bezeichnet sich selbst als „The Original Pub", DJs und Live-Bands wechseln sich hier ab.

Beliebt sind auch die Party-Schiffe, auf denen ordentlich der Alkohol fließt: „**Jolly Roger**", Tag- und Nachtfahrten (4 Stunden) mit einer Mahlzeit, Musik, Tanz, ca. 55 US$ für eine Fahrt mit Abendessen; **Harbour Master Cruises** (www.tallshipscruises.com), auf vier Decks gibt es auf dem 100 Fuß langen, 40 Fuß breiten Schiff Animation pur, dabei können Sie direkt vom Strand über einen kurzen mobilen Steg zur Party und Dinner-Show gelangen.

Öffnungszeiten
- **Geschäfte**: Mo-Fr 8-16 Uhr, Sa 8-12/13 Uhr
- **Supermärkte** meistens bis 18 Uhr, teilweise bis 20 Uhr
- **Banken**: Mo-Do 8-15 Uhr, Fr 8-13 und 15-17 Uhr geöffnet
- normale **Postämter**: Mo-Fr 8-12 und 13-15.15 Uhr

Post
Postämter sind in jedem größeren Ort und im Flughafen zu finden. Am längsten ist das **General Post Office**, ☎ 436-4800, in Cheapside, Bridgetown geöffnet: täglich 7-17 Uhr. Briefmarken werden außer in Postämtern auch in Geschäften und an Hotelrezeptionen verkauft. Am Sonderschalter des **Philatelic Bureau** der Hauptpost bekommen Sie Sondermarken oder Ersttagsbriefe.

Preisniveau
Für karibische Verhältnisse ist das Preisniveau von Barbados als moderat bis ziemlich teuer einzustufen.

Restaurants
Auf Barbados sind besonders die frischen Fischgerichte und Meeresfrüchte zu empfehlen. **Fliegende Fische** (flying fish) sind dabei das Nationalgericht, das auf verschiedenste köstliche Arten zubereitet wird, wie z. B. als „salt fish cakes". Und wer's feurig mag, nimmt einen kräftigen Löffel von der red hot pepper sauce dazu. Namhafte Köche haben den Restaurants der Insel zu einem hervorragenden Ruf verholfen. Dazu kommen viele **außergewöhnliche Lokalitäten**. Das gute und viel-

Flying Fish

fältige Essen inmitten perfekter karibischer Kulisse hat seinen Preis. Es gibt aber auch Lokale bzw. Restaurant-Ketten wie die **Chefette** (s. u.) mit günstigeren Menüs.

Ein „Muss" vor dem Essen ist ein **Rum-Punch**, der traditionelle einheimische Rum-Cocktail. Spezialitäten, die Sie unbedingt probieren sollten, sind **Cou-Cou**, ein Gericht aus Maismehl und Okra, **Jug-Jug**, aus Maismehl und Erbsen zubereitet, **Pepperpot**, ein würziger Eintopf mit verschiedenen Fleischsorten, und **Roti**, das ist ein ursprünglich aus Ostindien stammendes karibisches Gericht mit currygewürztem Fleisch in einem Chipatée – einer Art Brotteighülle – und **Conkies**, eine Mischung aus Maismehl, Kokosnuss, Kürbis, Rosinen, Süßkartoffeln und Gewürzen, die in ein Bananenblatt eingewickelt und anschließend gedünstet werden.

Neben zahlreichen Rum-Sorten ist ein inseltypisches Getränk der **Mauby**, der aus Rindenextrakt, Zucker und Gewürzen besteht. Wenn Sie **Crane Chubb** oder **Sea Eggs** bestellen, handelt es dabei um scharf gewürzte und gegrillte See-Igel. Daneben steht auf vielen Speisekarten Hummer, Shrimps, Goldmakrele, Thunfisch und Dorsch. Die auf Barbados beheimateten Gemüsesorten sind z. B. Brotfrüchte, Yamswurzeln, Auberginen, Okras, Kürbisse und Pisangs (Bananenfeigen).

Bridgetown
• **Waterfront Café**, Bridge House, Bridgetown, ☏ 427-0093, 🖳 www.divefree.net; So geschlossen; direkt am belebten Hafen auf der Careenage im alten Stadtkern von Barbados gelegen; schöner Platz zum Beobachten des bunten Treibens am Hafen; gut ausgesuchte Gerichte; Live-Musik von Jazz bis Steel Pan Music.
• **Chefette**, ☏ 436-6000 (Zentrale, Bridgetown), Restaurant-Kette, die fast überall auf der Insel Filialen hat, z. B. in Holetown, Rockley und Warrens; preisgünstige Alternative zu feinen und teuren Menus; Salatbar, Steaks, Pizza, Fischgerichte.

Der Westen
• **La Mer**, Port St. Charles, St. Peter, ☏ 419-2000, Speiseplan unter 🖳 www.portstcharles.com; auf dem Gelände des Yachthafens Port St. Charles gelegen, Chefkoch Hans Schweitzer leitete zuvor das Restaurant im Sandy Lane.
• **Pisces**, St. Lawrence Gap, Christ Church, ☏ 435-6564; schön direkt am Meer gelegenes Restaurant gehobener Kategorie, sehr gute Küche (karibische Fischspezialitäten), perfekter Service.
• **The Fish Pot**, Little Good Harbour, Sherman, St. Peter, ☏ 439-2604; im ruhigen Fischerdorf Sherman im Norden der Westküste gelegen; unkomplizierte Atmosphäre im karibischen Ambiente; ausgezeichnete Fischgerichte und Speisen mit Meeresfrüchten; unbedingt ist der „Fliegende Fisch" zu probieren, das Nationalgericht von Barbados.

- **Mullins Restaurant**, Mullins Bay, St. Peter, ☎ 422-1878, 🖳 www.mullinsrestaurantbarbados.com; mit Blick über die Mullins Bay ist das Restaurant an der Westküste mit seinen zwei Terrassen ein beliebter Ort für den Cocktail zum Sonnenuntergang; gehobene Speisekarte mit internationalen Gerichten und Hang zur Nouvelle Cuisine; elegante Atmosphäre mit karibischen Elementen vermischt.
- **Ile de France**, Settlers Beach, Holetown, St. James, ☎ 422-3245; französische Brasserie der gehobenen Kategorie mit leichter, französischer Küche, direkt am Strand.
- **Carambola Restaurant**, Derricks, St. James, ☎ 432-1922, Sa geschlossen; eine Mischung aus karibischem Flair und asiatisch angehauchtem Ambiente; direkt auf den steil abfallenden Felsen gebaut; beim eleganten Dinner schaut man aufs erleuchtete Meer; Abendgarderobe; französische, karibische und asiatische Küche.
- **The Cliff**, Derricks, St. James, ☎ 432-1922; direkt am Wasser und, wie der Name schon sagt, direkt am Rand der Felsen gelegen; fällt vor allem durch kreative und innovative Menus des Küchenchefs auf; internationale Küche.
- **Sitar Indian Restaurant**, 2nd Street, Holetown, St. James, ☎ 432-2248; mitten in der 2nd Street in Holetwon gelegen; gemütliches Lokal; indische Küche, die zum Teil sehr scharf ist.

Der Süden
- **David´s Place**, St. Lawrence Main Road, Worthing, Christ Church, ☎ 435-9755; 🖳 www.davidsplacebarbados.com; direkt an der quirligen St. Lawrence Bay gelegen; romantisches Ambiente mit klassischer Musik, Kerzenschein und Wasserplätschern; bekannt für seine gute „authentic Barbadian Cuisine".
- **Josef's Restaurant**, St. Lawrence Gap, Christ Church, ☎ 435-8245; elegantes Restaurant mit Terrasse direkt am Meer, phantastischer Blick auf die türkisfarbene Karibische See, internationale Küche mit sehr guten landestypischen Fischgerichten, sehr gute Weinkarte.

Souvenirs
Auf Barbados gibt es eine Vielzahl heimischer Künstler, aber auch aus Europa und Amerika haben sich hier viele unter der Sonne der Karibik ein Atelier eingerichtet. Bei der Vielzahl der Kunstwerke und Kunsthandwerksstücke fällt die Auswahl eines Souvenirs oft schwer. Eine erste Orientierung, was die Insel an Kunsthandwerk zu bieten hat, bekommen Sie am besten im **Pelican Craft Center** am Princess Alice Highway bei Bridgetown (☎ 427-5350). Hier finden Sie qualitativ hochwertige, aber auch nicht ganz billige Waren, angefangen bei Flechtarbeiten aller Art (Strohhüte, Körbe, Matten, Taschen), Schmuck, Malereien, Schnitz- und Tonarbeiten u. v. m.

Besonders schöne Töpferarbeiten gibt es in **The Potters House**, Edghill Heights, 2, St. Thomas, ☎ 425-3463, direkt neben der **Earthworks Pottery** (☎ 425-0223, 🖳 www.barbados.org/shops/earthworks). Bilder von karibischen Künstlern aus Guyana, Jamaika, Haiti, Antigua, Granada, Trinidad oder St. Kitts and Nevis stehen in Speightstown, St. Peter in der **Galerie of Caribbean Art**, ☎ 419-0858, in **Mangos's Fine Art Gallery** (☎ 422-0704, 🖳 www.mangosart.com).

Ein besonders buntes **Kaleidoskop heimischer Kunstwerke** – ob surrealistisch, photorealistisch, impressionistisch, kubistisch, naiv etc. – bietet der seit über 40 Jahren bestehende **Barbados Arts Council**, Pelican Craft Village, ☎ 426-4385 (zwischen Bridgetown und Hafen am Trevor´s Way gelegen). Über 300 Künstler sind Mitglied in dem nicht auf Profit ausgerichteten Kunstrat, der sich auf die Fahnen geschrieben hat, neue Künstler zu entdecken und zu fördern.

Regionale Reisetipps von A-Z (Barbados)

Beim Kofferpacken vor Ihrer Abreise sollten Sie auch daran denken, dass so gut wie niemand ohne ein paar Liter Barbados-Rum (etwa **Cockspur** oder **Mount Gay**) von der Insel kommt. Falls Sie bei der Besichtigung eines Plantagen-Hauses keinen gekauft haben, können Sie das in dem Supermarkt **JB's Mastermart** in Wildey nachholen.

Hochwertige Importware gibt es in vielen Geschäften zollfrei, u. a. **Kristall**, **Silber**, **Elektronikartikel**, **Uhren**, **Schmuck**, **Mode** und **Parfums** der international renommiertesten Hersteller. Beim Kauf muss man das Flugticket und den Reisepass vorlegen; zollfrei erstandene Zigaretten und/oder alkoholische Getränke werden erst am Rückreisetag im Flughafen ausgehändigt.

Sport

Da zu Wasser, zu Land und in der Luft **ideale Bedingungen** herrschen, die Bajans zudem sehr **sportbegeistert und aktiv** sind, gibt es fast keinen Sport, der auf Barbados nicht ausgeübt würde. Besonders reizvoll sind natürlich alle Sportarten, die mit dem marine- bis türkisblauem Karibischen Meer und mit dem stürmischeren Atlantik zu tun haben.

Die ‚Riviera' von Barbados

Über **Cricket**, **Fußball**, **Hockey**, **Bridge**, **Domino**- und **Dame-Spiele**, **Gymnastik**, **Reiten**, **Pferderennen**, **Polo**, **Wasserpolo**, **Joggingstrecken** etc. gibt auch der **National Sport Council**, Blenheim, St. Michael, ☎ 436-6127 Auskunft.

Wer lieber beim Sport zuschauen mag, kann das beim Barbados Run/Barbados Marathon Anfang Dezember (www.runnerschois.com) tun sowie bei **Cricket**, **Pferderennen** und **Polo** auf der **Garrison Savannah** und bei **Rugby-Spielen**. Das beliebteste Tischspiel, fast schon eine nationale Leidenschaft, ist **Domino**, dicht gefolgt von **Dame**.

WASSERSPORT

Ob **Deep Sea Fishing** (Blue Jay Charters, ☎ 422-2098) oder **Wasserski**, **Windsurfen** oder **Schnorcheln**, **Hoby Cat-Segeln** oder **Tauchen**, **Parasailing** oder einfach nur **Baden** – alles ist möglich. Interessant sind auch Touren über und unter Wasser mit **Glasbodenbooten**, **Segelyachten**, **Katamaranen** oder in **U-Booten**. Motor- und Segelboote können gechartert werden bei **Tall Ships Incorporated**, ☎ 430-0900, Heat Wave.

Zum **Windsurfen** und **Wellenreiten** herrschen wegen der ständig wehenden Passatwinde immer gute Bedingungen. Nicht zufällig wurden vor der Südküste schon einmal die Mistral-Weltmeisterschaften ausgetragen Das **Mekka** für Windsurfer und Wellenreiter liegt im Osten an der Küste von Bathsheba. An der rauen Atlantikküste wird wegen der hohen Dünung jedes Jahr im November die **Barbados Open Independent Surfing Championship** veranstaltet. Hunderte von Weltklassesurfern treten bei diesem Wettbewerb an.

Für Anfänger oder Fortgeschrittene stehen verschiedene Schulen, Clubs oder spezielle Shops zur Verfügung, u. a.:
• **Barbados Windsurfing Association** in Silver Sands, ☏ 428-7277 und
• **The Barbados Surfing Association**, Bathsheba, St. Joseph (☏ 433 9247, 🖥 www.bsasurf.org).
• Weitere gute **Adressen** für Surfer sind: 🖥 www.caribzones.com, 🖥 www.barbados.org, 🖥 www.inchcape.net

Taucher und Schnorchler werden von den Möglichkeiten, die die Insel bietet, begeistert sein. Neben vielen phantastischen Fischarten und Korallenbänken sind besonders die Schiffswracks interessant.

Einige **Tauchschulen** für die, die mit diesem Sport beginnen oder sich weiter üben wollen:
• **Exploresub Barbados**, St. Lawrence Gap, Christ Church, ☏ 435 6542, 🖥 www.barbados.org
• **Reefers and Wreckers**, Kings Beach Hotel, Road View, St. Peter, ☏ 424-6343, ☏/📠 422-5450
• **Rogers Scuba Shack**, The Boatyard, Bridgetown, ☏ 436-3483, ☏/📠 417-0003, 🖥 www.rogers-scubashack.com

TENNIS ETC.
Die meisten größeren Hotels verfügen über mindestens einen Tennisplatz (oft mit Flutlicht). Nicht-Hotelgäste können in diesen Anlagen meist gegen eine geringe Gebühr spielen, ansonsten gibt es auch öffentliche Plätze, z. B. im **Folkestone Park** in Holetown.
Auch für **Squash-Spieler** stehen mehrere Anlagen zur Verfügung. Da sich die wenig gebirgige Insel zum Fahrradfahren anbietet, ist das **Mieten von Fahrrädern** ebenfalls in vielen Hotels und bei privaten Verleihern möglich.'

Auf Freunde des **Reitsports** warten acht Reitschule im Landesinnern, u. a. **Old Congo Road Stables** (☏ 432-6180) in St. Philip und **Brighton Stables** in St. Michael (☏ 425-9381).

Wanderer schließlich können Trassen der ehemaligen Zucker-Eisenbahn nutzen oder sich auf gut 40 Meilen markierter Wege im östlichen Teil der Landesnatur nähern. Die Naturschutz-Organisation **Barbados National Trust Wildey House**, St. Michael (☏ 436-9033) gibt Informationen zu Wandermöglichkeiten und bietet geführte Touren an.

Sprache
Die offizielle Landessprache ist **Englisch**, wobei die Einheimischen das **Bajan**, einen schwer verständlichen Dialekt mit kreolischen Elementen, sprechen.

Strände

Der touristische Beiname „Platinküste" verweist darauf, dass die ganze Insel von einem fast ununterbrochenen, **110 km langen Kranz paradiesischer, weißer Sandstrände** umgeben ist. Während die West- und Südküste zum Baden, Tauchen und Surfen völlig gefahrlos sind, hat die Ostküste wegen starker Unterwasserströmungen und Brandung ihre Tücken. Achten Sie darauf, dass Sie immer festen Boden unter den Füßen haben. Beachten Sie dazu auch unbedingt die **Hinweistafeln** auf den einzelnen Strandabschnitten.

FKK ist auf Barbados nicht gestattet. Kleine bis mittelgroße Wellen an den meisten Stränden machen die Bedingungen zum Tauchen und Windsurfen ideal.

Eine Auswahl der zahlreichen Strände:
- **Carlisle Bay**: nur wenige Minuten von Bridgetown entfernt, beliebter Ankerplatz für viele Yachten, umfassende Strand-Infrastruktur mit Sonnenschirmen, Snack-Bars, Animation
- **Accra Beach**: in der Nähe von Rockley, Highway 7, sehr frequentiert, zahlreiche Wassersportmöglichkeiten, viele Strand-Bars und -Restaurants in der Nähe, Strandausrüstung zu mieten

Atlantikstrand bei Bathsheba

- **Sandy Beach**: in der Nähe von Worthing, Strand mit Lagune, ideal für Familien mit kleinen Kindern, Strandausrüstung kann gemietet werden, Strand-Bars und -Restaurants
- **Casuarina Beach**: lang gezogener, breiter Strand, Zugang von der Maxwell Coast Road oder vom Casuarina Beach Hotel
- **Miami Beach und Silver Rock Beach**: weiße Sandstrände, gute Bedingungen zum Windsurfen
- **Foul Bay**: 500 m südlich von „**The Crane Beach Hotel**" gelegen, Zugang beim Hinweisschild „Public Access to Foul Bay Beach"; lang gezogener und breiter Strand
- **Crane Beach**: Felsen, Dünen, türkises Wasser und ein ins Rosa gehender Farbton des Sandes dominieren den Strand, an dem immer eine leichte Brise weht; gut für Wellenreiter
- **Bottom Bay**: Südküste, Karibik wie aus dem Bilderbuch, Kokosnusspalmen, kleine Höhle, weißer Sandstrand, eine ordentliche Brise, hellblaues Wasser, schöner Picknick-Platz
- **Bathsheba**: Ostküste, die zerklüftete Landschaft bietet eine schöne Kulisse
- Auch **Mullins Beach**, **Church Point**, **Paynes Bay** und **Fitts Villages** gehören zu den Top-Stränden

Strom
Die Stromspannung beträgt 110 V, 50 Hz. Ein Adapter ist erforderlich. Man kann sich diese aber in den meisten großen Hotels an der Rezeption ausleihen.

Telefonieren

Barbados erreichen Sie von Deutschland aus mit der internationalen Vorwahl 001-246. In Barbados erreichen Sie **Deutschland** unter der Nummer **011-49**, **Österreich** unter **011-43** und die **Schweiz** unter **011-41** – dann wählen Sie die Vorwahl ohne die erste Null.

Unterkunft

In über 150 Hotel-Anlagen jeder Kategorie stehen ca. 12.000 Betten zur Verfügung. Das Angebot umfasst Villen, LuxusResorts, Strandhäuser, Hotels der Zwei- bis Fünfsterne-Kategorie, 13 All-Inclusive-Anlagen, und Apartments, Pensionen und Gästehäuser auf einem moderaten Preisniveau. Die Anlagen passen sich zum großen Teil der karibischen Umgebung an, Hochhauskonstruktionen fehlen gänzlich. Die **Barbados Hotel & Tourism Association** bietet Infos über ihre Mitglieder sowie erste Eindrücke unter 🖳 www.bhta.org.

Das **Fremdenverkehrsbüro** von Barbados verfügt über folgende sehr gute Internetseite:
• 🖳 www.**barbodos.org**. Die Suchmaschine der Homepage bietet die Möglichkeit, individuelle Wünsche wie Preiskategorie, Resort-Art etc. einzugeben und so einfach das gewünschte Hotel zu finden. Auch eine große Auswahl der zahlreichen privaten Unterkünfte und Selbstversorger-Apartments können Sie dort finden. Einige Bajans vermieten Privatzimmer inklusive Familienanschluss.

Veranstaltungen

In Barbados finden das ganze Jahr über zahlreiche Veranstaltungen statt. Besonders beliebt sind:
• das **Caribbean Jazz Festival** im Januar, mit Jazz-Gruppen aus Barbados und der ganzen Karibik, oft mit lateinamerikanischen oder Reggae-Elementen (🖳 www.barbadosjazzfestival.com);
• das **Oistins Fish Festival** (☏ 428-6738) im April, mit Ausstellungen zur Fischindustrie, Angeltouren und -wettbewerben, Bootsrennen, Aktionen der Küstenwache, Foodmarket etc.;
• das **Congaline Street Festival** im Mai,
• das **Crop Over Festival** im Juli/August zum Ende der Zuckerrohrernte: Das Highlight der Festsaison wird auf der ganzen Insel mit Kostümparaden, Calypsomusik, Steelbands, Märkten mit Snacks, Getränken und Kunsthandwerk etc. gefeiert;
• der bekannte Marathon-Lauf „**Run Barbados**" im Dezember.

Darüber hinaus gibt es Mitte bis Ende Februar das **Holetown Festival** zur Erinnerung an die Ankunft der ersten Siedler im Jahre 1627 mit Paraden, Straßenzügen, Musikfestival u.v.m., sowie unmittelbar vor dem Unabhängigkeitstag am 30. November das **National Independence Festival of Creative Arts** (☏ 424-0909), ein Festival mit Show, Tänzen, Musik, Kunstausstellungen etc.

Barbados verfügt zudem auch über ein interessantes Nachtleben, das sich vorwiegend auf den Bezirk am **St. Lawrence Gap** konzentriert – von der **Open-Air-Disco** über gemütliche einheimische **Rumshops** mit Karaoke-Darbietungen bis hin zu den beliebten **Dinner-Shows** hat Barbados für jeden Geschmack etwas zu bieten. Einen genauen Veranstaltungskalender gibt es im Internet unter 🖳 www.barbados.org.

Verkehrsmittel

Mit einer Gesamtlänge von über **1.300 km asphaltierter Straßen** ist das Verkehrsnetz gut ausgebaut. Es herrscht **Linksverkehr**, die Beschilderung entspricht international üblichem Standard. Innerhalb von Ortschaften darf nicht schneller als 35 km/h (21 mph), außerhalb nicht schneller als 60 km/h (37 mph) gefahren werden.

Im Ballungsgebiet von Bridgetown kommt es oft zu Staus und Problemen bei der Parkplatzsuche. Jeder Teil der Insel ist bequem mit dem öffentlichen Transportsystem zu erreichen.

Ein regelmäßiger öffentlicher **Busverkehr** verbindet Bridgetown mit allen Teilen der Insel, wobei die Hauptstadt als zentraler Knotenpunkt fast immer angefahren wird. Busse erkennt man an der blauen Farbe mit gelbem Streifen, das **Fahrtziel ist an der Windschutzscheibe angeschrieben**.

Die zahlreichen **Taxen**, die am Buchstaben „**Z**" auf dem Nummernschild und an den Leuchtsymbolen auf dem Autodach leicht zu erkennen sind, fahren bis spät in die Nacht. Sie haben keinen Taxameter. Die Fahrpreise sind gesetzlich festgelegt, es empfiehlt sich jedoch, den Endpreis vom Fahrer bestätigen zu lassen bzw. zu vereinbaren. Neben den normalen Taxen gibt es sog. **Routentaxis**, die auf einer festgelegten Strecke fahren und die man per Handzeichen anhält. Man erkennt sie an der Kombination „**ZR**" auf dem Nummernschild.

Bei **Mietwagen** benötigen ausländische Fahrer eine **lokale Fahrerlaubnis** (local driving license), die Sie im Flughafen, bei den Polizeidienststellen oder verschiedenen Mietwagenfirmen bekommen. Es gibt Dutzende von verschiedenen Firmen, die meisten davon sind auch am Flughafen vertreten und bieten alle üblichen Wagen-Kategorien an. Sehr beliebt sind die **Mini Mokes**: kleine, offene Fahrzeuge. **Fahrräder** und **Motor Scooter** sind oftmals auch im Angebot.

Eine kleine Auswahl:
- National Car Rental's, ☏ 426-0603
- P&S Car Rentals, ☏ 424-2052
- Sunny Isle Motors Ltd., ☏ 435-7979
- Wander Auto Rentals & Taxi Services Inc., ☏ 435-4813

Währung/Geld

Die Währung ist der **Barbados-Dollar**, der an den US-Dollar gebunden ist (1 US$ = 1,98 BDS$). Alle gängigen Kreditkarten werden überall auf der Insel akzeptiert.

Yachthäfen und Ankerplätze (Auswahl)
- Bridgetown
- Carlisle Bay
- Port St. James

D) Dominica (S. 362 ff.)

> **Wichtige Telefonnummern**
> Internationale Vorwahl   ☏ 001-767
> Hospital   ☏ 448-2231 (Roseau) 446-3706 (Grand Bay),
>   445-2231 (Marigot), 445-7091 (Portsmouth)
> Ambulanz   ☏ 999
> Polizei   ☏ 999
> Feuerwehr   ☏ 999
> Touristeninformation   ☏ 448-2045

Anreise
PER FLUGZEUG

Dominica verfügt über 2 Flughäfen, **Milville Hall Airport** (DOM) und **Canefield** (DCF), die jedoch keine internationalen Standards haben und nicht direkt von Europa angeflogen werden. Die beste Verbindung geht über Antigua weiter nach Dominica/Canefield. Von den Drehscheiben St. Lucia, Sint Maarten, Puerto Rico und Barbados bestehen ebenfalls Fluganschlüsse. Von den Nachbarinseln Guadeloupe oder Martinique ist Dominica nur per Fähre (s. u.) zu erreichen.

Die wichtigsten lokalen Fluglinien und ihre Telefonnummern:
- **Liat**, King Georg V St, Roseau, ☏ 448-24212
- **Air Guadeloupe**, ☏ 448-2181
- **American Eagle**, ☏ 445-7204
- **Cardinal Airlines**, ☏ 448-7432
- **Whitchurch Travel**, Old St. Roseau, ☏ 448-2181 und 449-1060 (Canefield Airport)

PER SCHIFF
Fährbetrieb (außer Di. und Do.) von Guadeloupe und Martinique. Aufgrund häufiger kurzfristiger Fahrplanänderungen, Zeiten unbedingt vorher erfragen: **Whitchurch-Center**, ☏ 448-2181 💻 www.whitchurch.com/express.htm oder **L´Express des Iles**, 💻 www.express-des-iles.com.

Auskunft
IN DOMINICA
- **Division of Tourism**, Bath Estate, Valley Road (in einem ehemaligem Fabrikgelände), Roseau, ☏ 448-2045, 📠 448-5840, 💻 www.dominica.dm; Informationsbüro in der Bay Street im Museumsgebäude – nahe Fähranlage.

IN EUROPA
- **The High Commission of the Commonwealth of Dominica**, 1 Collingham Gardens, GB-London SW5 0HW, ☏ 0207-370-5194, 📠 373-8743
- **Caribbean Tourism Organisation**, Suite 3.15, Vigilant House, 120 Wilton Rd., Victoria, London SW1V1JZ, ☏ 0171-233-8382, 📠 873-8551, 💻 www.dominica.co.uk

Regionale Reisetipps von A-Z (Dominica)

Diplomatische Vetretungen
• **Botschaft des Commonwealth Dominica**, 1 Collingham Gardens, London SW5 0HW, ☎ 0044/207/3705194, 🖷 207/3738743
• **Botschaft der Bundesrepublik Deutschland**, 7-9 Marli Street, Port-of-Spain/Trinidad, W.I. ☎ 001868/6281630/31/32, 🖷 6285278

Exkursionen
Die meisten Hotels auf Dominica bieten Inselrundfahrten oder einzelne Touren an. Daneben fungieren manche Taxifahrer als Reiseleiter und zeigen gern ihre Insel. Für abenteuerlustige Wanderer bietet sich eine Tour zum Morne Diablotin an, dem höchsten Berg im Northern Forest Reserve. Diese Tour sollten Sie unbedingt mit einem einheimischen Führer machen, genauso wie Wandertouren – die viele Veranstalter anbieten – zum Boiling Lake und durch den 1998 zum **Unesco-Weltnaturerbe** ernannten **Nationalpark Morne Trois Pitons** (das erste im karibischen Raum!), mehr Infos zum Weltnaturerbe unter 🖳 www.whc.unesco.org. Über **geführte Wanderungen und Wanderwege** erhalten Sie Informationen beim **Forestry & Park Office**, Botanical Gardens, ☎ 448-2401, mehr Infos zum Regenwald auch unter 🖳 www.rarespecies.org.

Adressen und Telefonnummern einiger Agenturen und Tourenveranstalter:
• **Ken's Hinterland Adventure Tours and Taxi Service Ltd.**, 62 Hillsborough Street, Roseau, ☎ 448-4850, 🖷 448-8486, 🖳 www.kenshinterlandtours.com; der bekannteste Touren-Veranstalter
• **Raffoul Luxury & Nature Tours**, P.O. Box 1740, Roseau, ☎ 448-2443, 🖷 448-7490, sehr persönlicher und zuverlässiger Service; 🖳 www.dominica.dm/touroperators.htm
• **Ras Tours**, Bobby Frederick, P.O Box 1641, Roseau, ☎ 448-0412, 🖳 www.avirtualdominica.com; bietet auch Bed-and-Breakfast-Möglichkeit im Cocoa Cottage (siehe auch unter „Hotels")
• **Whitchurch Travel Agency**, Old Street, Roseau, ☎ 448-2181, 🖷 448-5787, 🖳 www.whitchurch.com

Feiertage
• Neujahr
• Carnival • (Montag/Dienstag vor Aschermittwoch)
• Karfreitag
• Ostermontag
• 1. Mai • Tag der Arbeit
• Pfingstmontag
• 3./4. November • Unabhängigkeitstage
• 25./26. Dezember • Weihnachten

✈ Flughafen und Airport Tax
Es gibt zwei Flughäfen auf Dominica. Die längere Landebahn hat der **Melville Airport** an der Nordostküste, ca. eine halbe Stunde von Portsmouth und eine Stunde von Roseau entfernt. Am meisten frequentiert wird jedoch der Flughafen **Canefield**, der nur etwa fünf Minuten nördlich von Roseau an der Westseite liegt. Beide Flughäfen entsprechen nicht internationalem Standard und können nur von kleinen Maschinen angeflogen werden. Ein neuer, großer Airport ist geplant.

AIRPORT TAX
Wer länger als 24 Stunden im Land bleibt, muss bei der Ausreise eine **Departure Tax** von rund EC$ 60, Tagesbesucher EC$ 5 entrichten.

Hotels

Das Niveau der Hotels ist auf Dominica im Verhältnis zu den anderen Antillen-Inseln relativ niedrig. Hier gibt es weder **Luxus-Hotels** noch **Resort-Anlagen** nach amerikanischem Vorbild, noch Massen- oder Pauschaltourismus. Die Hotels sind im Durchschnitt einfach gehalten und für karibische Verhältnisse sehr preisgünstig.

Wer noch individueller seinen Urlaub verbringen möchte, findet in der Umgebung von Roseau einige **Selbstversorger-Apartments**. Adressen erhalten Sie beim Touristenbüro; einige stehen auch in den lokalen Anzeigenblättern; Taxifahrer, die jeden Stein auf der Insel kennen, sind auch hier hervorragende Informationsquellen. Die meisten Unterkünfte sind unter 🖳 www.avirtualdominica.com zu finden.

Roseau und Roseau River Valley

- **Fort-Young Hotel $$-$$$$**, P.O. Box 519 Roseau, ☎ 448-5000, 🖷 448-8065, 🖳 www.fortyounghotel.com; neben dem Hafen am südlichen Ende von Roseau direkt am Meer gelegenes Hotel; das 1720 von den Franzosen aus Holz erbaute Fort wurde 1761 von den Briten eingenommen, neun Jahre später wurde die Schutzanlage durch den ersten Insel-Gouverneur Young aus Stein neu gebaut; seit 1999 ist es Dominicas exquisitestes Hotel mit 53 Zimmern mit AC, darunter 18 Meerblick-Suiten und 3 Suiten direkt am Wasser, Geschäften, Restaurants, Swimmingpool, BBQ.
- **The Sutton Place Hotel $$-$$$**, 25 Old Street, P.O. 2333 Roseau, ☎ 449-8700, 🖷 448-3045; mitten in Roseau gelegenes kleines Stadt-Hotel mit 8 Zimmern und karibischer Atmosphäre, teilweise auch mit Kochgelegenheit; AC, TV; sehr freundlicher Service; schallisolierte Bar im Keller mit Live-Musik; Restaurant.
- **Reigate Hall Hotel $$-$$$**, Reigate, ☎ 448-4031, 🖷 448-403, außergewöhnliche Lage in den Hügeln über Roseau gelegenes Haus mit 16 Zimmern; Blick über Roseau aufs Karibische Meer; Pool, gutes Restaurant, Tennisplatz, Sauna, Bar, sehr angenehme und familiäre Atmosphäre.
- **Tia's Bamboo Cottage $**, Wotton Waven, ☎ 448-1998/225 8591; die aufs Wesentliche beschränkten einfachen 3 Bambus-Hütten inmitten des Regenwald bestehend aus einem Raum sind guter Ausgangspunkt für Wanderer. Gern gibt der Eigentümer auch diesbezüglich Tipps.

Trafalgar Falls

- **Papillote Wilderness Retreat $$**, Trafalgar Falls Road, P.O. Box 67, ☎ 448-2287, 🖷 448-2285, 10 Zimmer und Cottages zehn Minuten von den Trafalgar Falls entfernt inmitten von heißen Quellen und exotischem Garten mit Begonien, Orchideen, Ingwer etc; Möglichkeiten zur Vogelbeobachtung, Naturpfade, Restaurant.
- **Cocoa Cottage $$**, P.O. Box 1641, Roseau Valley, ☎ 448-0412, einfaches, aber stilvoll eingerichtetes Bed & Breakfast, 12 Betten, idyllisch gelegen inmitten von Kakaobäumen und Regenwald, unweit der Trafalgar Falls, umfangreiches Touren-Angebot.

Südwestküste

- **Evergreen Hotel $$**, Castle Comfort, P.O.Box, 309, ☎ 448-3288, 🖷 448-6800, 🖳 www.avirtualdominica.com/evergreen.htm; sympathisches Haus direkt am Meer mit 16 Zimmern, davon 6 Suiten; AC, TV, Bar, Restaurant mit lokaler Küche und Außenterrasse, schöner Garten, Swimmingpool, Tauch- und Wassersportmöglichkeiten, Whale-Watching.
- **Anchorage Hotel $-$$**, Castle Comfort, P.O. Box 34, ☎ 448-2638, 🖷 448 5680, 🖳 www.anchoragehotel.dm; 7 Minuten südlich von Roseau am Strand gelegen, 32 einfache Zimmer mit AC, Swimmingpool, Bar, Restaurant, Tauch- und Wassersportangebote.

Westküste: von Roseau nach Portsmouth
- **Castaways Beach**, $$$, Mero, nördlich von St. Joseph, P.O. Box 5, ☏ 449-6244, 📠449-6246; direkt an einem schönen, grauen Sandstrand gelegenes Hotel mit 26 einfachen Zimmern, AC, TV, zum Teil Balkon, schöner Garten; Tauch-Center, Touren zum Walebeobachten, Tennis, Restaurant, Bar, Beach-BBQ, Entertainment, Automietmöglichkeit für Exkursionen.
- **Lauro Club** $$$, Savanne, Salisbury, P.O. Box 483, ☏ 449-6602, 📠 449-6603; oberhalb der Steilküste von Salisbury gelegene, komplett renovierte Villen-Anlage; 10 Holzhäuser mit 2-4 Betten und Küche, Telefon, 📠, TV, Swimmingpool vor der Kulisse des Karibischen Meeres, gutes Restaurant mit kreolischer Küche, Tennis, Autovermietung, Tauchangebot; 💻 www.avirtualdominica.com
- **Coconut Beach Hotel** $$, P.O. Box 37, Picard, Portsmouth, ☏ 445-5393/445-5415, 📠 445-5693, 💻 www.coconutbeachdominica.com; freundliches Hotel am Strand, 5 Bungalows und 6 Apartments, nahe zu den Ausflugszielen um Portsmouth, Wassersport, Restaurant und Bar direkt neben dem Wasser, familiäre Atmosphäre, Dive-Club.
- **Layou Valley Inn** $$, Layou Valley, P.O. Box 343, Roseau, ☏ 449-6977, 📠 449-6977, 💻 www.synweb.com; im Inselinneren, hoch gelegener Inn mit beeindruckendem Ausblick; fünf komfortable Zimmer; Restaurant mit guter Küche; Anreise mit Mietwagen oder Taxi; guter Ausgangspunkt für Wanderer.

Der Osten
- **Carib Territory Guest House** $, Crayfish River, Carib Territory, ☏/📠 445-7256; Mr. Williams und seine charmante Frau geben ihrem Gästehaus eine warme und freundliche Atmosphäre; hier können Sie viel über die Umgebung, die Kultur und Geschichte der Kariben erfahren, getreu dem Motto der Inhaber: „No one knows this island better than a Carib"; freundliches Team und gutes Essen; Touren zu den Natursehenswürdigkeiten werden organisiert.

Der Südosten
- **Zandoli Inn** $$$$, Stowe, ☏ 446-3161, 📠 -3344, 💻 www.zandoli.com; 25 min. von Roseau entfernt, nahe dem Fischerdorf Fond St. Jean; inmitten dichter Regenwaldvegetation gelegen mit Blick über die Grand Bay; steile Steintreppen führen zur felsigen Küste; alle gepflegten Zimmer des schönen und in mediteraner Architektur gebauten Inns haben Meerblick.

Medien
Es gibt mehrere private, staatliche und kirchliche Radiosender auf der Insel. Am häufigsten wird **Kairi Fm** (FM 93.1, 107.9 MHz) gehört. Im Internet informiert die Seite 💻 www.news-dominica.com.

Medizinische Versorgung
Durch mehrere Gesundheitszentren auf den Inseln ist die medizinische Versorgung gewährleistet. In Roseau gibt es mit der **Hillborough Street Clinic** und dem **Princess Margaret Hospital** (☏ 448-2231, mit Notfallambulanz) zwei große Krankenhäuser.

- **Grand Bay**, ☏ 446-3706
- **Marigot Hospital**, ☏ 445-7091
- **Portsmouth Hospital**, ☏ 445-5237

Öffnungszeiten
- **Geschäfte und Behörden**: *Mo-Fr 8-13 und 14-16 Uhr, Sa 8-13 Uhr, einige größere Supermärkte haben auch bis 20 Uhr geöffnet.*
- **Banken**: *Mo-Do 8-15 Uhr, Fr 8-17 Uhr*
- **Hauptpostamt**: *Mo-Fr 8-16 Uhr*

Post
Das **General Post Office** *befindet sich in Roseau, Bay Street/Hillsborough Street, weitere Postämter gibt es in jedem größeren Ort. Hier bekommen Sie Briefmarken und Telefonkarten.*
Für Briefe nach Dominica gilt grundsätzlich: Immer die offizielle Bezeichnung der Insel – **Commonwealth of Dominica, West India** *– hinzufügen, um Verwechslungen mit der Dominikanischen Republik zu vermeiden.*

Preisniveau
Hinsichtlich der Preise gilt Dominica innerhalb der Karibik (noch) als preisgünstig bis moderat.

Restaurants
Roseau
- **La Robe Créole Tavern & Restaurant**, *3 Victoria Street, Roseau,* ☎ *448-2896; Mo-Sa ab 8-15.30 und 18.30-21.30 Uhr geöffnet; an der Kreuzung zwischen Garraway und Fort Young Hotel, Frühstück, guter und preisgünstiger Mittagstisch vom Buffet, abends à la Carte, karibische Küche, Fisch- und vegetarische Gerichte.*
- **Sutton Place Grill & Cellar-Bar**, *Sutton Place Hotel, 25 Old Street, Roseau,* ☎ *449-8700, Sa geschlossen; eingerichtet in einem Gebäude aus dem 19. Jh. mitten in der Stadt; traditionelle westindische Gerichte und internationale Küche; täglich Mittagstisch und Abendkarte; der Familienbetrieb bietet jedoch zum Schutz der einheimischen Fische und Meerestiere diese nur an, wenn die Fangerlaubnis von der Regierung erteilt wird: Im Jahre 1999/2000 wurde zum Schutze der exotischen Lebewesen ein Fang- bzw. Jagdverbot von z. B. der Black Crab, Cyrique Crab und von Berghühnern erlassen. Die Cellar-Bar liegt im Kellergeschoss des Hauses; Livemusik, Karaoke, großer TV-Bildschirm, Jazz, AC.*
- **Guiyave**, *15 Cork Street,* ☎ *448-2930, Mo-Sa 8-15 Uhr, nach 13 Uhr wird's hier voll, mitten im Zentrum gelegen, ist das Lokal beliebt für einen Mittags-Snack, Salat oder frischen Fruchtsaft.*

Ostküste
- **Almond Tree Bar & Restaurant**, *Castaways Beach Hotel,* ☎ *449-6244/5, täglich geöffnet von 7-22 Uhr; kreolische Küche, raisonable Preise; guter Platz für den Sonnenuntergang.*
- **Floral Gardens**, *Concord Village,* ☎ *445-7636, tägl. für Frühstück, Mittagstisch geöffnet, Abendkarte, wunderschön in einem tropischen Garten (mit Mini-Zoo) gelegenes Haus, vorzügliche Küche, gutes Hummer-Gericht, Hibiskussaft; mit Souvenirshop, Autovermietung und einfacher Übernachtungsmöglichkeit.*

Süden
- **The Sundowner Cafe**, Scotts Head, ☏ 448-7749, Terrassen-Restaurant mit Blick auf die Bucht von Scotts Head und Roseau; gute Gelegenheit für einen Punch an der Bar, während die Sonne im Karibischen Meer versinkt.

Souvenirs

Beliebte Mitbringsel sind **kunsthandwerkliche Produkte** der Kariben (Carib Handicraft), vor allem die in vielen Varianten **geflochtenen Grasmatten**. Am besten können Sie die aus Stroh geflochtenen Waren, die als die besten der Kleinen Antillen gelten, im Carib Territory erwerben. Daneben werden **Lederwaren**, **Keramik**, **Holzschnitzereien** und **handgemachte Zigarren** angeboten.

Bekannt sind auch **Naturprodukte** wie abgefüllter lokaler Sirup, Seifen und andere Kosmetika aus Aloe Vera oder Kokosnussöl sowie **Rum** (D-Special). Wegen ihrer farbig-tropischen Motive lohnt sich der Kauf von **Briefmarken** und Telefonkarten.

Sport

Als postulierte **Ökodestination Nummer Eins** werden natürlich die sportlichen Aktivitäten groß geschrieben, die direkt mit der Natur zu tun haben. Das bedeutet: an Land dreht sich alles ums **Bergwandern**, im Meer ums **Tauchen** und **Schnorcheln**. Ansonsten ist das Sportangebot stark begrenzt; einen Golfplatz gibt es noch nicht, über **Tennisplätze** verfügen die Hotels Castaways Beach und Reigate Hall, eine **Squashhalle** bietet das **Anchorage Hotel**.

WANDERN

Für **Bergwanderer** sind eine gute Ausrüstung (Schuhe, Regenkleidung) und Kondition unabdingbare Voraussetzungen. Die Wege sind rutschig und nicht leicht zu finden. Es empfiehlt sich daher, sich unbedingt einem der örtlichen Führer anzuvertrauen. An den populärsten Punkten (z. B. Trafalgar Falls) stehen außerdem immer einige „local guides" bereit.

Speziell zu geführten Wanderungen gibt neben der Touristeninformation, den Reiseagenturen (Telefonnummern siehe unter „Exkursionen") oder den Hotels das nationale Park-Büro Auskunft:
- **Forestry and Park Office**, Botanical Gardens, ☏ 448-2401, mehr Infos zum Regenwald auch unter 🖥 www.rarespecies.org.

Der Preis einer Wanderung richtet sich in der Regel an der Tour aus, so dass es mit größerer Teilnehmerzahl billiger wird (evt. in den Hotels nach Gleichgesinnten suchen).

WASSERSPORT

Tiefseetauchen und **Schnorcheln** sind in den letzten Jahren sehr beliebt und zu einer „Spezialität" des heimischen Tourismusangebots geworden. Zu den schönsten Spots gehören **Tourcari Bay** (Park Conservation Center), **Douglas Bay**, **Rodney's Rock**, **The Pinnacles**, **La Bim**, **Champagne** (unterseeische Heißwasserquelle!) und **Pointe Guinard**, **Soufrière Pinnacle** (ideal für Anfänger), **Soufrière Scotts Head**.

Regionale Reisetipps von A-Z (Dominica)

D

Immer populärer wird **Whale-Whatching** *(Walbeobachtung), obwohl die großen Säugetiere nur selten zu sehen sind. Neben zahlreichen Delfinen können mit etwas Glück Orcas und Buckelwale beobachtet werden, die sich in Dominicas Gewässern tummeln, und zwar sowohl von Booten aus als auch bei Tauchgängen.*

Professionelle (z. T. deutschsprachige) Anbieter von **Kursen** *und* **Tauch-Exkursionen***, die auch* **Unterwasserfotografie** *und* **Walbeobachtungstouren** *im Programm haben, sind:*
• **Dive Dominica Ltd.**, *Castle Comfort Lodge, P.O.Box 63, Roseau,* ☎ *448-2188,* 🖷 *448-6088,* 🖳 *www.divedominica.com*
• **Anchorage Dive Centre**, *P.O.Box 34, Roseau,* ☎ *448-2638,* 🖷 *448-5680 und* **Zweigstelle** *im Portsmouth Beach Hotel,* 🖳 *www.anchoragehotel.dm; beides sind langjährig etablierte Tauchschulen mit umfangreichem Programm und angeschlossenen Übernachtungsmöglichkeiten.*
• **Cabrits Dive Center**, *Picard Estate, Portsmouth,* ☎ *445-3010,* 🖷 *445-7256,* 🖳 *www.cabritsdive.com.*

Sprache
Die offizielle Landessprache ist **Englisch**, die Einheimischen unterhalten sich allerdings häufig auf **Patois**.

Strände
Die steil aus dem Meer ragende Insel hat nur wenige Strände, die außerdem schwarz- oder grausandig sind. Doch auch hier gibt es Empfehlungen, nämlich die der Strände an der Westküste, besonders **Castaways Beach**, **Coconut Beach** und **Portsmouth Beach**.

Strom
Die Stromspannung beträgt 220/240 V, 50 Hz, Adapter sind notwendig.

Telefonieren
Bei Anrufen von Mitteleuropa **nach Dominica** muss die 001-767, dann die siebenstellige Teilnehmernummer gewählt werden. Von Dominica **nach Deutschland** wählt man 011-49, in die **Schweiz** 011-41 und nach **Österreich** 011-43, anschließend die Vorwahl ohne die erste Null und die Nummer des Teilnehmers.

Verkehrsmittel
Als ehemals britische Kolonie herrscht auf Dominica **Linksverkehr**. Die Straßen sind nicht so schlecht, wie sie auf den Nachbarinseln manchmal gemacht werden; auf etwa 500 asphaltier-

ten Kilometern kommt man zu den wichtigsten Orten entlang der Küste. Für Expeditionen ins Inselinnere ist ein Jeep empfehlenswert.

Der öffentliche Nahverkehr wird von **Minibussen** und **Taxen** besorgt, die man (ebenso wie Mietwagen) am „H" – für hire – im Nummernschild erkennt. **Minibusse** verkehren nach einem **unregelmäßigen Fahrplan** entlang der wichtigsten Straßen, sind meistens brechend voll und schon von weitem am dröhnenden Reggae-Sound zu hören. Ihre Preise sind festgelegt und sollten vor Fahrtantritt unbedingt erfragt werden. Oftmals lässt sich über die Summe auch noch verhandeln.

Auch **Taxen** haben festgelegte Preise. Nach 18 Uhr ist es schwer, Taxen aufzutreiben, deswegen sollten Arrangements für einen Transport vorher getroffen werden.

Eine ganze Anzahl örtlicher und internationaler Firmen bietet **Mietwagen** und **Jeeps** an. Ausländische Fahrer benötigen eine **lokale, zeitlich begrenzte Fahrerlaubnis** (driving license). Sie wird am Flughafen oder am **Traffic Department** (High Street, Roseau) ausgestellt. Voraussetzung sind ein Mindestalter von 25 Jahren und 2 Jahre Fahrpraxis.

Einige Mietwagen-Firmen mit Telefonnummern:
- **Anselm's Car Rental**, Marlborough St, ☏ 448-2730, 🖨 448-0737
- **Budget Canefield Industrie Estate**, ☏ 449-2080, 🖨 449-2694
- **Carraway Rent-a-Car**, 17 Old St, Roseau, ☏ 449-9204
- **Courtesy Car Rental**, 10 Winston Lane, Goodwill, Roseau, ☏ 448-7763, 🖨 448-7733

Viele der Mietwagenfirmen finden Sie unter 🖥 www.avirtualdominica.com.

Der **Fährverkehr** zu den benachbarten Französischen Antillen wird durch die Schnellboote des **L'Express des Iles** betrieben. Über die aktuellen Abfahrts- und Ankunftszeiten der täglichen Touren nach/von Martinique und Guadeloupe informiert das **Touristenbüro** oder **Whitchurch Travel Agency** (Telefon-Nummer siehe unter „Exkursionen" und „Anreise").

Währung/Geld

Die Währung ist der **East Caribbean Dollar** (EC$), der an den US-Dollar mit dem Kurs 1 US$ = 2,67 EC$ gekoppelt ist. Auf der ganzen Insel werden US-Dollars akzeptiert. Der Geldumtausch ist bei der Bank am günstigsten.

Die meisten Kreditkarten und Traveler's Cheques werden von den meisten Hotels und Restaurants akzeptiert.

Yachthäfen und Ankerplätze (Auswahl)
- Portsmouth/Prince Rupert Bay
- Roseau

G Grenada und zugehörige Inseln (S. 424 ff.)

Wichtige Telefonnummern
Internationale Vorwahl ☎ 001-473
Diplomatische Vertretung ☎ 443-2156
Ambulanz ☎ 434 (St.George's), 724 (St. Andrew's), 774 (Carriacou)
Polizei ☎ 911
Feuerwehr ☎ 911
Küstenwache ☎ 399
Touristeninformation ☎ 440-2279/2001/3377

Hinweis
Reisepraktische Hinweise zur Insel Carriacou finden Sie am Schluss dieses Kapitels.

Anreise
PER FLUGZEUG

British Airway fliegt ganzjährig einmal die Woche ab Deutschland über London nach Grenada, in der Wintersaison (1. November bis 31. März) zusätzlich noch freitags. Die **Condor** (🖥 www.condor.de) bietet einmal pro Woche eine Direktverbindung Frankfurt-Grenada (Flugzeit ca 9 Std.) an.

Für innerkaribische Flüge ist **Liat** der wichtigste Carrier mit einer Vielzahl von Flugzielen, einschließlich des grenadinischen Vorpostens Carriacou.

Informationen bei:
• **Grenada Reservations and Tickets**, Carin Travel Services Ltd., Grand Anse, St.Georges, ☎ 444-4363/444-4364, 📠 444-4560.

Grenada aus der Luft gesehen

Die wichtigsten Fluggesellschaften und ihre Telefonnummern sind:
• **BWIA**, The Carenage, St. George's, ☎ 444-4134
• **British Airways**, ☎ 440-2796
• **American Airlines**, ☎ 444-2222
• **Air Europe**, ☎ 444-56786
• **Martin Air**, ☎ 444-4732/4736
• **Liat**, The Carenage, St. George's, ☎ 440-2796/7, Airport ☎ 444-4121, 443-7362 (Carriacou)

- **Weitere Airlines** von Carriacou: ☎ 444-3549/1475
- Aktuelle Infos zu Flugverbindungen unter 🖳 www.grenadaexplorer.com

PER SCHIFF
Auf dem Wasserwege ist es nicht einfach, Grenada zu erreichen – es sei denn, man besitzt eine private Yacht oder hat eine Kreuzfahrt gebucht. Außer von und nach Carriacou gibt es keine Fährverbindungen.

Auskunft
IN DEUTSCHLAND
- **Grenada Board of Tourism**, *Schenkendorfstraße 1, 65187 Wiesbaden,* ☎ 0611/2676720, 🖳 www.grenadagrenadines.com

VOR ORT
- **Grenada Board of Tourism**, *Burns Point, PO Box 293, St. George's, Grenada W.I.,* ☎ 440-2279/ 2001/3377, 🖨 4406637, 🖳 www.grenadagrenadines.com

Diplomatische Vetretungen
- **Honorarkonsul von Grenada**, *Stierstr. 10, 12159 Berlin* ☎ 030/8522202, 🖨 8532354

DEUTSCHE VERTRETUNG AUF GRENADA
- **Consulate of Germany**, *P.O. Box 814, Fort Jeudy, New Westerhall Point, St. George's, Grenada,* ☎ 443-2156, 🖨 -2155

Exkursionen
Die Insel ist groß genug, um sie auf einer **Rundtour** zu erkunden, vielleicht zu Beginn Ihres Urlaubs. Von St. George's aus bieten zudem Reiseagenturen **geführte Wanderungen** durch die Berge, Wälder und zu den Wasserfällen im Landesinnern an sowie **gemütliche Segeltörns** entlang der Küste. Häufig werden auch kombinierte **eintägige Flug-/Segelreisen** zum **Archipel der Grenadinen** angeboten, wo die **Tobago Cays** ein exzellentes Ziel darstellen (einschließlich Transfers, Essen und Getränken). Die Fluglinie **Liat** bietet verhältnismäßig preiswerte **Tagesausflüge** u. a. nach **St. Vincent, Barbados** und **Trinidad** an. Ein schöner mehrtägiger Ausflug ist, per Flugzeug nach Carriacou (mit der Chartergesellschaft SVG Air, 🖳 www.svgair.com) zu fliegen, um dann die Fähre weiter nach Petite Martinique zu nehmen. Auch eine Exkursion auf den südamerikanischen Kontinent, nach **Venezuela**, ist empfehlenswert.

Einige Anbieter von **Inseltouren**, sei es zu Fuß, mit dem Mountainbike, per Jeep oder unter Wasser, sind:
- **Adventure Tour Jeep** *(Jeeps mit Panoramablick und Mountainbike-Spezialist)*, St. George's, ☎ 444-5337, 🖳 www.grenadajeeptours.com
- **Caribbean Horizon Tours and Services** *(Tagesprogramm für Kreuzschifffahrer, Exkursionen, Autovermietung)*, St. George's, ☎ 444-3944, 🖨 -2899, 🖳 www.caribbeanhorizons.com
- **Daves Tours and Taxi Services** *(Tiefseeangeln, Jeep-Touren, Wanderungen)*, St. George's, ☎ 444-1596/409-9538/407-0124, 🖨 -1596, 🖳 www.spiceisle.com/davetours
- **EcoTrek**, Eco Tours, St. George's, ☎ 444-7777, 🖨 4808, 🖳 www.diveguide.com
- **NeTel Trend Tours** (im „Siesta"-Hotel an der Grande Anse), St. George's, ☎ 444-1236, 🖨 -4836, 🖳 www.siestahotel.com

Feiertage

- Neujahr
- 7. Februar
- Unabhängigkeitstag
- Karfreitag
- Ostermontag
- 1. Mai • Tag der Arbeit •
- Pfingstmontag
- Fronleichnam
- 1. Montag im August • Tag der Sklavenbefreiung
- Weihnachten

Flughafen und Airport Tax

Der 10 Kilometer südlich von St. George's an der Südwestspitze gelegene internationale Flughafen **Point Salines** verfügt über alle üblichen Einrichtungen einschließlich Restaurant. Von dort aus sind es 10 Fahrminuten bis zu den Hotels an der Grand Anse Bay.

AIRPORT TAX

Wer sich länger als 24 Stunden im Land aufhält, muss bei der Ausreise eine **Flughafensteuer** von derzeit EC$ 50 für Erwachsene und EC$ 25 für Kinder von 10-16 Jahren zahlen. Beim Abflug vom Lauriston Airport auf Carriacou beträgt die Steuer EC$ 10.

Hotels

La Sagesse Bay

- **La Sagesse Nature Centre** $$-$$$$, P.O. Box 44, St.George's, ☎/🖷 444-6458, 🖥 www.lasagesse.com; ehemaliges Plantagen-Anwesen mit vier Häusern in der einsamen La Sagesse Bay, 1968 von Lord Brownlow wieder instand gesetzt; fünf der zwölf Gästezimmer mit großzügigen, originalen Räumen; direkt am Strand; Schwimmmöglichkeiten und viele Wanderwege in der Nähe.

Grand Anse und Morne Rouge

- **Spice Island Beach Resort** $$$$$, Grand Anse, St. George's, ☎ 444-4258, 🖷 4807; 🖥 www.spicebeachresort.com; wurde nach dem Hurrican „Iwan" komplett neu gebaut; 66 Luxus-Suiten, Apartments und Zimmer teilweise mit Whirlpool und Meerblick; alle mit AC, TV und allen Annehmlichkeiten; viele Sportmöglichkeiten, Fitness-Center, Mitbenutzung der Sportanlagen des Nachbarhotels.
- **Coyaba Beach Resort** $$$$, Grand Anse Beach, ☎ 444-4129, 🖷 -4808, 🖥 www.coyaba.com; direkt am Strand gelegenes komfortables Hotel inmitten eines Palmenhains, 70 Zimmer mit AC, TV, Balkon oder Terrasse, Pauschalangebote, großer Swimmingpool mit integrierter Bar.
- **The Flamboyant Hotel** $$$$, P.O. Box 214, St. George's, Grand Anse, ☎ 444-4247, 🖷 1234, 🖥 www.flamboyant.com; familiäre Hotelanlage in schöner Umgebung am südlichen Ende der Grand Anse, schöner Weg zum Strand, Swimmingpool, Gartenbar und Restaurant; 61 Suiten, Doppel-Hütten (Kitchenette) und Zimmer, Swimmingpool, Bar, Tauchshop.
- **Blue Horizons Cottage Hotel** $$$$, P.O. Box 41, St. George's, Grand Anse, ☎ 444-4316/ 4592, 🖷 -2815, 🖥 www.grenadabluehorizons.com; 32 großzügige, am Hang erbaute Doppelbungalow, mit AC und Kitchenette, Swimmingpool, 2 Bars und gutes Restaurant „La Belle Créole", Sandstrand und Wassersportmöglichkeiten im 300 Meter entfernten Schwesterhotel „Spice Island Inn".
- **Allamanda Beach Resort and Spa** $$$$, P.O. Box 27, St. George's, Grand Anse, ☎ 444-0095, 🖷 -012, 🖥 www.allamandaresort.com; idyllisch am Hang der Grand Anse gelegenes Hotel mit 46 Zimmern, wenige Minuten zum Strand, Swimmingpool, Tauch- und Wassersportmöglichkeiten, Wellness- und Fitness-Einrichtungen.

Regionale Reisetipps von A-Z (Grenada und zugehörige Inseln)

- **Siesta Hotel $$$**, P.O. Box 27, St. George's, ☎ 809 444-4645/4646, 🖷 809 4647, 🖳 www.siestahotel.com; kleine, familiäre Anlage mit 37 Studios, Apartments oder Hotelzimmern, alle mit AC und TV, z. T. auch Balkon und Kitchenette.

Medien
Es gibt keine lokale Tageszeitung. Wöchentlich erscheinen „**Grenadian Voice**" (🖳 www.spiceisle.com/homepages/gvoice/), „**India Times**" „**The National**" und „**The Informer**". Neun Radiostationen informieren über die Neuigkeiten der Inseln.

Den Sender „**Voice of Grenada**" können Sie auf FM-Welle 95,7 und 103 empfangen. Die meisten Hotels verfügen über Satellitenempfang und daher über mehr als die vier Inselsender.

Öffnungszeiten
- **Geschäfte**: Mo-Fr 8-16 Uhr, Sa 8-12 Uhr; in der Mittagszeit (11.45-13 Uhr) oft geschlossen
- **Banken**: Mo-Do 8-12/13 Uhr sowie Fr 8.30-12.30 und 14.30-17 Uhr geöffnet
- **Post**: Mo-Do 8-15.30 und Fr 8-16.30 Uhr

Post
Das **Hauptpostamt** befindet sich am Hafen von St. George's auf der Lagoon Road. Weitere Postämter finden Sie in allen größeren Orten. **Briefmarken** sind nur in der Zeit von 11.45-13 Uhr erhältlich!

Preisniveau
Innerhalb der hochpreisigen Karibik gelten Grenadas Preise als moderat bis ziemlich teuer.

Restaurants
- **Nutmeg Restaurant & Bar**, St. George's, ☎ 440-3000, 🖷 440-4966; schöner Treffpunkt zum Abhängen mit Blick auf den Hafen besonders zur Lunch-Zeit; über dem Sea Change Book Store gelegen; vor allem schnelle Gerichte.
- **Patrick's Homestyle Cooking**, St. George's, Lagoon Road, gegenüber dem Eingang zu Grenada Yacht Services, ☎ 440-0364, 🖳 www.grenadaguide.com/patrick/; **der** Tipp für einheimische Küche, wobei Patrick, der Besitzer, selbst ein Kunstwerk ist.
- **Beach Side Terrace Restaurant and Bar**, Grand Anse; schönes Restaurant im Flamboyant Hotel, Grand Anse, ☎ 444-4264/4267; schönes Innen- und Außenrestaurant, westindische und internationale Küche, Beach-Brunch und Barbecue-Abende.
- **Coyaboa**, Grand Anse, ☎ 444-4129; Hotelrestaurant mit guter westindischer und internationaler Küche.
- **Green Flash Restaurant**, im Siesta Hotel, Grand Anse, ☎ 444-4645/6; gutes und für karibische Verhältnisse nicht zu teures Restaurant mit karibischer und internationaler Küche, leckere Nachspeisen.
- **La Belle Créole**, im Blue Horizons Cottage Hotel, Grand Anse, ☎ 444-4316; sehr gutes und atmosphärisches Restaurant mit kontinentaler und westindischer Küche, Spezialität u. a. Hummer à la Créole, Pool-Barbecue.

Regionale Reisetipps von A-Z (Grenada und zugehörige Inseln)

G

- **Aquarium Beach Club**, Point Salines, ☎ 444-1410, 📠 -5134, 💻 www.aquarium-grenada.com; an einem wunderschönen Strand gelegen bietet das wohl beste Restaurant der Insel nicht nur hervorragendes Essen, sondern u.a. auch Schnorchelmöglichkeiten.
- **The Red Crab**, Lance aux Epines, ☎ 444-4424, Sa geschlossen; auf Seafood und Steak spezialisiertes Restaurant; Live-Musik.
- **Indigo's im True Blue Inn**, an der True Blue Bay gelegen, ☎ 444-2000, ruhiges und schönes Restaurant mit vernünftigen Preisen, westindische Küche.
- **La Sagesse Nature Center**, La Sagesse Bay, ☎ 444 6458, im gleichnamigen Natur-Center, das Restaurant wurde 2002 komplett neu gebaut; unter Palmenbäumen mit Blick auf die karibische See gelegen, bietet die Lokalität eine intime Atmosphäre; sehr gute Fischgerichte.
- **Belmont Estate**, Belmont (westl. von Tivoli), Sa geschl., ☎ 442-9524/26, 📠 438-0705, 💻 www.belmontestate.net; 2002 für Besucher eröffnet bietet die 300 Jahre alte Plantation inmitten üppiger Tropenvegetation nicht nur jede Menge Kultur, sondern auch hervorragende karibische „Hausmannskost" mit Früchten und Gemüse aus dem eigenen Anbau.

Souvenirs

Auf der „Gewürzinsel" oder „the Spice of the Caribbean", wie Grenada genannt wird, bieten sich natürlich in erster Linie **lokale Gewürze** wie **Muskat** und **Zimt** als Souvenirs und Zutaten für die Küche zu Hause an. Sie erhalten sie in verschiedenen Kombinationen in handgeflochtenen Körbchen oder Baumwollsäckchen, allerdings nicht zu besonders günstigen Preisen.

Muskatnüsse und -blüten

Weitere Spezialitäten sind daneben **Kakao** bzw. reine **grenadinische Naturschokolade**, (Kräuter-) **Tee**, **Massageöle**, **Parfums**, **tropischer Blütenhonig**, **Rum** und **Pfefferwein**.

Die beste Adresse für die genannten Produkte ist die 1985 gegründete Firma **Arawak Islands Ltd.**, ☎ 444-3577, in Belmont (zwischen Grand Anse und St. George's), für Besucher geöffnet Mo-Fr 8.30-16.30 Uhr.

Sport

Auf Grenada und Carriacou gibt es ein breit gefächertes Angebot an **Wassersportmöglichkeiten**. An der **Grand Anse** werden **Wasser-Scooter**, **Tauchen**, **Segeln**, **Schnorcheln**, **Wasserski**,

Parasailing, Windsurfen und Katamaran-Segeln angeboten – viele dieser Sportarten von den großen Hotels. Sie sind für Hotelgäste häufig im Zimmerpreis enthalten. In **Secret Harbour** bietet der **Moorings Club Mariner** etliche Ausleihgeräte für viele Wassersportarten (☎ 444-4439, 📠 -4819).

SEGELN

Die bequemste Art für Landratten, die grenadinischen Gewässer kennen zu lernen, ist die Teilnahme an einem **Segeltörn** entlang der zauberhaften Süd- und Westküste. Wer Segelerfahrung mitbringt, kann sich für eine Tour durch die Grenadinen bei etlichen Agenturen eine **Yacht chartern** (u. a. bei Blue Lagoon (**Grenada Yacht Services**), Lagoon Road, St. George's, Grenada, ☎ 440-6893, 📠 6893). Inzwischen ist auch die größte Yacht-Charterfirma der Welt, **The Moorings Ltd.**, mit ihrem Riesenangebot auf Grenada vertreten, die Adresse in Deutschland lautet: **Moorings GmbH**, Candidplatz 9, 81543 München, ☎ 089-693508-10, 📠 693508-17, 💻 www.moorings.com.

TAUCHEN

Rund um die Insel finden **Taucher** und **Schnorchler** paradiesische Reviere für ihren Lieblingssport. Besonders interessant ist das Wrack „**Bianca C**", das drei Meilen südwestlich der Küste liegt. Gute Adressen für Tauch- und Schnorchelenthusiasten sind:
• **Eco Dive and Trek**, St. George's, ☎ 444-7777 I 480, 💻 www.ecodiveandtrek.com
• **Dive Grenada** (Tauchgänge für Fortgeschrittene: Nacht- und Wrack-Tauchen) im **Allamanda Beach Resort**, ☎ 444-1092, 📠 -5875, 💻 www.divegrenada.com
• **Aquanauts**, St. George's, ☎ 444-1126, 📠 -1127, 💻 www.aquanautsgrenada.com; liegt direkt am Strand der Grand Anse auf dem Gelände des exquisiten Spice Island Beach Resort, bietet tägl. Tauchausfahrten zu Wracks und Riffen bis zu geführten Schnorcheltouren im Marine Park und Marine Biologie Kursen.
• auf **Carriacou** die Tauchstation des sehr engagierten deutschen Paares Max und Claudia Nigel: **Silver Beach Diving**, Main Street, Hillsborough, ☎/📠 443-7882, 💻 www.scubamax.com

WEITERE SPORTARTEN

Wer an Stelle des nassen das trockene Element bevorzugt, findet von Body-Building-Studios bis hin zu Yoga-Kursen viele Betätigungsfelder. So haben mehrere Hotels für ihre Gäste eigene **Tennisplätze**, z. T. mit Flutlicht, die gegen Gebühr auch von Nicht-Hotelgästen benutzt werden können. **Ausflüge zu Pferd** sind sowohl am Strand als auch im Landesinneren möglich. Infos bei:
• **Grenada's Horseman**, ☎ 440-5368
Fahrräder/Mountainbikes können Sie bei einigen Hotels und Mietstationen bekommen:
• **Ride Grenada** (Mountainbikes), ☎ 444-1157, Club Mariner Watersports, ☎ 444-4939
• **Maitland's Rents** (Motorräder und Fahrräder), ☎ 444-4022

GOLF

Freunde des kleinen weißen Balles haben ihr Revier an der Grand Anse Bay im **Grenada Golf and Country Club** (☎ 444-4128); die Anlage hat einen 9-Loch-Course mit weitem Blick aufs Meer und ist mit Clubhaus, Snackbar, Ausrüstungsverleih etc. ausgestattet.

WANDERN

Das gebirgige Inselinnere mit seinen Naturschutzgebieten (Seen, Wasserfälle, Regenwald, reichhaltiges Tierleben) ist ganz besonders zum **Wandern** geeignet. Zu den interessantesten und gefährlichsten Gegenden (etwa die oberen **Concord Falls**, die **Seven Falls** oder der **Mt. Carmel Waterfall**) sollte man sich jedoch nur in fachmännischer Begleitung wagen.

Spezialisiert auf Wandertouren verschiedener Schwierigkeitsgrade für kleine Gruppen ist die Agentur **Henrys Safari Tours**, ☎ 443-5313, 📠 444-4460, der Agenturinhaber Denis Henry führt oft selbst die Touren und gibt ausführlich Auskunft über die Besonderheiten der Insel. Zudem vermittelt die Touristeninformation **staatlich geprüfte Wanderführer**. Mit diesen trifft man sich am Startpunkt der Wanderung; die Führung selbst ist kostenlos, aber ein Trinkgeld wird erwartet.

Sehr gute Erfahrung habe ich mit **Telfor Hiking Tours**, ☎ 442-6200, gemacht, die vom Naturwissenschaftler Telfor Bedeau geleitet werden. Mr. Bedeau nimmt nach Terminabsprache Gruppen bis zu 8 Personen auf seine Wanderungen mit (kein Transport, Treffen am Startpunkt der Wanderung). Dabei erläutert er ausgezeichnet die Geheimnisse der grenadinischen Natur (in englischer Sprache). (Adressen von Touren-Veranstaltern siehe auch unter dem Stichwort „Exkursionen".)

Sprache
Die offizielle Landessprache ist **Englisch**, während **Patois** innerhalb der einheimischen Bevölkerung weit verbreitet ist.

Strände
Viele der etwa **45 Strände** Grenadas sind weiß und feinsandig, es kommen aber auch dunkle – Levera Beach – oder schwarzsandige Strände – **Black Bay** – vor. Am bekanntesten und touristisch am besten erschlossen sind die Abschnitte im Süden, insbesondere an der **Lance aux Èpines** und **Grand Anse**. Dort befinden sich auch die meisten Hotels. Hier können schon mal viele Besucher auftauchen, wenn die Kreuzfahrtschiffe in Grenada Halt machen. Doch auch dann ist genügend Platz für alle auf dem sehr großen und weitläufigen Strand. **Morne Rouge**, die nächste Bucht im Südwesten, ist kleiner und privater. Der schönste Strand im Norden ist **Levera Beach**.

Hinzu kommen die Strände benachbarter Inseln, die man leicht auf Tagesausflügen kennen lernen kann. Der schönste Strand auf Carriacou ist der **Paradise Beach**.

Strom
Die Stromspannung beträgt 220/240 V Wechselstrom, 50 Hz. Die Steckdosen sind für Geräte mit zwei runden Stiften geeignet, in einigen Hotels aber für die amerikanischen Flachstecker umgerüstet; deswegen sollten Sie für alle Fälle Zwischenstecker mitbringen.

Telefonieren
Für Anrufe **nach Grenada** gilt die internationale Vorwahl (ab Deutschland): 001-473 plus die siebenstellige Rufnummer. **Innerhalb Grenadas** muss keine Extra-Vorwahl, sondern nur die siebenstellige Rufnummer gewählt werden.

Unterkunft

Auf Grenada gibt es ein gutes Angebot von Mittelklasse- und kleineren Hotels sowie Gästehäusern, die eine familiäre Atmosphäre bieten. Parallel entwickelt sich der organisierte Tourismus. Während in St. George's noch die Guest-Houses zahlreich vertreten sind, liegen an der Grand Anse mehr Hotels. Darüber hinaus gibt es viele **Agenturen**, die Villen und Appartments (voll ausgestattet) auf Grenada vermitteln:
• **RSR Apartments**, St. George's, ☏ 440-3381, 🖷 -8384
• **Villas of Grenada**, ☏ 444-1896, 🖷 -4529

CAMPEN

Es gibt keine offiziellen Campingplätze auf Grenada. Im **Grand Etang National Park** auf Grenada und auf öffentlichen **Schul- und Kirchengeländen** auf **Carriacou** ist das Campen allerdings erlaubt.

Veranstaltungen

Die lokalen Feste werden ausgiebig gefeiert, wozu Touristen herzlich willkommen sind. Insbesondere ist das der **Karneval** im Juli/August (Infos und Fotos siehe 🖳 www.spicemasgrenada.com), das **Osterfest**, wenn überall Drachen in die Luft steigen, und die **Weihnachtstage**, an denen Steelbands die Weihnachtslieder der Kinder begleiten. Daneben gibt es Dutzende von **lokalen Ereignissen** wie Regatten, Erntedankfeste und Festivals.

Verkehrsmittel

Auf Grenada stehen etwa 1.000 Kilometer asphaltierter Straßen zur Verfügung, häufig kurvig und steil und nicht immer im guten Zustand. Es herrscht **Linksverkehr**; die Verkehrsregeln und -zeichen entsprechen internationalem Standard. Busse fahren von St. George's nach Annandale, Concorde, Grand Anse, Grand Etang, Grenville, Gouyave, La Sagesse, Sauteurs, Victoria und Westerhall. Die Tarife pro Person und einfache Fahrt liegen je nach Entfernung des Ziels zwischen 3 und 10 East Caribbean Dollar.

Taxen, **Minibusse** und **Mietwagen** sind auf dem Nummernschild am Buchstaben „H" (= hire) erkennbar. Die **lokalen Busse**, die eigentlich jeden Ort mit der Hauptstadt verbinden, sind die preiswerteste Alternative, Grenada kennen zu lernen, viel Lokalkolorit eingeschlossen. Neben den üblichen Minibussen, die man per Handzeichen anhält, verkehren auch größere Busse. Am Flughafen, in St. George's und bei den großen Hotels stehen **Taxen** in ausreichender Zahl zur Verfügung. Die Preise sind im Verhältnis zu anderen karibischen Zielen eher moderat. Es ist unbedingt notwendig, den Tarif vor Reiseantritt vom Fahrer bestätigen zu lassen; in diesem ausgehandelten Preis ist das Trinkgeld bereits enthalten.

Bei **Mietwagen** benötigen Sie ohne internationalen Führerschein eine **lokale, zeitlich begrenzte Fahrerlaubnis** (driving license), die um die EC$ 30 kostet. Diese erhalten Sie bei den größeren Mietwagenfirmen, ansonsten beim Police Traffic Department auf der Carenage, St. George's (neben der Feuerwehr). Falls Sie über keine Kreditkarte verfügen, verlangt die Mietwagenfirma eine Kaution (Bargeld oder Traveller-Scheck) in Höhe von etwa US$ 250. Es gibt auf Grenada knapp **20 Mietwagenfirmen** (darunter auch **Budget** und **AVIS**), die meisten davon am **Point Salines Airport**, in

G Grand Anse oder **St. George's** ansässig. Fast immer wird ein kostenloser Transport vom/zum Hotel angeboten. Japanische Mittelklassewagen sind ab US$ 40 pro Tag erhältlich, für Busse und Jeeps oder Klimaanlage bezahlt man etwas mehr.

Auf Grenada sind sowohl internationale als auch lokale **Autovermieter** vertreten. Voraussetzung zum Anmieten eines Fahrzeugs: Mindestalter 21 Jahre, gültiger Führerschein mit einer in Grenada beim Autovermieter erhältlichen Zusatzerlaubnis (Kosten: 30 EC-Dollar). Die **Mietwagentarife** liegen zwischen US$ 45 und 60 pro Tag. In der Wintersaison und im Juli/August müssen die Wagen mindestens drei Tage lang gemietet werden. Mehrere Firmen vermieten auch Motorroller, Mopeds, Fahrräder und Mountainbikes u. a. von **Maitland's Motor Rentals** (☎ 44022; 05762) angeboten. Bei allen Mietwagen sollten Sie sich von deren verkehrssicherem Zustand überzeugen. Außer den Segelyachten und Motorbooten für organisierte Touren oder Privatcharter gibt es auch reguläre **Fährverbindungen**, u. a. tägliche Verbindungen nach/von Carriacou. Nach Trinidad (Port of Spain) verkehrt eine Fähre.

Währung/Geld
Die Währung ist der **East Caribbean Dollar**, der an den US-Dollar gekoppelt ist: EC$ 2,67 = US$ 1. Die gängigen Kreditkarten werden weitgehend akzeptiert.

Yachthäfen und Ankerplätze (Auswahl)
GRENADA: Calivigny Harbour, Green Island Yacht Harbour, Grenville/Halifax, Port Egmont, Prickly Bay, L'Anse aux Épines, St. George's

CARRIACOU: Hillsboro, Tyrell Bay

RONDE ISLAND: Ronde Island Yacht Harbour

Carriacou

Wichtige Telefonnummern
Polizei ☎ 443-7482
Krankenhaus ☎ 443-7400 und 443-7280

Anreise
MIT DER FÄHRE
Zwischen Grenada und Carriacou pendelt die Schnellfähre „Osprey", sie fährt an der Carenage in St. George's pünktlich um 9 und 17:30 Uhr ab. Die Taxifahrt vom Flughafen auf Grenada dorthin dauert höchstens 10 Minuten.

MIT DEM FLUGZEUG
Wenn man rechtzeitig auf Grenada landet, kann man mit SVG Air nach Carriacou (Flughafen Lauriston) direkt weiteer fliegen. Der letzte Flug ist meistens um 16.30 Uhr.

Fortbewegung/Exkursionen
TAXEN

Am Flughafen Lauriston sind immer einige Taxifahrer auf der Suche nach Kundschaft und bieten Ihnen auch Inselrundfahrten an. Auskünfte über organisierte Touren gibt auch die **Carriacou Owner and Driver Organisation**, ℡ 443-7386.

SCHIFF

Eine Segeltour durch Grenadas Inselwelt ist eine der schönsten Möglichkeiten, Carriacou von der Wasserseite aus kennen zu lernen. Dazu gibt es auf der kleinen Insel einige Anbieter:
- **Brian Fletcher**, Ein- und Mehrtagestouren, ℡ 443-7277, 📠 -7165
- **Captain Carl McLawrence**, ℡ 443-8468
- **Captain Bubb**, ℡ 443-8468

WASSERTAXEN

Zwischen den einzelnen Stränden verkehren Wassertaxen, in der Regel morgens und nachmittags, die Uhrzeiten differieren je nach Saison.

BUSSE

Es gibt Verbindungen **von Hillsborough** zur **Tyrrel Bay**, nach **Windward** und **Bogles**. Von Tyrrel Bay nach Windward geht es über Hillsborough.

MIETWAGEN
- **Sunkey's Auto Rentals**, ℡ 443-8382
- **Desmond's**, ℡ 4437271
- **Silver Beach Resort**, ℡ 443-7337

FÄHRE

Die **Osprey Lines** verkehrt täglich zwischen Grenada (St. George's, Carenage) und Carriacou (Hillsborough) sowie zwischen Carriacou und Petite Martinique. Laut Fahrplan verlassen die Fähren Grenada Mo-Fr um 9 und um 17.30 Uhr, Sa um 9 Uhr und So um 8 und um 17.30 Uhr. Von Carriacou legen sie ab Mo-Fr und Sa um 6 und um 15.30 Uhr, So um 15.30 Uhr. Von Carriacou gibt es auch tägliche Verbindungen nach Petit Martinique. Die angegebenen Zeiten dienen allerdings nur der groben Orientierung. Es ist unbedingt notwendig, sich einige Tage vor Fahrtantritt nach dem jeweils aktuellen Stand zu erkundigen.
- **Osprey Lines Ltd. Carenage**, St. George's, Grenada W.I., ℡ 440-8126, 📠 443-9041, E-mail: osprey@caribsurf.com, 🖥 www.ospreylines.com

Hotels
- **Hotel Laurena $$$**, Hillsborough, ℡ 443-7356, 📠 -8759, 🖥 www.hotellaurena.com; das neueste Hotel der Insel liegt mitten in Hillsborough in Fußweite zu vielen Stränden der Insel; Selbstversorgerunterkünfte und individuelle Gästezimmer; **mit Fitnesscenter, Aircondition, Kabel-TV und Telefon.**
- **Silver Beach Resort $-$$**, Beausejour Bay, ℡ 443-7337, 📠-7165; einfache Zimmer und Cottages mit Küchenecke direkt am Strand; Restaurant, Bar, Wassersport- und Wandermöglichkeiten.
- Villen und Apartments können Sie mieten bei **Down Island Ltd.**, ℡ 4438182, 📠 443-8290, 🖥 www.islandvillas.com.

G Guadeloupe und zugehörige Inseln (S. 309 ff.)

Wichtige Telefonnummern

Telefonvorwahl	☏ 0590
Internationale Vorwahl	☏ +33/590
Diplomatische Vertretung	☏ 82373
Hospital	☏ 891010 (Pointe-à-Pitre)
Ambulanz/Krankenwagen (SAMU)	☏ 891120
Polizei	☏ 17 oder 821317
See-Notdienst	☏ 829108
Touristeninformation	☏ 820930 (Pointe-à-Pitre), 812483 (Basse-Terre)

Hinweis

Spezielle Reisetipps zu Guadeloupes Dépendancen Les Saintes, Marie-Galante, Désirade und St. Barthélémy finden Sie weiter unten, die zu Saint Martin unter dem gleichnamigen Stichwort in den Gelben Seiten.

Anreise
PER FLUGZEUG

Direkt von Deutschland aus (Berlin, Bremen, Düsseldorf, Frankfurt, Hamburg, Hannover, Köln/Bonn, München, Nürnberg und Stuttgart) fliegt **Air France** täglich nach Guadeloupe (Auskunft und Reservierung ☏ 0180/5360370). Wer von Deutschland aus über Paris fliegt muss drei Stunden und 15 Euro für müssen für den Bustransfer Pariser Flughafen vom Flugahfen Charles-de-Gaulle nach Paris-Orly einrechnen. Ab Paris fliegen täglich Air Caraibe und Corsair. Die Flüge Deutschland- bzw. Frankreich-Guadeloupe/Martinique sind Inlandsflüge, bieten also keine zollfreie Einkaufsmöglichkeit. Dafür benötigen Sie aber auch nur einen Personalausweis für die Einreise. Die regionale Fluggesellschaft Air Caraibes bietet von Guadeloupe und Martinique Verbindungen nach Martinique, Guadeloupe, St. Martin, St. Barthélemy, Marie Galante, Les Saintes und La Désirade an.

Die Fluggesellschaften und ihre Telefonnummern sind:
- Liat, ☏ 211393
- **Air Guadeloupe**, ☏ 211290/824700, Büro in Pointe-à-Pitre, 10 Rue Sadi
- **Carnot**, ☏ 901225
- **Air Liberté**, ☏ 930858/211468/325600/266131
- **Nouevelles Frontières Corsair**, ☏ 903636 (Charterflüge)
- **Air Caraibe** (Paris), ☏ 0711/5053531, 🖨 5053532
- **Corsair (Paris)**, ☏ 0033/(0)1/45687060, 🖨 47345572
- **Air France**, ☏ 826161
- **AOM**, ☏ 211484

Darüber hinaus gibt es zahlreiche Charterflüge.

PER SCHIFF
Neben zahlreichen Kreuzfahrtschiffen steuert die Fährlinie **L'Express des Iles** regelmäßig Guadeloupe und die Nachbarinseln an. Es gibt Verbindungen von und nach Martinique, Dominica und St. Lucia. Informationen bei:
• **L'Express des Iles**, Gare Maritime, Quai Gatine, Pointe-à-Pitre, ☎ 831245, 📠 911105, 💻 www.express-des-iles.com

Auskunft
IN DEUTSCHLAND
• **Fremdenverkehrsbüro von Guadeloupe (Bureau du Tourisme de la Guadeloupe en Allemagne)**, An der Kreuzeck 37, 60529 Frankfurt/M, ☎ 0711-5053511 / 069-283315, 📠 069-287544

VOR ORT
Die Hauptstelle des Fremdenverkehrsamtes in Guadeloupe befindet sich in Pointe-à-Pitre am Place Victoire:
• **Office Départemental du Tourisme de la Guadeloupe**, 5 Square de la Banque, 97181 Pointe-à-Pitre, ☎ 820930, 📠 838922, 💻 www.antilles-info-tourisme.com und die Seite der Region Guadeloupe für Infos zum Nationalpark auf Basse-Terre: 💻 www.guadeloupe-parcnational.com
• **Office du Tourisme de la Basse-Terre Guadeloupe**, direkt am Marktplatz der Inselhauptstadt gelegen, im Maison du Port, ☎ 816154/812483, 📠 811810
• Weitere Büros des Fremdenverkehrsamtes, die **Syndicats d'Initiatives**, gibt es im Flughafen (☎ 211177) und in jedem größeren Ort.

WEITERE INSELN
• **Office du Tourisme de Marie-Galante**, Rue du Fort – B.P. 15, 97112 Grand Bourg de Marie-Galante, Guadeloupe, F.W.I., ☎ 975651, 📠 975654, 💻 www.ot-mariegalante.com
• **La Désirade**, ☎ 200176

Zudem erhalten Sie in den **Touristenbüros von Guadeloupe** viele Auskünfte zu Tagestouren und Übernachtungsmöglichkeiten auf den umliegenden Inseln.

Diplomatische Vertretungen
Guadeloupe wird von den französischen Botschaften vertreten. Ein deutsches **Honorarkonsulat** befindet sich in Petit Péron, BP 637, 97139 Les Abymes, ☎ 823737, 📠 830429. Schweizer und Österreicher werden durch die **Botschaften in Paris** vertreten.

Exkursionen
Einige Veranstalter bieten organisierte und (oft nur französisch) geführte Ausflüge zu den Hauptsehenswürdigkeiten per Bus oder kombinierte Bus-/Segeltouren an. Solche Sightseeing-Reisen sind aber nur für Kreuzfahrttouristen oder Tagesbesucher sinnvoll. Angesichts der Entfernungen und

des gut ausgebauten Straßensystems ist ein **Mietwagen** für Ihre Inselexkursionen empfehlenswerter. Auch das **Bussystem** funktioniert gut.

Es lohnt sich, Zeit für eine **Wanderung** einzuplanen. Der **Nationalpark Guadeloupe**, der mit „Ti-Racoon" (Waschbär) wirbt, bietet an die **300 Kilometer markierte Wanderwege** („traces") durch die tropische Fauna und Flora auf Basse-Terre. Auf Grande-Terre gibt es Wandertouren durch den **Mangrovenwald** oder entlang der **Atlantikküste**. Mehr Infos siehe unter dem Stichwort „Wandern".

Feiertage

- Neujahr
- Karfreitag
- Ostermontag
- 1. Mai • **Tag der Arbeit**
- Pfingstmontag
- 27. Mai • **Abschaffung der Sklaverei**
- 14. Juli • **Nationalfeiertag** (Fête Nationale)
- 21. Juli • **Victor-Schœlcher-Tag** (Jour de Schœlcher)
- 1. November • **Allerheiligen** (Toussaint)
- 11. November • **Armistice**
- **Weihnachten**

Flughafen und Airporttax

Auf dem internationalen **Aéroport du Raizet** bei Pointe-à-Pitre landeten bereits in den 1960er Jahren Boeings 707 und seit 1970 auch Jumbo Jets. Damit war Le Raizet nach Orly/Paris der zweite französische Flughafen überhaupt, auf dem diese Maschinen landen konnten. Der Flughafen wurde 1996 zum Charter-Terminal. Gleichzeitig wurde der **Aérogare Guadeloupe Pôle Caraibes** als internationaler Flughafen eingeweiht. Er verfügt über alle üblichen Einrichtungen einschließlich eines großen Mietwagen-Counters und etlichen Duty-Free- Läden. **Flugzeiten** erfahren Sie unter der kostenpflichtigen Nummer ☎ 0836-689755; allgemeine Auskünfte unter ☎ 211472/ 211400, 🖥 www.guadeloupe.aeroport.fr.

Eine **Flughafengebühr** ist mit Ausnahme von Saint Martin (**Juliane Airport**) nirgendwo im Département Guadeloupe zu zahlen, die Gebühren sind bereits im Flugpreis enthalten.

Medien

Wenn auch mit einigen Tagen Verspätung, sind ab und zu internationale Zeitungen sowie einige Magazine in Pointe-à-Pitre und am Flughafen zu bekommen. Die lokale Tageszeitung ist die **„France-Antilles"**. Es gibt zahlreiche **lokale Radiosender**, die auch internationale Nachrichten bringen. Einige senden ihr Programm temporär in Patois. Vielerorts werden französische Infosender wie z. B. FranceInter mit Interesse gehört mit halbstündlichen Staumeldungen aus Paris oder Marseille. Das TV-Programm wird via Satellit mit süd- und nordamerikanischen Sendern, aber auch mit französischen Sendern versorgt.

Medizinische Versorgung

Wie auf den französischen Antilleninseln insgesamt, entspricht auch auf Guadeloupe die medizinische Versorgung **europäischem Standard**. Es gibt auf der Insel mehrere Krankenhäuser und

Regionale Reisetipps von A–Z (Guadeloupe und zugehörige Inseln)

ambulante Dienste. Die Verständigung ist in der Regel auf Englisch möglich. Fragen Sie in Ihrem Hotel nach der nächstgelegenen Arztpraxis oder einem Krankenhaus in Ihrer Nähe. Das **Krankenhaus** von **Pointe-à-Pitre** erreichen Sie unter ☎ 891010, **Notarzt** *(SAMU)* unter 891120.

Öffnungszeiten
- **Banken**: *Mo-Fr 8-12 und 14-16 Uhr, manchmal auch Sa vormittags geöffnet. In den Sommerferien durchgehend von 8-15 Uhr geöffnet.*
- **Postämter**: *Mo-Fr 7-18 Uhr und Sa 7-12 Uhr*
- Die Kernzeiten der **Geschäfte** sind von *Mo-Fr von 9 Uhr bis 12.30 Uhr und von 14.30-18 Uhr, Sa bis 13 Uhr* geöffnet. Die **Supermärkte** und **Einkaufszentren** sind, außer So, bis 20 Uhr geöffnet. In den Sommerferien sind die Banken durchgehend geöffnet.

Post
Die **Postleitzahl** für **Pointe-à-Pitre** lautet 97110, für **Basse-Terre** 97100. Postämter sind in jedem größeren Ort vorhanden. Die beiden **Hauptpoststellen** befinden sich in **Pointe-à-Pitre** *(Boulevard Hanne)* und **Basse-Terre** *(Rue Baudot)*.

Preisniveau
Auf den Französischen Antillen liegen in der Hotellerie und Gastronomie die Preise **generell über dem europäischen Durchschnitt**. *Für ein Mittelklassehotel müssen Sie mit € 90 pro Tag und Person rechnen. Nur für Früchte, Fisch, Rum und andere örtliche Produkte, die auf dem Markt angeboten werden, sind die Preise moderat. Der Durchschnittspreis für eine Tasse Kaffee, ein Bier oder eine Cola beträgt € 3.*

Restaurants
Die Restaurants auf Guadeloupe bieten eine **große Auswahl kreolischer Gerichte** an. Auf Grund der französischen und afrikanischen Einflüsse basieren die Gerichte zum großen Teil auf frischen heimischen Zutaten: Fisch, Meeresfrüchte, tropische Früchte und Gemüse, scharfe Gewürze, Huhn, Lamm etc. Darüber hinaus gibt es auch viele Lokalitäten, die gehobene französische Küche bzw. die internationale **Nouvelle Cuisine** auf ihrer Speisekarte haben und dafür auch entsprechend höhere Preise nehmen. Am preiswertesten sind am Abend Menus bzw. tagsüber die **Plats du jour** *(Tagesgerichte)*; à la carte zu bestellen ist am teuersten. Neben dieser Auswahl von Restaurants gibt es auch in fast jedem Hotel die Möglichkeit, im hoteleigenen Restaurant zu speisen.

Pointe-à-Pitre
- **La Canne à Sucre**, *Quai Nr. 1, direkt gegenüber dem Hafenbecken im Centre Saint-John-Perse, Pointe-à-Pitre,* ☎ 892101; *kreolische und französische Küche, Sa kreolisches Frühstücksbuffet.*

Gosier
- **Auberge de la Vieille Tour**, *Montauban, Gosier,* ☎ 842323, *großes Restaurant, gilt mit seinem edlen Ambiente, französischer Küche und ausgezeichneten Weinen als eine der ersten Gourmet-Adressen.*

- **La Plantation Bas du Fort**, Marina, Gosier, ☎ 908483, kreolische und französische Küche.
- **L'Albatros**, Bas du Fort, Marina, Gosier, ☎ 908416; Küche 12-14 und 19-22 Uhr; So und Mo geschlossen; Blick auf Les Saintes und Basse Terre; Fischgerichte und Meeresfrüchte; Menu ab € 30.
- **Le Rossini**, Bas du Fort, Gosier, neben dem Marissol-Hotel, ☎ 908781, lebhafter Italiener.
- **Le Dampierre**, Gosier, ☎ 845319, kreolische Küche.
- **La Mandarine**, Gosier, ☎ 843028, französische und kreolische Küche.

Sainte-Anne
- **Chez Deux Gros**, Route de la Riviera, auf dem Weg zwischen Le Gosier und Sainte-Anne, ☎ 841620, stilvoll eingerichtet, französische Küche, gutes Entengericht.
- **Le Bananier**, Route de Gosier, ☎ 843485, kreolische Küche.

St. François
- **Chez Honoré**, Anse à la Gourde, St. François, ☎ 885219, kreolische Küche, sehr gute Meeresfrüchtespeisen.
- **La Toubana**, Route de Sainte-Anne, ☎ 882578, geöffnet von 12.30-14 Uhr und 19.30-22 Uhr, Langusten-Spezialitäten, Terrasse mit Swimmingpool, schöner Blick aufs Meer.

Basse Terre
- **Karacoli**, Deshaies, Basse Terre, ☎ 284117, mit das beste kreolische Essen, das es auf Guadeloupe gibt; gepflegtes und nicht zu teures Restaurant direkt am Strand; leider nur mittags geöffnet.
- **Chez Clara**, Boulevard St. Charles, Sainte Rose, ☎ 287299, Mi geschlossen, sehr populäres Lokal mit kreolischer Küche, faire Preise.
- **Le Papayer**, Route de Ravine Chaude, Lamentin, ☎ 253104; ein schön im Hinterland gelegenes Restaurant mit lokalen Spezialitäten.

Reiseagenturen
Etliche Agenturen bieten Transfer-Arrangements, Sightseeing-Touren u. ä. an; die beiden größten sind:
- **Caribjet**, Aéroport du Raizet, ☎ 822644
- **Agence Marie-Gabrielle**, 21 Rue Alexandre Isaac, Pointe-à-Pitre, ☎ 820538/831561
- **Meier's Weltreisen**, ☎ 0211/9078-51, 🖳 www.meiers-weltreisen.de
- **Pierre & Vacances**, 0721/931950, 🖳 www.pierre-et-vacances.de
- Besonders empfehlen können wir für die Buchungen von Übernachtungen, Mietwagen und Flügen die deutschprachige Reiseagentur **Tropical Reisen** (Kirsten Boucard, Mittlerer Bauernwaldweg 60, 70195 Stuttgart, ☎ 0711/5053531, 📠 5053532

Souvenirs
An lokalen Souvenirs bieten sich besonders **Flechtwaren**, **Textilien**, **Gemälde** sowie **Kunsthandwerk** aus Holz und Metall an. Auch **Rum**, **Kaffee**, **Vanille** und **Gewürze** sind beliebte Mitbringsel.

Daneben verstehen sich die Französischen Antillen als „Schaufenster Europas in der Karibik", so dass man teilweise relativ **günstig französische Markenartikel** kaufen kann, wie Kosmetika und Parfum, Seidentücher, Kristall, Porzellan, Tabak und Spirituosen (Cognac, Champagner). Viele Geschäfte sind in Pointe-à-Pitre am Hafen und um die Place de la Victoire konzentriert.

Sport

Zwar ist Guadeloupe auf sportlichem Gebiet (noch) nicht so entwickelt wie Martinique, doch bestehen auch hier alle Möglichkeiten. Ob Sie nun in St. François windsurfen, in Le Moule wellenreiten oder in Malendure tauchen möchten, über die großen Hotels oder Spezialanbieter können Sie auch hier **Wassersport** nach Lust und Laune treiben. Ein umfassendes Sport-Angebot hat das Hotel „Le Méridien". Das Hotel „**UCPA Hotel Club**" in St. François bietet gute **Surfkurse** an, ☎ 886480, 🖷 884350. Surfbretter verleiht dort auch die **Sport Away Ecole Nathalie Simon**, ☎/🖷 887204. **LCS**, Sainte-Anne, ☎ 881517, 🖷 881521; **Comité Guadeloupéen de Surf** im Karukera Surf Club, Le Moule, ☎ 237589.

Segelboote können Sie bei **Captain Lemaire** in Pointe-à-Pitre, Route du Gosier für rund 100 US-Dollar pro Tag, inklusive Drei-Personen-Crew, chartern. Tagesausflüge mit Segelboot oder Wasser-Scooter bietet **King Papyrus** an, Marina Bas du Fort, Gosier, ☎ 909298, 🖷 907171 (u. a. Mangroven-Tour); **La Compagnie des Bateaux Verts**, Marina Bas du Fort (auch Glasbodenboote), ☎ 907717, 🖷 907920; **Falling Star**, Katamaran-Touren nach Petite-Terre, ☎ 885396, 🖷 887794.

Eines der schönsten **Tauchgebiete** ist sicherlich die **Ilet au Pigeon** (westlich von Basse-Terre, nahe von Malendure), wo Jacques Cousteau Teile seines Films „Die Welt der Stille" gedreht hat. Für Schnorchler gibt es die Möglichkeit, von Malendure aus das Glasbodenboot zu nehmen und zum Tauchgebiet hinauszufahren. Allerdings ist die Sicht wegen der verhältnismäßigen Tiefe nicht so gut. Oftmals ist das Boot auch durch Kreuzfahrttouristen ausgebucht. Dennoch lohnt es sich, mit dem Schiff hinauszufahren, allein schon wegen der schönen Sicht vom Meer auf die Insel. Tauchschulen gibt es entlang der Küste um die Ilet Pigeon herum. Für Anfänger eignet sich besonders die Tauchschule **Chez Guy et Christian**, Plaisir Plongée Caraibes, ☎ 988243, 🖷 988284, gute Ausrüstung, Unterkunftmöglichkeiten; **Les Heures Saines**, Rocher de Malendure, ☎ 988663. An Land haben **Golfer** die besten Möglichkeiten auf dem internationalen 18-Loch-Golfplatz in St. François.

Ganz besonders eignet sich die Insel jedoch zum **Wandern**, sei es durch den Regenwald des Nationalparks oder hinauf zum bzw. rund um den Vulkan Soufrière. Mit mehr als einem Dutzend längerer und etlichen kürzeren ausgeschilderten Wanderwegen (ca. 300 Kilometer) hat Guadeloupe das beste Wanderrevier der Antillen. Mehr Infos dazu unter dem Stichwort „Wandern".

Sprache

Ohne wenigstens ein paar Brocken Französisch ist eine Unterhaltung auf Guadeloupe sehr schwierig, da nur selten Englisch und schon gar kein Deutsch, sondern **fast ausschließlich Französisch und Patois** von den Insulanern gesprochen wird. Wenn Sie jedoch ein paar Sätze Französisch sprechen und sich bemühen, auf die Inselbewohner zuzugehen, kann sich die zunächst distanzierte Haltung schnell in große Herzlichkeit wandeln. Drei Worte Créole sollten Sie auf jeden Fall können: „pa ni problem" (= kein Problem).

Strände

70 Sandstrände weist die Statistik für Guadeloupe aus, davon **22 für St. Barthélemy** und **36 für St. Martin**. Sowohl Grand Terre als auch Basse Terre haben Strandabschnitte mit Palmen,

geschützte Buchten und mediterran wirkende Sanddünen. Im Nordteil sind die Strände von St. François und Sainte-Anne am schönsten, während die z. T. künstlich aufgeschütteten Buchten von Gosier relativ schmal sind. Auf **Basse-Terre** ist das Highlight des Badelebens die Sandbucht **Grande Anse** mit ihrem herrlichen **Palmenwald**. Während FKK nur innerhalb einiger Hotelstrände und in der Anse Tarare (Grande-Terre) geduldet wird, hat sich das Topless-Sonnen überall durchgesetzt.

Strom
Die Stromspannung beträgt 220 Volt; die Steckdosen sind wie in Frankreich oder Deutschland. Doch auch für französische Stecker kann ein Adapter notwendig sein.

Telefonieren
Die **internationale Vorwahl** ist von Europa (außer Frankreich) **nach Guadeloupe** und zugehörigen Inseln: 00-590-590, anschließend wählt man die sechsstellige Rufnummer. Auch **innerhalb Guadeloupes** müssen Sie jeweils die Vorwahl 0590 wählen, d. h. erst den Code für die Region, die 05, und dann die Vorwahl 90 vor der sechsstelligen Nummer.

Auf Guadeloupe und den zugehörigen Inseln wählen Sie **nach Deutschland** 19-49, **nach Österreich** 19-43 und **in die Schweiz 19-41**; danach jeweils die örtliche Vorwahl ohne die erste Null. Wer **nach Martinique** anrufen will, wählt 0596 plus die sechsstellige Nummer des dortigen Teilnehmers.

Unterkunft
Hotels gibt es auf Guadeloupe reichlich, die meisten sind in Le Gosier angesiedelt. Der Preis für ein normales Doppelzimmer inklusive Frühstück ist in der oberen Mittelklasse einzustufen. Die günstigere Alternative sind Ferienwohnungen bzw. -häuser (Bungalows) und Gastzimmer, die so genannten „Chambres d'hôtes" und „Gîtes ruraux": **Gîtes de France**, La Guadeloupe, B.P. 759, Place de La Victoire, 97171 Point-à-Pitre Cédex, ☎ 916433, 🖷 914540, 💻 www.itea2.com.

HOTELS
GRANDE-TERRE
Pointe-à-Pitre
- **Anchorage Hôtel Le Saint John $$$**, Quai des Croisières, Pointe-à-Pitre, ☎ 825157, 🖷 825261; postmodernes Hotel innerhalb des St. John-Perse-Zentrums, 44 komfortable Zimmer auf drei Etagen, direkt am Kreuzfahrtschiffquai und wenige Minuten vom Place de la Victoire gelegen.

Le Gosier
- **La Créole Beach Hôtel $$$$$**, Pointe de la Verdure, Gosier, ☎ 904646, 🖷 904666, 💻 www.leader-hotels.gp; das Créole Beach Hotel ist ein Komplex von drei zusammengehörenden Gebäuden auf einem geschmackvoll angelegten Gelände; die anderen beiden Gebäude beherbergen **Les Résidences Yucca** und das **Hôtel Mahagony**. Das Créole Beach hat 156 Zimmer inmitten schöner Gärten mit Bougainvilleen, Lilien und Hibiskus, drei kleine Buchten mit Sandstränden, großen Swimmingpool, viele Wassersportmöglichkeiten und Golfplatz; zentraler Mittelpunkt des Hotel-Komplexes sind das gute Restaurant „**Alize**" und die Bar „**La Rhymerie**"; Casino wenige Gehminuten entfernt, ein Kilometer bis zum Zentrum von Gosier.

- **Auberge de la Vieille Tour $$$$$**, Montauban, Gosier, ☏ 842323, 🖨 842242, 💻 www.antilles-info-tourisme.com/guadeloupe; Hotel der Sofitel-Gruppe; die luxuriöse „Herberge" liegt in einer ehemaligen Zuckermühle; erstklassiges Restaurant, Bar, Boutique, kleiner Sandstrand, Tennisplätze und Swimmingpool.
- **Mahagony $$$$$**, der luxuriöse Teil der Créole-Beach-Anlage mit 6 Suiten à 120 m², 13 zweistöckige Wohnungen (58 m2) oder 46 Apartments mit Küche und Balkon (37 m²).
- **Les Résidences Yucca $$$$**, 100 Studios à 40 m², in ein- bis zweistöckigen Pavillons untergebracht.
- **Le Salako $$$**, Pointe de la Verdure, Gosier, ☏ 8942222; schöne Anlage am Palmenstrand, sehr schöner Pool, Tennisplätze, viele Wassersportmöglichkeiten.

St. François
- **Le Méridien $$$$$**, St. François, ☏ 885100, 🖨 88407, 💻 www.meridien-gpe.com; herrlich am Atlantik in einem tropischem Park gelegen, 271 komfortable Zimmer inmitten eines üppigen tropischen Gartens, 3 Restaurants, Casino, 2 Bars und Disko, sportliche Note durch Golfplatz, 2 Tennisplätze und alle Wassersportmöglichkeiten. Die Nobelherberge mit eigenem Flugplatz war mehrmals Schauplatz wichtiger Treffen, u. a. 1979, als hier Präsident Giscard d'Estaing den US-Präsidenten Jimmy Carter, den britischen Premier Callaghan und Bundeskanzler Helmut Schmidt zu einem Gipfeltreffen einlud.
- **Le Hamak $$$$$**, Avenue de l'Europe, St. François, ☏ 885999, 🖨 884192; exklusive Bungalowanlage mit 56 Einheiten, zwischen Golfplatz und der Lagune gelegen, Restaurant, viele Wassersportmöglichkeiten.
- **Hôtel Anchorage Anse des Rocher $$$$**, L'Anse des Rochers, St. François, ☏ 939000, 🖨 887247, östlich von St. François gelegene komfortable Anlage im verschnörkelten Stil kreolischer Plantagenhäuser, mehrere Boutiquen, Restaurant „Indien" mit indischen Spezialitäten; tropischer, 10 ha Park, Privatstrand, schöner Pool, 4 Tennisplätze.

Sainte-Anne
- **La Toubana $$$$$**, Fonds Thézab, ☏ 882578, 🖨 883890, schönes Bungalow-Hotel, auf den Klippen oberhalb des Strandes von Sainte-Anne; Panorama-Terasse mit großem Pool, Tennisplatz, jeder Bungalow mit Küchenecke; Tiefseeangeln, Tennisplatz, Restaurant, Bar, Tauchshop, viele Wassersportmöglichkeiten, Kinderbetreuung.
- **Alizés Bungalows $-$$**, 1, Rue Lethière, ☏ 858586 und 858591, 🖨 858586, 💻 www.ausouffledalizes.com; Die hell und freundlich gehaltenen Bungalows inmitten eines tropischen Gartens liegen 300 m zum Strand; Badezimmer mit Dusche, für zwei bis drei Personen ausgerüstete Küche, Terrasse.
- **Casa Boubou $-$$**, Durivage ☏ 851013, 🖨 854859, http://perso.wanadoo.fr/didier.pontault/index.htm; 8 komplett ausgerüstete Bungalows inmitten tropischer Vegetation kurz vor Saint Anne für 2-6 Personen, 3 Strände in Fußnähe.

Basse-Terre
- **Les Relais bleus de la Soufrière $$$$**, St. Claude, ☏ 800127; kleine Pension mit 22 Zimmern/Balkone, etwa 3 km vom Meer und 7 km vom Vulkan entfernt, gut geeignet als Standort für Wanderungen.
- **Auberge de la Distillerie $$$**, Route de Versailles, Tabanon, Petit-Bourg, ☏ 942 591, 🖨 941191; eine kleine, gemütliche Pension mit 16 Zimmern, Restaurant, Bar.
- **La Colline verte, Deshaies $-$$**, ☏ 284074, 🖨 284074, 💻 www.1-2-3soleil.com; 10 Holzbungalows in einem Tal am Hang für 2-4 Personen; Kochnische und Essplatz auf der Terrasse; Swimmingpool im Garten; 4 Bungalows mit Klimaanlage gegen einen Aufpreis.

- **Archipel Location Bungalows** $, 46, Petit Bas-Vent, Deshaies, ☎ 284565, 🖷 287309, 💻 www.im-caraibes.com/residences-archipel; Für 2-5 Personen ausgelegte Bungalows, ca. 150 m vom Strand Fort-Royal entfernt; rund um einen Swimmingpool angeordnet; gepflegtes Anwesen.

CAMPING

Für Camper gibt es keine Auswahl, der einzige Platz, der **Camping Traversée** (☎ 205565) liegt auf Basse Terre in der Nähe von Mahaut. Es kann auf dem Platz für einfache Zelte allerdings Probleme geben, wenn es zu viel regnet. Camping-Wagen können Sie mieten bei **Vert'Bleu**, Deshaies, ☎ 285125, 🖷 285295.

Veranstaltungen

Wie auf den meisten Antilleninseln, ist auch auf Guadeloupe der **Karneval** (vaval) das größte festliche Ereignis. **Die Saison beginnt hier schon Anfang Januar** (Dreikönigs-Sonntag) und dauert bis Aschermittwoch. Am Höhepunkt, dem Rosenmontag und Veilchendienstag, ist der Verkehr lahm gelegt. Tanzwettbewerbe, Kostümbälle und Umzüge finden in jeder Ortschaft statt. Daneben gibt es auf jeder Insel des Archipels jeweils **lokale Gemeindefeste**, die am Tag des Namenspatrons stattfinden. Solche „nationalen" Feiertage sind der **15. August** auf den Saintes-Inseln, der **24. August** (Sankt Bartholomäus) auf St. Barthélemy und der **11. November** (Sankt Martin) auf St. Martin.

Ein farbenfrohes Fest ist in Pointe-à-Pitre am 10. August (Sankt Laurentius) bzw. am darauf folgenden Sonntag: das **Festival der Köchinnen** (Fête des Cuisinières). An diesem Tag findet ein großer Gottesdienst in der Kathedrale statt, bei dem allerlei Wurststücke, Gebäck und andere Leckereien in den Körben der farbenfroh gekleideten Köchinnen gesegnet werden. Ebenfalls bunt geht es auf den **Fischerfesten** (Fêtes des Marins Pêcheurs) zu, die auf Désirade und den Saintes-Inseln an Maria Himmelfahrt am 15./16. August gefeiert werden.

Verkehrsmittel

Mit seinem dichten und guten Straßennetz von **insgesamt knapp 2.000 Kilometer** Länge bietet sich Guadeloupe für **Selbstfahrer** an. Die Verkehrsregeln entsprechen denen in Europa, wenn auch manche Fahrer ihr karibisches Temperament nicht verleugnen können. Alle großen und noch mehr lokale Anbieter von **Mietwagen** sind am Flughafen und bei den großen Hotels vertreten. Für einen Kleinwagen (Peugeot 205, Renault Clio) müssen Sie mindestens mit € 40 pro Tag rechnen; am günstigsten sind Buchungen aus dem Ausland 48 Stunden im Voraus. Die Preise sind etwas höher als auf den anderen Antilleninseln.

Die Anbieter sind:
- **Avis**, ☎ 211354, 🖷 211355
- **Budget**, ☎ 211349, 🖷 895617
- **Europcar**, ☎ 211352, 🖷 211353
- **Pro Rent Guadeloupe**, ☎ 267344, 🖷 252241

Motorräder können Sie mieten bei:
- **Dom Location**, ☎ 887608
- **Equateur Motors**, ☎ 845994
- **Vespa Sun**, Pointe-à-Pitre, ☎ 913036

Die modernen und bequemen **Busse** sind eine preiswerte Alternative zum Mietwagen. Sie verkehren von 5 bis 18 Uhr. Zentraler Knotenpunkt ist Pointe-à-Pitre mit seinen drei Überland-Busbahnhöfen **La Darse** (Quai Gatine) für Fahrten an die Südküste von Grande-Terre, **Mortenol** für die Nordküste von Grande-Terre und **Bergevin** für Basse-Terre. Die kommunalen Überlandbusse sind an ihrer orange- oder grün-weißen Farbe erkennbar, in Pointe-à-Pitre fahren die gelb-grünen Busse der Firma **TUPP**.

Am Flughafen, an vielen Hotels, Stränden und in Pointe-à-Pitre stehen ausreichend viele **Taxen** bereit. Zwar sind die Preise gesetzlich festgelegt, aber die Wagen haben keinen Taxameter. Für Touristen scheinen Spezialtarife zu gelten. Am besten, man macht den Preis vor Fahrtantritt aus. Nur wenige Taxifahrer sprechen Englisch!

FÄHREN

Von **La Darse**, dem Fährhafen in Pointe-à-Pitre, gibt es viele komfortable und gut funktionierende Verbindungen mit Personenfähren, Katamaranen oder Motor-Schnellbooten nach Marie-Galante, La Désirade und den Saintes-Inseln. Außerdem verkehren die Schnellboote des L'Express des Iles zwischen Guadeloupe, Martinique und Dominica sowie weiteren Nachbarinseln. Die häufig wechselnden täglichen Abfahrtszeiten (meist morgens gegen 8 Uhr) und Preise erfragen Sie am besten im örtlichen Fremdenverkehrsbüro oder am Hafen. Weitere Fähr-Anlegestellen sind in **Trois Rivières**, **Basse Terre** und **St. François**.

Die wichtigsten Gesellschaften:
- **Trans Antilles Express**, ☎ 831245
- **Transports Brudey Frères**, ☎ 916087
- **Deher CTM**, ☎ 995068
- **Vedette Impériale**, ☎ 885806.

Pro Fahrt kann die Autofähre **Amanda Galante** (☎ 831989) 22 Autos von Pointe-à-Pitre nach St. Louis (Marie-Galante) transportieren.

Wanderung

Infos bekommen Sie bei der Fremdenführervereinigung **Association des guides accompagnateurs de moyenne montagne**, ☎ 802425 und bei **Emeruade Guadeloupe**, ☎ 819828 in Saint Claude – auf dem Weg zwischen Basse-Terre und dem Massiv der Soufrière – 5 km vom Ausgangspunkt vieler Wanderungen. Angeboten werden mehrtägige Wanderungen mit den Schwerpunkten des Vulkans Soufrière, Bodenkunde, Fauna und Flora. Darüber hinaus werden Mountainbike- und Kultur-Touren angeboten.

> **Hinweis**
>
> Beim Wandern in tropischen Gebieten müssen Sie vor allem in der Regenzeit mit starken Regengüssen rechnen. Nehmen Sie daher immer Regenschutzkleidung und warme Anziehsachen mit. In höher gelegenen Waldgebieten kann es kühl werden. Auch ausreichend Trinkwasser und Sonnencreme sollten Sie mit sich führen. Und beachten Sie bei der Tourenplanung, dass es schon zwischen 17.30 und 18.30 Uhr dunkel wird und die Dämmerung nur sehr kurz ist!

Währung/Geld
Für die französischen Überseegebiete, die Départements d'Outre-Mer, wozu Guadeloupe und seine umliegenden Inseln sowie Martinique gehören, gilt seit dem 1. Januar 2002 nach einer mehrmonatigen Übergangszeit der **Euro** als alleiniges Zahlungsmittel. Währung: 1 Euro = 100 Cents. Kreditkarten werden fast überall akzeptiert, genau wie US-Dollar. Sie können zudem auch mit der EC-Karte am Geldautomaten Geld abheben.

Yachthäfen und Ankerplätze (Auswahl)

BASSE-TERRE
- Anse-à-la-Barque
- Basse-Terre
- Anse Deshaies
- Ste.-Marie
- Rivière Sous-Marin

GRANDE-TERRE
- Grand Cul-de-Sac Marin
- Pointe-à-Pitre
- Bas-du-Fort Marin
- Le Petit Havre
- Ste. Anne
- St. François

Iles des Saintes (Les Saintes)

Anreise
PER SCHIFF

Von Pointe-à-Pitre – Schnellboote von **Trans Antilles Express**, (☎ 831245) und **Transports Brudey Frères**, (☎ 916087) einmal täglich in knapp einer Stunde, morgens hin, nachmittags zurück. Von **Basse-Terre** fährt die **Princesse Caroline** in 25 Minuten und von **Trois-Rivières** gibt es sechsmal täglich Verbindungen nach Terre-de-Haut mit **Deher CTM** (☎ 995068). Zwischen den Inselchen besteht mehrmals täglich Pendelverkehr. Wer selbst mit dem Boot zu den umliegenden Inseln fahren oder segeln will, bekommt Infos zu Mietmöglichkeiten bei der **Vereinigung der Bootsvermieter**, c/o Cap Sud 3, Place Créole, Gosier, ☎ 907670, 🖷 907677.

PER FLUGZEUG
Air Guadeloupe verkehrt mehrmals täglich von Point-à-Pitre aus, teilweise über Marie-Galante, nach Terre-de-Haut; Flugdauer 15 Minuten.

Auskunft
Die **Marie** (Rathaus) von Terre-de-Haut bietet einige Grundinformationen. Besser ist es, sich vorher auf Guadeloupe bei den dortigen **Fremdenverkehrsämtern** Info-Material und eine Unterkunft zu besorgen.

Blick auf Les Saintes

Verkehrsmittel

Das **Straßensystem** auf den beiden „Hauptinseln" ist sehr überschaubar. Nur fünf Kilometer befahrbare Straßen gibt es, und außer einigen **Minibussen für den Hotel-Transfer** keinen Autoverkehr. Mit kleinen Wanderungen kommen Sie jedoch überallhin, von Terre-de-Haute bis zum Fort Napoleon sind es 25 Gehminuten. Tagestouren mit dem Minibus werden angeboten, lohnen sich wegen der Inselgröße jedoch nicht. Dann lieber mittags einen **Motorroller** mieten, um zu einem der Stände zu fahren; aber Achtung: von 9-12 Uhr und 14-16 Uhr ist Fahrverbot.

Yachthafen

• Bourg des Saintes

Marie-Galante

Anreise
PER FLUGZEUG
Täglich mindestens ein Flug mit **Air Guadeloupe** (☎ 901225) von Pointe-à-Pitre zum Flughafen Basses auf Marie-Galante. **Marie-Galante Aviation** (☎ 977702). Die Flugdauer beträgt 15 Minuten.

PER SCHIFF
Nach Grand-Bourg oder St. Louis ab Pointe-à-Pitre in 50 Minuten u. a. mit den Schnellbooten des **Trans Antilles Express** (☎ 831245), **Transports Brudey Frères**, (☎ 916087); pro Fahrt kann die **Autofähre Amanda Galante** (☎ 831989) 22 Autos von Pointe-à-Pitre nach St. Louis (Marie-Galante) transportieren.

Auskunft
• **Office du Tourisme de Marie-Galante**, Rue du Fort – B.P. 15, 97112 Grand Bourg de Marie-Galante, Guadeloupe, F.W.I., ☎ 975651, 🖷 975654, und ein weiteres Büro in der Passage des Braves, Grand-Bourg, ☎ 978197, 🖳 www.ot-mariegalante.com

Verkehr
Es lohnt sich, die Schönheiten Marie-Galantes auf einer Inselrundfahrt mit einem **Minibus** oder **Mietwagen** zu erkunden.
• Auto Grande-Savane, ☎ 979776
• Doni Location, ☎ 974618
• Ets. Defaut, ☎ 975663, u. a. auch **Motorräder und Fahrräder**

Taxen stehen am Flughafen bereit: ☎ 978065
Exkursionen: El Rancho, Grand Bourg, ☎ 978160

La Désirade

Wichtige Telefonnummern
Polizei ☎ 200162
Hafen ☎ 200214
Arzt ☎ 200193

Anreise
PER FLUGZEUG
Nach La Désirade verkehrt **Air Guadeloupe** (☎ 901225) mehrmals wöchentlich ab Pointe-à-Pitre. Der kleine Inselflughafen befindet sich in **Grand-Anse**, in der Nähe der Pointe des Colibris.

PER SCHIFF
Es gibt eine tägliche Verbindung ab St. François mit Schnellbooten von **Vedette Impériale** (☎ 885806). Die Überfahrt dauert etwa 45 Minuten. Zahlreiche Veranstalter bieten **Tagesausflüge** an, Infos erhalten Sie bei den Touristenbüros.

Verkehr
Auf der einzigen, zehn Kilometer langen Straße der Insel verkehren nur **Taxen** bzw. **Minibusse**, die die ankommenden Gäste empfangen und zu ihren Unterkünften bringen. Sie können sich aber auch **Motorräder** oder **Fahrräder** leihen (☎ 200443/200111).

St. Barthélemy (St. Barth)

Wichtige Telefonnummern
Polizei ☎ 276666
Feuerwehr ☎ 276231
Hafen ☎ 278315
Krankenhaus ☎ 276035
Radio St. Barth ☎ 277474 (FM 98 Mhz)

Anreise
PER FLUGZEUG
Es gibt über 10 Flüge täglich zwischen St. Barth und Guadeloupe sowie zwischen St. Barth und St. Martin. Weitere Verbindungen nach San Juan, St.Thomas, Anguilla, Antigua, Montserrat, Nevis, Saba und St. Kitts. St. Barthélemy wird hauptsächlich von folgenden Fluggesellschaften angeflogen:
• Air Guadeloupe, ☎ 901225,
• Air St. Barthélemy, ☎ 590-590-277190

- Winair, ☏ 590-590-276101
- Air St.Thomas, ☏ 590-590-277176
- Air Caraibes, ☏ 590-590-279941
- St. Bath Commuter, ☏ 275454
- Air St. Martin, ☏ 276190

Per **Hubschrauber** kommen Sie von St. Martin nach St. Barth mit **Trans Helico Caraibe**, ☏ 290541, 872187.

PER SCHIFF

Auf diesem Weg erreichen Sie St. Barth von Guadeloupe/Pointe-à-Pitre via Saint Martin mit dem **Trans Antilles Express** (☏ 831245). Zwischen Saint Martin und St. Barth verkehrt zudem regelmäßig der **Gustavia Express** (☏ 277724), die Fähre **Voyager II** (☏ 872078) und der Katamaran **White Octopus** (Philipsburg, ☏ 599-5-23170).

Auskunft
- Office du Tourisme, Marina, auf dem Quais von Gustavia, St. Barthélémy, ☏ 278728, 📠 277447.

Hotels
Aus dem reichhaltigen und luxuriösem Angebot eine exquisite Auswahl:

Gustavia
- **Carl Gustaf $$$$$**, Rue des Normands, Gustavia, ☏ 297900, 📠 278237; Deluxe-Residenz in Lage mit reizvoller Aussicht oberhalb des Ortes, mit 7 Einzel-, 6 Doppelsuiten und einer „Königssuite", alle mit jedem erdenklichem Komfort und multimedial ausgestattet, Gourmet-Restaurant, Pool; 🖥 www.hotelcarlgustaf.com.

Anse des Flamandes
- **Auberge de la Petite Anse $$$$**, Anse des Flamands, ☏ 276489, 📠 278309; eine der wenigen „preiswerten" Unterkünfte mit 16 einfachen, kleinen und sauberen Apartments in Strandnähe direkt am Meer gelegen.

Anse des Cayes
- **Le Manapany Cottages $$$$$**, Anse des Cayes, ☏ 276655/276660, 📠 277528; luxuriöse „Hütten" mit 52 Zimmern, urfranzösische Atmosphäre, Restaurant mit respektablem Weinkeller; 🖥 www.st-barths.com

Cul-de-Sac
- **Guanahani $$$$$**, Morne Lurin, Grand Cul-de-Sac, ☏ 276660, 🖥 www.leguanahani.com; absolute Luxusherberge der „Leading Hotels of the World", 68 Suiten in Deluxe-Bungalows, Pool, 2 Flutlichttennisplätze (auf dem schon Boris Becker gerne spielte), zwei Gourmet-Restaurants, zwischen zwei herrlichen Sandbuchten und direkt neben dem Besitz von Baron Edmund de Rothschild platziert.

• **St. Barth Beach Hotel $$$$$**, *Grand Cul-de-Sac*, ☎ 27276070; direkt am Strand gelegenes First-Class-Hotel mit 36 Zimmern, Bar und Restaurant, Pool, Tennisplatz, umfangreiches Sportangebot, Windsurfing-Schule; 🖳 www.saintbarthbeachhotel.com

Preisniveau

St. Barth gilt selbst in Kreisen der Reichen als sehr exquisit. Zu Recht, denn die Insel gehört zu den teuersten Plätzen in der Karibik So sind die Hotels fast ausschließlich der First Class oder der Luxus-Kategorie zuzuordnen – eine Suite im Guanahani mit Schlafzimmer, Wohnzimmer, Terrasse und Meerblick gibt es für 1000, ein einfaches Zimmer mit Gartenblick schon für € 500. Auch einfache Herbergen sind immer noch teuer. Die Adressen der Agenturen, die Apartments und Villen vermieten, finden Sie unter dem Stichwort „Unterkünfte".

Restaurants

Bei einer Tour über die Französischen Antillen ist es schwer, den kulinarischen Spezialitäten der kreolischen und französischen Küche zu entgehen. Was **die gastronomische Szene von St. Barth** jedoch zu bieten hat, **sprengt jeden genüsslichen Rahmen**. Wenn Sie sich während Ihrer Karibikreise vorgenommen haben, einmal richtig gut essen zu gehen, können Sie sich auf St. Barth mit Sicherheit diesen Wunsch erfüllen. Insbesondere die **Castelets** im Hotel **Guanahani** können zur kulinarischen Offenbarung werden. Ansonsten gibt es in Gustavia, St. Jean und an den Stränden etliche Restaurants von vorzüglicher Qualität. Die Preise der Gerichte entsprechen denen internationaler Gourmet-Restaurants. Oftmals sind jedoch die Weinpreise unverhältnismäßig teuer.

Souvenirs

Im **Freihafen St. Barth** können Sie zollfrei einkaufen. Dabei ist die Auswahl an **Luxusartikeln** immens hoch. Rings um den Hafen von Gustavia bieten Prestige-Boutiquen und Galerien Parfum, Elektroartikel, Uhren, Schmuck, Kameras, Kunst und Kunsthandwerk an. In St. Jean finden Sie in fünf Einkaufszentren weitere Artikel aller großen Marken.

Sport

Nicht nur für seine zahlreichen Strände, auch für die hervorragenden Tauchreviere ist St. Barth berühmt. Eine ordentliche **Auswahl von Tauchlehrern** und **-kursen** gibt es daher in Gustavia:

- **La Bulle** (☎ 276225)
- **Marine Service** (☎ 277034)
- **St. Barth Plongée** (☎ 275444)
- **Odysée Caraibes** (☎ 275594)

Aber auch alle anderen Sportarten wie **Tennis**, **Reiten**, **Squash**, **Paragliding** etc. werden hier ausgeübt und vor allem jede neue Trendsportart gewissenhaft geprüft.

Strände

Das kleine St. Barth zählt **22 Strände**, von denen die meisten nur zu Fuß und einige vom Meer her zugänglich sind. Lassen Sie sich eine Woche Zeit, dann bleiben Ihnen **pro Tag drei Sandbuchten**!

Unterkunft

Wegen der hohen Preise kann eine Übernachtung auf St. Barth nicht empfohlen werden. Wenn Sie dennoch mehrere Tage auf der Insel verbringen möchten, stehen neben den Hotels zahlreiche Apartments zur Verfügung. Sie sind zwar immer noch hochpreisig, aber ein wenig günstiger als die meisten Luxushotels. Auf der Insel gibt es zahlreiche Immobilien- und Agenturbüros.

In Gustavia sind das vor allem:
- **Immo-Antilles**, ☏ 279046, 📠 276795
- **Ici et Là**, Quai de la Republique, ☏ 2777887, 📠 277882
- **Sibarth Real Estate**, BP55, ☏ 276238, 📠 276052

In Saint Jean:
- **Claudine Mora Immobilier**, Galerie du Commerce, ☏ 278088, 📠 278085

Verkehr

Das Straßennetz umfasst 40 Kilometer, allerdings sind die meisten Wege schmal und kurvenreich. Deswegen beträgt die erlaubte **Höchstgeschwindigkeit 45 km/h**.

Am Flughafen und in Gustavia finden Sie viele **Mietwagenfirmen** wie z. B.:
- **Avis**, ☏ 277143
- **Budget**, ☏ 276630
- **Europcar**, ☏ 277333.

Wegen der engen Straßen ist die Miete eines **Mopeds** ratsamer:
- **Saint Barth Moto Bike**, ☏ 276718
- **Rent some Fun**, ☏ 277059.

Am Flughafen und in Gustavia stehen **Taxen** (☏ 277581, 276631) bereit. **Inselrundfahrten** bieten viele Minibusfahrer an.

Yachthäfen und Ankerplätze (Auswahl)
- Anse du Colombier
- Baie de St. Jean
- Gustavia
- Ile de la Fourche

M) Martinique (S. 342 ff.)

Wichtige Telefonnummern

Telefonvorwahl	☏ 0596
Internationale Vorwahl	☏ +33/596
Diplomatische Vertretung	☏ 503839
Hospital/SAMU	☏ 751515
Ambulanz/SOSMedicin	☏ 633333
Polizei	☏ 17/553000 (Hotel de Police)
Feuerwehr	☏ 18
Seenotruf	☏ 719292
Touristeninformation	☏ 637960, 602773, 602785

Anreise
PER FLUGZEUG

Direkt fliegt **Air France** täglich von Paris-Orly nach Martinique. Von Deutschland geht es erst einmal zum Pariser Flughafen Charles-de-Gaulle. Sie müssen mindestens drei Stunden für den € 15 teuren Bustransfer einrechnen. Zudem sind die Flüge Frankreich-Martinique Inlandsflüge, bieten also keine zollfreie Einkaufsmöglichkeit! Dafür benötigen Sie aber auch nur einen Personalausweis für die Einreise.

Innerkaribisch geht es dann mit folgenden Fluggesellschaften weiter:
- **Liat**, ☏ 421602
- **Air Martinique**, ☏ 411660
- **Air Liberté**, ☏ 425051
- **Nouevelles Frontières-Corsair**, ☏ 705970
- **Air Caraibe** (Paris), ☏ 0033-(0)1-4260541)
- **AOM French Lines**, ☏ 700916

Darüber hinaus gibt es zahlreiche Charterflüge. Weitere Telefonnummern:
- **Air France**, ☏ 0 820 820 820
- **American Airlines**, ☏ 421919

PER SCHIFF

Neben zahlreichen Kreuzfahrtschiffen steuert die Fährlinie **L'Express des Iles** regelmäßig Martinique und die Nachbarinseln an. Es gibt Verbindungen von und nach Guadeloupe, Dominica und St. Lucia; **L'Express des Iles**, Terminal Inter Iles, Quai Ouest, 97200 Fort-de-France, ☏ 831245, 📠 911105, 💻 www.express-des-iles.com.

Die außergewöhnliche Variante, Martinique zu erreichen, ist die mit dem so genannten **Bananendampfer**. Das Frachtschiff startet in Bordeaux, Dieppe oder Rouen. Die Fahrt dauert 8-10 Tage. Auskünfte erteilt das Fremdenverkehrsamt. Siehe auch unter dem Stichwort „Anreise" in den „Allgemeinen Reisetipps von A-Z".

Auskunft

IN DEUTSCHLAND/ÖSTERREICH/SCHWEIZ

Das französische Fremdenverkehrsamt ist das **Maison de la France**:
- **Deutschland**: Westendstraße 47, 60325 Frankfurt a.M., ☎ 069-97590497, 📠 97590499
- **Österreich**: Argentinierstraße 41a, A-1040 Wien, ☎ 0043-1-5032890, 📠 5032871
- **Schweiz**: Rennweg 42, Postfach 7226, CH-8023 Zürich, ☎ 0900-900699, 📠 2174617, 💻 www.franceguide.com

VOR ORT

Die Hauptstelle des **Office du Tourisme von Martinique** ist in Fort-de-France, Boulevard Alfassa, ☎ 637960, 📠 736693. Ein weiteres Büro des Fremdenverkehrsamtes befindet sich im **Flughafen**, daneben gibt es in jedem größeren Ort Büros der **Syndicats d'Initiaves**; die Internet-Adresse der zentralen Reservationszentrale lautet 💻 www.martinique.org.

Reservierungen von Hotels, Villen und Gîtes ruraux können getätigt werden bei **Fédération Martiniquaise des Offices de Tourisme et Syndicat d'Initiative**, Maison du Tourisme Vert, 9 Boulevard du Général de Gaulle, BP 1122, 97248 Fort-de-France Cédex, ☎ 631854, 📠 707116.

Diplomatische Vertretungen

Martinique wird von den französischen Botschaften vertreten. Deutschland und die Schweiz haben Konsulate auf der Insel:
- **Deutsches Konsulat**, Société Sodicar, 97232 Acajou-Lamentin, ☎ 503839, 📠 503802
- **Schweizer Konsulat**, ZI de la Jambette, 97232 le Lamentin, ☎ 501243
- **Österreichische Botschaft** in Paris: **Ambassade d'Autriche**, 6 Rue Fabert, 75007 Paris, ☎ 0033-1-40633063.

Exkursionen

Auf Martinique gibt es eine **Vielzahl von lokalen Reiseagenturen**, die vor allem auf Französisch gehaltene Touren zu den Hauptsehenswürdigkeiten per Bus oder kombinierte Bus-/Segeltouren, Glasbodenbootfahrten, Inselrundfahrten und Trips zu den Nachbarinseln anbieten. Wenn Sie jedoch individuell mehrere Tage unterwegs sind und nicht nur einen Tagesausflug im Rahmen einer Kreuzfahrt machen, lohnt es sich durchaus, einen **Mietwagen** zu nehmen. Auf Grund der Entfernungen, guter Beschilderungen wie in Frankreich und zahlreichen Informationsstellen, ist eine **Orientierung auf der Insel schnell möglich**. Zudem sind die Infrastruktur der Insel und der Zustand der Straßen sehr gut.

Aber auch wer kein Auto mieten möchte, kann ohne Probleme von Fort-de-France aus zum nächsten Strand kommen. Von der Inselhauptstadt fahren regelmäßig **Fähren** zu der gegenüber liegenden Halbinsel Les Trois Ilets. Dort finden Sie schöne Badestrände und in Anse Mitan und Point du Bout zahlreiche Hotels und Restaurants.

Da es außerhalb von Fort-de-France und seinen Vororten kein Bussystem auf der Insel gibt, empfiehlt es sich für weitere Touren das so genannte **Taxi Collectif**. Von 8.30-18 Uhr verkehren sie sternförmig zwischen jeder Ortschaft der Insel und Fort-de-France. Erkundigen Sie sich vorher nach den Tarifen, die sichtbar im Auto angebracht sein sollten.

Feiertage/Feste

- Neujahr
- Karfreitag
- Ostermontag
- 1. Mai • Tag der Arbeit
- Pfingstmontag
- 27. Mai • Abschaffung der Sklaverei
- 14. Juli • **Jour de la Bastille** *(Nationalfeiertag)*
- 21. Juli • **Jour de Victor Schœlcher** *(Victor-Schœlcher-Tag/Tag der Sklavenbefreiung)*
- 1. November • **Allerheiligen**
- 11. November • **Armistice**
- **Weihnachten**

Neben den gesetzlichen Feiertagen werden auch gefeiert: das **Epiphanias-Fest** am 6. Januar, das *Mi-Carême-Fest*, das die **Mitte der Fastenzeit** anzeigt, am 27. Mai der **Gedenktag zur Abschaffung der Sklaverei**, die **Kinderumzüge** am 28. Dezember *(Jour des jeunes Saintes)* sowie **Silvester**.

KARNEVAL

Das populärste Fest auf Martinique ist ohne Frage Karneval. Fünf Tage von Ende Februar bis Anfang März läuft auf der Insel so gut wie nichts - außer in den touristischen Orten wie Trois Ilets: kein Taxi Collective, kaum geöffnete Läden, geschlossene öffentliche Betriebe... Die Fähren (Trois Ilets-Fort-de-France) fahren dafür bis Mitternacht, und es lohnt sich, über die Karnevalszeit in Les Trois Ilets zu wohnen, und am Nachmittag nach Fort-de-France rüber zu fahren. In den Touristeninformationen und Bars liegt der Veranstaltungskalender „scoope" aus, der alle Ereignisse in allen Orten auf Martinique auflistet.

Flughafen

Der internationale **Aéroport le Lamentin**, ☏ *421600, Info:* ☏ *421995/421996/ 421 997 liegt 10 Kilometer von Fort-de-France entfernt und ist einer der Hauptlandeplätze in der Karibik. Neuer, moderner Flughafen mit Geldwechsel-, Hotelreservierungsmöglichkeiten, Mietwagen-Counter, Gepäckaufbewahrung, Touristeninfo etc. Zum gut ausgeschilderten, 1,5 km entfernten Parkplatz für Mietwagen pendelt regelmäßig ein Zubringerdienst.*

Bei Ausreise muss **keine Flughafengebühr** *gezahlt werden, die ist im Flugpreis bereits enthalten.*

Hotels

In **Les Trois-Ilets**, **Point du Bout** *und* **Anse Mitan** *befinden sich die meisten Hotels. Hier finden Sie mit Sicherheit auch ohne Reservierung ein Zimmer. Wenn Sie per Flugzeug ankommen, können Sie sich gleich am Aéroport mit Hilfe des* **Office du Tourisme** *eine Unterkunft reservieren lassen. Oder Sie gehen über die zentrale Reservierungsstelle, der* **Centrale de Reservation**, *B.P.832, Fort-de-France,* ☏ *637960,* 🖷 *631164. Hier und unter* 🖳 *www.webcaraibes.com erhalten Sie auch Adressen von privaten Villen oder Gîtes ruraux. Für Erkundungen vor Reiseantritt (erster Eindruck/Hotel-Buchung) lohnt ein Blick auf die Internet-Seite www.cphtm.com*

Insgesamt ist das Preisniveau der Hotels auf Martinique relativ hoch. Günstige Alternativen erfragen Sie vor Ort: **Fédération Martiniquaise des Offices de Tourisme et Syndicat d'Initiative**, *Maison du Tourisme Vert, 9 Boulevard du Général de Gaulle, BP 1122, 97248, Fort-de-France Cédex,* ☏ *631854* 🖷 *707116.*

Nördliche Westküste
- **Christoph Colomb $-$$**, Carbet, ☏ 780538, 📠 780642, am schwarzen Sandstrand von Carbet gelegen.

Fort-de-France und Umgebung
- **La Bateliere $$$$$**, 20 Rue des Alizés, Schœlcher, ☏ 614949, 📠 617057; eines der führenden Hotels der Insel, mit 195 Zimmern und Casino; (☏ 617323, 21-3 Uhr geöffnet), 6 Tennisplätze, umfangreiches Wassersportangebot, 3 Restaurants, populäre Bar „Buccaneer" und Diskothek „Club 21", kleiner Strand.
- **Squash Hotel $$$$**, 3, Boulevard de la Marne, Fort-de-France, ☏ 728080, 📠 630074, 💻 www.squashhotel.com; dreistöckiges, komfortables Haus nur wenige Minuten von der Place Savanne entfernt im Regierungsviertel gelegen; 108 Zimmer, Swimmingpool und verschiedene Bäder, Gesundheitszentrum, mehrere Squashplätze, Bar, gutes Restaurant.
- **Impératrice $$$**, Rue de la Liberté, Fort-de-France, ☏ 630682, 📠 726630; nettes Stadthotel mit 24 Zimmern, davon 20 mit Balkon, mitten im Herzen von Fort-de-France und unmittelbar an allen Sehenswürdigkeiten gelegen, Restaurant, Bar und Straßencafé – ideal für Stadtenthusiasten, denen Straßenlärm nichts ausmacht; 💻 www.caribin.com.
- **Le Gommier $-$$**, 3 Rue Jacques-Cazotte, Fort-de-France, ☏ 718855, 📠 730696; einfache Unterkunft in einem der ältesten Häuser der Stadt; gutes Frühstück; geräumige, saubere Zimmer.
- **Malmaison Hotel $**, Rue de la Liberté, Fort-de-France, ☏ 71908520, gutes Preis-Leistungsverhältnis; geräumige, saubere Zimmer; Restaurant, gut besuchte Bar.
- **Victoria $**, Route de Didier, Fort-de-France, ☏ 605678, 📠 600024, im feineren Vorort Didier am Hang gelegen; schöner Blick über die Bucht von Fort-de-France; besonders bei Geschäftsreisenden beliebt; 27 Zimmer (AC) mit Kühlschrank, gute Busanbindung in die Innenstadt; Swimmingpool.

Point du Bout, Trois-Ilets, Anse Mitan
- **Bakoua $$$$$**, Pointe du Bout, Trois-Ilets, ☏ 660202, 📠 660041, 💻 www.frenchcaribbean.com; ein traditionsreiches Haus und erste Adresse auf der Insel (absolute Luxusklasse; Hotel der Sofitel-Coralia-Gruppe), vier Gebäude und 132 Zimmer, die allen Komfort bieten, phantastischer Pool oberhalb des aufgeschütteten Sand-strandes mit Blick auf Fort-de-France, zwei erstklassige Restaurants, Tennisplätze, alle Wassersportangebote, Entertainment, sportlich-elegante Atmosphäre.
- **Novotel Coralia Carayou $$$$$**, Pointe du Bout, Trois-Ilets, ☏ 660404, 📠 660057, 💻 www.frenchcaribbean.com; am äußersten Punkt der Halbinsel gelegenes Luxushotel, 201 geräumige Zimmer in mehreren Gebäuden, die wie ein kleines Dorf um Sportanlagen, Pool und Rezeption gruppiert sind, zwei Gourmet-Restaurants, zahlreiche Wassersportmöglichkeiten.
- **La Pagerie $$$$**, Pointe du Bout, Trois-Ilets, ☏ 660530, 📠 660099, schönes Apartment-Hotel mit 98 Zimmern, davon die meisten mit Kochecke, 220 m2-Swimmingpool, Restaurant und Bar, Zugang zu den Sportmöglichkeiten des benachbarten Hotels „Carayou".
- **Frantour $$$**, Anse à l'Ane, Trois-Ilets, ☏ 683167, 📠 683765; direkt am Strand und inmitten eines tropischen Parks gelegenes First-Class-Hotel mit 77 Zimmern, Restaurant mit kreolisch-französischer Küche, Wassersportangebote.
- **Auberge de l'Anse Mitan $-$$**, Anse Mitan-Trois Ilets, ☏ 660112, 📠 660105; 25 Zimmer bietet das kleine traditionsreiche Hotel mit Blick auf die Bucht von Fort-de-France; darunter sind ein Selbstversorger-Studio und zwei Bungalow mit Kochzeile; 18 einfache geräumige Zimmer mit Blick aufs Meer und zwei kleine Zimmer mit Meer- und Gartenblick; freundliche Atmosphäre; 💻 www.aubergeansemitan.com

- **Caraib Auberge $**, Anse Mitan, ☏ 660319; einfaches, aber sauberes kleines Hotel an der Bucht von Fort-de-France gelegen; mit der Fähre von Fort-de-France aus zu erreichen.

Der Süden
- **Les Amandiers $$$$**, 2, Rue Jules Ferry, Sainte-Luce, ☏ 623232, 🖷 623340, 🖳 www.karibea.com; First Class-Hotel der PLM-Azur-Kette, 3 km von Sainte Luce an einem Naturstrand gelegen, 116 geräumige Zimmer in einem lang gestreckten dreistöckigen Gebäudetrakt, Restaurant, Bar, Boutique, Pool und Tennisplatz.
- **Diamant – Les Bains $$$$**, Le Diamant, ☏ 76270 🖷 580790, 🖳 www.nouvellesantilles.com/martinique/hotels-p3.php; eigener Swimmingpool, Liegestühle, direkter Zugang zum Strand, Bungalow mit A/C, Kühlschrank, TV, Bad/WC, Frühstücksbuffet, sehr gutes Preis-Leistungsverhältnis; eine **Empfehlung eines Lesers**!
- **Pierre et Vacances $$$-$$$$**, Pointe Philippeau, Sainte Luce, ☏ 621262 🖷 621263, 🖳 www.pierreetvacances.com; großzügige und freundliche Appartementanlage mit mehrstöckigen Häusern inmitten einer neu angelegten Grünanlage; die auch „Village de Saint-Luc" genannte Freizeitanlage ist wie ein vor allem für Familien ausgerichtetes kleines Dorf, eigener kleiner Strand, Wassersportmöglichkeiten, Supermarkt, Waschcenter, Swimmingpool, Entertainment, Tennis-, Beachvolleyballplatz, zwei Restaurants, Bar; 334 sympathische Apartments mit Kochecke und Balkon.
- **Les Relais Caraibe $$$**, Pointe de la Chéry, Le Diamant, ☏ 764465 🖷 762120, auf der Halbinsel Chéry gelegene kleine Ferienanlage mit 12 Bungalows, gutem Terrassen-Restaurant und Swimmingpool
- **Hôtel Palm Beach/Auberge Créole $-$$**, Le Diamant, ☏ 764784 🖷 762698, 🖳 www.hotelpalmbeach.com; neun Zimmer mit Bad (Dusche und WC), AC, direkter Zugang zum Strand, Swimmingpool.

Atlantikküste von Norden nach Süden
- **Hotel Plantation Leyritz $$$$**, Basse-Pointe, ☏ 78539, 🖷 789244, 🖳 www.karibea.com; stilvolles Hotel mit 48 komfortablen Zimmern, untergebracht im ehemaligen Küchengebäude und in Sklavenhütten, Restaurant mit vorzüglichen kreolisch-französischen Gerichten, landschaftlich reizvoll gelegen, allerdings starker Besucherandrang.
- **La Caravelle $$$-$$$$**, auf der gleichnamigen Halbinsel in Tartane, ☏ 580732 🖷 580790, 🖳 www.perso.wanadoo.fr/hotelcaravelle; Studio mit A/C, Kühlschrank, Kochgelegenheit, Geschirr und Besteck, TV, Dusche/WC; eine **Empfehlung eines Lesers**!
- **La Sikri Auberge $-$$**, Quartier Etoile, 97214 Le Lorrain, ☏ 538100, 🖷 537873; 🖳 www.caribin.com/lasikri; Sikri liegt mitten in der tropischen Natur am Fuße des Morne Jacob; schlichte, moderne Zimmer für ein bis zwei Personen, voll ausgestattete und in inseltypischer Art eingerichtete Bungalows für ein bis drei Personen; die kleinen Hütten, so genannte „Tië Caseë Nou", bestehen aus einem Raum, Badezimmer und einer Terrasse; Restaurant.

St. François
- **Hôtel Primer've $$-$$$**, Anse Azérot, im Süden von Sainte Marie, ☏ 694040 🖷 690937, 🖳 www.antilles.ch; 107 Zimmer in Pavillons, 12 ha großer, tropischer Garten, AC/TV, Telefon; Einkaufsmöglichkeiten, Restaurants in 5 Gehminuten erreichbar; eigener Zugang zum Sandstrand; Swimmingpool, Sportmöglichkeiten.
- **Les Brisants $$**, St. François, im Ortsteil Dostaly an der N6 Richtung Le Vauclin gelegen, ☏ 543257 🖷 546913; Mittelklassehotel kurz vor der Caravelle Peninsula gelegen; Restaurant, gute kreolische Küche.

Regionale Reisetipps von A-Z (Martinique)

- **Chez Julot $-$$**, Rue Gabriel Peri, Vauclin, ☎ 744093, 💻 www.vaval.net; im Ort Vauclin an der südl. Ostküste gelegenes kleines, einfaches Hotel. Zimmer mit AC und eigenem WC. Restaurant; wenige Minuten zur Küste. Gutes Preis-Leistungsverhältnis!

Medien
Internationale (manchmal auch deutsche) Zeitungen sowie einige Magazine sind in den Buchhandlungen in Fort-de-France, in Zeitungsläden und am Flughafen zu bekommen. Die lokale Tageszeitung ist die „**France-Antilles**".

Es gibt zahlreiche **lokale Radiosender**, die auch internationale Nachrichten bringen. Einige senden ihr Programm temporär in Patois. Vielerorts werden französische Infosender wie z. B. FranceInfo mit Interesse gehört – mit halbstündlichen Staumeldungen aus Paris oder Marseille. Das TV-Programm verfügt über vier französischsprachige Fernsehsender.

Medizinische Versorgung
Die medizinische Versorgung auf Martinique entspricht dem europäischen Standard. Die insgesamt 18 Krankenhäuser und zahlreichen Zahnärzte unterliegen dem gleichen Reglement wie auf dem französischen Festland. Zumeist ist mit den Ärzten eine Verständigung auf Englisch möglich.

Öffnungszeiten
- **Geschäfte**: Mo-Fr 9-12.30 und 14.30-18 Uhr sowie Sa 9-12.30 Uhr geöffnet, einige große **Supermärkte** auch durchgängig, bis 21 Uhr und am Samstagnachmittag geöffnet.
- **Banken**: Mo-Fr 7.30 bzw. 8-12 und 14-16 Uhr, manchmal auch Samstagvormittags geöffnet.
- **Post**: Mo-Fr 7-18 Uhr und Sa 7-12 Uhr.

Post und Telekommunikation
Postdienststellen sind in jedem größeren Ort vorhanden. Das **Hauptpostamt** befindet sich in Fort-de-France, 11 Rue de la Liberté. Öffentliche Telefone sind in der Regel Kartentelefone, Telefonkarten werden bei der Post verkauft.
Im **Bureau de Poste** direkt gegenüber der Savanne in der Rue Antoine Siger gibt es auch noch **Münztelefone**.

Preisniveau
Auf den Französischen Antillen liegen in der Hotellerie und Gastronomie die **Preise generell über dem europäischen Durchschnitt**. Für ein Mittelklassehotel müssen Sie mit 90 pro Tag und Person rechnen.

Regionale Reisetipps von A-Z (Martinique)

Nur für Früchte, Fisch, Rum und andere **örtliche Produkte**, die auf dem Markt angeboten werden, sind die Preise moderat. Alle anderen Lebensmittel werden aus dem Mutterland importiert, auch das ist ein Grund für die hohen Preise. Durch die **Einführung des Euro auf Martinique**, das zur EU gehört und an die Währungsunion angeschlossen ist, werden die Preise jedoch vergleichbar. Der Durchschnittspreis für eine Tasse Kaffee, ein Bier oder eine Cola beträgt € 3.

Restaurants

Wie die Küche der Karibik insgesamt, ist auch die von **Martinique exotisch, vielfältig und farbenreich.** Dazu kommen die berühmte Kochtradition des Mutterlandes und jede Menge Rum – beste Voraussetzungen für eine exzellente und vielfältige Restaurantszene. Und tatsächlich ist das Angebot im Vergleich zu einigen Nachbarinseln groß und gut, allerdings nicht gerade preiswert.

Eine Alternative zum Restaurant-Essen sind die wesentlich **günstigeren Snacks der Imbissbuden im Boulevard Chevalier de Saint-Marthe**, die bis spät in die Nacht hinein geöffnet haben. Dennoch sollten Sie unbedingt einige der **lokalen Spezialitäten-Menus** bestellen.

Vorweg können Sie gleich mit dem berühmten **T-Punch** (T-Punch steht für die Deminution des Kosenamens petit= kleiner Punch) anfangen, bestehend aus mit einem Finger breit Rum, einer Zitronenscheibe und einem Briefchen Zucker. Die Einheimischen trinken oft schon früh Morgens einen T-Punch, aber eigentlich wird er auf Martinique zu jeder Tageszeit getrunken. Martiniques Rum, der von den Insulanern als der beste auf der ganzen Welt bezeichnet wird, gehört wie bei uns der Kaffee oder der Tee zum Leben: als Aperitif, Digestif und auch einfach mal zwischendurch.

Falls es Ihnen passieren sollte, dass die Bedienung nicht mehr nur ein Glas, sondern gleich eine ganze Flasche hinstellt, bedeutet das, dass Sie schon ziemlich oft in der Bar waren und irgendwie dazu gehören. Das ist ein Zeichen höchsten Vertrauens, denn die Rechnung richtet sich danach, wie viele Gläser Sie getrunken und nicht, wie viel Rum Sie hineingeschüttet haben.

Für untrainierte Nicht-Insulaner empfiehlt es sich, zwischendurch etwas zu essen, z. B. eine der **lokalen Spezialitäten**:

ENTRÉES/VORSPEISEN

- **Acras** – marinierte Teigbällchen mit Stockfisch (la morue), Meeresfrüchten oder Gemüse
- **Féroce** – Avocadocréme mit Stockfisch und verschiedenen Gewürzen
- **Pâté en pot** – Gemüsesuppe (potage) auf der Basis von Lamminnereien, Kapern und Weißwein
- **Crabes farcis** – mit püriertem Krebsfleisch gefüllte Taschenkrebse Plats/Hauptgerichte
- **Blaff de poisson/crustacés** – Fisch- und Meeresfrüchtegerichte mit spezieller Gewürzmischung aromatisiert, u. a.Thymian, Petersilie, Lorbeer, Chalotten, Piment
- **Colombo de cabri, porc etc.** – in einer auf indischen Gewürzen basierenden Sauce gegartes Fleisch
- **Court-Bouillon** – Fischgericht auf der Basis von Tomaten und scharfen Gewürzen Desserts
- **Blanc-Manger** – Kokosnusscrème mit Vanille, Muskat und Sirup
- **Sorbet aux fruits tropicaux** – leicht gefrorenes Eis aus tropischen Fruchtsäften

> **Hinweis**
>
> Die Öffnungszeiten der Restaurants ändern sich je nach Saison; vor allem in Fort-de-France haben viele nur mittags geöffnet; Sie sollten vorher anrufen.

Fort-de-France und Umgebung
- **Chez Géniéve**, Rue Blénac, in der Markthalle von Fort-de-France, einfaches Restaurant in turbulenter Umgebung, nur mittags geöffnet, gute kreolische Küche; zu empfehlen ist das **Menu du jour**; gleich nebenan gibt es im Chez Louise weitere Snack-Möglichkeiten. Natürlich empfiehlt sich auch Frisches vom Markt selbst.
- **Marie-Sainte**, 160 Rue Victor Hugo, Fort-de-France, ☎ 700030, täglich außer Sa geöffnet; kreolische Fischspezialitäten.
- **Le Planteur**, 1 Rue de la Liberté, Fort-de-France, ☎ 631745, Sa und So mittags geschlossen; mit Blick auf die Bucht von Fort-de-France und den Savannen-Park, Fischgerichte, kreolische Küche.
- **Le Couscousier**, 1 Rue Perrinon, Fort-de-France, ☎ 600642, So geschlossen; sehr gutes nordafrikanisches Essen mit Blick auf die schöne Bibliothek Schœlcher.
- **La Nouvelle Vague**, Rue Bouillé, St. Pierre, ☎ 781434, einfache Bar mit viel Atmosphäre.

Anse Mitan
- **L'Amphore Baie des Flamands**, Anse Mitan, Trois-Ilets, ☎ 660309, Mo u. Di geschlossen; hervorragender Hummer.
- **Bambou**, Baie des Flamands, Anse Mitan, Trois-Ilets, ☎ 660139, hervorragender Mittagstisch (Plats du Jour) und bekannt für seine Fischgerichte.

Nordwesten
- **La Factorerie**, St. Pierre, ☎ 781907, mittags geöffnet, außer Sa, abends Reservierung nötig; französische und kreolische Küche.
- **La Belle Capresse**, Le Precheur, ☎ 529623; ausgezeichnetes Fischsoufflé.
- **L'imprévu**, direkt am Strand von Le Carbet, ☎ 780102, tägl. außer So u. Mo abends geöffnet; Treffpunkt der Insulaner, mit kreolischer Musik, lokale Spezialitäten.

Nordosten
- **Plantation Leyritz**, Basse-Pointe, ☎ 785392; elegantes Restaurant im restaurierten Plantagenhaus inmitten der Plantagenanlage, die auch ein Museum und Hotel beherbergt; ursprüngliche Atmosphäre, serpentinenreiche Anfahrt.

Süden
- **Poi et Virginie**, Ste. Anne, ☎ 767222, tägl. außer Mo; gutes Fischessen mit Blick über die Bucht von Ste. Anne.
- **Manoir de Beauregard**, ☎ 767342, tägl. außer So, stilvolle Atmosphäre.

Reiseagenturen
Etliche Agenturen bieten Transfer-Arrangements, Sightseeing-Touren u. ä. an, die größten sind:
- **STT Voyages**, 23 Rue Blénac, Fort-de-France, ☎ 716812
- **Madinina Tour**, 89 Rue Blénac, Fort-de-France, ☎ 706525
- **Caribtours**, Marina Pointe du Bout, Trois Ilets, ☎ 660448, 🖳 www.caribtour.com
- **Colibri Tours**, Immeuble Laouchez-ZI, Cocotte, Ducos, ☎ 771300.

Souvenirs

Beliebte Mitbringsel sind einheimische **Web-** und **Flechtwaren, Keramiken** und **Calypso-** oder **Zouk-Musikinstrumente** *(Trommeln und Rasseln) und entsprechende Kassetten*, **kreolische Puppen**, **Rum**, **Blumen** und **lokale Kunst**.

In Fort-de-France, das nicht zu Unrecht den Beinamen **„Paris der Karibik"** *trägt, finden Sie exklusive Geschäfte mit französischer Mode, Schmuck o. ä.; die besten Einkaufsstraßen sind die* **Rue Victor Hugo, Rue Antoine Siger, Rue Lamartine** *und* **Moreau de Jones**. *Zudem gibt es große Einkaufszentren in Cluny, Dillon und Bellevue sowie die Shoppingmall* **La Galerie** *auf dem Weg zum Flughafen. Ansonsten verfügt auch jeder größere Ort über reichlich Einkaufsmöglichkeiten.*

Rum wird gern mit nach Hause genommen.

Sportangebot

Kaum ein Gebiet in der Karibik hat eine solch **breite sportliche Angebotspalette** wie Martinique. Natürlich liegt auch hier der Hauptakzent auf **Wassersport**. **Hochseeangeln** ist u. a. von Trois Ilets und Case Pilote aus möglich, und für Mitsegler und Segel-Charterer gibt es in den Marinas rund um die Insel vielfältige Möglichkeiten.

IN UND AUF DEM WASSER

Tauchen, **Wasserski**, **Schnorcheln** und **Windsurfen** sind bei den größeren Hotels im Angebot, ansonsten gibt es für diese Sportarten aber auch unabhängige Schulen. Phantastische Tauchreviere bieten die Gewässer um Pointe du Bout und Diamant, während vor St. Pierre die beim Vulkanausbruch untergegangenen Schiffe ein einzigartiges Forschungsfeld abgeben.

Einige Adressen:
- **Club Nautique de Marin**, *Bassin la Tortue, Pointe du Marin*, ☏ 749248
- **Club de la Voile de Fort-de-France**, ☏ 614969, *Pointe de la Viérge und* ☏ 633137, *Pointe des Carrières*
- **Club Nautique du François**, *Route de la Jetée*, ☏ 543100

Glasbodenboote *starten aus der Anse Spoutourne, Tartane, Reservierungen bei* **Base de Plein Air et de Loisirs**, ☏ 582432. *Hier können Sie auch Motorboote oder Segelschiffe chartern und Exkursionen buchen. Besonders gut hat sich auch folgende* **Tauchschule** *erwiesen:*
- **Nautica Antilles**, *Lamentin*, ☏ 516972 ✉ 568556, *auch Meerkajak-Verleih*

AUF DEM LAND
An Land haben **Golfer** die besten Spielmöglichkeiten auf dem internationalen 18-Loch-Golfplatz **L'Impératrice** des **Golf Country Club de la Martinique**, ☎ 683281 auf dem alten Gelände der Habitation de la Pagérie in Trois Ilets. Über **Tennisplätze** verfügen viele Hotels. Wer die Insel auf dem Drahtesel kennen lernen möchte, kann in Fort-de-France, Trois Ilets und anderswo **Fahrräder** und **Mountainbikes** mieten.

Reitfreunde finden in Trois Ilets, Anses d'Arlet, Diamant und Ste. Anne sog. Ranches, die auch Ausflüge hoch zu Pferd in den tropischen Regenwald anbieten:
• **Ranche Jack**, Morne Habitue – Quartier Espérance, ☎ 683769

Sprache
Man spricht **Französisch** und **Créole**, wenig **Englisch** und nur selten **Deutsch**.

Strände
Gute Badestrände finden Sie **entlang der gesamten Küste**. Im Nordwesten ist der Sand oft grau oder dunkel, im Süden und an der Caravelle-Halbinsel weiß oder goldbraun. Der schönste Strand ist zweifellos die 4 km lange **Plage du Diamant** mit Blick auf den Diamond Rock. Aber auch um Les Salines am Südzipfel der Insel sind die Bedingungen ideal. FKK ist außer im Club Méditerranée an der Anse Trabault gestattet.

Strom
Die Stromspannung beträgt 220 V, 50 Hz; die Steckdosen sind wie in Frankreich oder Deutschland. Dennoch sollten Sie einen Adapter sicherheitshalber (Inselhopping, ältere französische Steckdosen) mitnehmen.

Telefonieren
Die internationale Vorwahl ist von Europa (außer Frankreich) **nach Martinique** 00-596-596, anschließend wählt man die sechsstellige Rufnummer. Auch innerhalb Martiniques müssen Sie jeweils die Vorwahl 0596 wählen, d. h. erst den Code für die Region, die 05, und dann die Vorwahl 96 vor der sechsstelligen Nummer. Auf Martinique wählen Sie **nach Deutschland** 19-49, **nach Österreich** 19-43, **in die Schweiz** 19-41; danach jeweils die örtliche Vorwahl ohne die erste Null. Wer **nach Guadeloupe** anrufen will, verfährt wie bei einem französischen Inlandsgespräch: Regionencode, Vorwahl, sechsstellige Nummer des Teilnehmers.

Unterkunft
Martinique ist mit Hotels und Ferienanlagen reichlich ausgestattet. Die meisten liegen in Trois Ilets und Pointe du Bout. Der Preis für ein normales Doppelzimmer inklusive Frühstück liegt im mittleren bis gehobenen Preissegment. Die günstigere Alternative sind Ferienwohnungen bzw. -häu-

ser und Gästezimmer, die so genannten Chambres d´hôtes und Gîtes ruraux. Buchungen und Kataloge bei: **Gîtes de France**, La Guadeloupe, B.P. 759, Place de La Victoire, 97171 Point-à-Pitre, Cédex, ☏ 916433, 📠 914540, 💻 www.itea2.com.

CAMPING

Camping ist in Anse à l'Ane auf **Le Nid Tropical** (☏ 683130, 📠 684743) und auf dem **Camping Municipal** von Ste. Anne gleich neben dem Strand möglich. Die günstigste Übernachtungsmöglichkeit sind so genannte Jugendherbergszimmer entlang der Route de Didier, die jedoch etwas außerhalb von Fort-de-France liegen und mit öffentlichen Verkehrsmitteln nur schwer zu erreichen sind. Verwaltet werden sie von der **Fédération des Oeuvres Laiques (FOL)**, 31 Rue Perrinon, Fort-de-France, ☏ 635022, 📠 638367 (Zentrale). Zwei- bis Vierbettzimmer mit Dusche und WC.

Verkehrsmittel

Während der **öffentliche Nahverkehr** in Fort-de-France und der nahen Umgebung mit Stadtbussen gut organisiert ist, gibt es darüber hinaus keinen organisierten Busverkehr. Für weitere Touren empfiehlt sich daher das so genannte **Taxi Collectif**. Von 8.30 bis 18 Uhr verkehren sie sternförmig zwischen jeder Ortschaft der Insel und Fort-de-France. Erkundigen Sie sich vorher nach den relativ günstigen Tarifen, wenn sie nicht sichtbar im Auto angebracht sein sollten. Am Flughafen, in Fort-de-France und an den touristischen Ballungszentren stehen insgesamt weit über 200 **Taxen** zur Verfügung. Zwar sind die Preise von der Präfektur festgelegt, aber die Wagen haben keinen Taxameter.

Das **gut ausgebaute Straßennetz** lädt zum Erkunden der Insel mit dem **Mietwagen** ein. Allerdings sollten Sie zu den Hauptverkehrszeiten Fort-de-France und Umgebung meiden. Es gelten die internationalen Verkehrsregeln mit karibiktypischen Einschränkungen. Auffallend häufig muss man sich vor den Bodenschwellen in acht nehmen, die aus Beton oder Metall sind und nicht immer angezeigt werden. Alle großen und noch mehr lokale Anbieter von Mietwagen sind am Flughafen und in Fort-de-France vertreten, haben aber auch Zweigstellen in den Badeorten und in Hotels. Am günstigsten sind Buchungen aus dem Ausland, 48 Stunden im Voraus. Im Flughafen sind alle Anbieter (**Hertz, Avis, Jumbo Car**) nebeneinander platziert, so dass ein Preis- und Leistungsvergleich sehr einfach ist. Zum großen Mietwagen-Parkplatz in ca. 1,5 km Entfernung fährt ein Shuttle-Service.

Einige lokale Anbieter:
- **Jumbo Car/Thrifty**, ☏ 422222, 📠 422232
- **Airport**, ☏ 421699, 📠 421697
- **Pointe-du-Bout**, ☏ 661155, 📠 660900
- **Discount**, Pointe du Bout, Trois Ilets, ☏ 660437
- **Funny Rent Motorcycles**, 80 Rue Ernest Deproge, Fort-de-France, ☏ 633305 (auch Motorräder oder Vespas)

Im **lokalen Bootsverkehr** hat die Fährfahrt über die Baie de Fort-de-France (nicht nur touristische) Bedeutung. Zwischen 6 und 18 Uhr pendeln mindestens die kleinen rot-weißen Boote zwischen der Hauptstadt und dem größten Fremdenverkehrszentrum bei Pointe du Bout. Die genauen Abfahrtszeiten sind am Hafen angeschlagen oder zu erfragen bei:
- **Vedette Madinina**, 58 Rue Ernest Deproge, Fort-de-France, ☏ 630646
- **Samotour**, ☏ 60646

Veranstaltungen

Wie auf Guadeloupe und fast allen Antilleninseln ist der **Karneval**, das vaval, das größte festliche Ereignis der Insel. Im Februar wird es jeweils fünf Tage lang vor Aschermittwoch gefeiert. Weitere Festivals sind im Juli das **Festival de Fort-de-France** (3 Tage mit Theater, Konzerten und Sonderveranstaltungen) sowie ähnliche Kulturveranstaltungen in den Gemeinden Robert (**Fête Nautique du Robert**April), St. Pierre (zur Erinnerung an den Vulkanausbruch von 1902; 8. Mai) und **Ste.Marie** (August). Auch wer nicht zu Zeiten der vielen Festivals und Veranstaltungen auf der Insel weilen sollte, findet ein für karibische Verhältnisse reichhaltiges kulturelles Angebot wie z. B. Theater und Kino vor.

Währung/Geld

Für die französischen Überseegebiete, die **Départements d'Outre-Mère**, wozu Guadeloupe und seine umliegenden Inseln sowie Martinique gehören, gilt seit dem 1. Januar 2002 nach einer mehrmonatigen Übergangszeit der Euro als alleiniges Zahlungsmittel. Währung: 1 Euro ( ) = 100 Cents. Kreditkarten werden fast überall akzeptiert, genau wie US-Dollars. Sie können zudem auch mit der EC-Karte am Geldautomaten Geld abheben.

In Fort-de-France wie auf der ganzen Insel gibt es Banken und Geldumtauschmöglichkeiten. Die Wechselstube **Change Caraibes** am Flughafen hat Mo-Sa von 7.30-21 Uhr, So 14-21 Uhr geöffnet, ☏ 421711.

Wandern

Wanderungen organisiert der **Parc Naturel Régional**, 9 Boulevard Général-de-Gaulle, Fort-de-France, ☏ 731930 mit kompetenten Führern zu verschiedenen Naturplätzen im gebirgigen und waldreichen Norden um den Mont Pelée herum, auf der Caravelle Halbinsel und entlang der Küste. Für Wanderungen und Klettertouren zum Mont Pélée erhalten Sie Auskunft beim **Bureau de la Randonnée**, Rue Victor Hugo, Saint Pierre, ☏ 783077 und beim Syndicat d'Initiative in Morne Rouge, für Schluchtenwanderungen in Ajoupa-Bouillon. Zudem informiert Sie jedes lokale Touristenbüro über die schönsten Strecken in Ihrer Nähe. Hilfreich ist der vom **Office National de Forêts (ONF)** herausgegebene Führer „**31 Sentiers**".

Yachthäfen und Ankerplätze (Auswahl)

- St. Pierre
- Havre du Robert
- Marina du François
- Anse des Cocotiers
- Les Anses d'Arlet
- Cul-du-Sac du Martin
- Fort-de-France
- Ilet-à-Ramiers
- Pointe-du-Bout
- Port Cohoe
- Trois Ilets

M) Montserrat (S. 297 ff)

> **Wichtige Telefonnummern**
> Telefonvorwahl   ☎ 664-491
> Internationale Vorwahl   ☎ 001-664-491
> Diplomatische Vertretung   ☎ 268-4623174 (Antigua)
> Hospital   ☎ 2836
> Ambulanz   ☎ 2802
> Polizei   ☎ 2555
> Touristeninformation   ☎ 2230/8730

Anreise
Seit der Fertigstellung des neuen **Gerald's Airport** im Norden der Insel verfügt Montserrat wieder über einen regelmäßigen Flugverkehr. Nach der Zerstörung des alten Flughafens durch den Vulkanausbruch von 1997 war die Insel nur per Helikoper und Fähre erreichbar gewesen. Der Fährverkehr ist nun jedoch komplett eingestellt worden. Auf dem Seeweg ist daher die Insel nur noch mit dem eigenen oder einem Charterboot zu erreichen.

FLUGZEUG
Viermal täglich verkehrt Winair von Antigua nach Montserrat. Antigua wird ab Frankfurt einmal die Woche von Condor angeflogen.
Montserrat
• **Winair Contact**, Informationen: Montserrat Aviatin Services, ☎ 491-2362/2533, 🖨 491-7186 oder 💻 www.fly-winair.com
Antigua
• **Port Services Ltd**., VC Bird International Airport, ☎ (268) 462-2522/2523, 🖨 462 5185, für Charterflüge: 481-2401/2404, 🖨 -2405 (💻 www.candoo.com/carib)
St. Maarten
• **WinAir**, Princess Juliana Internationl Airport, ☎ (599) 545-4273/4230/4210

HELIKOPTER
Wer Montserrat immer noch per Hubschrauber von Antigua erreichen möchte, kann dies nur noch per Charterflug machen, dafür aber gleich eine kleine Inselbesichtigung aus der Luft verbinden. Hin- und Rückflug kostet zwischen 112 US$ und 300 EC$. Der Hubschrauber fasst acht Personen.
• **Caribbean Helicopters**, PO Box 170, Jolly Harbour, Antigua W. I., ☎ (268)460-5900, 🖨 -5901, 💻 www.caribbeanhelicopters.net.

Auskunft
MONTSERRAT
• **Montserrat Tourist Board**, Marine Drive, P.O.Box 7, Olveston, ☎ 2230, 🖨 7430, 💻 www.visitmontserrat.com

DEUTSCHLAND
• **Montserrat Tourist Board**, Bahnhofplatz 4, 55116 Mainz, ☎ 06131/99332, 🖨 99331

Regionale Reisetipps von A-Z (Montserrat)

M

Diplomatische Vertretungen
• **Konsulat der Bundesrepublik Deutschland**, Oceanview, Hodges Bay, Box 1259, St. John's, Antigua, ☎ 268-4623174, 🖷 4623496

Exkursionen
Eine Inselrundfahrt ist auf Grund der Exclusion Zone nicht mehr möglich, dennoch gibt es einiges zu erkunden auf Montserrat. Hauptattraktion ist der immer noch aktive Vulkan in den Soufrière Hills. Aber auch Wanderungen im Nordteil der Insel sind lohnenswert. Infos zu den Natursehenswürdigkeiten der Insel gibt u. a. der **Montserrat National Trust**. Mit seinem neuen **National History Center**, **Museum** etc. ist er die erste Anlaufstelle für Naturinteressierte. Der neue Sitz ist in Olveston, North Main Road, ☎ 491-3086, 🖷 491-3046, 🖵 www.montserratnationaltrust.com.

Feiertage
- Neujahr
- 17. März
- St. Patrick's Day, wird eine Woche lang ausgiebig gefeiert
- Karfreitag
- Ostermontag
- 1. Mo im Mai Tag der Arbeit
- Pfingstmontag
- 2. Sa im Juni • Queen's Birthday
- 1. Mo im August • Unabhängigkeitstag
- 23. November • Liberation Day
- Weihnachten
- 31. Dezember • Festival Day

Hotels & Gästehäuser
HOTELS
• **Vue Pointe** $$$$, P.O.Box 65, Plymouth, ☎ 5210, 🖷 -4813; an der Old Road Bay (Westküste), auf einem Hügel oberhalb des Strandes gelegenes familiäres Hotel; 12 Cottages für jeweils 2 Personen mit direktem Blick auf rauchenden Vulkan und Meer, Kochgelegenheit, TV, Telefon, kleine Beach Bar mit Mittagssnack, Tennisplatz, Swimmingpool, Res-

Baden mit Blick auf den Vulkan bietet das „Vue Pointe".

taurant. Ende 2000 wurde das Hotel komplett renoviert. Für Wanderer, Vogelbeobachter und Vulkan-Interessierte ein guter Ausgangspunkt für Touren; 🖥 www.vuepointe.com
• **Tropical Mansion Suites** $$$-$$$$, P.O. Box 404, Sweeny's, St. John's, ☏ 8767, 📠 827; im Inselinneren des Nordteils; 18 Zimmer mit Balkon, TV, Telefon, teilweise Kochecke, Swimmingpool, Bar, Restaurant, karibische Küche; sehr freundliche Bedienung; die Hotel-Managerin studierte in Heidelberg und spricht sehr gut Deutsch; 🖥 www.tropicalmansion.com

Gästehäuser
• **Erindell Villa Guest House** $$$-$$$$, P.O. Box 36, Gros Michel Drive, Woodlands nahe der Bücherei, ☏ 3655, E-Mail: erindell@candw.ag; 2 ordentliche Zimmer inmitten dichtem Grün für Selbstverpfl. mit Bad/WC und privaten Eingängen; durch eine überdachte Terrasse mit Haupthaus verbunden; TV, Internet, Swimmingpool. Der Name „Erindell" (Irisches Tal) erinnert an die irische Vergangenheit.
• **Grand View Bed & Breakfast** $$-$$$, P.O. Box 350, Baker Hill, Cudjoe Head, ☏/📠 2284; 7 einfache Zimmer inkl. die teueren Suites mit Kochecke und Balkon; Vollverpflegung möglich, TV, Bar, Internetzugang.

Das „Tropical Mansion Suite" hebt den touristischen Standard der Insel.

• **Montserrat Moments Inn** $$, P.O. Box 196, Manjack Heights, E-Mail: flogriff@candw.ag, Bed & Breakfast nahe Brades im Norden der Insel mit Blick bis zur Little Bay; 4 ordentliche Zimmer, Frühstück inkl., TV, Internetzugang, A/C, Kühlschrank, Kaffeekocher.
• **Bachee's** $$, Olveston, ☏ 7509, E-Mail: bachee@candw.ms; zwei Zimmer, einsam gelegen inmitten tropischer Vegetation
• **Gingerbread Hill** $-$$$, P.O. Box 246, St. Peter's, ☏ 5812, 🖥 www.volcano-island.com; Unterkünfte in Ausstattung und Preis von Villa (mit 360°-Terasse und Blick auf Ozean und Bergwelt) bis Backpacker. Sehr zu empfehlen ist das Tree House! Mit einer kleinen Fußbrücke ist es mit dem Haupthaus verbunden. Wunderschöner Blick von der Veranda auf den Ozean und Bananen- und Papays-Bäume. Doch auch die Backpacker-Unterkunft bietet mit Kühlschrank, Wasserkocher und Mikrowelle die lebensnotwendigen Gerätschaften.

Medien
Einmal wöchentlich erscheinen die Zeitungen „**Montserrat Reporter**" sowie „**Montserrat News**". Besonders wichtig ist die Radiostation der Insel mit rund 14 Mitarbeitern, die im direkten Kontakt mit dem Volcano Observatory steht und die Bevölkerung über die Aktivitäten des Vulkans auf dem Laufenden hält.

Zudem werden morgens auf den Kanälen 91.9, 95.5 und 88.3 Mhz die News der **BBC** und eines **amerikanischen Nachrichtensenders** gebracht.

Regionale Reisetipps von A–Z (Montserrat)

Medizinische Versorgung
Das Inselkrankenhaus befindet sich in St. John's, ☎ 2836 und ist für die meisten Routine- und Notfälle ausgestattet. Bei Unfällen/Notfällen rufen erreichen Sie unter ☎ 2802 die Ambulanz. Bei ernsthaften Erkrankungen oder Verletzungen werden die Patienten per Hubschrauber nach Antigua oder Guadeloupe transportiert.

Öffnungszeiten
• Die **Geschäfte** sind geöffnet Mo-Sa 8-12 und 13-16 Uhr, Mi und Sa Nachmittag häufig geschlossen.
• Die normalen **Bankzeiten** sind Mo-Do 8-13 Uhr und Fr 8-16/17 Uhr.
• Das **Postamt** ist offen von Mo-Fr von 8.15-15.55 Uhr.

Post
Das **Hauptpostamt** und das **Philatelic Bureau** befinden sich in Brades, im Nordwestteil der Insel.

Preisniveau
Hinsichtlich des Preis-Leistungsverhältnisses kann Montserrat als billig bis ziemlich teuer eingestuft werden – je nach Unterkunftsart und Reisezeit.

Restaurants/Snacks
Vor dem Vulkanausbruch gab es ausgesprochen viele Restaurants auf Montserrat. Nach dem Vulkanausbruch 1997, der einen Großteil der Insel unzugänglich gemacht und Plymouth in Schutt und Asche gelegt hat, hat es lange gedauert, bis die „Restaurant-Szene" wieder in Gang gekommen ist. Mit den beiden Hotels auf der Insel bieten rund ein Dutzend Restaurants karibische und internationale Küche an.

> **Hinweis**
> Tagsüber können Sie sich gut bei den Snackbars bzw. Cafés und Strandbars verpflegen.

• **The Attic Restaurant**, ☎ 2008, Olveston, Frühstück und Mittagessen (z.B. gegrillte Hähnchen und Quesadilla, d.h. nicht süße Pfannkuchen mit Füllung).
• **Jumpin Jack's Restaurant and Bar**, Old Road Bay, Old Towne, ☎ 5645, American Food, Fischgerichte.
• **Good Life Restaurant and Bar**, Little Bay, ☎ 4576, neues Gebäude in Hanglage mit Blick auf die Little Bay, Disko am Wochenende, verhältnismäßig teuer.
• **Gourmet Gardens**, Olveston, ☎ 7859; mit schöner Veranda.
• **Jumping Jack's**, Old Towne, ☎ 5645, Fischgerichte un American Food.
• **Ponts Beach View**, Little Bay, ☎ 2744, Steaks, Fisch und Huhn direkt vom Grill, bekannt für die selbst hergestellte Barbecuesoße und Kokosnusschips.
• **Tina's Restaurant**, ☎ 3538, Brades Main Road, gutes Lokal für Huhn- und Fischgerichte, aber auch Kürbissuppe, Meeresfrüchte, Burger...

- **Windsor**, Cudjoe Head, ☎ 2900, karibische und internationale Küche.
- **Ziggy's Restaurant**, ☎ 8282, Mahogany Loop, Dinner nur auf Bestellung; internationale Küche.

Reiseagenturen

Folgende Agenturen organisieren Exkursionen oder Rundtouren, die fast alle einen **Besuch des zerstörten Flughafens**, einen **Besuch im Volcano Observatory** und einen **Blick vom nächstmöglichen Punkt auf den noch aktiven Vulkan** beinhalten sowie auf die verschüttete Stadt Plymouth; z. T. starten sie von Antigua aus.

Einige Adressen sind:
- **Carib World Travel**, Sweeneys, P.O. Box 183, ☎ 2714, 📠 2713
- **Double X Tours**, Olveston, P.O. Box 421, ☎ 5470
- **D & J Tours**, P.O. Box 2548, Antigua, ☎ 268-773-9766
- **Grant Enterprises & Trading**, Olveston, P.O. Box 350, ☎ 9654
- **Jenny's Tours**, Antigua, P.O. Box 471, ☎ 268-4619361
- **Montserrat Aviation Services**, Nixons, P.O. Box 257, ☎ 2533, 📠 7186
- **Runaway Travel Ltd**, Sweeneys, P.O. Box 54, ☎ 2776

Souvenirs

Beliebte Mitbringsel sind **Erzeugnisse aus heimischer Baumwolle** und **geflochtene Waren** (Hüte, Matten, Textilien etc.), **Gewürze**, lokales Kunsthandwerk und die qualitätvollen **Briefmarken** bzw. **Phonecards**. Leider sind die wirklich schönen Sachen auch recht teuer.

Beliebtes Souvenir: Briefmarkenserie mit dem Motiv „Vulkanausbruch"

Sport
AUF UND IM WASSER

Hier geht es auf Montserrat im Vergleich zu den anderen Karibikinseln eher ruhig zu. Ein Paradies ist die Insel sicherlich für **Taucher** und **Schnorchler**, die hier eine unberührte und faszinierende Unterwasserwelt erleben möchten. Es gibt zwei Tauchschulen: Die älteste ist **Sea Wolf Diving School**, P.O. Box 289, Montserrat W.I., ☎ 7807/6859, 📠 3599, 🖥 www.seawolfdivingschool.com. In Little Bay gibt es neuerdings: **The Green Monkey Inn & Dive Shop**, ☎ 496-2960 od. 491-2969, 🖥 www.divemontserrat.com. Schnorcheltrips werden auch vom „**Vue Point Hotel**", ☎ 5210, angeboten. Die beliebtesten Tauchspots sind Rendevous Beach, Woodlands Beach, Lime Kiln Beach, Littel Redonda und Old Bluff Road. Die Ostküste ist von einer starken Brandung geprägt und nur etwas für geübte Taucher. Die Westküste ist wesentlich ruhiger und bietet flache Riffe von drei bis zehn Meter Tiefe aber auch in spektakulären 18 bis 21 Metern Tiefe.

Die Zahl der Jachten im Hafen Little Bay nimmt langsam zu, da immer mehr **Segler** besonders auch zur Anitgua Sailing Week Ende April/Anfang Mai Montserrat ansteuern. Es gibt bereits Pläne für den Aubau des Hafens und die Errichtung weiterer Gebäude. Infos: **K+H yachtcharter**, Ludwigstraße 112, 70197 Stuttgart, ☎ 0711/638282, 📠 6365709, 🖥 www.khp-yachtcharter.de oder www.sailingweek.com.

ZU LANDE

Der ehemalige 18-Loch-Platz am Belham River ist in den Aschemassen untergegangen. Allerdings bietet der **Montserrat Golf Course** (☏ 5220) einen 11-Loch-Kurs an. Denen, die den 18 Löchern nachtrauern, wird empfohlen, den Kurs zweimal zu machen. Ansonsten sind die Bedingungen ideal, die Berge, Wasserfälle, Strände und den Vulkan auf ausgedehnten **Wanderungen** kennen zu lernen (Auskünfte über Wanderwege erteilt die Touristeninformation).

Sprache
Die Landessprache ist **Englisch**.

Strände
Wegen der vulkanischen Beschaffenheit der Insel sind die meisten Badestrände schwarz oder dunkelsandig. Einer der schönsten Strände, die **Little Bay**, wurde nach der Verschüttung von Plymouth zum neuen Hafen umfunktioniert. Dafür können Sie hier nun ein bescheidenes Nachtleben erleben. Der ehemals schöne Strand an der **Old Road Bay** ist seit dem Vulkanausbruch bei „Souvenirjägern" beliebt, die nach Vulkangesteinen tauchen. Einen hellen Sandstrand finden Sie in der schwer zugänglichen (nur per Boot) **Rendezvous Bay** im Nordwesten der Insel.

Strom
Die Stromspannung beträgt 220-230 V, 60 Hz. Ein Adapter ist notwendig.

Telefonieren
Der Ländercode für Montserrat ist (ab Deutschland) **001-664**. Anschließend wählen Sie die **Vorwahl 491**, die für alle Orte auf der Insel gilt. Montserrat verfügt über ein voll digitalisiertes Telefonsystem. Telefonkarten für öffentliche Fernsprecher können Sie in den meisten Bars und Hotels kaufen.

Veranstaltungen
Das größte Inselfest, das farbenfroh und „unbritisch ausgelassen" gefeiert wird, ist der **Karneval**, der von Mitte Dezember bis zum 1. Januar andauert. Fast noch bedeutender für viele Inselbewohner der Emerald Isle ist der **St. Patrick's Day**. Der nationale Feiertag wird am 17. März mit Maskeraden, Konzerten und viel Alkohol gefeiert.

Verkehrsmittel
Montserrat hat etwa 180 Kilometer meist kurvige und schmale Straßen. Es herrscht **Linksverkehr**; die Verkehrsregeln und -zeichen entsprechen **internationalen Standards**. Falls Sie

M sich ein Auto mieten, um die Insel selbst zu erkunden, sollten Sie vor den Kurven unbedingt die **Hupe benutzen**. Die Einheimischen haben auf ihrer Insel nicht viele Möglichkeiten, ihr Auto auszufahren und nutzen daher jeden Meter, um voll auf das Gaspedal zu treten.

Bis auf Schulbusse gibt es **keine regelmäßig verkehrenden Verkehrsmittel** auf Montserrat. Erkundigen Sie sich am besten gleich am Heliport oder bei der Polizeistation in Salem nach einem **Taxi** oder nach **Minibussen**, die als Sammeltaxen zwischen den wichtigsten Orten verkehren. Sie können ein Taxi auch ganz- oder halbtagsweise mieten; zudem kann der Taxifahrer Ihnen sicherlich einiges über die Insel erzählen. Den Preis müssen Sie im Vorhinein aushandeln und bezahlen.

MIETWAGEN

Die früher am Flughafen ansässigen großen, international bekannten Mietwagenfirmen haben die Insel alle verlassen. An ihre Stelle sind eine ganze Reihe **kleiner lokaler Mietwagenverleihe** getreten. Zum Mieten benötigen ausländische Fahrer eine **driving licence**, d. h. eine lokale, zeitlich begrenzte Fahrerlaubnis. Sie kostet ca. EC$ 30. Diese erhalten Sie bei der Polizei in Salem, ☏ 2555; geöffnet Mo-Fr rund um die Uhr.

Einige Anbieter:
- **Equipement & Supplies Ltd.**, Olveston, P.O. Box 402, ☏ 2402, 🖷 6602
- **Neville Bradshaw Agencies**, Olveston, P.O. Box 270, ☏ 5270, 2070, 5235, 🖷 5069;
- **Montserrat Enterprises Ltd.**, Old Towne P.O. Box 221, ☏ 2431/2, 🖷 4660
- **M.S. Osborne Ltd.**, Brades, P.O. Box 287, ☏ 2494/5/3288, 🖷 4760
- **Zeekies Rentals**, Baker Hill, ☏ 4515
- **Grant Enterprises & Trading**, Olveston, P.O. Box 350, ☏ 9654, 🖷 4854
- **Ethelyne's Car Rental**, Olveston, ☏ 2855
- **Pickett Van Rentals**, Salem, ☏ 5513, 🖷 4121
- **Be-Beep's Car Rentals**, Olveston, ☏ 3787
- **KC's Car Rentals**, Olveston, ☏ 5756

Vulcano Visitor's Center

Im September 1996 führte eine Serie von Domkollapsen des **Soufrière Hills Vulkans** dazu, dass der südliche Teil von Montserrat unter Vulkangestein und Asche liegt. Die Wissenschaftler des **Montserrat Volcano Observatory** (MVO) beobachten seitdem den Vulkan mit noch größerer Aufmerksamkeit. Von verschiedenen Messstationen in der Nähe des Vulkans werden die via Fernübertragung ins Observatorium übermittelten seismischen Daten sofort ausgewertet.

Mit modernsten Geräten – satellitengestützten globalen Ortungssystemen – wird der Vulkan an festgesetzten Punkten regelmäßig vermessen. Dadurch können Geländeverformungen im Millimeterbereich festgestellt und Vermutungen über die Bewegung des Magmas innerhalb des Vulkans festgestellt werden. Bei guten Sichtverhältnissen, wenn die Aschewolke es zulässt, werden zudem vom Hubschrauber aus das Volumen des Doms bis zu einer 90-prozentigen Genauigkeit ermittelt. Ein Gasspektrometer misst die Schwefeldioxid-Konzentrationen über der Insel, um die Aktivität des Vulkans einordnen zu können.

Regionale Reisetipps von A-Z (Montserrat)

Per Radio wird regelmäßig über den Zustand des Vulkans informiert.

Zum Schutz der Bevölkerung vor den indirekten Auswirkungen des Vulkans werden regelmäßig Asche- sowie Regenwasserproben genommen und auf ihre chemische Zusammensetzung untersucht. Zwar kennen die Wissenschaftler den Vulkan inzwischen recht gut, verlässliche Prognosen, wie er sich in Zukunft verhält, sind jedoch nicht zu machen. Ende 1999 war man noch recht optimistisch, dass die Eruptionen ihrem Ende zugehen würden, weil sich um den Dom herum bereits wieder erste Vegetation bildete. Doch wenige Wochen später wurde durch erneute Explosionen die Hoffnung zunichte gemacht. Die bis zum Sommer 2002 anhaltenden Aktivitäten machen Vorhersagen über Verlauf und Ende der Krise unmöglich.

Regelmäßige Berichte über den Zustand des Vulkans veröffentlicht das Montserrat Vulcano Observatory unter www.geo.mtu.edu; Videos vom Vulkanausbruch, Erläuterung zur Chronologie des Vulkanausbruchs, Führungen durch das Observatoy mit Erläuterungen von Experten gibt es im **Montserrat Vulcano Visitor's Center**, *Mongo Hill,* ☎ *491-5647,* 🖷 *491-2423,* 🖳 *www.mvo.ms; Öffnungszeiten: Mo-Fr, 15.30-16 Uhr, bei starken Aktivitäten ist das* **Visitor's Center** *geschlossen.*

Währung

Die offizielle Währung ist der **Eastern Caribbean Dollar** *(EC$)*, der an den US-Dollar gekoppelt ist. US-Dollars werden jedoch auch überall akzeptiert.

Der **Umtauschkurs** beträgt 1 Euro = ca. 3,41 EC$ (Stand Juni 2006; aktuelle Info unter www.gocurrency.com). Kreditkarten werden nicht immer akzeptiert. Geld umtauschen können Sie bei jeder Bank.

- **Royal Bank of Canada**, Olveston, P.O. Box 222, ☎ 2426/7/8, 🖷 3391, Telex 5713 ROYBANKMK
- **Bank of Monserrat**, St. Peters, P.O. Box 10, ☎ 3843, 🖷 3163, Telex 5740 BANKMON
- **Carib World Travel** ist der **American Express Agent** in Davy Hill, ☎ 2714, 🖷 2713

Yacht- und Ankerplatz

• Little Bay; zudem sollten Sie, bevor Sie vor Anker gehen, die **Montserrat Port Authority** auf Kanal 16 kontaktieren.

S) Saba (S. 272 ff.)

> **Wichtige Telefonnummern**
> Telefonvorwahl — ☏ 599-4
> Internationale Vorwahl — ☏ 00-599-4
> Deutsche Botschaft — ☏ 0031-70-3420600
> Polizei — ☏ 63237
> Ambulanz des A.M. Edwards Medical Center — ☏ 3239, 3288, 3289
> Touristeninformation — ☏ 62231

Anreise
PER FLUGZEUG

Alle Flüge nach Saba zum Flughafen **Juancho E. Yrausquin** (Dauer: 20 Minuten) führen über die Insel Sint Maarten, die täglich von Nordamerika, Europa und Südamerika angeflogen wird. Während der Wintersaison gibt es auch zahlreiche **Charterflüge**. Die **Windward Islands Airways** (Winair, ☏ 011-599-5-45-4237, 599-54-5-4230) fliegt mehrmals täglich nach Saba und St. Eustatius; 💻 www.fly-winair.com.

AIRPORT TAX

Die **Flughafengebühr** beträgt für Ziele der Niederländischen Antillen 5 US$ und zu anderen Zielen 20 US$ pro Person.

PER SCHIFF

Mit dem Schiff wird der kleine **Insel-Hafen Fort Bay** mehrmals in der Woche mit Philipsburg, Sint Maarten verbunden, von der auf Saba ansässigen Fährgesellschaft **Saba C-Transport, N.V.** mit der Fähre „**Dawn II**" (💻www.sabactransport.cabanova.com/). Zudem verkehren die Touroperators **Aqua Mania Adventures** (Hochgeschwindigkeitsfähren „**The Edge I/II**") von Sint Maarten (Simpson Bay/Pelican Marina, ☏ 599-544-2640 oder 📠 599-544-2476, 💻www.stmaarten-activities.com) und **The Voyager** (☏ 590-871068/franz. Seite oder ☏ 599-542-4096/niederl. Seite, 💻 www.voyager-st-barths.com/us/saba_us.php) von der Marina in Marigot/Saint Martin aus.

Auskunft
IN DEUTSCHLAND
- **Dutch Caribbean Travel Center**, Karlstraße 34, 64283 Darmstadt, ☏ 06151-4287113, 📠 85150, 💻 www.dutch-caribbean.com

VOR ORT
- **Saba Tourist Office**, P.O. Box 527, Windwardside, ☏ 62231, 62322, 📠 62350

Feiertage/Feste

Die offiziellen Feiertage sind die gleichen wie in Sint Maarten. Zusätzlich findet in Saba der **Karneval** im Juni statt. Das bedeutet, eine Woche lang werden Karnevalparaden gefeiert, finden

Steelband-Wettbewerbe statt und die ganze Insel steht Kopf (🖥www.sabatourism.com); etwas kürzer wird hingegen während der **Saba Days** Anfang Dezember gefeiert. Aber auch beim „**Mini Winter Carnival**" dominieren Wettbewerbe der Karnevalsaison, Sportereignisse, Steelbands und Tanzwettbewerbe.

Hotels
Mount Scenery
- **Willard's of Saba** $$$$$, Mount Scenery, ☏ 1-800-504-9861, 🖨 62482; wer schon immer einmal in den Niederlanden Bergsteigen wollte, der ist hier genau richtig; auf dem Gipfel des Mount Scenery bietet sich in einer Höhe von über 800 m mit 270 Grad Sichtfreiheit fast ein Rundumblick auf das Karibische Meer und den Atlantik vom höchsten Punkt (!) des niederländischen Königreiches; Zimmer mit Meer-, Garten- und Sonnenuntergangsblick, Tennisplatz, Swimmingpool, Bar, TV, Restaurant; 🖥 www.willardsofsaba.com

Windwardside
- **Captain's Quarters** $$$, Windwardside, ☏ 62201, 🖨 62377, 🖥www.ehi.com; sehr gemütliches, hoch gelegenes Hotel mit Ozeanblick in restauriertem Kapitänshaus (19. Jh.), kleiner Pool, 12 Zimmer mit Balkon, sehr gutes Außenrestaurant in tropischem Garten (September geschlossen).

The Bottom
- **Cranston's Antique Inn** $$$, The Bottom, Post Code 60631, ☏ 63203, 🖨 63469, 🖥 www.ehi.com; schönes, altes Haus (in dem schon einmal Königin Juliana ihren Urlaub verlebte) mit guter Küche und Openair-Bar, nur fünf mit Antiquitäten ausgestattete, einfache Zimmer, nur ein Zimmer mit eigenem Bad, Restaurant; von hier aus schöner Fußweg zur Ladder Bay.

Hells Gate
- **The Gate's House** $$, Hell´s Gate ☏ 62416, 🖨 62550, 🖥 www.sabagatehouse.com; Gästehaus mit 6 Doppelzimmern, davon zwei mit einer Kochecke, ein Cottage für drei Personen und eine Luxusvilla für zehn Personen, zwei Swimmingpools, Restaurant.

Medien
Ein Blick in die regionale Presse lohnt sich wegen aktueller Veranstaltungen, lokaler Telefonnummern und eines tieferen Einblicks in das Inselleben. Sie erhalten niederländische Tageszeitungen und die Lokalzeitung von Sint Maarten. In den Hotels empfangen Sie via Satellit zumeist TV-Sender der USA und der Niederlande.

Öffnungszeiten
- **Geschäfte**: Mo-Fr 9-12 Uhr und 14-18 Uhr; Sa bis mittags
- **Banken**: Mo-Fr 8.30-13.30 Uhr
- **Post**: Mo-Fr 8-12 Uhr und 13-17 Uhr

Post und Telekommunikation

Briefe brauchen per Luftpost ca. zwei Wochen in die USA und nach Europa. Telefone sind in fast allen Hotels mit direkter Duchwahl vorhanden. Zusätzlich gibt es öffentliche Fernsprecher in Windwardside und The Botton.

Restaurants
Windwardside
- **Brigadoon Restaurant**, Windwardside, ☎ 62380; ein paar Gehminuten von den Hotels in Windwardside entfernt befindet sich das Restaurant in einem Haus aus dem 18. Jh.; neben europäischer Küche und amerikanischem Fastfood gibt es hier täglich frischen Fisch; besonders zu empfehlen sind die hausgemachten Desserts.

Hell's Gate
- **The Gate House Café**, Hell's Gate, ☎ 62416; hausgemachte kreolische und französische Küche mit allem, was die Karibik an frischen Zutaten hergibt: Der Fisch wird direkt von den Fischern der Inseln gekauft, umfangreiche Weinkarte.

Sport

Die Insel eignet sich besonders für **Taucher** und **Schnorchler**. Die vielen Wracks und eine noch intakte Unterwasserwelt machen Saba zu **einem der schönsten Reviere der Karibik**. Besonders spektakulär ist der Küstenteil von der **Tent Bay** bis zur **Ladder Bay** und das Gebiet um den **Diamond Rock**. Alle Tauchspots sind nur per Boot zu erreichen. Vor Ihrem Tauchgang sollten Sie sich jedoch wegen der Verhaltensregeln im – unter Naturschutz stehenden – Marine Park beim Touristenbüro in Windwardside oder beim Büro des **Marine Park** in Fort Bay erkundigen: Bay, P.O. Box 18, The Bottom, ☎/📠 63295, 💻 www.sabapark.org.

TAUCHSCHULEN
- **Sea Saba Dive Center**, Windwardside, ☎ 62246, 📠 62362, 💻 www.seasaba.com
- **Saba Divers**, Windwardside, ☎ 62740, 📠 62741, 💻 www.sabadivers.com
- **Saba Deep**, Fort Bay Habour, ☎ 63347, 📠 63397, 💻 www.sabadeep.com

WANDERN
Es ist noch gar nicht so lange her, dass Fußmärsche und Mauleselritte die üblichen Fortbewegungsarten auf Saba waren, um auf den schmalen und oftmals sehr steilen Wegen von Dorf zu Dorf zu gelangen. Heute gibt es daher auf Saba ein **hervorragend ausgebautes Wanderwegesystem**, das die **Saba Conservation Foundation** pflegt und weiter ausbaut. Allerdings richtete der Hurrican „Lenny" 1998 starke Schäden in einigen Waldgebieten an, die nur nach und nach beseitigt werden können. Die Naturschutzorganisation hat einen kleinen Wanderführer herausgegeben, der allerdings die seit dem Hurrican nicht mehr begehbaren Strecken nicht verzeichnet hat. Die Wege sind leicht zu erreichen und können größtenteils ohne Führung bewandert werden.

Besonders schön ist die eineinhalbstündige Wanderung zum **Mount Scenery**: 1.064 Stufen müssen überwunden werden, bevor einen der einmalige Blick über die Insel und auf das Karibische Meer und den Atlantik belohnt. Der neu eröffnete Nationalpark oberhalb der **Ladder Bay** weitet das gepflegte System der Wanderwege aus. Wenn Sie jedoch vom Nationalpark weiter an die Nordküste wandern möchten, sollten Sie einen Führer zur Rate ziehen. Auskunft kann Ihnen **James Johnson** geben, der sich bestens mit dem Zustand der Wanderwege auskennt. Sie erreichen ihn unter ☏ 416-3281 oder unter ☏ 416-3307. Am Nachmittag, nach 15 Uhr, bietet er Führungen für höchstens acht Personen an.

Strom
US-Standard, 110 Volt, Adapter ist notwendig.

Trinkgeld
Es gibt eine Goverment-Room-Tax von 5 Prozent, die automatisch auf die Zimmerrechnung gesetzt wird. Das Trinkgeld beträgt 10 oder 15 Prozent und wird zur Rechnung hinzugerechnet. Taxifahrer und Inselführer sollten nach ihrer Leistung ein angemessenes Trinkgeld bekommen.

Verkehrsmittel
Einen öffentlichen Nahverkehr mit Bussen gibt es nicht. Auch an Mietwagen steht nur ein sehr begrenztes Kontingent zur Verfügung. Auf beiden Inseln bewegt man sich am besten mit Taxen weiter und/oder wandert. Taxen haben jeweils festgelegte Fahrpreise. Sie können auch für eine Inselrundfahrt gebucht werden.

Währung/Geld
Offizielle Währung ist der **Antillen-Gulden** (Naf). Daneben werden Travellerschecks und US$ weithin angenommen; bei Kreditkarten ist die Akzeptanz nicht besonders groß. Banken haben nur vormittags von 8.30 -13.30 Uhr geöffnet.

St. Lucia (S. 383 ff.)

Wichtige Telefonnummern

Telefonvorwahl	☏ 758
Internationale Vorwahl	☏ 001-758
Deutsche Botschaft	☏ 4508050
Polizei/Feuer/Ambulanz	☏ 999
Krankenhaus	☏ 4537059 (VictoriaHospital), 45460 (St. Jude's Vieux Fort)
Touristeninformation	☏ 4525968, 4530053, 4524094

S

Anreise
PER FLUGZEUG

Von Deutschland aus fliegt die **BWIA** (allerdings nur in den Wintermonaten) direkt nach St. Lucia. Virgin Atlantic, British Airway und die BWIA bieten Direktflüge zwischen London und St. Lucia an (8 h Flugzeit). Möglich ist auch der Umweg über Nordamerika, Antigua, Barbados oder Martinique. Diese Flüge landen alle auf dem Hewanorra Airport.

Die **innerkaribischen Flugverbindungen** von und nach St. Lucia sind sehr gut. Sie erreichen die Insel mit den karibischen Fluggesellschaften **Liat** oder **BWIA** von Antigua (hier fliegt zusätzlich **Air Jamaica** und **British Airways**), Barbados, Dominica, Grenada, Guadeloupe und Martinique (zusätzlich auch **Air Martinique**).

PER SCHIFF

Von den Nachbarinseln erreichen Sie St. Lucia auch per Schiff, von den Französischen Antillen und Dominica mit dem **Express des Iles**, ☎ 4522211 (Cox & Company Limited). Die Windward Lines steuert die Insel von Venezuela, Trinidad, St. Vincent und Barbados aus an. Der Haupthafen ist **Castries**. Die Kreuzfahrtschiffe gehen in **Pointe Seraphine** (am Hafen von Castries) vor Anker.

Auskunft
ST. LUCIA

• **St. Lucia Tourist Board**, Pointe Seraphine, P.O.Box 221, Top Floor, Sure Line Building, Castries, ☎ 4524094/4525968, 📠 4531121, 🖥 www.st-lucia.com; Zweigstellen des Fremdenverkehrsamtes gibt es auch im **Hewanorra Airport**, im **Vigie Airport** sowie in **Soufrière**.

DEUTSCHLAND

• **St. Lucia Tourist Board**, Postfach 1525, 61366 Friedrichsdorf, ☎ 06172-778013, 📠 06172-778033

Diplomatische Vetretungen
ST. LUCIA

• **Deutsches Honorarkonsulat**, P.O. Box 2025, Cros Islet, St. Lucia, W.I., Care Service Building, Massade Industrial Estate, ☎ 4508050, 📠 4500255.

DEUTSCHLAND

• **Honorarkonsulat von St. Lucia** in D-61293 Bad Homburg, Postfach 2304, Weidebornweg 21, ☎ 06172-302324, 📠 305314.

Exkursionen

Mehrere Agenturen bieten halb- und ganztägige Inselrundfahrten an, die immer die größten Sehenswürdigkeiten in der Gegend um Soufrière enthalten. Teilweise gibt es auch deutsche

Führungen. Spezielle Exkursionen gibt es zu den unterschiedlichsten Themen, z. B. einen „**Ausflug in die Geschichte**" zu den wichtigsten historischen Sehenswürdigkeiten, eine dreistündige **Wanderung durch den Regenwald**, **Jeep-Safaris** über den Norden der Insel oder auch einen **geführten Einkaufsbummel**.

Besonders beliebt sind **Ausflüge zu See**, die meist in Castries beginnen und an der spektakulären Westküste nach Soufrière entlangführen (z. T. mit Landarrangement). Empfehlenswert sind dabei Fahrten auf dem bequemen Schiff „**Endless Summer**" und ganz besonders auf dem 1946 in Finnland gebauten Segelschiff „**The Brig Unicorn**". Der 145 Fuß lange Zweimaster kam schon in verschiedenen Filmen wie z. B. „Roots" zum Einsatz.

ST. LUCIA AUS DER VOGELPERSPEKTIVE
Rundflüge werden häufig auch in der Kombination mit Segelreisen zu den Nachbarinseln Barbados, Martinique, Mustique und Tobago Cays oder den Grenadinen angeboten. Der Abstecher nach Dominica enthält eine Übernachtung und kostet ca. US$ 285. Es gibt aber auch einzeln buchbare, eintägige Rundflüge. Und wer das „Inselhüpfen" lieber individuell gestaltet, findet bei der Fluglinie **Liat** preiswerte Hin- und Rückflüge.

Feiertage
- Neujahr
- 22. Feb. • Unabhängigkeitstag
- Karfreitag
- Ostermontag
- 1. Mai • Tag der Arbeit
- Pfingstmontag
- Fronleichnam
- 1. Montag im Aug • Tag der Sklavenbefreiung
- 5. Oktober • Erntedankfest
- 13. Dezember • Sancta Lucia (Nationalfeiertag)
- Weihnachten

Feiertage, die auf einen Sonntag fallen, werden am folgenden Montag – nach amerikanischem Muster – „nachgeholt".

Flughäfen und Airport Tax
St. Lucia verfügt über zwei Flughäfen, wobei der größere der **Hewanorra International Airport** ist. Er liegt bei Vieux Fort im Süden, ca. 64 km von der Hauptstadt Castries entfernt. Kleinere Flugzeuge für innerkaribische Strecken landen auf dem **Vigie Airport**, 3 km nördlich von Castries. Zwischen den beiden Flughäfen verkehrt der Interisland Air Service.

Die wichtigsten Fluggesellschaften mit Telefonnummern:
- **Liat**, ☎ 4522292 (St.Castries), ☎ 4546341 (Hewanorra Airport), ☎ 4522348 (Vigie Airport)
- **BWIA International**, ☎ 4523778, 4523789, 4545075 (St. Castries)
- **American Airlines** bietet keinen Telefonservice an, kontaktieren Sie am besten direkt das Büro (Micoud/Bridge Street)
- **Air Canada**, ☎ 4523051 (St. Castries), ☎ 4546249 (Hewanorra Airport)
- **Air Martinique**, ☎ 4522463 (Vigie Airport)
- **British Airways**, ☎ 4523951 (Cox and Co Building, William Peter Boulevard), ☎ 4546172 (Hewanorra Airport)

S) AIRPORT TAX

Bei der Ausreise ist eine **Flughafengebühr** von zzt. EC$ 37 bei innerkaribischen Flügen und von EC$ 50 bei anderen internationalen Flügen zu entrichten.

Hotels
Castries und Umgebung

- **Couples** $$$$$, Vigie Beach, ☎ 24211, 🖷 27419; absolute Luxusherberge mit romantischem Ambiente, 100 Zimmer in niedrigen Gebäuden, inklusives breites Sport- und Exkursionsangebot, Restaurant und Bar, ausschließlich für Paare konzipiert (keine Kinder).
- **Windjammer Landing Villa Beach Resort** $$$$$, Labrelotte Bay, P.O.Box 1504, ☎ 456 9000, 🖷 452 9454, 🖳 www.windjammer-landing.com; nahe Castries gelegenes Resort inmitten tropischer Gärten, kleines Dorf in Hanglage mit über 100 Villen, im karibischen Stil eingerichtet und z. T. mit privaten Pools, kleinem Strand, 3 Restaurants und Bars, Swimmingpool, vielen Sportarten (u. a. Golf und Tennis) kostenlos.
- **Sandals St. Lucia** $$$$$, P.O.Box 399, La Toc, ☎ 4523081, 🖷 452101, 🖳 www.sandals.com; 5 km von Castries entferntes, luxuriöses Haus am Meer mit phantastischem Garten, 273 komfortablen Zimmern, 6 Restaurants und 10 Bars, Boutiquen etc., internationale Atmosphäre mit sportlichem Touch (4 Swimmingpools, 5 Tennisplätze, 9-Loch-Golfplatz, viele Wassersportmöglichkeiten), alle Sportarten sind kostenlos.
- **Villa Beach Cottage** $$$$, Choc Bay, P.O. Box 129, Castries, ☎ 4502884, 🖷 4504529 🖳 www.villabeachcottages.com; mit feinen Holzarbeiten verzierte kleine Hotelanlage, direkt am Strand der Choc Bay unter Palmen gelegen, 14 Cottages und 9 Villa Suites; im so genannten „Nobel Cottage" hat der Nobelpreisträger für Literatur von 1992, Derek Walcott, jahrelang seinen Urlaub verbracht; AC/Fans, TV, Kochecken, Hängematte auf Balkon, Restaurants, Bar.
- **Tropical Haven** $$, La Toc, P.O.Box 615, ☎ 23505, 🖷 4525476; Pension der unteren Mittelklasse mit 15 Zimmern.

Der Norden

- **Hotel Morgan Bay Resort** $$$$$, Morgan Bay, Gros Islet, ☎ 4532511, 🖷 4536050; luxuriöser Freizeitkomplex mit 240 Zimmern, an einem herrlichen Palmenstrand gelegen, Gourmet-Restaurants, Bar, Salon und Beachbar, großer Pool, zahlreiche Sportanagebote, All-inclusive-Basis.
- **Royal St. Lucian** $$$$$, Reduit Beach, P.O.Box 977, ☎ 4529999, 🖷 4529639; First-Class-Hotel mit sehr gutem Service, 240 Zimmer mit allen Annehmlichkeiten, 2 Restaurants und Bars, sehr schöner Pool mit Wasserfall, Poolbar und tropischem Garten, Boutiquen; viele Sportmöglichkeiten inklusive; 🖳 www.rexcaribbean.com
- **Le Sport-The Body Holiday** $$$$, Cariblue Beach, Cap Estate, ☎ 4508551, 🖷 4500368, 🖳 www.lesport.com; First-Class-Hotel auf All-inclusive-Basis mit sehr gutem, leichtem Essen, perfektes „sportliches Relaxen" durch das umfangreichste Angebot an kostenlosen Sportarten in der Karibik (u. a. Tennis, Wasserski, Schnorcheln, Fahrrad, Golf, Volleyball, Meditation, Fechten, Bogenschießen, Aqua Aerobic, Hobie-Cat-Segeln, Yoga), durch etliche Kurbehandlungen (Thalasso-Therapie, Massage, Jet Stream, Fangopackungen, Sauna, Stretching etc.) und weitere körperliche Annehmlichkeiten, 152 Zimmer mit Balkon, 2 Suiten, 1 Penthouse Suite, Restaurant und 2 Bars, 3 Swimmingpools.
- **Hotel Rex St. Lucian** $$$, Reduit Beach, ☎ 4528351-55, 🖷 4528331, 🖳 www.rexcaribbean.com; weitläufige Mittelklasse-Anlage der gehobenen Kategorie, direkt am Strand neben dem Schwesterhotel Royal St. Lucian gelegen, 260 komfortable Zimmer, 2 Restaurants und Bars, Diskothek, Pool, Einkaufszentrum, viele im Preis eingeschlossene Sportmöglichkeiten (u. a. Tennis und Mistral-Segeln).

- **Club St. Lucia $$$**, Smuggler's Village, Cape Estate, P.O.Box 915, ☎ 4500551, 📠 4500281, 💻 www.splashresorts.com; 15 km nördlich von Castries gelegenes Mittelklasse-Hotel auf All-inclusive-Basis, Restaurants und Bars, Disco, Pools, 369 Zimmer, alle Mahlzeiten, Getränke und Sportangebote (u. a. Tennis, Squash, Surfen, Wasserski, Fahrräder) eingeschlossen.

Der Süden
- **Anse Chastanet $$$$$**, P.O.Box 216, Soufrière, ☎ 4597000, 📠 459770, in 2 km Entfernung von Soufrière und dessen Attraktionen gelegenes, internationales First-Class-Haus, 49 gut eingerichtete Zimmer, 2 schöne Palmenstrände, 2 Restaurants und Bars, phantastische Sicht auf die Pitons, umfangreiches Sportangebot mit Tauchen, Tennis, Schnorcheln etc; 💻 www.ansechastanet.com
- **Jalousie Hilton Resort & Spa $$$$$**, Bay Street, Soufrière, ☎ 4568000, 📠 4597667, 💻 www.hilton.com; für 6 Millionen US-Dollar renovierte, luxuriöse Ferienanlage der Premier-Resort-Hotel- Kette, zwischen den beiden Pitons im Stil eines alten kreolischen Plantagenbesitzes erbaut, 115 Cottages, 12 Doppelzimmer in Zuckermühlen, 4 Restaurants, 5 Bars, breites Sportangebot, sehr freundliches Personal.
- **Ladera Resort $$$$$**, Anse des Pitons, ☎ 4597323, 📠 4595156, 💻 www.ladera-stlucia.com; hoch in den Bergen zwischen den beiden Pitons gelegen, 24 Zimmer mit spektakulärem Blick auf die beiden Wahrzeichen der Insel, Restaurant.
- **Hummingbird Bird Beach Resort $$$$$**, Soufrière, ☎ 4597232, 📠 4597033, in der Nähe von Soufrière gelegen; zehn luxuriöse „Hütten" im Kolonialstil; schön am Hang gelegen, Swimmingpool, Strand.
- **Marigot Beach Club Hotel & Dive Resort $$$**, Marigot Bay, Castries, ☎ 4514974, 📠 4514973, 💻 www.marigotdiveresort.com; separate Bungalowhäuser für 2-10 Personen, schöne Hanglage, kleine Bucht, Restaurant, Bar, umfangreiches Wassersportangebot, Dive Shop, kleiner Strand.

Medien
Dreimal wöchentlich erscheint die Lokalzeitung „**The Voice**", wöchentlich kommen „**The Mirror**", „**The Weekend Voice**", „**One Caribbean**", „**The Crusader**" und „**The Star**" heraus. An Radiosendern sind der private Sender **Radio Caribbean International** ansässig, der im heimischen Dialekt und Englisch sendet, wie auch der regierungseigener Sender RSL = Radio St. Lucia. Das TV-Programm wird durch die lokalen Stationen HTS auf Kanal 4 und DBS auf Kanal 10 bestimmt. Zudem empfangen die meisten Hotels zahlreiche amerikanische Sender per Kabel.

Öffnungszeiten
- **Geschäfte**: Mo-Sa 8-16 Uhr geöffnet bei einer mindestens halbstündigen Mittagspause zwischen 12 und 13.30 Uhr. Einige Läden sind Mi und/oder Sa nachmittags geschlossen. **Banken** sind geöffnet Mo-Fr 8-12 und Fr 15-17 Uhr, die **Hauptpost** Mo-Fr 8.30-16 Uhr.

Post
Luftpostbriefe und Postkarten nach Europa sind i. d. R. 10-14 Tage unterwegs. Briefmarken bekommen Sie in den Hotels und in den Postämtern. Das **General Post Office** befindet sich in Castries auf der Bridge Street, sowie angeschlossen das **Philatelic Bureau**, in dem Sie Sondermarken, Ersttagsbriefe etc. kaufen können (schriftliche Bestellungen richten Sie bitte an den Postmaster General, Philatelic Bureau, G.P.O., Castries, St. Lucia, W.I.).

S

Preisniveau
Im gesamtkaribischen Preisgefüge deckt St. Lucia eine große Spannweite von moderat bis teuer ab. Billigstangebote bei Unterkünften bedeuten zwangsläufig einen schlechten Standard.

Reiseagenturen

Eine Vielzahl von Reiseagenturen bieten Transfers, Ausflüge sowie Hotel- und Flugbuchungen an. Über deutschsprachiges Personal verfügen die Agenturen **Carib Touring Inc.**, ☏ 4526791, **Spice Travel Ltd.**, ☏ 4523219, **CIS**, ☏ 4527058, **Joseph's Touring**, ☏ 4528619. Als besonders zuverlässig hat sich erwiesen **St. Lucia Representative Services**, Monrose Bldg., Brasil St, Box 879, Castries, ☏ 4523762.

Restaurants
Castries und Umgebung
- **The Green Parrot**, Red Tape Lane, Morne Fortune, Castries, ☏ 4523399; kreolisches Spezialitäten-Restaurant mit elegantem Ambiente; aussichtsreiche Lage auf dem Morne Fortune, samstagabends Entertainment des skurrilen Besitzers mit Feuerschluckern und Bauchtanz, elegante Kleidung notwendig.
- **San Antoine**, ☏ 4524660; eines der elegantesten Restaurants der Insel, südlich von Castries mit schönem Blick auf Stadt, Hafen und Pigeon Point gelegen; die französische Küche (exzellente Weinkarte) können Sie in einem geschmackvoll eingerichteten alten Plantagenhaus genießen.

Norden
- **Charthouse**, Rodney Bay, ☏ 4528115; gemütliches Restaurant direkt am Hafen mit sehr gutem Steak, frischem Fisch und Hühnchen.
- **Capone's**, Rodney Bay, ☏ 4520284; witzig aufgemachtes Lokal mit guter italienischer Küche. Dem Namen entsprechend ist Capone's eine Mafia-Persiflage mit Kellnern im Nadelstreifenanzug und harten Drinks mit Namen wie „St. Valentines Massacre".

Süden
- **Dolittles Restaurant**, Marigot Bay, ☏ 4514974; eines der schönsten Lokale der Insel an der traumhaften Bucht von Marigot, zu dem man mit der Fähre von Marigot Jetty gebracht wird; gute Cocktails und internationale Küche.
- **The Hummingbird**, Soufrière, ☏ 4597232; schön gelegenes Restaurant mit Blick auf Petit Piton, serviert werden scharf gewürzte französische und kreolische Spezialitäten wie Süßwasserkrebse, Hummer und Königskrabben. Probieren Sie auch den Spezialdrink „Coco Loco" mit Kokosnussmilch, Orangenlikör und Gin.

Souvenirs
Für sein **vielfältiges Kunsthandwerk** ist St. Lucia besonders bekannt. Das Angebot umfasst **Schmuck**, **Kristallwaren**, **Holzschnitzereien**, **Töpferarbeiten** und **verarbeitete Muscheln**. Zudem kommen **farbenfrohe Batiken** (Caribelle) und hochwertige **Textil-Siebdrucke** (Seide). Ein hübsches Souvenir sind auch **Briefmarken**, die nicht nur sehr schöne Motive tragen, sondern wegen der begrenzten Verbreitung auch bei Sammlern hoch angesehen sind (Interessenten wenden sich

am besten an das Philatelic Bureau im General Post Office). Internationale **Markenartikel** wie Kameras, Uhren, Alkohol, Zigaretten, Parfum etc. bekommt man günstig in den zollfreien Geschäften in Pointe Seraphine und am Hewanorra Airport.

Sportangebote
AUF DEM WASSER
Mit dem Anwachsen der Besucherzahlen hat die Vergrößerung des Sportangebotes mitgehalten. Fast alle internationalen Hotels sind auf die sportlichen Wünsche ihrer Gäste eingerichtet und bieten u. a. Segeln, Surfen, Hochseeangeln und Wasserski an. Immer populärer wurden in den letzten Jahren **Schnorcheln** und **Tauchen**, was angesichts der phantastischen Gründe kein Wunder ist. Die **besten Spots** liegen sämtlich an der **Westküste**. Das größte Tauchzentrum liegt in der **Anse Chastenet**, in der Nähe der Stadt Soufrière.

Bewährte Unternehmen mit Lehrkursen und allen Möglichkeiten sind:
• **Buddies Scuba**, Vigie Marina, ☏ 4529086
• **Moorings Scuba Centre**, Marigot Bay, ☏ 4534357
• **Scuba St. Lucia**, Anse Chastenet, ☏ 4597755, 🖥 www.scubastlucia.com

ZU LANDE
Außerhalb des nassen Elements werden **Gymnastik** und **Fitness** groß geschrieben, wofür die Hotels **La Toc** und **Le Sport** sowie der **Fitness Palace** die besten Beispiele sind. **Golfer** finden auf der Insel zwei 9-Loch-Plätze, auf denen die Green Fees 10-16 US$ betragen: **Cap Estate Golf Club** und **Sandals St. Lucia Golf and Country Club**. Für Gäste des Sandals-Hotels ist die Benutzung kostenlos. Die großen Hotels verfügen in der Regel über **Tennisplätze**, z. T. mit Flutlicht, auf denen auch Nichtgäste spielen können. Wer gerne reitet, wende sich an **Trim's Riding Stables** in Cas-en-Bas. **Geführte Wanderungen** durch den Regenwald oder Naturschutzgebiete werden von mehreren Reiseagenturen angeboten. Ungern werden Wanderungen im Regenwald auf eigene Faust gesehen.

Sprache
Die offizielle Landessprache ist **Englisch**, die Umgangssprache der einheimischen Bevölkerung ist **Patois**.

Strände
Schöne Strände mit weißem, braunem oder grauem Sand finden Sie an allen Küsten der Insel, wobei die Ostküste auf Grund der Atlantik-Brandung und der Unterströmungen zum Baden oft zu gefährlich ist. **Die ruhige Westküste** bietet nahe der beiden Städte Castries und Soufrière die besten Möglichkeiten. Am schönsten sind **Gros Islet**, **Marigot Bay** und **Anse Chastenet**.

Strom
Die Stromspannung beträgt 220 V, 50 HZ; die Stecker sind wie in Großbritannien dreipolig und viereckig. Über Adapter verfügen die größeren Hotels. Wenn Sie jedoch auf Nummer sicher gehen wollen, sollten Sie einen Adapter mitnehmen. Wie überall in der Karibik kommt es häufiger zu Stromausfällen.

Telefonieren

Für Gespräche nach St. Lucia siehe „Wichtige Telefonnummern". Von St. Lucia aus sind Ferngespräche in Direktwahl aus jeder Telefonzelle (Münzen oder Phonecards) und in den Hotels möglich; **nach Deutschland** *wählt man* **049**, *nach Österreich* **043** *und* **in die Schweiz 041**, *anschließend die Vorwahl ohne die erste Null und die Teilnehmernummer.*

Veranstaltungen

Das größte Inselfest, der **Karneval**, *hat seinen Höhepunkt am Rosenmontag und Veilchendienstag, wenn auch die Geschäfte, Banken u. s. w. geschlossen sind.*

Daneben gibt es eine ganze Reihe von sportlichen, kulturellen oder religiösen Veranstaltungen. **Sankt Peter** (29. Juni) gilt als Feiertag der Fischer (Umzüge, geschmückte Boote), am 30. August wird die **Heilige Rose de Lima** gefeiert (Kostümfeste, Blumencorso) und am 22. November **Sancta Cecilia** als Fest der Musikanten (Paraden am frühen Morgen in Castries).

Unter den Sportfestivals ist **Aqua Action** als Wassersport-Veranstaltung an erster Stelle zu nennen (am Wochenende nach Ostern). Im Mai findet ein viel beachtetes **Jazz-Festival** mit internationalen Spitzenmusikern statt.

Verkehrsmittel

Die Insulaner zeichnen sich auf den insgesamt etwa **880 Straßenkilometern**, *von denen rund 450 Kilometer asphaltiert sind, durch rasante Fahrweise aus. Zudem sind die Straßen (Achtung:* **Linksverkehr!**) *sehr kurvenreich, uneben und nicht immer im besten Zustand. Der Neubau der Westküstenstraße Mitte der 1990er Jahre konnte nur bedingt eine der gefährlichsten Strecken entschärfen. Die Beschilderung lässt mehr als zu wünschen übrig.*

Zwar ist der **Mietwagen** das weitaus beste Transportmittel, um St. Lucia intensiv kennen zu lernen, doch sollten sich dazu wegen der beschriebenen Verkehrssituation nur erfahrene Fahrer entschließen. Ausländische Fahrer benötigen in St. Lucia eine **Visitor's Driving License**, d. h. eine lokale, zeitlich begrenzte Fahrerlaubnis, die zzt. EC$ 75 kostet. Sie erhalten sie bei der Polizei in den beiden Flughäfen und Gros Islet oder bei der Mietwagenfirma. Bei der Vorlage eines internationalen Führerscheins ist sie nicht nötig.

MIETWAGEN

Viele Gesellschaften, die meisten davon an den Flughäfen und in größeren Hotels vertreten, bieten Mietwagen, Mini-Mokes, Kleinbusse oder Jeeps an. Die Kosten liegen bei durchschnittlich US$ 65 pro Tag. Sie sollten zusätzlich eine **Vollkaskoversicherung** abschließen.

Einige Anbieter mit Telefonnummern:
- **Avis**, ☎ 4527200, 4516976
- **Budget**, ☎ 4520233
- **Hertz**, ☎ 4520680
- **National Car Rental**, ☎ 4508721

ÖFFENTLICHER NAHVERKEHR
Kleinbusse *(Jitneys)* verkehren nach einem unregelmäßigen Fahrplan von den ländlichen Gebieten zur Hauptstadt. Halbstündlich sind die Busverbindungen zwischen Castries und den Hotels und Stränden von Gros Islet.

TAXEN
Tarifblätter der staatlich festgelegten Preise erhalten Sie am Flughafen oder bei der Touristeninformation (Beispiel: Flughafen Hewanorra – Castries ca. EC$ 90). Lassen Sie sich dennoch vor Fahrtantritt den Preis noch einmal bestätigen oder handeln Sie ihn gleich neu aus. Außerdem können Sie Taxen stündlich, für den ganzen Tag oder für Exkursionen mieten. Vorher sollten Sie sich von der Hotelrezeption den ungefähren Fahrpreis nennen lassen, damit Sie eine Grundlage für die Preisvereinbarung haben (Handeln ist möglich).

Währung/Geld
Die Währung ist der **Eastern Caribbean Dollar** *(EC$)*, der an den US-Dollar gekoppelt ist: 1 US$ sind 2,65 EC$. US-Dollars werden auf der ganzen Insel akzeptiert. Auch wenn die meisten Hotels einen Umtauschservice anbieten, tauschen Sie Ihr Geld besser in der Bank um, denn dort ist es günstiger.

Yachthäfen und Ankerplätze (Auswahl)
- *Castries*
- *Cul-de-Sac-Bay*
- *Rodney Bay/Gros Islet Bay*
- *Marigot Bay*
- *Anse des Pitons*
- *Soufrière Bay*
- *Vieux Fort Bay*

Saint Martin/Sint Maarten (S. 256 ff.)

Wichtige Telefonnummern
Telefonvorwahl	☏ 599-5 **(NL)** /590 **(F)**
Internationale Vorwahl	☏ 00-599-5 **(NL)** /00-590-590 **(F)**
Polizei	☏ 422222 **(NL)**/875010 **(F)**
Krankenhaus	☏ 431111 **(NL)** /295757 **(F)**
Ambulanz	☏ 422111 **(NL)** /290404 **(F)**
Deutsche Botschaft	☏ 0059-99-8613870 (**NL**; *Curaçao*) 82373 (**F**; *Guadeloupe*)
Touristeninformation	☏ 422337 **(NL)**; 875721 **(F)**

> **Hinweis**
>
> Die politische und administrative Zweiteilung von Sint Maarten macht es notwendig, bei bestimmten Stichworten doppelte Angaben zu machen.

Anreise

PER FLUGZEUG
Direktflüge von **Europa** nach Sint Maarten bieten **Air France** von Paris/Charles de Gaulle und KLM von Amsterdam an. Auch die Verbindungen aus den USA sind gut; von **New York** und Miami gibt es nach Philipsburg Direktflüge. Eine große Anzahl von Gesellschaften bringt die Transatlantik-Fluggäste zu anderen innerkaribischen Zielen, wobei **Air St. Barth** und **Air Guadeloupe** z. T. auch den Flughafen **Grand Case** benutzen (Flüge nach Pointe-à-Pitre, Fort-de-France, St. Barth). **Windward Air** fliegt mehrmals täglich nach St. Barth, **Liat**, **Air Martinique**, **Crown Air** und **ALM** (**Antillean Airways**) zu vielen weiteren Destinationen.

PER SCHIFF
Ankunft in der Regel auf der niederländischen Seite im Hafen von **Philipsburg**. Weitere Häfen gibt es auf der französischen Seite in **Marigot** und **Grand Case**. Mehrmals täglich verkehren **Fähren** nach St. Barth und mehrmals wöchentlich fährt eine Fähre von und nach Saba. Kreuzfahrtschiffe legen in Philipsburg an.

Auskunft
SINT MAARTEN
- Sint Maarten Tourist Office, De Ruyterplein, Philipsburg, ☎ 22337, 📠 22734, 🖥 www.st-maarten.com.

SAINT MARTIN
- Office du Tourisme de Saint Martin, Port de Marigot, Marigot, ☎ 875721, 📠 875643, 🖥 www.st-martin.org.

DEUTSCHLAND
Sint Maarten
Karlstraße 34, 64283 Darmstadt ☎ 06151-4287113, 📠 851504.

Saint Martin
Da die Insel zu dem Département Guadeloupe gehört, ist der Ansprechpartner das **Fremdenverkehrsbüro von Guadeloupe** (**Bureau du Tourisme de la Guadeloupe en Allemagne**), An der Kreuzeck 37, 60529 Frankfurt, ☎ 0711-5053511 / 069-283315, 📠 069-287544.

Diplomatische Vertretung

Für deutsche Urlauber auf Saint Martin ist das **Deutsche Konsulat** zuständig, Société Sodicar, 97232 Acajou-Lamentin, ☎ 503839, 📠 503802. Dort befindet sich auch das **Schweizer Konsulat**, ZI de la Jambette, 97232 le Lamentin, ☎ 501243.

Österreicher müssen ihre Botchaft in Paris kontaktieren: **Ambassade d'Autriche**, 6 Rue Fabert, 75007 Paris, ☏ 0033-1-40633063.

Die zuständige **deutsche Vertretung für Sint Maarten** sitzt auf Curaçao: Kja Kooijman 48, Willemstad, ☏ 0059-99-8613870, 🖷 8615086.

Für Österreicher und Schweizer ist die **Botschaft der Bundesrepublik Deutschland in den Niederlanden** zuständig. Groot Hertoginnelaan 18-20, 2517 NL-Den Haag, ☏ 0031-70-3420600, 🖷 3420666, 3651957, 🖳 www.duitse-ambassade.nl.

Feiertage
Zu den **gemeinsamen Feiertagen** zählen:
- Neujahr
- Karfreitag
- Ostermontag
- 1. Mai • Tag der Arbeit
- Christi Himmelfahrt
- Pfingstmontag
- 11. November • Sankt Martin
- Weihnachten

Zusätzliche Feiertage sind in **Sint Maarten**:
- 30. April • Geburtstag der Königin
- 15. Dezember • Nationalfeiertag

Zusätzliche Feiertage sind in **Saint Martin**:
- 14. Juli • Nationalfeiertag
- 21. Juli • Victor-Schœlcher-Tag
- 15. Aug. • Mariä Himmelfahrt
- 1. November • Allerheiligen
- 2. November • Allerseelen

FlughafenFlughäfen und Airport Tax
Eine der Hauptdrehscheiben des karibischen Flugverkehrs ist der große **Princess Juliana International Airport** (P.O. Box 2027, Sint Maarten, Netherlands Antilles, ☏ 54224, 🖷 53578). Er liegt im holländischen Teil auf der schmalen Landzunge zwischen Simson Bay (Südküste) und der Simson-Bay-Lagune, etwa 8 km von Marigot und Philipsburg entfernt und verfügt über alle üblichen Einrichtungen und einen großen Duty-Free-Komplex, in dem es wie auf einem Basar zugeht. **Customer Information Desk**, ☏ 545-5757, **Tourist Information Desk**, ☏ 545-4211.

Der Flughafen **L'Espérance** liegt im französischen Teil, 7 km nördlich von Marigot (Grand Case, ☏ 875303), hat aber für den internationalen Luftverkehr kaum Bedeutung (nur Maschinen bis 20 Sitzplätze).

AIRPORT TAX
Bei der Ausreise muss eine Flughafensteuer bezahlt werden: 6 US$ für Ziele innerhalb der Niederländischen Antillen, 20 US$ für alle anderen Destinationen. US-Dollars und Kreditkarten werden in der Regel akzeptiert.

Grenze
Die Grenzüberquerung von der französischen Seite auf die niederländische und umgekehrt ist komplikationslos und ohne Formalitäten. In der Regel müssen die Fahrzeuge nicht anhalten, sondern werden durchgewunken.

Hotels
SINT MAARTEN
Westen
- **Mullet Bay Resort & Casino $$$$**, P.Box 909, Philipsburg, ☎ 52801, 🖷 54281; perfekte Verwirklichung der amerikanischen Resort-Idee, riesige Anlage zwischen Meer (Strand) und Lagune, 18-Loch-Golfplatz, der einzige auf der Insel, 14 Tennisplätze, Shops, Bank, eigene Klinik, 600 elegante Zimmer, 7 Restaurants, 10 Bars, Casino im Las-Vegas-Stil, Disco und tägl. Entertainment.

Osten
- **Oyster Pond Hotel $$$$**, P. Box 239, Philipsburg, ☎ 22206, 🖷 25695; elegantes und gepflegtes Haus mit 16 Zimmern und 24 Suiten – dazu kommen weitere neu gebaute Zimmer, Club-Atmosphäre in maurischem Stil, Gourmet-Restaurant, Pool, neues Casino, Sandstrand.

Philipsburg
- **Holland House $$$**, Frontstreet 43, Philipsburg, ☎ 22572 4 24673, 🖳 www.hhbh.com; modernes Stadthotel der Mittelklasse im quirligen Zentrum, 54 gut ausgestattete Zimmer, Restaurant, kleine Terrasse am Stadtstrand.
- **Pasanggrahan Royal Guest House $$-$$$**, Front Street, Philipsburg, ☎ 23588, 🖷 22885, 🖳 www.pasanhotel.com; charmantes, kleines Hotel mit kreolischer Architektur und großer Vergangenheit. Als Residenz des Gouverneurs beherbergte das Pasanggrahan (indonesisch für „Gästehaus") auch königliche und andere berühmte Besucher, worauf das Porträt der Königin Wilhelmina hinweist. Es gibt eine Bar und eine schöne Gartenterrasse am Strand mit gutem und recht preiswertem Restaurant, 30 schlichte, aber ausreichend bequeme Zimmer, vom Balkon herrlicher Blick auf Strand, Meer und Sonnenuntergang.

SAINT MARTIN
Marigot
- **Simson Beach Marine Hotel $$$**, Baie Nettlé, Box 172, ☎ 875454, 🖷 879211; gutes Mittelklasse-Hotel mit 165 Zimmern in 5 niedrigen Gebäuden, Strand, Pool mit kostenlosen Tauch-Instruktionen, Wassersportangebote, Restaurant und Bar mit Blick auf die Lagune.
- **L'Hotel Palm Plaza $$**, Rue de la République, Marigot, ☎ 875196; einfaches Hotel in Stadtmitte mit 90 Zimmern, familiäre Atmosphäre, schöne Architektur.

Grand Case
- **Hevea $$**, 163 Boulevard de Grand Case, ☏ 875685, 📠 878388; direkt gegenüber der Grand Case Bucht gelegen verbreitet das kleine, weiße Gästehaus mit gestreiften Markisen karibische Atmosphäre; kleine aber geschmackvolle Zimmer mit Garten- und Strandblick, teilweise Kochecken, Restaurant.

Nordosten
- **Le Méridien l'Habitation $$$$$**, Anse Marcel, P.O.Box 581, Saint Martin, ☏ 876700, 📠 873038, 🖳 www.lemeridien-hotels.com; 6 ha Resort-Hotel der Luxusklasse an einem der schönsten Strände des Inselteils, an der Anse Marcel, 251 komfortable Zimmer unterschiedlicher Größe, 6 Tennisplätze, schöner runder Pool, umfangreiches Sportangebot (u. a. Hochseeangeln), 3 Restaurants, eigene Marina mit 100 Liegeplätzen.

Nordwesten
- **La Samanna $$$$$**, Baie Longue, ☏ 875122, 800-854-2252, 📠 878786; die „große alte Dame der hiesigen Hotellerie", ein absolutes Luxushotel mit 83 Zimmern, die in mehreren Pavillons im weißen maurischen Stil untergebracht sind, Pool, Tennisplätze, Gourmet-Restaurant, alle Annehmlichkeiten, perfekter Service, phantastischer weißer Sandstrand hinter kleiner Kalkklippe – ein exklusives Haus, das seinen hohen Preis hat!

Öffnungszeiten
Sint Maarten
- **Banken**: Mo-Fr 8-13 Uhr, Fr 16-17 Uhr
- **Geschäfte**: Mo-Sa 8-12 und 14-18 Uhr

Saint Martin
- **Banken**: Mo-Fr 8-13 und 14-15 Uhr (Freitagnachmittag geschlossen), Geschäfte Mo-Sa 9-12 und 14-18 Uhr

Post
Es gibt jeweils ein **Hauptpostamt** in Philipsburg (im Zentrum) und in Marigot (Rue de la Liberté). Zweigstellen sind in jedem größeren Ort und im Juliana-Flughafen. Bei der postalischen Anschrift trägt **Sint Maarten** den Zusatz **NA** und **Saint Martin** die **Postleitzahl F-97150**.

Preisniveau
Von den Duty-Free-Angeboten abgesehen sind die Preise allgemein moderat bis teuer. In den Restaurants des französischen Teils zahlt man mehr, bekommt dafür aber exquisites Essen.

Restaurants
Saint Martin
- **La Vie en Rose**, Boulevard de France, Marigot, ☏ 875442; gutes und relativ teures Restaurant im Herzen der Stadt, schöne Sicht auf das Marktplatz-Treiben von der ersten Etage aus, französische Küche, gute Desserts.

- **Le Poisson d'Or**, Rue d´Anguille, Marigot, ☏ 877245; schönes Restaurant in einem restaurierten Lagerhaus direkt am Wasser, hervorragende und teure Küche mit Fisch- und Seafood-Spezialitäten.

Schiffsverbindungen

Von Marigot und Philipsburg gibt es regelmäßige **Schiffsverbindungen** mit täglichen Abfahrtszeiten nach **St. Barth**, **Anguilla** und **Pinel Island**, u. a. mit **Trans Antilles Express** (☏ 24584). Nach **Saba** gibt es mehrmals pro Woche Fährverbindungen von Marigot und Philipsburg. Kreuzfahrtschiffe legen hauptsächlich im Südosten von Philipsburg an.

Souvenirs

Die Insel hat einen Namen als **zollfreies Einkaufsparadies**, in dem internationale (Luxus)-Waren preisgünstig zu bekommen sind. Vor allem an der Front Street und Back Street in Philipsburg reihen sich **Boutiquen**, **Juweliere** und **Alkohol-**, **Zigaretten-**, **Elektronik-**, **Kosmetik-** und **Schmuckläden** aneinander. Auch Marigot hat ein breites **Duty-Free-Angebot**. Die besten Einkaufsmöglichkeiten gibt es hier auf der Rue de la Liberté, Rue de la République, Rue Général de Gaulle und in der Marina Port Royal.

T-Shirts gibts überall zu kaufen.

Sport

Sport wird auf Sint Maarten/Saint Martin groß geschrieben, wobei die Möglichkeiten auf der holländischen Seite etwas größer sind. Der Hauptakzent liegt natürlich auf **Wassersport**, wobei in den Hotels, Marinas und von privaten Firmen Wasserski, Paragliding, Segelboote, Jetboote, Hobie Cat, Windsurfing etc. angeboten werden. Am Orient Beach gibt es die renommierte Windsurfschule **Windsurfing Club**, ☏ 874816; **Tropical Wave Baie de L'Embouchure**, ☏ 873725. Informationen über Surfveranstaltungen bietet die **Saint Martin Windsurfing Association**.

Auch für **Taucher** und **Schnorchler** gibt es ausgezeichnete Bedingungen. Zu empfehlen sind die Tauchschulen **Blue Ocean**, Baie Nettlé, ☏ 878973, 🖷 872636 und **Octoplus**, Grand Case, ☏ 8/2062, 🖷 872063. Auch **Hochseeangel-Touren** werden angeboten, sind jedoch nicht ganz billig.

An Land bieten alle größeren Strandhotels **Tennis** an (drei Dutzend gute Plätze). **Golfern** steht der 18-Loch-Platz des Mullet Bay Resorts zur Verfügung. Im Inselinnern und an der Küste gibt es darüber hinaus ausgezeichnete Wanderwege; **Verband der Wanderführer**, ☏ 292020.

Sprache
Die offiziellen Amtssprachen sind je nach Inselteil **Niederländisch** und **Französisch**. Mit Englisch kann man sich jedoch fast überall verständigen, auch auf Saint Martin. Daneben werden auf der Insel verschiedene Dialekte des **Créole** und **Papiemento** gesprochen – insgesamt nicht weniger als elf Sprachen!

Strände

Rund um die Insel gibt es eine Ansammlung von über **30 Sandstränden**, die meist über kleine Stichstraßen mehr oder weniger gut zu erreichen sind. Im französischen Teil sind die schönsten in der **Baie Orientale** (mit FKK) und bei **Grand Case** zu finden, im niederländischen Teil in der **Maho Bay** und **Mullet Bay**.

Strom
Sint Maarten: 110 V, 60 Hz, Flachstecker (Adapter notwendig)
Saint Martin: 220 V, 50 Hz (Adapter nicht notwendig).

Telefonieren
Die internationale Vorwahl für Sint Maarten ist (ab Deutschland) 00-599-5, für für Saint Martin 00-590. Wer vom niederländischen in den französischen Teil anrufen möchte, wählt vor der Rufnummer eine 3, im umgekehrten Fall 06.

Veranstaltungen
Wie überall in der Karibik wird **Karneval** groß gefeiert. Auf der niederländischen Seite beginnt er am Ostermontag und dauert bis zum Ende des Monats an. Auf der französischen Seite findet er wie bei uns von Weiberfastnacht (Donnerstag) bis Aschermittwoch statt. Das **Fest des „Nationalheiligen"** der Insel – Sankt Martin – wird auf beiden Seiten festlich begangen, wobei die Hauptfeierlichkeiten (Paraden, Umzüge) **im jährlichen Wechsel** entweder in Marigot oder in Philipsburg zu sehen sind.

Verkehrsmittel
Die Straßen sind zum größten Teil gut, die Verkehrsregeln entsprechen internationalem Standard. Lästig sind die kleinen Ortswegweiser, die man zwischen den gleich großen Hinweisschildern zu Hotels o. ä. nur schwer erkennen kann.

S
T

Das **Mieten eines Wagens** oder eines **Mopeds** bietet die beste Möglichkeit, die Insel kennen zu lernen und zu den einzelnen Stränden zu kommen. Es reicht der nationale Führerschein. Die Preise sind relativ günstig. Mieten können Sie vom Motorroller bis zum Geländewagen alle Transportmittel, z. B. am Juliana-Flughafen – direkt rechts neben der Ankunftshalle des Flughafens befinden sich die Stände der Mietauto-Firmen – und in fast allen Hotels und Ortschaften.

Busse sind eine preiswerte Alternative zum Mietwagen, da sie die meisten Orte regelmäßig anfahren – allerdings nicht die Strände. Zwischen den beiden Hauptstädten verkehren tagsüber Busse zwischen Mullet Bay, Simpson Bay, Cole Bay und Grand Case im halbstündlichen Rhythmus.

TAXEN

Am Flughafen und in den beiden Hauptstädten steht eine ausreichende Anzahl von Taxen zur Verfügung. Engpässe gibt es allerdings, wenn mehrere Kreuzfahrtschiffe zur gleichen Zeit einlaufen. Die Taxen haben **keinen Taxameter**, die Preise sind von der Regierung festgelegt und angeschlagen, z. B. Flughafen Juliana – Philipsburg US$ 10 (immer auf der Basis von 2 Personen, jede zusätzliche Person bedeutet einen Aufschlag von US$ 2).

Währung

Auf Saint Martin ist seit dem 1. 1. 2002 das Zahlungsmittel der Euro. Hingegen hat sich auf Sint Maarten nichts geändert. Hier wird nach wie vor mit dem Niederländisch-Antillianischen Gulden (Naf) gezahlt. US-Dollars werden überall akzeptiert.

Yachthäfen und Ankerplätze (Auswahl)
- Marigot
- Anse Marcel
- Oyster Pond
- Philipsburg
- Simson Lagoon

Trinidad und Tobago (S. 449 ff.)

Wichtige Telefonnummern	
Telefonvorwahl	☏ 868
Internationale Vorwahl	☏ 001-868
Polizei	☏ 999
Ambulanz	☏ 990
Krankenhaus	☏ 6232951
Deutsche Botschaft	☏ 62830/31/32
Touristeninformation	☏ 6231932

Regionale Reisetipps von A-Z (Trinidad und Tobago)

Anreise
PER FLUGZEUG
Von Frankfurt/M., Zürich, Wien nach Trinidad fliegt die **BWIA International** und **British Airways** via bzw. von London mehrmals pro Woche (**Piarco International Airport**, 25 km östlich von Port of Spain); Anschlussflüge nach Tobago (Dauer ca. 20 Minuten) mit **BWIA, Liat, Air Caribbean** (**Crown Point Airport**, von der Hauptstadt Scarborough 12,5 km entfernt) mehrmals täglich. Verbindungen zu anderen Karibikinseln stellen **BWIA, Liat** und **Region Air** her.

Von Deutschland aus gibt es je nach Saison Flüge mit Condor (💻 www.condor.de) direkt nach Tobago. In der Sommersaison in der Regel einmal pro Woche. Martinair bietet die Strecke einmal pro Woche ab Amsterdam, Lauda Air zeitweise in den Wintermonaten an. Die Flüge zwischen Trinidad und Tobago sind schnell ausgebucht, daher sollten Sie vorher reservieren: ☎ 06105-206090, 📠 206098, 💻 www.tobagoexpress.com.

Die wichtigsten Fluggesellschaften:
- **BWIA**, ☎ 6252500 und in Deutschland ☎ 06105-206090
- **Liat**, ☎ 6252470, 6390484
- **Air Caribbean**, ☎ 6232500.
- Von Trinidad und Tobago nach Venezuela fliegt **Aeropostal** täglich zwischen Port of Spain und Caracas (außer Do und So). Reservierungen: ☎ 632-4174.

PER SCHIFF
Port of Spain – Scarborough
Die zwischen Port of Spain und Scarborough in Dienst gestellte **Schnellfähre** verbindet Trinidad und Tobago in zweieinhalb Stunden Fahrzeit.
Ab Trinidad fährt täglich um 9.45 Uhr, 14 Uhr und 16 Uhr eine Fähre.
Ab Tobago tägl. um 6.30 Uhr, um 13 Uhr und um 23 Uhr.

Tickets gibt es in den Büros der Port Authority in Port of Spain und Scarborough. Mietwagen muss bereits zwei Stunden vor Abfahrt an Bord sein. Info: ☎ 625-4906 für Port of Spain und 639-2417 (Passagiere).

Fährverbindungen zwischen Trinidad und anderen karibischen Inseln
Windward Lines Ltd. unterhält ein kombiniertes Passagier-/Frachtschiff, das Trinidad mit St. Lucia, Barbados, St. Vincent und Venezuela verbindet.

Information und Buchung unter:
Windward Lines Ltd., Head Office, Brighton Warehouse Complex, Brighton, Saint Michael, Barbados, ☎ 001/246/425-7402 📠 -7399 und **Global Steamship Agencies Ltd.**, Port of Spain, ☎ 625-2547, 📠 627-5091. Aber auch Tageszeitungen geben über die aktuellen Abfahrtszeiten Auskunft.

Auskunft
DEUTSCHLAND
- **Fremdenverkehrsamt von Trinidad und Tobago** für Deutschland, Schweiz, Österreich, Bahnhofplatz 4, 55116 Mainz, ☎ 06131-73337, 📠 -73307, 💻 www.VisitTNT.com

VOR ORT/TRINIDAD
• **Tourism and Industrial Development Company**, P.O. Box 222, Maritime Centre, 29 Tenth Avenue, Barataria, Trinidad, ☏ 675-7034/5/6/7 📠 -7722

TOBAGO
• **Tobago Tourist Information**, N.I.B. Mall, Scarborough, N.I.B. Mall, Level 3, ☏ 639-2125/3566, 📠 4514

Diplomatische Vetretungen
• **Deutsche Botschaft**, 7-9 Marli Street, P.O.Box 828, Trinidad/Port of Spain, ☏ 628-1630/31/32, 📠 5278.
• **Österreichisches Honorarkonsulat**, 27 Frederick Street, Port of Spain, ☏ 637-3870
• **Schweizerisches Honorarkonsulat**, c/o Nestlé, Churchill-Roosevelt Highway, Valsyn, Port of Spain, ☏ 663-6832/38, 📠 663-5467

Exkursionen
Für beide Inseln bieten sich eine **Inselrundfahrt** und der Besuch der jeweiligen **Nachbarinsel** an. Aber auch eine Fahrt zu den Grenadinen oder zum südamerikanischen Festland mit Exkursion nach Venezuela lohnt sich, z. B. zum **Tafelberg Auyantepuy**. Ebenso lohnenswert: der Besuch eines **Indianerdorfs** und der Schlucht von Kavak sowie der weltberühmten **Angel Falls** (mit 1005 m der höchste Wasserfall der Welt). Ein anderer Ausflug geht zum **Nationalpark von Los Roques**, mit seinen Korallenriffen und 50 Inseln ist er ein Über- und Unterwasserparadies. Auch die Kombination Angel Falls und Canaima-Fälle ist möglich. Alle Tagesausflüge werden einschließlich Mittagessen und weiterer Attraktionen, wie z. B. Einbaumfahrten durch den Dschungel, angeboten; Sie fliegen zunächst zu einem Airport in Margarita/Venezuela, von dort geht es mit kleineren Maschinen weiter.

Besonders empfehlenswert ist eine Tour zum **Asa Wright Nature Center**, ☏ 868-622-7480 💻 www.asawright.org; täglich geöffnet von 9-17 Uhr, Eintritt: 10 US$ inklusive geführter Touren (nur mit Voranmeldung); Mahlzeiten (kreolische Küche) sollten ebenfalls mindestens einen Tag voher bestellt werden; Übernachtungsmöglichkeit.

Feiertage
Abweichend von den allgemeinen kirchlichen Feiertagen, werden auf Trinidad und Tobago gefeiert:
• 30. Mai • die Ankunft der Inder/**Indian Arrival Day**
• 19. Juni • der Tag der Arbeit/**Labour Day**
• 1. August • Tag der Sklavenbefreiung/**Emancipation Day**
• 31. August • Unabhängigkeitstag/**Independence Day**
• 24. September • der Tag der Republik/**Republic Day**
• Feb./März • **Eid-ul-Fitr**/muslimischer Feiertag: Neujahr und das Ende der Fastenzeit
• **Hosey** Winterfest der Muslime, mit Umzügen, Musik und Tanz
• März • **Phagwa**/Neujahr der Hindus
• Oktober/November • **Divali**/Hindu-Feiertag, Lichterfest

Feiertage, die auf einen Sonntag fallen, werden an dem darauf folgenden Montag begangen. Karnevalsmontag und Fastnachtsdienstag sind keine offiziellen Feiertage.

✈ Flughafen und Airporttax

Der **Piarco International Flughafen** auf Trinidad liegt ca. 25 km südöstlich von Port of Spain. Der mit einer lichtdurchfluteten Eingangshalle versehene moderne Flughafen verfügt über alle nötigen Einrichtungen, 🖳 www.piarcoairport.com. Der **Crown Point Airport** auf Tobago kann zu Fuß bequem von vielen Hotels in Crown Point erreicht werden. Der kleine Flughafen verfügt nur über einen kleinen Duty-Free-Bereich. Nach dem Einchecken gibt es zudem nur noch wenige Snack-Möglichkeiten.

Aufenthaltsgenehmigung

Bei der Ankunft auf Trinidad and Tobago können Sie eine Aufenthaltsgenehmigung für **bis zu drei Monate** erhalten. Aber auch ein **Einmonatsvisum** kann später im Einwanderungsbüro (67 Frederick Street) in Port of Spain verlängert werden.

AIRPORTTAX

Beim Verlassen der Inseln müssen Sie eine Ausreisesteuer von rund TT$ 85 pro Person und eine Sicherheitsgebühr von ca.TT$ 15 in der Inselwährung bezahlen.

Hotels
TRINIDAD
Port of Spain und der Norden der Insel

- **Hotel Hilton $$$$-$$$$$**, P.O.Box 442, Lady Young Rd., Port of Spain, ☏ 624-3211, 📠 624-448 🖳 www.hilton.com; oberhalb des Zentrums von Port-of-Spain gelegenes Drei-Sterne-Hotel und bestes Haus am Platze, 394 Zimmer mit allen Annehmlichkeiten, Restaurants, Bars, großer Swimmingpool mit Sonnenterrasse, abends häufig Steelband-Aufführungen, interessante Architektur (Eingang im obersten Stockwerk); im Inneren fallen Wandmalereien von Geoffrey Holder, dem bekanntesten Künstler der Insel, ins Auge.
- **Asa Wright Nature Lodge $$$**, P.O.Box 4710, Arima, ☏ 667-4655, 📠 (914) 273-6370, 🖳 www.asawright.org; Lodge mit 22 Zimmern in einfachen Bungalows, herrliche und völlig ruhige Lage inmitten des Naturparks Asa Wright Nature Center, 3 Mahlzeiten, Rum-Punch und Führung durch den Park im Zimmerpreis eingeschlossen. Das Hauptgebäude ist das renovierte Herrschaftshaus der früheren Kaffee-, Kakao- und Zitronenplantage. Dessen Veranda ist ein hervorragender Platz zur Vogelbeobachtung.
- **Kapok Hotel $$$**, 16-18 Cotton Hill St., Port of Spain, ☏ 622-5765, 📠 622-9677; gutes Mittelklasse-Hotel der Golden Tulip-Kette, nahe zur Savannah gelegen, 71 komfortable Zimmer und Suiten (AC), Pool, mehrere Boutiquen, 2 Restaurants und Bars, u. a. das „**Tiki Village**" mit polynesischer und chinesischer Küche und die Bistro-Bar „**Bois Cano**"; 🖳 www.kapokhotel.com
- **Holiday Inn $$**, P.O.Box 1017, Wrightson Rd., Port of Spain, ☏ 625-3361, 📠 625-4166, 🖳 www.sixcontinentshotels.com; internationales First-Class-Hotel im Herzen der Stadt, 5 Minuten von der Savannah und den Einkaufsstraßen entfernt, 235 Zimmer mit allen Annehmlichkeiten, mehrere Restaurants und Bars (u. a. Dachrestaurant „**La Ronde**" mit franz. Küche), Pool und Sportzentrum.

T

- **Monique's Guesthouse $$**, 114-116 Saddle Rd., Maraval, ☎ 628-3334, 🖷 622-3232, 🖳 www.moniquestrinidad.com; etwa 15 Autominuten vom Zentrum von Port of Spain und ca. 45 min vom Flugplatz entfernt gelegene, saubere Pension mit 20 Zimmern, AC, Restaurant, ideale Ausgangsposition für Exkursionen in den Norden.
- **Chaconia Inn $$**, 106 Saddle Rd., Maraval, ☎ 628-8603, 🖷 628-3214; gutes Mittelklasse-Hotel mit 31 Zimmern und Suiten (AC), 2 Restaurants, Swimmingpool, gutes Essen/orientalische Küche, neben Pension Moniques gelegen; 🖳 www.hotelbook.com.

Südwesten
- **Tradewinds $$-$$$**, 38 London St, St. Joseph Village, San Fernando, 🖳 www.tradewindshotel.net; 36 Zimmer mit AC, WC/Bad, Kochmöglichkeiten, Bar, Restaurant. Einfache, modern eingerichtete Zimmer.
- **Royal Hotel $$**, 46-54 Royal Rd., San Fernando, ☎ 652-3924, 🖷 652-4881; 37 Zimmer mit AC, WC/Bad, Restaurant, Bar, Lobby, gemütliches Haus im Kolonialstil, am Fuß des San Fernando Hill gelegen; 🖳 www.royalhoteltt.com.

 Tipp

Sie sollten auf jeden Fall für den ersten Tag nach Ihrer Ankunft eine Unterkunft gebucht haben. Nicht nur, dass Sie sich damit von dem Stress befreien, gleich nach Ankunft ein Zimmer suchen zu müssen. Sie werden bei der Einreise zudem nach einer Urlaubs- oder Buchungsadresse gefragt. Die Adresse von Bekannten ist dabei ausreichend. Zudem sind Zimmer auf Trinidad und Tobago wegen des Karnevals meist schon ein Jahr im Voraus ausgebucht. Camping ist auf Trinidad und Tobago nicht erlaubt. Im Vergleich zu anderen Inseln der Karibik können Sie auf Trinidad und Tobago jedoch verhältnismäßig günstig Urlaub machen – wenn Ihnen Komfort nicht das Wichtigste ist. Denn auch hier sind die Preise der Hotels der First Class- und Luxusklasse ziemlich hoch. Darüber hinaus sind von internationalen Hotelketten bis einfachen Privatunterkünften alle Kategorien vertreten.

Auf Tobago hilft Ihnen die Bed & Breakfast Association (☎ 669-2527) bei der Suche nach einem privaten Quartier.

TOBAGO
Nordwestküste
- **Rex Turtle Beach $$$$$**, Great Courland Bay, Box 201, ☎ 639-2851, 🖷 639-1495, 🖳 www.rexcaribbean.com; beliebtes Strandresort der Mittelklasse, direkt am langen Sandstrand in einer Gartenanlage gelegen, 125 Zimmer mit AC, Pool, Restaurant, Bar, fast alle Wassersportmöglichkeiten, Sauna, Fitness-Center, Windsurfen, Tennis, Sporttauchen u. a. im Zimmerpreis inbegriffen.
- **Blue Haven Hotel $$$$$**, Bacolet Bay, fünf Autominuten von Scarborough, ☎ 660-7400/7500/7600, 🖷 -7900, 🖳 www.bluehavenhotel.com; an weißem Palmenstrand gelegendes Luxushotel mit nostalgischem Charme, das nach umfangreicher Renovierung unter österreichischer Führung wieder eröffnet wurde; gutes Restaurant, Pool, Strandbar, Tennisplatz, Fitnessraum, Strandliegen, Wassersport, Zimmer mit Meerblick und Balkon und allem, was ein Fünf-Sterne-Hotel bieten kann.

- **Grafton Beach Resort $$$$**, Black Rock, ☎ 639-0191, 🖨 639-0030; 1989 eröffnetes Hotel unter deutscher Leitung, bei Black Rock an der Südwestküste 15 Minuten vom Flughafen entfernt. Die herrliche Lage am Strand der Buccoo Bay ist auch von den meisten der 110 komfortablen Zimmer zu genießen; 2 Restaurants und 3 Bars, Swimmingpool, Sporträume, Wassersportangebote, z. T. kostenlos (u. a. Surfen, Kajak, Segeln); 💻 www.grafton-resort.com.
- **Enchanted Waters Hotel $$**, Shirvan Road, Buccoo, ☎/🖨 639-9481, 💻 www.kpresorts.com; geschmackvoll eingerichtetes und familiär geführtes kleines Hotel mit nur zehn Zimmern (AC, mit Kochecke), kleinem Pool im Garten und hauseigenem Wasserfall; mit angeschlossenem Restaurant „Patino´s Courtyard Cafe", nur wenige Minuten zur Buccoo Bay.
- **Arnos Vale $$**, Plymouth, P.O. Box 208, ☎ 639-2881/3247, 🖨 639-4629; das gemütlich, in einem 450 Acre großem Areal – eine ehemalige Zuckerplantage – gelegene Hotel passt sich harmonisch der tropischen Umgebung an der Nordküste an; in dem alten Plantagenhaus befinden sich Bar, Lounge und das Restaurant. Über die Insel hinaus bekannt ist die allmorgendliche Teezeremonie um 5 Uhr (!), während der Tobagos Vogelwelt quasi aus der Hand frisst. 33 Zimmer und Suiten z. T. in seperaten Häusern direkt am Strand bzw. in der Gartenanlage, Restaurant und 3 Bars, Disco, Shop, Tennisplatz, Pool, reichhaltiges Sportangebot; 💻 www.arnosvalehotel.com.
- **Cocrico Inn $-$$$**, P.O. Box 287, Plymouth, ☎ 639-2961, 🖨 639-6565; die Attraktion des Hauses ist mit Sicherheit die Seele des Hauses, die Besitzerin Ida Boyke-Jack; wer aus ihrem Mund Geschichten über die Insel hören möchte, kommt voll auf seine Kosten; während sie die untere Etage liebevoll im Kolonialstil eingerichtet hat, sind die Zimmer (mit Bad oder Dusche) sehr einfach gehalten; Swimmingpool, Bar und Restaurant, drei Minuten zum Strand; 💻 www.hews-tours.co

Crown Point
- **Kariwak Village $$$-$$$$**, Store Bay, Local Road, Crown Point, ☎ 639-8442, 🖨 639-8441, 💻 www.kariwak.com; am südlichen Rande von Crown Point, in gut erreichbarer Nähe zu den Stränden an der Nordwestküste haben Allan und Cynthia Clovis ein kleines Paradies (24 einzeln stehende Hütten) zum Entspannen und Genießen geschaffen. Unter Palmendach inmitten von tropischer Pflanzenpracht verwöhnt die Hausherrin Ihren Gaumen mit ihrer hervorragenden einheimischen Küche; für Geist und Körper werden Tai Chi, Qi Gong, Yoga und Stretching-Kurse angeboten; Swimmingpool, Bar, AC.

INFO **Lunch to take a way**

Günstiger als in Restaurants sind die Snackbars an Straßen und Stränden. Auch hier können Sie in den Genuss der vielfältigen karibischen Küche kommen. Gönnen Sie sich tagsüber z. B. gebratene Garnelen oder inseltypische Dumplings, so genannte chinesische Teigtaschen. Die Qualität wird von der Gesundheitsbehörde regelmäßig überprüft, viele VerkäuferInnen tragen ihren Ausweis sichtbar um den Hals.

Typisch karibisch sind auch:
- **Doubles**: indischer Snack, bestehend aus weichen, frittierten Erbsenmehlpfannkuchen mit Kichererbsenfüllung.
- **Roti**: Pfannkuchen aus Erbsenmus, gefüllt mit Curry-Gemüse oder -Fleisch.
- **Phulorie balls**: Gut gewürzte Kichererbsen-Bällchen mit scharfer, fruchtiger Sauce.
- **Shark and Bake**: Frittiertes Haifischfilet in Blätterteig gebacken, serviert mit verschiedenen Zutaten wie Pfeffer-, Knoblauch- und Koriander/Shadobeni-Sauce.

- **Toucan Inn & Bonkers $$**, Store Bay Local Road, Crown Point, ☏ 639-7173, 🖷 639-8933, 🖥 www.toucan-inn.com; an der quirligen Westküste, 10 Gehminuten vom Flughafen entfernt gelegen, fällt das Hotel nicht nur durch seine herzliche Atmosphäre, durch die gute Küche und eine kompetente Bedienung auf, auch die wunderschön aus Holz gearbeitete Veranda des Restaurants laden zum Verweilen ein; die Store Bay und der Pigeon Point sind in 10 Minuten zu Fuß zu erreichen.

Südküste
- **Blue Waters Inn $$$-$$$$$**, Batteaux Bay, ☏ 660-4077, 🖷 660-195; das Hotel liegt kurz hinter Speyside direkt am Strand der Bateau Bay; tagsüber ist es hier angenehm ruhig, abends bietet das Strandleben ohne großen Trubel dennoch Unterhaltungswert; die zweistöckige, schön renovierte Anlage mit 38 Zimmern (ohne TV), Selbstversorgerhütten und Bungalows mit mehreren Zimmern/Küche strahlt erfrischende Ruhe und eine familiäre Atmosphäre aus, vom Hotel reicht der Blick bis nach Goat Island; dorthin, wie auch nach Little Tobago, bietet die hauseigene Tauchschule Tauchgänge und Bootstouren an; unweit vom Hotel beginnen Wanderwege (durchaus anspruchsvoll) ins Hinterland; 🖥 www.bluewatersinn.com
- **Cuffie River Nature Retreat $$**, P.O. Box 461, Scarborough ☏ 660-0505, 🖷 678-9020, 🖥 www.cuffie-river.com; das im Landesinneren auf der Höhe zwischen Celery und Castara Bay im Runnemed Valley gelegene Hotel ist die Unterkunft für Naturfreaks; liebevoll gestaltet, verspricht das Hotel mitten im Regenwald nicht nur Vogelfreunden 57 verschiedene Vogelarten, sondern setzt sich auch die Naturverträglichkeit der Anlage zum obersten Ziel; spezielle Architektur macht eine Air Condition in den liebevoll eingerichteten Zimmern überflüssig; Touren zur Vogelbeobachtung sowie Rundgänge zur Kulturgeschichte und Botanik der Insel werden angeboten; sehr gutes Essen mit einheimischen Produkten.
- **Hampden Inn $-$$**, Milford Road LP171, Hampden/Lowlands, ☏/🖷 639-7522; das am südlichsten Zipfel der Atlantikküste inmitten der grünen Lowlands, ca. 500 Meter vom Strand entfernt gelegene Guest House wird vor allem von jungen Leuten wegen des günstigen Preises frequentiert; das sympathische Anwesen besteht aus zwölf einfachen Flachhütten, AC, mit Swimmingpool, Restaurant, Bar; die Golfanlage des unmittelbar nebenan liegenden Holiday Inn kann mitgenutzt werden; zudem sorgen die Nachbarn für einen täglich gereinigten Strand; 🖥 www.seetobago.com

Medien
Insgesamt zehn **Radiosender** berieseln die beiden Inseln. Die drei beliebtesten sind Radio Trinidad, Music Radio, Radio Tempo. Von den vier Fernsehprogrammen sind vor allem die beiden staatlichen Sender von **T&T-Television** (TTT) zu empfehlen. Auf den Privatsendern **CCN TV-6** und **AVM Television** werden die langatmigen indischen Liebesfilme gezeigt. Für Europäer sind sie eher gewöhnungsbedürftig. Aber auch hier gibt's News und Musik-Videos.

Die wichtigsten Tageszeitungen, „**The Trinidad Guardian**" und „**The Trinidad Express**", erscheinen in Port-of-Spain, auf Tobago gibt es einmal pro Woche die „**Tobago News**" (vorwiegend lokale Nachrichten).

Medizinische Versorgung
Trinidad hat zwei Krankenhäuser in Port of Spain, den **Mount Hipe Medical Complex** (☏ 6232951) und das **Adventist Hospital**, Western Main Road (☏ 6221191).
Auf **Tobago** befindet sich ein Krankenhaus in Scarborough (☏ 6392551).

Öffnungszeiten
- **Geschäfte**: Mo-Fr 8-18 Uhr, Sa 8-12 Uhr. Die meisten **Einkaufszentren** und **Supermärkte** sind jedoch länger und Sa ganztägig geöffnet.
- **Banken**: Mo-Do 9-14 Uhr sowie Fr 9-12 Uhr und 15-17 Uhr geöffnet (mit lokalen Abweichungen).

Reiseagenturen
Eine Vielzahl von Reisebüros bietet Exkursionen zu Land und zu Wasser, Transfers, Hotel- und Flugbuchungen an. Als besonders zuverlässig hat sich die Agentur **AJM Tour** erwiesen, ☏ 6390610, 📠 6398918 (Airport), Rundtouren auf Tobago, Tagestouren nach Margarita, Angel Falls, Grenada und zu den Grenadinen; kompetente und fundierte Führungen.
- **Trinidad and Tobago Sightseeing Tours**, 12 Western Rd., St. James, ☏ 6281051, 📠 6229205
- **Caribbean Discovery Tours Ltd.**, 9B Fondes Amandes Rd, St. Ann's, ☏ 6247281, bei längeren Trips werden Guest-Häuser arrangiert.

Restaurants
Der kosmopolitische Mix aus den Ureinwohnern der Westindischen Inseln, aus Afrikanern, Indern, Chinesen, Europäern, Syrern, spiegelt sich auch in der Vielfalt der Küche von Trinidad und Tobago wider. Allen Speiseplänen gemein sind **frische Meeresfrüchte** und **Fischgerichte**, kombiniert mit **frischen, exotischen Obst- und Gemüsesorten**. Essen gehen ist – wie in der Karibik generell – so auch auf Trinidad und Tobago ein recht teures Vergnügen.

TRINIDAD
Port-of-Spain und Umgebung
- **Veni Mangé**, 67a Ariapita Avenue, Woodbrook, ☏ 624-4597; hier wird nicht nur hauptsächlich kreolisches Essen präsentiert, auch die Einrichtung ist von Kunstwerken einheimischer Künstler sowie zahlreichen Pflanzen geprägt; die karibische Küche – stark französisch beeinflusst – der Schwestern Allyson und Rosemary zählt zu der besten der Insel.
- **Plantation House**, Ecke Cornelio Street and Ariapita Avenue, Woodbrook, Port of Spain, ☏ 628-5551; Soulfood, Mischung aus französischen, afrikanischen und Südstaaten-Speisen; Live-Musik; 150 Jahre altes Herrschaftshaus, das noch viele Spuren der Vergangenheit zeigt.
- **Lighthouse Restaurant**, Point Gourde, Chaguaramas Bay, Port of Spain, ☏ 634-4384/5, 🖥 www.crewsinn.com; international/karibisch; wie der Name schon sagt, dreht sich hier alles um einen sich noch in Betrieb befindlichen Leuchtturm; mit Blick auf den kleinen Yachthafen; die Gerichte werden auf der offenen Terrasse serviert.
- **La Boucan**, Lady Young Road, Belmont, Port of Spain, ☏ 624-3211; international/karibisch; im obersten Stockwerk des Hiltons gelegen, bietet sich von hier aus ein herrlicher Blick über die Stadt; 🖥 www.trinidad.hilton.com
- **Tamnak Thai Restaurant**, Level 2, 13 Queen's Park Savannah East, Port of Spain, ☏ 625-0647; authentische Thai-Küche, im historischen Queen's Park Savannah gelegen; besonderes Augenmerk auf die Details der thailändischen Küche.
- **Valpark Chinese Restaurant**, 1 Morequito Avenue, Valsayn, Port of Spain, ☏ 662-4540; chinesisch; alteingesessener Familienbetrieb mit authentischer chinesischer Küche; es werden aber auch Steaks serviert.

- **Apsara Restaurant**, Level 1, 13 Queen's Park Savannah East, Port of Spain, ☏ 623-7659/627-7364, 🖳 www.caribscape.com/apsara; indisch; die indischen Chefköche geben sich große Mühe, um ihre Heimatküche, besonders die Nordindiens, authentisch zu präsentieren; große Auswahl für Vegetarier.
- **Adam's Bagels**, 15a Saddle Road, Maraval, ☏ 622-3487; lokal/international; kleiner Familienbetrieb, bekannt für die besten einheimischen Suppen, aber auch die Salate und Sandwiches sind hier zu empfehlen; ideal zum Frühstücken oder für einen Mittagssnack.

INFO Kulinarische Weltreise

Europäisch? Kreolisch? Chinesich? Indisch? Neue karibische Küche? Auf Trinidad können Sie eine kulinarische Reise durch die besten Küchen der Welt machen. Im „La Boucan" in Trinidads Hilton werden internationale Gerichte gereicht, authentische italienische Küche gibt´s im „Il Colosseo" in Woodbrook, im „Botticelli's" im „Grand Bazaar" in Valsayn und im „Pavios" in Maraval. Das „Rafters" erfreut sich seit einigen Jahren wegen guter internationaler Menus steter Beliebtheit. Und das „La Ronde", ganz oben im Holiday Inn, bietet zudem noch einen spektakulären Blick über die Hauptstadt.

Vor allem aber auch Liebhaber chinesischen Küche werden keinen Mangel auf Trinidad erleiden. Zumeist von Chefköchen aus China und Taiwan zubereitet, haben chinesische Restaurants wie z. B. „Hong Kong City" einen Ruf für ihre authentische Küche erlangt. Andere respektable China-Restaurants: „Song of China" (Ariapita Avenue), „Singho" (Long Circular Mall), „Kam Wah" (Maraval Rd.) und „Shay Shay" (Victoria Avenue). Besonders sind auch die zahlreichen frischen Fischgerichte zu empfehlen, wie etwa die im „Chateau de Poisson".

Immer mehr bildet sich jedoch die Nouvelle Caribbean Cuisine mit frischen Zutaten aus heimischem Anbau heraus: Für die Gerichte bei „Veni Mangé" in Woodbrook dienen die internationalen Einflüsse als Basis, doch erst die lokalen Spezialitäten und Gewürze geben den Speisen den besonderen Pfiff. Auch wenn's zu Hause nie genauso gut schmeckt, hier die Möglichkeit zum Austesten:

Zutaten:
1 Baby-Snapper-Fisch pro Person
1 Esslöffel fein gehackter, frischer Ingwer
1 Esslöffel frischen Limonensaft
1 Esslöffel frisch geschnittenen Schnittlauch

Zubereitung:
- Den Fisch mit Limonensaft einreiben, mit Salz, schwarzem Pfeffer, dem Schnittlauch, Sellerie, Knoblauch und Thymian würzen und stehen lassen.
- Zwei Butterflocken in einer Pfanne zum Schmelzen bringen und Ingwer, Rum, Limonensaft und Schnittlauch hinzufügen. Den Fisch auf einem Rost grillen, bis er außen schön kross wird. Kurz vor dem Servieren die Buttersauce über den Fisch gießen und z. B. mit Reis anrichten.

TOBAGO

Crown Point
- **Kariwak Village Restaurant**, Store Bay Local Road, Crown Point, ☏ 639-8442, 🖷 639-8441, 🖳 www.kariwak.com; karibisch/kreolisch; nicht nur die karibische Atmosphäre durch kleine Mauern aus Korallen, Bambus-Möbel, Palmendach inmitten sattgrüner Tropenvegetation machen das Essen hier zum Vergnügen; das Restaurant hat sich zudem für seine spezielle karibische und kreolische Küche auf der Insel einen Namen gemacht.
- **Shirvan Watermill Restaurant**, Shirvan Road, Mt. Pleasant, ☏ 639-0000, 🖳 www.lacasablanca.co.uk; kreolisch/international/Fischgerichte; an der quirligen Shirvan Road gelegen, ist der Blickfang des Restaurants der Steinturm einer Windmühle aus dem 19. Jh.; hervorragende Seafood-Kreationen.
- **Papillion** Old Grange Inn, Buccoo, ☏ 639-3995 🖳 www.trinidad.net; Seafood; in der Nähe des Mount Irvine gelegene Gaststätte; guter Lobster.

Nordwestküste
- **The Pavillion**, P.O. Box 1079, Bon Accord, Black Rock, ☏ 639-0361, 🖷 639-0102; international/karibisch; mit einem Panorama-Blick über die Stonehaven Bay auf die karibische See bietet das Restaurant ein spektakuläres Ambiente nicht nur beim Candlelight-Dinner, auch tagsüber lohnt sich hierher ein Abstecher für einen leichten Snack; 🖳 www.stonehavenvillas.com
- **The Seahorse Inn**, Grafton Beach Road, Black Rock, ☏ 639-0686, 🖷 639-0057, 🖳 www.seahorseinn.com; Fisch/Meeresfrüchte/Steaks; Restaurant direkt am Strand gelegen mit sehr guten Fischgerichten; der Blick auf den Strand, begleitet von Steelband-Musik verleihen dem Platz besondere karibische Atmosphäre, die sich allerdings auch in den Preisen niederschlägt.

Südostküste
- **Jemma's Seaview Kitchen**, Main Road, Speyside, ☏ 660-4066; Seafood/kreolische Küche; pittoreskes Restaurant in Form eines Baumhauses, direkt am Meer, herrliche Aussicht auf die Bucht und Little Tobago; 🖳 www.caribbeanrestaurants.net.

Segeln/Motorboote
Segeln wird in den Gewässern des Inselstaates immer populärer. Durch **gut ausgebaute Yachthäfen**, die den bestmöglichen Schutz vor Hurricans bieten, haben zudem viele Bootseigner von Nachbarinseln ihre Boote hierher verlagert. Auch die gute, für Segler notwendige Infrastruktur macht die Marinas attraktiv.

Trinidad: Chacachare Island, Chaguaramas Bay, Las Cuevas Bay, Maracas Bay, Monos Island, Pointe-à-Pierre, Port of Spain. Auf Tobago wurde extra die Courland Bay ausgebaut. Das „**Angostura and Yachting World Magazine**" veranstaltet einmal im Jahr (Mai) eine Segel-Regatta, gefeiert wird im Crown Point Beach Hotel, Store Bay, Tobago. Populär sind auch die **Schnellbootrennen** im Juli/August von Trinidad nach Tobago (Store Bay). Im Winter und Frühling gibt es wöchentliche Rennveranstaltungen.

Auskunft: Bei der **Yacht Services Association of Trinidad and Tobago** *(YSATT/CrewsInn Village Square, Chaguaramas Bay, Trinidad,* ☏ *634-4938) erhalten Sie das aktuelle Mitgliederverzeichnis sowie Informationen zu Liegeplätzen, Serviceeinrichtungen und Ausrüstungsläden;* **Trinidad & Tobago Yachting Association (TTYA)**, ☏ *634-4519,* 🖳 *www.ttsailing.org*

Souvenirs

Porzellan, Keramiken, Seide mit indischen Mustern, Handtaschen, Schuhe und andere Lederwaren sowie Batikarbeiten und geflochtene Strohwaren sind die besonderen Souveniers von Trinidad und Tobago. Aber vor allem Musikkassetten – Calypso, Soca und Rapso haben hier ihren Ursprung – und Steel Drums – die einzige Innovation an Musikinstrumenten im 20. Jh. – sind typisch für die beiden Inseln. Briefmarken-Sammler werden besonders viel Freude an den farbenprächtigen Motiven haben. Das lebhafteste Shopping-Erlebnis werden Sie dabei in der Frederick Street in Port of Spain haben. Kunsthandwerk-Märkte: Neben dem Markt auf dem Independence Square in Port of Spain gibt es viele kleinere Märkte. Orte und Termine erfahren Sie in der aktuellen Tagespresse. Qualitativ hochwertige Batikware erhalten Sie im Cotton House, etwas außerhalb von Scarborough. Die Duty-Free-Läden an den Flughäfen sind gut sortiert – hier können Sie Ihren letzten TT$ noch in lokalen Rum investieren.

Sport

Auch auf Trinidad und Tobago wird Wassersport groß geschrieben. Auskunft über die zahlreichen Spots für Windsurfing oder Wellenreiten gibt die Surfing Association of Trinidad and Tobago (☏ 637-4533) bzw. die Windsurfing Association of Trinidad and Tobago (☏ 637-4533), Infos und Bilder vom Surfen am Bucco Reef unter 🖳www.surf-action.com/tobago-2004/. Eine Kajakstation auf Tobago bietet Kurse und Touren entlang der Küste an (☏ 633-7871). Darüber hinaus verfügen die Strandhotels über umfangreiche Möglichkeiten für Wasserski, Surfen, Schnorcheln und Tauchen. Beliebt sind auch Hochsee- und Küstenfischen.

Für ausgiebige Wanderungen bietet sich Tobago hervorragend an. Küstenpfade durch den Regenwald erlauben hier immer wieder atemberaubende Blicke auf Meer und Sandstrände. Tennis spielen ist bei den meisten größeren Hotels kein Problem. Auf Trinidad gibt es drei, auf Tobago zwei 18-Loch-Golf-Plätze: St. Andrew's Golf Club in Moka Maraval (☏ 629-2314), einen Public Course in Chaguaramas (☏ 634-4349) und Pointe à Pierre Golf Club (☏ 658-4210) sowie den Mount Irvine (☏ 639-9543), den Brechin Castle Golf Club (☏ 636-2311) und den Tobago Plantation Golf and Country Club. Beide Inseln sind auch ein bekanntes Ziel für Jäger. Gürteltiere, Rotwild, Agutis und Wildschweine werden hier geschossen.

Bei den Inselbewohnern selbst stehen zudem Cricket und Pferderennen ganz oben. Die wichtigsten Cricket-Spiele der von Februar bis Juni dauernden Saison werden im Queen's Park Oval in Port of Spain ausgetragen. Auch die Pferderennen in der Queen's Park Savannah sind wahre Zuschauermagneten.

Strände

TRINIDAD

Die besten Strände befinden sich an der Nordküste. Allein schon die Aussicht von der Küstenstraße ist spektakulär: Während Sie durch tropischen Wald fahren, eröffnet sich Ihnen immer wieder der Blick auf sandige Buchten und felsige Küsten.

Maracas Bay, 16 km von Port of Spain: Hier finden Sie geschützten und mit Kokosnusspalmen gespickten Sandstrand. Wegen der Nähe zur Hauptstadt der Inseln ist es hier am Wochenende sehr belebt. Trotz der seichten Wellen können hier gefährliche Unterströmungen auftreten: Sie sollten nicht zu weit hinausschwimmen. Weiter östlich bietet die malerische **Las Cuavas Bay** gute Surfmöglichkeiten, ergänzt durch Umkleidemöglichkeiten, Duschen und Strandbewacher. Allerdings wimmelt es in der Regenzeit von Sandflöhen. Fischerboote verleihen dem Küstenbereich, der selbst an Wochenenden größtenteils (noch) leer ist, eine malerische Note. Für die Zukunft ist hier allerdings ein Hotelkomplex geplant. Ebenfalls an der Nordküste gelegen, bietet der kleine Strand **Blanchisseuse** eine Süßwasserlagune, durch die der Marianne River ins Meer fließt. In der Brutzeit kommen viele Schildkröten hierher, um ihre Eier zu legen.

Im Nordosten der Insel säumen zahlreiche Buchten mit guten Schwimmmöglichkeiten die Küste. Am Atlantik prägen von der **Saline Bay** bis zum **Galeota Point** drei große, lang gezogene Buchten mit wunderschönen Sandstränden das Küstenbild. Aber bleiben Sie beim Schwimmen vorsichtig, denn im Vergleich zur Karibischen See ist der Atlantik wesentlich gefährlicher. In den Südwesten – zur Cedros Bay – gelangen Sie nach einem Dreistunden-Tripp von Port of Spain. Hier gibt es noch nahezu unberührte Strände und kilometerlange Kokosnussplantagen. Mit dem Auto sind die Strände allerdings schwierig zu erreichen. Zuvor passieren Sie die Bucht von Vessigny, etwa 3 km südlich des Pitch Lake gelegen.

INFO Die besten Tauchspots auf Tobago

Die Unterwasserwelt von Tobago ist einzigartig: Wracks, Korallenriffe, Delfine, Mantarochen und kleine Haie lassen die Herzen von Tauchern höher schlagen. Besonders reizvoll ist das Buccoo Reef (15 ha groß) – auch ein Paradies für Schnorchler. Aber auch die folgenden ausgewählten Spots haben jeweils ihre speziellen Reize!

Für Anfänger:
- Japanese Gardens (25 m, Weichkorallen und Schwämme) in Speyside
- Mount Irvine Wall (20 m, massive Felsblöcke, viele Fische)
- Culloden Bay (U-Form-Riff, bizarre Formationen) in Crown Point

Für Fortgeschrittene und Könner:
- **Flying Manta** (30 m, große Chance, hier auf Mantarochen oder Engelsfische zu treffen) in Speyside
- **Bookends** (25 m, Weich- und Hartkorallenriff)
- **Blackjack Hole** (35 m, spezielle Atmosphäre durch die rauhe See am südlichsten Zipfel Little Tobagos; Rochen, Delfine, Haie)
- **London Bridge** (40 m, besonders reizvoll ist das Tauchen durch natürliche Felsbogen und Canyons)/Charlotteville
- **The Sisters** (45 m, vor den Canyons und Riffs Möglichkeit, auf Schildkröten, Haie und Adlerrochen zu treffen)
- **Flying Reef** (15-30 m, der Name macht dem Riff alle Ehre: durch die starke Strömung können Sie mit einem Sauerstofftank bis zu 1,5 km des Riffs sehen.

Wenn Sie eine Tauchschule besuchen wollen, achten Sie auf die Mitgliedschaft in der **Association of Tobago Dive Operators** (ATDO). Hier sind zahlreiche seriöse Veranstalter organisiert.

TOBAGO

*Tobago ist für seine Strände rings um die Insel bekannt. Zwei der besten liegen **nur wenige Minuten vom Flughafen** entfernt. Obwohl es unglaublich klingt, dass man Spaß daran haben könnte, relativ dicht neben der Einflugschneise am Strand zu liegen: Das ist durchaus möglich. Wenn man es nicht wüsste, würde man den Flughafenbetrieb fast vergessen, so wenig bekommt man davon mit..*

***Store Bay** ist besonders bei den Einheimischen sehr beliebt. Wer Spaß daran hat, lebhaftes Strandleben zu beobachten, wird hier seine wahre Freude haben. Bemerkenswert ist das relativ kleine Strandstück, das um ein Vielfaches in die drum herum mittlerweile etablierte Infrastruktur passen würde. Buden mit Snacks, Souvenirs und Erfrischungsgetränken drängen sich dicht nebeneinander. Der Vorteil ist aber, dass die Besitzer der vielen Autos auf dem Parkplatz von den Cafés und Bars verschluckt werden.*

***Pigeon Bay** ist quasi ein Muss für jeden Tobago-Besucher, allein um sich selbst davon zu überzeugen, dass der am häufigsten fotografierte Strand – unzählige Male auf Postkarten festgehalten – wirklich so schön ist. Der mit Palmen gespickte Küstenabschnitt wird von ruhigem, türkisblauem Wasser nur sanft angespült, da die Buccoo Riffe die Bucht schützen. Der Strand befindet sich in privater Hand, was für einen Besuch 2 US$ Eintritt bedeutet. Dafür werden Ihnen aber auch Umkleidemöglichkeiten, Sonnenschirme und schicke Strandbars geboten. Von hier aus starten viele Glasbodenboote und Katamaran-Touren zu den Riffen, besonders angenehm ist das Swimmen im Nylon Pool, einem seichten „Schwimmbecken" vor der Küste. **Stone Haven Bay**, **Mount Irvine Bay** und **Courland Bay**, einer der längsten Strände an der Leeward-Seite, sind ebenfalls einen Besuch wert. Die **Englishman´s Bay** bekommt ihren Charakter durch den Wald, der erst kurz vor dem Wasser Halt macht.*

*Die **Ostküste** ist durch den Atlantik rauer und zum Teil auch durch Felsen, Tidenhube und Unterwasserströmungen recht gefährlich. Aber auch sie hat ihren Reiz. So ist die **Hillborough Bay** gleich neben Scarborough mit einem langen feinen Sandstrand versehen, der durch überhängende Palmen seinen Charme erhält. Wegen der gefährlichen Strömung sollten Sie hier allerdings nicht ins Wasser gehen. Am **Big Bacolet Bay**, auch bekannt als Minister Bay, ist alles angesagt, was mit Surfen und Wellenreiten zu tun hat. Aber auch hier gilt: Vorsicht vor der Strömung In der **Kings Bay** finden Sie eine Strandbar, unter Hütten Schutz vor der Sonne sowie Toiletten. Speyside und Charlotteville haben beide schön geschützte Strände. Während von **Speyside** aus Glasbodenboote nach Little Tobago starten, führt von Charlotteville ein kleiner Wanderweg durch den Wald in die Piraten-Bucht, wo Sie vor den Riffen gut schnorcheln können.*

Telefonieren

*Auf Trinidad und Tobago können **Ortsgespräche** von jeder Telefonzelle aus geführt werden, wobei manche Gespräche noch über eine Vermittlung gehen. Es empfiehlt sich der Kauf einer Telefonkarte. **Faxe** können von den meisten Hotels und den Fernmeldeämtern (TSTT) verschickt werden. Das Hauptpostamt ist in Port of Spain auf der Wrightson Rd. (gegenüber dem Holiday Inn).*

*Die **internationale Vorwahl** für beide Inseln ist 001-868, dann kommt die siebenstellige Rufnummer. Bei Ferngesprächen nach Deutschland wählen Sie 011-49, nach Österreich 011-43 und in die Schweiz 011-41, anschließend die Ortskennzahl jeweils ohne die erste Null.*

Veranstaltungen

Zu den offiziellen Feiertagen gehören auch die religiösen Feste der islamischen und hinduistischen Minderheiten Trinidads. Im Oktober/November feiern die Hindus das **Divali-Fest**, bei dem sie eine Vielzahl von Lichtern vor ihren Häusern und Tempeln aufstellen. Viele Moslems begehen am „Muharram", dem ersten Tag des mohammedanischen Mondjahres, das **Hussein-Fest** und veranstalten anlässlich des Tages farbenprächtige Umzüge, auf denen sie kleine Nachbildungen von Moscheen, sog. „tadjahs", mitführen. Auch das muslimische Neujahrsfest **Aid-al-Fitr**, gleichzeitig Ende des Fastenmonats Ramadan, wird von den Gemeinden in Port of Spain, San Fernando und Tunapuna mit Straßenumzügen gefeiert. Alle religiösen Feste haben wechselnde Daten; die genauen Termine erfahren Sie bei den Touristenbüros und Hotelrezeptionen.

Unter den nicht-religiösen Festen ist der **Karneval von Trinidad** weltbekannt und kann durchaus mit dem von Rio de Janeiro konkurrieren. Die Höhepunkte sind am Rosenmontag und Veilchendienstag, wenn mehr als 250.000 Teilnehmer durch die Straßen von Port of Spain ziehen. An diesen Tagen ist das Geschäftsleben lahmgelegt, und alle Hotelzimmer sind ausgebucht. Bereits eine Woche vorher findet das große **Steelband-Turnier „Panorama"** auf der Savannah in Port of Spain statt. Auch der **Karneval von Tobago**, der zur gleichen Zeit gefeiert wird, kann sich sehen lassen. Daneben lockt dort das **Heritage Festival** im Juli mit historischen Schauspielen und Paraden viele Zuschauer an. Bei allen Festivitäten auf Trinidad und Tobago geht es ausgesprochen bunt und lebenslustig zu. Schließlich ist es kein Zufall, dass der Calypso genauso wie die Steelbands hier ihren Ursprung haben.

Verkehrsmittel

Im Inselstaat herrscht **Linksverkehr**. Das Straßennetz ist insgesamt gut ausgebaut, besonders auf Trinidad, wo zwei autobahnartige Highways in Nord-Süd- und Ost-Westrichtung verlaufen. Auf Tobago und im Norden Trinidads sind die Straßen **vielfach schmal, kurvenreich** und **nicht in bestem Zustand**.

Der Personennahverkehr wird durch **Busse, Minibusse** und **Taxen** aufrechterhalten. Am billigsten reisen Sie auf den Inseln mit den **staatlichen Bussen**. Sie starten meistens am South Quay Bus Terminal in Port of Spain und verbinden die größeren Orte sowie auch den Flughafen mit ihnen. Doch auch die **Minibusse** bzw. **Sammeltaxen** sind preisgünstig; sie verkehren auf bestimmten Routen und haben zentrale Haltepunkte, können aber auch per Handzeichen angehalten werden. Oft hupen die Fahrer, um auf freie Plätze aufmerksam zu machen. Ihr **Fahrziel** ist durch **Farbstreifen** gekennzeichnet: gelb = Port of Spain und Umgebung; rot = Osten; grün = Süden; braun = Princes.

TAXI

Taxen sind am Buchstaben „H" (= hire) am Nummernschild zu erkennen und werden in so genannte **Route Taxi** (ersetzen Busse und fahren auf festen Kurzstrecken) und **Maxi Taxi** (das Gleiche für Langstrecken) unterteilt. Sie haben keinen Taxameter, aber festgelegte Preise. Lassen Sie sich die jedoch vom Chauffeur vor Fahrtantritt bestätigen. In Tobago sind die Preise am Flughafen angeschlagen. Die **meisten Taxen** sind rund um den **Independence Square in Port of Spain** anzutreffen.

MIETWAGEN

Auf den T&T-Inseln ist es vor allem an den Wochenenden nicht einfach, einen Mietwagen zu bekommen. Wegen der starken Nachfrage sollten Sie bereits im Voraus Ihren Wagen reservieren. Viele Firmen akzeptieren zudem keine Kreditkarten und verlangen Bargeld für die Kaution. Sofern Sie nicht länger als drei Monate bleiben, genügt der eigene nationale oder ein internationaler Führerschein.

Einige Autofirmen:
- **Hertz**, Airport Express LTD 17, St. Helena Village, Piarco, ☎ 669-4332, 📠 669-6414, 💻 www.hertz.com. Das Büro befindet sich 2 km vom Flughafen entfernt. Bei einer Reservierung und der Ankunft per Flugzeug werden Sie abgeholt.
- **Kalloo's Auto Rentals Ltd.**, 31 Frenche St., Woodbrook und Kreuzfahrtschiffkomplex, Port of Spain, ☎ 622-9073, 669-5673 (Flughafen Piarco), 645-1514 (Chaguaramas), 645-5182 (Zentrale)
- **Southern Sales and Service Co Ltd.**, PO Box 105, Cipero Street, Cross Crossing, San Fernando, ☎ 657-8541, 625-2461, 623-1546 4 653-9140 und am Flughafen/Piarco ☎ 669-2424

FAHRRADVERLEIH

Auf Tobago achten Sie einfach auf die Schilder „**Bikes for rent**". Besonders viele Verleihstationen befinden sich um den Flughafen Crown Point. Auf Trinidad sind sie auf der ganzen Insel verteilt.

Währung

Die Landeswährung ist der **TT-Dollar** (TT$). US-Dollars werden in der Regel angenommen. Mit Kreditkarten kommen Sie jedoch nicht immer weiter (siehe Stichwort „Mietwagen"). US-Dollars können bei allen Banken und notfalls auch in den größeren Hotels getauscht werden, im Gegensatz zu deutschen Reiseschecks. Fremdwährung darf unbegrenzt eingeführt werden, für die einheimische Währung besteht bei Ein- und Ausfuhr jedoch ein Limit von derzeit TT$ 200.

Yachthäfen
- Chaguaramas
- Scarborough

BILDNACHWEIS

Heidrun Brockmann: Umschlagseite vorne (6x), 18, 44, 45, 46, 48, 60, 61, 62, 62 (2x), 66, 71, 80, 81, 89, 93, 94 (2x), 96 (2x), 97, 99 (2x), 100 (2x), 101, 102, 103 (2x), 104 (2x), 105, 106, 107 (2x), 108, 110, 119, 142, 194, 208, 213, 214, 216, 219, 236, 280, 283, 284, 285, 286, 289, 290 (2x), 299 (2x), 301, 302 (2x), 303 (2x), 304, 305 (2x), 306, 307, 308, 309, 310, 313, 315, 317, 320, 321, 322, 323, 324 (2x), 327 (2x), 328, 329, 330, 331, 332, 333, 335, 336, 342, 344, 346, 347, 348, 350, 352, 355, 356, 358, 360, 361, 363, 366 (2x), 368, 369, 370, 371, 372, 374, 375, 379, 380, 382, Umschlagseite hinten (3 x)

Ulrich Quack: Umschlagseite (1x), 51, 66, 67 (2x), 72, 73, 82, 87, 95 (2x), 98 (2x), 102, 106, 235, 254, 255, 257, 258, 261, 262, 264, 266, 270, 271, 272, 274, 276, 278, 295, 296, 386, 387, 388, 392, 393 (2x), 394, 395, 396, 397, 403, 407, 409, 411, 414, 415, 420, 422, 426, 429, 430 (2x), 433, 434, 435, 445, 446, 448, 455, 456, 457, 458, 460, 461, 462, 464, 465, 466, 472, 473, 475, 477 (2x), 480, 481, 482, Umschlagseite hinten (1x)

Sylvia Raschke: 453, 469, 474

Barbados Tourism Authority: 84

Travel Marketing Romberg: 85

Das kosten Sie die Kleinen Antillen

IWANOWSKI'S
Das kosten Sie die Kleinen Antillen

• Stand: Juni 2006 •

Auf den „Grünen Seiten" geben wir Ihnen Preisbeispiele für Ihren Karibik-Urlaub, damit Sie sich ein ungefähres Bild über die Kosten Ihrer Reise machen können. Natürlich können die Angaben nicht mehr sein als eine vage Richtschnur. Außerdem sind die Preisunterschiede innerhalb der einzelnen Destinationen enorm. Deshalb finden Sie in den „Regionalen Reisetipps" jeweils kurze Angaben zum Preisniveau des entsprechenden Urlaubszieles. Für die Französischen Antillen gilt, dass es bei der Preisrelation von Waren und Dienstleistungen ähnlich wie im Mutterland Frankreich bestellt ist, dass das Preisgefüge insgesamt jedoch ca. 10 Prozent über dem allgemein-französischen liegt – und die Restaurant-Preise rund 15 Prozent darüber!

☞ **News im Web**
www.iwanowski.de

Wechselkurse Euro – Lokale Währungen (Stand: Juni 2006)
Antigua/Anguilla/St. Lucia/Grenada/Dominica (East Caribbean Dollar):
1 € = 3,41 EC$
Aruba (Aruba-Florin): 1 € = 2,29 AWG
Barbados (Barbados Dollar): 1 € = 2,55 BB$
Bonaire/Curaçao/St. Maarten (Niederländ.-Antillen Gulden): 1 € = 2,28 ANG
Trinidad & Tobago (Trinidad & Tobago Dollar): 1 € = 8,04 TT$

Beförderungskosten
TRANSATLANTIK-DIREKTFLÜGE (Hin- und Rückflug): Wer auf Sonderangebote achtet oder den Flug zusammen mit anderen touristischen Leistungen als Paket bucht, kann oft deutlich unter dem offiziellen Tarif fliegen. Verschiedentlich waren z. B. in der Nebensaison 2006/07 Rückflüge nach Barbados und St. Maarten bei Last-Minute-Angeboten schon für unter € 500 (ohne Steuern) zu bekommen.

Einige „offizielle" Preisbeispiele für Ziele verschiedener Fluggesellschaften von November/Dezember 2006 (in € p. P., inkl. Einreise-, Ausreise- und Flugsicherheitsgebühren, Steuern, ab Frankfurt/Main Flughafen):

Condor	nach Barbados/Tobago	ab € 920/ab € 880
British Airways	nach Antigua/Barbados	ab € 906/ab € 890
	nach Grenada	ab € 933
	nach Tobago	ab € 1020
KLM	nach Bonaire	ab € 780
	nach Curaçao	ab € 675
	nach Aruba	ab € 733
Air France	nach Guadeloupe	ab € 750
	nach Martinique	ab € 706

FLUGPREISERMÄßIGUNGEN

Kinder unter 2 Jahren je nach Fluggesellschaft 90-100 Prozent, Kinder im Alter von 2-11 Jahren je nach Fluggesellschaft 25-50 Prozent.

INSELHÜPFEN/AIRPÄSSE (Auswahl), Preise ohne jeweilige Abflugsteuern

- **BWIA**: Der „Caribbean Airpass" ist 30 Tage gültig auf allen innerkaribischen Strecken der BWIA (außer in der Zeit vom 20. Dezember bis zum 5. Januar). Kosten: von 350 US$ für 4 Flüge bei Buchung der Langstrecke mit der BW, 450 US$ bei Anreise mit anderen Fluggesellschaften.
- **Air ALM**: Der Dutch Caribbean Airpass bietet 3 Flüge zwischen den ABC-Inseln für 135 US$ und 5 Flüge für Verbindungen zwischen den ABC-Inseln und St. Maarten für rund 275 Us$. Er gilt 30 Tage lang für das gesamte Flugnetz zwischen den Niederländischen Antillen Aruba, Bonaire, Curaçao und Sint Maarten. Wer über die Grenzen der Antillen hinaus möchte, dem bietet sich der Visit Caribbean Airpass an: 8 Flüge mit Air ALM inklusive eines Fluges in die USA.
- **Air Jamaica**: Der Kombi-Pass „Caribbean Hopper" gibt es ab 565 US$, info @airjamaica.de.
- **British Airways**: Wer mit BA fliegt, kann die Stopover-Möglichkeiten bei den Destinationen Grenada, Tobago, Antigua und St. Lucia zu einer interessanten Inselkombination nutzen – z. B.: Hinflug nach Antigua, 1 Woche Aufenthalt, Flug nach St. Lucia, 1 Woche Aufenthalt, Rückflug. Der „Zwischenflug" kostet dabei nur € 15 p. P. zusätzlich.

AIRPORTTAX (Ausreisesteuer p. P. für Erwachsene; Auswahl)

Anguilla: EC$ 55; **Antigua**: EC$ 55; **Barbados**: BD$ 30; **Dominica**: EC$ 65 (Tagesbesucher EC$ 10); **Grenada**: EC$ 55; **Saba**: US$ 25; **St. Lucia**: EC$ 42 für innerkaribische und EC$ 55 für andere internationale Ziele; **St. Maarten**: US$ 25 bzw. US$ 11 für Ziele innerhalb der Niederländischen Antillen; **Trinidad & Tobago**: TT$ 90 plus TT$ 20 Sicherheitsgebühr.

FÄHRTARIFE

(Ausgewählte innerkaribische Fähren, Preise p. P. aus dem Jahre 2004)

Trinidad – Tobago – Trinidad	€ 7,50	(Touristenklasse)
Guadeloupe – Marie Galante	€ 40	
Guadeloupe – Dominica	€ 100	
Guadeloupe – St. Lucia	€ 100	
Guadeloupe – Martinique	€ 100	

MIETWAGEN

Für einen Mittelklasse-Wagen muss man auf **Antigua** mit ca. 70 Euro auf **Martinique** mit ca. 75 Euro und auf **St. Lucia** mit ca. 65 Euro pro Tag ab/bis Mietstation rechnen, inkl. Teilkasko mit Selbstbeteiligung, unbegrenzte km, Insassenversicherung und alle Steuern (bei Vorausbuchung und einer Mietdauer von 4-6 Tage; höhere Preise bei Tagesmiete, bei einer Mietdauer ab 7 Tage sind Preisnachlässe üblich).

 Achtung

Auf verschiedenen Antillen-Inseln ist der Erwerb einer zeitlich begrenzten, lokalen Fahrerlaubnis (Local Driving License) notwendig; eine solche kostet z. Zt. auf Antigua ca. 30 US$, auf Grenada und Montserrat ca. EC$ 35 und auf St. Lucia ca. EC$ 80.

AUSFLÜGE (Auswahl)

Antigua
Inselrundfahrt ca. US$ 65 • Katamaranfahrt zu Bird Island ca. US$ 70 • Katamaranfahrt um die Insel ca. US$ 80 • Helikopter-Rundflüge über die Insel, 15 Minuten US$ 100; 0,5 Stunde US$ 150 • Halbtagesausflug zum Montserrat-Vulkan US$ 220 • Charter einer Yacht bzw. eines Tiefsee-Fischerbootes für 4 Std. ca. US$ 350; für 6 Std. ca. US$ 500.

Barbados
Inselrundfahrt ca. US$ 70; Fahrt mit dem Unterseeboot Atlantis inkl. Transfers ca. US$ 85 • Busexkursion zur Tropfsteinhöhle und dem Botanischen Garten ca. US$ 50 • 4-Stunden-Törn mit dem Partyschiff von „Jolly Roger" inkl. Abendessen ca. US$ 60.

Grenada
Inselrundfahrt ca. US$ 56 • geführte Wanderung durch den Regenwald ca. US$ 37 • halbtägige Bootstour zum Whale-Watching, mit Transfers, ca. US$ 60.

St. Lucia
Inselrundfahrt ca. US$ 62 • ganztägiger Segeltörn mit der „Unicorn" ca. US$ 85 • Insel-Rundflug ca. 10 Minuten, US$ 60 • zweitägige intensive Inselerkundung „Plantation Tour" mit Verpflegung und Übernachtung auf einer Plantage, ca. US$ 410 • zweitägige Flugexkursion nach Dominica inkl. Unterkunft, Verpflegung und Rundfahrten ca. US$ 380.

Tobago
Stadtrundfahrt Scarborough ca. US$ 50 • Regenwald-Tour mit Wanderung ca. US$ 50 • Inselrundfahrt ca. US$ 85 • eintägige Flugexkursion nach Trinidad mit Rundfahrten ca. US$ 200.

Kreuzfahrten

In den Programmen der großen Touristik-Unternehmen und der Spezial-Reiseveranstalter finden sich etliche Karibik-Kreuzfahrten, bei denen auch die Kleinen Antillen im Mittelpunkt stehen. Hier zwei Beispiele für unterschiedliche Kreuzfahrten aus der Saison 2006/2007:

Royal Clipper Der komfortable Windjammer startet 2004 und 2005 an mehreren Terminen zu Kreuzfahrten durch die Kleinen Antillen. 7 Übernachtungen in einer Außenkabine mit VP kosten ab/bis den Kleinen Antillen ab 1.745 p.P.
Die Route der Kreuzfahrt „Windward Islands": Barbados – Grenada – Tobago Cays – St. Vincent – Martinique – Bridgetown
Die Route der Kreuzfahrt „Grenadine Islands": Barbados: Bridgetown – Captain's Best – Grenada – Tobago Cays – St. Vincent – Bequia – Martinique – Soufriere – Bridgetown

MS Volendam Das sympathische und überschaubare Schiff legt auf seiner Reise „Südliche Karibik" folgende Route zurück, die so oder ähnlich auch von anderen Schiffen der renommierten Holland-America-Line bedient wird. Florida: Fort Lauderdale – Aruba: Oranjestad - Curaçao: Willemstad – Dominica: Roseau, Cabrits – U.S. Virgin Islands: St. Thomas – Bahamas – Florida – Fort Lauderdale. Die Kreuzfahrt (Preis für den Zeitraum vom 2.-12. Januar 2007, Tagesschwankungen üblich) bei zehn Übernachtungen in einer Kabine ohne Sichtbehinderung und VP ab/bis Florida ab 1.757 für zwei Personen in einer Doppelkabine (Frühbuchertarif!).

Tauchen

In den Programmen großer Reisegesellschaften bzw. Spezialveranstalter findet man eine Vielzahl von Angeboten für Freunde des Tauchsports, oft in Zusammenhang mit einer Tauchschule, die einem bestimmten Hotel angeschlossen ist.

Hier einige Preisbeispiele von den schönsten Tauchplätzen der Karibik aus dem Jahre 2006

Insel	Hotel	PADI-Anfängerkurs	2 Tauchgänge inkl. Flasche/Blei/Boot
Anguilla	La Sirena Hotel	5 Tage = US$ 375	US$ 230 (6 Tages- und 1 Nachttauchgang)
Bonaire	Capt. Don's	2 Tage = US$ 220	US$ 60
Curaçao	Habitat Curaçao	4 Tage = US$ 330	US$ 62
Grenada	Blue Horizon	4 Tage = US$ 371	US$ 95
Tobago	Blue Waters Inn	5 Tage = US$ 350	US$ 84

Unterkunft

Insgesamt sind die Kleinen Antillen eine hochpreisige Destination, nicht zuletzt bei den Unterkünften! Andererseits wird für die hohen Übernachtungskosten auch extrem viel geboten. Diese kleine Liste soll die Preisspannen verdeutlichen, die die Hotel-Kategorien auf den einzelnen Inseln umfassen. Die Preise sind den Programmen renommierter Reiseveranstalter aus dem Jahre 2006 entnommen, sie verstehen sich als Richtwert für eine Person im DZ (**Ü**= Übernachtung, **ÜF** = Übernachtung/Frühstück; **AI**= All inclusive) und können davon je nach Buchungsdatum, -dauer und Reiseveranstalter abweichen.

Insel	Anlage	Unterkunftsart		Preis
Anguilla	Cap Juluca	Mittelklasse-Hotel;	ÜF	€ 50
	Carimar Beach	Club Apartment;	Ü	€ 327
Antigua	Jumby Bay	Luxus-Hotel;	AI	€ 420
	Blue Waters	First-Class-Hotel;	ÜF	€ 246
Barbados	Sandy Lane	Luxus-Hotel;	ÜF	€ 380
	Turtle Beach Resort	First-Class-Hotel;	AI	€ 250
	Coconut Court	einfaches Hotel;	Ü	€ 55
Grenada	La Source	First-Class-Hotel;	AI	€ 220
	Gem Holiday	Mittelkl.-Apartments;	Ü	€ 45
Guadeloupe	Le Meridien	First-Class-Hotel		€ 109
	Domaine de Malendure	Mittelklasse-Hotel;	ÜF	€ 40
Martinique	Sofitel Bakoua	First-Class-Hotel;	Ü	€ 66
	Village de Ste-Luce	Apartment-Anlage		€ 45
St. Lucia	Sandals Grande	Luxus-Hotel;	AI	€ 320
	Royal St.-Lucian	First-Class-Hotel;	Ü	€ 224
	Rainbow Hotel	einfaches Hotel;	Ü	€ 40
St. Maarten	La Samanna	Luxus-Hotel;	ÜF	€ 342
	La Sirena	Mittelklasse-Hotel		€ 70
Tobago	Hilton Tobago	First-Class-Hotel;	Ü	€ 124
	Hampden Inn	einfaches Hotel;	Ü	€ 30

NEWS von den Kleinen Antillen –
Änderungen, Ergänzungen, Neuigkeiten

1. Karibik allgemein

☞ **News im Web**
www.iwanowski.de

- **Charterflüge** • Die **Condor** hat ihre Direktflüge von Deutschland in die Karibik aufgestockt und fliegt u. a. Antigua, Barbados, Grenada und Tobago direkt an. Beachten Sie jedoch bitte immer den aktuellen Flugplan, da kurzfristiges Streichen von Flugverbindungen oder die Reduzierung von Flügen zu den Kleinen Antillen oft vorkommt.
- **Winair** • Die Fluglinie bietet unter www.fly-winair.com die Buchung von so genannten **elektronischen Tickets** an. Diese werden einem nach der Buchung im Internet per E-Mail-Anhang zugeschickt. Am Flughafenschalter reichen dann der Ausdruck und ein gültiger Personalausweis.
- **Inselhüpfen** • Die Airpässe der karibischen Fluggesellschaft **Liat** werden von der Fluggesellschaft nicht mehr angeboten.
- **Kreuzfahrtschiffe** • Die *Carnival Cruise Line* bietet eine siebentägige **Kreuzfahrt ab Arub**a u.a. nach U.S. Virgin Islands, Dominica und Barbados an – auch ab Deutschland oder Österreich buchbar und mit längerem Aufenthalt auf Aruba (Cruise-&-Stay-Programm / *Meier's Weltreisen*). Die Kreuzfahrtlinie ist gemessen an dem Passagieraufkommen das größte Unternehmen ihrer Branche. 2005 wurden ca. 3 Mio. Passagiere auf 21 Schiffen befördert. Bekannt geworden sind die Carnival-Schiffe durch ihr „Fun Ship"-Konzept – tagsüber Unterhaltungsprogramm, abends Entertainment –, das die deutschen Aida-Schiffe übernommen haben.
- *Carnival Spendor* (112.000 Bruttoregistertonnen, 3.006 Passagiere) heißt die neueste Schiffsklasse von **Carnival Cruise Lines**, die im Frühjahr 2008 vom Stapel laufen soll. 60 Prozent der insgesamt 1.503 Kabinen werden über Meerblick verfügen und wiederum 60 Prozent mit Balkonen ausgestattet sein. Zu den Attraktionen gehören u. a. ein 1.654 m² großes Spa sowie ein 511 m² großer Kinderbereich – jeweils mehr Raum als auf allen anderen Schiffen der Carnival-Flotte.
- **Sport** • Immer beliebter wird **Kitesurfing** (Mischung aus Drachenfliegen, Surfen und Windsurfen) in der Karibik. Eine der ersten Inseln auf der die noch recht junge Sportart angeboten wurde ist Antigua. Der Strand Jabberwock im Norden ist heute als „Kite Beach" bekannt. Ebenfalls beliebt sind Aruba (stetiger Passatwind) und Tobago, wo die Bucht Pigeon Point an der Westküste für Anfänger gut geeignet ist.
- **Besucherzahlen** • Einige der kleinen Karibik-Inseln konnten sich 2005 über deutliche Besucherzuwächse freuen. Trinidad & Tobago legten fast um 11 Prozent zu, Anguilla konnte seine Gästezahlen aus Deutschland um 19 Prozent steigern und zweistellig wuchs auch das Gästeaufkommen auf Antigua und Barbuda (10,2 Prozent) und Aruba (14 Prozent). Über ein zweistelliges Plus freuten sich auch die deutschen Reiseveranstalter *TUI*, *Meier's Weltreisen* und *DERTOUR*. Die Tagesgäste auf Antigua & Barbuda haben sich dort in den letzten zehn Jahren mehr als verdoppelt.

2. Inselnews
ANTIGUA & BARBUDA • Der Zwei-Inselstaat soll das neue **Segelzentrum** der Karibik werden. Dafür investiert die Regierung mehr als 1 Mio. Euro in die Jachtindustrie. Mittelfristig ist auch der Ausbau des Naturhafens Falmouth Harbour für große Segelschiffe vorgesehen.

BARBADOS • Auf Entdeckungstour in die Unterwasserwelt der Karibik kann man im neu eröffneten **Ocean Park** (in Christ Church, 25 min von Bridgetown entfernt) gehen. Zu bewundern sind tropische Meerestiere, Königsmuscheln, Riffhaie, Tarpunen, Rochen und Wasserschildkröten aus nächster Nähe in großen Aquarien.

GUADELOUPE • **La Caféière Beauséjour** (☎ 981009, 🖨 981249, 💻 www.cafeierebeausejour.com): Nicht nur wegen des historischen kreolischen Hauses lohnt sich der Abstecher in das hügelige Hinterland von Pointe-Noir. *Bernadette Beuzelin* hat in tropischem Ambiente die Tradition des „café guadeloupéen" wieder belebt und in einem kleinen Museum viele alte Objekte rund um die Kaffeebohne zusammengetragen. Naturliebhaber können im **Gîte de la Caféière Beauséjour** ($-$$$), umgeben von Regenwald und mit Blick auf das karibische Meer, auch übernachten. Ein Restaurant bietet tagsüber hervorragende kreolische Küche. Abends gibt es die Möglichkeit, sich das Essen liefern zu lassen.

- **Bienvenu à la ferme**: Eine günstige und authentische Alternative zum luxuriösen Hotelaufenthalt bieten immer mehr Unterkünfte bei Bauern. Bis Ende 2006 wollen rund 20 von ihnen das nationale Label „Bienvenu à la ferme" besitzen und den Tourismus als einen zusätzlichen Verdienst zur Landwirtschaft etablieren. Einige bieten schon jetzt die Möglichkeit der Übernachtung, bei anderen kann man landwirtschaftliche Produkte kaufen oder direkt vor Ort speisen. Empfehlen können wir die Unterkunft bei M. und Mme Mazingant (**L'îlot Fruits**, Route de la Regretée-Trois-Rivières, ☎ 927970, 💻 www.ilot-fruits.com).
- **Kaffee**: Die Kaffeerösterei Chaulet, bekannt für ihren 100-Prozent-Arabica-Kaffee „Café Chaulet" hat die neue Arabica-Marke „Grigne au Vent" auf den Markt gebracht. Geerntet wird der Kaffee auf dem gleichnamigen Familienanwesen in der Gemeinde Bouillante (Basse-Terre), die Wiege der Kaffeeproduktion auf Guadeloupe. Geerntet werden der Kaffee immer noch von Hand, wie in vergangenen Zeiten. Zu kaufen gibt's die Bohnen ausschließlich im „Musée du Café" (s. S. 330)
- **Führungen**: Acht geführte Touren durch **Pointe-à-Pitre** bietet der „Service du patrimoine" (☎ 216896) u. a. zum Friedhof, zur alten Darboussier-Fabrik und entlang von Plätzen und architektonischen Besonderheiten.
- Eine einwöchige **Autotour** zur Inselerkundung von Grande-Terre und Basse-Terre sowie den Îles des Saintes und Marie-Galante bietet **Espace Evasions** an (☎ 911179). Am Flug- bzw. Fährhafen erwartet die Reisenden ein Auto mit detaillierter Reiseroute inklusive Infos zu den jeweiligen Übernachtungen. Wer möchte, kann auf das aufgeführte Angebot von Exkursionen, Sehenswürdigkeiten, Restaurants oder regionalen Festen entlang der Route zurückgreifen.
- Ein **Marinemuseum** („Musée de la marine") soll bald auf Guadeloupe entstehen. Die Struktur des Museums wurde bereits mit den zuständigen regionalen Verbänden erarbeitet. Ein reichhaltiger Fundus an Dokumenten liegt für eine Ausstellung bereit. Als Museumsort wird eine alte Lagerhalle in der Nähe der Hafenanlage gehandelt.
- Die **Mangrove** galt lange Zeit als ungastlicher Ort, der fest in Mückenhand ist. Immer mehr rücken jedoch die faszinierenden Aspekte dieses Ecosystems in den Vordergrund. Der Tourenveranstalter Aventure des îles (☎ 980388, 💻 www.ecodeva.com) bietet daher geführte Tagestouren per Tretboot in das Feuchtgebiet an.

News von den Kleinen Antillen

MARTINIQUE • Einer unser Leser empfiehlt besonders die **Wanderung** durch das Hochland der Montagne Pelée, auf den ein Blick am Ende der Wanderung wartet. Durch die Rivière du Lorrain geht es zum Piton des Carbet, dem Herzen des Bergmassivs (Gummibäume, Mangroven, Magnolien). Dauer: 3 h, Länge: 4 km, Ausstieg: Gemeinde Morne Rouge an der Route de la Trace. Wanderschuhe, Kleidung zum Wechseln und Badeanzug unbedingt dabei haben.

GRENADA UND ZUGEHÖRIGE INSELN • Es ist kaum noch nachvollziehbar, wie der **Hurrikan „Ivan"** Grenada im Sommer 2004 verwüstete (nur der Regenwald ist noch nicht ganz so zugewuchert, wie vorher, doch wenn man Grenada bzw. den Regenwald nicht kennt, merkt man es nicht). „Ivan" hatte die Insel sehr stark gebeutelt. 95 Prozent der Hauptstadt St. George's waren zerstört oder beschädigt worden. Die für die Landwirtschaft wichtigen Plantagen der Insel wurden verwüstet. Die Trinkwasser- und Stromversorgung brach zusammen. 35 Menschen starben durch die Folgen des Sturms. Auch die Landschaft wurde mancherorts arg in Mitleidenschaft gezogen. So hat z.B. die Grande Anse durch die niedergerissenen Kokospalmen ein anderes Gesicht bekommen.
Wieder im Aufbau begriffen zog über die Grenader im Sommer 2005 der Hurrikan „Emily" hinweg. Neben erneuten Schäden an Gebäuden und auf den Feldern, musste ein Menschenopfer beklagt werden.
• Die **Hotels** sind alle – außer „La Source" – neu aufgebaut worden. Nach Aussage des Touristenbüros zum Teil sogar sehr viel schöner als vorher. Einheimische meinen sogar, dass von daher der Hurrikan, bei all dem Schrecklichen, auch etwas Gutes hatte. Die Veranstalter sind alle sehr begeistert über das Hotelangebot von der kleinen Apartmentanlage bis zum komplett neu gebauten 5-Sterne-Hotel „Spice Island Beach". Auch die **Restaurants** haben fast alle wieder ihren Betrieb aufgenommen.
• Vor einem Besuch der Insel sollten Sie sich auf jeden Fall über den aktuellen Stand im **Internet** unter www.grenadaemergency.com, http://grenadaexplorer.net und www.auswaertiges-amt.de informieren.
• **Strände**: Leider ist die vor **Carriacou** liegende Sandy-Island seit dem Hurrikan palmenlos und das ehemals zu den zehn schönsten Stränden in der Karibik gehörende Traumfleckchen „nur" noch eine flache Sandbank. Mit dem Paradise Beach bietet die Insel jedoch eine wunderschöne Alternative.

MONTSERRAT • Seit Fertigstellung des neuen, 18,5 Mio.US$ teuren **Flughafens** in Gerald's im Norden der Insel, fliegt Winair (www.fly-winair.com) täglich viermal von Antigua und zweimal von St. Maarten nach Montserrat. Antigua wird jeden Montag ab Frankfurt von Condor angesteuert. Nach der Verschüttung des alten Flughafens mit Lava durch den Vulkanausbruch 1997 konnte die Insel jahrelang nur per Helikopter und Fähre erreicht werden. Der Fährverkehr und die regelmäßigen Helikopter-Flüge wurden nun eingestellt.
• Der **Tourismus** auf Montserrat erlebt einen neuen Aufschwung – auch gerade wegen des aktiven Vulkans. Von verschiedenen Positionen aus kann der Vulkan beobachtet werden. Den wöchentlichen Bericht über die Aktivitäten des Vulkans steht unter www.mvo.ms .
• **Carr' Bay** (S. 303): Hier sind jetzt auch ein Modell des Kriegsmahnmals und der Turmuhr zu sehen, die beide während des Vulkanausbruchs in Plymouth verschüt-

tet wurden. Bei gutem Wetter kann man auch den großen Leguan beobachten, der in den Felsen zu Hause ist.
- In Blakes wurde ein **Fußballplatz** mit Blick auf den Ozean errichtet. Die Finanzierung des Platzes, der sogar über Flutlicht verfügt, erfolgte durch das FIFA Goal Programme. Die Nationalmannschaft soll durch die Trainingsmöglichkeiten wieder Anschluss an den internationalen Fußball gewinnen. Europäische Mannschaften treten hier unter der karibischen Sonne gern für ein Freundschaftsspiel an. Die noch fehlenden Umkleidekabinen und Trainerbänke wurden für den nächsten Bauabschnitt berücksichtigt.
- Das **Nachtleben** fiel auf Montserrat in der Vergangenheit vor allem durch Nichtexistenz auf. Doch so langsam hat sich am Wochenende oder zu speziellen Anlässen auch hier ein gewisses „Clubleben" entwickelt. Inseltypisch sind die so genannten „Rumshops" in Form von kleinen Bars am Straßenrand. Dort treffen sich die Menschen zum ungezwungnen Nichtstun, auch als „Limen" in der Karibik bekannt. Unterbrochen wird diese Freitagnachttätigkeit von Essen, Trinken und Spielen diverser Gesellschaftsspiele wie z.B. Domino oder einer Partie Dart. Eine **Rumshoptour** können Sie buchen unter ☏ (664)491-5371.

TRINIDAD UND TOBAGO • Neue Attraktion für **Wracktaucher**: Die 2003 kontrolliert vor der Küste von Speyside auf Tobago versenkte „MV Roundtable", die früher für die Arbeit auf Ölfeldern eingesetzt wurde, ergänzt heute als künstliches Riff das ursprüngliche Riff-System. Schon nach dieser kurzen Zeit haben sich viele große und kleine Meeresbewohner in dieser Tauchattraktion eingefunden (Infos zum Wracktauchen: www.adventureecodivers.com)

3. Vermischtes
S. **331** • Das Holzmuseum auf Guadeloupe heißt natürlich „La Maison **du** Bois". Leicht geändert haben sich die Öffnungszeiten: Di-So 9.30-17 Uhr, ☏ 981690.
S. **342** • Leider finden Sie nicht, wie unter dem Hinweis auf der Seite angekündigt, die Übersichtskarte zu Martinique in der vorderen Umschlagklappe, sondern auf der großen Reisekarte, die dem Reisehandbuch beiliegt.
S. **346** • Ein Leser wies uns darauf hin, dass Victor Schœlcher die Sklaverei auf Martinique nicht im Jahre 1794, sondern erst 1848 abgeschafft hat, wie das auch auf S. 343 richtig beschrieben wurde.
S. **309** • Die französische Insel Guadeloupe ist natürlich keine „englischsprachige Enklave". Hier ist beim „Inselhopping" zwischen Guadeloupe und Dominica etwas durcheinander geraten.
S. **298** (fehlendes Symbol auf der Karte) • Seit der Fertigstellung des neuen Flughafens in Gerald's starten und landen nicht nur Helikopter, sondern auch wieder Flugzeuge von und auf Montserrat.

4. Literatur
„À la découverture des fruits des Antilles", von Fabrice et Valérie le Bellec, PLB Éditions, 2004, 128 S. (ISBN 2-912300-77-0), ca. 20 Euro.
125 Fruchtsorten der französischen Antillen werden in dem Buch aufgelistet, 90 davon wurden genauestens unter die Lupe genommen. Viele der Früchte kennen selbst Einheimische nicht mehr, da sie von den Marktständen verdrängt oder in Vergessenheit geraten sind.

4. DIE KLEINEN ANTILLEN – SEHEN UND ERLEBEN

INFO **Die US und British Virgin Islands**

Die Jungferninseln bieten **paradiesische Landschaften**, eine sehr gute **touristische Infrastruktur** und zahlreiche **kulturelle Sehenswürdigkeiten**. Sie zählen zudem wegen der relativen Sturmsicherheit zu den besten Segelrevieren der Welt.

Dabei prägen das Inselinnere eine grün bewachsene, hügelige Landschaft, mit dem höchsten Punkt auf über 550 m ü.d.M., und an der Küste locken unzählige weiße Strände und vorgelagerte Korallenriffe.

Am nördlichen Anfang der Kleinen Antillen, zwischen Puerto Rico im Westen und Anguilla im Osten gelegen, markieren die Jungferninseln den Beginn der ‚Inseln über dem Wind' und erstrecken sich in einem weiten Bogen bis nach Trinidad und Tobago.

Politisch und historisch ist der Archipel zweigeteilt: Die westlichen Inseln gehören zu den Vereinigten Staaten von Amerika, der Osten ist britisch.

Die Geschichte der Virgin Islands ist deshalb außerordentlich spannend, weil zu den karibiküblichen Bahnen mit den ersten Ureinwohnern, den **Arawaken** und **Kariben**, der Entdeckung durch **Kolumbus**, die wechselnde Herrschaft der **Spanier**, **Engländer** und **Franzosen** im 17. Jahrhundert auch die **Dänen** auf den Plan traten, die als Handelsmacht ebenfalls in der Neuen Welt Fuß fassen wollten. Sie besetzten 1666 kurzerhand St. Thomas und St. John und etablierten dort einen der blühendsten **Sklavenmärkte**. 1733 kaufte Dänemark zusätzlich St. Croix, wonach das ‚Dreigestirn' fast 200 Jahre als **‚Juwel in der dänischen Krone'** verbleiben sollte – während der napoleonischen Kriege nur

St. Thomas ist ein beliebtes Ziel für Kreuzfahrt- und Segelschiffe.

kurzzeitig von den Engländern besetzt. Für einen Großteil der Bevölkerung war es ein Schock, als am 31. März 1917 der ‚Danebrog' eingeholt und die ‚Stars and Stripes' gehisst wurden: Deutsche U-Boote im Ersten Weltkrieg schienen den Bau des Panamakanals zu gefährden, so dass die Amerikaner aus strategischen Gründen für 25 Millionen Dollar den dänischen Besitz erwarben.

Die US Virgin Islands

Mit den drei größten Inseln der amerikanischen Jungferninseln: St. Croix, St. John und St. Thomas mit der Hauptstadt Charlotte Amalie sowie Dutzenden kleinerer Eilande liegt der östlichste Landesteil der USA in der Karibik. Die 110.000 Bewohner auf den insgesamt 344 km² leben neben Landwirtschaft, Erdöl und Aluminium vor allem vom Tourismus. St. Thomas – mit 20 km Länge und 5 km Breite die zweitgrößte der US Virgin Islands – wird durch eine hoch entwickelte Tourismusindustrie á la Amerika sowie ein zollfreies Einkaufsparadies dominiert. Landschaftliche Höhepunkte sind die vielen Buchten mit ihren weißen Sandstränden vor einem saftgrünen Gebirgszug, der die ganze Insel durchzieht und bis auf 460 m ansteigt. Kulturell ist die historisch bedingte spanisch-niederländisch-britisch-dänisch-amerikanische Mixtur von höchstem Interesse, die besonders in Charlotte Amalie sichtbar wird.

Christiansteds dänische Atmosphäre ist eine der Attraktion von St.Croix.

Am exotischsten ist in dieser Region jedoch der dänische Einfluss. Außer in der Architektur und in Stadtnamen selbst wird er auch in den Straßenbezeichnungen deutlich: Dronningens Gade (= Königinstraße), Kronprindsens Gade (= Kronprinzenstraße).

‚Smaragd der Karibik' wird St. John (52 km²) wegen seiner Unberührtheit auch genannt. Hier zeugen noch alte Plantagenhäuser vom Zuckerrohranbau der Dänen. Der Multimillionär und Philanthrop Lawrence S. Rockefeller verliebte sich so sehr in die Insel, dass er mehr als die Hälfte aufkaufte, um sie vor einer zu starken Besiedlung und kommerziellen Nutzung zu schützen.1956 erklärte Präsident Eisenhower zwei Drittel von St. John zum Virgin Islands National Park.

Im Gegensatz zu den beiden kleineren Schwesterinseln ist **St. Croix** (213 km²) überwiegend flach. Anstatt der tropischen Wälder breiten sich **Zuckerrohrfelder** mit unzähligen Relikten alter Fabriken (127 Zuckermühlen), ein großes Industrieareal mit Ölraffinerie und Aluminiumfabrik direkt neben dem Airport aus. Doch auf den zweiten Blick erschließen sich auch auf St. Croix die versteckten Schönheiten. Der gemächliche Gang der Inselbewohner und die **ursprüngliche karibische Atmosphäre** sind hier noch besonders zu spüren. Da während der Kolonialzeit St. Croix und nicht St. Thomas die Hauptinsel war, sind hier die dänischen Baudenkmäler außerordentlich stark vertreten. Die schönsten Strände liegen auf der nördlichen Seite der Insel. Sie sind zusammen mit den beiden dänisch geprägten Städten Frederiksted und Christiansted die Attraktionen der Insel.

Die britischen Jungferninseln

Der 534 m hohe **Mount Sage** auf Tortola und die gebirgige Landschaft zeigen, dass auch die insgesamt 153 km² der British Virgin Islands vulkanischen Ursprungs sind. Auf diese Weise entstanden vor 25 Millionen Jahren mehr als 60 Eilande, von denen 15 von über 16.000 Menschen bewohnt werden, allerdings leben davon allein auf Tortola 13.000. Das britische Protektorat liegt zu beiden Seiten des *Sir Francis Drake Channel* in der nördlichen Karibik, 100 km östlich von Puerto Rico und nur wenige Meilen von den amerikanischen Jungferninseln entfernt.

Nach Abholzung der Regenwälder ist das **Klima** trockener als auf den Nachbarinseln; Flüsse oder Bäche existieren nicht, und mitunter kann das Trinkwasser knapp werden. Wirtschaftlich lebt die Inselgruppe vor allem vom **Fremdenverkehr** und von der **Landwirtschaft**. Die **Vegetation** ist von Büschen und niedrigen Bäumen geprägt. Eine Ausnahme bildet das weiter nördlich gelegene Anegada, das praktisch nur aus einer sehr flachen **Korallen-** und **Kalksteinbank** besteht.

Tortola ist mit 54 km² die größte Insel der British Virgin Islands. Die Spanier gaben ihr den Namen wegen der großen Anzahl von Turteltauben.
Vor allem im Westteil bietet sich die Insel mit dem höchsten Berg des Archipels und dem **Mount Sage Nationalpark** zum Wandern an. Die Nordküste wird vor allem von **feinen Sandstränden** dominiert, sowie von Riffen und Schiffswracks – ein **ideales Tauchrevier.** In Road Town, dem Verwaltungssitz der British

Feine Sandstrände säumen die Virgin Islands

Virgin Islands – dort leben über ein Drittel aller Bewohner des britischen Protektorats – gibt es Diskotheken, Restaurants und charmante Holzhäuschen auf Steinsockeln.

Am berühmtesten ist **Virgin Gorda**, deren Name ‚Fette Frau' auf die Phantasie der Spanier zurückgeht, die sich durch die Insel-Silhouette an eine auf dem Rücken liegende Frau erinnert fühlten.
Die Insel-Historie unterscheidet sich von der ihrer Nachbarn durch die Gruppe spanischer Siedler aus Puerto Rico, die sich hier im 17. Jahrhundert niederließ, heute erinnert noch der Name Spanish Town daran. Später in britischen Besitz übergegangen, hatte der wirt-

schaftliche Niedergang eine Welle der Emigration vieler Insulaner zur Folge: Um 1700 lebten dort noch 8.000 Einwohner, heute sind es nur noch 2.500 Menschen, die meisten leben in The Valley bzw. Spanish Town. Eine Erholung fand erst statt, als 1964 das von Lawrence Rockefeller gegründete Luxushotel ‚Little Dix' eine touristische Infrastruktur inklusive Kreuzfahrtzentrum nach sich zog.

Die lang gestreckte Insel ist durch einen Isthmus in einen gebirgigen Nord- und einen flachen Südteil getrennt. Von den 16 schönen **Sandstränden** sind die ‚**Baths**' im Süden selbst für karibische Verhältnisse einzigartig. Daneben locken ausgezeichnete **Tauchgründe** und die **Gebirgslandschaft** im Norden der Insel.

Ausschließlich aus Korallenkalk besteht die mit maximal 10 m Höhe extrem flache Insel Anegada. Die mit 34 km² zweitgrößte Insel der British Virgin Islands liegt isoliert im Nordosten. Das ‚ertrunkene Land', so der spanische Name, besteht im Inneren aus Salzseen und Lagunen, in denen Flamingokolonien leben. Rings um das Eiland liegt ein Kranz von phantastischen Korallenriffen.

Trotz eines kleinen Flughafens und Fährverbindungen kann von touristischer Erschließung noch keine Rede sein, dazu fehlen einfach geeignete Unterkünfte. Deshalb leben die rund 300 Inselbewohner hauptsächlich von der Fischerei. Taucher und Schnorchler werden von der **Farbenvielfalt der Korallenriffe**, den reichen Fischbeständen und den 138 registrierten Schiffswracks begeistert sein. Zum Baden eignen sich etliche fast **unberührte Strände** an der West- und Nordküste. Am bekanntesten ist der Loo-Lolly Bay Beach mit seinem puderfeinen, weißen Sand.

Saint Martin/Sint Maarten

Hinweis
Aktuelle regionale Reisetipps (Hotels, Restaurants, etc.) zu Saint Martin/Sint Maarten entnehmen Sie bitte den gelben Seiten S. 231 ff.

Überblick und Geschichte

Die zu den nördlichen *Leewards* zählende Insel liegt ca. 10 Flugminuten von St. Barth entfernt, halbwegs zwischen Guadeloupe und Puerto Rico.

Historisch stellt das nur 96 km² kleine Fleckchen Erde insofern ein besonderes Kuriosum dar, als dass es zu zwei Nationen gehört: Zu Frankreich gehört der etwas größere Nordteil mit der Hauptstadt **Marigot**, zu den Niederlanden der Süden mit der Hauptstadt **Philipsburg** und dem Flughafen.

Auf Grund ihrer geringen Höhe (maximal 424 m) ist das Klima der Insel relativ trocken (30 Prozent weniger Niederschläge als auf Guadeloupe), die Vegetation ist dementsprechend nicht allzu üppig. Leuchtende Akzente in der Landschaft setzen

Die Kleinen Antillen – Saint Martin und Sint Maarten

der Marzipanbaum, der zu Weihnachten blüht, im Februar/März die Strohblumen und im Frühsommer die Flamboyants.
Obwohl eine Zeit lang Zuckerrohr und Baumwolle angepflanzt wurden, sind die landwirtschaftlichen Bedingungen wenig ideal.

Für die Wirtschaft sind deshalb der stark ausgebaute Tourismus und der Handel das wichtigste und fast einzige Standbein.

Wieder einmal ist auch diese Insel zu ihrem Namen durch Kolumbus gekommen, der sie im Jahre 1493 entdeckte und auf den heiligen Martin taufte. Anschließend war sie – obwohl offiziell zu Spanien gehörig – lange Zeit ein Niemandsland, das seit 1638 französischen Piraten als Schlupfwinkel diente. 1640 besetzten sie die Spanier mit 9.000 Soldaten und brachten ihre holländischen und französischen Gefangenen hierher. Eroberungsversuche der Niederländer unter Peter Stuyvesant (1644) schlugen fehl. Dann aber zog sich die spanische Streitkraft zurück, weil sie Sint Maarten für strategisch nutzlos hielt. Weil jedoch einige Angehörige der beiden anderen Nationen auf der Insel geblieben waren, wurde diese daraufhin sowohl von Holland als auch von Frankreich beansprucht.

Spanier, Franzosen und Niederländer

Anders als sonst gab es hier nun **1648 eine friedliche Teilung**. Der Legende nach sollen dabei ein Franzose und ein Holländer von einem gemeinsamen Punkt aus in entgegengesetzter Richtung die Küste entlanggelaufen sein. Wo sie wieder aufeinander trafen, wurde die Grenze gezogen – freilich bis heute nur auf dem Papier der Landkarten. „Auf dass die Franzosen und Holländer, die aus Saint Martin stammen, wie Freunde und Verbündete miteinander leben, ohne einander lästig zu fallen..." – so lautete ein Passus jenes Vertrages, der am 23. März 1648 auf dem Mont des Accords geschlossen wurde. Als diese Teilung stattfand, waren sich beide Parteien einig, dass die Gesamtinsel ein Freihafen für alle Waren sein solle und ohne Zoll- und Steuerpflicht Handel getrieben werden könne.

Auch die Kirchen auf Sint Maarten erinnern an die Niederlande

> **INFO** Die niederländischen Inseln über dem Wind

Zusammen mit Sint Maarten bilden die Inseln Saba und Sint Eustatius (Statia) die nördliche Gruppe der Niederländischen Antillen (zu denen im Süden in 900 km Entfernung noch Bonaire und Curaçao gehören). Die drei Inseln liegen südöstlich der Virgin Islands über dem Wind (niederl.: *Bovenvindse Eilanden*) im äußeren Antillenbogen, sind also relativ trocken. Hinsichtlich ihres geologischen Aufbaus und ihrer touristischen Nutzung sind sie äußerst verschieden:
Sint Maarten, von dem sich nur der südliche Teil in niederländischem Besitz befindet, ist stark zerklüftet und relativ flach. Die vielen Sandstrände und der Freihandels-Status haben sie zu einem internationalen Touristenzentrum mit Spielcasinos, Duty-Free-Geschäften und zu einem Hauptanlaufhafen für Kreuzfahrtschiffe gemacht.

Südwestlich von Sint Maarten umfasst das kompakte **Sint Eustatius** (Seite 277 f.) mit 21 km² weniger als ein Viertel von dessen Inselfläche. Es besteht fast zur Gänze aus dem 601 m hohen Vulkan-Kegel *Quill Hill*.

In der Nähe liegt als kleinste der Niederländischen Antillen das 13 km² große Eiland **Saba** (S. 272 ff.), das ebenfalls als Vulkan (Mt. Scenery, 887 m hoch) steil aus dem Meer aufsteigt.

Die beiden letztgenannten Inseln sind erst in der jüngeren Vergangenheit mit den Segnungen der modernen Zeit in Berührung gekommen und spielen sowohl wirtschaftlich als auch touristisch noch eine geringe Rolle. Die Chancen stehen jedoch nicht schlecht, dass sich dies in Zukunft ändern könnte. Denn der Trend geht offensichtlich weg vom Trubel à la St. Maarten oder einem reinen Strandurlaub und hin zu Destinationen, die eine unberührte und abwechslungsreiche Natur zu bieten haben. Damit können Sint Eustatius und Saba ebenso aufwarten wie mit ursprünglichem insularen Leben, netten Ortschaften und schönen Beispielen von Kolonial- oder Festungsarchitektur (besondes: Fort Oranje auf Sint Eustatius)!

Der Vertrag hatte keine allzu großen Auswirkungen auf die politische Realität, und mehr als einmal wechselte die Insel ihre Besitzer (Franzosen, Briten, Niederländer). Seit 1816 jedoch leben die Bewohner der beiden Inselteile tatsächlich friedlich und freundschaftlich nebeneinander – was sich für den Besucher auf einer Inselrundfahrt natürlich vorteilhaft auswirkt. Denn obwohl Verwaltung, Polizei und andere Institutionen in doppelter Ausgabe vorhanden sind, obwohl es verschiedene Stromspannungen, Währungen und Sprachen gibt: Grenzkontrollen finden nicht

Die Guana Bay säumen nur einige Ferienhäuser.

statt, und häufig merkt man erst an den Straßen- und Ortsnamen, dass man sich plötzlich auf dem anderen Inselteil befindet. Auch der Freihandels-Status hat sich bis in unsere Zeit erhalten und aus der Insel einen der beliebtesten Kreuzfahrt-Häfen der Karibik gemacht. Der enorme touristische Aufschwung hat jedoch nicht nur Vorteile, sondern auch seine Schattenseiten. Dazu gehört der ungehemmte Bauboom, der vor lauter Hotels, Resorts, Casinos, Geschäften und Marinas von unberührter Natur herzlich wenig übrig gelassen hat.

Eine geteilte Insel

 Zeiteinteilung

Es ist kein Problem, an einem Tag eine komplette Inselrundfahrt zu unternehmen. Es bietet sich jedoch an, zwei Tage für die beiden Inselhälften zu veranschlagen, so dass Sie einen Nachmittag z.B. auch am Strand verbringen können.

Sint Maarten: Der holländische Inselteil

Wer schon beim Anflug einen Blick aus dem Fenster werfen konnte, wird wohl wegen der vielen Wasserflächen Orientierungsschwierigkeiten haben, was noch Lagunen sind und wo bereits der Ozean anfängt. Diese Schwierigkeiten sind noch größer, wenn man vor dem **Flughafen** im flachen Gelände steht. Also: Wer den Terminal hinter sich und die Straße vor sich hat, schaut auf die **Simson Bay Lagoon**, eine riesige Binnenlagune mit zwei schmalen Durchgängen zum Meer. Durch diese ist die große Flotte an Freizeitbooten und Yachten zu erklären; außerdem kann man dort in aller Sicherheit Wasserski oder auch Kanu fahren.

Buchten und Lagunen

Falls Sie die Inselrundfahrt in umgekehrter Reihenfolge durchführen möchten, halten Sie sich (vom Flughafen aus gesehen) nach links und fahren am westlichen Ende des Airports über die ausgebuchtete Landzunge auf die Halbinsel Terres Basses zu. Dabei können Sie sofort hinter der Landebahn links zur **Maho Bay** abzweigen, deren Sandboden und türkisfarbenes Wasser an ein riesiges Schwimmbad denken lassen.

Redaktions-Tipps

- **Shoppen** in den zahlreichen Geschäften und Duty-Free-Shops von Sint Maarten. Ein Schnäppchen lässt sich besonders kurz vor der Hurrican-Saison machen, wenn viele Läden für eine Weile schließen und kurz vorher mit Niedrigpreisen locken (S. 235 f.).

- **Wanderung** zum Pic du Paradis und im Wald die zahlreichen Vögel beobachten. Unbedingt ein Fernglas mitnehmen! (S. 266)

- Die köstlichen **Beerenliköre** kosten, die auf Saint Martin hergestellt werden, z.B. aus Guavaberries und Rum. Im Guavaberries Shop in Philipsburg gibt es eine reiche Auswahl.

- **Wasserski** oder **Kanu fahren** auf der riesigen Binnenlagune **Simson Bay Lagoon** oder sich für einen Tag ein Segelboot mieten bzw. auf einer Yacht mitsegeln, die Seele baumeln lassen, schnorcheln und das Leben genießen.

- Sein Glück im **Casino Royale** oder **Golden Casino** versuchen.

- Nördlich vom holländischen Cul de Sac auf dem schönen *sentier des crêtes* hinauf auf jenen Grat wandern, der die Grenze zwischen den beiden Inselteilen bildet.

- Great Bay: Zum **Wrack** der vor rund 200 Jahren gesunkenen H.M.S. Proselty tauchen.

- Die karibische, aber auch die französische Küche und die reiche Auswahl der internationalen Speisen in einem der zahlreichen **Strand-Restaurants** in Saint Martin genießen. In **Grand Case** gibt es eine besonders reiche Auswahl an Restaurants.

- Auf der Fahrt vom **Oyster Pond** an der Baie Lucas vorbei zum **Etang aux Poissons** die nur karg bewachsene, aber **wunderschöne Natur** mit Kokospalmen, Heide, Kakteen und Divi-Divi-Bäumen genießen (S. 265)

- Einmal sich betten wie einst die königliche Familie, wenn sie auf der Insel zu Besuch war: Das **Pasanggrahan Royal Guest House**, das älteste Hotel der Insel, diente früher als Wohnsitz des Gouverneurs (S. 234).

- Fahrt zu den Ruinen des **Fort William** für einen Blick auf Philipsburg, und vom besser erhaltenen Fort **Amsterdam** für einen auf die Great Bay (S. 261)

Von hier bis zur Grenze führt die Straße durch ein touristisch sehr entwickeltes und amerikanisch anmutendes Gebiet, praktisch mitten durch das Gelände der einzelnen Resorts und des Golfplatzes sowie an Zäunen, Geschäften, Casinos und Hotels vorbei (wegen der vielen Bodenschwellen ist oft nur Schritttempo möglich). Am Wochenende finden hier regelmäßig Strandpartys mit Steelband-Musik statt.

Während sich zur Lagune hin Yachthäfen und Wassersport-agenturen konzentrieren, breitet sich zum Meer die **Mullet Bay** mit einem großen, feinsandigen und an Wochenenden stark besuchten Strand aus (ideal zum Baden und zur Beobachtung des Sonnenuntergangs). Hier können Sie auch Sonnenschirme mieten. Kurze Zeit später wird die Grenze angezeigt, und man hat Anschluss an die unter dem Stichwort ‚Saint Martin' beschriebene Route.

Vom Juliana-Airport aus gen Osten in Richtung Philipsburg kommt man am Ende des Flughafens über den engen Kanal, der die Lagune mit der **Simson Bay** verbindet. Die gleichnamige Ortschaft (niederl.: *Simsonbaai*) stellt sich durch Restaurants, Supermärkte, Tankstellen und Hotels als betriebsamer Touristenort dar, hat aber auch einige schöne Häuser aufzuweisen. Kurz hinter der Brücke geht rechts eine schmale Straße zur *Lay Bay* mit hübschem Sandstrand ab. Anschließend erreicht man das aufgeräumt und modern wirkende Städtchen **Cole Bay** (niederl.: *Koolbaai*), das auf der Lagunenseite eine große Marina besitzt und zum Meer hin einen beliebten Strand. An der großen Ampelanlage führt rechts die *Browers Road* nach Philipsburg (s.u.) und in den Norden die *Union Road* direkt nach Marigot:

Der Direktweg nach Marigot

Das Boundary Monument: Der Obelisk erinnert an 300 Jahre Koexistenz.

Auf der Hauptstraße fahren Sie zunächst durch das lang gestreckte Coal Bay und sehen dann linkerhand das **Boundary Monument** – ein kleiner, in den 1960er Jahren aufgestellter Obelisk, der mit einer englisch/französischen Inschrift an die 300-jährige Koexistenz der beiden Bevölkerungsgruppen erinnert.

Friedliche Koexistenz

Sofort dahinter beginnt der französische Inselteil. Auf der nun N-7 genannten Straße gelangen Sie in wenigen Minuten nach Marigot. Nach Philipsburg windet sich hinter der Abzweigung die Browers Road in einigen Serpentinen hinauf auf den **Cay Bay Hill**, wo rechterhand ein Parkplatz mit Getränkebude zum Halten einlädt. Hier hat man eine sehr schöne Aussicht auf und über die zurückliegende Lagune und zum Süden hin auf die Cay Bay, in der *Peter Stuyvesant* 1644 vergeblich die Eroberung der spanischen Insel versuchte – und dabei eine schlimme Verletzung durch eine Kanonenkugel erlitt. Anschließend geht es in mehreren Kehren wieder hinab und auf den Salzsee **Great Salt Pond** zu.

Rechterhand kann man über eine Stichstraße dem Sandstrand der **Little Bay** (*Klein Baai*) einen Besuch abstatten. 150 m weiter führt links die *Bush Road* nach **Cul de Sac**, wo früher Tabak und Zuckerrohr angebaut wurden. Nördlich von Cul de Sac (gemeint ist natürlich der holländische Ort, ein gleichnamiger befindet sich im Norden der französischen Seite) gibt es einige schöne Wanderwege, u.a. hinauf auf jenen Grat, der die Grenze zwischen den beiden Inselteilen bildet (*sentier des crêtes*). Bald darauf kann man vor einer weiteren, schmalen Lagune rechts nach **Philipsburg** abfahren. Bleibt man auf der Hauptstraße, kommt man an einer weiteren Abzweigung zur Hauptstadt vorbei und schließlich bei Belleplaine in den französischen Teil. Sofort hinter der Brücke geht rechts ein Weg zu jener Landzunge ab, der die Great Bay von der Little Bay trennt. Diese Straße führt unterhalb der spärlichen Ruinen des **Fort William** auf das besser erhaltene **Fort Amsterdam** zu, der ersten holländischen Festung der Insel (17. Jahrhundert). Allerdings sind die Mauern inzwischen von einer Hotel- und Apartmentanlage ‚okkupiert', und der Sicherheitsbeamte gestattet an der Schranke (ca. 300 m vor dem Fort) nur noch Hotelgästen die Weiterfahrt.

Holländische Festungen

Ins Zentrum von Philipsburg kommen Sie über eine der Parallelstraßen: *Front Street*, *Back Street* oder *Ring Street*. Wer es eilig hat, sollte die linke Alternative (*Ring Street*) wählen, da der Verkehr auf den Haupteinkaufsstraßen regelmäßig zum Erliegen kommt.

Philipsburg

Das 1763 gegründete Philipsburg füllt den gesamten Platz der schmalen, 1,5 km langen Landzunge aus, die den Salzsee *Great Salt Pond* von der *Groot Baai* trennt. Der vorherrschende Eindruck in der Stadt ist der eines turbulenten, amerikanischen Basars. In dieser Hinsicht ähnelt der Ansturm von kauflustigen Kreuzfahrttouristen und Kasinobesuchern dem Gedränge in Charlotte Amalie auf den US Virgin Islands.

Vor allem die zum Meer gelegene **Front Street** (*Voorstraat*) beherbergt eine fast ununterbrochene Reihe von Casinos, Juwelierläden, Modeboutiquen, Restaurants und Hotels.

Innerhalb dieses rein kommerziellen Ambientes fallen die **holländischen Bürgerhäuser** kaum auf. Kommt man von Westen in die Stadt, ist da rechter Hand zunächst das 1989 eröffnete und in einem Innenhof etwas versteckt platzierte **Museum** (neben dem *Sea Palace*). Dieses bietet viele Exponate zur indianischen Vergangenheit, der Sklaverei und der besonderen Geschichte der Insel sowie eine große Sammlung historischer See- und Landkarten.

Spaziergang über die Front Street

An der **Methodistenkirche** vorbei kommt man etwas weiter zu einem rechteckigen Platz (**Wathey Square** oder **De Ruyterplein**): ein quirliges Zentrum mit Taxen, Minibussen, Verkaufsständen und einer Pier, von der aus Bootsausflüge zu den nahe gelegenen Inseln starten.
Nördlich des Platzes ist das 1793 erbaute und 1825 nach einem Hurrican restaurierte **Courthouse** das auffälligste Gebäude.

Im weiteren Verlauf der Frontstreet stellen die katholische Kirche, die *West Indian Tavern* und das *Pasanggrahan-Hotel* gute Beispiele kolonialer Architektur dar.

Hinter der dichten Bebauung kann die Front Street übrigens mit einem zwar schmalen, doch feinen Strand aufwarten – dem einzigen wirklichen Stadtstrand der Kleinen Antillen, an dem das Baden gefahrlos möglich ist.

Im Pasanggrahan Royal Guest House übernachtete schon die königliche Familie.

Auf der anderen Seite verläuft parallel dazu die **Backstreet** (*Achterstraat*), die mit der Frontstreet durch kleine Gässchen (*steegjes*) verbunden ist. Hier sind die Geschäfte nicht so zahlreich und nicht so vornehm (mehr Textilien, weniger Goldschmuck), weshalb der Touristenandrang auch nicht ganz so stark ist.

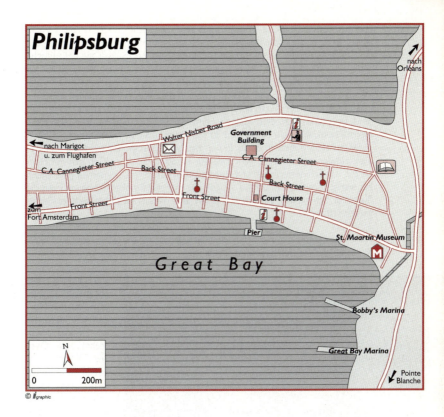

An der *Backstreet* liegen einige Schulen, die einzige Bushaltestelle, die Polizeistation und die Baptistenkirche. Noch weiter nördlich verläuft die *Ringstraat* direkt am Ufer des **Great Salt Pond**, der früher zur Salzproduktion diente und der heute teilweise zur Gewinnung neuen Baulandes zugeschüttet wird. Dort befindet sich auch das großzügige **Government Building**, der Regierungssitz der Niederländischen Antillen über dem Winde.

Am östlichen Ende der Stadt münden alle Parallelwege in jene Nord-Süd-Straße, die am Ostufer des Great Salt Ponds vorbei in Richtung ‚französische Grenze' führt. In der anderen Richtung geht es nach **Point Blanche** und zur gleichnamigen Bucht. Auf dem Weg dorthin passiert man an der Einmündung der Front Street den **Yachthafen** *Bobby's Marina*, um den sich mit einigen Restaurants, Pubs und der *Greenhouse-Diskothek* ein turbulentes Nachtleben entwickelt hat.

Marina mit Nightlife

Kurz dahinter kann man nach links zur **Point Blanche Bay** abbiegen, einem kleinen Strand mit Eigentumshäusern. Wer von der Straße aus der *Mountain Dove Road* nach oben folgt, gelangt zum Inselgefängnis und zu den markanten Wassertanks.

Hier hat man eine schöne Aussicht, muss aber die gleiche Strecke wieder zurückfahren. Etwa einen Kilometer weiter südlich kommt man zur **Main Pier**, an der die Kreuzfahrtschiffe anlegen (diese laufen übrigens viel häufiger die holländische Seite an, weswegen der Name ‚Sint Maarten' öfter in den Prospekten und Programmen auftaucht als derjenige von Saint Martin).

Wieder zurück in Philipsburg, setzt man nun den Weg in den Norden fort. Wer einen Abstecher zur Küste unternehmen möchte, richtet sich rechts hinter der Shell-Tankstelle nach dem kleinen Hinweisschild zur **Guana Bay**. Auf einer asphaltierten, aber sehr schlechten Straße kommt man an einem ‚Security Check' vorbei zu einer hübschen Bucht, in der man herrlich schwimmen kann. Vom Parkplatz auf der rechten Seite geht man nur ca. 50 m durch ein Gebüsch mit Hunderten von Schmetterlingen und steht dann an einem recht einsamen (und einem ein wenig ungepflegten) Strand. Wegen der manchmal hohen Brandung kann die Bucht für Schwimmer gefährlich werden, andererseits ist sie deshalb für Surfer gerade attraktiv.

Auch den Leuten, die hier schmucke Villen gebaut haben, gefällt der Platz – wie das Straßenschild ‚Almost Heaven' beweist.

Vom Oyster Pond aus kann man bis zu den British Virgin Islands blicken.

Zurück auf der Hauptstraße, geht es weiter gen Norden und nach 1,5 km wieder nach rechts zum **Oyster Pond**. Die Straße ist zum Teil unasphaltiert, doch Lohn der Mühe sind der spektakuläre, fast kreisrunde Hafen mit Dutzenden von Yachten und ein weiter Blick bis hin zu den Britischen Jungferninseln.

Der Sandstrand des *Dawn Beach* und der Naturhafen mit Marina haben einige Hotels der gehobenen Kategorie an diese schöne Stelle gelockt. Mitten durch die Bucht verläuft die Grenze, und fast unbemerkt befindet man sich plötzlich im nördlichen, französischen Inselteil.

Fahrt über die „Grenze"

Saint Martin: der französische Inselteil

Die Streckenbeschreibung knüpft an diejenige unter dem Stichwort ‚Sint Maarten' an, also am **Oyster Pond**, dessen nördlicher Teil bereits zum französischen

Sektor gehört. Hier und an der unweit gelegenen **Baie Lucas** hat sich auf dieser Seite eine touristische Infrastruktur mit kleineren Hotels, Restaurants, Tauchschulen und Reitställen angesiedelt.

Die kleine, kurvenreiche und teilweise unasphaltierte Straße führt einen anschließend durch eine nur karg bewachsene, aber wunderschöne Natur (einige Kokospalmen, ansonsten Heide, Kakteen und Divi-Divi-Bäume) und gibt bald den Blick auf den **Etang aux Poissons** frei.

In dieser Bilderbuchlandschaft wird das Blau des fischreichen Sees zum Osten hin von Mangroven und einer Landzunge mit weißem Sandstrand begrenzt, dahinter wiederum öffnet sich die **Baie de l´Embouchure**, der einige Korallenbänke vorgelagert sind.

Der Weg geht zunächst am südlichen Ufer des *Etang aux Poissons* vorbei und trifft dann bei der Ortschaft **Orléans** auf die insulare Hauptstraße, die im französischen Teil die Nummer N-7 trägt. Tatsächlich gibt es nur diese Nationalstraße, die Nummern 1-6 fehlen.

Buchten und Hügel

Die N-7 verläuft schnurgerade nach Nordosten, wobei linker Hand Wanderpfade in die *Montagne de France* (402 m) oder zum *Pic Paradis* (424 m) abgehen und rechts eine Stichstraße das Nordufer des *Etang aux Poissons* sowie die sandige Halbinsel vor der *Baie de l´Embouchure* erschließt.

Dann steigt die Straße in einer Linkskurve an, und man kann vom Parkplatz auf dem **Hoke Hill** links neben der Straße (Hinweis: ‚Panorama Point') sehr schön die zurückgelegte Strecke verfolgen. An gleicher Stelle gibt es auch eine kleine Touristeninformation und den ‚Love Stone', der bei Berührung die ewige Liebe verspricht.

Kurz darauf lohnt es sich, nach rechts zur **Baie Orientale** abzufahren. Dieser vielleicht schönste Strand der Insel ist zwar als Nudistenparadies bekannt, aber der FKK-Bereich nimmt nicht den gesamten Strand ein. Einige Hotels, nette Strandcafés und ein vielfältiges Wassersportangebot tragen zur Popularität der Bucht vor allem beim französischen Publikum bei.

Schöner Strand

Westlich des Etangs aux Poissons lohnt sich früh morgens ein Abstecher zur **Ferme aux Papillons** (Mo-Fr 9-16 Uhr), wenn die Bewohner der Schmetterlingsfarm besonders aktiv sind.

An der nächsten Weggabelung kann man nach rechts die N-7 verlassen und weiter in den Norden fahren. Nach 1,5 km kommt man zur kleinen Ansiedlung **Cul de Sac** mit ihrem beliebten Yachthafen und hübschen Strand.

Davor erheben sich die Inseln **Ile Pinel** und die etwas größere **Ile Tintamarre** aus dem Atlantik. Diese Eilande verfügen ebenfalls über gute Strandabschnitte und können mit Booten erreicht werden. Die umgebenden Gewässer sind naturgeschützt.

Yachthafen

Auf der karibischen Seite ist die landschaftlich überaus reizvolle **Anse Marcel** ein lohnendes Ziel. Die wie ein Angelhaken geformte Bucht hat einen privaten Yachthafen und ist von einem puderweißen Sandstrand umgeben.

Dorthin kommt man mit dem Wagen in 1,5 km ab Cul de Sac oder auf einer herrlichen 3-km-Wanderung entlang der Küste.

Zurück auf der N-7 passiert man kurz hinter der Weggabelung den Flughafen von **Grand Case** und gelangt dann zur Westküste.

Das Städtchen Grand Case liegt auf einer Landzunge zwischen dem guten Sandstrand und einem ehemaligen Salzsee.

Ab hier verläuft die Straße wieder südwärts und ein Stück weit durchs Inselinnere, wobei man immer wieder auf kurzen Stichstraßen zur Küste gelangen kann (lohnend: *Anse Heureuse, Friar's Bay*). Bei **Rimbaud** ist es aber auch möglich, über ein schmales Sträßchen bis auf den 424 m hohen **Pic Paradis** zu gelangen. In diesem noch ungestörten Wald der höchsten Erhebung der Insel mit weiter Aussicht können Sie so manchen Vogel beobachten. Einen Kilometer hinter Rimbaud erreicht man die französische Inselhauptstadt.

Marigot

Mit seinen Häusern im Kolonialstil, oft weiß und mit rosaroten oder grünen Fensterläden angestrichen, einem hübschen Marktplatz, zwei Kirchen, dem Sitz der Unterpräfektur, dem Hafen und vielen Gassen und (Einbahn-)Sträßchen strahlt Marigot den Charme einer französischen Provinzstadt, gepaart mit kreolischer Lebensart, aus. Zur Lagune hin gibt es den Yachthafen (*Marina Port La Royale*), am Boulevard de France – zwischen Marktplatz und Festung – den eigentlichen Hafen.

Empfehlenswert ist außer einem Stadtbummel der kurze Spaziergang hinauf zum **Fort du Marigot** aus dem 17. Jahrhundert, dessen Überreste eigentlich nur aus wenigen, niedrigen Mauern und einigen Kanonen bestehen. Trotzdem lohnt sich der Weg wegen der phantastischen Aussicht über die Dächer der Stadt und bis weit zum Horizont zu den Bergen der Jungferninseln.

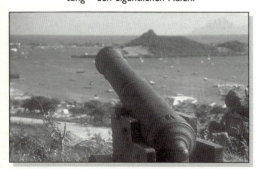

Der Weg zum Fort du Marigot lohnt sich allein wegen der Aussicht.

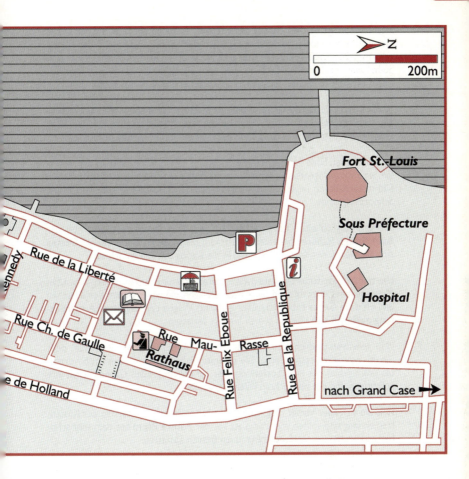

Vom Parkplatz an der **Sous Préfecture** aus gelangt man auf einem Pfad (am großen Kruzifix vorbei) zum Fort. Der Weg ist nicht anstrengend, aber trotzdem sollte man möglichst frühmorgens oder am späten Nachmittag hinaufgehen – allein schon wegen der besseren Lichtverhältnisse für Fotografen. Nach Einbruch der Dunkelheit macht das angestrahlte Fort übrigens von der Stadt aus einen weit imposanteren Eindruck. Überhaupt lohnt sich der Besuch von Marigot gerade am Abend, wenn man in Straßencafés am Hafen sitzen kann oder in vorzüglichen Restaurants elegant diniert. Während Philipsburg geschäftig ist und manchmal unter zu lauten Begleiterscheinungen leidet, versprüht Marigot eine lockere, südfranzösische Atmosphäre mit Lebensart.

Kleinstadt mit französischem Flair

Die N-7 bringt einen von Marigot vorbei am **Boundary Monument** (s.o.) schnell zurück in den niederländischen Teil (Flughafen; Philipsburg).

Interessanter ist es, dem Umriss der Insel zu folgen und die Stadt auf der D-208 und über die schmale Landbrücke zwischen der Simson-Lagune und der Karibischen See zu verlassen. Direkt hinter dem Friedhof von Marigot beginnen hier einige hübsche Sandstrände, vor allem aber, wenn man die schmale Brücke über den Kanal zur Lagune passiert hat (Achtung: Die Brücke wird nachts geschlossen!).

Ideal für Wassersport

In der Ortschaft **Sandy Ground** pulsiert in Restaurants und Hotels ein vielfältiges touristisches Leben, das von dem ausgezeichneten Sandstrand der **Baie Nettlé** und den idealen Wassersportbedingungen in der Lagune profitiert.

Am westlichen Ende der Bucht (*Anse des Sables*) gibt es einen Fahrweg zur schmalen, weit vorspringenden Landzunge, deren Ende das Kap *Pointe du Bluff* markiert. Südwestlich davon liegen um das ,Höllenloch' (*Trou du Diable*) gute Tauch- und Schnorchelgründe.

Weitere Möglichkeiten zu Abstechern hat man kurz darauf dort, wo hinter der **Baie Rouge** (schöner, beliebter Sandstrand) die große Halbinsel **Terres Basses** sich als ,westlicher Knollen' der Insel in die Karibische See vorschiebt.

Die nur z.T. asphaltierten Seitenwege führen allerdings selten direkt zum Ufer. Meistens muss man auf sandigen Wegen abbiegen, die wie Privatstraßen aussehen und oft auch Gatter haben (tagsüber geöffnet). Wegen der schlechten Ausschilderung muß man sich hier auf seinen Instinkt verlassen.

Und selbstverständlich sind Schilder mit der Aufschrift ,*Propriété privée*' oder ,*Access interdit*' zu respektieren. Die gesamte Halbinsel ist nämlich ein bevorzugtes Wohngebiet der High Society, die hier auf enorm großen Grundstücken ihre prächtigen und gut versteckten Villenanlagen hat.

Falls Sie sich aber immer möglichst rechts halten, fahren Sie stets an der Küstenlinie entlang und sollten vom Parkplatz vor der **Pointe Plum** aus dem sehr schönen, palmenbesäumten Sandstrand einen Besuch abstatten.

Hinweis
Hier wie überall auf der Insel gilt: Keine Wertsachen im Wagen lassen!

Nachdem Sie anschließend nahe am Westkap **Pointe du Canonnier** vorbeigekommen sind, passieren Sie die **Baie Longue**, in deren Rücken der See *Grand Etang* liegt. Kurz bevor Sie wieder auf die Hauptstraße stoßen und direkt dahinter die Grenze zum niederländischen Teil überqueren, fahren Sie nahe am *Samanna-Hotel* vorbei, einer luxuriösen und berühmten Nobelherberge.

Auf holländischer Seite sind es nur noch wenige Fahrminuten bis zum Juliana-Flughafen, wobei man die auf S. 259 ff. genannten Strände, Casinos und Resorts der **Mullet Bay** und **Maho Bay** passiert.

Anguilla und St. Barthélemy

 Hinweis
Mehr zur Geschichte sowie politischen und geografischen Zuordnung erfahren Sie unter ‚Die Geschichte von Antigua und Barbuda, Anguilla, Montserrat sowie St. Kitts und Nevis' S. 340 f.

An einem Tag drei Nationen, drei Sprachen, drei Staatsgrenzen erleben, das können Sie mit einem Trip vom **holländischen Sint Maarten** über das **französische Saint Martin** und der Fahrt mit der Schnellbootfähre nach **Anguilla** – wo Sie **britisches Terrain** erreichen. Mit ihren langen Sandstränden und exquisiten Hotels ist die Koralleninsel der Ort für optimale Entspannung. Die noch luxuriösere Variante des Müßigganges bietet die als **Refugium für Reiche und Schöne** bekannte **Insel St. Barthélemy**. Das paradiesische Fleckchen Erde – kurz St. Barth genannt – sorgt mit **atemberaubend hohen Preisen** jedoch dafür, dass die **Haute-Volée** größtenteils unter sich bleibt. Dennoch lohnt ihre karibische Schönheit mit den korallenkalkweißen Stränden mindestens einen Tagesausflug.

Ein stetig wehender Nordostpassat macht die Hitze angenehm auf der nördlichsten Leeward Insel **Anguilla**, die nur 66 m hoch und leicht hügelig aus dem Wasser schaut.

Das 26 km lang gezogene, buchtenreiche und an der breitesten Stelle gerade mal fünf Kilometer messende Eiland liegt ca. acht km nördlich von Sint Maarten. Ihre Umrisse gibt der Inselname wieder: Kolumbus nannte das Eiland ‚Aal' (= span.: *Anguila*), weil es sich lang und schmal in ostwestlicher Richtung erstreckt.
Anders als auf den meisten Inseln über dem Wind gibt es kaum wirkliche Erhöhungen und deswegen sehr wenig Niederschlag (unter 900 mm im jährlichen Durchschnitt). Die Küste ist weiß von zermahlenem Korallenkalk. Daraus besteht auch das Grundmaterial der Insel in nur 55 m unter dem Wasserspiegel. Die flache Topografie und ganzjährige Trockenheit haben aus der Insel eine eintönige Buschlandschaft gemacht. Umso verlockender sind die ausgedehnten Sandstrände, Grotten, Kliffs sowie die Korallenriffe mit ihren Tauchgründen bis hin zu den zahlreichen vorgelagerten Inseln.

Trotz der **Spezialisierung auf Fischerei und Bootsbau** hatte Anguilla nie mehr als bloß lokale Bedeutung. Deswegen mag überraschen, dass die Insel 1967-69 plötzlich in den **internationalen Schlagzeilen** auftauchte. Der Grund dafür war, dass die Briten ihre Kolonie zusammen mit St. Kitts und Nevis zu einem gemeinsamen assoziierten Staat machen wollten.

Das rief auf Seiten der Insulaner heftige Proteste hervor, da ihr Verhältnis zu den ‚Kittianern' mehr als schlecht war und diese auch keine Bereitschaft erkennen ließen, Anguilla als gleichberechtigten Partner zu behandeln. Auf Anguilla konnte die Losung nur heißen: ‚**Zurück nach England**!', was auf allgemeines Unverständnis stieß.

Also entschied man, sich von St. Kitts – das inzwischen die anguillanische Wirtschaft boykottierte und den Postverkehr eingestellt hatte – zu trennen, deren Vertreter von der Insel zu jagen und die Unabhängigkeit zu proklamieren. Die Briten wiederum hielten ‚Snake Island', wie sie Anguilla nennen, in einer völlig falschen Einschätzung der Lage für einen potenziellen Unruheherd in der Karibik. Sie starteten mit großem Aufwand im **März 1969** eine Invasion. London entsandte eine ganze Bataillon schwer bewaffneter Soldaten und setzte die Elite-Fallschirmjäger der ‚Red Devils' ein.

Auf Anguilla heißt es: die Seele baumeln lassen, z.B. beim Segeln.

Das Erstaunen war groß, als die britische Invasionsarmee von **strahlenden Insulanern** begrüßt wurde, denn diese hatten ihr Ziel erreicht: Anguilla kehrte in den Schoß Großbritanniens zurück. Bei dieser viel belachten Aktion fiel nicht ein einziger Schuss. Die einzige ‚Kriegsverletzung' erlitt ein englischer Soldat, der von einer Farbigen gebissen worden war.

Wer nach Anguilla kommt, kann die **Seele einfach baumeln** lassen. Besichtigungsstress von kulturellen oder natürlichen Sehenswürdigkeiten entfällt mangels Angebot – **die Insel selbst ist die Attraktion**.

Einzig, um von einer Bucht in die nächste schöne Badebucht zu gelangen, muss der Standort gewechselt werden. Wer dennoch unbedingt wissen will, was es sonst noch auf der Insel gibt, kann sich mit der Erlebnisarchitektur einiger Hotels (allen voran das ‚Cap Juluca') befassen. Zudem gibt es sehenswerte ältere Plantagengebäude, die kleinen, **buntbemalten Holzschindel-Häuschen** der farbigen Anguillaner sowie die zum Nationalpark erklärte Höhle **Fountain** – die einzige Süßwasserquelle der Insel.

Und auch ein Bummel durch **The Valley** – der verschlafenen ‚Hauptstadt' der Insel – oder die Hafenorte verschafft Abwechslung. Die Höhle ‚**The Fountain**' beherbergt neben der einzigen Süßwasserquelle der Insel und Tropfsteinformationen ein gutes Dutzend alter **Felszeichnungen** der Arawaken. In einer solchen Fülle und mystischen Atmosphäre sind sie im karibischen Raum einzigartig. Eins der Bildnisse soll mehr als 2.000 Jahre alt sein, so die Archäologen, und die Arawaken-Gottheit *Jocahu* darstellen.

Mehr als die anderen 18 Fundorte indianischer Vorgeschichte hat **The Fountain** Historiker zu der Überzeugung gebracht, dass Anguilla eine präkolumbische ‚heilige Insel' gewesen sein muss, auf der Stämme benachbarter Inseln ihre Riten und Zeremonien abhielten.

Schon Rockefeller, der Kennedy-Clan und Baron Edmund de Rothschild wussten sich auf **St. Barthélemy** zu erholen. Genau wie Brooke Shields, Prinzessin Stéphanie von Monaco, George Michael oder Billy Joel, um nur einige prominente Inselliebhaber zu nennen.

Während die eigentliche Bevölkerung noch eine puritanische, normannisch-schwedisch geprägte Lebensauffassung hat, ist sie längst schon in der Minderheit gegenüber den Zugereisten aus Paris, Bordeaux oder Nizza mit ihren mondänen Ansprüchen oder den Langzeit-Touristen aus New York, London und Hollywood.

Dementsprechend teuer ist das Eiland und für den ‚normalen' Geldbeutel kaum noch zu verkraften – es sei denn, Sie nutzen die Pauschalangebote von den Nachbarinseln aus. Auch die zollfreien Einkaufsmöglichkeiten haben hier längst ihren Schnäppchencharakter verloren.

Dafür bietet das 25 km² große Eiland, das wie Anguilla vor allem aus Korallenkalk besteht und nur wenig Trinkwasservorräte hat, traumhafte Strände. Hier können Sie überall Liegestühle und Sonnenschirme mieten und nahtlos braun werden – denn zum Dresscode gehört ‚Topless-Sonnen'.

Außerdem scheint es zum Pflichtprogramm für hochkarätige Hochseeyachten zu gehören, hier vor Anker zu gehen. Eine quirlige Szene mit Open-Air-Cafés, Nobeldiskotheken und einigen der exklusivsten Hotels im karibischen Raum rundet das luxuriöse Ambiente ab.

Wer den kurzen Luftsprung von St. Martin aus wagt oder die Personenfähre benutzt, kann sich St. Barthélemy innerhalb eines Tagesausflugs anschauen und dabei nicht nur Berühmtheiten begegnen, sondern auch die herrliche Landschaft sowie viele historische Bau- und Kulturdenkmäler besichtigen.

Pelikane amüsieren auf St. Barth durch ihre akrobatischen Einlagen.

Apropos **Geschichte**: Die von den karibischen Ureinwohnern ‚**Ouanalao**' genannte Insel taufte Kolumbus zu Ehren seines Bruders Bartholoméo um.

Europäisch besiedelt wurde sie jedoch erst ab 1648, und zwar von Franzosen, die aus der Normandie über St. Kitts hierhin reisten. Immer noch sprechen einige weiße Insulaner das normannische Französisch ihrer Vorfahren, und an Feiertagen tragen die Frauen alte normannische Trachten wie zu Zeiten der ersten Ankömmlinge.

Ihren besonderen Reiz erhält die Insel durch ein knappes Jahrhundert schwedischer Kolonialherrschaft (1784-1877). Denn nachdem Ludwig XVI. im Tausch mit Anker- und Lagerrechten in Göteborg St. Barthélemy samt 740 Bauern der schwedischen Krone

übertrug, wurde auf der Insel nordeuropäisch gebaut und gelebt. Straßenbezeichnungen, Gebäude (besonders die Gouverneursresidenz) und Festungsanlagen erinnern neben dem Namen des Hauptortes Gustavia (nach König Gustav III. Adolf) an diese Zeit.

Dieser König war es auch, der die Insel zum Freihafen erklärte – ein Status, der niemals aufgegeben wurde und bis heute den Einwohnern Steuern und Zölle erspart (daher die Duty-Free-Läden).

Die pittoresken Ortschaften **Gustavia**, **Corossol** und **Lorient** sowie das turbulente **Touristenzentrum St. Jean** bieten erste Anlaufpunkte bei einer Inselbesichtigung.

Gehwillige können auf einen kurzen Spaziergang auch den **Morne du Vietet** besteigen, er bietet eine wunderschöne Aussicht.
Er liegt zentral im östlichen Teil und ist mit 281 m der höchste ‚Gipfel' der Insel.

Traumhafte weiße Strände verzaubern rund um die Insel.

Saba

Hinweis
Aktuelle regionale Reisetipps (Hotels, Restaurants, etc.) zu Saba entnehmen Sie bitte den gelben Seiten S. 220 ff.

Überblick und Geschichte

Aus der Ferne sieht die 72 km südlich von Sint Maarten gelegene Insel aus wie ein einziger grüner Kegel. Tatsächlich besteht das fast runde und 13 km² große Saba hauptsächlich aus dem erloschenen Vulkan **Mt. Scenery**, der

seinen höchsten Punkt bei 887 m über dem Meeresspiegel hat und der unter der Wasseroberfläche noch 600 m tief hinabreicht. Das **Landschaftsbild** ist also überwiegend steil, weswegen es auch nur abfallende Felsküsten gibt und Saba die einzige Insel der Karibik ist, auf der Strände gänzlich fehlen. Obwohl eine Erschließung wegen der natürlichen Bedingungen äußerst schwierig war, erlebte Saba eine turbulente **Geschichte**, in der sich nach den Kariben Spanier, Holländer, Engländer, Schotten, Iren und Franzosen ansiedelten bzw. die Insel eroberten.

Allein zwischen 1781 und 1816 wechselte sie achtmal den Besitzer, bis sie schließlich am 21. Februar 1816 endgültig an die Niederländer fiel. Diese waren es auch, die in den Tälern und auf kleinen Terrassen an steil abfallenden Felswänden Wohnraum für zur Zeit knapp **1.400 Einwohner** schufen. Viele Familien leben schon seit etlichen Generationen auf Saba, weswegen nur wenige Nachnamen vorkommen (besonders häufig: ‚Hassel' und ‚Johnsson').

Während heute ein kleiner Hafen und eine Landebahn für Kleinflugzeuge den Zugang leicht machen, stand einer wirklich modernen **Infrastruktur** lange Zeit der gebirgige Inselaufbau im Wege. Durch mühselig in den Stein geschlagene Stufenwege wurden die vier Ortschaften The Bottom, Windwardside, der kleine Hafen Fort Bay und St. John's miteinander sowie mit dem Ufer verbunden. Erst in den 1940ern konnte eine Straße (The Road), ebenfalls in Handarbeit, angelegt werden. So ist Saba das Schicksal einer touristischen ‚Invasion' erspart geblieben und – mangels Stränden – auch für die Zukunft nicht zu erwarten. Dennoch besuchen die Insel jährlich rund 24.000 Touristen, zumeist im Rahmen einer Tagesexkursion. Wanderer und Taucher, die kein Highlife erwarten, werden sich hier sehr wohl fühlen.

Redaktions-Tipps

· Die steilen, aber gut ausgebauten 1.064 Treppenstufen hinauf zum Mount Scenery, dem höchsten Berg der Niederlande (!), steigen oder durch den Nationalpark oberhalb der Ladder Bay **wandern** – besonders schön bei Sonnenuntergang. (S.276)

· Sabas Unterwasserwelt im **Marine Park** der steil abfallenden Insel erkunden. Der breite Ufer- und Meeresstreifen rund um die Insel bieten eine äußerst artenreiche Flora und Fauna. In den dortigen Höhlen, Kliffs und Korallenriffen wimmelt es nur so von tropischen Fischen, Tümmlern und Meeresschildkröten. (S. 277)

· Die Inselspezialität probieren: **Dessertschnaps** z.B. aus Rum, braunem Zucker, Fenchel, Gewürznelken und verschiedenen Gewürzen.

· Vom **höchsten Hotel der Niederlande**, dem ‚Willards of Saba', bei einem ‚rum-punch' den Blick auf umliegende Inseln genießen. (S. 221)

Und auch Architekturinteressierten hat die Insel mit ihren kleinen Holzhäuschen, von denen 30-40 über 100 Jahre alt sind, etwas zu bieten (ein gutes Beispiel ist das Saba-Museum). Kurzum: die richtige Insel für Individualisten, die in Ruhe und entspannt die ‚andere Seite der Karibik' kennen lernen möchten und weniger Wert auf Sandstrände und Nachtleben legen.

Zeiteinteilung

Saba kann bequem im Rahmen einer eintägigen Exkursion erkundet werden. Wegen des zumeist schwülwarmen Wetters empfiehlt es sich, Wanderungen auf den steilen Treppenstufen möglichst am frühen Vormittag oder nachmittags (geführte Touren) zu machen.

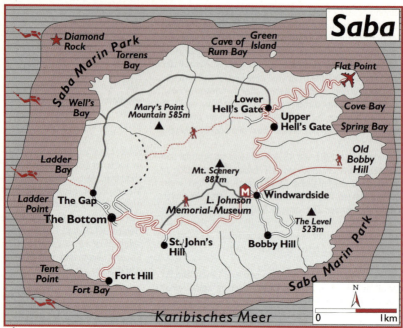

Inselbesichtigung

Sie können Saba mehrmals wöchentlich per Fähre von Sint Maarten/Saint Martin aus erreichen oder mit dem Flugzeug. Da die meisten Besucher den Weg per Flugzeug wählen, wird im Folgenden zunächst der (einzige) Weg ‚The Road' vom **Juancho E. Yrausquin Airport** über die Ortschaften Windwardside und The Bottom bis zum Hafen beschrieben. Nachdem man sich vom spektakulären Anflug (Landebahn nur 400 m) erholt hat, bringt einen das Taxi in vielen Kurven bergauf zur kleinen Siedlung **Lower Hell's Gate**. Von hier aus kann man über einen schönen Pfad (*Old Sulphur Mine Walk*) wieder zur Nordküste hinunter wandern, wo es noch 55° C heiße Quellen gibt.

Heiße Quellen

Durch das **Upper Hell's Gate** und an Bananenplantagen vorbei erreichen Sie Windwardside, das wirtschaftliche Zentrum von Saba.

Die kurze Landebahn ist nichts für schwache Nerven.

Windwardside

Der 550 m hoch gelegene und zweitgrößte Ort der Insel bezaubert durch seine weiß gestrichenen Holzhäuschen mit roten Ziegeldächern, die Kirche und seine vorzügliche Lage. Mit dem Touristenbüro am Lambee's Place, einigen Gasthäusern und Tauchshops – hier können Sie die geringe Gebühr für den Marine Park bezahlen – sowie einem Laden für örtliches Kunsthandwerk, einer Bank, der Post und einer Café-Bar gibt es sogar eine bescheidene touristische Infrastruktur. Sehenswert sind die präkolumbischen Artefakte des **Harry L. Johnson Memorial-Museums** (Mo-Fr 10-12 Uhr und 14-15 Uhr), einem kleinen, einstöckigen Bau in der typischen weiß-roten Farbgebung. Benannt wurde er nach einem Ex-Polizisten und Maler, der sich sehr um die Lokalgeschichte verdient gemacht hat. Mit Fotos und Dokumenten wird an die berühmten Kapitäne erinnert, die Saba hervorbrachte. Außer dem Gebäude selbst lohnt der kleine Garten den Besuch. Nicht weit vom Museum befindet sich ein restauriertes ehemaliges Kapitänshaus, das heute das Hotel ‚Captain's Quarters' beherbergt.

Hochgelegenes Dörfchen

INFO Holländisches Leben in der Karibik

Fast schon 400 Jahre ist es her, dass holländische Kaufleute, Soldaten und Siedler ihren Fuß auf einige karibische Inseln setzten, die bis heute mehr oder weniger eng mit den Niederlanden verbunden blieben: St. Eustatius (ab 1626), Curaçao (ab 1632), Aruba (ab 1634), Bonaire (ab 1635), Saba (ab 1640/48) und Sint Maarten (ab 1641). Diese ‚Niederländischen Antillen' bilden nicht nur einen unabhängigen Verbund von Inseln innerhalb des Königreichs der Niederlande (seit 1986 hat sich Aruba von diesem abgekoppelt und besitzt einen Sonderstatus), sondern beleben das Bild der Karibik auch mit einem unübersehbaren holländischen Akzent.

Dies betrifft z.B. das Stadtbild und die Architektur von Willemstad auf Curaçao, das verschiedentlich schon als ‚Klein-Amsterdam' bezeichnet wurde. Doch auch die beiden Oranjestads (auf Aruba und Sint Eustatius) oder Kralendijk auf Bonaire präsentieren sich nicht nur vom Namen her als eindeutig niederländisch. In den Bars, Kneipen und Diskos werden, was Ausstattung, Mode und Musik betrifft, die Trends des fernen Mutterlandes nachgeahmt und das überwiegend jugendliche Publikum, das von niederländischen Chartermaschinen in die Karibik gebracht wurde, trinkt wie zu Hause Bier der Marken Heineken und Amstel.

Durch den hohen Anteil niederländischer Touristen scheint auch das Holländische als Verkehrssprache zumindest auf absehbare Zeit gesichert – trotz der einheimischen Papiemento-Sprecher und des Englischen, das teils durch die insulare Geschichte, teils durch den Fremdenverkehr allgegenwärtig ist. Während auf Saba und Sint Maarten die meisten Orts-, Flur- und Straßennamen eindeutig englisch sind, bestimmt auf den anderen niederländischen Antillen das Holländische zumindest die Land- und Stadtkarten, auf denen Strasse *straat* heißt, Platz *plein*, Kirche *kerk*, Rathaus *stadhuis*, Gasse *steegje* und Bucht *baai*. Und noch etwas erinnert in der Karibik unübersehbar an holländisches Leben: zwar gilt im Mutterland längst schon die Einheitswährung Euro, doch die Bovenvindse Eilanden halten treu an ihrem Niederländisch-Antillianischen Gulden (Naf) bzw. Aruba-Gulden (Af) fest.

Die Kleinen Antillen – Saba

Die kleinen Orte der Insel schmiegen sich idyllisch in die Landschaft.

Von Windwardside aus sollten Sie unbedingt die Wanderschuhe anziehen und mindestens eine **Wanderung** unternehmen: Zum einen geht es über genau 1.064 aus dem Fels geschlagenen Treppenstufen zum Gipfel des Vulkans **Mount Scenery**, der mit 887 m über dem Meeresspiegel eine prachtvolle Aussicht bietet – allerdings nur, wenn er nicht gerade mit Wolken verhangen ist, was leider in der Regenzeit recht häufig vorkommt. Ein Weg dauert ca. 1,5 Stunden. Ein

Erloschener Vulkan

Teil der Strecke kann auch mit dem Auto gefahren werden. Dort oben befinden Sie sich auf dem höchsten Berg der Niederlande! Wenn Sie, oben angelangt, noch nicht genug gewandert sind, können Sie ca. fünf Stunden auf einem „Eco-Trail" die Fauna und Flora rund um den Mount Scenery erkunden. Des Weiteren bietet der *Saba Botanik Trail*, der unterhalb der *Weaver's Cottage* beginnt, einen umfassenden Eindruck von der insularen Pflanzenwelt. Hinter Windwardside bringt Sie *The Road* in westlicher Richtung an Kate's Hill, Peter Simon's Hill und Big Rendezvous vorbei über **St. John's** (schöner Blick nach Statia) hinunter zur ‚Hauptstadt' The Bottom.

The Bottom

Idyllisches Hauptstädtchen

Mit 250 m liegt das etwa 400 Einwohner zählende Städtchen nicht ‚am Boden', sondern in aussichtsreicher Lage in einer Talsenke. Auch hier ist die Architektur der flachen weißen Holzhäuschen mit roten Dächern (teilweise mit Kaminen) sowohl hübsch als auch – angesichts der tropischen Umgebung – befremdlich. Seit in jüngster Zeit in dem kleinen Ort eine medizinische Fakultät eingerichtet wurde, zieht es regelmäßig junge Studenten auf die kleine Insel.

In The Bottom lohnt es sich, auf dem Treppenpfad ‚*The Ladder*' zur gleichnamigen Bucht zu wandern (besonders schön bei Sonnenuntergang). Die ca. 800 am Fels angelegten Stufen stellten vor dem Straßenbau (1940) den üblichen Weg für alle Personen und Waren dar, die zur ‚Hauptstadt' gelangen wollten.

Am Hell's Gate können Sie zur Sulphur Mine abbiegen. Nach ca. 30 Minuten erreichen Sie die alten Schwefelminen. Wenn Sie weiter die Nordküste entlangwandern wollen – mit ihrer beeindruckenden, aber auch nicht ungefährlichen Steilküste und der wilden Landschaft – empfiehlt die Saba Conservation Foundation, nicht ohne Führer zu wandern, da der Hurrican ‚Lenny' im Jahre 1998 teilweise verheerende Schäden angerichtet hat.
Zu Fuß, aber auch bequemer per Auto können Sie auf der Inselstraße The Road weiter südlich zum erst 1972 angelegten Inselhafen Fort Bay gelangen, von dem aus die Schiffspassagiere der mehrmals wöchentlich verkehrenden Fähre mit Minibussen zu einem Inselbesuch starten können.

Der Saba Marine Park

Die neben dem Vulkankegel größte Attraktion Sabas liegt unter Wasser. Gemeint ist der **Saba Marine Park**, zu dem ein breiter Ufer- und Meeresstreifen rund um die Insel bis zu einer Tiefe von rund 66 m gehört und in dem eine äußerst artenreiche Flora und Fauna beheimatet ist. In den dortigen Höhlen, Kliffs und Korallenriffen wimmelt es nur so von tropischen Fischen, Tümmlern und Meeresschildkrö-

Eine faszinierende Unterwasserwelt bietet der Saba Marine Park.

ten. In 15 m Tiefe können Sie Ihre Hände in den Sand der Hot Springs stecken. Gelbes Gestein zeugt von ehemaligen Schwefelquellen. Die interessantesten Stellen, zu denen *Big Rock Market*, *Diamond Rock*, *Torrens Point* und *Well's Bay Point* sowie die Korallenriffe *Tent Reef* und *Custom's House Reef* gehören, sowie auch alle anderen Tauchspots sind nur mit dem Boot zu erreichen. Röhren- und Fass-Schwämme, eine über Jahrtausende gewachsene Korallensäule, einen unterirdischen Vulkan, Ammenhaie, Amerikanische Stachelrochen, Hirn- und Weichkorallen sowie Elchhornkorallen, aber auch Delphine und riesige bunte Fischschwärme können Sie hier entdecken.

Attraktion Unterwasserwelt

Tauchtouren werden u.a. von Fort Bay und Windwardside aus arrangiert. Wegen der Einschränkungen beim Tauchen und Schnorcheln im Naturschutzgebiet sollten Sie sich vorher beim Fremdenverkehrsamt oder beim Büro des *Saba Marine Park* informieren.

INFO Sint Eustatius

Die Silhouette der Insel bestimmt der erloschene und 601 m hohe Vulkan Quill, an dessen Hängen sich ein dichter Regenwald ausbreitet. Und damit ist fast auch schon gut die Hälfte der gerade mal 21 km² großen und nur wenig mehr als Saba messenden Insel Sint Eustatius ausgefüllt. Den Rest teilen sich kleinere Hügeln im Norden (Boven 289 m, Signal Hill 228 m) und die ‚Hauptstadt' Oranjestad, der Flughafen und die **Landwirtschaft** auf der in der Mitte liegenden Senke. Zur Küste hin fällt die Insel mit Kalksteinplateaus oder grauen bzw. beigefarbenen Stränden ab.

Die Geschichte von ‚**Statia**', wie das Eiland kurz genannt wird, ist noch turbulenter als die

Sabas. Gemeinsam ist beiden die Entdeckung durch Kolumbus (1493) und eine lange Reihe von Eroberungen und Rückeroberungen durch Briten, Holländer und Franzosen. Nicht weniger als 22-mal wechselte die Insel den Besitzer, bis sie 1816 endgültig unter die niederländische Flagge kam. Anders als Saba jedoch liegt Sint Eustatius, das zudem über einen eigenen Hafen verfügt, an **wichtigen Seefahrtsrouten** – und wurde berühmt und wohlhabend.

Nicht ohne Grund wurde Statia, das im 19. Jahrhundert fast 20.000 Einwohner zählte, damals ‚**Golden Rock**' genannt. Als **holländischer Warenumschlagplatz** (Zucker, Tabak, Rum, Sklaven) war das Eiland von enormer Bedeutung und eine der reichsten Inseln der Karibik. Im amerikanischen Unabhängigkeitskrieg wurden die 13 aufständischen Kolonien von hier aus mit Waren versorgt.

Es war auch Statia, wo 1776 zum ersten Mal für ein Schiff mit amerikanischer Flagge (die ‚Andrea Doria') Salut geschossen und sie damit von einer ausländischen Macht anerkannt wurde. Mit der Abschaffung des Sklavenhandels, der Nutzung neuer Schifffahrtsrouten und dem Rückgang des holländischen Westindienhandels wurde dieser wirtschaftlichen Blüte Statias der Boden entzogen. Zudem bestrafte der englische Admiral Rodney 1781 die Insel für ihre Unterstützung der USA und plünderte das damals immerhin 4.000 Einwohner zählende Oranjestad. Und zu guter Letzt zerstörte wenige Jahre später auch noch ein Seebeben die Stadt. Die frühere Ausdehnung ist heute nur noch an den zahlreichen Ruinen ablesbar.

Die Silhouette der Insel bestimmt der 601 m hohe Vulkan Quill.

Heute leben auf der Insel ca. 1.500 Menschen, und zwar, neben Fischfang und bescheidener Landwirtschaft, zunehmend vom Tourismus. Durch den **Tiefseehafen**, der das Anlegen von Kreuzfahrtschiffen möglich macht, den guten Yachthafen und den **Franklin Delano Roosevelt Airport** ist Statia gut am karibischen Fremdenverkehr angeschlossen, wenn auch in weit geringeren Ausmaßen als etwa St. Maarten.

Interessant ist die Insel für **Naturliebhaber**, die Ruhe suchen, auf Nachtleben verzichten können, gerne wandern oder tauchen und auch mit kleineren, grauen Sandstränden zufrieden sind. Ebenfalls kommen **Kulturreisende** auf ihre Kosten: Statia kann nicht nur mehrere gut bewahrte Baudenkmäler bzw. Ruinen aufweisen, sondern besitzt auch eine historische Gesellschaft, die **archäologische Ausgrabungen** leitet. Mit finanzieller Unterstützung von Königin Beatrix erwarb sie zudem das **De-Graaf-Huis** und baute dort ein Museum auf. Das Haus gehörte einem reichen Händler und stammt aus dem Jahre 1750. Besonders stolz ist die Insel auf die präkolumbischen Artefakte, die ein archäologisches Team der Universität Leiden auf Anregung der Gesellschaft aus der Erde holte.

Antigua und Barbuda

Kleine Antillen

Hinweis
Aktuelle regionale Reisetipps (Hotels, Restaurants, etc.) zu Antigua und Barbuda entnehmen Sie bitte den gelben Seiten S. 139 ff.

Überblick

Der selbstständige Inselstaat Antigua (ausgesprochen Än-tih-ga) besteht aus der Hauptinsel, den kleineren Schwestern Barbuda und Redonda sowie einem ganzen Kranz kleinerer Trabanten. Mit 18°5' nördlicher Breite liegt er nördlich von Guadeloupe *über dem Wind.*

Das **Landschaftsbild** der Hauptinsel ist hügelig, aber nicht sehr hoch, wobei sich die niedrigen Berge rund um eine zentrale Ebene gruppieren. Der Untergrund ist hauptsächlich Korallenkalk, im Südwesten jedoch vulkanisches Gestein, das im *Boggy Peak* mit 405 m seinen höchsten Punkt erreicht. Die alte vulkanische Tätigkeit macht sich hin und wieder durch Erdbeben bemerkbar. So wurde u. a. 1843 St. John's schwer in Mitleidenschaft gezogen.
Das ehemalige grüne Waldkleid der Insel fiel in den letzten 300 Jahren den Zuckerplantagen zum Opfer; nur entlang des *Fig Tree Drive* sind kleinere Regenwald-Bestände erhalten.

Durch die Abholzung gingen die ohnehin nicht starken Niederschläge zurück, so dass auch der Zuckerrohranbau immer wieder von Dürreperioden beeinträchtigt wurde. Heute versucht man, durch Aufforstung und Wasser-Rückhaltebecken der Landwirtschaft eine neue Grundlage zu geben. Der größte natürliche Schatz Antiguas ist seine außerordentlich reich gegliederte Küste mit natürlichen Häfen, tiefen Einschnitten, sichelförmigen Buchten und vorgelagerten Inselchen sowie ausgedehnten Korallenriffen. Die vielen feinen Sandstrände – 365 sollen es sein – prädestinierten die Insel für den Aufbau des Fremdenverkehrs.

Ein Strand für jeden Tag des Jahres

Hinweis
Mehr zur Geschichte sowie politischen und geografischen Zuordnung erfahren Sie unter ‚Die Geschichte von Antigua und Barbuda, Anguilla, Montserrat sowie St. Kitts und Nevis' S. 340

Zeiteinteilung

Die Sehenswürdigkeiten Antiguas sind bequem an einem Tag zu besichtigen. Wenn Sie allerdings noch den einen oder anderen Strand ausprobieren oder einen Abstecher nach Barbuda machen wollen, sollten Sie mindestens einen weiteren Tag einplanen.

Die Kleinen Antillen – Antigua und Barbuda

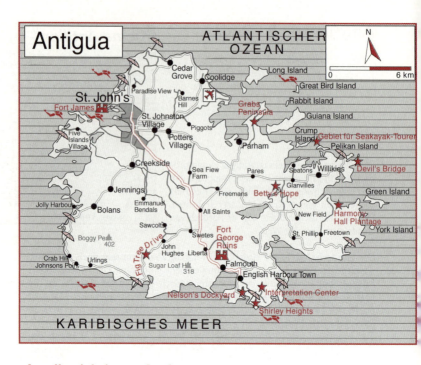

Inselbesichtigung Antigua

Die Hauptstadt St. John's

Alter Handelsplatz

Die etwa 40.000 Einwohner zählende Hauptstadt des Inselstaates liegt am Ende der tief ins Land reichenden Bucht **Deep Bay**, die wegen ihres Naturhafens schon früh die Begehrlichkeiten der Engländer auf sich lenkte.

So wurde St. John's einer der ältesten Handelsorte der Karibik, beschützt von zwei Forts, deren Überreste noch zu sehen sind.
Trotz mancher Naturkatastrophen (Erdbeben 1843 und 1974, Hurricans ‚Hugo' und Luis 1989) ist nicht nur das koloniale Verkehrsnetz mit seinem geradwinkligen Straßenraster, sondern auch noch viel der ursprünglichen Bausubstanz erhalten.

Schülerinnen auf dem Weg zum Sportunterricht in St. John's

Diese Gebäude sind es auch, die die Stadt für mindestens einen Halbtagesausflug empfehlen.

Daneben locken der bunte und laute Markt (besonders am Samstagvormittag), während abends die Lichter der Casinos glänzen. St. John's ist eine relativ sichere, aber keine reiche Stadt. Die einfachen Wellblechhütten und offenen Abwasserkanäle stehen in einem merkwürdigen Kontrast zur Shopping Mall am Hafen, hinter der die Konturen der riesigen Kreuzfahrtschiffe jedes Haus der Stadt überragen.

Bei einem Besuch sollten Sie sich mit Bus oder Taxi zum Hafen bringen lassen, von wo Sie problemlos zu den zentralen Sehenswürdigkeiten spazieren können. In etlichen Restaurants können Sie sich vom Stadtbummel erholen.

Sehenswürdigkeiten im Zentrum

Hafen

Im turbulenten Hafengebiet mischen sich Jung und Alt, Einheimische und Touristen. Einerseits bietet hier der **Markt** (südliches Ende der *Market Street*) mit Verkaufsständen, Straßenhändlern und hupenden Taxen ein lebhaftes und buntes Bild, andererseits sind da die klimatisierten Räume verschiedener Banken und vor allem der **Heritage Quay** mit seinem markanten, hohen Glockenturm.

In diesem modernen Geschäfts- und Unterhaltungskomplex kann man in etwa 40 Geschäften teilweise zollfrei einkaufen, es gibt Restaurants, das mondäne ‚Heritage Hotel', ein Freiluft- Theater und ein Spielcasino. Und dahinter liegen, von Security Guards bewacht, die enorm großen Kreuzfahrtschiffe.

Besonders sehenswert sind die Produkte aus Stroh in der All Saint's Rood, die Blinde der ‚**Industrial School for the Blinds**' herstellen. Hier gibt es eine große Auswahl an Hüten, Taschen etc.

Wenn Sie an der zentralen Plaza nach links (in südlicher Richtung) gehen, kommen Sie an einer kleinen Grünanlage zum Yachthafen der **Redcliffe Marina** und zu einem weiteren Einkaufskomplex, dem **Redcliffe Quay**. Im Gegensatz zum Heritage Quay besteht dieser aber nicht

Redaktions – Tipps

- Tee trinken im ehemaligen Pech- und Teerlager in der historischen Schiffswerft Nelson's Dockyard. (S. 290)

- Panoramablick auf die Insel vom Lookout Point der Shirley Heights genießen, Cocktails schlürfen und Live-Musik hören (samstags). (S. 291)

- Frühstückskorb packen und Sonnenaufgang an der Half Moon Bay Beach erleben. (S. 292)

- Atmosphäre der international beliebten und wegen der starken Winde berüchtigten Segelwoche Ende April in sich aufnehmen und ordentlich **mit Rum feiern** – und zwar vor, nach und während der fünf Wettfahrten.

- Freitags oder samstags am bunten, lauten und **typisch karibischen Markttag** frische exotische Früchte und Gemüse einkaufen.

- Einheimische **Produkte aus Stroh** erstehen, die Blinde der ‚Industrial School for the Blinds' herstellen.

- Auf Barbuda **relaxen** und sich entweder am kilometerlangen, rosa schimmernden Strand zwischen Palmetto und Coco Point legen oder von Codrington aus mit kleinem Motorboot auf die Codrington Lagoon zu den riesigen Mangrovenwäldern des Vogelschutzgebietes Frigat Bird Sanctuary tuckern. (S. 293 ff.)

Die Kleinen Antillen – Antigua und Barbuda

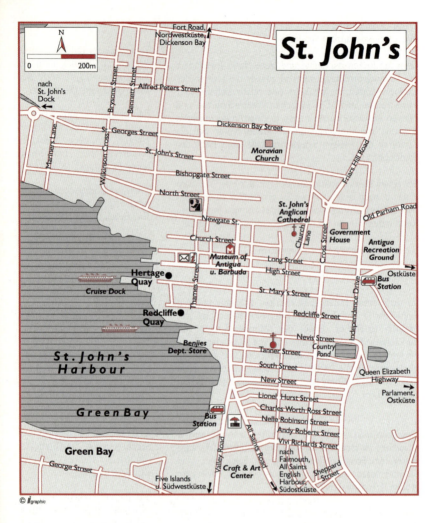

aus Neubauten, sondern aus schönen und sorgfältig restaurierten Häusern der Kolonialepoche. Sechs Restaurants, 30 Läden, ein Nightclub und verschiedene Büros sind hier untergebracht. Auf der anderen (nördlichen) Seite des Heritage Quay finden Sie das Postamt und die meisten Banken.

Vom Hafen aus führen die Parallelstraßen Redcliffe St., St. Mary St., High St, Long St. und Church St. leicht bergauf, an vielen Geschäften und Restaurants vorbei. Wenn Sie der Long Street folgen, kommen Sie an der Kreuzung mit der Market Street zum *Court House*.

Court House

Das alte Gerichtshaus von 1759 in der Long Street ist sicher das bemerkenswerteste Profangebäude der Stadt. 1843 und 1974 durch Erdbeben beschädigt, ist das Haus inzwischen mit internationaler Hilfe restauriert worden. Während es früher als Gerichtsgebäude, Sitz des Inselparlaments und für repräsentative Bälle genutzt wurde, beherbergt es heute das historische **Museum of Antigua and Barbuda**. Gezeigt werden Ausstellungen zur Geologie, zur indianischen Urbevölkerung (Ausgrabungsfunde der Ciboney und Arawaken) und zu Aspekten der Kolonialgeschichte. *Die Historical and Archaeological Society (HAS)* hat zudem hier ihren Sitz. Außer zusätzlichen Wechselausstellungen gibt es auch einen Museumsshop, in dem man Reproduktionen alter Karten, Literatur und Kunsthandwerk kaufen kann. Öffnungszeiten: Mo-Fr 8.30-16 Uhr, Sa 10-14 Uhr.

Museum mit langer Geschichte

Weiter geradeaus gelangt man zum **Government House**, einem Gebäude aus dem 17. Jahrhundert, das später im georgianischen Stil zu einer repräsentativen Residenz umgebaut wurde. Zwei Blocks weiter überquert man die stark befahrene Independence Avenue, hinter der einige Sportplätze und öffentliche Gebäude sowie die **Botanischen Gärten** liegen. Ein Denkmal an der Einmündung der High Street, der sog. '**Cenotaph**', erinnert an die antiguanischen Gefallenen während der beiden Weltkriege. Weiter nördlich, vom Hafen über die Church Street direkt zu erreichen, erhebt sich die Doppelturmfassade der Kathedrale.

St. John's Cathedral

Dieses anglikanische Gotteshaus ist eines der beeindruckendsten in Westindien. Bereits 1682 bauten hier die Briten eine kleine Holzkirche, die aber 1716 zerfallen war und durch einen größeren Bau, an dem man bis 1789 arbeitete, ersetzt wurde.

Von manchen englischen Einflüssen mögen sich die Insulaner nicht trennen.

Dieser wiederum wurde durch das Erdbeben von 1843 vernichtet. 1845-47 wurde die jetzige Kathedrale als dreischiffige Basilika mit zwei kuppelbekrönten Westtürmen errichtet. Sie ist, trotz inzwischen eingetretener Schäden, ein schönes Beispiel für den georgianischen Baustil. Der schönste Eingang führt vom Süden auf die Kirche zu, unter dem Kirchhofportal mit den Heiligen-Statuen (Johannes der Evangelist und Johannes der Täufer) hindurch. Angeblich wurden sie von einem französischen Schiff erbeutet.

Georgianische Kathedrale

St. John's: volle Terrassen der Snack-Bars zur Lunch-Zeit

Dann geht man über den Friedhof mit seinen hohen Grabmonumenten, zwischen denen manchmal Ziegen nach Futter suchen. Eingänge zum Gotteshaus befinden sich im Süden, Westen und Norden. Der Innenraum samt Querschiff wirkt durch das Kiefernholz und die Emporen gleichzeitig warm und niedrig, während die alten Fahnen der Kathedrale historische Würde verleihen.

Nördlich der St. John's Cathedral leiten Hinweisschilder zum ca. 10 Minuten entfernten **Museum of Marine and Living Art**, einem urigen, kleinen Holzhaus gegenüber der Princess Margaret School, das einige ganz interessante Schaustücke zur Seefahrtsgeschichte sowie Muscheln, Korallen, Wrackstücke und andere maritime Objekte bereithält. Daneben ist ein kleines, einfaches Restaurant. Besonders zu empfehlen ist die wöchentliche Lesung in dem Museum zu Themen wie ‚Die Evolution der Erde' oder ‚Die Kontinentbildung'.

Sehenswürdigkeiten in der Umgebung

Die wichtigsten Sehenswürdigkeiten in St. John's unmittelbarer Umgebung sind die beiden Forts, die vor allem im 17. Jahrhundert den Naturhafen der Hauptstadt bewachen sollten.

Fort James

Diese Festung wurde 1675 an der nördlichen Einfahrt zum Hafen errichtet, allerdings stammen die heute sichtbaren Reste überwiegend aus dem Jahre 1749. Während der Amerikanischen Revolution standen hier 36 große Kanonen (von denen noch zehn übrig geblieben sind), und 70 Soldaten waren ständig stationiert. Allerdings hat das Fort James nie eine Feuertaufe erhalten.

Fort Barrington

Aussichtsreiche Seefestung

Auf der gegenüberliegenden Seite, am Ende der *Deep Bay*, liegen auf dem Hügel *Goat Hill* die Ruinen des noch älteren Forts Barrington, das eine bedeutende historische Rolle gespielt hat. 1652 erbaut, wurde es 1666 von den Franzosen im Sturm genommen. Mit dessen Rückeroberung ein Jahr später kamen die Engländer erneut in den Besitz Antiguas.

Die heute sichtbaren Teile stammen aus dem Jahre 1779, als die Seefestung umgebaut und nach Lord Barrington benannt wurde, der ein Jahr zuvor bei St. Lucia eine große Seeschlacht gegen die Franzosen gewonnen hatte. Bis 1960 diente es als Signalstation, seit dieser Zeit ist es verlassen und als Gebäude relativ unattraktiv. Imponierend ist jedoch der Blick über die Deep Bay und die umgebenden Strände.

Antigua: der nördliche Teil

Dieser Teil der Küstenstrecke folgt ab St. John's dem nördlichen Ufer, geht an der Dickenson Bay mit ihren vielen Hotels vorbei, passiert den Flughafen sowie Long Island, Guiana Island und andere Inseln, bis sie schließlich an der Devil's Bridge im Osten endet.

Startpunkt ist St. John's, das Sie über die Fort Road oder Dickenson Bay Street nördlich verlassen. Die Hauptstraße verläuft landeinwärts, aber es ist interessanter, auf engen Straßen an den Stränden und Hotels des Nordwestens entlangzufahren, die sich auf einem schmalen Streifen zwischen Meer und einem System von Seen befinden.

Hotels, Casinos und ein Pier

Die erste Bucht, noch an der Peripherie der Hauptstadt gelegen, ist die **Runaway Bay**. Sie ist mit Hotelbauten, Restaurants und Kneipen ebenso gut erschlossen wie die sich nördlich anschließende **Dickenson Bay**. Diese wird von der Hotel- und Casinoanlage ‚Halcyon Cove' dominiert, die sich vom Strand bis zu den Hügeln (mit herrlicher Aussicht) hinaufzieht, während der weiße *Warri Pier* als Pfahlbau ins Meer ragt. In der Dunkelheit, wenn Kreuzfahrt- und andere Touristen die Dickinson Bay aufsuchen, um im Casino zu spielen oder festlich zu dinieren, ist der Pier mit Lichtgirlanden wie ein Kreuzfahrtschiff illuminiert.

Die Inselwelt der Nordküste ist ideal für Kanutouren.

Mit kleinen Booten kann man auch zum **Bird Island** übersetzen, das – dem Namen entsprechend – über eine artenreiche Vogelwelt verfügt. Am letzten Restaurant der Dickenson Bay, dem exquisiten und sehr exotisch anmutenden ‚*Sandals*', ist der Endpunkt der Straße erreicht, von der man wieder landeinwärts und dann in östlicher Richtung fahren muss. Gleich hinter dem Hotel ‚*Trade Winds*' kann man jedoch erneut auf schmalen Wegen zum Ufer gelangen, und zwar zur Nordspitze der Insel, **Boon´s Point**.

Hier liegen einige Hotelanlagen und schöne Strände; das vor der Küste 1917 untergegangene Dampfschiff ‚Jettias' wartet hier auf Taucher und Schnorchler.

Mit 365 Stränden wirbt Antigua um seine Besucher.

An weiteren Hotels vorbei geht es zum **Jabberwock Beach** und in südlicher Richtung auf den Flughafen zu. Biegen Sie aber vorher von der Hauptstraße links ab und bleiben Sie in Küstennähe, so können Sie den **V.C. Bird Airport** östlich umfahren und haben Gelegenheit, sich die Strände und Strandresorts anzuschauen. Außerdem kommen Sie im weiteren Verlauf der Strecke auch an einer sehenswerten Kirche vorbei, der **St. George's Anglican Church**. Ihr Bau datiert auf das Jahr 1867, allerdings bekam sie 50 Jahre später ein völlig neues Gesicht. Das Schönste an dem Gotteshaus ist seine Lage, die durch eine herrliche Aussicht auf die **Fitches Creek Bay** auf der einen und den Ort Parham auf der anderen Seite besticht.

Zu Ihrer Linken breitet sich das weit verzweigte Wassersystem des **Parham Harbour** aus, das zur offenen See in drei Kilometer Entfernung durch die beiden Eilande **Long Island** und **Maiden Island** abgeschlossen wird.

Mit einem Bootsservice können Gäste dort zur **Jumby Bay** gelangen, auf der eine ganz besondere ‚Sehenswürdigkeit der Hotellerie' liegt: Das ‚Jumby Bay' befindet sich auf der vier Quadratkilometer großen Insel Long Island, die sonst nur noch ein paar Dutzend Schafen, Palmen, tropischen Blumen und viel Sand Heimat bietet. In den 1990er Jahren durch die Weinhändler-Brüder *Mariani* aus New York zu einem Feriendomizil par excellence ausgebaut, ist es im Sommer 2002 für 5,6 Millionen US$ komplett renoviert worden. Ein Drittel der 300 Acre großen Insel nimmt das Luxus-Resort in Anspruch, das zur Rosewood-Hotel-Kette gehört. Lichtdurchflutete 50 Suiten und Villen ohne Radio und TV, ein Naturhafen, lange weißsandige Strände, eingebettet in Golf-, Cricket- und Tennisplätze, umrahmt von tropischen Gärten, um die sich 12 Gärtner kümmern – dies ist der ideale Ort für Urlauber, die sich Luxus leisten möchten. Zentralpunkt der Anlage ist das 230 Jahre alte Herrenhaus, in dem nicht nur der *afternoon tea*, sondern auch die Spezialmarke ‚Jumby Bay Rum' serviert wird.

Exklusives Feriendomizil

Parham

Dieses Dorf erreichen Sie bei der Weiterfahrt entlang der Küste am Endpunkt des tiefen Naturhafens. Parham, das zwar eine der ersten britischen Siedlungen, aber niemals die Hauptstadt von Antigua war, erhielt seinen Namen nach dem ersten Gouverneur der Insel, *Lord Willoughby of Parham*. Sehenswert ist dort besonders die **St. Peter's Church**, die ursprünglich 1755 gebaut wurde, aber nach einem schweren Brand im letzten Jahrhundert vom englischen Architekten *Thomas Weekes* völlig neu konzipiert wurde. Ihr ungewöhnlicher achteckiger Grundriss und georgianische Stilmerkmale machen sie, wie es in lokalen Broschüren heißt, zur ‚*finest church in the West Indies*', die trotz der Schäden durch das 1843er Erdbeben unbedingt eine Besichtigung lohnt.

Östlich von Parham können Sie auf einer Stichstraße noch ein ganzes Stück die **Crabbs Peninsula** hinauffahren, die sowohl zum Parham Harbour als auch zur Meeresstraße North Sound von einem ganzen Kranz kleinerer Inseln umgeben ist. Die größte davon, **Guiana Island**, liegt östlich der Halbinsel. Sie befindet sich jedoch in Privatbesitz und ist nicht öffentlich zugänglich.

Ab Parham gibt es keine Straße mehr entlang der Küste, stattdessen muss man zunächst nach Süden (auf die Ortschaft **Freeman's** zu) und dann auf gerader Strecke gen Osten fahren. Hinter der Ortschaft Parem liegt die ehemalige Plantage **Betty's Hope**. Angesichts der kargen Landschaft ist es schwer vorstellbar, dass das 1650 erbaute Anwesen der Familie *Codrington* von 1674-1944 ein Leben im Wohlstand bescherte. Damals führte Christopher Codrington die Zuckerindustrie auf der Insel ein. Heute befindet sich hier ein Museum mit den einzigen noch intakten Windmühlen aus dem 18. Jahrhundert im karibischen Raum.

Relikt der Zuckerindustrie

Die nah beieinander stehenden Mühlen, so genannte ‚Zwillingsmühlen', werden für Besucher auch noch in Gang gesetzt. Öffnungszeiten des Visitor's Centers mit einer Ausstellung über das Plantagenleben (Sklavenhaltung, Landwirtschaft): Di-Sa 10-16 Uhr. Geführte Touren werden über das Antigua Museum organisiert.

Wenn Sie von Betty's Hope weiterfahren, sehen Sie linker Hand nach einer Weile die anglikanische **Stephen's Church**, sofort dahinter führt eine Stichstraße hinauf nach **Seatons** am *Mercers Creek*. Auch diese Bucht ist tief eingeschnitten, weit verzweigt und zum Meer durch einige Inselchen wie **Crump Island** und **Pelican Island** begrenzt. Auf der Hauptstraße hinter der St. Stephen's Church kommen Sie anschließend zur Ortschaft **Wilikies** und sind damit schon auf der nordöstlichen Halbinsel, die Grotten, Strände, Hotelanlagen und einige Sehenswürdigkeiten bietet. Zum Schwimmen und für Wassersport ist die Long Bay mit ihrem schönen, weißen Sandstrand am besten geeignet, aber auch die felsige Dian Bay hat ihren ganz eigenen Reiz. Frühaufsteher können hier phantastische Sonnenaufgänge erleben.
Am Ende der Straße zur Long Bay liegt die:

Devil's Bridge

Am Endpunkt der Halbinsel gibt es eine ganze Reihe kultureller Erinnerungen und natürlicher Attraktionen, so dass die Gegend inzwischen zu einem **Nationalpark** erklärt wurde. Besonders reichhaltig ist die Fundlage von Zeugnissen aus der indianischen Vergangenheit (deswegen auch der Beiname ‚*Indian Town*'), die von einer Arawaken-Siedlung stammen. Sichtbarer und deswegen eindrucksvoller ist jedoch die ‚Brücke des Teufels', eine natürliche Felsenbrücke, die die Atlantik-Brecher in jahrtausendelanger Arbeit aus dem Kalkstein herausmodelliert haben.

Fotogene Naturbrücke

Auf dem Rückweg von Devil's Bridge fahren Sie hinter Gleanvilles links und kommen auf dem Weg in Richtung Süden zur Hauptstraße am – als Trinkwasser-Reservoir aufgestauten – See **Collins Lake** und der **Gilbert's Church** vorbei. Links geht es u. a. zur Half Moon Bay oder zur Nonsuch Bay, wo auf der Plantage Harmony Hall heimische kunsthandwerkliche Produkte angeboten werden. In die andere Richtung, von der Hauptstraße aus, geht es zum English Harbour und zur Südküste.

Antigua: der südliche Teil

Diese Route, an der Antiguas größte Sehenswürdigkeiten liegen, beginnt in der Hauptstadt St. John's, die Sie in südlicher Richtung über die All Saints Road verlassen. Wenn Sie der weit ins Meer reichenden westlichen Halbinsel **Five Islands** mit ihren vielen Stränden und Hotels oder dem **Fort Barrington** einen Besuch abstatten möchten, biegen Sie südlich des Hafens rechts ab.

Buchten, Hügel und vorzügliche Strände

Nach diesem Abstecher benutzen Sie die südliche Ausfallstraße von St. John's und fahren in gehörigem Abstand zur Küste, wobei man Ortschaften wie **Golden Grove** und **Jennings** passiert. In der Nähe von Jennings liegt auch der **Greencastle Hill**, auf dem sich einige merkwürdige, wie von Menschenhand aufgestellte Steine befinden. Ob es sich bei diesen Megalithen wirklich um Zeugnisse einer indianischen Kultstätte handelt oder ob die Natur für die Formation verantwortlich ist, ist ungeklärt.

Zur anderen Seite führt bei Jennings eine Stichstraße zur westlich gelegenen Halbinsel, die den Five Islands Harbour begrenzt. Den besten Ausblick hat man am Ende der Straße vom Pearns Point. Wenige Kilometer weiter südlich kann man bei der Ortschaft Bolans über eine 2 km lange Stichstraße der Westküste einen Besuch abstatten, die nicht nur durch ihre vorzüglichen Strände (**Jolly Beach**) und Tauchgründe, sondern auch durch die Lagunenlandschaft der **Lignumvitae Bay** reizvoll ist. Dass so viel Wasser auch lästige Tiere anziehen kann, beweist der Name ‚Mosquito Cove'...

Hinter **Valley Church** nähert sich die Straße wieder der Küste, die auf mehreren kurzen Abstechern erreichbar ist.

Die schönen Strände von *Dark Wood Beach* und **Johnsons Point** sind die letzten der Westküste, anschließend biegt der Uferverlauf südöstlich ab.

Nun geht es weiter an der Südwestküste entlang, die zur Landseite von verhältnismäßig hohen Bergen begrenzt wird. Hinter der Ortschaft **Urlings** kann man auf einem schmalen Weg nach links durch ein Tal auf den **Boggy Peak** zufahren, der mit 405 m die höchste Erhebung auf Antigua darstellt. Auf den Gipfel führt ein Wanderweg.

Ein vorläufiges Ende der Küstenstraße stellt kurze Zeit später die wunderschöne **Carlisle Bay** dar, die für ihren guten Badestrand bekannt ist. An ihr liegt die Ortschaft **Old Road**, von hier aus gelangen Sie in nördlicher Richtung zur landschaftlich schönsten Straße:

Fig Tree Drive

Ab Old Road beginnt der ‚scenic drive', Antiguas landschaftlich reizvollste Strecke im Inselinneren: der *Fig Tree Drive*. In vielen Kurven (und über viele Schlaglöcher) geht es bergauf und bergab an den Hängen der bewaldeten Hügel *Sage Hill* und *Signal Hill* entlang, an einigen der schönsten Landkirchen (z.B. **St. Mary's Church** und **Church of Our Lady of Perpetual Help**) vorbei und vor allem durch eine üppige Vegetation. Ficusbäume und Bananenplantagen, viele ehemalige Zuckermühlen und eine vom alten Vulkanismus geprägte Szenerie machen den Fig Tree Drive zum Erlebnis.

An der **Tyrell's Church** gabelt sich die Hauptstraße: linker Hand geht es über die Ortschaft **All Saints** (Töpferwerkstätten) nach Parham an der Nordküste oder zurück nach St. John's und rechts über das Dorf **Liberta** wieder an die Südküste. Der Ortsname ‚Liberta' verweist darauf, dass der Ursprung dieser Siedlung auf die ersten freigelassenen Sklaven zurückgeht. Sehenswert ist die Gemeindekirche **St. Barnabas**. Südlich davon liegen auf dem Monk's Hill die Ruinen des **Fort George**, das 1669 zur Verteidigung von Falmouth (s.u.) errichtet wurde. Zu sehen sind noch einige gut erhaltene, grün überwucherte Mauern, Zisternen, Kasernen und drei Munitionsmagazine für die ehemals 32 großen Kanonen.

Antigua's schönste Straße

Für normale Wagen ist der Weg auf den Monk's Hill nicht geeignet (nur 4W-Jeeps), aber ab dem Dorf Table Hill Gordon (links der Straße) sind es nur 1,5 km zu gehen. Außer dem Fort ist der phantastische Blick auf Falmouth die Mühe wert!

Wenige Minuten später gelangt man zur Ortschaft **Falmouth**, eine der ältesten britischen Siedlungen der Insel. Von der Seeseite aus wurde sie vom **Fort Charles** auf *Blake Island* bewacht (1672). Dieses Inselchen liegt in der fast kreisrunden Bucht des *Falmouth Harbour*, in dem ständig die unterschiedlichsten Boote zu sehen sind.

Während der Segelwoche tummeln sich hier Hunderte Boote.

Nur ein kleiner Isthmus trennt den Falmouth Harbour von der größten historischen Sehenswürdigkeit Antiguas, den **Nationalpark ‚English Harbour'**. Dorthin kommen Sie, wenn Sie hinter der St. Paul's Church von der Hauptstraße rechts abbiegen.

English Harbour

Dass die tief landeinwärts reichende und weit verzweigte Bucht früh das militärische Interesse der Engländer weckte, liegt nicht nur am guten Naturhafen, sondern auch an der Sicherheit desselben vor Hurricans. Den tiefen und vom Meer nicht

Geschichtsträchtige Flottenbasis

einsehbaren Hafen bauten die Briten ab 1704 zu ihrer bedeutendsten Flottenbasis Westindiens aus, die auch niemals von einer fremden Macht eingenommen wurde. Den Anfang machte 1704 Fort Berkeley im Westen, das zweimal erweitert wurde, gefolgt vom sog. Nelson's Dock Yard im Jahre 1743. Die weitläufigen, z.T. ins Wasser gebauten Magazine, Wohngebäude und Kasernen sind heutzutage das schön restaurierte Zentrum von English Harbour, dessen früherer

In Nelson's Dockyard sind noch die alten Bootsschuppensäulen zu sehen

Hafenpier nun als Anlegestelle für Segelyachten aus aller Welt dient. Während der Gesamtkomplex früher die militärische Überlegenheit der Engländer garantierte, ihren Handelsschiffen das größte Warenlager der Antillen bot und insgesamt die wichtigen Zucker-Transportwege von hier aus gesichert wurden, ist er heute mit seinen Boutiquen, Hotels und Restaurants ein quirliges Fremdenverkehrszentrum in historischen Gemäuern. Das elegante, zweistöckige **Admiral's House** dient nun als Museum, und im **Admiral's Inn** sowie im **Copper and Lumber Store** sind Hotels und Gaststätten untergebracht. Außer den kulturellen gibt es viele natürliche Schönheiten, u.a. die Sandsteinformation ‚Säulen des Herkules' *(pillars of Hercules)*. Den Namen ‚Nelson's Dockyard' erhielt das Areal natürlich nach Admiral Nelson, dem Sieger in der Schlacht von Trafalgar (1805).

Gegenüber liegt auf einem Hügel das sehenswerte **Clarence House**, das im Stil eines englischen *Great House* 1787 für den späteren König William IV. erbaut wurde. Dieser hielt sich damals als Kapitän eines Schiffes hier auf. Später wurde das Clarence House die offizielle Residenz des *General Gouverneur*, eine Funktion, die es bis heute behalten hat. Außerdem ist es das Domizil für das englische Königshaus bei dessen Besuchen auf Antigua. Bei Abwesenheit des Generalgouverneurs ist das elegante Gebäude für Besichtigungen freigegeben und vermittelt einen guten Eindruck in die koloniale Wohnkultur.

Kanonenstellung

In nächster Nähe zum English Harbour – eigentlich noch als dazugehörig zu sehen – gibt es weitere Attraktionen: Da sind zunächst die Überreste der Kanonenstellung **Horseshoe Battery**. Weiter ist der Hügel **Dow's Hill** (an der medizinischen Fachhochschule) einen Besuch wert, wo es das **Interpretation Centre** in einer ehemaligen NASA-Beobachtungsstation gibt: Hier können Sie an Vorträgen über die Geschichte teil-

Das ‚Copper-and-Lumber-Store'-Hotel diente früher als Kupfer- und Holzlager.

INFO — Horatio Nelson und English Harbour

Neben den Admiralen Rodney und Hood war Horatio Nelson die wichtigste historische Gestalt, die English Harbour als Operationsbasis für Kriegszüge gegen die Franzosen und für Eroberungen nutzte. Allerdings war er in der Zeit seines Aufenthaltes (1784-87) noch nicht der berühmte Mann, der als Seeheld von Trafalgar (Sieg der britischen über die französisch-spanische Flotte) in die Annalen eingehen sollte. Der Admiral hatte 1779 die Festung Fort Charles auf Jamaika kommandiert und wurde im Zuge der französisch-britischen Auseinandersetzungen als Befehlshaber der Flottenbasis English Harbour nach Antigua geschickt.

Diese – heutzutage touristisch wohlgenutzte – Zeit hat in Nelsons Erinnerungen allerdings nur wenig Positives – ein „Höllenloch" nannte er die Seefestung. Immerhin war er militärisch erfolgreich: Seine Flotte mit ihren 2.000 Soldaten versenkte etliche von Napoleons Kriegsschiffen, und English Harbour wurde eine uneinnehmbare Bastion.

Ein anekdotisches Kapitel in der Seefahrtsgeschichte schrieb Lord Nelson, indem er eine Flasche Rum pro Woche als Zugabe zur Heuer als Privileg der Navy einführte (das es bis heute in England gibt). Der Hintergrund war das seit 1666 grassierende Gelbfieber, gegen das Rum als simple Medizin eine erstaunliche Wirkung zeigte. Privates Glück erfuhr der Admiral nicht auf Antigua, sondern auf der Nachbarinsel Nevis, wo er 1787 die schöne Witwe Frances Nisbet heiratete (siehe auch Info-Kasten ‚St. Kitts und Nevis').

---

nehmen, die besonders die Zeit vor den Engländern zum Thema haben. Tatsächlich sind gerade hier viele Funde der Arawaken-Kultur gemacht worden, dazu gibt es viele Ausstellungen. Auf einer geführten Wanderung vom Dow Hill aus erschließt sich Ihnen die **Fledermaus-Höhle** (*Bat Cave*), die einer lokalen Legende zufolge einen Gang besitzen soll, der unter dem Meer bis nach Guadeloupe reicht und von Sklaven zur Flucht genutzt wurde.

Shirley Heights

Wenn Sie die kurvenreiche Straße hinter dem Clarence House in Richtung Galleon Beach hinauffahren, gelangen Sie zu einem Plateau oberhalb von English Harbour, das einen Rundum-Panoramablick auf die Insel und den Nationalpark ermöglicht. Dort befinden sich die Überreste des **Fort Shirley** (1781), benannt nach *Sir Thomas Shirley*, dem damaligen Gouverneur der Leeward Islands. Zunächst sehen Sie die Gebäude der alten *Royal Artillery Quarters*, in denen sich ein kleines Museum befindet.

Seefestung mit Panoramablick

Weiter geht es über einen Grat, der einen weiten Blick bis zur *Manora Bay* (s.u.) bietet. An der Weggabelung mit der halben Kanone halten Sie sich links und kommen dann zum hoch gelegenen **Cape Shirley**, aus dessen Baracken, Magazinen, Zisternen und einer Kanonen-Plattform der ehemalige Aussichtsposten **The Blockhouse** herausragt, von dem aus Sie den herrlichen Blick auf English Harbour genießen können. Fahren Sie an der Weggabelung nach rechts, erreichen Sie das eigentliche Fort Shirley, wiederum bestehend aus etlichen alten Gemäuern und Kanonen.

In einem restaurierten Gebäude des 18. Jahrhunderts befindet sich einer der populärsten Treffpunkte der Insel: der Shirley Height's Lookout, inclusive eines Restaurants mit Bar. Am Wochenende wird hier oftmals Live-Musik gespielt.

Von hier aus lohnt sich auch ein Abstecher zur **Galleon Beach** für eine kleine Badepause.

Bei der Weiterfahrt von English Harbour in östliche Richtung kommen Sie an eine Weggabelung, die Sie rechter Hand hinunter zur wunderschönen **Manora Bay** führt. Diese Bucht bietet gleich zwei gute Badestrände, die durch eine Landzunge getrennt sind, und ein Luxus-Resort.

Fährt man an der erwähnten Weggabelung in die andere Richtung, passiert man die Ortschaft **Bethesda** an der Willoughby Bay und kommt, wenn man sich zweimal rechts hält, zur nicht minder schönen **Half Moon Bay**, die einige sogar für die schönste der Insel halten. Auch hier gibt es ein Resort der Luxusklasse, das neben fünf Tennisplätzen auch einen 9-Loch-Golfplatz besitzt.

Einen letzten Abstecher können Sie einige Kilometer zurück an der Ortschaft **Freetown** machen, wo eine Stichstraße hoch zur Nonsuch Bay mit der **Harmony Hall** führt. Dabei handelt es sich um eine schöne, 1843 und 1968 restaurierte Zuckermühle mit angeschlossenen Gebäuden, in denen eine Kunstgalerie, ein Andenkenladen und ein gutes Restaurant untergebracht sind. Außerdem kann man von der Harmony Hall aus Segeltouren zum **Green Island** unternehmen. Auf dem Rückweg von der Half Moon Bay/Freetown nach St. John's empfiehlt sich die Straße durch's Inselinnere, zwischen den beiden Stauseen **Collins Lake** und **Potworks Dam** hindurch.

Barbuda: ein Inselbesuch

Antigua's ‚kleine Schwester'

Barbuda – mit über 160 km^2 zwar die ‚kleinere Schwester' Antiguas, aber für karibische Verhältnisse keine kleine Insel – ist ein wirklicher Inseltraum für alle Robinson-Fans. Nur 40 km nördlich von Antigua gelegen, unterscheidet sich die Insel doch sehr von ihrer größeren Schwester. Berge fehlen hier völlig – Barbuda ist **flach und trocken**. Der Untergrund besteht aus **Korallenkalk**, der nur im Südwesten Höhen von 60 m über dem Meeresspiegel erreicht. Da es keine wirklichen Erhebungen gibt und Barbuda völlig mit mannshohem Buschwerk überwuchert ist, fällt es bisweilen schwer, sich zu orientieren.

Außerdem gibt es kaum Menschen, die man nach dem Weg fragen könnte, denn mit nur **1.500 Einwohnern**, von denen zudem noch zwei Drittel im Hauptort Codrington wohnen, ist die Insel geradezu entvölkert. Andererseits gibt es kaum Straßen – im Wesentlichen sind es nur zwei – so dass kein Besucher verloren gehen kann. Irgendwann kommt man sowieso an einem der herrlichen, menschenleeren **Strände** heraus, die die Insel fast komplett säumen. Einer davon im Süden, kilometerlang wie die anderen, besteht aus winzigen, rötlichen Muscheln und wirkt

Die Kleinen Antillen – Antigua und Barbuda

daher wie ein rosafarbenes Band. Und direkt vor dem Ufer locken grandiose **Korallenriffe**, reiche Fischbestände und über 100 **Schiffswracks** Taucher und Schnorchler an. Außer den Stränden ist für Touristen das **Vogelschutzgebiet** interessant, das im Nordwesten innerhalb einer sehr großen Lagune liegt und vor allem wegen der Prachtfregattvögel aufgesucht wird. Auch das Innere der Insel ist sehr wildreich und daher ein beliebtes **Jagdgebiet**.
Für Flieger und Bootstouristen ist **Codrington** mit Airstrip und Anlegestelle die erste Adresse, meist aber auch nur Durchgangsstation.

Es ist ein unvergessliches Erlebnis, von hier aus mit kleinen Motorbooten auf die **Codrington Lagoon** zu tuckern, in deren riesigen Mangrovenwäldern das Vogelschutzgebiet **Frigat Bird Sanctuary** liegt. Dort leben einige tausend Exemplare der seltenen **Prachtfregattvögel** (lat.: *fregata magnificens*, engl.: *man-o´war-bird*). Ihren Nestern, die sich knapp oberhalb des Wassers befinden, kann man recht nahe kommen, da die Tiere von Natur aus nicht sehr scheu sind. Prachtfregattvögel werden ca. 1,5 kg schwer, bis 1,10 m lang und erreichen eine Flügelspannweite von bis zu 2,30 m. Sie ernähren sich von Fischen und weiteren Meerestieren (u.a. Schildkrötenjunge), die sie als Schmarotzer anderen Vögeln abjagen, indem sie sie so penetrant verfolgen, bis diese ihre Beute fallen lassen. Sind schon die eleganten Flugmanöver der schwarz gefiederten Vögel interessant, so ist es ihr Balztanz erst recht, bei dem sich das Männchen mit aufgeblähtem, tiefrotem Kehlsack dem Weibchen nähert. Auch bei der Abwehr von Feinden kann man dieses Schauspiel beobachten. Dem Balztanz folgt alle zwei Jahre, jeweils im August, die Paarung, nach der die Ablage eines Eis erfolgt. Die Küken schlüpfen im Oktober/November und sind nach zehn Monaten geschlechtsreif.

Mangrovenwälder mit reichem Vogelleben

Zum Westen hin wird die Codrington Lagoon durch eine Sandbank von der **Low Bay** getrennt. Wer einen kilometerlangen, palmengesäumten Strand ganz für sich alleine haben will, kann sich mit dem Boot über die Lagune dorthin bringen lassen. Vergessen Sie nicht, Sonnenschutz und Lebensmittel mitzunehmen sowie dem Bootspersonal genau mitzuteilen, wann und wo Sie wieder abgeholt werden möchten.

Für Exkursionen auf dem Landweg stehen nur zwei Wege und damit zwei Richtungen offen: Die eine Straße führt in weitem Bogen durch die Buschlandschaft des Inselinneren in ein Gebiet, das zwar ‚The Highlands' heißt, aber noch nicht einmal 20 m hoch ist. Wenn Sie bei der ersten Gelegenheit an der **Ostküste** zum Ufer gehen, betreten Sie die **Two Feet Bay**, deren Name ebenfalls ungeklärt ist. Dafür ist der Sand traumhaft weiß und die von Korallen eingerahmte Lagune nicht minder schön. Ansonsten ist die Ostküste steiniger als die des Westens und Südens, und der Atlantik führt höhere Wellen gegen Barbuda.

Traumhafte Strände

Der Weg in den **Süden** führt von Codrington aus einige Meilen fast geradeaus über das flache Land bis zur Küste. Dort liegt, sofort rechts neben der Straße, der **Martello Tower**, ein Befestigungsturm des frühen 19. Jahrhunderts. Ein schöner Strand und Schnorchel-Möglichkeiten im kristallklaren Wasser warten auf Besucher, nur wenige Hundert Meter weiter. Hier biegt die Straße südöstlich ab und führt zu den drei einzigen Hotelanlagen von Barbuda:

Wenn man den Golfplatz des ‚K-Club' umfahren hat, kommt man wieder am Strand entlang bis hinunter zum **Coco Point**. Dessen Attraktionen sind der kilometerlange, weiße Sandstrand, auf dem sich die Gäste der ‚*Coco Point Lodge*' verlieren, und das glasklare Wasser, durch das vielfarbige Korallenbänke schimmern. Weiter westlich können die Gäste des ‚*Palmetto Beach Hotel*' das türkisblaue Meer fast für sich ganz allein genießen.
Die südlichste Stelle der Insel liegt auf der nächsten Halbinsel (*The Castle*) und heißt **Spanish Point**. Auch dort locken weite, unberührte Strände.

St. Kitts und Nevis

Hinweis
Mehr zur Geschichte sowie politischen und geografischen Zuordnung erfahren Sie unter ‚Die Geschichte von Antigua und Barbuda, Anguilla, Montserrat sowie St. Kitts und Nevis' S. 340.

Die Karibik-Insel St. Kitts – offizieller Name St. Christopher – eignet sich hervorragend für einen Abstecher von Antigua oder St. Martin. Historische Plantagenhotels, der Regenwald der zentral gelegenen Bergkette (**Mount Liamuiga**, 1.156 m; **Monkey Hill** 900 m), reichlich Geschichten und Zeugen der Vergangenheit, bieten Gelegenheit für einen interessanten Tagesausflug.

Die **Hauptstadt Basseterre** von St. Kitts – das verrät der Name schon – lag ursprünglich im französischen Teil der Insel. Dennoch ist der vorherrschende Eindruck ‚rein britisch': Viktorianische Holzhäuser, rote Telefonzellen, geradlinige Straßenzüge im Rastersystem. Den Grund dafür lieferte ein großes Feuer, das 1867 die französische Bausubstanz zu 90 Prozent vernichtete. Auch später blieb der 15.000-Einwohner-Stadt wenig erspart, wie etliche Naturkatastrophen (ein Erdbeben 1974 und Hurricans 1979, 1980 und 1988). Die dabei verursachten Schäden sind größtenteils behoben, und wegen des halb provinziellen, halb geschäftigen Charmes und einiger älterer Baudenkmäler lohnt sich ein Stadtbummel.

Etwas außerhalb empfehlen sich Besuche der **St. Kitts Sugar Factory**, in der das gesamte Zuckerrohr von St. Kitts und Nevis gemahlen wird, und des **Fountain Estate**, wo Philippe de Lonvilliers de Poincy, der despotische Gouverneur der Französischen Antillen, seine Residenz hatte. Diese wurde bereits 1655 vom Zeitgenossen César de Rochefort wegen ihres Gartens, der Freitreppe und des quadratischen Mittelturms literarisch verewigt und beschrieben: „‚...fünf Fenster auf jeder Seite, drei Stockwerke hoch...'".

Gleich neben Basseterre befindet sich die **Frigate Bay** mit schönen Sandstränden sowohl an der atlantischen als auch an der karibischen Seite.

In der Frigate Bay entwickelt sich eine touristische Infrastruktur.

Eine der Hauptattraktionen der Insel ist die Ortschaft **Half Way Tree** mit der mächtigen Festung auf dem Brimstone Hill. Die größte militärische Anlage auf den Kleinen Antillen überhaupt liegt auf einem ca. 250 m hohen, ehemaligen Vulkanstumpf. Sie geht auf das Jahr 1690 zurück, als die Engländer die damals von den Franzosen besetzte Insel zurückeroberten und den strategischen Wert dieses Hügels erkannten. Mit Bastionen, fast drei Meter dicken Mauern, Magazinen, Kasernen und einem Hospital, sowie mit mehreren Dutzend Kanonen bestückt, machten sie Brimstone Hill zum ‚**Gibraltar der Karibik**', das niemals mehr in feindliche Hände fallen sollte.

1782 versuchten die Franzosen mit 31 Kriegsschiffen und 8.000 Soldaten die Festung zu erobern, doch mussten sie eine verheerende Niederlage und den Verlust fast aller Schiffe hinnehmen. Nach dem Friedensschluss von 1783 wurde die Festung nochmals ausgebaut und an höchster Stelle mit einem zusätzlichen Fort versehen. Doch da war die Zeit der großen Schlachten schon vorbei, und von Brimstone Hill sollte künftig kein Schuss mehr fallen. Von der Beobachtungsplattform kann man heute den herrlichen Blick über das Meer bis nach Montserrat und Saba genießen.

Einsame Palmenstrände mit feinem Korallensand am Nisbet Beach

Weiter entlang der Küste hat man immer wieder auf der einen Seite den Vulkan und auf der anderen Seite das blaue Meer im Blick. Kurz vor dem Mount Liamuiga erscheinen an der Küste die bizarren **Black Rocks**, Überreste eines Lavastromes, der sich einmal vom Vulkan ins Meer ergoss. Hinter den hübschen Ortschaften **Tabernacle** und **Cayon** führt ein Weg zu einem weiteren Vulkan, dem **Monkey Hill**, einem 900 m hohen Berg der **South East Ranges**. Er bekam seinen Namen nach den Samtaffen, die einst die Franzosen hier ausgesetzt hatten. Noch immer können einige Exem-plare in freier Wildbahn beobachtet werden.

Wanderer können über Pisten noch weiter in den Süden zum **Great Salt Pond** vordringen. Er wurde früher zur Salzgewinnung genutzt, und zwar von Briten und Franzosen gleichermaßen, selbst in Zeiten erbittertster Kämpfe. Belohnt wird die Wanderung durch einen wunderschönen Ausblick auf die Insel St. Kitts. Sie können vom **Horse Shoe Point** auch den Blick über die drei Kilometer breite Meeresstraße auf die Nachbarinsel Nevis genießen.

Die fast kreisrunde Insel **Nevis** hat als Zentrum den kleinen **Hafen** der 1660 gegründeten Hauptstadt **Charlestown**, wo die Fährschiffe aus Basseterre und Fischerboote anlegen. Darüber hinaus gibt es noch einen Marktplatz und die **Main Street** mit vielen Geschäften und Läden in verwitterten und hübsch restaurierten kreolischen Holzhäuschen. Das kleine, verschlafene und rund 2.500 Einwohner zählende Nest erwacht nur samstagvormittags zum Markttag und zum Wochenende, wenn sich die Inseljugend bei Musik, Tanz und Alkohol vergnügt. Die Hauptattraktion der Insel ist demnach **die schöne Landschaft im wechselnden Farbspiel des blauen Meeres, der grünen, überquellenden Vegetation und der grauen oder weißen Strände.**

All das liegt vor der prächtigen Kulisse des 990 m hohen **Nevis Peak**, der hinter Zuckerrohrplantagen und Feldern – auf denen die begehrte Sea-Island-Baumwolle angebaut wird – hinter Gebüsch, Gummibäumen und Orchideen, zwischen denen sich Kolibris tummeln, hervorragt. An dessen Hängen scheinen die kleinen **Holzhäuschen der Inselbewohner** gleichsam zu kleben. Ein Höhepunkt der Regenzeit ist es, wenn sich für einen Moment die Wolkenhaube lichtet und der Gipfel des Schichtvulkans in seiner ganzen Pracht erscheint. Bei **Morning Star** erinnert das **Nelson Museum** an den Aufenthalt des später als ‚Seeheld von Trafalgar' in die Geschichte eingegangenen Admirals Nelson und seiner Frau. Als **Kommandant der Flottenbasis** *English Harbour* auf Antigua heiratete er die Nichte des Inselgouverneurs von Nevis, die schöne, junge und reiche Witwe Frances Nisbet. Sie starb verlassen und vereinsamt auf ihrer Heimatinsel, da der spätere Admiral als Oberbefehlshaber der britischen Flotte im Mittelmeer sich von ihr trennte und 1798/99 in Neapel Lady Emma Hamilton heiratete.

Montserrat

Hinweis
Aktuelle regionale Reisetipps (Hotels, Restaurants, etc.) zu Montserrat entnehmen Sie bitte den gelben Seiten S. 212 ff.

Überblick und Geschichte

Die von den **karibischen Ureinwohnern** ‚Alliouagana' (= Insel der Aloë) genannte Insel wurde von **Kolumbus** auf seiner zweiten Reise 1493 entdeckt. Angeblich erinnerte ihn die Landschaft an die Gegend um Barcelona, weshalb er sie nach einer dortigen Abtei benannte: *Santa Maria de Monserrat*. Diese ‚Entdeckung' blieb für die europäische Siedlungsgeschichte 150 Jahre folgenlos.

Erst **1632 kamen einige britische und irische Katholiken** unter der Führung von Sir Thomas Warner nach Montserrat, die vor den streng anglikanischen Verhältnissen auf St. Kitts auf der Flucht waren. Schnell war Montserrat als Zufluchtsstätte auch bei den Katholiken auf Barbados, in Virginia und selbst in

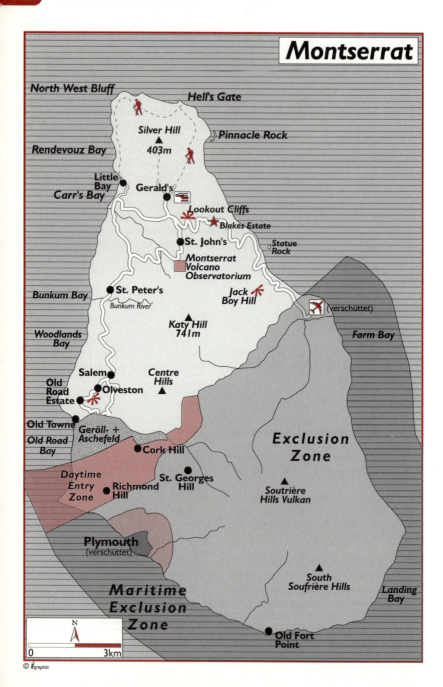

Irland bekannt, und schon 1648 lebten etwa 1.000 irische Familien auf der Insel. Ihren religiösen Freiraum verloren die Iren durch englische Gouverneure, die alle Katholiken von zivilen und politischen Ämtern ausschlossen. Und das zunächst rein irisch geprägte Bevölkerungsbild verschwand mit der Einführung des **Zuckerrohranbaus** und dem Import einer Vielzahl schwarzer **Sklaven**. Deren Zahl betrug im 18. Jahrhundert. 10.000 – im Vergleich zu etwa 1.300 Weißen.

Montserrat nach dem Vulkanausbruch

Hinweis
Mehr zur Geschichte sowie politischen und geografischen Zuordnung erfahren Sie unter ‚Die Geschichte von Antigua und Barbuda, Anguilla, Montserrat sowie St. Kitts und Nevis' S. 340f.

Inselleben trotz Naturkatastrophen

Nachdem gerade die enormen Schäden beseitigt waren, die **1989** der **Hurrican ‚Hugo'** in der Landwirtschaft angerichtet hatte, machte mit dem Vulkanausbruch von 1997 eine erneute Naturkatastrophe die Existenz vieler Inselbewohner zunichte. Ende der 1980er Jahre bedeutete der Wirbelsturm nach 67 sturmfreien Jahren die größte vorstellbare Katastrophe des Jahrhunderts, deren Schockwirkung tief saß. Die Schäden beliefen sich auf eine Höhe von 250 Millionen US-Dollar. Über 90 Prozent aller Gebäude waren zerstört oder beschädigt, 400 Jahre alte Urwaldriesen umgeknickt, die Stromversorgung unterbrochen und die Hafenpier vernichtet.

Hurricans und Vulkanausbrüche

Der neue Hafen in der Little Bay im sicheren Nordteil der Insel

Dass dieses Ereignis nur acht Jahre später durch den **Vulkanausbruch übertroffen** werden würde, vermochte sich damals niemand auszudenken. Die Verschüttung vieler Weideflächen mit Aschestaub und Geröll gefährdete gar die Selbstversorgung mit Gemüse, Fleisch und Milch. Der viel versprechende Versuch, auf der Insel Sea-Island-Baumwolle anzupflanzen, die auf der Insel zu qualitätvoller Ware verarbeitet wird, konnte wegen der geringen verfügbaren Insel-Fläche nicht weiter ausgebaut werden.

Die Kleinen Antillen – Montserrat

> **INFO** **Montserrat – die ‚Grüne Insel'**
>
> Zu Anfang des 19. Jahrhunderts wurden innerhalb von vier Jahren dann zunächst die Rechte der Iren wieder hergestellt und anschließend die Sklaven befreit. Im 20. Jahrhundert hatte das wirtschaftlich schwache Montserrat, im Gegensatz zu den englischen Nachbarinseln, kein Interesse an der staatlichen Unabhängigkeit. Seit 1967 trägt es den Status einer britischen Kronkolonie mit innerer Autonomie (British Dependency). Das Staatsoberhaupt ist Königin Elizabeth II., die durch einen von London entsandten Gouverneur vertreten wird.
>
> Irische Einflüsse sind bis heute vielschichtig wahrnehmbar, trotz der andauernden englischen Herrschaft:
> · Wie Irland wird Montserrat als ‚**Grüne Insel**' bezeichnet.
> · Das inoffizielle Emblem ist das **irische Kleeblatt** (Irish Shamrock), das zusammen mit der Palme u.a. das Government House schmückt oder Besuchern in den Pass gestempelt wird.
> · Während die Flagge der ‚Union Jack' ist, trägt das offizielle Wappen die Darstellung der Muttergottes mit der **Harfe**.
> · Montserrat ist die einzige Insel der Karibik, auf der der **St. Patrick's Day (17. März)** als Feiertag begangen wird.
> · **Irische Volkstänze** (‚Heel and toe'), **Nationalgerichte** (‚Goatwater') und **Volksmärchen** sind – auch bei der schwarzen Bevölkerung – lebendig.
> · Die Orts- und Flurnamen sowie Familiennamen sind mehrheitlich irisch.
>
> Trotz der irischen Familiennamen besteht die **Bevölkerung** zum Großteil aus Schwarzen oder Mulatten, also Nachfahren der Sklaven. Schon vor dem Vulkanausbruch des Soufrière Hills war die Insel mit knapp 13.000 Einwohnern nur sehr schwach besiedelt. Der Grund dafür waren die ökonomischen Schwierigkeiten, die im 20. Jahrhundert viele Arbeitskräfte zur Abwanderung auf die besser gestellten Nachbarinseln zwang. Denn um die **Wirtschaft** des Eilandes war es nicht gut bestellt, da man nach dem Verfall der Zuckerpreise lange Zeit kaum Exportartikel besaß, aber viel importieren musste.

Verheerende Zerstörungen

Rund 7.000 Menschen haben seitdem die Insel verlassen, 3.000 Evakuierte sind vom verschütteten und gefährdeten Südteil der Insel in den sicheren Norden gezogen. Wirtschaftlich hat das Ereignis der Insel stark zugesetzt: Der Bramble Flughafen, die Hauptstadt Plymouth, die einzig größere Stadt mit dem wirtschaftlichen Zentrum, und der Großteil der Infrastruktur sind zerstört. Niemand wagt eine Prognose, ob und wenn ja, wann, eine zukünftige Generation Plymouth wieder als Inselmittelpunkt erleben wird.

Der Fremdenverkehr war vor dem Vulkanausbruch und nach Beseitigung der Wirbelsturmschäden der größte wirtschaftli-

Die verschüttete Hautstadt Plymouth

che Hoffnungsträger. Ähnlich wie auf Dominica setzte man auf den ‚**sanften Tourismus**', der von der herrlichen Natur, dem Regenwald und den vorzüglichen Wandermöglichkeiten profitiert. Unterschiedliche Motive lockten zudem Berühmtheiten wie Stevie Wonder, Sting, Paul McCartney, Phil Collins, Elton John oder Boney M. nach Montserrat. Sie nahmen in den High-Tech-Tonstudios (*Air Studios*), die der ehemalige Beatles-Manager George Martin eingerichtet hat, Platten auf.

Heute steht die Entwicklung der Tourismusindustrie von Montserrrat an einem Scheideweg. Während sich die größeren Touristikunternehmen von der Insel zurückgezogen haben, gründen die Inselbewohner selbst kleine Unternehmen, organisieren Touren zur *Exclusion Zone* und Wanderungen im Regenwald mit Blick auf den Vulkan. Trotz der schweren Schicksalsschläge sind die Menschen auf Montserrat optimistisch. Sie arbeiten daran, im hügeligen Nordteil eine neue Infrastruktur aufzubauen, Häuser und Straßen werden gebaut. In der Little Bay ist ein neuer Hafen entstanden, wo die Fähre von Antigua anlegt. Ein Heliport sichert für Notfälle die schnelle Verbindung zu anderen Inseln.

Optimistischer Wiederaufbau

Der Heliport fungiert als Ersatz für den zerstörten Bramble-Flughafen.

Besichtigungen auf Montserrat

Eine Inselrundfahrt auf Montserrat ist nicht mehr möglich. Dennoch bietet die als ‚The Emerald Isle' bekannte Insel genug Möglichkeiten, mindestens einen interessanten Tagesausflug zu verleben. Die Insel besteht hauptsächlich aus drei Gebirgszügen: dem **Silver Hill** im Norden der Insel, der **Central Hills** und der **Soufrière Hills** mit dem **Chances Peak**. Wegen des Vulkanausbruchs können nur noch der Silver Hill und das Zentralgebirge bestiegen bzw. durchwandert werden. Das Gebirge und

INFO   Quakende ‚mountain chicken'

Die meisten Lebensmittel werden importiert, und selbst der Fisch- und Fleischbedarf der Insel kann nicht autark gedeckt werden. Dennoch gibt es zwei kulinarische Spezialitäten auf Montserrat. Zum einen ist das ein Eintopf, der mit Ziegenmilch verfeinert wird, und zum anderen ein Gericht mit ‚Berghühnchen', das so genannte ‚mountain chicken'.
Bei diesen handelt es sich jedoch keineswegs um wild lebende Hühnchen. Hinter dem Namen verbergen sich große Frösche, die schon zu Zeiten der Arawaken, der Ureinwohner der Insel, als Delikatesse galten. Leider gehören die ‚Berghühnchen' mittlerweile zu einer vom Aussterben bedrohten Froschart.

die Naturattraktionen um die Soufrière Hills sind aus Sicherheitsgründen nicht mehr zugänglich. Aus dem Vulkan heraus ist ein neuer Berg gewachsen, der mittlerweile alle anderen Gebirge überragt. Der jüngste Berg der Insel wird so lange weiter wachsen, wie der Vulkan das heiße Magma nach außen schiebt.

Produkte der Sea-Island-Baumwolle kann man in Salem kaufen.

Touristenattraktion Vulkan

Zu der *Exclusion Zone*, die kurz hinter dem kleinen Ort **Salem** und den **Lawyers Mountain's** anfängt, ist der Zugang verboten. Sie nimmt rund zwei Drittel der Insel ein. Dafür ist der Vulkan selbst sowie die Schäden, die er verursacht hat, zur Touristenattraktion Nummer eins auf der Insel geworden.

Vom Garibaldi Hill aus, der im westlichen Teil der Exclusion Zone liegt und tagsüber betreten werden darf, gibt es eine hervorragende Sicht auf die Soufrière Hills.

Nördlich des Garibaldi Hills liegt die **Old Road Bay**, an der sich wahrscheinlich die ersten europäischen Siedler niederließen. Vermutet wird dies, weil ‚Old Road' ein Ortsname auf St. Kitts ist und die Besiedlung Montserrats von St. Kitts aus ihren Weg nahm.

Die farbenfrohe ‚Jumping Jack's Beach Bar' in der Old Road Bay

Früher waren die Strände der Old Road Bay und der **Isles Bay** zusammen mit dem grünen **Belham Valley**, seinem Golfplatz und einer ganzen Reihe von Villensiedlungen, Pensionärskolonien, Restaurants, Hotels und Freizeiteinrichtungen nach Plymouth die zweitgrößte touristisch erschlossene Gegend. Am Strand tummelten sich Windsurfer, Hobbysegler und Schnorchler. Wasserski, Tretboote und Möglichkeiten zum Hochseeangeln sowie Bootsausflüge zum **Rendezvous Beach** wurden angeboten. Heute erinnern noch die grünen Hänge an den Seiten des Belham-River-Tals daran, dass sich hier einst ein idyllisches grünes Tal bis ans Meer erstreckte.

Taucher begeben sich in der Old Road Bay heute auf die Suche nach vulkanischem **Bimsgestein** und anderen geologisch interessanten Hinterlassenschaften des Vulkanausbruchs.

Von der *Exclusion Zone* kommend, können Sie kurz hinter Salem links nach **Olveston** zum Büro des National Trust abbiegen. In Salem selbst hat sich der britische Gouverneur sein neues – und für die bescheidenen Inselverhältnisse recht imposantes – Büro-Haus errichten lassen.

Montserrat National Trust

Das neue National History Center des Montserrat National Trust finden Sie in Olveston, North Main Road, ☎ 491-3086, 📠 491-3046. Mit historischem Zentrum, Botanischem Garten, Vulkan-Dokumentationszentrum sowie Museum mit angeschlossenem Shop trägt der National Trust zur Sicherung der historischen und natürlichen Vorkommen der Insel bei.

Gleich nebenan befindet sich das Montserrat Tourist Board, ☎ 491-2230, 📠 491-7430. Die Öffnungszeiten richten sich in der Regel nach den allgemeinen Geschäftszeiten. Um sicher zu gehen, sollten Sie vorher anrufen oder Ihren Taxifahrer fragen.

Die Menschen auf Montserrat lassen sich nicht unterkriegen.

In dem kleinen Ort erinnert die Kirche an die Zeit unmittelbar nach dem Vulkanausbruch, als viele Menschen nach der Evakuierung von Plymouth und den umliegenden Dörfern hier eine erste Zuflucht fanden. Hinter St. Peter, in **Cudjoehead**, gabelt sich die neue ‚Hauptstraße' und biegt nach Osten in Richtung **Westküste** ab.

Nach rechts geht es weiter nach St. John's. Die linke Straße führt zur **Carr's Bay** mit Relikten aus einer weniger friedlichen Zeit (Kanonenstellungen).

Weiter geht es nach **Little Bay**, wo das Nachtleben der Insel am Strand stattfindet. Beide Buchten bieten beliebte Badestrände und gute Schnorchelbedingungen.

Von St. John's reicht der Blick bis in die Little Bay.

Von der Little Bay kann man in einer halbstündigen Wanderung bis zur **Rendezvous Bay** vordringen, die den weißesten Sandstrand der Insel besitzt und ansonsten nur per Boot zu erreichen ist.

Baden und Wandern

Wem mehr am Wandern liegt als an Badespaß, hat mit dem 403 m hohen, erloschenen Vulkan **Silver Hill** ein lohnendes Ziel:

INFO: Der Ausbruch des Vulkans Soufrière Hills

Im Juli 1995 änderte sich das Leben für die meisten der ehemals 12.000 Inselbewohner von Montserrat schlagartig. Nach fast **400 Jahren Ruhe** meldete sich der Vulkan Soufrière Hills nach einer Reihe von Erdbeben mit heftigem Rumoren wieder zu Wort. Im März 1996 kollabierten die Lavadome, heftigste Explosionen spuckten Lava, Geröll und Asche aus. Der Südteil der Insel wurde unbewohnbar. Bis heute ist der Vulkan nicht zur Ruhe gekommen. Inzwischen ist ein neuer Dom aus dem ehemals 1.000 m hohen Vulkan entstanden. Er überragt die alten Gipfel der Insel bereits um Längen und ist damit der höchste Punkt der Insel. In Spitzenzeiten hatte der Lava-Dom einen Zuwachs von bis zu zehn Kubikmetern pro Sekunde.

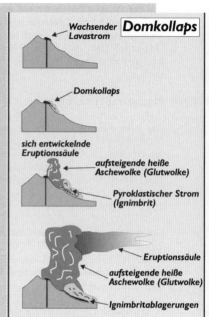

Die Wissenschaftler des **Montserrat Volcano Observatory** (MVO) beobachten den Vulkan rund um die Uhr. Von verschiedenen Messstationen werten sie die via Fernübertragung ins Observatorium übermittelten seismischen Daten sofort aus. Über 60.000 gemessene, kleinere lokale Erdbeben im Zeitraum von 1992 bis Anfang 1997 deuteten auf den Vulkanausbruch hin. Im März/April 1997 hatte sich die Lava-Masse bereits über drei Kilometer abwärts zu den ehemaligen Sehenswürdigkeiten *Great Alp Waterfalls* und *Galways Soufrière* vorgearbeitet. Die *Galways Wall* brach zum Teil zusammen, und Geröll und Lava gelangten in das *Tar River Valley*.

Nur kurze Zeit später kam es zu einer ersten riesigen Explosion, die glühende Lava-Massen, Geröll und Asche mit einer **Geschwindigkeit von bis zu 300 km/h** aus dem Berg schleuderte. Trotz vorzeitiger Evakuierungen starben neun Menschen bei diesem Ausbruch, 14 galten als vermisst, fünf erlitten schwere Verbrennungen. Sieben Dörfer wurden komplett ausradiert, hunderte Insulaner im Norden des Vulkans verloren ihr Hab und Gut. Eine **riesige Aschewolke** schoss fast zehn Kilometer hoch über dem Vulkanherd in die Luft. Plymouth versank in einem glühenden Feuermeer. 600 m weit hat sich die Lava-Masse und Asche an Plymouth vorbei ins Meer geschoben.

Oft ist der Soufrière-Hills-Vulkan von einer grauen Wolke umgeben.

Chronologie der Ereignisse

Januar 1992 · Erste Erdbebenschwärme werden im Volcano Observatory registriert. Dadurch entstehen höchstwahrscheinlich Risse in tiefen Erdschichten, und heißes Material steigt aus der Tiefe in die Magmakammer auf.

Juli 1995 · Erste Explosion durch Wasserdampf, der sich einen Weg aus dem Inneren des Vulkans nach draußen sucht.

August 1995 · Weitere Wasserdampfexplosionen folgen: Grundwasser wird durch heißes Magma erhitzt.

21. August 1995 · Eine weitere Explosion spuckt eine große Menge Asche aus und macht den Tag zur Nacht. Die Hauptstadt Plymouth wird mit einer Ascheschicht überzogen. Erste Evakuierungen werden vorgenommen.

September 1995 · Ein neuer Dom entsteht, erstmals zeigt sich frische Lava.

März/April 1996 · Der Lava-Dom wächst schnell steil in die Höhe. Die Wände können dem Druck der aufsteigenden Lava nicht mehr standhalten, sie beginnen einzubrechen und kollabieren schließlich. Zunächst nur schleppend, dann stetig fließen so genannte pyroklastische Ströme durch die Täler den Berg hinunter. Je nach Größe des Doms, der sich permanent verändert, haben die Explosionen bei einem Domkollaps unterschiedliche Ausmaße. Teilweise erreichen die pyroklastischen Ströme das Meer. Sekundäre Dampfexplosionen sind die Folge. Geröll und Asche füllen nach und nach die Täler auf, so können die Lava-Ströme immer größere Gebiete der Insel erreichen. Evakuierungen sind nun im vollen Gange.

Eine riesige Aschewolke bildete sich nach den heftigen Explosionen.

25. Juli 1997 · Die Explosionen erreichen an diesem Tag gegen Mittag einen absoluten Höhepunkt. Rund 150 Häuser werden durch pyroklastische Ströme und heiße Aschewolken zerstört. Auch der Flughafen wird erstmals direkt von den Lava-Massen bedroht. Mitarbeiter des *Volcano Observatory* können sich gerade noch rechtzeitig – nur wenige Minuten vor Eintreffen der glühenden Aschewolken – von ihren Beobachtungsstationen am Flughafen, in Plymouth und an weiteren Stellen des südlichen Inselteils zurückziehen. Neun Menschen, die sich zu dem Zeitpunkt in der Gefahrenzone aufhielten, können nur noch tot geborgen werden, 14 weitere gelten als

Nur mit Sondergenehmigung darf man in die Exclusion Zone.

Der Soufrière-Hills-Vulkan, vom Hotel ‚Vue Point' aus gesehen.

vermißt, fünf kommen mit schweren Verbrennungen davon. Der Vulkanausbruch geht mit unverminderter Stärke auch nach dem 25. Juli weiter.

August 1997 · Bimssteine von bis zu acht Zentimeter Durchmesser prasseln am 4. August auf das *Volcano Observatory* in der Hauptstadt. Pyroklastische Ströme erreichen bei Plymouth das Meer, die Stadt liegt unter einer dicken Ascheschicht.

Es erfolgt die Anordnung, dass die Bewohner des Nordteils der Insel Helme und einen Mundschutz tragen müssen, um die Lungen vor den sich in der Luft befindenden scharfkantigen, vulkanischen Glasteilchen zu schützen. Der in St. Peter lebende Kameramann *David Lea* berichtet von einem Geräusch wie von einem landenden Düsenjet, als der Soufrière explodiert. Am 8. August steht Plymouth in Flammen.

21. September 1997 · Der Flughafen an der Ostkünste wird vollständig durch die Lava - Massen zerstört.

22.-28. Oktober 1997 · Ein neuer, 80 m hoher Lava - Dom bildet sich und wächst mit ungeheurer Geschwindigkeit; Erdaktivitäten weisen auf erneute Ausbrüche hin.

26. Dezember 1997 · Der Dom von Soufrière Hills kollabiert, die pyroklastischen Ströme laufen den White River herunter; die Asche- und Rauchfahne steigt 11.000 Meter in die Höhe.

1998-2000 · Immer wieder neue Domkollapse, Aschewolken bis zu einer Höhe von fast 13 Kilometern; Wissenschaftler berichten jedoch erstmals von einer leichten Abkühlung des Doms und prognostizieren eine ruhigere Phase.

Die Old Road Bay: früher ein Golferparadies, heute voller Geröll

Juli 2002 · Der Vulkan verstärkt seine Aktivität wieder deutlich und stößt immer wieder Steine, Gas und Asche aus. Der Lava-Dom im Inneren des Kraters wächst wieder deutlich. Seismographen messen wieder eine anschwellende Erdbebenintensität.

Quelle: Montserrat Volcano Observatory

Die Kleinen Antillen – Montserrat

Not macht erfinderisch: ein mobiler ‚Supermarkt'

Der höchste Punkt des Nordens bietet natürlich auch die beste Aussicht. Weitere Wanderpfade führen bis zur Nordspitze (*North West Bluff*) und um sie herum entlang der Klippen bis zur bizarren Felsformation **Hell's Gate**.

Auf dem Weg zur oder von der Little Bay ist es für Philatelisten ein ‚Muss', einen Schlenker nach **Brades** zum Hauptpostamt bzw. in die **Philatelie** zu machen. Die Briefmarkensammlung von Montserrat ist für ihre interessanten und gehaltvollen Motive bei Briefmarkensammlern weithin bekannt. Besonders interessant ist die Ausgabe, die den Vulkanausbruch motivisch verarbeitet.

Interessante Mitbringsel

Kurvenreich verläuft die Straße, der ‚*Scenic Drive*' von **Cudjoehead**, quer über die Insel an den Ausläufern des **Lawyer's Mountain** vorbei nach **St. John's**, dem neuen Mittelpunkt der Insel. Kurz hinter St. John's vereinigt sich der *Scenic Drive* wieder mit der Straße, die von der Little Bay hoch in die Mitte des nördlichen Inselteils führt. Fünf Kilometer von der Küste entfernt, im hügeligen Inselinneren gelegen, hat man von hier aus einen weiten Blick auf das Karibische Meer.

Die letzten Jahre bestimmte eine rege Bautätigkeit St. John's. Während der Ort und seine Umgebung bisher eher einen sehr dünn besiedelten Charakter hatte, gibt es hier mittlerweile ein **Hotel,** einen **Heliport** und die **Rundfunkstation** der Insel. Bezahlbare Grundstücke sind seitdem allerdings rar geworden.

Südlich von St. Johns ist der Hauptanziehungspunkt für Touristen das **Montserrat Volcano Observatory.** Hier werden die vulkanischen Aktivitäten von Wissenschaftlern aus der ganzen Welt überwacht. Universitäten schicken ihre Studierenden hierher, um Forschungen vor Ort zu betreiben. Im **Volcano Visitor's Center** werden Führungen von Experten angeboten.

Vor dem neuen National History Center und Touristenbüro: Montserrats Flagge mit Union Jack

Montserrat Vulcano Visitor's Center

Im Besuchszentrum des *Montserrat Volcano Observatory* (MVO) können Sie Videos vom Vulkanausbruch anschauen. Wissenschaftler bieten Führungen durch das *Observatory* mit weiteren interessanten Informationen.
Das Besucherzentrum ist Mo-Fr geöffnet, allerdings nur, wenn der Vulkan inaktiv ist.

Nordöstlich von St. John's geht es vorbei an den **Gerald's Lookout Cliffs**, die einen wunderbaren Blick bieten, weiter durch die um das Blake Estate herum gelegene **Moorlandschaft** und durch das Bunkum-River-Tal mit seinen Baumfarnschluchten in den östlichen Teil der Insel.

In vielen Kurven windet sich der Weg bis zur fast **menschenleeren Ostküste**, die mit ihrer spärlichen Vegetation und windzerzausten Landschaft an Irland erinnert.

Vor dem noch kurz vor dem Vulkanausbruch vollständig modernisierten **Bramble Flughafen** ist die Fahrt an der nordöstlichen Grenze der Exclusion Zone zu Ende.

Aussicht auf den Vulkan

Von dieser nordöstlichen und sicheren Seite der Insel ist ein Abstecher zum **Jack Boy Hill**, dem **besten Aussichtspunkt auf den Soufrière Hills Vulkan**, ein absolut lohnenswerter Ausflug.
Er bietet den spektakulärsten Blick auf den im Inneren brodelnden Berg.

Von diesem Punkt aus können Sie die Spuren der Lava-Massen verfolgen, die wie Geröllabgänge an einer graubraunen Felsenwand aussehen.

Rechts und links davon setzt sich teilweise bereits wieder grüne Vegetation durch.

Bei klarem Wetter, wenn die graue Aschewolke den Vulkan freigibt, ist sogar mit bloßem Auge der neu entstandene Berg, der aus dem Vulkaninneren herauswächst, zu sehen.

‚No problem villa' – Humor der Insulaner

Guadeloupe

Hinweis:
Aktuelle reisepraktische Hinweise zu Guadeloupe (Restaurants, Hotels etc.) siehe Seite 184 ff.

Überblick

Guadeloupe liegt 120 km nördlich von Martinique und Dominica und ist als englischsprachige Enklave zwischen den beiden Départements platziert. Alle drei Inseln gelten als die landschaftlich abwechslungsreichsten der Kleinen Antillen.

Der oft gezogene Vergleich von Guadeloupes Umrissen mit einem Schmetterling hat seine Berechtigung: auf natürliche Weise zerfällt die Insel in zwei deutlich voneinander unterscheidbare Hälften.

Der nordöstliche Flügel des ‚Schmetterlings'

Der nordöstliche Flügel heißt **Grande-Terre** (590 km^2) und ist mit 40-130 m über dem Meeresspiegel relativ flach und trocken. Er besteht aus verkarstetem Kalkgestein, das im Inselinnern stark gewellt ist und in einigen Senken unter den Meeresspiegel abfällt.

Das Landschaftsbild von Grande-Terre wird von den Zuckerrohrplantagen bestimmt, deren Ernteertrag neben Bananen und Tourismus die wichtigste Einnahmequelle der Insel darstellt.

Zur Küste hin erstrecken sich vor allem im Süden lange, weiße Sandstrände, während an anderen Stellen entweder das Kalkplateau in spektakulär zerklüfteten Steilwänden zum Meer abfällt oder Sümpfen mit Mangrovenbestand Platz bietet.

An der Nahtstelle zur anderen Inselhälfte breitet sich um das Handelszentrum Pointe-à-Pitre das größte städtische Ballungsgebiet aus, das inzwischen bis zum beliebten Seebad Gosier reicht.

Verfallene Windmühle auf Grande-Terre

Der südwestliche Flügel des ‚Schmetterlings'

Der südwestliche Flügel heißt offiziell **Basse-Terre** (848 km²), obwohl viele Einheimische ihn einfach Guadeloupe nennen, allein schon, um Verwechslungen mit der Hauptstadt Basse-Terre auszuschließen. Im Gegensatz zu Grand-Terre ist dieser Landesteil gebirgig und äußerst vielgestaltig. Die wichtigsten natürlichen Sehenswürdigkeiten sind der 30.000 ha umfassende Nationalpark Parc Naturel mit dichten Beständen ursprünglichen Regenwaldes und der knapp 1.500 m hohe Vulkan La Soufrière mit seinen Fumarolen und aus dem Boden quellenden Dämpfen. Landwirtschaftlich wird Basse-Terre hauptsächlich durch Bananen-Plantagen – besonders im Südosten – genutzt. Die Küste bietet meist schwarz- oder goldsandige Strände, der schönste liegt in der Grand Anse im Westen.

Basse-Terre: Der Regenwald ist ein Nationalpark.

Zwischen beiden Inselteilen liegt der vier Kilometer lange und schmale Meeresarm Rivière Salée, eigentlich eine Trennung, so dass man bei Guadeloupe von zwei Inseln sprechen müsste. Diese von Mangrovensümpfen flankierte Wasserstraße verbindet die Buchten Grand Cul-de-Sac Marin im Norden mit der Petit Cul-de-Sac (*cul-de-sac* heißt Sackgasse) im Süden, die beide von zahlreichen Korallenriffen durchsetzt sind.

 Zeiteinteilung

Um ganz Guadeloupe zu erkunden, brauchen Sie mindestens zwei Tage, wenn Sie sowohl Grande-Terre wie auch Basse-Terre besuchen wollen. Für einen Strandbesuch oder eine Wanderung benötigen Sie je nach Länge einen halben bis einen ganzen weiteren Tag.

Pointe-à-Pitre und Umgebung

Im Zentrum der Insel

Wer beim Anflug auf den Flughafen Aérogare Guadeloupe Pôle Caraïbes aus dem Fenster schaut, wird kaum begeistert sein, scheint doch das Stadtbild ausschließlich von gesichtsloser moderner Architektur mit einigen Hochhäusern, Industrieanlagen und Wohnsilos bestimmt. Da ist der Blick auf die Mangrovensümpfe der Rivière Salée schon interessanter. Aber man täusche sich nicht: Pointe-à-Pitre ist nicht nur die größte Stadt und das wirtschaftliche Zentrum von Guadeloupe sowie außerdem Hafen für Kreuzfahrtsschiffe und Sitz einer Unterpräfektur, sondern hat durchaus auch sehenswerte Gebäude und Plätze. Die Ortschaft geht auf einen niederländischen Juden namens *Piet* zurück, der 1654 auf ungünstigem, weil komplett versumpften Gelände ein Haus baute. Daraus wurde später die ‚Landzunge des Piet' – Pointe-à-Pitre.

Trotz vieler Katastrophen wie Erdbeben, Hurricans, Bränden und Cholera wuchs die Ortschaft unablässig und hat heute zusammen mit den Außenbezirken Gosier und Les Abymes 132.800 Einwohner. Obwohl also jeder dritte Inselbewohner im Großraum zu Hause ist, heißt die Hauptstadt des Départements immer noch Basse-Terre, das im Verhältnis zu Point-à-Pitre nur 36.100 Einwohner hat und auf der gleichnamigen Südinsel liegt.

Pointe-à-Pitre kann weder mit dem großstädtischen Flair von Fort-de-France, noch mit dem provinziellen Charme von Basse-Terre oder Marigot aufwarten, sondern liegt in seiner Attraktivität irgendwo dazwischen. Für einen halbtägigen Stadt- und Einkaufsbummel lohnt sich der Besuch allemal, außerdem locken einige Museen, der große Markt und der Hafen, von dem die Fährschiffe zu den Dependancen und Nachbarinseln ablegen. Vom internationalen Flughafen oder von La Moule kommt man über die breite N-5 auf das Stadtzentrum zu, die später in den Boulevard Légitimus und die Rue Frébault übergeht. Über diese Straße gelangt man zum Hafen (*Gare Maritime*) bzw. zum eigentlichen Herzen der Stadt, der Place de la Victoire. Vorher, an der Kreuzung mit dem Boulevard Chancy, passiert man linker Hand die Hauptpost (*PTT*), das Rathaus (*Hôtel de Ville*) und das Kulturzentrum (*Centre des Arts et de la Culture*).
Um die wenigen Hauptsehenswürdigkeiten der Stadt in Ruhe genießen zu können, sollte man jedoch versuchen, an der *Place de la Victoire* einen Parkplatz zu ergattern und ab hier die Besichtigung zu Fuß fortzusetzen. Dabei könnten Sie folgenden Weg einschlagen:

Pointe-à-Pitre

Place de la Victoire

Zweifellos ist dieser grüne, respektable Platz die gute und lebhafte Stube der Stadt, die alle Möglichkeiten zum Einkaufen, Restaurants, Cafés und einige sehr schöne Baudenkmäler bietet, vor allem alte Kolonialhäuser mit schönen Balkonen.
Zur Meerseite breitet sich der turbulente **Hafenmarkt** aus, und am linken (südöstlichen) Ende befindet sich mit dem Busbahnhof und der Schiffsanlegestelle

Redaktions-Tipps

- Ein Stück die Grande Route durch den Regenwald oder auf dem ehemaligem **Schmugglerweg** wandern.

- An den vielen Distillerien vorbeifahren und dafür ins **Rum-Museum** gehen. (S. 332)

- Tagestrips zu den umliegenden Inseln unternehmen und z.B. auf **Les Saintes** einfach nur entspannen. (S. 335)

- Kaffeebohnen im Café-Museum kaufen, zu Hause den Duft des frisch gemahlenen Pulvers einatmen und frisch aufgebrüht trinken. (S.330)

- Mit einem **Kajak durch die Mangroven** von Grand Cul-de-Sac Marin paddeln.

- In der Librairie Générale in den **heimatkundlichen Büchern stöbern** und mehr über die Inseln erfahren.

- Kurz vor Sonnenuntergang zum Kreuz der **Pointe des Chateaux** steigen und den Blick bis nach Basse-Terre in der kurzen Dämmerung genießen. (S. 325)

- Im **Marine Park** einmal die Unterwasserwelt sehen, wie durch die Kamera eines Jacques-Yves Cousteau. (S. 331)

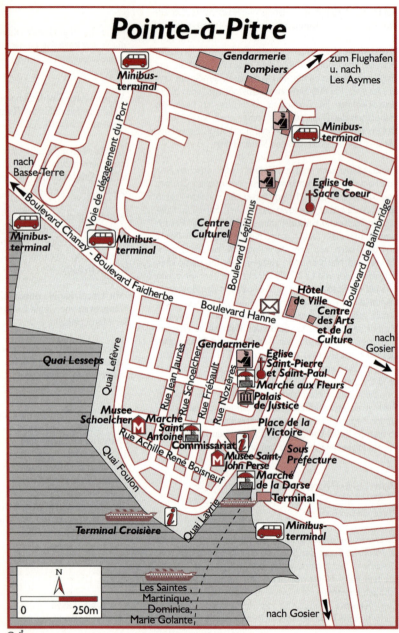

La Darse der größte Verkehrsknotenpunkt der Insel. Das schönste Haus ist wohl das des *Office du Tourisme*, des **Fremdenverkehrsamtes** aus dem 19. Jahrhundert, das sich weiß und herrschaftlich hinter einem Kriegerdenkmal erhebt (an der ‚*Place de la Banque*' genannten südwestlichen Ecke des Platzes).

Auf der anderen Seite ist der protzige Bau der **Unterpräfektur** (*Sous-Préfecture*) ein weiterer Blickfang.

Gehen Sie nun quer über die Place de la Victoire stadteinwärts, unter Flamboyants und Königspalmen hindurch, die einen Tag nach dem Sieg Victor Hugues über die Briten in dieser Formation gepflanzt worden sind.

Wenn Kreuzfahrtschiffe in Pointe-à-Pitre anlegen, wird's eng.

Victor Hugues war es auch, der auf der Place eine Guillotine aufstellen und benutzen ließ. Die Büste am nördlichen Ende stellt jedoch nicht ihn, sondern Felix Eboué dar, den ersten farbigen Gouverneur der Insel.

Place Gourbeyre

Präfektur, Justizpalast und Kathedrale

Wenn Sie nun an der nördlichen Begrenzung über die Rue A. Isaac nach links gehen, erreichen Sie nach wenigen Schritten die Place Gourbeyre mit zwei beherrschenden Bauwerken: Der **Justizpalast** (*Palais de Justice*), ohne den eine französische Stadt nicht auskommen kann – hier ist er allerdings wenig pompös geraten.

Ihm gegenüber befindet sich die eindrucksvolle katholische **Kathedrale** *Basilique St. Pierre et St. Paul*, die aus dem Jahre 1847 stammt und wegen der Wirbelsturm-Gefahr mit Eisen verstärkt wurde.

Auf dem Platz selbst steht eine Büste des Admirals Gourbeyre, zu deren Füßen an den Vormittagen ein Blumenmarkt abgehalten wird.

Die Place Gourbeyre verlässt man in westlicher Richtung über die Rue Barbès, die die Hauptgeschäftsstraßen der Stadt (Rue Nozière, Rue Frébault, Rue Schœlcher) schneidet. Kosmetika und Parfum, Seidentücher, Kristall, Porzellan, Tabak und Spirituosen sind einige der ‚Schnäppchen', die man hier machen kann.

> **INFO** ## Die Französischen Antillen

Etwa 7.000 Kilometer Luftlinie sind es von Paris, der Hauptstadt der Grande Nation, zu ihren beiden karibischen **Übersee-Départements**. Mit über 1.500 km² ist Guadeloupe nicht nur der größere der beiden Distrikte (oder der ‚*Les Antilles*', wie die Franzosen sagen), sondern nach Trinidad auch die zweitgrößte Insel der Kleinen Antillen überhaupt. Obwohl zum Teil beträchtlich davon entfernt, gehören zur Verwaltungseinheit Guadeloupe noch fünf Dependancen. Das ca. 1.100 km² große Martinique ist demgegenüber die ‚kleine Schwester', die sich aber durchaus selbstbewusst behaupten kann und für den Tourismus sogar die bedeutendere Rolle spielt. Beide Hauptinseln gehören in ihren westlichen Teilen dem vulkanischen inneren Bogen und östlich dem äußeren Bogen der Inseln über dem Wind an, vereinen also recht unterschiedliche Landschaftsformen: Waldbedeckte Berge und tätige Vulkane (*Soufrière, Montagne Pelée*) einerseits und relativ flache Kalksteinplateaus andererseits.

Historisch stellen die Départements die letzten bescheidenen Überreste eines ehemals weit ausgedehnten Kolonialbesitzes dar. Sie sind neben Quebec (Kanada) und Haïti auch die letzten rein französischen Sprachinseln in Amerika, wobei sich die Bevölkerung jedoch zumeist in der Mischsprache Créole verständigt. Im Verhältnis zu allen anderen Distrikten Frankreichs sind Guadeloupe und Martinique absolut gleichberechtigt und konnten von ihrem Status vor allem wirtschaftlich profitieren (gleiches gilt für andere Außenbesitzungen wie die Komoren, Guyana und La Réunion).

Guadeloupe und Martinique sind jedoch nicht bloß formale Départements, sondern wirkliche Landesteile, in denen wie im Mutterland die Sprache, die Kultur, die Lebensart und die Infrastruktur französisch sind – trotz aller Unterschiede der Landschaft, trotz der multiethnischen Bevölkerung und trotz aller Exotik. Für Besucher bedeutet dies, dass Grundkenntnisse der französischen Sprache von grossem Vorteil sind, auf den Dépendancen St. Martin und St. Barths, wo man auch mit Englisch weiterkommt, mag dies etwas weniger wichtig sein.

Jedenfalls können Pointe-à-Pitre, Fort-de-France, Marigot oder Basse-Terre auf den ersten Blick kaum von einer Provinzstadt an der südlichen Atlantikküste oder der Côte d'Azur unterschieden werden: Ähnliche Schaufensterauslagen, ähnliche Straßencafés, in denen der obligatorische Milchkaffee getrunken wird. Die großen Orte haben eine Mairie, eine Préfecture und die üblichen Kriegsdenkmäler mit behelmten Soldaten. In den Restaurants stehen Weinkaraffen, aus den Bäckereien holt man Baguettes, und unter schattigen Bäumen gehen die Männer ihrem Lieblingsspiel, dem Boule, nach. Die Uniformierten tragen das ‚képi', jene kreisrunde, halbhohe Kopfbedeckung, wie man sie von Pariser Polizisten kennt.

Der Straßenverkehr wird nicht, wie auf den anderen Antillen-Inseln, von japanischen oder amerikanischen Modellen geprägt, sondern von Kleinwagen der Firmen Renault, Citroën und Peugeot. Für den Touristen hat die enge Bindung der Inseln an das Mutterland viele Vorteile: Eine gute Infrastruktur, keine kulturell bedingten Barrieren, keine Gesundheitsrisiken und kaum wirkliche Armut – denn trotz hoher Arbeitslosigkeit und

Strukturkrisen gehören sie zu den **bestentwickelten Regionen** des karibischen Raumes. Wenn der Akzent der Départements mit ihrem Savoir-vivre und ihrer Atmosphäre also eindeutig französisch ist, wird der Grundton doch von einer starken karibischen Note bestimmt – nicht nur durch tropische Blumen, Palmenstrände und warme Temperaturen, sondern vor allem durch die multiethnische Bevölkerung mit ihrer kreolischen Lebensfreude. Auf diese Weise besitzen die Inseln ein unverwechselbares und einmaliges Kolorit, das notwendigerweise viele Unterschiede zum Mutterland einschließt, auch solche, die nicht auf die geografische Lage, das Klima oder die Vegetation zurückzuführen sind.

Einige Unterschiede würden die Einwohner der Französischen Antillen gerne verschwinden sehen:
· z.B. die vergleichsweise viel höhere Arbeitslosigkeit.
· die Einkommen, die geringer sind als in Frankreich.

Andere Unterschiede wiederum werden als Resultat einer eigenen Geschichte geschätzt:
· z.B. die kreolische Sprache und Kultur, die auch die Zouk-Musik, die Küche, die Holzhaus-Architektur u.v.m. einschließt,
· die multikulturelle Gemeinschaft, die alle Bevölkerungsgruppen integriert und keinen Platz für Rassismus à la Le Pen lässt,
· schließlich auch eine gewisse Lebensart: lebensbejahende Gelassenheit und Freundlichkeit, wie sie oft in tropischen Breiten, nicht aber in einer gestressten Industriegesellschaft anzutreffen sind.

Musée Schœlcher

Wenn Sie an der Kreuzung mit der Rue Schœlcher in diese links und kurz danach rechts in die Rue Peynier einbiegen, sehen Sie bald linker Hand das rosafarbene Museum Schœlcher. Dieses Schmuckstück der Architektur im Kolonialstil ist von der Straßenfront ein wenig zurückgesetzt und macht so einem kleinen Skulpturengarten Platz. Außer der sehr drastischen Skulptur eines Jakobiners mit heruntergelassener Hose ist die steinerne Büste des Elsässers Victor Schœlcher beachtenswert. Er war es, der im 19. Jahrhundert das Ende der Sklaverei auf den Französischen Antillen erkämpft hat und in diesem Haus wohnte.
Das Museum stellt Antiquitäten und Erinnerungsstücke von ihm aus.

Marché Saint-Antoine

Auf der Rue Peynier wieder zurück in Richtung Place de la Victoire gehend, passiert man den schönsten und turbulentesten Markt von Guadeloupe, der sich

Point-à-Pitre im Abendlicht

mit seinen Obst-, Gemüse-, Gewürz-, Fisch- und Fleischständen im Freien um einen hübschen Brunnen und auch unter der Eisenkonstruktion der Markthalle ausbreitet.

Stadtmuseum Saint-John Perse

Museum, ...

Verlässt man den Markt an der nächsten Ecke rechts über die Rue Nozières, kommt man an der Kreuzung mit der Rue René Boisneuf zur letzten Sehenswürdigkeit: Das Haus, das mit seinen Eisenverstrebungen ein schönes Beispiel des kolonialen Baustils im 19. Jahrhundert ist, war einst das Wohnhaus eines Fabrikdirektors. 1987 wurde es anlässlich der Hundertjahrfeier des Geburtstages von Alexis Léger (alias Saint-John Perse) der Öffentlichkeit als Museum zugänglich gemacht.

Im Erdgeschoss wurde hier die kreolische Wohnkultur nachgestellt, während die anderen Stockwerke mit Fotodokumenten, persönlichen Gegenständen, Bibliothek und Videothek an Leben und Werk des berühmten Dichters erinnern. Saint-John Perse war der erste Nobelpreisträger der Kleinen Antillen.

In der **näheren Umgebung** von Pointe-à-Pitre lohnt sich außer den Mangroven der Rivière Salée noch der Weg nach Gosier, dem insularen Tourismus-Zentrum.

Weder Raizet noch Abymes oder Besson haben touristische Attraktionen aufzuweisen, sondern sind hauptsächlich durch Industrieparks und ärmliche oder heruntergekommen wirkende Wohnviertel gekennzeichnet.

Wer Pointe-à-Pitre in östlicher Richtung verlässt (Rue du chemin neuf), bleibt in Küstennähe und erreicht über die mehrspurige N-4 bereits nach 1,5 km **Bas-du-Fort**.

Hier lohnt es sich, abzufahren, um dem turbulenten Treiben am großen Yachthafen einen Besuch abzustatten.

Aquarium ...

Wer keine Lust oder Möglichkeit hat, sich mit Schnorchel- bzw. Tauchausrüstung die Meeresflora und -fauna anzuschauen, sollte hier unbedingt das **Aquarium de la Guadeloupe** aufsuchen, das zusammen mit dem von Curaçao das modernste und sehenswerteste der Kleinen Antillen ist.

... und ein Fort

Bei der Weiterfahrt sieht man auf einem Hügel rechts oberhalb der Schnellstraße die Überreste des **Forts Fleur de l'Epée**. Diese Festung des 18. Jahrhunderts, an der schwere Kämpfe zwischen Engländern und Franzosen stattgefunden haben, bietet nicht nur Mauerreste, Kasematten und alte Kanonen, sondern vor allem eine schöne Aussicht auf die Grande Baie.

Zur nächsten Station verlässt man die N-4 wenige Hundert Meter später nach rechts und kommt nach Le Gosier, dessen Casino, Hotels und Strände zu erreichen sind, wenn man am Ortsanfang wiederum nach rechts abbiegt.

Le Gosier

Die Pelikane, nach deren kreolischem Namen das Seebad getauft wurde, haben längst schon Hotels und Touristen Platz machen müssen. Wer eine abgeschiedene Idylle sucht, ist hier fehl am Platz, wem stattdessen der Sinn nach internationalem Strandleben, Glücksspiel, einer großen Auswahl an Restaurants, Diskotheken, Unterkünften und Hotelkomfort steht, wer sich außerdem wassersportlich betätigen und ‚Riviera-Gefühl' erleben möchte, wird sich wohl fühlen. Eine der abendlichen Attraktionen ist das **Spielkasino**, das im Gegensatz zu den Glücksspiel- Palästen von Saint Martin/Sint Maarten mehr europäisch-elegante und weniger amerikanische Atmosphäre (keine Spielautomaten) hat.

Badeort nahe der Hauptstadt

Viele Wassersportmöglichkeiten gibt's in Le Gosier.

Ganz andere Reize hat das vorgelagerte ‚Pelikan-Inselchen' **Ilet du Gosier** mit seinem weißen Leuchtturm zu bieten. Wer dort ungestört (evtl. auch hüllenlos) baden möchte, kann sich von der Marina in Gosier bequem übersetzen lassen.

Der flache Norden: Rundfahrt Grande-Terre

Im Folgenden wird eine Tour rund um Grande-Terre beschrieben, die ab Point-à-Pitre im Uhrzeigersinn rund um Grande-Terre führt und etwa 120 Kilometer beträgt. Wer auf längere Badeaufenthalte oder Wanderungen verzichtet, schafft diese Strecke gut an einem Tag, dabei bleibt für alle genannten Sehenswürdigkeiten ausreichend Zeit.

Man verlässt Pointe-à-Pitre über die stark befahrene N-5 in Richtung Flughafen, wobei man sich an den Hinweisschildern nach ‚Moule' und ‚Abymes' orientiert. Das ausufernde urbane Gebiet mit seinen Reklametafeln und wenig attraktiver Bebauung macht es allerdings schwer, die Stadtgrenzen zu erkennen. In **Abymes** kann man zwischen zwei Wegvarianten nach Morne-à-l'Eau wählen:
Die westlichere D-106 nach Vieux Bourg ist weniger stark frequentiert und führt durch eine Landschaft, die immer wieder mit Sümpfen und Mangrovendickichten durchsetzt ist. Kurz hinter Abymes hat man sogar die Möglichkeit, einen Mangroven-Lehrpfad zu besuchen, organisierte Wanderungen werden angeboten. Im kleinen und hübschen Fischerdorf **Vieux-Bourg** können Sie links an der Kirche die kleine Stichstraße nehmen, die kurz hinter der Kirche nach links in Richtung Plage du Babin führt. Sie können zwar nicht ganz bis zur **Pointe Macou** fahren, jedoch bis zur **Anse Babin** (Strand, schöne Aussicht). Leider ist die Straße trotz Asphaltierung durch tiefe Löcher in Mitleidenschaft gezogen.

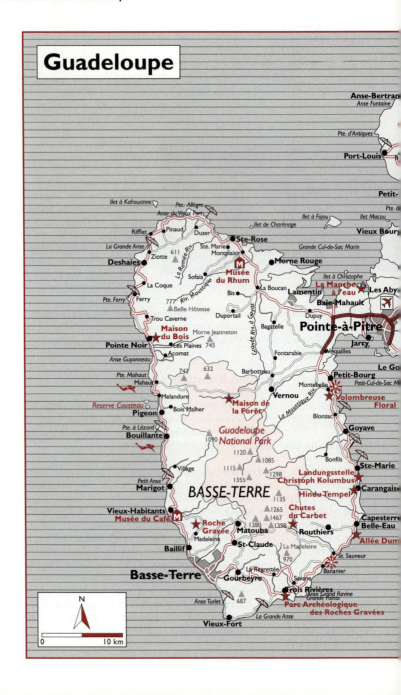

Die Kleinen Antillen – Guadeloupe 319

In Vieux-Bourg selbst lädt eine Bar zu Erfrischungsgetränken Außerdem bietet sich von hier der Ausflug per Fischerboot zum vorgelagerten Eiland **Ilet Macou** (Mangroven, Kapelle, Korallenriffe) an. Die D-107 bringt Sie dann wieder auf die Hauptstraße und nach Morne-à-l'Eau.

Der direkte Weg über die N-5 ist natürlich schneller, aber dafür uninteressanter. Wer einen lohnenden Abstecher machen möchte, biegt kurz hinter Abymes rechts auf die D-101 ab, die in die verkarstete Hügellandschaft der **Grands Fonds** (s.u.) führt. Die Bevölkerung einiger Dörfer, insbesondere von **Jabrun-du-Nord** und **Jabrun-du-Sud**, wird auf Grund ihrer weißen Hautfarbe und blonder Haare (*Blancs Matignons*) mit jenen Aristokraten in Verbindung gebracht, die vor der Guillotine flohen und bis heute ‚unvermischt' blieben. Einige Genealogen vermuten hier sogar Mitglieder des Hauses Grimaldi von Monaco.

Morne-à-l'Eau

Der Friedhof von Morne-à-l'Eau

Die mit rund 20.000 Einwohnern recht große Gemeinde liegt inmitten eines Sumpfgebietes, das erst durch lange Kanalbauten mühsam entwässert werden musste. Auch wer heute zu Fuß in der Innenstadt unterwegs ist, sollte darauf achten, nicht in die tiefen Abwasserrinnen zu treten.

Bevor Sie jedoch mitten in den Ort hineinfahren, führt die Nationalstraße direkt an der größten Sehenswürdigkeit der Ortschaft vorbei, nämlich am **Friedhof**, der direkt hinter der Tankstelle und dem Ortseingangsschild ‚Morne-à-l'Eau' auf der rechten Seite liegt. Mit seinen schwarz-weiß gekachelten Totenhäusern, die schachbrettartig am Hang angelegt sind, sieht er allerdings eher wie ein kykladisches Dorf aus. Wer zu Allerheiligen auf Guadeloupe ist, sollte sich diesen Tag unbedingt für die Besichtigung des Friedhofes freihalten! Direkt gegenüber des Friedhofs von Morne-à-l'Eau nehmen Sie die Abzweigung der N-6 in Richtung Petit-Canal/Port Louis, da die bisherige Straße direkt nach Moule an der Atlantikseite führt.

Stadt der Toten

Über einen Hügel geht es nun in weitem Bogen auf Petit-Canal zu, wobei die N-6 direkt durch das vom Hurrican ‚Hugo' 1989 schwer beschädigte Fischerdorf führt. Spuren der Verwüstungen sind jedoch schon lange nicht mehr zu sehen. Im Gegenteil, neue Wohnviertel am Ortsrand weisen auf rege Bautätigkeit in der Vergangenheit hin. Ein Besuch des auf einem Hügel liegenden Dorfes lohnt sich vor allem wegen des **Sklavenfriedhofes** und der beschaulichen **Hafenmole**.
Den besten Blick auf die in den Sumpf gebaute Mole haben Sie von der Vorderseite der Kirche, um die Sie mit dem Auto bequem herumfahren können.

Da fast die gesamte Küste zwischen Petit-Canal und Port-Louis von **Mangrovensümpfen** und Kanälen durchzogen ist, bleibt die Straße nun wieder in gehörigem Abstand zum Wasser und führt durch ausgedehnte **Zuckerrohrfelder**. Deren Produkte werden in der großen Industrieanlage von **Beauport** verarbeitet, die in einiger Entfernung rechts der Straße zu sehen ist. Ab und zu überquert man alte Bahnlinien und erblickt die Überreste ehemaliger Zuckermühlen.

Port-Louis

Im kleinen Hafenstädtchen Port-Louis, das mehrere Tausend Einwohner zählt, können Sie schließlich wieder direkt am Meer sein: am nördlich des Ortes gelegenen **Plage du Souffleur**, einem der schönsten Strände der Insel.

Idyllisches Hafenstädtchen

Hier können Sie zur richtigen Jahres- oder Tageszeit auch herrliche, über und über rot blühende Flammenbäume und spektakuläre Sonnenuntergänge genießen. Der Strand ist Ausgangspunkt für einen Spaziergang zur **Pointe d'Antiques**. Der Ort selbst scheint zwar ärmlich, ist aber dennoch attraktiv.

Im Kontrast zu den vielen einfachen Holzhütten verbreitet die Straße an der ‚Hafenpromenade' einen Hauch mediterranen Flair, mit ihren in der Mitte der Straße stehenden Straßen-

In der Nebensaison gehört der Strand den Insulanern.

laternen. Sehenswert sind auch die Kirche im kolonialen Baustil und der am Ende der Bucht gelegene Friedhof, auf dem Einheimische die Gräber ihrer Angehörigen mit riesigen Muscheln schmücken. Vom Strand haben Sie einen phantastischen Blick auf das Basse-Terre-Massiv, die Bucht der ‚großen Sackgasse' (Grand Cul-de-Sac Marin), die Mahault-Bucht und die Kakouanne-Insel. Nach dem Besuch des Dorfes bleibt man auf der N-6, die sich wieder vom Ozean entfernt und durch Plantagen sowie an einem Hindutempel nahe des Ravine Cassis vorbeiführt.

Anse Bertrand

In der kleinen Ortschaft, übrigens die nördlichste der Insel, weisen Schilder den Weg zur ‚Pointe de la Petite Vigie'. Dabei kommen Sie am nördlichen Ortsausgang zu einer Kreuzung – hier geht es links zum schönen Strand der Anse Laborde und rechts zur Pferderennbahn (*Hippodrome*) von St. Jacques. Die **Anse Laborde** bietet neben Picknick-Möglichkeiten auch das Snack-Bar/Restaurant ‚Chez Prudence' mit Blick auf das Meer. Die Straße zur Pointe de la Grande Vigie, die D-122, ist nur sehr schmal und führt durch ein trockenes, nur mit Büschen bewachsenes Karstgebiet, immer parallel zur Steilküste. Wegen der Vegetation kann man allerdings nur selten einen Blick auf das Meer erhaschen.

Pointe de la Grande Vigie

Spektakulärer Blick

Kurz hinter der Abzweigung der D-122, die rechts zur Porte d'Enfer führt, haben Sie den Parkplatz am nördlichsten Punkt Guadeloupes erreicht, die Pointe de la Grande Vigie. Zwar ist schon hier die Aussicht gut, doch man würde zu viel verpassen, bliebe man am Erfrischungs- und Souvenirstand des kleinen Wendehammers stehen. Denn wenn Sie nur wenige Minuten über die spitzen Steine bis zu den äußersten Felsen weitergehen, erwartet Sie eine spektakuläre Szenerie, die einen der landschaftlichen Höhepunkte von Grand-Terre darstellt. Von der **Steilküste** (80 m ü.d.M.) geht der Blick weit an den **Kalksteinformationen** entlang über bizarre Felsnadeln hinweg auf den Ozean, wo man bei guter Sicht am Horizont die Nachbarinseln Désirade, Antigua und Montserrat erkennen kann.

Bei der Weiterfahrt biegen Sie wieder links auf die wenig befahrene D-122 ab, die Sie über ein weites **Plateau** mit niedriger Buschvegetation parallel zur Atlantikküste bringt. Wer sich an der Pointe de la Grande Vigie noch nicht an den Felsformationen satt gesehen hat, sollte an der Straße immer wieder die Möglichkeit zum Anhalten nutzen, um die **Ausblicke auf die Steilküste** zu genießen. Vom Parkplatz oberhalb der Pointe du Piton kann man einen Abstecher zur **Porte d'Enfer** machen. Es ist auch möglich, bis zum Meer hinabzusteigen und einen Blick in das ‚Höllentor' zu werfen, wo einer lokalen Geschichte zufolge ‚Madame Coco' für immer verschwunden sein soll, als sie eines Tages mit ihrem Sonnenschirm am Meeresufer spazieren ging. Nachdem die Straße relativ stark bergab führte, geht es in der Talsole links zur **Lagoon de la Porte d'Enfer** und zum **Trou Madame Coco**. Durch eine schmale, von Mauern begrenzte Zufahrt gelangen Sie auf den Parkplatz der Lagune mit kleinem Erfrischungsstand. Die Lagune strahlt im Gegensatz zum brausenden Atlantik an der Steilküste eine friedliche und ruhige Atmosphäre aus. Nach dem Genuß dieser grandiosen Landschaftseindrücke führt die D-122 Sie auf der Weiterfahrt nicht mehr an landschaftlichen Höhepunkten vorbei, auch die folgende D-120 Richtung Le Moule nicht, auf der Sie sich links halten und durch Ortschaften wie **Campêche** und Gros-Cap kommen. Genießen Sie stattdessen das satte Grün der Zuckerrohrfelder und der Buschvegetation, das den Augen einen erfrischenden Kontrast zum tiefen Blau des Atlantiks bietet. In **Gros-Cap** ist ein Abstecher (zwei Kilometer) zur Küste möglich, bei dem man auch der über dem Atlantik und der Anse de la Savane Brûlée gelegenen **Chapelle Ste. Anne** – mit schöner Aussicht – und den Stränden der **Anse Maurice** mit Bademöglichkeit einen Besuch abstatten kann. Im Gegensatz zu den Stränden an der Westküste sind die der Ostküste durch schroffe Felsformationen und durch ein gegen die Felsen schlagendes Meer geprägt.

Die Porte d'Enfer von der Lagune aus

Friedliche Lagune

INFO Museum Edgar Clerc

Das interessante Museum ist nach dem bekannten Archäologen aus Martinique benannt, der sich sehr um die Erforschung der **vorkolumbischen Kulturen** verdient gemacht hat. Dementsprechend sind hier hauptsächlich Kunst- und Alltagsgegenstände der Arawaken und Kariben präsentiert. Auch das moderne Museum selbst ist nicht ohne Reiz. Vom Eingangspavillon am Parkplatz geht man durch eine sehr schöne , parkähnliche Anlage mit Königspalmen und steht dann nach etwa 150 m vor dem pinkfarbenen Ausstellungsgebäude.

Direkt vor dem Eingang ist ein eindrucksvoller Felsen mit Gesichts-Petroglyphen (indianischen Felsritzungen) aufgestellt. Im Museum wird man durch Abteilungen geleitet, die um einen runden Innenhof angelegt sind und archäologische Exponate der indianischen Kultur sowie eine Sammlung zeitgenössischer Künstler, Schiffsmodelle und präparierte Tiere zeigen. Leider sind die Vitrinen nur französisch beschriftet. Vergessen Sie nicht, auf der Terrasse die schöne Aussicht auf den Atlantik zu genießen.

Indianische Felsritzungen zeigt das Museum.

Die Erkundung der Unterwasserwelt zwischen den Felsen ist jedoch bei bewegter See nicht ungefährlich. Die Strände sind zudem sehr einsam, was sicherlich auch an den überaus schlechten Straßen zu den Buchten um Gros Cap herum liegt. Die beeindruckenden Schlaglöcher offenbaren ihre Heimtücke erst, wenn man kurz davor steht; Sie sollten also unbedingt langsam fahren. Etwa zwei Kilometer nachdem die D-120 in die D-123 übergegangen ist, sollten Sie besonders aufpassen und aufmerksam fahren, schließlich wartet in **Rosette** linker Hand, ca. 300 m vor der Einmündung auf die Straße N-5 Richtung ‚La Moule', ein kultureller Höhepunkt auf Sie, das **Museum Edgar Clerc**.

Interessantes Museum

Kurz hinter dem Museum biegt man nach links in Richtung Le Moule ab, passiert die Baie du Nord-Ouest mit Strand und Hotelanlage, folgt der gut ausgebauten Strandpromenade, wo vor allem am Wochenende einheimische Jungen, auf ihren Brettern sitzend, auf Wellen zum Abreiten warten, und erreicht kurz darauf die einzige Stadt an der Atlantikküste.

Le Moule

Der Hafenort ist eine der größeren Siedlungen Guadeloupes. Von seiner ehemaligen Bedeutung zeugen die Überreste der alten **Festung**, deren Kanonen man vor der Hafeneinfahrt einzementiert hat, und die **Kirche** im klassizistischen Stil. Der um 1850 fertig gestellte Bau ist das wohl eindrucksvollste Gotteshaus der Insel, er erhebt sich mit seinem von vier ionischen Säulen getragenen Portikus über eine Freitreppe. Links und rechts vom Haupteingang gliedern Nischen die Fassade, während hoch oben das große Kreuz einen markanten Blickfang bietet. Ansonsten hat die Stadt nach den Zerstörungen der Wirbelstürme von 1928 und 1989 viel alte Bausubstanz eingebüßt, macht dies aber wett durch eine hübsche **Marina** an der Mündung der Ravine Gardel und im Osten durch den schönen Badestrand **Plage de l'Autre Bord**.

Le Moule: reges Treiben nach Feierabend

Beides erreicht man über die N-5 (Richtung St. François), die man allerdings in L'Autre Bord über eine schmale Straße links verlassen sollte. Auf diese Weise gelangt man erneut an die Küste und nach ca. 3 km links in eine kleine Straße zur Pointe Morne und einem weiteren romantischen ‚**Höllentor'** (*Porte d'Enfer*) mit einer schönen, ruhigen Badebucht. Über der Bucht ergibt sich von den Felsen aus ein schöner Blick an der nördlichen Küste von Grande-Terre entlang.

Koloniale Architektur

Von der Porte d'Enfer geht es immer geradeaus zurück auf die N-5. Dabei sollten Sie direkt an der Weggabelung auf das links gelegene **Zévalos-Haus** achten, eins der schönsten Bauten aus der Kolonialzeit der Insel. Das 1845 aufgeführte Herrenhaus war Mittelpunkt der ersten dampfbetriebenen Zuckerfabriken, deren Schornsteinruinen und weitere Gebäudeteile daneben noch zu sehen sind. Bevor Sie nun geradewegs in südlicher Richtung auf die Küste und das Städtchen St. François zufahren, sollten Sie bei klarem Wetter in Sainte Marthe noch einen Abstecher nach links auf dem gut asphaltierten Kreuzweg (*Chemin de Croix*) zur **Chapelle de la Baie Olive** machen. Den Weg erkennen Sie an den weißen Kreuzen, die den Weg säumen.

Das Zévalos-Haus: perfekter Kolonialstil

Saint François

Das ehemals kleine Fischerdorf macht trotz der mittlerweile hier eingezogenen Hotels und Appartement-Häuser einen sympathischen und hübschen Eindruck, insbesondere am Marktplatz und an der Kirche aus dem 18. Jahrhundert. Am Sonntag können Sie um die *Bibliothèque Municipal* herum einen lebhaften Markt erleben. Mit den vorzüglichen Stränden Raisins Clairs, Tarare und Anse Logourde war die touristische Entwicklung vorprogrammiert, wobei die meisten Hotels, Feriendörfer, Restaurants, der Yachthafen und der 18-Loch-**Golfplatz** am westlichen Ortsausgang konzentriert sind. Hier findet sich auch das zweite **Spielkasino** der Insel. Eine starke Minderheit der Stadtbevölkerung bilden Immigranten aus Indien, und so gibt es in St. François kleinere hinduistische Gebetsstätten und vor allem den **Hindu-Friedhof** in Ufernähe zu sehen.

Zwei interessante Abstecher sind von hier aus in östlicher Richtung möglich. Zwei Kilometer sind es zur Anse à la Baie an die Atlantikküste mit seiner schönen **Chapelle Baie d'Olive**. Etwas weiter, etwa elf Kilometer, geht es von Saint-François die D-118 entlang, auf die schmale Landzunge an vielen Kunsthandwerk- und Künstlerateliers vorbei zum östlichsten Punkt der Insel, zur **Pointe des Châteaux**. Vorher kann man nach links zu den schönen Badestränden der **Anse de la Gourde** und der **Pointe Tarare** abfahren, an denen teilweise FKK möglich ist und wo es einige Hotels und Restaurants gibt.

Badestrände

Oberhalb der Pointe des Châteaux erhebt sich der **Pointe des Colibris**, 43 m hoch und mit wunderbarer Aussicht. Von hier aus eröffnet sich ein weiter Panoramablick an den beiden zerklüfteten Küsten entlang auf das vorgelagerte Inselchen Ile de la Petite-Terre, sowie auf die Dépendancen La Désirade im Osten und etwas weiter auf Marie-Galante im Süden. Ein Pfad bringt Sie hinunter zum schönen Sandstrand, der wegen der starken Brandung und Unterströmung jedoch nicht zum Baden geeignet ist (Lebensgefahr!). Die **Pointe des Châteaux** wird gerne zur Beobachtung des Sonnenuntergangs besucht, aber auch abends lockt eine Vielzahl an guten Restaurants. In westlicher Richtung führt ab St. François die N-4 in einiger Entfernung zum Meer durch die niedrige und landwirtschaftlich genutzte Plaine de la Simonière bis nach Sainte Anne.

Sainte Anne

Das alte Fischerdorf, das seinen Namen nach Anna von Österreich, der Mutter Ludwigs XIV., trägt, bestand bereits vor der Gründung von Pointe-à-Pitre und war als wichtiges Handelszentrum ein Ausfuhrhafen für Zucker, damit stets auch ein Angriffsziel der Briten, die es 1759 brandschatzten und zerstörten. Heute ist Sainte Anne ein aufstrebendes Seebad, das von den teilweise riffgeschützten Sandstränden profitiert. Die meisten touristischen Einrichtungen befinden sich westlich der Stadt.

Von Sainte Anne aus fährt man, immer in einigem Abstand zur Küste, weiter über die Route Nationale in Richtung **Gosier** und schließlich zurück nach **Pointe-à-Pitre**. Der immer dichter werdende Verkehr kündigt das Ballungszentrum an, während das Landschaftsbild bis Gosier durch Weiden, Zuckerrohrplantagen und Bauernhäuser geprägt ist. Nur selten hat man Gelegenheit, der Küste mit ihren schönen Stränden näher zu kommen – etwa in der **Anse à Jacques** (nehmen Sie die Stichstraße kurz vor Mare Gaillard).

Fahrt durch die Grands Fonds

Eine gute Alternative zur Küstenstraße ist der Weg durchs Inselinnere, wo sich die merkwürdigen Formationen der Grands Fonds ausbreiten. Dabei handelt es sich um eine stark erodierte und verkarstete Landschaft, in der sich vereinzelte Kalkhügel, -kegel und -plateaus bis auf 136 m über dem Meeresspiegel erheben, sog. ‚Deshauteurs', während die tiefen Täler und Senken teilweise unter Meeresspiegelniveau liegen und sich nach heftigen Regenfällen in eine weit verzweigte Seenplatte verwandeln. Verschiedene Straßen winden sich in ständigem Auf und Ab durch die Grands Fonds, die im Volksmund deshalb den Namen ‚Achterbahn' (*Montagnes Russes*) tragen.

Verkarstete Landschaft
Gute Ausgangspunkte für die Erkundung dieses Gebietes, das übrigens stark besiedelt und landwirtschaftlich intensiv genutzt ist, sind Sainte Anne, Les Abymes und Morne-à-L'Eau. Von Ste. Anne nehmen Sie am besten die Landstraße D-105 und weiter die D-102 (nach Abymes) bzw. D-103 (nach Pointe-à-Pitre) oder D-104 (nach Gosier).

Der gebirgige Süden: Rundfahrt Basse-Terre

Anders als die Nordinsel Grande-Terre kann der größere Südflügel des ‚Schmetterlings' keine Inselrundfahrt bieten, die an einem Tag alle Sehenswürdigkeiten beinhaltet. Denn wer auf der ca. 160 km langen Ringstraße N-1 und N-2 Basse-Terre umrundet, verpasst zwei der größten Attraktionen, nämlich die Wildnis des *Parc Naturel* und den Vulkan *La Soufrière*. Anderseits sollten diejenigen, die wirklich wandern möchten, ohnehin mehr Zeit mitbringen und sich für die genannten Ziele jeweils eine Tag reservieren.

Zunächst wird deshalb der Verlauf der Küstenstraße (ab/bis Pointe-à-Pitre im Uhrzeigersinn) beschrieben und anschließend die zum Nationalpark führende *Route de la Traversée* sowie die (Wander-)Strecke ab Basse-Terre/St. Claude zum Vulkan.

Einmal rund um Basse-Terre

Man verlässt Grande-Terre oder das Ballungsgebiet von **Pointe-à-Pitre** über die gut ausgeschilderte autobahnähnliche N-1, die am Flughafen vorbei zum ‚Salzfluss' (*Rivière Salée*) führt. Dessen mit Mangroven bewachsene Ufer werden heute durch eine Betonbrücke verbunden, während man vor hundert Jahren noch mit einer Fähre von Insel zu Insel übersetzen musste.

Kurz nach der Brücke geht links eine Stichstraße zum Industriepark von Jarry ab, und noch ein wenig weiter kommen im Verteilerkreuz von **Destrelan** die N-1 und N-2 zusammen. Auf unserer Route fährt man in einer großen Schleife über die N-1 südwärts, geradewegs auf das nun gut sichtbare Gebirge zu.

Hinter Versailles geht die 26 km lange D-23 ab, die als *Traversée* Basse-Terre durchschneidet und mitten in den Regenwald führt (s.u.). Bald führt die N-1 in einem

Die Kleinen Antillen – Guadeloupe

Der Hafen von Petit-Bourg

Schwenker auf die Küste zu und bringt einen über eine kleine Brücke zum kleinen Städtchen **Petit-Bourg**. Am unteren Ortsausgang ergibt sich ein schöner Blick auf die gegenüberliegende Grande-Terre mit Pointe-à-Pitre und Gosier. Bei der Weiterfahrt kann man nach Überquerung der Rivière Moustique einen Abstecher zum drei Kilometer landeinwärts gelegenen **Montebello** mit seiner traditionsreichen Rum-Destillerie machen. Wanderer haben hier Gelegenheit, die hoch gelegene *Trace Victor-Hugues* über den Gebirgskamm auf einer Strecke von etwa 30 km bis St. Claude (am Soufrière-Vulkan) zu bewältigen.

Rum-Destillerie

Die Straße verläuft nun küstennah, passiert die Ortschaft **Goyave** sowie die Sandbucht Anse du Sable und erreicht **Sainte Marie**. Hier liegt, zwischen den beiden Stränden Pointe du Carénage und Plage du Roseau, jene Landungsstelle, an der Christoph Kolumbus am 4. November 1493 Guadeloupe betrat. An dieses Ereignis erinnert ein kleiner Gedenkpark mit der Büste des ‚Entdeckers' (1916). Weiter führt die Fahrt, an Hängen mit Bananenplantagen auf der einen und der Küstenlinie auf der anderen Seite vorbei, nach **Changy**, dessen Hindutempel mit zahlreichen Götterstatuen einen Besuch verdient.

Das schönste nächstgelegene Städtchen, **Capesterre-Belle-Eau**, markiert die Ein- und Ausfahrt. Im Norden flankieren Flamboyant-Bäume die Straße, die in der Blütezeit (Mai/Juni) in einem wahren Farbrausch versinkt. Und am südlichen Ortsausgang fährt man durch die **Allée Dumanoir** mit ihren Doppelreihen hundertjähriger Königspalmen. Ein touristisches ‚Muss' ist sodann, in der Ortschaft St. Sauveur, der acht Kilometer lange Abstecher auf der D-4 zu den *Chutes du Carbet*.

Die Carbet-Wasserfälle

Die kleine Straße windet sich 800 m ins Gebirge hinauf, wobei man zunächst an Bananenplantagen vorbei und durch kleine Bergdörfer kommt, schließlich aber den Urwald erreicht. Links der D-4 lohnt der wildromantische See **Grand Etang** (300 m lange Stichstraße) die einstündige Umrundung. Markierte Wanderwege führen zu weiteren Urwaldseen, die durch Lavabarrieren aufgestaut wurden. Die D-4

Der Grand Etang ist nicht zum Baden geeignet.

endet an einem Park- und Picknick-Platz, von dem man sich nur noch zu Fuß den *Chutes du Carbet* nähern kann. Die Wasserfälle selbst, die mehrfach Plakate des Fremdenverkehrsamtes schmücken, sind sicher die eindrucksvollsten, die es auf den Kleinen Antillen gibt. Sie entspringen als heiße Quellen (95° C) der Ostflanke des Vulkans und stürzen sich in drei auseinander liegenden Stufen hinab. Diese sind nur auf unterschiedlich langen und unterschiedlich anstrengenden Wanderungen zu erreichen.

Eindrucksvolle Wasserfälle

Die Inselrundfahrt setzen Sie auf der N-1 fort, die hinter St. Sauteur zum malerischen Fischerdorf **Bananier** (Zentrum des Bananenanbaus) führt, um kurze Zeit später in weitem Bogen durch das Inselinnere von der Atlantikseite fort und durch Kaffee-, Kakao- und Vanilleplantagen zur Hauptstraße von Basse-Terre zu leiten. Als Alternative bietet sich die kurvenreiche Küstenstraße D-6 an, auf der man zu mehreren kulturellen und natürlichen Sehenswürdigkeiten kommt. Selbst wer die Schnellstraße bevorzugt, sollte an der Abzweigung wenigstens die kurze Strecke bis **Trois-Rivière** zurücklegen.

Trois-Rivière

Der hübsche, in der Grande Anse am Strand gelegene Ort war in der Vergangenheit Schauplatz heftiger Gefechte zwischen Franzosen und Engländern. Davon zeugen noch alte Geschützstellungen und das ehemalige Pulvermagazin. Für Inselhüpfer ist außerdem die hier abgehende Fährverbindung zu den Saintes-Inseln interessant. Die größte Sehenswürdigkeit in der Umgebung stellt jedoch das Freilichtmuseum des **Archäologischen Parks von Roches Gravées** dar, das 1976 eingerichtet wurde.

Felszeichnungen

Auf einem hübschen botanischen Lehrpfad wird man hier zu bedeutenden Felszeichnungen geleitet, die vermutlich von den Arawaken-Indianern im 3./4. Jahrhundert n. Chr. angefertigt wurden. Man findet kaum eine bessere Gelegenheit, die technische Fertigkeit und das Repertoire dieser Kunstform zu bestaunen. Am eindrucksvollsten sind die vielen, fast modern anmutenden Gesichter (mal mit und mal ohne Nase), einige davon mit zugehörigem Körper und z.T. auch mit prächtigem Kopfputz ausgestattet.

Der Archäologische Park von Roche Gravées

Tipp

Fotografen haben um die Mittagszeit die besten Bedingungen; hilfreich ist es außerdem, wenn man etwas Wasser mitführt, um die Gravuren der Petroglyphen besser auf das Bild zu bannen.

Bleibt man ab Trois-Rivière auf der alten Nationalstraße D-6, kommt man an der schwarzsandigen Grande Anse vorbei und gelangt zur Südspitze der Insel. Dort, wo rechts der kurvigen Straße der alte Basalt-Gebirgsstock der Monts Caraïbes bis 687 m emporsteigt und sich linker Hand der Atlantik mit der Karibischen See vereinigt, liegt das Fischerdorf **Vieux-Fort**. Wie der Name sagt, gab es auch hier eine Befestigung, die den Seeweg zu den Saintes-Inseln kontrollieren und sichern sollte und deren Überreste noch zu besichtigen sind.

Stickereien

Vieux-Fort ist außerdem wegen seiner Stickereien bekannt, ein lokales Kunsthandwerk mit langer Tradition. Im Centre de Broderie et Arts Textiles, nahe dem Leuchtturm, haben sich zur Wahrung der Tradition fast 40 Stickerinnen zusammengetan und stellen nun qualitätsvolle Deckchen, Bettwäsche, Nachthemden etc. her. Sie können den Frauen bei der Arbeit über die Schulter schauen und ihre Produkte natürlich auch kaufen. Anschließend geht es – nun in nördlicher Richtung – an der weit geschwungenen Anse Turlet entlang auf die Inselhauptstadt zu.

Basse-Terre

Exotische Früchte, frisch zubereitet

Obwohl nur 36.100 Menschen in Basse-Terre leben, ist das Städtchen doch die Hauptstadt Guadeloupes mit Präfektur und Inselparlament (*Conseil Général*) sowie Bischofssitz. Für die Tatsache, dass nicht das ungleich größere Pointe-à-Pitre, sondern das verschlafene Basse-Terre administratives Zentrum eines ganzen Archipels wurde, sind historische Gründe verantwortlich. Denn immerhin ist die 1640 gegründete Siedlung nicht nur eine der ältesten der Insel, sondern eine der frühesten französischen Enklaven im gesamten karibischen Raum.

Allerdings verhinderten immer wieder Kriege, Belagerungen, Revolutionswirren und Naturkatastrophen die urbane Entwicklung. Zuletzt brachten die 1970er Jahre gleich mehrere schlimme Ereignisse mit sich: nach vulkanischer Tätigkeit der Soufrière evakuierte man vorsorglich 70.000 Einwohner von Basse-Terre und der umliegenden Gemeinden – für fünf Monate war damals die Hauptstadt völlig verwaist.

Die historische Bedeutung der Stadt, verbunden mit ihrer geringen Ausdehnung, hat für den Touristen jedenfalls den Vorteil, dass alle Baudenkmäler und Sehenswürdigkeiten nahe beieinander liegen.

Inselhauptstadt

Wenn man über die D-6 von Vieux-Fort oder über die N-1 von Gourbeyre nach Basse-Terre kommt, ist der erste Anlaufpunkt das alte **Fort St. Charles** aus dem 17. Jahrhundert. Die wuchtige Verteidigungsanlage liegt auf einem Felsvorsprung im Südwesten, sofort hinter der Brücke über der *Rivière du Galion*. Auf einer Fläche von fünf Hektar breiten sich hier auf sternförmigem Grundriss gut erhaltene Wehrgänge, Bastionen und Gräben aus. Im Fort befindet sich heute das Historische Museum.

Koloniale Architektur

Von hier aus fährt man entweder an der Uferstraße (*Boulevard du Général de Gaulle*) entlang zum Hafen, wobei man rechter Hand den **Justizpalast** und dem gegenüber das Gebäude der **Generalversammlung** (*Palais du Conseil Général*) passiert – beide am *Boulevard Félix Eboué* – und an der nächsten Flussbrücke den **Markt**. Oder man benutzt vom Fort aus die *Rue Dugommier*, die rechts an der altehrwürdigen Wallfahrtskirche **Notre-Dame du Mont-Cramel** vorbeiführt.

Diesseits des Flusses *Rivière aux Herbes* kann man über den berganführenden *Boulevard Félix Eboué* noch 440 m bis zum 1881 gegründeten und sehr sehenswerten **Botanischen Garten** zurücklegen, wobei man unweit des Justizpalastes an den hübschen Plätzen *Jardin Pichon* und *Place d'Arbaut* mit Kolonialhäusern und Freilichtbühne vorbeikommt.

Jenseits der *Rivière aux Herbes* ist zunächst die römisch-katholische **Kathedrale** aus dem 19. Jahrhundert sehenswert, sowie das **Rathaus** am Hafenbecken, wo sich auch die Touristeninformation befindet.

Wer ab Basse-Terre nicht über die N-3 nach St. Claude und zum Vulkan fahren möchte (s.u.), bleibt auf der Küstenstraße N-2 in nördlicher Richtung. Zunächst kommt man durch das fruchtbare Gebiet von **Rivière des Pères**, wo Dominikanermönche mit Hilfe von künstlicher Bewässerung ausgedehnte Plantagen angelegt haben, deren Produkte im Hafen von Basse-Terre verschifft wurden. Entlang der ‚karibischen Riviera' geht es weiter durch teils pittoreske, teils ärmlich wirkende Siedlungen und ausgedehnte Gemüsekulturen.

Die Straße verläuft immer an der tiefblauen See entlang, während zur Rechten eine grandiose Berglandschaft hinaufzieht (*Montagne Soldat*, 851m; *Trois Crêtes*, 917m; *Pitons de Bouillante*, 1.088 m). In **Madeleine**, der erstgelegenen Ortschaft, kann man auf einem Pfad zu weiteren indianischen Petroglyphen (*Roche Gravée*) gelangen.

Dann kommt **Vieux-Habitants**, das außer der ältesten Pfarrkirche der Insel und einem sehenswerten Friedhof auch einen hübschen Strand zu bieten hat. Der ausgeschilderte Abstecher zur sechs Kilometer landeinwärts gelegenen Kaffeeplantage *Domaine de la Grivelière* mit täglichen Besichtigungen ist wegen der sehr schlechten Straße mit einem normalen Auto nicht zu empfehlen.

Unbedingt einen Besuch lohnt jedoch das **Musée du Café** (☏ 985496), das nicht nur den Röstungsprozess von Kaffeebohnen demonstriert, sondern auch exzellenten Kaffee anbietet.

Über **Marigot** geht es an der **Anse à la Barque** mit ihren Kokospalmen weiter nach **Bouillante**, in dem der Tourismus Fuß fasst.

Glasbodenboot am Plage Malendure

INFO ‚Le Monde du Silence'

‚Stille Welt unter Wasser' hieß der deutsche Titel des preisgekrönten Unterwasserfilms, den der berühmte Meeresforscher Jacques-Yves Cousteau (1910-1997) im Jahre 1955 drehte.

Behutsam zeigt er die außerordentliche Schönheit der Unterwasserwelt vor der Küste von Malendures, die vor allem durch warme Quellen des vulkanischen Küstenbodens entstanden ist. Taucher können ganze Korallenwälder in allen vorstellbaren Farben im klaren Wasser sehen, die Palette reicht von Rot, Orange über Violett bis hin zu Gelb und Grün. In dem 300 ha großen Unterwasserpark, dem so genannten ‚Réserve Cousteau', können, bereits in Strandnähe und hautnah, Gorgonien und riesige Fischschwärme in lauwarmem Wasser in bis zu 40 m Tiefe erlebt werden. In und um Malendure haben sich einige, gut ausgestattete Tauchläden etabliert, die geführte Tauchgänge anbieten.

Hinter der Halbinsel von Pigeon verläuft die N-2 wieder direkt am Ufer mit schönen Ausblicken auf die kleinen vorgelagerten Eilande (*Ilet à Goyaves, Ilet de Pigeon*) mit ihren Korallenbänken. Am Sandstrand der **Plage Malendure** sollte man anhalten und sich bei der dortigen Touristeninformation über Abfahrtzeiten des Glasbodenbootes zu den Korallen erkundigen. Denn genau vor der Küste breitet sich hier der einzige **Unterwasser-Naturpark** Frankreichs aus, der – nach seinem Initiator – *Réserve Jacques Yves Cousteau* benannt ist und über einen unglaublichen und streng geschützten maritimen Artenreichtum verfügt. Ansonsten hat sich an der Plage Malendure ein kleines touristisches Zentrum mit Andenkenläden, mehreren Bars, Restaurants und dem *Guadeloupe Marine Club* entwickelt.

Unterwasserpark

Auf aussichtsreicher Strecke geht es weiter nach **Mahaut**, wo die *Route de la Traversée* (D-23, s.u.) einmündet, dann am schwarzen Sandstrand an der Anse Caribes vorbei und durch den Ort **Pointe-Noire** mit einer Festungsruine, einem Kriegerdenkmal und einem sehr interessanten ‚Holzmuseum' (*Maison de Bois*; tägl. geöffnet 9.15-17.00 Uhr). Die Gemeinden machen oft einen ärmlichen Eindruck, aber wenn man einem der vielen Hinweisschilder ‚*Plage*' nach links folgt, sieht man auch schöne Szenerien. Unbedingt anhalten sollte man in **Deshaies**, einem kleinen, verträumten Ort mit Fischerbooten und einer Kirche mit Muttergottes über dem Portal. Das Ziel der Fahrt aber ist die **Plage de la Grande Anse**, die wohl schönste Bucht des Südens mit einem goldbraunen, feinen Sandstrand. Auf der Stichstraße gelangt man zu einem größeren Parkplatz, hinter dem sich ein bescheidenes touristisches Leben mit verschiedenen Crêperien, Strand-Bar, Restaurant, Camping-

Die Plage de la Grande Anse

platz und Tretbootverleih etabliert hat. Von der Anhöhe hinter Deshaies können Sie noch einmal einen Blick zurück auf den palmengesäumten Strand der Grande Anse werfen, dann geht es weiter zu den nächsten, ebenfalls attraktiven Stränden der ‚Goldküste' (Corniche d'Or). Der Fremdenverkehr hat hier zwar schon mit einigen Hotelanlagen Fuß gefasst (Fort Royal), aber insgesamt wirkt alles noch sehr unverbaut und ursprünglich. An der lang geschwungenen Bucht von **Clugny** mit ihrem schönen, hinter Palmen versteckten Strand hat man – wie überhaupt auf der Küstenstraße – eine gute Sicht auf die Felsspitze der Ilet à Kahouanne sowie auf das weit entfernte Montserrat, dessen gezackte Silhouette auf dem Horizont zu schwimmen scheint. Schließlich erreichen Sie die Nordspitze von Basse-Terre (Pointe Allègre) und haben die Berglandschaft hinter sich gelassen. Durch große Zuckerrohrplantagen links und rechts der Straße geht der Weg nun zu wieder etwas größeren Ortschaften wie **Sainte Rose**.

Rum-Museum

Hier verlässt die N-2 die Ufernähe und führt durch landwirtschaftlich genutztes Gebiet nach **Lamentin**. Die ganze Gegend ist bekannt für ihre Rum-Destillerien, und oft ergibt sich am Wegrand die Chance zu einer Kostprobe und Betriebsbesichtigung. Der hochprozentigen Inselspezialität ist in Ste. Rose sogar ein Museum gewidmet, das **Musée du Rhum** (☏ 287004). Vor allem, wenn man in Lamentin auf der D-1 zum acht Kilometer weiter südlich gelegenen **Ravine Chaude** mit seinem schwefelhaltigen Thermalbad fährt, kommt man an mehreren und zum Teil sehr alten Rum-Brennereien vorbei.

Auf dem Weg nach Grande-Terre kann man von der Nationalstraße noch einen Abstecher zum Fischerdorf **Baie-Mahault** machen, das seinen Ursprung, so wie Lamentin, auf die seeräuberischen Korsaren und Bukaniere zurückführt.
Schließlich aber hat man das Autobahndreieck von Destrelan erreicht und findet über den Rivière Salée den Weg zurück nach Pointe-à-Pitre.

Baie-Mahault: Fischer verkaufen ihren Fang.

Die Route de la Traversée

Die 26 km lange *Route de la Traversée* (D-23) durchschneidet von Versailles an der N-1 im Osten bis Mahault an der N-2 im Westen das gebirgige Inselinnere und führt durch eine der schönsten Landschaften der Karibik. Sie können diese Verbindungsstraße nutzen, um die oben beschriebene Rundfahrt in zwei Abschnitte zu teilen, oder aber, um sich der Natur Guadeloupes auf den vielen markierten Wanderwegen ein wenig ausführlicher zu widmen. Fast der gesamte Streckenverlauf geht durch das größte Naturschutzgebiet der Kleinen Antillen, den 1971 eröffneten *Parc Naturel*, der seit 1989 als **Nationalpark von Guadeloupe** eingerichtet ist.

Die Traversée auf Basse-Terre ist eine gute Trainingsstrecke.

Insgesamt umfasst er weit über 30.000 ha an Bergen, Regenwäldern, Wasserfällen und Flussläufen, wobei 17.300 ha als eigentliches Zentrum des Nationalparks ausgewiesen sind, also nicht bebaut werden dürfen.

Guadeloupes Nationalpark

Von Pointe-à-Pitre bzw. Versailles her kommend, begrüßt der Nationalpark seine Besucher mit bis zu vier Meter hohen Baumfarnen. Die gut ausgebaute D-23 führt anschließend mitten durch den Regenwald, wobei immer wieder ausgeschilderte Wanderwege von der asphaltierten Straße abgehen (Wanderer biegen jeweils ab und parken ihren Wagen kurz darauf). Nach einer Weile liegt vor einer Brücke linker Hand ein großer Parkplatz (mit Souvenir- und Erfrischungsstand), von dem man in fünf Minuten auf einem bequemen Weg zur **Cascade aux Ecrevisse** spaziert. Obwohl der kurze Wasserfall mit seinem kleinen Pool nicht besonders beeindruckt, ist diese Stelle bei Touristen sehr beliebt und entsprechend bevölkert. Insbesondere am Wochenende sind manchmal alle Picknick-Plätze ‚belegt'.

Der nächste Stopp bietet sich ca. einen Kilometer weiter am **Maison de la Forêt** (links der Straße) an. In dem kleinen Holzpavillon kann man sich mit Informationsmaterial eindecken oder auf Schautafeln Wissenswertes zum Regenwald erfahren. Hinter dem Häuschen sind drei botanische Lehrpfade (10, 20, und 60 Minuten Gehzeit) sowie drei Wanderwege (ein bis vier Stunden) markiert.

Bei der Weiterfahrt geht es nun bergauf. Der Wald lichtet sich mit seinen Bambusbäumen, Pinien und Baumfarnen, und man fährt auf den 586 m hohen Pass **Col des Mamelles** zu. Die *Mamelles* (franz. = weibliche Brüste) zu beiden Seiten sind vulkanische Bergkuppen von 716 m bzw. 768 m. Wer den steilen Weg nicht scheut, kann sich nach gut einer Stunde am ‚Busen der Natur' wohl fühlen. Aber auch auf dem Pass selbst, mit Parkplatz und Cafeteria, hat man bereits einen weiten und wunderbaren Blick über Basse-Terre bis hinüber nach Pointe-à-Pitre.

Anschließend führt die D-23 am Hang des 743 m hohen Morne à Louis entlang auf die Ostküste zu. Wer sich für die einheimische Fauna interessiert, kann rechter Hand noch dem **Zoologischen Garten** einen Besuch abstatten, der in 450 m Höhe über dem Meeresspiegel inmitten einer herrlichen Landschaft angelegt ist. Man sieht hier u.a. Leguane, Mangos, Schildkröten und das inoffizielle Wappentier der Insel, den Raccoon. Die Bedingungen in den engen Käfigen sind hier allerdings alles andere als ideal, so dass sich Tierfreunde über den hohen Eintrittspreis vielleicht ärgern werden. Kurze Zeit später hat man in Mahaut die Westküste erreicht, wo die N-2 in nördlicher Richtung zurück nach Pointe-à-Pitre und nach Süden zur Hauptstadt Basse-Terre führt.

Von Basse-Terre zur Soufrière

Zwar können ausdauernde Wanderer auch von Montebello (Trace Victor Hugues) oder von den Carbet-Wasserfällen aus zum Soufrière gelangen, doch hat der ‚normale' Autotourist dazu die besten Möglichkeiten ab der Inselhauptstadt **Basse-Terre**. Die stark ansteigende N-3 führt vom Zentrum nach fünf Kilometern zunächst zum 570 m hoch gelegenen Dorf **Matouba** mit einem sehenswerten hinduistischen Tempel.

Das kühle Klima hier und die vulkanischen Schwefelquellen waren schon im Jahre 1823 Anlass zur Gründung einer Krankenanstalt in St. Claude. Deren Tradition wird heute vom Thermalbad ‚*Harry Hamousin*' fortgeführt, dessen schwefelhaltiges Wasser aus einer 1.057 m hoch liegenden Quelle sprudelt und im Bad 49,6° C warm ist. Vor allem bei Rheuma und Gelenkleiden ist der Besuch zu empfehlen. *Centre Thermal Harry Hamousin, Matouba Papapye, tägl. geöffnet.*

Wanderung zum Vulkan

Von St. Claude aus ist es möglich, durch die eindrucksvolle Berglandschaft des *Bains-Jaunes-Waldes* noch näher an den Vulkan heranzufahren. Dazu biegt man von der N-3 auf das steile Sträßchen D-1 ein, das einen in 960 m Höhe zum Parkplatz des **Maison du Volcan** bringt. In dem Museum (Di-So geöffnet, 8-16 Uhr) erfährt man Wissenswertes über vulkanologische Formen und die Überwachung des Vulkans. Weiter geht es auf asphaltierter, doch extrem steiler Straße durch eine immer kärglicher werdende Vegetation auf das Plateau der *Savane à Mulet*. Hier befindet sich der zweite und letzte Parkplatz in 1.142 m Höhe, von wo verschiedene Wanderungen möglich sind. Am einfachsten ist der sog. ‚Damenweg' (*Chemin des Dames*), der in langsam ansteigenden Kehren an der Westflanke entlangführt. Wer eine durchschnittliche Kondition besitzt, schafft die Umrundung des 1.465 m hohen Gipfels in eineinhalb Stunden; eine weitere Stunde braucht man für den Auf- und Abstieg zum höchsten Punkt am Kraterrand. Bei guten Sichtverhältnissen erwartet einen dort ein phantastischer Blick über ganz Guadeloupe und die Nachbarinseln bis hinüber nach Martinique!

Natürlich brauchen Sie für eine Wanderung am und auf den Vulkan andere Voraussetzungen als im Regenwald oder an der Küste. Dazu gehören eine gute Ausrüstung, insbesondere rutschfeste Schuhe und genügend Wasservorräte. Denken Sie auch daran, dass es auf der Soufrière empfindlich kühl werden kann, vor allem bei plötzlich auftauchendem Nebel. Jederzeit sollte man auf Regen, Nebel, Wolken und Schlamm vorbereitet sein: Die durchschnittliche Niederschlagsmenge ist mit 10.000 mm Niederschlag pro Jahr extrem!

Hinweis
Verlassen Sie niemals die grün-weiß markierten Wege, und kommen Sie der Krateröffnung nicht zu nahe!

Übertriebene Angst vor der vulkanischen Tätigkeit muss man hingegen nicht haben. Dass der Vulkan nicht ‚erloschen' ist, wie manchmal geschrieben steht, macht allein schon der penetrante Schwefelgeruch deutlich. Im Gegenteil, die vielen Eruptionen sind seit der europäischen Kolonisation gut belegt, haben sich häufig über Wochen und Jahre hingezogen (1797-98, 1836-37, 1956, 1975-77) und waren zuletzt für eine fünfmonatige Massenevakuierung von 70.000 Menschen verantwortlich. Trotzdem ist eine Katastrophe wie beim Ausbruch der Montagne Pelée auf Martinique hier kaum vorstellbar. Die Seismographen registrieren jede noch so kleine Erschütterung und leiten sofort entsprechende Vorsichtsmaßnahmen ein. Die einzigen Opfer, die der Vulkan forderte, waren allzu arglose Wanderer, die in seinen Krater stürzten ...

Weitere Inseln des Départements Guadeloupe

Hinweis
Aktuelle reisepraktische Hinweise zu den Iles des Saintes (Restaurants, Hotels etc.) siehe Seite 194 f., zu Marie Galante S. 195 f. und zu St. Barthélemy S. 197 ff.

Hinweis
Der zum Département Guadeloupe gehörende französische Inselteil Saint Martin wird wegen der besseren Übersichtlichkeit nicht in diesem Kapitel, sondern zusammen mit dem niederländischen Inselteil Sint Maarten im Kapitel ‚Saint Martin/Sint Maarten' vorgestellt.

Die Iles des Saintes (Les Saintes)

Mit der Fähre geht's nach Les Saintes.

Der kleine Archipel der ‚Heiligeninseln' liegt 10 Kilometer vor der Südspitze Guadeloupes und bildet mit seinen neun gebirgigen, bis über 300 Meter ansteigenden Eilanden eine kleine, wunderschöne Welt für sich. Viele halten die Iles des Saintes (oder einfach Les Saintes) sogar für das malerischste Refugium der Kleinen Antillen überhaupt. Als Spitzen eines unterseeischen Gebirgszuges sind sie aus vulkanischem Gestein aufgebaut und von Trockenvegetation (Aloës, Agaven, Kakteen) überzogen. Während es auf l'Ile à Cabris, Les Roches Percées, Le Grand Ilet, La Redonde, La Coche, Les Augustins und Le Paté zwar schöne Strände und Wanderwege, aber keine Einwohner gibt, weisen **Terre-de-Bas** mit der Ortschaft **Grand Cap** und die Hauptinsel **Terre-de-Haut** mit der ‚Hauptstadt' Bourg eine bescheidene, auch touristische Infrastruktur auf. Beide genannten Orte sind durch Personenfähren im Pendelverkehr miteinander verbunden. Das bedeutendste historische Datum des Mini-Archipels war jene berühmte und schicksalhafte Seeschlacht vom 12. April 1782, als hier die Franzosen mit 35 Kriegs- und 150

Kleiner Archipel

Historische Seeschlacht Frachtschiffen den Engländern unter Admiral George Rodney unterlagen und den Verlust von 1.500 Menschenleben zu beklagen hatten. Die im Angelsächsischen als ‚Battle of the Saints' bekannte Schlacht besiegelte die britische Vorherrschaft über die Antillen.

Heute ist die kriegerische Zeit einer friedlichen Atmosphäre gewichen. Die Heiligeninseln eignen sich hervorragend für einen Tagesausflug von Guadeloupe aus, um hier in Ruhe zu baden, zu schnorcheln und vor allem zu wandern.

Marie-Galante

Östlich von den Heiligeninseln und 40 km von Pointe-à-Pitre entfernt liegt diese größte Dépendance des Guadeloupe-Archipels. Den Namen gab ihr Kolumbus nach einem seiner Schiffe. Das Landschaftsprofil wird durch ein ca. 150 m hohes, stark verkarstetes Plateau im Süden bestimmt, das sich mit einer markanten Bruchkante gegen den niederen Norden abgrenzt.

Marie-Galante ist für ihren exquisiten Rum und für die vielen Überreste des Zuckerrohranbaus bekannt – nicht umsonst trägt sie den Beinamen ‚Insel der hundert Mühlen'. Für einen Tagesbesuch eignet sie sich wegen der vielen unberührten Strände und guten Wandermöglichkeiten.

Wer einen Eindruck vom rustikalen Charme der Insel gewinnen möchte, sollte mit dem Mietwagen die ca. 45 Kilometer lange Küstenstraße abfahren, die **Grand Bourg** – das Verwaltungs- und Geschäftszentrum der Insel (10.000 Einwohner) – mit den Ortschaften Saint-Louis und Capesterre verbindet.

La Désirade

Nach Wochen auf See und ohne größere Trinkwasserreserven erblickte Kolumbus am 2. November 1493 endlich am Horizont ein Inselchen, das er deshalb *Désidérada*, ‚die Ersehnte', taufte. Wie enttäuscht muss er gewesen sein, als er auch hier seinen Durst kaum stillen konnte, denn La Désirade ist, wie St. Barthélemy, eine kleine und vor allem sehr trockene Kalkinsel. Das war auch der Grund, warum das Eiland lange Zeit von europäischen Kolonisatoren links liegen gelassen wurde. Erst 1725, als auf Guadeloupe die Lepra grassierte, beschloss der Gouverneur, La Désirade sozusagen als Quarantäne-Station zu nutzen. 200 Jahre lang, bis 1958, wurden Leprakranke – auch politisch unliebsame Personen – von den Französischen Antillen hierher deportiert. Die kleinen Siedlungen sind auf einen kleinen Küstensaum im Süden beschränkt, hinter dem steile Kalkwände zu einem über 200 m hohen, kargen

Quarantänestation

La Désirade von Grande-Terre ausgesehen

Plateau aufsteigen, das von Agutis, Wildkaninchen und Leguanen bevölkert wird. Aus dem Plateau erheben sich die *Grand Montagne* (273 m) und die *Morne Souffleur* (207 m) als einsame Wachposten, die man auf dem gegenüberliegenden Guadeloupe (besonders von der *Pointe des Châteaux*) gut sehen kann.

Die geradlinige, zwei Kilometer breite und 11 Kilometer lange Insel ist schnell besichtigt. Und obwohl sie von Pointe-à-Pitre aus mit einem zehnminütigen Flug oder nach einstündiger Bootsfahrt schnell erreicht ist, hat der Tourismus so gut wie gar nicht Einzug gehalten. Naturliebhaber und wahre Inselfreunde kommen voll auf ihre Kosten. Die raue Landschaft, das interessante Tier- und Pflanzenleben (u.a. auch Fregattvögel und Pelikane) sowie einige Sandstrände und breite Lagunen bieten mehr als genug für einen Tag.

Rustikales Eiland

Auf Fahrradtouren über die einzige Inselstraße oder ausgedehnten Wanderungen sollten Sie sich die Überreste der Leprastation, die Kapelle und den Seefriedhof anschauen und im Norden an der Pointe Double (Leuchtturm) den Blick auf die wildromantische Szenerie genießen.

Wer es bequemer mag, kann sich in einem Minibus die Schönheiten La Désirades zeigen lassen. Und der Hauptort Grande-Anse wird nicht nur von äußerst freundlichen Insulanern bewohnt, sondern hat mit der hübschen Place du Moine-Mendiant, Pfarrhaus, Postamt, Rathaus, alten Kanonen und einer Kirche durchaus etwas zu bieten. Vielleicht wollen Sie nach solchen Erfahrungen ‚die Ersehnte' gar nicht mehr verlassen und quartieren sich in einer der vier Pensionen ein ...

St. Barthélemy (St. Barth)

In seinem geologischen Aufbau ähnelt das 25-km^2-Eiland der Insel La Désirade, was aber die Infrastruktur und das touristische Leben angehen, kann es kaum einen größeren Unterschied geben! Schon seit Jahren hat sich St. Barth als Refugium der Reichen und Schönen etabliert, und das paradiesische Fleckchen Erde wurde zum internationalen Haute-Volée- Treff erkoren. Rockefeller, der Kennedy-Clan und Baron Edmund de Rothschild hatten oder haben hier Villen; Brooke Shields und Prinzessin Stéphanie von Monaco erholen sich hier von ihrem harten Alltag, George Michael, Billy Joel und andere Musiker tanken auf St. Barth neue Energien.

Insel des Jet-Set

Während die eigentliche Bevölkerung eine durch das normannisch-schwedische Erbe geprägte puritanische Lebensauffassung hat, ist sie längst schon in der Minderheit gegenüber den Zugereisten aus Paris, Bordeaux oder Nizza mit ihren mondänen Ansprüchen oder den Langzeit-Touristen aus New York, London und Hollywood.

Dementsprechend teuer ist das Eiland und für den Geldbeutel der ‚Normaltouristen' kaum noch zu verkraften – es sei denn, man nutzt die Pauschalangebote von den Nachbarinseln aus und/oder kümmert sich nur um die zollfreien Einkaufsmöglichkeiten, die allerdings so günstig nicht sind.

Dafür bietet St. Barthélemy traumhafte Strände, an denen überall Liegestühle und Sonnenschirme vermietet werden und wo Topless-Sonnen fast zum guten Ton gehört, außerdem beliebte Ankerplätze für Hochseeyachten von hochkarätigen Besitzern, sowie eine quirlige Szene mit Open-Air-Cafés, Nobeldiskotheken und einigen der exklusivsten Hotels im karibischen Raum.

Wer den kurzen Luftsprung von St. Martin aus wagt oder die Personenfähre benutzt, kann sich St. Barthélemy innerhalb eines Tagesausflugs anschauen und dabei nicht nur Berühmtheiten begegnen, sondern auch die herrliche Landschaft sowie viele historische Bau- und Kulturdenkmäler besichtigen.

Schwedische Vergangenheit

Apropos **Geschichte**: Die von den karibischen Ureinwohnern ‚Ouanalao' genannte Insel taufte Kolumbus zu Ehren seines Bruders Bartholoméo um. Europäisch besiedelt wurde sie jedoch erst ab 1648, und zwar von Franzosen, die aus der Normandie über St. Kitts hierhin reisten.
Immer noch sprechen einige weiße Insulaner das normannische Französisch ihrer Vorfahren, und an Feiertagen tragen die Frauen alte normannische Trachten wie zu Zeiten der ersten Ankömmlinge.

Ihren besonderen Reiz erhält die Insel durch ein knappes Jahrhundert schwedischer Kolonialherrschaft (1784-1877). Denn nachdem Ludwig XVI. im Tausch mit Anker- und Lagerrechten in Göteborg St. Barthélemy samt 740 Bauern der schwedischen Krone übertrug, wurde auf der Insel nordeuropäisch gebaut und gelebt.

Straßenbezeichnungen, Gebäude (besonders die Gouverneursresidenz) und Festungsanlagen erinnern neben dem Namen des Hauptortes Gustavia (nach König Gustav III. Adolf) an diese Zeit. Dieser König war es auch, der die Insel zum Freihafen erklärte – ein Status, der niemals aufgegeben wurde und bis heute den Einwohnern Steuern und Zölle erspart (daher die Duty-Free-Läden!).

Auf der Inselrundfahrt sind die pittoresken Ortschaften Gustavia, Corossol und Lorient sowie das turbulente Touristenzentrum St. Jean erste Anlaufpunkte. Gehwillige können auf einem kurzen Spaziergang auch den *Morne du Vietet* besteigen, der eine wunderschöne Aussicht bietet. Er liegt zentral im östlichen Teil und ist mit 281 m der höchste ‚Gipfel' der Insel (die steile Piste ist auch mit PKWs zu befahren).

Gustavia

Die ‚Hauptstadt' liegt malerisch an einem geschützten Naturhafen mit 700 m langem Sandstrand. Erleben Sie den Hafen mit seinen Yachten aus aller Welt, spazieren Sie durch die gepflasterten Gassen mit ihren Puppenstuben-Häuschen, und besichtigen Sie die schwedisch-lutherische sowie die katholische Kirche, ein schönes schwedisches Holzhaus auf Steinfundamenten, sowie den ehemaligen Gouverneurssitz (heute Rathaus).
Einkaufswillige können in etlichen Läden und Boutiquen internationale Markenartikel und Luxuswaren kaufen, wobei die Duty-Free-Angebote jedoch dem allgemein hohen Preisniveau angepasst sind.

Historisch Interessierte sollten dem **Musée de la Saint-Barthélémy** einen Besuch abstatten, das nicht nur Fotos, Dokumente und Porträts zur Inselgeschichte, sondern auch Aquarelle der Tier- und Pflanzenwelt ausstellt.

Oberhalb der Ortschaft sind, in 54 m Höhe, die Reste einer der vier schwedischen Festungen zu besichtigen mit einem herrlichen Panoramablick auf Gustavia samt Hafen. Wer noch weiter hinauf möchte, kann zum südöstlich gelegenen Morne Lurin wandern. Der Gipfel (192 m) ist über einen Pfad vom alten Uhrturm aus erreichbar.

Corossol

1,5 km nordwestlich von Gustavia lohnt der hübsche Ort einen Besuch – vor allem am Abend, wenn die Fischerboote mit ihrem Fang einlaufen und von der Dorfbevölkerung begrüßt werden. Nach der Messe am Sonntagmorgen können Sie bisweilen noch einige Bewohner in der traditionellen normannischen Tracht bewundern. Über eine Muschelsammlung mit Exemplaren aus der ganzen Welt verfügt das *Inter Ocean Museum*.

Nette Ortschaften...

Lorient

Auf einem Spaziergang werden Sie ohne Schwierigkeiten die katholische Kirche und den alten Friedhof mit schwedischen Gräbern entdecken, beide gut erhalten und einen Besuch wert. Außerdem gibt es in Lorient ein kleines Museum und eine Verkaufs-Ausstellung des Parfum-Herstellers *Coco Caribes*.

Strände

Neben den hübschen Ortschaften sind die phantastischen **Strände** Hauptanziehungspunkt der Insel. Von den insgesamt 22 feinsandigen Buchten, zu denen noch ungezählte auf den vielen vorgelagerten Inselchen hinzukommen, sollen hier einige genannt sein (ab Gustavia im Uhrzeigersinn):

... und herrliche Strände

- **Colombier**, herrliche Bucht auf der nordwestlichen Halbinsel, außer vom Meer aus nur nach 20-minütigem Fußmarsch zu erreichen.
- **L'Anse des Flamands**, wunderschöner, 500 m langer Abschnitt, allerdings eignet sich die manchmal raue See nur für gute Schwimmer.
- **St. Jean**, populärster Strand mit ruhigem Wasser, ideal für alle Wassersportarten, bevorzugter Hotelstandort.
- **Lorient**, kleine, weiße Sandbucht am gleichnamigen Dorf, beliebt bei Surfern.
- **Gran und Petit Cul-de-Sac**, Doppelbucht im Nordosten mit kristallklarem Wasser und Korallenriffen, gute Bade-, Schnorchel- und Surfbedingungen.
- **Salines**, FKK-Strand mit z.T. hohem Wellengang, kaum Schatten.
- **Anse de Chauvette**, nur vom Meer her zugängliche Bucht, beste Tauch- und Schnorchelbedingungen.
- **Gouverneur**, einsamer, gut geschützter Strand unterhalb des Morne Lurin (Spaziergang), mit seinem weißen Sand und blaugrünen Wasser von manchen als schönster der Karibik bezeichnet.

Die gemeinsame Geschichte von Antigua und Barbuda, Anguilla, Montserrat sowie St. Kitts und Nevis

Hinweis
Mehr zu den Inseln Antigua und Barbuda, Anguilla, Montserrat sowie St. Kitts und Nevis erfahren Sie in den jeweiligen Insel-Kapiteln bzw. Info-Kästen.

Von den Virgin Islands bis nach Guadeloupe gehören alle Inseln zu den **Leeward Islands**. Historisch und politisch gesehen, ist die Zuteilung der Eilande jedoch nicht so einfach. So gehören auf der einen Seite jeweils die niederländischen und französischen Gebiete sowie der Archipel der Jungferninseln zusammen, auf der anderen Seite bleiben ziemlich unsortiert **Antigua** und **Barbuda**, **Anguilla**, **Montserrat** sowie **St. Kitts** und **Nevis** samt zugehörigen Eilanden übrig.

Geschichtlich gesehen haben diese Inseln allerdings einiges gemeinsam.

· Zunächst – wenig überraschend – wurden sie alle von Kolumbus auf seiner zweiten Amerika-Fahrt ‚entdeckt' und benannt. Später blieben sie jedoch von den Spaniern als ‚unbrauchbare Inseln' unbeachtet.

· Dennoch ließen die ersten europäischen Siedler nicht lange auf sich warten. Engländer und Iren waren die ersten, wobei sie **St. Kitts** die Rolle einer ‚Mutterkolonie' zudachten. Trotz des französischen Einflusses (*Patois*) waren alle Inseln stets ‚englischsprachig' und sind es bis auf den heutigen Tag geblieben.

· Alle sechs Inseln hatten, besonders im 17. und 18. Jahrhundert, unter den kriegerischen Auseinandersetzungen mit Frankreich zu leiden, an die am deutlichsten riesige Festungsbauwerke wie **Brimstone Hill** (St. Kitts) und **English Harbour** (Antigua) erinnern. Erst nach dem Vertrag von Versailles 1783, als alle Inseln unter englische Oberhoheit kamen, flauten die Kämpfe ab.

· Ebenfalls gemeinsam ist ihnen die wirtschaftliche Vergangenheit als so genannte ‚Pflanzerinseln'. Das bedeutete den frühen Anbau einer **Monokultur**, nämlich Zuckerrohr, verbunden mit der Etablierung des Plantagensystems und der Sklaverei.

· Schließlich gingen sie bis in die jüngste Zeit den gleichen politisch-administrativen Weg, der von der gemeinsamen **Kolonie** (zusammen mit den britischen Jungferninseln) über die 1871 ins Leben gerufene **Leeward Islands Federation** bis zur 1958 installierten **West Indies Federation** führte.

In den 1980er Jahren trennten sich ihre Wege. Während **Anguilla** und **Montserrat** – z.T. von London ungeliebt und ungewollt – als Kronkolonien und dann Dependencies (mit beschränkter Selbstverwaltung) noch direkt unter **britischer Herrschaft** stehen, haben **Antigua** und **Barbuda 1981** sowie **St. Kitts und Nevis 1983** ihre volle staatliche **Souveränität** erlangt. Obwohl nah beieinander liegend, sind das landschaftliche Profil, die Verteilung der Niederschläge, die Bevölkerungsdichte, der Grad der Entwicklung und der Stellenwert des Tourismus doch jeweils sehr unterschiedlich.

Die zum nördlichen äußeren Antillenbogen gehörenden Inseln Anguilla und Barbuda sind sehr flach (maximal 80 m ü.d.M.) und sehr trocken. Ähnliches gilt für Antigua, obwohl es ein leicht hügeliges Profil hat und an der höchsten Stelle immerhin 402 m ü.d.M. aufragt.

Ganz anders die drei zum inneren, vulkanischen Antillenbogen zählenden Eilande. Montserrat mit 915, Nevis mit 985 und St. Kitts sogar mit 1.156 m sind schroffe, steil aus der Karibischen See aufragende Inseln, die hohe Niederschläge aufweisen und z.T. von Regenwald bedeckt sind.

Ihre Wirtschaft ist noch zum großen Teil vom Bananen- und Zuckerrohranbau abhängig, während etwa Antigua, von der Natur mit angeblich 365 Stränden ausgestattet, sich voll auf den Tourismus verlassen kann.

Übersicht: Die englischsprachigen Leeward Islands

	St. Kitts und Nevis	Antigua und Barbuda	Montserrat	Anguilla
Fläche	262 km^2	443 km^2	98 km^2	91 km^2
Einwohner	60.000	80.000	13.000	7.500
Hauptstadt	Basse-Terre	St. John's	Plymouth	The Valley
Wirtschaft	Tourismus, Landwirtschaft, Fischerei, Kleinindustrie			
Währung	East Caribbean Dollar (EC$)			

Martinique

Hinweis
Aktuelle regionale Reisetipps (Hotels, Restaurants, etc.) zu Martinique entnehmen Sie bitte den gelben Seiten S. 200 ff.

Überblick

Martinique liegt zwischen Dominica im Norden und St. Lucia im Süden, ungefähr in der Mitte der Inseln über dem Wind, und ist damit sozusagen das Herz der Kleinen Antillen. Mit 80 km Länge und etwa 30 km Breite ist sie etwas kleiner als Guadeloupe, dafür aber kompakter. Zergliedert wird die Landfläche durch einige Buchten, von denen die *Baie du Fort-de-France* auf der Westseite am tiefsten eingeschnitten ist, und Halbinseln wie Caravelle, etwa in der Mitte der Ostküste. Den gesamten Nordteil füllt ein regen- und waldreiches Gebirgsland aus, das im Vulkan *Montagne Pelée* bis auf 1.390 m ü.d.M. ansteigt.

Im Herzen der Kleinen Antillen

Demgegenüber ist der Süden trockener und mit einer Maximalhöhe von 500 m niedriger, aber ebenfalls gebirgig. Diese wunderschöne Landschaft verdankt ihre Entstehung der Tätigkeit weiterer Vulkane wie des *Mont Vauclin*, des *Morne Diamant*, des *Morne Flambeau* und der *Pitons de Carbet*. Auf der durch tropische Niederschläge fruchtbar gemachten Lava wachsen Blumen, z.B. Weihnachtssterne oder Bougainvilleen.

Hinweis
Die Übersichtskarte zu Martinique finden Sie in der vorderen Umschlagklappe.

Schon die **Arawaken** wussten die natürliche Schönheit der Insel offensichtlich zu schätzen, andernfalls hätten sie sie wohl kaum *Madinia* (= ‚Blumeninsel') genannt. **Kolumbus**, der das Land schon 1493 sichtete, orientierte sich nicht an diesem Namen, sondern taufte es, wie das weiter nördlich gelegene Saint Martin, zu Ehren des heiligen Martin.
Als er aber auf einer weiteren Reise am 15. Juni 1502 schließlich Martinique betrat, wurde auch der sonst so wortkarge Genuese in seinen Beschreibungen gerade-

Volle Straßen rund um die Place de la Savane.

zu poetisch:"... das fruchtbarste, süßeste, mildeste und zauberhafteste Fleckchen Erde ...". Auf den Siedlungswillen der Spanier hatte dies jedoch keinen Einfluss, denn erst 1635 konnten die Franzosen unter **Pierre Belain d'Esnambuc** ein erstes europäisches Gemeinwesen auf Martinique etablieren.

Bereits ein Jahr später gestattete König Ludwig XIII. die Einfuhr afrikanischer Sklaven, und mit der Plantagenwirtschaft wuchs nach und nach die Insel zum **Zentrum der Französischen Antillen** heran. Von 1762 bis 1814 war Martinique ein hart umkämpfter Zankapfel zwischen Frankreich und Großbritannien.

Nachdem 1815 Martinique endgültig Frankreich zugesprochen worden war, konnte es an seine beherrschende Rolle innerhalb der Französischen Antillen anknüpfen. 1848 wurde die Mehrheit der Bevölkerung aus dem Joch der Sklaverei befreit, woran maßgeblich der Elsässer Victor Schœlcher beteiligt war. Das 20. Jahrhundert wurde durch eine der größten Naturkatastrophen der Karibik eingeläutet: Der Ausbruch der Montagne Pelée am 8. Mai 1902, der die damalige Hauptstadt St. Pierre völlig vernichtete.

Mit rund 380.000 **Einwohnern** ist Martinique relativ dicht besiedelt. Fast ein Drittel der Bevölkerung lebt im Großraum Fort-de-France, der mit Vororten größten Stadt der Kleinen Antillen gehört.

Allgemein gelten die Martiniquaner als schöne Menschen, die ihre ebenmäßigen Züge der Vermischung indianischer, afrikanischer, europäischer und indischer Elemente verdanken. Schönheit war auch das gemeinsame Merkmal der drei berühmtesten Frauengestalten der Insel:

Am bekanntesten ist wohl **Joséphine Rose Tascher de la Pagerie**, die später als Ehefrau Napoléons Kaiserin von Frankreich wurde.

Berühmt und ebenfalls von politischer Bedeutung war **Francine d'Aubigne**, die vom ‚Sonnenkönig' Ludwig XIV. nach Versailles geholt wurde und als Madame de Maintenon seine zweite Frau wurde.

Höchst abenteuerlich und schon legendär ist jedoch die Geschichte der **Aimée du Buc de Rivery**, die von Piraten auf einer Schiffsreise gekapert und nach Istanbul ver-

Redaktions - Tipps

- Nach einem Besuch von Fort-de-France die günstigen **lokalen Spezialitäten** der Snack-Bars am Place de la Savane (Boulevard Chevalier de Ste. Marthe) kosten. (S. 206)

- Am nordöstlichsten Punkt der Insel in **Grand-Rivière** den Fischern beim Ausnehmen und Zuschneiden ihres Fanges – z.B. riesiger Thunfische – zusehen. (S. 355)

- Am Wochenende in **Ste. Luce** abends ein Bar- Restaurant am Strand besuchen, frisch Gegrilltes essen und die Runden der Einheimischen auf der Straße zwischen Bar und Strand zählen, oder sich dort tagsüber mit einer Zeitung an die Bar setzen, **T-Punch** trinken und nach und nach das ganze Dorf kennen lernen. (S. 360)

- Historische Atmosphäre atmen, sich Luxus leisten und in der **Plantation Leyritz** ein Zimmer nehmen. (S. 205)

- Die **Fähre** nach Pointe du Bout bzw. nach Fort-de-France nehmen und den karibischen Pendelverkehr ausprobieren.

- Farne, Bromelien, Orchideen und vor allem Kolibris und vieles mehr im bezaubernden **Jardin de Balata** genießen. (S. 347)

- Eine Flasche **Rhum agricole**, der direkt aus gegorenem Zukkerrohr gewonnen wird und daher einen süßlichen Geschmack hat, für den Cocktail zu Hause kaufen.

schleppt wurde, wo sie zunächst als Haremsdame Karriere machte und schließlich zur türkischen Herrscherin (und Mutter Sultan Mahmeds II.) aufstieg.

 Zeiteinteilung

Um Martinique gemütlich zu erkunden, müssen Sie wegen der langen Distanzen drei Tage einplanen, mindestens jedoch zwei Tage rechnen. Da die Infrastruktur auf der Insel sehr gut ausgebaut ist, lohnt es sich, einen Wagen zu mieten. An einem Tag können Sie bei einer der beiden hier beschriebenen Nordtouren die nördlichen Küstenabschnitte und den Regenwald – evtl. auf einer Wanderung – erkunden. Am nächsten Tag bietet sich als Kontrast dazu an, den flachen Süden z.B. aus der Perspektive der schönen Strände kennen zu lernen.

Die Hauptstadt: Fort-de-France und Umgebung

Quirliges Leben

Wegen der vielen Brände und Zerstörungen der Vergangenheit kann Fort-de-France nicht mit vielen alten Baudenkmälern aufwarten. Trotzdem pulsiert im Viertel rund um die Place de la Savane – weit mehr als in Pointe-à-Pitre auf Guadeloupe – ein turbulentes und stimmungsvolles hauptstädtisches Leben, das sowohl französisches Flair als auch karibische Lebensfreude feiert.
Boutiquen, Banken, Museen und Parkanlagen sowie die größten Sehenswürdigkeiten sind hier nah beieinander versammelt. Neben gelungenen Beispielen moderner Architektur kann man immer wieder schöne kolonialzeitliche Häuser bewundern, die mit ihren schmiedeeisernen Balkonen ein wenig an New Orleans erinnern.

Wer die Gelegenheit dazu hat, sollte sich zur **Stadtbesichtigung** von der Anse Mitan/Pointe du Bout in 25 min übersetzen lassen. Die Anlegestelle liegt direkt in der ‚guten Stube' von Fort-de-France, nämlich am Boulevard Alfassa gegenüber der Savane bzw. neben dem Fort St. Louis.

Die schlechtere Alternative wäre der Weg vom Flughafen über die chronisch verstopfte Stadtautobahn N-1 ins Zentrum, nervenaufreibend verlängert durch die Suche nach einem Parkplatz.

In jedem Fall sollte die Place de la Savane Startpunkt Ihres Stadtbummels sein.

Place de la Savane

Kreuzfahrtschiff im Hafen von Fort-de-France

Die rechteckige, etwa 5 ha große grüne Oase mit schönen Königspalmen, Pavillons und einem Freilichttheater wird im Süden vom Hafenboulevard *Alfassa*, im Südosten vom *Fort Louis*, im Westen von der *Rue de la Liberté* und im

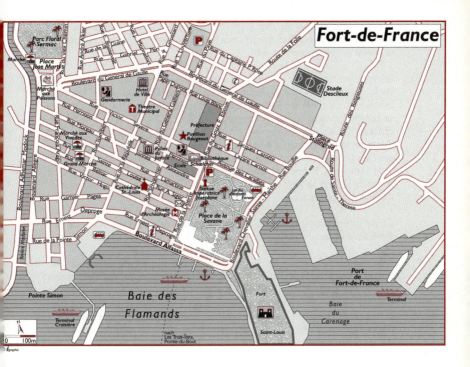

Norden von der Avenue des Caribes begrenzt. Der Bau des mächtigen und lang gestreckten **Fort Louis** wurde unter Ludwig XIV. begonnen und im 19. Jahrhundert vollendet; es bedeckt mit seinen verschiedenen Gebäuden die Fläche einer weit in die Bucht ragenden Halbinsel. Außer Begrenzungsmauern mit Bastionen und dem schönen Eisengitter kann man von dem Festungswerk jedoch nicht viel sehen, da es nur auf organisierten Stadtrundfahrten oder nach Voranmeldung – in der Touristeninformation – zu besichtigen ist.

Am Strandboulevard

Zum Meer hin ist die Bronzestatue des **Chevalier Pierre Belain d'Esnambuc** zu sehen, der 1635 im Namen des Königs von Frankreich Besitz von Martinique ergriff. Jenseits des Strandboulevards liegt der **Landungssteg** (*embarcadère*), wo die Fährboote vom jenseitigen Ufer der Bucht anlegen.

Wenige Schritte am Boulevard Alfassa entlang kommt man zur **Touristeninformation** (*Office du Tourisme*), zum **Kunstgewerbezentrum** (*Centre des Métiers d'Art*) und zum **Parkplatz der Sammeltaxen** (*Terminus Taxis Collectifs*).

Folgt man der westlichen Begrenzung stadteinwärts, passiert man linker Hand an der Rue de la Liberté das **Archäologische Museum**. Hier sind Dokumente zur Geschichte der Sklavenzeit und interessante Funde – fast 2.000 Gegenstände – der indianischen Kulturen ausgestellt, insbesondere viele Keramiken.

Weiter geht es am Hauptpostamt vorbei, bis man rechts im Parkgelände das bekannte **Denkmal der Kaiserin Joséphine** aus Carrara-Marmor sieht. Der

Blick der Denkmalfigur ist zum Dorf Trois-Ilets gerichtet, wo *Joséphine* zur Welt kam. Allerdings hat der Kopf der schönen Kreolin anscheinend heftige Liebhaber, da er immer wieder entwendet wird.

Architektur-Perle Schräg gegenüber erhebt sich das merkwürdige Bauwerk der **Schœlcher-Bibliothek**, das ebenso wie das gleichnamige Städtchen (s.u.) nach *Victor Schœlcher* benannt ist, der 1794 die Sklaverei auf den Französischen Antillen abschaffte. Die vielfarbige Bibliothek ist vom Architekten *Henri Picq* auf dem Grundriss eines griechischen Kreuzes und im romanisch-byzantinischen Stil konzipiert worden. 1889 diente sie als karibischer Pavillon auf der Pariser Weltausstellung und kann in einigen Details der Eisenkonstruktion eine Verwandtschaft zum gleichaltrigen Eiffelturm nicht verleugnen. In ihre Einzelteile zerlegt, wurde sie später nach Fort-de-France verschifft und ist seitdem mit ihrer herrlichen Glaskuppel ein architektonisches Kleinod der Hauptstadt.

Direkt daneben, jenseits der *Rue Victor Sévère*, verdient das weiße **Gebäude der Präfektur** im klassizistischen Stil Beachtung.

Folgt man der Begrenzung des Platzes zum Ausgangspunkt zurück, kommt man östlich am **Inselparlament** vorbei, dem *Conseil Général*. Lohnend ist auch der Spaziergang in entgegengesetzter Richtung, wo sich im Rücken der Schœlcher-Bibliothek mehrere wichtige Bauwerke und quirlige Einkaufsstraßen konzentrieren. Nach etwa 200 m auf der *Rue Victor Sévère* stößt man an der *Rue de la République* auf das alte **Rathaus** (*Hôtel de Ville*) im Stil der Kolonialzeit (heute *Théâtre Municipal*), und rechts davon auf das neue Rathaus.

In südlicher Richtung passiert man auf der *Rue de la République* die **Place Vony**, einen Block weiter links den **Alten Justizpalast** (*Palais de Justice*), vor dem sich inmitten einer Grünfläche eine Büste Victor Schœlchers erhebt.

Zwei Blocks weiter südlich ragt der 60 m hohe Turm der **Kathedrale** – ebenfalls an einem Platz gelegen – als markanter Blickfang empor. Das erst 1978 aufgeführte Gotteshaus folgt den Plänen jenes Architekten *Picq*, der auch die Schœlcher-Bibliothek konzipierte. Alle sechs Vorgängerkirchen fielen Naturkatastrophen zum Opfer, weshalb man die **Cathédral de Saint Louis** durch eine Spezialkonstruktion von Anfang an erdbebensicher machte. Die Straßen in dieser Gegend sind für ihre guten Einkaufsmöglichkeiten bekannt. Ein Besuch in Fort-de-France bliebe unvollständig, wenn man nicht einen der schönen **Märkte** besucht hätte. Am farbenfrohesten ist der **Grande Marché**, den Sie 200 m westlich der

Die Cathédrale de St. Louis

Kathedrale über die *Rue Blénac* oder die *Rue A. Siger* erreichen. Hier werden Obst, Gemüse und eine überwältigende Fülle tropischer Früchte angeboten. Viel Lokalkolorit bieten auch der Fleischmarkt ganz in der Nähe und der Fisch- markt am Fluß Rivière Madame. Dieser Fluss schließt das eigentliche Zentrum zum Westen hin ab, während im Norden der breite *Boulevard du Général de Gaulle* eine künstliche, aber deutlich wahrnehmbare Grenze darstellt.

Farbenfrohe Märkte

Direkt jenseits der Stelle, wo der Boulevard auf den Rivière Madame trifft, lohnt der **Parc Floral** als grüne Oase einen Besuch.
Wer einen Mietwagen oder ein Taxi zur Verfügung hat und sich auch in der **näheren Umgebung** von Fort-de-France umschauen möchte, könnte einen Abstecher zu den beiden **Forts Gerbault** und **Desaix** (jeweils nördlich des *Boulevard du Général de Gaulle*) unternehmen oder das hochgelegene, unmittelbare Hinterland aufsuchen.

Besonders das **Plateau Didier** (von der N-2 nördlich auf die D-45 abbiegen) bietet immer wieder schöne Ausblicke auf die Stadt, den Hafen und die Baie de Fort-de-France.

Die D-45 (*Route de Didier*) führt dabei durch ein Villenviertel mit vielen Kolonialbauten und endet an der Mineralquelle der **Fontaine Didier**.

Die Kirche Sacré Cœur de Balata

Aus mehreren Gründen ist die Fahrt auf der N-3 in nördlicher Richtung reizvoll: Erstens hat man im ersten Abschnitt auch hier gute Panoramablicke auf die Stadt, und zweitens wartet in der Ortschaft **Balata** (sieben Kilometer) mit der Kirche **Sacré Cœur** eine bauliche Kuriosität auf die Besucher.
Dieses Gotteshaus wurde 1928 fertig gestellt und ist eine verkleinerte Kopie der gleichnamigen Kirche auf dem Pariser Montmartre.

In der Nähe der Hauptstadt

Drei Kilometer weiter liegt vor den vulkanischen Pitons du Carbet der **Botanische Garten** von Balata, der zu den schönsten gehört, die es im karibischen Raum gibt. Nicht nur die Prachtexemplare der tropischen Flora, sondern auch die gepflegte Anlage, die umgebende Landschaft und ein kreolisches Haus lohnen den Ausflug unbedingt.

Ebenfalls lohnend ist die Fahrt an der nördlichen Küste entlang. Dazu verlassen Sie das Zentrum über den *Boulevard Alfassa* und fahren immer in Küstennähe auf die Ortschaft Schœlcher zu. Am rechts abzweigenden *Boulevard de la Marne* ist das **Aquarium** einen ersten Aufenthalt wert, das eines der schönsten und größten der Karibik ist (250.000 l³ Wasser, 1.400 m³, mehr als 2.000 Fische).

Kolibris im Botanischen Garten von Balata

Weiter nördlich kommt man in die Peripherie der Hauptstadt, wo sich nicht nur Büros, Behörden und die Universität (*Université des Antilles et de la Guyane*) angesiedelt haben, sondern auch ausgedehnte Villenviertel, die ersten Badestrände (Madiana Plage, Anse Madame) und einige größere Hotels liegen. Hier befindet man sich bereits in der Gemeinde **Schœlcher**, ein ehemaliges Fischerdorf, das inzwischen zu einer Kleinstadt angewachsen ist.

Rundfahrt Nordwesten

Ausflugsziel St. Pierre

Dieser Ausflug führt von Fort-de-France auf der N-2 entlang der Westküste in den Norden, wo mit St. Pierre und dem Vulkan Montagne Pelée zwei der wichtigsten Sehenswürdigkeiten der Insel liegen. Nach einem möglichen Abstecher bis Le Prêcheur geht es durch das Bergland auf der N-3 über Morne Rouge und Balata zurück zur Hauptstadt. Ohne weitere Exkursionen beträgt die Fahrtstrecke etwa 70 km, dennoch sollte man sich einen Tag Zeit lassen, vor allem, wenn man im Vulkangebiet wandern möchte.

Auf der Küstenstraße nach Norden

Vom Flughafen Lamentin führt die N-1, die als Autobahn vier- bzw. sechsspurig ausgebaut ist, über Brücken und in Tunnels durch die Hauptstadt, ab dort führt sie als N-2 weiter in Richtung St. Pierre. Je nach Tageszeit (morgens und bei Büroschluss Stop-and-go-Verkehr), kann es eine Weile dauern, bis man die Ausfahrten Schœlcher und Casse-Pilote passiert hat. **Casse-Pilote** ist ein hübscher Ort links der N-2, mit einer sehr interessanten Barockkirche. Dahinter hört die Autobahn auf, wird aber zu einer gut ausgebauten Landstraße.

Kurz vor dem Fischerdorf **Bellefontaine** gelangen Sie nach rechts auf einer Stichstraße zum aussichtsreichen Berg **Panorame Verrier**. Auf der Küstenstraße führt der Weg weiter nach **Fort Capot**, dann in einem weiten Bogen durch das Inselinnere (schöne Rundfahrt über die D-20 zur 400 m hoch gelegenen Ortschaft **Morne-Vert**, der ‚Petit-Suisse', möglich), um bei **Le Coin** wieder das Meer zu erreichen. Wer nicht in Zeitnot ist, könnte hier dem **Zoologischen Garten** einen Besuch abstatten, in dem vor allem Tiere aus dem Amazonasgebiet, aber auch aus Afrika beheimatet sind. Bald sieht man die ersten schwarzen oder grauen Sandstrände und – wenn man Glück hat – auch einige *Gommiers*, die traditionellen Einbäume aus dem Holz des Gum-Baumes.

Das nächste Fischerdorf trägt den Namen **Le Carbet** und ist ein kleiner, reizender Ort mit einstöckigen Häusern und einem grauen Sandstrand. Der lokalen

Überlieferung zufolge sollen hier sowohl der Genuese Kolumbus als auch der Franzose *d'Esnambuc* an Land gegangen sein.

Anstatt nun weiter auf der N-2 zu bleiben, ist es lohnender, dem Hinweisschild ‚*Itineraire touristique*' am Ortseingang nach rechts zu folgen. An einer alten Rumbrennerei vorbei führt die schmale, aber gut zu fahrende Straße hoch und schlängelt sich durch eine paradiesisch ruhige Landschaft mit fruchtbaren Obstgärten und Palmen, immer mit Blick auf St. Pierre und den Vulkan Pelée in der Ferne. Kurz bevor diese empfehlenswerte Alternativstrecke wieder in die Nationalstraße einmündet, passiert man das:

Paul Gauguin-Museum

Das mit seinem spitzen, roten Blechdach ein wenig sakral wirkende Museum will an den fünfmonatigen Aufenthalt des Malers in St. Pierre (1887) erinnern. Es verfügt nicht über originale Gemälde, sondern dokumentiert anhand von Briefen, Fotos, Reproduktionen und persönlichen Gegenständen wichtige Stationen seines Lebens, seiner Reisen sowie die Entwicklung seiner Malerei nach dem Martinique-Besuch. Besonders interessant ist der zweite der fünf Räume, wo Reproduktionen jener Gemälde zu sehen sind, die Gauguin auf der Insel gemalt hat, sowie originale Briefe, die er seiner dänischen Frau in Kopenhagen schrieb. Im Untergeschoss sind traditionelle Kostüme und Trachten ausgestellt. Erfreulich, dass es auch eine englische Beschriftung gibt.

Touristenattraktionen

Von hier aus geht es auch auf der Küstenstraße (N-2) an einem schönen Sandstrand vorbei in Richtung St. Pierre. Sofort hinter dem Tunnel liegt rechter Hand das ‚**Tal der Schmetterlinge**' (*La Vallée des Papillons*), eine interessante Touristenattraktion. Dieser Botanische Garten ist innerhalb der Ruinen einer der ersten französischen Siedlungen (*Habitation Anse Latouche* aus dem 17. Jahrhundert) angelegt und bietet kleine Tümpel, ein altes Mühlrad, eine üppige Vegetation und unzählige Insekten, Spinnen, Käfer und vor allem Schmetterlinge. Nun sind es nur noch wenige Minuten bis zur alten Hauptstadt St. Pierre. Hinter der Grotte – mit einer Christuskirche auf der rechten Seite – und dem kleinen Sandstrand kann man sich überlegen, ob man den Wagen abstellt, um sich mit den kleinen Touristenzügen des ‚*Cyparis Express*' der Ruinenstadt zu nähern. Diese Bähnchen fahren von 9.30-16.30 Uhr durch die interessantesten der freigelegten Straßen; die Kommentierung ist u.a. auch auf Englisch.

Saint Pierre

Das heute ca. 6.000 Einwohner zählende Städtchen war ehemals die Hauptstadt der Insel und kultureller Mittelpunkt der Französischen Antillen. Die völlige Vernichtung durch den Ausbruch der Montagne Pelée war eine der größten Naturkatastrophen der Karibik und brachte der Stadt den traurigen Beinamen ‚Pompeji der Karibik' ein. Noch immer sind die Spuren der Katastrophe zu sehen, die im örtlichen Vulkanmuseum, dem **Musée Vulcanologique** (tägl. geöffnet), dokumentiert wird.

Ehemalige Hauptstadt

INFO Der Ausbruch von 1902 – Tagebuch einer Katastrophe

Obwohl man sich der Nachbarschaft des gefährlichen Vulkans stets bewusst war, war das Leben in St. Pierre von Eleganz und Luxus geprägt. Als der Maler Paul Gauguin die 30.000 Einwohner zählende Stadt das ‚Paris der Antillen' nannte, dachte er wohl an die vielen Springbrunnen, das berühmte Theater mit seiner prachtvollen Freitreppe, die großartige Kathedrale, an die hohen Bürgerhäuser mit schmiedeeisernen Balkonen und die gepflasterten Gassen, auf denen Frauen unter Sonnenschirmen spazieren gingen. Unten im Hafen schwitzten die Arbeiter beim Rollen der Rumfässer, während draußen Dutzende von großen Segelschiffen auf Reede lagen. Unerwartet kam die Katastrophe nicht: Schon 1851 hätte ein leichter Ausbruch sowie in der Folge immer wieder Rauch- und Dampfwolken über dem 1.400 m hohen Gipfel des Vulkans ausreichend Warnung sein können. Die Eruption von 1902 – zu Beginn des Jahres durch dampfende Fumarolen im oberen Talabschnitt angekündigt – hatte denkbar schlimme Folgen, weniger durch unabwendbares Schicksal, sondern leider auch – in hohem Maß – mitverantwortet durch Fehleinschätzungen und Versagen der Behörden.

23. April 1902 · In St. Pierre spüren die Einwohner leichte Erdstöße, die Luft riecht nach Schwefel, ein leichter Ascheregen geht nieder.

24. April-4. Mai 1902 · Der Gipfel des Vulkans wird von mehreren Explosionen erschüttert, worauf ein heftiger Ascheregen die Sonne verfinstert. Tiere werden nervös und beginnen zu fliehen. Einige Straßen sind durch die Asche unpassierbar. Der Gouverneur beschwichtigt die zunehmend erregte Bevölkerung – schließlich steht eine Gemeindewahl am 10. Mai bevor.

5. Mai 1902 · Bäche und Flüsse in der Umgebung schwellen an, und eine kochende Schlammlawine vernichtet die Zuckerfabrik am Rivière Blanche; 30 Menschen sterben.

6. Mai 1902 · Aus dem Vulkankrater sind dumpfes Grollen und erneute Explosionen zu hören. Die Bevölkerung will fliehen, aber der Gouverneur lässt Truppen aufmarschieren, die alle Einwohner gewaltsam zurückhalten.

7. Mai 1902 · Beschwichtigungsversuche in der Presse: ‚Wir können diese Panik nicht verstehen. Wo könnte außerhalb von St. Pierre jemand besser Schutz finden als in der Stadt?' (Tageszeitung ‚Les Colonies')

8. Mai 1902 · Das Ende: Schiffsmannschaften sehen, wie am Vulkan eine gigantische Dampffontäne hoch schießt, und hören um 7.50 Uhr vier Detonationen. Gleichzeitig steigt schwarzer Rauch auf, während aus dem Krater seitlich eine 2.000°C heiße Glutlawine fließt, die mit 150 km/h auf die Küste zurast. Alle Uhren bleiben um 7.52 Uhr stehen. Innerhalb von zwei Minuten sind die Stadt und mit ihr mehr als 30.000 Menschen ausgelöscht. Durch die Hitze verbrennt nicht nur sämtliches Holz, sondern auch Glas, Porzellan und Metalle schmelzen; selbst die Schiffe im Hafen fangen Feuer und sinken.

Die ehemalige Hauptstadt St. Pierre

9.-11. Mai 1902 · Fassungslos stehen Rettungsmannschaften in einem völlig zerstörten Ruinenfeld. Aus dem Keller des örtlichen Gefängnisses befreit man nach drei Tagen den schwer verbrannten und halb verhungerten Häftling Cyprais – er ist der einzige Überlebende der ganzen Stadt.

St. Pierre hat sich niemals wieder von dieser Katastrophe erholt; folgerichtig ging die Hauptstadtfunktion an Fort-de-France über. Immer noch wirkt vieles verfallen und ärmlich. Immerhin hat der Wiederaufbau einige schöne Resultate gezeigt, so wie am Gemüsemarkt mit Markthallen direkt am Hafen, auf dem eine Schœlcher-Büste daran erinnert, dass hier der ehemalige Sklavenmarkt abgehalten wurde.

In der Nähe befinden sich einige im kreolischen Stil restaurierte Häuser, Restaurants und im Meer der lange, moderne Pier für die Kreuzfahrtschiffe.

Bei der Stadtbesichtigung orientiert man sich an den beiden parallel verlaufenden Einbahnstraßen, wobei man vom Süden über die höher gelegene Rue Victor Hugo einfährt.

Kathedrale

Wiederaufgebaute Stadt

Rechter Hand der Straße liegt die sehr große Kathedrale, von außen durch zwei Westtürme dominiert. Hinter einer Vorhalle erstrecken sich im Innern drei durch dorische Säulen getrennte Schiffe, deren mittleres tonnengewölbt ist. Die Einrichtung und bunten Glasfenster wirken schwülstig, aber volksnah. Schon 1654 gab es an dieser Stelle eine Klosterkirche, die die Engländer 1667 zerstörten.

Der Neubau von 1816 war ‚Unserer Lieben Frau des sicheren Hafens' geweiht und wurde auch von frommen Freibeutern genutzt, die einen Teil ihrer Beute dort opferten. 1853 zur Kathedrale erhoben, schmückten ab 1856 zwei prächtige Westtürme mit hohen, oktogonalen Aufsätzen die Bischofskirche. Von diesen sind heute nur noch die Stümpfe zu sehen.

Nach dem Vulkanausbruch lag die Kirche in Trümmern und ist erst später mit viel Beton wiederaufgebaut worden.

Franck-Perret-Museum

Etwa 400 m hinter der Kathedrale kommt man zum hoch gelegenen vulkanischen Museum, das als kleiner Block an der Stelle des alten Forts steht. Von der mit Kanonen bestückten Terrasse hat man eine gute Sicht auf die Ruinen der Unterstadt, die Kathedrale, den Hafen und den Urheber der Katastrophe, die Montagne Pelée.

Relikte der Katastrophe

Das nach einem amerikanischen Vulkanologen benannte und 1932 gegründete Museum hinterlässt einen tiefen Eindruck von der Tragödie der Stadt. Man sieht durch die Glut zusammengebackenes Geschirr und zerschmolzene Flaschen, die riesige, verformte Glocke der Kathedrale, Uhren, die alle zur gleichen Zeit stehen geblieben sind, Bilder der Opfer und viele Fotos, die das Leben in St. Pierre vor und nach der Katastrophe dokumentieren.

Etwa 100 m weiter sieht man rechts der Rue Victor Hugo noch den prächtigen Treppenaufgang des ehemaligen Theaters und daneben das Verlies, aus dem man den Häftling Cyprais befreite. Wenn man nun nach links abbiegt, kann man sich den Hafen und das Ruinenfeld der Unterstadt anschauen.

Ignoriert man diese Abzweigung, kommt man zur alten Steinbrücke über die Rivière Roxelane. Genau davor biegt rechts die Nationalstraße N-2 in Richtung Morne-Rouge ab (s.u.).

Abstecher nach Le Prêcheur

Nettes Ausflugsziel

Bei genügend Zeit sollte man in St. Pierre noch nicht die Küste verlassen, sondern sich auf der nun immer schmaler werdenden Straße D-10 am Fuß des Vulkans weiter in nordwestlicher Richtung halten. **Doch Vorsicht**: Entgegen der Darstellung auf manchen Landkarten (auch solchen des Fremdenverkehrsamtes) ist es **nicht möglich, rund um die Nordspitze Martiniques zu fahren**.

Nach etwa zehn Kilometern ist an der Anse Céron definitiv Schluss, von dort kommen Sie nur über einen 18 km langen Fußweg weiter (nach Grand-Rivière). Der Ausflug nach Prêcheur lohnt sich wegen der grandiosen Landschaft und des hübschen Ortes. Prêcheur ist eine der ältesten Siedlungen auf Martinique, in dem die spätere Gemahlin Ludwigs XIV., Madame Maintenon, einen Teil ihrer Kindheit verbrachte. Außer dem Stadtstrand mit seinen vielen Fischerbooten gibt es eine interessante Kirche mit zwei von kleinen Pyramiden bekrönten Türmen, eine stimmungsvolle Mairie und einen interessanten, dreieckigen Platz am südlichen Ortseingang zu sehen.

Mit einigen netten Restaurants bietet sich Prêcheur, das übrigens 1902 genau wie St. Pierre vernichtet wurde, auch für eine Mittagspause an.

Wer wandern möchte, hat Gelegenheit, kurz vor dem Ortseingang rechts abzubiegen, dann links am Fernsehsender vorbeizufahren und nach einer kurzen Weile den Weg zu Fuß über die Grande-Savane auf den Mont Pelée fortzusetzen. Dazu braucht man etwa vier Stunden. Wie jede Besteigung des Vulkans sollte sie allerdings nur bei guten Bedingungen und von erfahrenen Wanderern durchgeführt werden!

4,5 km hinter dem Ort endet die Straße an einem großen Parkplatz. Das Verbotsschild für die Weiterfahrt sollte respektiert werden – die Betonpiste ist ohnehin so schlecht, dass

Palmenalleen auf dem Weg nach Le Prêcheur

man kurze Zeit später aufgeben müsste. Besser ist es, die Wanderwege zu nutzen oder am schwarzsandigen, palmengesäumten Strand eine Pause einzulegen. Beachten Sie bitte, dass das Baden wegen des hohen Wellengangs nicht ungefährlich ist.

Von St. Pierre aus führt die Fahrt zurück nach Fort-de-France durch eine üppige tropische Vegetation mit dichten Regenwäldern und hohen Baumfarnen. Mehrere Routen sind dabei möglich. Am besten ausgebaut ist die N-2, die sich in weiten Kehren bis nach Morne Rouge hinaufzieht, wo man auf die N-3 stößt.

Alternativ kann man bis zur N-3 bzw. Deux-Choux die D-1 oder D-11 benutzen, beides schwierige und kurvenreiche Straßen, von denen ab und zu ausgeschilderte Wege zu Aussichtspunkten abgehen und auf denen man durch kleine Bergdörfer mit hübschen Kirchen kommt. Welche Alternative man auch wählt, kurz hinter St. Pierre sollte man anhalten und den Blick zurück auf die Stadt und das blaue Karibische Meer genießen.

Im Schatten des Vulkans

Wer die N-2 benutzt, erreicht nach 7,5 km den 450 m hoch gelegenen alten Kurort **Morne Rouge**. Auch dieses Landstädtchen hatte unter dem nahen Vulkan zu leiden: Am 30. August 1902, vier Monate nach der Vernichtung St. Pierres, forderte hier eine zweite Eruption der Montagne Pelée ebenfalls mit einer Glutwolke etwa 1.500 Menschenleben. Von Morne Rouge aus kann man auf der N-3 nach Petite Savane und weiter zur Nordostküste fahren oder in entgegengesetzter Richtung etwa acht Kilometer nach Deux-Choux. Die blühende Vegetation (Anthurien-Plantagen) und etlichen Bananenplantagen zeigen, dass der Vulkanismus die Böden äußerst fruchtbar gemacht hat.

Ab **Deux-Choux** schlägt sich die D-1 auf gewundener und schmaler Strecke in östlicher Richtung (Gros-Morne; La Trinité) quer durchs Inselinnere. Aber auch die N-3, deren Verlauf *Route de la Trace* genannt wird, ist nicht minder interessant.

Durch dichten Tropenwald und an kristallklaren, kalten Flüssen (*Rivière Alma*) vorbei kommt man zum 650 m hoch gelegenen Pass nahe der **Pitons du Carbet**. In dieser phantastischen Gebirgslandschaft stehen Wanderern viele Möglichkeiten offen, vor allem die vier über 1.000 m hohen Gipfel der nächsten Umgebung sind reizvolle Ziele. Weitere Stopps lohnen sich an der **Maison de la Forêt** und in **Absalon**, einem zwei Kilometer entfernten Kurort mit warmen Quellen. Schließlich kommt man zum Botanischen Garten und zum Ort **Balata**, in dem die Miniatur-Nachbildung der Kirche **Sacré Cœur** in Paris zu bestaunen ist. Von hier aus sind es nur noch sieben Kilometer bis zum Ausgangspunkt Fort-de-France.

Norden und Nordosten: nach Macouba und La Trinité

Auch auf dieser Rundfahrt erlebt man den Vulkan und die gebirgigen Regenwälder, zusätzlich jedoch die grandiose Nordküste und die Strände der Caravelle-Halbinsel. Die Fahrleistung beträgt etwa 170 km und ist nur an einem ganzen Tag zu schaffen. Die erste Etappe ist dabei mit der oben beschriebenen Rückfahrt ab Morne Rouge identisch, geht also über die N-3 (*Route de Trace*) von Fort-de-France/Lamentin nach **Balata**, **Deux-Choux** und **Morne Rouge**.

Entlang der Strecke von Morne Rouge bis Basse-Pointe hat man verschiedentlich Gelegenheit, sich auf Stichstraßen dem Vulkangipfel zu nähern und ausgedehnte **Wanderungen** zu unternehmen.

Hinweis
Touren auf den 1.397 m hohen Gipfel sollten nur von geübten Wanderern – evtl. in Begleitung eines einheimischen ‚guides' – und bei guten äußeren Bedingungen durchgeführt werden. In der Gipfelregion ist stets mit starken Regenfällen, Nebel und Schlamm zu rechnen. Deshalb gehören unbedingt Bergschuhe und Regenzeug zur Ausrüstung. Die beste, weil trockene Jahreszeit für eine solche Exkursion ist von Dezember bis April.

Blumen, Ananas und Bananen

Bei der Rundfahrt lohnt sich zunächst der Abstecher zu den **Macintosh-Blumenplantagen**, wo vor allem Anthurien für den Export gezüchtet werden: Hier bestellte Blumen werden Ihnen am Abflugtag zum Flughafen gebracht. Die Plantage erreichen Sie auf einem ausgeschilderten, fünf Kilometer langen Weg am nördlichen Ortseingang.

Einige Kilometer weiter auf der N-3 geht in **Petite Savane** links die D-39 in Richtung **Montagne Pelée** ab. In vielen Kehren fährt man dabei durch Ananasplantagen und an einem Fernsehsender vorbei, bis man die *Refuge d'Aileron* erreicht hat. Hier gibt es ein Restaurant und eine Schutzhütte. Vom dortigen Parkplatz aus können Wanderer in gut drei Stunden zum Vulkankrater gelangen.

Neun Kilometer hinter Petite Savane kommt man nach kurvenreicher Fahrt zum 260 m hoch und inmitten von Ananasfeldern gelegenen Dorf **Ajoupa-Bouillon**. Sehenswert sind die hübsche Kirche von 1848 und die vielen blühenden Gärten. Vorher schon ist am Ortseingang der kleine Abstecher nach links sehr lohnend, auf dem man zur Schlucht **Gorges de la Falaise** gelangt.

Hier hat man Gelegenheit, eine halbstündige Wanderung auf Bambuspfaden und über Bäche durch eine unberührte, enge Lavaschlucht bis hin zum natürlichen Pool zu unternehmen.

Genauso schön ist hinter dem Ortsausgang der Abstecher rechts nach **Les Ombrages**. Dieser Botanische Garten inmitten der ursprünglichen Natur offeriert schön gepflegte Wege und am Eingang ein 1.200 m² großes Gewächshaus, in dem ideale Bedingungen für Tausende von Raupen und Schmetterlingen geschaffen wurden (*Jardin des papillons*).

Nach zwei Kilometern stößt die N-3 auf die N-1, auf der man in südöstlicher Richtung nach Lorrain, Marigot und Ste. Marie weiterfahren kann. Empfehlenswert ist es jedoch, zunächst nach links auf die D-10 abzubiegen. Über den größten Fluss der Insel, die *Riviere Capot*, und an den Ruinen ehemaliger Plantagenhäuser und Zuckerfabriken vorbei (*Habitation Capot; Habitation Pécoult*) erreicht man das Dorf **Tapis Vert**, wo eine schmale Stichstraße wieder auf den Vulkan zuführt.

An dieser Straße gelegen, lohnt die ehemalige Zuckerfabrik und Rum-Destille **Plantation Leyritz** (18. Jahrhundert) einen Besuch, die inmitten ausgedehnter Ananasfelder liegt. Heute beherbergen die alten Gemäuer ein vorzügliches Hotel mit Restaurant sowie ein interessantes **Puppenmuseum**. Die dort ausgestellten Puppen sind fragile Gebilde, die sämtlich aus Blättern, Stöckchen und Blumen gefertigt sowie mit historischen Mini-Kostümen bekleidet sind.

Alte Zuckerplantage

Zurück auf der D-10, durchquert man die Kleinstadt **Basse-Pointe**, in der der berühmte Aime Césaire geboren wurde und die einen hohen indischstämmigen Bevölkerungsanteil hat (Hindutempel). Weiter geht es fünf Kilometer an der wilden und teilweise spektakulären Atlantikküste entlang zum Dorf **Macouba**, das einmal für seinen feinen, gut duftenden Tabak bekannt war.

Landeinwärts kann man von hier aus der Rum-Destillerie ‚J.M.' in **Fonds-Préville** einen Besuch abstatten. Noch weiter entlang der Nordküste und durch dichten Regenwald führt die immer enger werdende Straße bis **Grande-Rivière**, wobei man auf fotogenen Brücken tiefe Lavaschluchten überquert und Wanderpfade zur Montagne Pelée passiert. Bei entsprechenden Sichtverhältnissen kann man gut die Nachbarinsel Dominica erkennen.

Ein Fischer kehrt nach Grande-Rivière zurück.

Im malerisch an einem Fluss gelegenen Grande-Rivière (schwarzer Sandstrand) ist die Autostraße zu Ende, obwohl einige Landkarten die D-10 die Nordspitze umrunden lassen. Wer über die entsprechende Zeit verfügt, sollte die 18 km lange Wanderung bis Prêcheur bzw. Anse Céron (s.o.) unternehmen. Dieser ca. fünf Stunden dauernde Weg führt am Rand des Vulkans entlang mit Blick auf das Meer durch eine der großartigsten Landschaften der Karibik (Naturschutzgebiet *Domaine du Prêcheur*, 510 ha).

Schwarze Strände

Auf gleicher Straße muss man nun also die 21 km wieder zurück bis zur Weggabelung mit der N-1 und N-3. Von hier aus kommt man auf der N-1 nach sieben Kilometern wieder an die Küste und durch das recht große Städtchen **Le Lorrain**. Hier gibt es eine markante Kirche, einen lebhaften Markt, viele Geschäfte und einen lang gestreckten Sandstrand. Allerdings kann hier, wie auch an den folgenden Stränden der Atlantikküste, das Baden wegen der hohen Brandung zum Risiko werden.

Anschließend passiert man das Fischerdorf **Marigot** und den Sandstrand der **Anse Charpentier**, in deren Umgebung Süßwasserkrebse gezüchtet werden. Im Hinterland lohnt der ausgeschilderte Abstecher zur *Habitation Fonds St. Jacques*, wo Überreste des 1658 gegründeten Dominikanerklosters und der unter Pater Labat 1693-1705 eingerichteten Zuckerfabrik und Rumdestille zu sehen sind. Zurück an die Küste, geht es auf der D-24 gleich wieder ins Hinterland zum **Musée de la Banane** (tägl. geöffnet von 9-17 Uhr), das die verschiedensten Bananen-Sorten zum Probieren anbietet. Um zum großen und ausufernden **Sainte-Marie** zu gelangen, fahren Sie den gleichen Weg zur N-1 wieder zurück. Der Ort hat außer einer großen weißen Kirche von 1851 zwei Museen anzubieten: einmal das *Musée du Rhum* am nördlichen Ortsausgang, und zum andern das *Musée Père Labat* am südlichen Ortsausgang (hinter der Abzweigung der D-25).

Das Musée de la Banane lockt mit Kostproben.

Die nächste Station ist **La Trinité**, ein hübscher Ort mit einer Kirche des 19. Jahrhunderts und einer gepflegten Uferpromenade, an der einige alte Kanonen aufgestellt sind.

Halbinsel mit Badebuchten

Von hier hat man bereits den Blick auf die **Halbinsel Caravelle** (*Presqu'ile la Caravelle*), wo Paul Gauguin einige Bilder malte und die sich für einen 12 km langen Ausflug anbietet. Dazu richtet man sich nach den Hinweisschildern nach **Tartane** und kommt auf der gut ausgebauten Straße D-2 durch Zuckerrohrfelder weit in den Osten.

Zum Norden hin ist die – wie ein Finger – in den Atlantik ragende Halbinsel durch sanfte Buchten gegliedert, in denen schöne Sandstrände mit Palmen zum Baden einladen. Am Strand von Tartane liegen Fischerboote, während an der Straße mehrere gute Restaurants auf Kundschaft warten. Schöner noch ist die nächste Badebucht an der Pointe de l'Anse l'Étang (Feriensiedlung, Parkplatz, Minigolf, Cafeteria). Dahinter hört die Asphaltdecke der Straße auf, so dass es sehr mühselig ist, noch weiter in den unter Naturschutz (**Nationalpark Caravell**) stehenden Ostteil zu fahren. Wer die Schlaglöcher nicht scheut, wird mit dem Anblick des **Château Dubuc** belohnt. Das in Ruinen liegende Gebäude geht auf Pierre Dubuc zurück, der 1657 nach Martinique kam.

Für die Rückfahrt zur Westküste bieten sich von La Trinité aus **zwei Möglichkeiten** an:

• Auf der N-4 können Sie die Insel über **Gros-Morne** und **St. Joseph** durchqueren und zur Hauptstadt **Fort-de-France** zurückkehren.

- Die N-1 führt etwas weiter südlich nach Le Lamentin, von wo Sie schnell nach **Trois-Ilets** und **Pointe du Bout** gelangen.

Rundfahrt Südwesten: Nach Trois-Ilets und Le Diamant

Das Ausflugsziel der südwestlichen Halbinsel ist vom Hafen in Fort-de-France gut zu sehen: Schließlich sind es nur sieben Kilometer Luftlinie bis Trois-Ilets, die man mit der Personenfähre über die Baie de Fort-de-France in 25 Minuten überbrückt.

Mit dem Auto braucht man auf der Autobahn N-1/N-5 ebenso lang, falls man nicht in die Rushhour zur Feierabendzeit gerät. Auf den 25 Kilometern durch die Ebene passiert man den Industrieort **Californie** sowie den Flughafen **Lamentin** und fährt in einiger Entfernung zur Mangrovenküste bis nach **Rivière-Salée**. Hier biegt man rechts auf die D-7 ab und kann kurz darauf an der **Maison de la Canne** einen ersten informativen Stopp einlegen.
In diesem schönen, 1987 eröffneten Museum wird anhand von originalen Gerätschaften und Dokumenten alles Wissenswerte zur Zuckerherstellung, Zeit der Sklaverei und Plantagenwirtschaft erläutert.

Trois-Ilets

Wenige Fahrminuten später gelangt man zum hübschen Städtchen Trois-Ilets (rechts zum *Centre Ville* abfahren), dem man kaum anmerkt, dass es sich unweit des größten Touristenzentrums der Insel befindet. Am kleinen Platz auf der rechten Seite sollte man anhalten.

Pittoreskes Städtchen

Hier sind eine kleine geschlossene Markthalle, die *Mairie* und das unvermeidliche Kriegerdenkmal zu sehen, vor allem aber die pittoreske Pfarrkirche mit Holzturm. Hier wurde 1765 die spätere Frau Napoléons, *Kaiserin Joséphine*, getauft. Das dreischiffige und in der Mitte mit einer Holzdecke tonnengewölbte Gotteshaus bewahrt am Taufbecken einige Erinnerungen an Joséphine auf; gegenüber geht es zu einer kleine Krypta hinab.

Nach dem Kirchenbesuch sollten Sie sich die Zeit nehmen, auf der Nordseite durch die kleine Gasse mit ihren alten Häusern hinab zum Bootshafen zu bummeln. Anschließend fährt man in der bisherigen Richtung weiter – also durch den Ort hindurch. Hinter der Bucht am Ortsausgang passiert man rechter Hand den riesigen und herrlichen 18-Loch-**Golfplatz**. Auf der anderen Seite geht es sofort hinter der Flussbrücke zu zwei Sehenswürdigkeiten.

Die ‚Domaine de la Pagerie'

In diesem Plantagenhaus erblickte *Marie-Rose (Joséphine) Tascher de la Pagerie* am 23. Juni 1763 das Licht der Welt. Bereits als 16-Jährige wurde sie mit einem französischen Adligen vermählt und verließ ihre Heimat. Nach dessen Guillotinierung

Historischer Landsitz

während der Französischen Revolution gab die schöne Kreolin dem glühenden Liebeswerben des Generals Bonaparte nach, der sie 1796 heiratete. In der Notre-Dame in Paris setzte ihr Napoléon Bonaparte die Krone der Kaiserin auf. Obwohl die Ehe wegen Kinderlosigkeit 1809 geschieden wurde, kehrte sie nie wieder nach Martinique zurück. Von der Bevölkerung verehrt, lebte die ehemalige Kaiserin bis zu ihrem Tod 1814 im Schloss Malmaison bei Paris. In der *Domaine* sieht man die liebevoll restaurierten Überreste ihres Geburthauses. In einem weiteren Gebäude, das geradewegs aus einer ländlichen französischen Gegend zu stammen scheint, ist ein kleines Museum mit vielen Erinnerungsstücken an das Kaiserpaar untergebracht. Daneben stehen noch der Schornstein der Zuckerfabrik und die Zuckermühle, die einst von Ochsen angetrieben wurde.

Botanischer Garten

Als zusätzliche Attraktion wurde 1979 auf dem Gelände der *Domaine* ein herrlicher Blumenpark eingerichtet, der drei Hektar umfasst und den Aufenthalt besonders im Mai/Juni lohnt, wenn die Flamboyants in Blüte stehen.

Anse Mitan/Pointe du Bout

Touristisches Ballungszentrum

Zurück auf der D-7, geht auf der anderen Seite eine Straße zur Anse Mitan ab, wo sich die meisten großen Ferienhotels der Insel und zahlreiche renommierte Restaurants befinden. Trotz dieser touristischen Zentrierung wirkt der Strand nicht außergewöhnlich, sondern ist eher schmal zu nennen. Dafür entschädigt jedoch der Blick über die Baie de Fort-de-France hin auf die Hauptstadt, deren Lichter abends herüberblinken, und auf die ein- und ausfahrenden Kreuzfahrtschiffe. Insgesamt verströmt die Anse Mitan und die von Luxusherbergen besetzte Halbinsel Pointe du Bout mit ihrer Marina französisches Flair à la Côte d'Azur.

Auf der D-7 kommt man zwischen der Anse Mitan und den Anses d'Arles durch eine gebirgige, schöne Landschaft. Ab und zu ist es möglich, auf Stichstraßen hinunter zum Meer zu fahren, wo es feinsandige und noch recht leere Strände gibt. Empfehlenswert ist z.B. der Weg zur **Anse Dufour/Anse Noir** – insbesondere am Nachmittag, wenn die Fischer ausfahren und auf Muscheln die Signale zum Einholen der Netze geben. Touristen sind dabei zur Hilfe eingeladen, wenn sie möchten. In **Grande Anse**, einem beliebten Badeort, sieht man von der D-7 wieder das Meer und kann in einem der netten Cafés oder guten Restaurants den Blick auf die palmengesäumte Bucht und bunte Fischerboote genießen. Kurze Zeit später kommt man an eine Weggabelung. Beide Möglichkeiten führen nach Le Diamant: die D-7

Der schöne Strand der Anse à l'Ane

durchs Inselinnere und die D-37 an der Küste entlang. Empfehlenswert ist die Küstenstraße, die sehr kurvig, aber gut ausgebaut ist.

Durch den pittoresken Ort **Les Anses d'Arletes** mit seinen vielen kreolischen Holzhäusern, Fischerbooten und gutem Sandstrand geht es weiter, dann über viele Kurven zum ebenfalls reizenden Fischerdorf **Petite Anse** und hinauf auf eine Halbinsel rund um den mächtig aufragenden Morne Larcher.

Einen phantastischen Ausblick bieten einige Aussichtspunkte auf einen berühmten Felsklotz, der zwei Kilometer vor der Küste liegt:

Rocher du Diamant

Der malerische ‚Diamantenfelsen' ragt 176 m aus dem Meer auf; er hat eine militärische Vergangenheit. Als ihn die Engländer 1804 besetzten, wurde er mit schwerer Schiffsartillerie und 120 Soldaten bestückt, zu einem unsinkbaren und uneinnehmbaren ‚Kriegsschiff' erklärt und in ‚*H.M.S. Diamond Rock*' umgetauft. 17 Monate lang konnten sich die Soldaten gegen eine französische Übermacht behaupten.

Felsiges ‚Kriegsschiff'

Erst als listige Franzosen ein mit Rum beladenes Schiff am Felsen stranden ließen und die Briten dem Alkohol nicht widerstehen konnten, fiel der Rocher du Diamant wieder in französische Hände. Da das ‚Kriegsschiff' aber niemals untergegangen oder ausgemustert worden war, ist es offiziell immer noch Teil der *British Navy* und wird entsprechend von vorbeifahrenden Kriegsschiffen gegrüßt.

Die Beleuchtung des Felsen ist spätnachmittags am besten und bei Sonnenuntergang besonders attraktiv. Wer dem berühmten Rocher du Diamant einen Besuch abstatten möchte, kann das mit kleinen Booten im Pendelverkehr von Le Diamant aus tun. Seine fischreichen Gewässer werden vor allem von Tauchern geschätzt.

Vom Aussichtspunkt Pointe du Diamant windet sich die D-37 in Serpentinen zur Ortschaft **Le Diamant**, die einen zunächst mit einem lang gestreckten, zum großen Teil unverbauten Strand begrüßt (Park- und Picknickplätze im Palmenhain).

Der Ort selbst hat ein modernes Gepräge, kann aber trotzdem Atmosphäre ausstrahlen. Inzwischen ist er vor allem in seinen östlichen Teilen (Pointe de la Chéry) mit Hotels und Restaurants touristisch entwickelt worden.

Am Ortsausgang stößt man auf die D-7, die einen entweder wieder nach Grande Anse oder östlich bis zur N-5 bring;, so ist man schnell wieder nach Fort-de-France zurückgekehrt.

Rundfahrt Südosten mit Ausflugsziel Ste. Anne

Die Sehenswürdigkeiten des Südostens könnten an die oben genannten Stationen, genau wie an die der Nordost-Rundfahrt (s.o.), angeschlossen werden, so dass insgesamt eine große Inselrundfahrt zu bilden wäre. Diese auf den ersten Blick verlockende Idee scheitert aber an der Länge der Strecke, die innerhalb eines Tages nur von Rasern und ohne Aufenthalte zu schaffen ist.

Zuckerrohrfelder

An sich bietet der Südosten ab/bis Fort-de-France bzw. Trois-Iles die Möglichkeit zu einem großen Zirkel, dessen Stationen im Folgenden kurz genannt sind: Die erste Etappe bildet die N-1, die als Autobahn von der Hauptstadt bis zum Flughafen Lamentin und von dort als N-5 in den Süden führt.

Zwischen **Rivière Salée** und **Trois-Rivières** verläuft der Weg östlich der oben beschriebenen Halbinsel durch Wälder, Hügel und Zuckerrohrfelder. Das Zuckerrohr (bzw. die Melasse) wird in der berühmten und großen **Destillerie von Trois-Rivières** zu Rum gebrannt. Badegäste können sich am schönen Sandstrand erfreuen, wobei aber das 5,5 km weiter östlich liegende Örtchen **Ste-Luce** noch bessere Möglichkeiten bietet, mit seiner touristischen Infrastruktur (u.a. Campingplätze, Hotels) sowie einem schönen Stadtbild.

Felszeichnungen

Felszeichnungen (*roches gravée*) der Arawaken sind das Ziel eines nur drei Kilometer langen, interessanten Abstechers in das waldreiche Hinterland (über die D-17; ausgeschildert). Dieser Ausflug ließe sich verbinden mit einem Besuch des landwirtschaftlichen Zentrums **Rivière-Pilote** und der nördlich davon gelegenen Destillerie La Mauny, deren Rum manche für den besten der Französischen Antillen halten.

Fischerboote bestimmen das Strandbild von Ste. Luce.

Sehenswert sind auch die gigantischen, merkwürdigen Steinformationen am südlichen Ortsausgang. Von Rivière-Pilote erreicht man die nächste Station Le Marin, entweder auf der N-5 durchs Hinterland oder über die D-18a entlang der Küste. Letztgenannte Strecke benutzen auch diejenigen, die ab Ste-Luce ohnehin die Küstenstraße bevorzugt haben. **Le Marin** liegt malerisch an der tief eingeschnittenen Bucht **Cul-de-Sac du Marin**, deren türkisgrünes Wasser, Korallenriffe und weiße Sandstrände den Ort zu Recht in den Blick der Tourismus-Manager geraten ließen. Wie hoch im Norden, gibt es auch im Süden eine Straße (D-9), die fast bis zur Spitze führt, dort aber endet und eine ‚Rundfahrt' unmöglich macht.
Dieser Abstecher ist aber aus mehreren Gründen äußerst reizvoll:

• Erstens sind da die vielen, gleichmäßig auf beiden Seiten der Halbinsel platzierten **Strände**, die zu den schönsten auf Martinique gehören. Da der Südosten außerordentlich trocken ist, gehören sie auch zu den sonnenreichsten und niederschlagsärmsten.

- Zweitens lohnt das kleine Städtchen **Sainte Anne** einen Besuch. Mit seiner Kirche, dem Marktplatz und den kleinen Häuschen verbreitet es provinziellen Charme. Im Gegensatz dazu steht die internationale Atmosphäre mehrerer Hotels (u.a. *Club Méd*), die sich an den schönsten Badebuchten angesiedelt haben.

- Drittens lockt am Endpunkt der Straße die **Grande Anse des Salines** mit einem Landschaftsbild, welches die beiden silbrig glänzenden Salzlagunen, das blasse Grün der Buschvegetation, den herrlich weißen Sandstrand und das türkisfarbene Wasser wie in einer surreal anmutenden Farbkombination vereint.

weiße Salinen

- Viertens stellen das Cap am ‚Höllentor' (*Pointe d'Enfer*) mit seinen bizarren Steilabstürzen sowie die fast vegetationslose Ebene der **Savane des Pétrifications** (versteinerte Bäume) landschaftliche Höhepunkte dar.

- Fünftens schließlich, eignet sich der gesamte atlantische Küstenverlauf bestens für ausgedehnte **Küstenwanderungen**, die in nördlicher Richtung bis zur Anse Macabou (s.u.) durchgeführt werden können.

Hat man die südliche Halbinsel ausgiebig erkundet, geht es zunächst zurück nach **Le Marin** und von dort über die N-6 durchs trockene Inselinnere auf die atlantische Seite zu. Hier begrüßt einen zuerst die Bucht von **Macouba** mit einem guten Strand, der viele Wassersportmöglichkeiten bietet. Gleiches gilt für das nahebei liegende Städtchen **Le Vauclin**, das auch als ‚Hauptstadt des Südens' bezeichnet wird und sich dem Fremdenverkehr geöffnet hat. Westlich davon erhebt sich der gleichnamige Berg, der mit 504 m der höchste der südlichen Inselhälfte ist. 15 Kilometer weiter nördlich liegt die Stadt **Le François**. Dort zweigt die N-6 nach Westen ab und führt quer über die Insel zurück nach Lamentin bzw. Fort-de-France.

Breit und feinsandig ist die Plage des Salines.

Wer noch ein wenig an der atlantischen Seite bleiben möchte, fährt über die D-1 bis **Le Robert**, das malerisch am Endpunkt einer tiefen Bucht liegt. Hier ist die N-1 die schnellste Verbindung zur anderen Inselseite. Noch weiter nördlich erreicht man in 10 Fahrminuten La Trinité, wo Anschluss an die Nordost-Rundfahrt (s.o.) besteht, sowie eine weitere Möglichkeit, nach Fort-de-France zurück zu kommen (N-4).

Dominica

Hinweis
Aktuelle regionale Reisetipps (Hotels, Restaurants, etc.) zu Dominica entnehmen Sie bitte den gelben Seiten 166 ff.

Überblick und Geschichte

Dominica – der Name wird mit Akzent auf dem zweiten ‚i' ausgesprochen – liegt mitten zwischen Guadeloupe und Martinique und ist die größte der englischsprachigen Windward Islands. Sie ist von allen Inseln über dem Winde die **gebirgigste** und **wasserreichste**. Etwa **365 Flüsse und Bäche** sollen es sein, die aus dem dichten, immergrünen Regen- und Bergwald zur Küste fließen und zum Teil spektakuläre **Wasserfälle** bilden.

Vulkane, Regenwald und Wasserfälle

Der Gebirgsstock ist aus vulkanischem Gestein aufgebaut und gliedert sich in drei Komplexe (Norden, Mitte und Süden), die durch die Flussläufe von tiefen Schluchten durchzogen werden und zur Küste steil abfallen. Im Kegel des *Morne Diablotin* erreicht die Insel mit 1.447 m ihre höchste Höhe. Der **Erschließung des Landes** bereitet das steile Profil immense Schwierigkeiten: Erst nach dem Zweiten Weltkrieg konnte eine Straßenverbindung zwischen West- und Ostküste fertig gestellt werden, und noch immer ist die Inselmitte nur auf wenigen Pfaden und nur zu Fuß erreichbar.

Als Insel des inneren Antillenbogens wird Dominica vom **Vulkanismus** geprägt, der noch nicht zur Ruhe gekommen ist. Beispiele dafür sind die zahlreichen Fumarolen und **heißen Quellen**, vor allem aber das **Valley of Desolation** und der schwer zugängliche, berühmte **Boiling Lake**.

Wegen der gebirgigen Struktur gehen auf Dominica besonders **hohe Niederschlagsmengen** nieder, die im Jahresdurchschnitt selbst auf der Leeseite noch ca. 2.000 mm betragen. Auf der windzugewandten Seite sind es an der Küste fast 4.000 mm, und für die Höhenlagen werden 10.000 bis 11.000 mm geschätzt – elfmal mehr, als Anguilla aufzuweisen hat.

Die **Geschichte** der Inseln kennt eine besonders starke indianische Präsenz, die bis heute durch die in dem *Carib Reserve* lebenden **Ureinwohner** erhalten ist.

Ihren Namen bekam Dominica (natürlich!) durch **Kolumbus**, der 1493 an einem ‚Sonntag' an der Insel vorbeisegelte. Später wechselten sich nach harten Kämpfen die Kolonialmächte **England** und **Frankreich** so oft im Besitz ab, dass die Insel von den Kariben ‚Watukubuli' genannt wurde – das ‚Land der vielen Schlachten'. 1748 einigten sich die beiden Länder darauf, Dominica einen neutralen Status zu verleihen und sie den Ureinwohnern, den Kariben, zuzusprechen.

Blutige Geschichte

Diese für die damalige Zeit beachtliche Abmachung hielt nur wenige Jahre, dann ging der Konkurrenzkampf weiter – auch nach dem Vertrag von Versailles 1763, der Großbritannien als Besitzer festlegte. Schließlich konnte eine Summe von 8.000 Pfund den englischen Herrschaftsanspruch in den Status einer Kolonie ummünzen. Als solche verblieb Dominica englisch bis 1967, als sie in einen assoziierten Staat mit innerer Autonomie umgewandelt wurde. Am 3. November 1978 erhielt sie schließlich die völlige Unabhängigkeit als Republik innerhalb des britischen Commonwealth.

Wirtschaftlich war Dominica seit jeher eine der am wenigsten entwickelten westindischen Besitzungen. Viele Einwohner wanderten daher aus und arbeiten u.a. als Taxifahrer oder im Fremdenverkehr auf den amerikanischen, britischen oder französischen Inseln sowie in den USA.

Fischer flicken ihre Netze.

Nur ein Fünftel der gebirgigen Insel ist landwirtschaftlich nutzbar; trotzdem machen Bananen (70 Prozent) und andere Früchte den Hauptteil des Exports aus – auch nach den Verwüstungen der immer wieder verheerenden Hurricans. Im August 1979 verwüstete ‚David' die Insel mit Geschwindigkeiten von bis zu 240 km/h. Im Herbst 1995 wurde Dominica erneut von einem besonders schweren Hurrican namens ‚Marylin' heimgesucht, im Sommer 1996 von ‚Bertha', und im September 1998 kam ‚Georges' und fegte mit Spitzengeschwindigkeiten von 240 km/h über die Insel. Kurz vor dem Millenniumswechsel hat Hurrican ‚Lenny' zahlreiche Schäden auf der Westseite der Insel hinterlassen.

Eine Spezialisierung in der Landwirtschaft durch den Anbau von Kokosfett, Lorbeeröl und Aloë, die zu Seife und Kosmetika verarbeitet werden, sichert den Export. In den letzten Jahren entwickelte sich jedoch auch hier der Tourismus zum größten Devisenbringer.

Sanfter Tourismus

Ein weitsichtiges Ministerium vermarktet mit Erfolg die Insel als ‚**Ökodestination Nummer eins**' in der Karibik und achtet darauf, dass das natürliche Kapital – Regenwälder, vulkanische Areale und Tauchgründe – nicht durch eine überhastete Entwicklung Schaden nimmt.

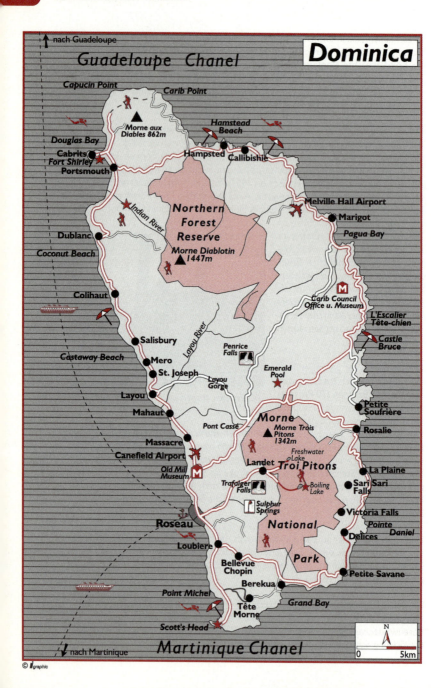

Touristen schätzen die Insel wegen ihrer unberührten Natur, die zahllose Möglichkeiten für Bergwanderungen, Tierbeobachtungen (z.B. Walbeobachtungen), Schnorcheln, Tauchen und Dschungelfahrten bietet. Nicht umsonst trägt die Insel den Beinamen ‚**Nature Island**', und ziert der einheimische Papagei sogar die Landesflagge.

Von den ausgezeichneten Tauchbedingungen (besonders an der südwestlichen Küste) werden ebenfalls immer mehr Besucher angezogen. Von vielen wird Dominica als fünftbester Tauchspot weltweit bezeichnet. Unterkunft findet man in kleinen, preiswerten und persönlichen Hotels, Pensionen und Gästehäusern. Luxushotels, Spielcasinos, ein buntes Nachtleben oder weiße Sandstrände kann man auf Dominica hingegen nicht erwarten.

 Zeiteinteilung

Die beschriebene Inselrundfahrt ist bequem in einem Tag zu machen. Für die Abstecher in den Süden und Norden plus evtl. einer Wanderung oder Tauchgängen sollten Sie einen weiteren Tag einplanen.

Dominica sehen und erleben

Roseau

Die **Hauptstadt** liegt auf einem flachen Areal, das der **Roseau River**, der die nördliche Stadtgrenze darstellt, angeschwemmt hat. Über ihn führen zwei Brücken im Einbahnstraßensystem, so wie fast alle der rasterförmig angelegten Verkehrswege Einbahnstraßen sind.

Kommt man vom Flughafen Canefield (Norden) in die Stadt, gelangt man über die Brücke auf die Verkehrsachse der *Independence Street*. An der sechsten Querstraße hinter dem Fluss (Cork Street) sollte man rechts abbiegen und in der Nähe des Ufers (Bay Street) einen Parkplatz suchen.

Das attraktivste Viertel liegt hier in unmittelbarer Nähe. Gemeint ist der rechteckig angelegte **Market Square** mit dem **Old Market**, auf dem sich heute ein Kunsthandwerksmarkt befindet. Zur Bay Street hin schließt das Gebäude des alten Post Office von 1810 den Markt ein. Hier befindet sich das **Dominica Museum**.

Redaktions - Tipps

· An der Landzunge vor Scott's Head sich die Steine auf der einen Seite im Karibischen Meer und auf der anderen Seite im Atlantischen Ozean anschauen. (S. 372)

· Zu den heißen Unterwasserquellen von Champagne bei Scott's Head tauchen.

· Eine Bootsfahrt auf dem Indian River erleben. (S. 374)

· Vom zwischen Felsen eingebetteten Strand der Grand Baptiste Bay nach Marie-Galante blicken und die ursprüngliche Atmosphäre des **Fischerdörfchens** Callibishie erspüren. (S. 376)

· Im Herbst das einzigartige **World Créole Festival** in Roseau besuchen, wenn die gesamte Inselbevölkerung in historischen Kostümen bei Musik und Tanz ihrer französischen und britischen Einflüsse gedenkt.

· **Wandern** durch die einzigartige Fauna und Flora des Unesco-Weltnaturerbes. (S. 369)

· Die **meisterlich geflochtenen, mehrfarbigen Korbwaren** der nur noch auf Dominica lebenden Kariben – Nachfahren der karibischen Ureinwohner – bewundern und erwerben.

Oberhalb Roseau hat man einen schönen Blick über das Meer.

Verlässt man den Market Square über die sanft ansteigende Victoria Street in südliche Richtung, sieht man rechts der Straße das **Fort Young**, eine britische Festung des 18. Jahrhunderts, die inmitten des grünen Peebles Park liegt und heutzutage ein gutes Hotel beherbergt. Ihr gegenüber steht das **Government House**, ein schöner Holzbau im georgianischen Stil. Wenige Schritte weiter auf der Victoria Street kommt man zu den ebenfalls sehenswerten Gebäuden der **Public Library** (rechts) und dem alten Gericht (**Court House**; links). Wieder stadteinwärts, liegt hinter dem Government House die anglikanische Kirche **St. George's Church** aus dem 19. Jahrhundert. Eindrucksvoller noch ist die nahe Cathedral of Our Lady of Fair Haven (*Virgin Lane/Cross Street*). Die römisch-katholische Hauptkirche mit angeschlossenem Friedhof und Schule (*St. Mary's Academy*) befinden sich reizvoll auf einem terrassierten Grundstück – sie stammt ebenfalls aus dem 19. Jahrhundert. Von der *Virgin Lane* aus betritt man die Kirche durch den Haupteingang mit seinen Heiligenfiguren und bewundert das sehr breit geratene, dreischiffige Innere mit seinem enormen, tonnengewölbten Mittelschiff. Anschließend lohnt es sich, einmal um den Block zu gehen, wo noch einige Holzhäuser (Bischofsresidenz) in kreolischer Architektur zu sehen sind und sich die Verkaufsausstellung der Firma *Tropicrafts* (Kariben-Kunsthandwerk) befindet.

Rundgang durch die Inselhauptstadt

Am anderen Ende der Stadt, an der Mündung des Roseau River, lockt der farbenprächtige Markt zu einem Besuch, insbesondere am Samstagvormittag. In seiner unmittelbaren Nähe befinden sich Werkstätten und Ausstellungsräume (*Handicraft Centres*) mit örtlichem Kunsthandwerk, wobei insbesondere die ornamentale Vielfalt der geflochtenen Grasmatten interessant ist. Nach Nordosten führt aus dem Stadtzentrum die *King George V. St.* in Richtung Trafalgar. Wer eine schöne Aussicht auf die Hauptstadt genießen möchte, sollte von dieser in die *Baith Rd.* (Ampel) rechts einbiegen und sich bei der zweiten Möglichkeit links halten. Dieser Weg führt hinauf auf den Morne Bruce, auf dem früher eine Festung stand und der heutzutage vor allem am Vormittag wegen des Panoramablicks den Abstecher lohnt. Bleibt man auf der *King George V. St.*, sollte man kurz vor der Brücke über den Roseau River nach rechts auf

Roseau: Renovierte und verfallene Häuser wechseln sich ab.

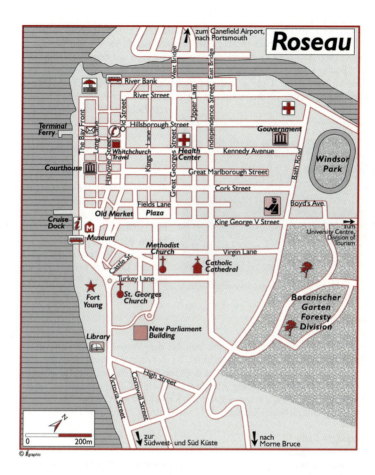

den Parkplatz fahren und den herrlichen Botanical Gardens einen Besuch abstatten. Das am Fuß des Morne Bruce gelegene, 40 ha große Gelände war früher eine der größten Zuckerplantagen, bevor man 1890 mit dem Aufbau der Gärten begann. Die überquellende Vegetation und der Artenreichtum des Parks machen ihn zu einem der attraktivsten Westindiens.

Fahrt durch Roseau River Valley

Über die grüne Eisenkonstruktion der einspurigen Hängebrücke überquert man den Roseau River und folgt anschließend seinem Lauf in nordöstlicher Richtung. Die Straße ist zunächst nur schmal und geht durch landwirtschaftlich genutztes Gebiet, später wird sie ausgesprochen schlecht und stellt mit vielen Schlaglöchern hohe Anforderungen an die Qualität des Mietwagens.

Von der Hauptrichtung, die zu den Trafalgar Falls führt, zweigen parallel verlaufende Wege ab: der erste nach rechts zu den Schwefelquellen von Wotton Waven, der zweite nach links nach Laudat mit dem Freshwater Lake und dem Boeri Lake bzw. zum Boiling Lake und dem Valley of Desolation. Freilich liegen die letztgenannten Ziele im waldreichen Gebirge und sind als Bestandteil des **Morne Trois Pitons Nationalpark**, der 1998 zum Unesco-Weltnaturerbe ernannt wurde, ausschließlich Ziel von Wanderungen. Außer den vorgestellten Zielen lohnen noch eine ganze Reihe weiterer Pfade, über die das örtliche Touristenbüro oder die Hotels Auskunft geben. Insbesondere der höchste der drei Gipfel (1.356 m) sowie die spektakulären Wasserfälle *Middleham Falls*, *Victoria Falls* und *Sari-Sari Falls* sollten erwandert werden. Neben den unten genannten Startpunkten ist der Nationalpark auch von der Ostküste bei Grand Fond bzw. vom Emerald Pool (s.u.) aus durch Wanderwege erschlossen.

Die Schüler trainieren am Rande des Botanischen Gartens.

Sulphur Springs

Hält man sich immer rechts, kommt man mit dem Wagen ziemlich nahe an die Schwefelquellen von Wotton Waven heran. Sie sind nicht die einzigen auf der Insel, aber die am besten erschlossenen. Die örtlichen Führer, die ihre Dienste anbieten, sind eigentlich nicht notwendig; aufsteigender Dampf und Schwefelgeruch weisen untrüglich den Weg zu den ‚Töpfen' (ca. 5 min.), in denen heißes Wasser sprudelt und grauer Schlamm blubbert.

Trafalgar Falls

Ausflugsziel Wasserfall

Da sie bequem zu erreichen sind, sind die Wasserfälle von Trafalgar ein hoch frequentiertes Ausflugsziel. Nach steiler, kurvenreicher Strecke, auf der man alle Abzweigungen ignoriert hat, kommt man – etwa 10 km hinter Roseau – zu einem Parkplatz, der direkt neben dem Wasserkraftwerk liegt. Auf der gegenüberliegenden Seite der Straße führen Stufen am neu erbauten Restaurant vorbei zum ‚Papillote Wilderness Retreat', einem kleinen Hotel, das von engagierten Naturschützern gemanagt wird.

In jahrzehntelanger Arbeit wurden hier tropische Gärten sowie Bassins für die heißen und warmen Quellen angelegt, und das alles gleich zweimal: Der Hurrican ‚David' zerstörte 1979 die gesamte Anlage. Eine geführte Tour durch die Kräuter- und Pflanzensammlung ist nach Voranmeldung möglich.

Zum Fuß der eigentlichen Wasserfälle geht man vom Parkplatz aus in etwa 15 Minuten. Dabei führt der Pfad entlang der Wasserfallrohre, die den ehemals dritten

INFO — Das erste Unesco-Weltnaturerbe der Karibik: Der Morne Trois Pitons National-Park

Den wohl ursprünglichsten tropischen Regenwald im karibischen Raum können Sie auf Dominica erleben. Das 1998 zum Unesco-Weltnaturerbe ernannte **7.000 ha große Gebiet** um den Morne Trois Pitons herum bietet zudem Berg-Szenerien vulkanischen Ursprungs, die bis auf 1.342 m Höhe in den Himmel ragen und Wissenschaftler wie Besucher gleichermaßen faszinieren.

Nicht nur die steilen Hänge und tiefen Schluchten der insgesamt fünf Vulkane und ihrer Ausläufer machen hier Wanderungen zum Erlebnis, sondern auch die **50 heißen Quellen**, drei **Frischwasser-Seen**, der mit heißem Wasser gefüllte **Boiling Lake** und natürlich die tropische Fauna und Flora, die mit der reichhaltigsten Artenvielfalt der Kleinen Antillen aufwarten kann.

Wegen der einzigartigen Kombination dieser Naturerscheinungen wurde der Morne Trois Pitons National-Park zum Weltnaturerbe ernannt.

Die Verantwortung für den nachhaltigen Schutz dieser Region liegt seitdem nicht mehr nur bei den Inselbewohnern Dominicas, sondern bei der gesamten Weltgemeinschaft.

Der Emerald Pool liegt ebenfalls im Unesco-Gebiet.

Wasserfall ersetzen. Mag mancher auch über diesen Eingriff in die Natur verärgert sein (besonders im nahen ‚Papillote'-Hotel, dessen Idylle unter dem Lärm des Kraftwerks leidet), muss man doch bedenken, dass hier bis zu 70 Prozent des insularen Strombedarfs produziert werden. Doch die Trafalgar Falls bleiben eindrucksvoll genug: Zwei parallele Fälle stürzen aus beträchtlicher Höhe herunter, bilden gurgelnde Pools und vereinigen sich im Roseau River, der hier den Charakter eines Wildbaches hat. Von einer hölzernen Plattform aus hat man einen schönen Blick auf das Schauspiel (vor allem am Nachmittag). Wer an den Fällen hinaufwandern möchte, sollte unbedingt einen örtlichen Führer dabei haben.

Valley of Desolation und Boiling Lake

Für die anstrengende Ganztagestour zum Zentrum der postvulkanischen Aktivität kann man das ‚Papillot'-Hotel oder das Dörfchen Laudat als Ausgangspunkt nehmen. Auch für diese Wanderung empfiehlt das Touristenbüro zu Recht die Begleitung eines örtlichen Führers und eine entsprechende Ausrüstung (feste Schuhe, Proviant). Durch Schluchten und Bäche, über Bergkuppen und an Wasserfällen vorbei geht es durch den Regenwald, in höheren Regionen dann durch den Nebelwald. Schließlich kommt man zu einem Tal an den Hängen des **Morne Watt**, wo die Vegetation an vielen Stellen durch die Schwefeldämpfe abgestorben ist.

Hier hat man den Beginn des ‚Tals der Verwüstung' erreicht, ein ausgedehntes Solfatarenfeld, in dem sich 1880 eine mächtige Dampfexplosion ereignete.

‚Kochender See'

Das wie ein riesiges, bunt gefärbtes Amphitheater angelegte **Valley of Desolation** ist wahrscheinlich jedoch kein Krater, sondern nur durch Erosion erstanden. Die Farbpalette geht auf Mineralien zurück, die im Wasser enthalten sind.

An vielen gefährlichen Stellen vorbei (Schlammtöpfe, Heißwasserpools, Fumarolen, dünne Erdkrusten) sucht der örtliche Führer den besten Weg weiter aufwärts, bis man hinter einer Kuppe vor einem Krater steht, dessen Wände ca. 30 m steil abfallen. Auf dem Grund breitet sich der ‚kochende See' aus, meistens allerdings von gelblichem Wasserdampf verhüllt. Er gilt als das zweitgrößte Naturphänomen dieser Art, nur noch übertroffen von einem *boiling lake* in Neuseeland.

Der Regenwald bietet eine einzigartige Fauna und Flora.

Auf dem Weg zurück wandert man durch die Schlucht Ti Trou Gorge, in der sich das heiße Wasser aus dem Boiling Lake mit einem Kaltwasserbach vereinigt und zu einem erfrischenden Bad einlädt.

Freshwater Lake und Boeri Lake

Wanderziel Maar

Auch zu diesen Zielen kommt man am besten vom ‚Papillote'-Hotel oder dem Dorf Laudat aus. Von dort führt neuerdings sogar eine befahrbare Straße zum ca. 1,5 km entfernten See, da dort ein Wasserkraftwerk aufgestaut wurde (riesige Rohrleitung). Der gut 800 m ü.d.M. an den Hängen des **Morne Macaque** befindliche Freshwater Lake besticht durch seine reizvolle Lage inmitten des ewigen Grüns und mit weitem Blick bis zur Ostküste.

Die schönste Wanderung kann man von hier in etwa 45 Minuten zum 1.000 m hoch gelegenen **Boeri Lake** unternehmen, ein mit kaltem Wasser gefüllter ehemaliger Krater (Maar). Für den anstrengenden Pfad sollte man jedoch gute Kondition mitbringen und von einem örtlichen Führer begleitet werden.

Der Süden: nach Scott's Head und Grand Bay

Auch im Südzipfel von Dominica hat man den Eindruck, dass die Künstlerin Natur das beste Beispiel ihrer Schaffenskraft geben wollte: immergrüne, hoch aufragende Berge, Schwefelquellen, eine dramatische Küste und davor eine phantastische Unterwasserwelt. Allerdings sind die kleinen Ortschaften südlich von Roseau nicht mit einer Inselrundfahrt zu verknüpfen, denn noch gelangt man vom Westen in den Osten um das Südkap nur per pedes. Deswegen verbietet sich die 10 km lange, aber schmale und stark gewundene Straße nach Scott's Head für Inselbesucher mit wenig Zeit – es sei denn, ihr Urlaubsquartier liegt in dieser Gegend.

Wegen der vorzüglichen Tauchbedingungen haben sich nicht zufällig einige auf diese Sportart spezialisierte Hotels und Unternehmen hier niedergelassen, insbesondere in **Castle Comfort** (ca. 1,5 km südlich der Hauptstadt). Die besten Tauchspots sind *Scott's Head Dropp-Off* genau vor der Südspitze, wo der Meeresgrund steil von 8 auf 40 m hinabfällt und sowohl Gorgonenhäuptern, schwarzen Korallenbäumen und anderen Korallen als auch vielen Fischschulen und Hummern eine Heimat bietet. Noch größer ist der Höhenunterschied der Soufrière Pinnacles. Auch das 1990 absichtlich versenkte Schiffswrack des Frachters ‚*The Dowess*' in der **Anse Bateaux** ist zu einer Taucherattraktion geworden.

Taucherattraktionen

In den Süden gelangt man von Roseau über die *Victoria Street*, die am *Fort Young*, dem *Government House*, der *Public Library* und dem *Court House* vorbeiführt. Die nächste Ortschaft ist **Castle Comfort** mit einem eindrucksvollen Aquädukt und der schon angesprochenen Konzentration einiger Hotels. Kurz danach, in Loubière, geht linker Hand ein Weg zur **Grand Bay** ab. Dabei durchquert man auf vielen Kehren die Insel von der West- bis zur Ostküste und kommt durch eine teils landwirtschaftlich genutzte, teils völlig unberührte Natur.

Auf der Gegenseite liegt das kleine Fischerdorf **Berekua** mit Sandstrand (Achtung! Gefährlich für Schwimmer) und sehenswerte Ruinen einer alten Zuckerfabrik, in die sich nur selten ein Tourist verirrt. Hier können Sie ein rund drei Meter hohes Kreuz entdecken sowie das Geneva Estate, das im 18. Jahrhundert vom Jesuiten *Antoine La Valette* gegründet wurde und einst der Schriftstellerin *Jean Rhys* ein Zuhause war.

Von hier aus ist es möglich, noch ein wenig an der Küste in nordöstlicher Richtung weiterzufahren, bis auch diese Straße endet. Wer wandern möchte, kann das auf einem küstennahen Fußpfad tun, der einen schließlich wieder bei Delices auf die Asphaltstraße bringt (vorher Taxi-Transfer organisieren!).

Die Dörfer wirken noch sehr ursprünglich.

Bleibt man hinter Castle Comfort auf der Westküstenstraße, erreicht man die nächste Ortschaft, **Pointe-Michel**, in der mehr noch als sonst auf Dominica der französische Einfluss spürbar ist. Das Dorf wurde nämlich von Fischern der Nachbarinsel Martinique gegründet, nachdem sie dort durch den Ausbruch des Mont Pelée heimatlos geworden waren. Südlich davon liegt **Soufrière** an der gleichnamigen Bucht, die man auf einem sehr kurvenreichen Weg erreicht. Soufrière besitzt nicht nur einen guten, dunkelsandigen Strand, sondern auch eine der ältesten Kirchen der Insel, deren Hauptportal nur wenige Meter vom Strand entfernt ist.

Dominicas Südkap

Außerdem lohnt sich die Wanderung in das hügelige Hinterland, wo die Schwefelquellen (*Sofrière Sulphur Springs*) liegen, die der Ortschaft den Namen gegeben haben. Und im nahe gelegenen **Bois Cotlette** erinnern mehrere halbverfallene Häuser und eine Windmühle an jene Zeit, als der gesamte Süden ein rein französisches Gebiet mit Kaffee- und Zuckerplantagen war. Die letzten zwei Kilometer fährt man direkt am Ufer einer Bucht entlang, die wie ein Angelhaken gebogen ist. Schließlich kommt man bis zum äußersten Punkt **Scott's Head**, wo an klaren Tagen der Blick weit übers Meer bis hinunter nach Martinique reicht. Von der schmalen Landzunge aus kann man gleichzeitig die Steine durch das Karibische Meer auf der einen und durch den Atlantischen Ozean auf der anderen Seite schimmern sehen. Außer den berühmten Tauchgebieten bietet die Ortschaft ein kleines Hotel und die ehemalige Signalanlage *Old Semaphore Station* sowie eine alte englische Batteriestellung (*Fort Cashacrou*).

Scott's Head ist ein faszinierender Tauchspot.

Die Westküste: von Roseau nach Portsmouth

Die erste Etappe der Inselrundfahrt geht von Roseau auf einer gut ausgebauten Straße entlang der Westküste bis zur zweitgrößten Ortschaft, Portsmouth. Ihre größten Attraktionen sind die einladenden Sandstrände, sympathische Ortschaften, der Cabrits-Nationalpark und vereinzelte Abstecher ins waldreiche Inselinnere. Die reine Fahrzeit berechnet man mit etwa anderthalb Stunden. Wenige Kilometer hinter dem Ortsausgang und unmittelbar vor dem Flughafen Canefield von Roseau kommt man zu einer Weggabelung, an der es rechts quer über die Insel zur Ostküste abgeht.

Genau hier ist die restaurierte **alte Zuckermühle** ein markanter Blickfang. Sie erinnert an Zeiten, als Dominica noch als ‚Zuckerinsel' galt. Seit 1773 ist *The Old Mill* in Betrieb. Sie gehörte zu einer der größten und längstgenutzten Plantagen der Insel, als ein amerikanischer Millionär 1908 das Anwesen kaufte und auf Dampfmaschinen-Betrieb umrüstete. Heute beherbergt sie ein Kunst- und Kulturzentrum, in dem viele Veranstaltungen, vor allem zu Karneval, stattfinden. Zudem werden dort auch junge Holzschnitzer ausgebildet. Umgeben wird das Gelände von einem schönen Garten und privaten **Mini-Zoo**, in dem u.a. der seltene Jaco-Papagei gehalten wird.

Weiter geht es am Flughafen vorbei und immer an der Küste entlang. Das nächste Dorf heißt **Massacre**; es besitzt eine schön gelegene, alte Kirche. Der schaurige Name erinnert an das Massaker des Jahres 1674, als hier englische Truppen etliche Kariben niedermetzelten.

Hinter **Rockney's Rock** und vor dem Fischerdorf St. Joseph überquert man, unweit seiner Mündung, den **Layou River**, den längsten Fluss der Insel. Er entspringt im zentralen Gebirge und hat sich seinen Weg durch tiefe Schluchten zum Meer gebahnt. Die Flussufer bieten übrigens ebenfalls gute Bademöglichkeiten, wobei Abenteuerlustige von der Ortschaft Belles aus den Layou River hinunter- und durch eine paradiesische Szenerie schwimmen können. Dazu benutzt man die asphaltierte Straße durch das **Layou Valley**, die am ‚Layou Valley Inn' vorbei nach Pont Cassé führt, von wo aus man über die *Transinsular Road* zum Melville Hall Airport im Nordosten oder zum Canefield Airport im Südwesten gelangt.

Längster Fluss

Auch nach Castle Bruce und La Plaine, jeweils an der Ostküste gelegen, führen ab Pont Cassé zwei Straßen. Zum abenteuerlichen Dschungelambiente trägt entlang der Route u.a. die Hängebrücke im ‚Indiana-Jones-Stil' bei.

Bei der Fortsetzung der Inselrundfahrt kommt man durch **St. Joseph** und **Mero**, wo der schöne, grausandige Strand des *Castaway Beach* eine Badepause nahe legt. Dann geht es auf einer aussichtsreichen Straße weiter, die manchmal hoch an der Steilküste durch den Fels gesprengt ist und dann wieder bis auf Meeresniveau hinunterführt.

Bei **Dublanc** geht von der Hauptstraße ein schmaler und anfangs asphaltierter Weg nach rechts auf den **Morne Diablotin** (Hinweisschild) zu. Die Straße ist zunächst noch mit normalen PKWs zu befahren; nach ca. 3 km jedoch hört die Asphaltdecke auf, ab da hilft nur noch ein Geländewagen weiter. Schließlich beginnt der Pfad, der Wanderer in die Bergwelt des Northern Forest Reserve bringt. Zentraler Punkt dieses Naturschutzgebietes ist der höchste Berg der Insel, der **Morne Diablotin** (1.447 m), dessen Gipfel an klaren Tagen einen Panoramablick über die gesamte Insel und bis zu den Saintes Inseln und Guadeloupe bietet.

Höchster Gipfel

Der Legende nach wohnt dort in einer Höhle eine riesige, über 100 m lange Boa Constrictor mit einem diamantenbesetzten Kopf. Vor Urzeiten ist sie über den *Escalier Tête Chien* (s.u.) aus dem Meer gekrochen. Wer die Schlange zu Gesicht bekommt, muss eines grausamen Todes sterben. Reale Ziele sind für Ornithologen und Naturfreunde jedoch außer dem Regenwald die Bestände der vom Aussterben bedrohten Papageien-Arten ‚Sisserou' (*amazona imperialis*) und ‚Jaco', die nur auf Dominica heimisch sind und hier ihr letztes Refugium haben.

Papageien

Zurück auf der Hauptstraße, gelangt man kurze Zeit später zur weit geschwungenen **Prince Rupert Bay**, einem natürlichen Hafen, der im Norden von den Zwillingshügeln der *Cabrits* begrenzt wird. Seine günstige Lage war schon von Kolumbus bemerkt und später immer wieder von den Spaniern auf dem Weg nach Mittelamerika als Zwischenstation genutzt worden. Vom schönen *Coconut Beach* im Süden bis nördlich von Portsmouth ist die Bucht fast ununterbrochen von einem Sandstrand gesäumt.

Indian River

Den südlichen Ortsanfang von Portsmouth markiert der Indian River, den man mit kleinen Booten befahren kann. Dazu hält man am Parkplatz links vor der Brücke an und engagiert einen der wartenden Bootsführer. Besonders schön ist die Fahrt mit einem Ruderboot. Der Indian River, in den verschiedene Bäche mit teilweise warmem Wasser münden, ist etwa 15 km lang, wobei aber nur die ersten 1,5 km befahrbar sind. Die Bootsfahrt geht an vielen Mangroven, Palmen und wildem Hibiskus vorbei, der gelb und orangefarben leuchtet. Im Wasser sieht man große Fische und Krabben, und mit etwas Glück bekommt man auch die seltenen Sisserou-Papageien zu Gesicht.

Bootsfahrt

Fast fühlt man sich an daran erinnert, dass vor Zeiten auch in diesem Dschungel der Zuckerrohranbau versucht wurde. Schließlich hält man an einem Bootssteg, wo sogar eine kleine Busch-Bar mit Erfrischungen aufwartet. Nach einem kurzen, geführten Rundgang durch Bananen- und andere Fruchtfelder geht es wieder zurück. Die beste Zeit für diesen Ausflug ist der frühe Morgen oder späte Nachmittag, wenn die größten Chancen für die Papageien-Sichtung bestehen. Da der Indian River (wie alle Flüsse auf Dominica) viele Moskitos anzieht, insbesondere abends, sollte man auf die Fahrt Insektenschutzmittel mitnehmen.

Bootsfahrt auf dem Indian River

Portsmouth

Sofort hinter der Brücke über den Indian River liegt die Kleinstadt Portsmouth (ca. 3.800 Einwohner), die zweitgrößte Siedlung der Insel. Trotz ärmlicher Lebensverhältnisse wirkt der Ort mit seinen meist bunt bemalten und sauberen Hütten oder Häuschen pittoresk. Dem Besucher bietet Portsmouth einige schlichte Restaurants mit lokaler Küche sowie ein Gästehaus. Rechts der Hauptstraße, die parallel zur Küste gen Norden führt, liegt eine hübsche, neogotische Steinkirche; ebenfalls nach rechts zweigt die Straße in Richtung Ostküste (Callibishie) ab.

Zunächst sollten Sie aber weiter zum nördlichen Ortsausgang fahren und dann an der Bucht mit ihrem Sandstrand entlang bis zur Halbinsel, die mit den beiden sanften Hügeln der **Cabrits** weit ins Meer ragt.

Cabrits-Nationalpark

Der Nationalpark ist insofern ungewöhnlich, als in ihm **unterschiedliche Sehenswürdigkeiten** vereint sind.
• Erstens die Cabrits-Halbinsel mit ihren hohen Bäumen, Sumpfgebieten, Baumfarnen und einem reichhaltigen Tierleben, all dies steht unter Naturschutz.
• Zweitens die historischen Ruinen, die verstreut auf der Halbinsel zu finden sind, allen voran das Fort Shirley.
• Drittens die fischreichen Küstengewässer, unterseeische Höhlen und etliche Schiffswracks, welche entweder den Riffen oder den Kriegen zwischen Franzosen und Engländern zum Opfer fielen.

Nordteil der Insel

Am Endpunkt der Straße stößt man auf einen großen Parkplatz an der **Anlegestelle für Kreuzfahrtschiffe** (*Cabrits Cruise Ship Berth*). Über diesen mehr als 100 m langen Pier kommen die Touristen von ihren Schiffen in ein anspruchsvoll konzipiertes Empfangsgebäude, das mit seinem Auditorium auch für Diashows und einführende Vorträge über die Insel genutzt wird. Weiter gibt es einen Verkaufsstand für lokale Produkte (Seife, Gewürze, Rum) und einen großen Parkplatz, auf dem Taxen und Minibusse die Kreuzfahrtgäste zu Inselrundfahrten abholen. Stolz verweist man in Dominica darauf, dass dies die einzige Anlegestelle der Region sei, von der man direkt in einen Nationalpark gelangen könne. Der Marine Park rund um die Halbinsel bietet Tauchern und Schnorchlern eine interessante Unterwasserwelt.

Neben alten Kanonen gibt es auch ein Museum im Cabrits Nationalpark.

Vom Parkplatz geht man an einer kleinen Cafeteria (Getränke, Postkarten, Literatur, Snacks) vorbei und durchquert die Einlasspforte zum großartigen **Fort Shirley**. Der Besuch dieser Festungsanlage (18./19. Jahrhundert) lohnt sich unbedingt, vor allem nach den 1982 begonnenen Restaurierungsarbeiten. Wenn Sie hinter dem befestigten Portal nach links gehen, kommen Sie zum eigentlichen Fort. Es bietet nicht nur ein kleines Museum und viele alte Kanonen, sondern von erhöhter Warte aus auch einen sehr schönen Blick über die **Prince Rupert Bay** auf Portsmouth bzw. aufs Meer mit den Saintes-Inseln und Guadeloupe im Hintergrund. Kleine Schilder weisen im Gelände den Weg zu weiteren historischen Gebäuden wie Kasernen, Offiziersunterkünften und Batteriestellungen. Wenn Sie hinter der Halbinsel in die Douglas Bay und zum **Cape Melville** wollen, können Sie zunächst noch auf einer engen, steilen und kurvenreichen Piste in Achterbahn-Manier zur **Douglas Bay** gelangen, an deren schwarzem Sandstrand (*Toucari Beach*) sich am Wochenende die Einheimischen vergnügen. Ab Savane Paille geht es jedoch nur zu Fuß weiter. Der Weg bietet land-

Mächtige Festung

schaftlich schöne Aspekte. Immer wieder auf und ab geht es an Schwefelquellen vorbei nach Penville. Von dort führt eine Straße Richtung Süden an der Ostküste entlang. Sie sollten vorher einen Taxidienst organisieren.

Teakholzwälder

Auch in den Teakholzwäldern rund um den 862 m hohen **Morne aux Diables** kann man wandern. Außerdem lohnen die kleinen Fischerdörfer am Wegrand, die stets wechselnden Perspektiven auf den Serpentinen und der dramatische Ausblick auf den Nordteil der Cabrits-Halbinsel den Abstecher allemal.

Der Osten:
Von Portsmouth nach Roseau über Marigot

Die zweite Etappe der Inselrundfahrt durchquert den Nordteil Dominicas und führt dann an der Ostküste herunter bis Castle Bruce. Von dort aus geht es durch das gebirgige Zentralland zurück zur Westküste nach Roseau. Die größten Sehenswürdigkeiten entlang der Strecke sind die hellen Sandstrände des Nordens, das Kariben-Reservat und der Regenwald mit Attraktionen wie dem Emerald Pool.

Fast in der Ortsmitte von Portsmouth zweigt man auf die relativ große Straße in östlicher Richtung ab und kommt zunächst an Bananenplantagen vorbei, sodann gelangt man hinauf in höher gelegene Regionen.

Kurz bevor man die Anse du Male erreicht, geht links ein kleiner Weg auf **Pointe Jacquot** an der Nordwestküste zu. Der Abstecher lohnt sich wegen der schönen Küstenszenerie und wegen des Dorfes **Vieille Case**, das eine sehenswerte Kirche mit massiven Mauern und spanisch beeinflusster Fassadenarchitektur besitzt.

Badebuchten und Klippen

Von der Anse du Male fährt man nahe am Strand entlang auf **Callibishie** zu. Hier findet man karibische Motive, die sonst auf Dominica selten sind: palmenbestandene und weißsandige Strände, vor allem der **Hampstead Beach**.

Gleiches gilt auch für das Kap von **Pointe Baptiste**, zu dem ein kleiner Fahrweg nach links abzweigt. Dort ist die Badebucht eingebettet zwischen steilen Klippen, von denen man zu den Französischen Antillen (Marie-Galante) hinüberblicken kann, während in den Küstengewässern phantastische Korallenformationen die Taucher begeistern.

Auch hinter **Callibishie** kommt man an zwei wunderschönen Badebuchten (Hodges Beach) mit weißem Sand und vorgelagerten Riffen vorbei, während kurz darauf die **Anse Noir** wieder den vulkanisch bedingten schwarzen Sand vorweisen kann.

In der Ortschaft **Wesley** fährt man rechts an der Polizeistation vorbei und anschließend, nur wenige Schritte vom Meer entfernt, einen völlig einsamen, lang gestreckten schwarzen Strand (**Londonderry Beach**) entlang.

Weiter geht es zwischen der Flugbahn des **Melville Airports** und dem auch hier ganz nahen Ozean hindurch auf **Marigot** zu. Dieses Dorf – immerhin das größte an der Westküste – vermittelt mit seinen pittoresken, kleinen Hütten den Eindruck einer karibischen Idylle, in der die Zeit stehen geblieben ist. Immer noch halten die Einwohner ihre Toilette in den Bächen und waschen dort ihre Wäsche, die sie anschließend ausklopfen und zum Trocknen hinlegen …

Küstenstraße

Wenige Hundert Meter hinter der Brücke am Ortsausgang gibt es eines der seltenen Verkehrsschilder auf der Insel: Richten Sie sich hier geradeaus nach Pont Cassé, kommen Sie über die *Transinsular Road* quer durch das waldreiche Inselinnere auf Roseau/Canefield zu. Dabei berührt die Straße die Randgebiete der Naturschutzgebiete **Northern Forest Reserve** und den **Morne-Trois-Pitons-Nationalpark**, jeweils mit guten Wandermöglichkeiten. In Concord, kurz hinter Marigot, empfiehlt sich das *Floral Gardens Restaurant* für eine Erfrischungspause.

Auf unserer Rundfahrt sollten Sie jedoch nach links in Richtung Castle Bruce abbiegen und auf einem schmalen und kurvigen, aber asphaltierten Weg an der Küste entlangfahren (phantastische Aussicht auf die Bucht von Marigot). Nach kurzer Zeit begrüßt Sie das Hinweisschild ‚*You are now entering Carib's Territory*'.

Carib Territory

Das 1.500 ha große Gebiet, das als Kariben-Reservation ausgewiesen ist, unterscheidet sich nicht von der bisher gesehenen Landschaft. Seine Bedeutung liegt in der Tatsache, dass es das letzte und einzige Rückzugsgebiet der karibischen Ureinwohner auf den Kleinen Antillen darstellt. 1903 wurde es von Königin Victoria den Nachfahren der Kariben zur Verfügung gestellt, die seitdem hier in Selbstverwaltung leben. Ihre Lebensgrundlage sind Fischerei und der Bau von Einbäumen, Landwirtschaft, Korbflechterei und Kunsthandwerk. Letzteres wird links der Straße in vielen Hütten und Wellblechbuden verkauft.

Letztes Rückzugsgebiet der Ureinwohner

Wenn Sie nicht viel Zeit haben, werden Sie außer diesem kommerziellen Aspekt kaum etwas von der Atmosphäre des Territoriums mitbekommen. Ohnehin sind wirklich reinrassige Kariben in der Minderzahl. Es ist auch zweifelhaft, ob der Volksstamm als ‚Besucherattraktion' vermarktet werden sollte, wie es derzeit geschieht. Nicht umsonst haben die Indianer durchgesetzt, dass der ehemalige Name ‚*Carib Reserve*' (= Reservat) in das neutrale ‚*Territory*' umgewandelt wurde.

Wer außer dem Kauf von Souvenirs den hier lebenden Menschen und ihrer Kultur näher kommen möchte, sollte das *Carib Council Office* mit seinem kleinen Museum aufsuchen und auch die katholische Kirche von *Salybia*, deren Altar aus einem Karibenkanu gemacht wurde. Weiterhin besteht die Möglichkeit, die Nacht im *Carib Territory Guesthouse* zu verbringen.
In der Nähe sind auch noch einige der charakteristischen Grashütten zu sehen, die ansonsten leider immer mehr von Wellblech- Behausungen verdrängt werden. Es versteht sich von selbst, dass beim Filmen und Fotografieren von Personen äußerste Zurückhaltung angebracht ist.

Bei der Fahrt durch das Territorium kommt man durch die Ortschaften **Bataka** und **Salybia**. Links unterhalb der Straße lohnt sich der Halt an einem Versammlungshaus mit ovalem Grundriss; das mit kleinen Holzschindeln gedeckte Dach ist schon vom Weg aus zu sehen. Beim Dorf **Sineku** stößt man auf einige auffällige, schwarze Basaltformationen, die **L'Escalier Tête Chien** genannt werden.

Nach einer Legende der Kariben wurde die ‚Treppe der Schlange' von einem Gott geformt, als die Erde noch weich war. Tatsächlich erinnert die vulkanische Spur an einen treppenförmigen Weg, der vom Meer auf das Gebirge zuführt. Ihn soll jene Riesen-Boa gekrochen sein, die immer noch auf dem *Morne Diablotin* (s.o.) haust und für allerlei Unglück verantwortlich ist.

Fischerdörfer

Südlich von Sineku verlässt man das Karibengebiet und kommt zum kleinen Fischerdorf **Castle Bruce**, das einen schönen Strand besitzt. Manchmal sieht man hier noch die Kanus, auf deren Herstellung sich die Kariben spezialisiert haben. In der Ortschaft führt die Hauptroute nun nach rechts vom Meer fort und auf Pont Cassé zu. Es ist allerdings auch möglich, noch einige Kilometer dem Küstenverlauf zu folgen: Am Endpunkt der Stichstraße bietet ein Fußpfad schöne Wanderungen bis Rosalie (s.u.).

Autofahrer durchqueren nun die Insel in südwestlicher Richtung, wobei die gute Straße durch ausgedehnte Bananen- und Tabakplantagen direkt auf die zentralen Gebirgszüge zuführt. Nach einigen Windungen passiert man rechter Hand den Parkplatz, von dem aus man auf angelegten Treppenwegen in wenigen Minuten (400 m) zum **Emerald Pool** kommt.
Hinter dem Eingang, wo meistens Einheimische Früchte und Drinks anbieten, geht rechts ein Seitenweg zu einer schönen ‚Picknick-Area' ab, während der normale Pfad geradeaus durch eine tropische Regenwaldlandschaft und dann kontinuierlich abwärts führt.

Kleiner Wasserfall mit Pool

Ab der Brücke bringen einen mehrere Stufen nach rechts zum eigentlichen Pool, in dem man unter einem recht kleinen Wasserfall ein erfrischendes Bad nehmen kann. Insgesamt ist nicht der bescheidene Pool, sondern der Spaziergang durch den Regenwald die Attraktion dieser Exkursion (Vorsicht: bei Regen sehr rutschig!), die man übrigens auf mehreren markierten Pfaden noch ausdehnen könnte.

Wenige Hundert Meter hinter dem Emerald Pool kommt man zu einer Weggabelung, an der man die Rundfahrt nach rechts (Richtung Roseau) fortsetzt, während in die andere Richtung ein Abstecher zur Südostküste möglich und empfehlenswert ist.

Abstecher in den Südosten

Der 5,5 Meilen lange Weg bis **Rosalie** führt durch dichten Regenwald und später auch durch Bananenplantagen und Gemüsegärten. Sofort hinter der Weggabelung lädt die *Emerald Bush Bar* zum Verweilen ein.

Man erreicht die Atlantikküste an der **Rosalie Bay** mit ihrem schönen Sandstrand. Auch hier erinnern die Ortsnamen genau wie einige Relikte der ‚Zuckerzeit' (Aquädukt von Rosalie) daran, dass im Süden Dominicas französische Siedler zuerst Fuß fassten und am nachhaltigsten die Region prägten.

Nördlich von Rosalie liegen **Petite Soufrière** und **St. Sauveur** in einer wildromantischen Umgebung mit Wasserfällen und Badebuchten. Eine Weiterfahrt in nördlicher Richtung ist nicht möglich, wohl aber eine Wanderung entlang der Klippen, bis man wieder die Küstenstraße südlich von Castle Bruce erreicht.

Östliche Küstenstraße

Südlich von Rosalie geht der Weg in mehreren Kurven zunächst landeinwärts, führt dann an den grauen Sandstrand von **Bou Sable** und so wieder zum Atlantik zurück. Ein wenig weiter liegt das pittoreske Fischerdorf **La Plaine** mit einer kleinen französischen Dorfkirche. Ab der *Pointe Mulâtre* windet sich die Straße erneut inseleinwärts und endet schließlich bei **Delices**. Von dort ist ein Weiterkommen nur noch zu Fuß möglich, und zwar parallel zur Küste auf die **Grand Bay** zu, wo man auf die Asphaltstraße nach Castle Comfort stößt.

Der Süden Dominicas ist kaum erschlossen.

Fährt man an der Weggabelung hinter dem Emerald Pool nach rechts, kommt man nach gut drei Kilometern zum großen Verkehrsknotenpunkt von **Pont Cassé**. Am Kreisel laufen vier Straßen zusammen, wovon die wichtigste sicher die *Transinsular Road* ist, die schräg durchs Inselinnere verläuft und die beiden Flughäfen miteinander verbindet. Während man von Pont Cassé aus in nordöstlicher Richtung durch das reizvolle *Layou Valley* nach Layou und St. Joseph gelangt, führt unser Weg nun auf Canefield (8 Meilen) und Roseau (11 Meilen) zu. Dabei geht die Strecke durch ein tief eingeschnittenes Flusstal und schließlich durch weitläufige Bananenplantagen (*Rivière de la Croix*).

Im Inselinnern

Wenige Kilometer, bevor man die Westküste auf Höhe des Canefield-Flughafens erreicht, kann man noch der *Springfield Plantation* einen Besuch abstatten. Das Gebäude ist ein gutes Beispiel für die kreolische Architektur aus den Tagen des Zuckeranbaus. Schön ist auch der Blick von der *Springfield Plantation* durch das grüne Tal bis hinunter auf die Karibische See.

INFO St. Vincent ...

Das ‚Erlebnis St. Vincent' bedeutet in erster Linie unberührte Natur, majestätische Berge, klare Bäche, Regenwald und reiches Tierleben. Damit weist sich die Insel – ähnlich wie Dominica – als ideale ‚Öko-Destination' aus. Genau wie dort gibt es auch hier phantastische Tauch- und Schnorchelgründe sowie eines der besten Segelgebiete der Karibik.

100 km südlich von Martinique und 30 km südwestlich von St. Lucia gelegen, umfasst die **Insel des inneren Antillenbogens** mit einer Länge von 29 km und Breite von 17 km immerhin stattliche 390 km².

Von Vulkanismus in der jüngeren Vergangenheit geprägt, trägt die Insel, wie Dominica und St. Lucia, ein sehr bewegtes Relief zu Gesicht. Im Norden prägt der hohe und mächtige **Vulkan Soufrière** (1.179 m) die Insellandschaft, im Süden der **Richmond Peak** (1.075 m). Der Gebirgscharakter sorgt zusammen mit dem Passatwind für recht hohe Niederschlagsmengen, die an der Windward-Seite 2.500 mm betragen. Dadurch gleicht das Inselinnere einem dichten und unberührten **Kleid tropischen Regenwaldes.**

In erster Linie Agrarland, nimmt der Bananenanbau die erste Stelle ein.

Die Küstenregionen der Insel unterscheiden sich jedoch deutlich voneinander: Während die dem Atlantik zugekehrte Seite (Windward) sich durch ihre **Wildheit** auszeichnet und neben den schwarzen Sandstränden, die sich aus **vulkanischer Asche** und **Lava** gebildet haben, nur einem schmalen Uferstreifen Platz lässt, ist der eher flache Südosten der Insel durch Landwirtschaft geprägt.

Irgendwo dazwischen befindet sich die Landschaft der karibischen Küste (*Leeward*), die eher sanft daherkommt. Ihre Hügel fallen meist leicht geschwungen zum Meer hin ab.

Weite Buchten bieten Dörfern und Städten Raum. Hier, im relativ trockenen Südwesten, gibt es auch einige **helle Sandstrände**, infolgedessen auch die meisten Hotels und Pensionen.

Dagegen ist der nur wenig erschlossene Nordwesten wieder steiler und bezaubert mit hohen Wasserfällen.

Im Vergleich zu den karibischen Nachbarn ist St. Vincent ein historischer Nachzügler. Der Namensgeber Kolumbus sichtete sie erst auf seiner dritten Reise im Jahre 1498. Zu dieser Zeit war an eine europäische Besiedlung wegen des hartnäckigen Widerstands der Ureinwohner nicht zu denken, sie begann erst verhältnismäßig spät im 18. Jahrhundert.

Mit deren militärischer Durchsetzungskraft konnte **1763 die erste englische Siedlung** gegründet werden. Nach heftigen Kämpfen gegen die französische Konkurrenz, die zeitweilig die Insel erobern konnte, wurde St. Vincent ab **1783 britische Kronkolonie**. Die letzten **Ureinwohner**, die ‚roten' und ‚schwarzen' Kariben, wurden nach einem **Aufstand im Jahre 1796** zur zentralamerikanischen Mosquitoküste deportiert.

Ab dem Zweiten Weltkrieg wurden die Weichen zur Unabhängigkeit gestellt. Nachdem St. Vincent schon 1969 in einen assoziierten Staat mit innerer Autonomie umgewandelt worden war, löste sich der Inselstaat am 27. Oktober 1979 endgültig von Großbritannien.

Nach wie vor ist aber **Königin Elizabeth II. das offizielle Staatsoberhaupt**, das durch einen Generalgouverneur in der Hauptstadt **Kingstown** vertreten wird.

Die historische wie wirtschaftliche Entwicklung wurde immer wieder durch **Erdbeben** und **Wirbelstürme** gebremst. Am schlimmsten war der katastrophale Ausbruch des Vulkans Soufrière im Jahre 1902, der 2.000 Menschenleben forderte und ein Drittel der Insel verwüstete.
Aktiv wurde der Vulkan wieder in den 1970er Jahren mit dem Höhepunkt des Ausbruchs von 1979. Damals mussten 20.000 Menschen evakuiert werden.

Wirtschaftlich gesehen, ist St. Vincent in erster Linie **Agrarland**. Als 1962 die einzige Zuckerfabrik stillgelegt wurde, nahm, wie auf den meisten Karibischen Inseln, der **Bananenanbau** die Stelle des Zuckerrohrs ein.

Daneben konnte sich St. Vincent mit der Kultivierung der **Pfeilwurz** (engl.: *arrowroot*, lat.: *maranta arundinacea*) auf dem Weltmarkt eine Monopolstellung erarbeiten. Die aus den Wurzeln dieser Pflanze gewonnene Stärke findet bei der Herstellung von Säuglingsnahrung und Speiseeis Verwendung, ist aber auch ein Rohstoff bei der Produktion von Computerpapier.

In bescheidenem Maße exportiert werden außerdem **Erdnüsse** und **qualitätvolle Baumwolle** (*sea island cotton*), während Süßkartoffeln, Yam und Cassava nur auf den heimischen Markt gelangen.

Kleinere industrielle Betriebe wurden nördlich der Hauptstadt Kingstown und bei Diamond im Südosten angesiedelt (Milchpulver, Fiberglasboote, Brauereien).

Größter Hoffnungsträger ist der **Tourismus**, der in den letzten Jahren gerade bei den Tagesbesuchen immer mehr zugenommen hat. Insgesamt gehört der Inselstaat zu den ärmeren Ländern Westindiens und ist immer noch auf die finanzielle Unterstützung durch Großbritannien bzw. die EU angewiesen.

... und die Grenadinen

Zum Inselstaat gehören neben dem ‚großen' St. Vincent gut 30 kleinere und kleinste Eilande, von denen nur acht bewohnt sind. Eigentlich können alle Inseln zwischen St. Vincent und Grenada als ‚Grenadinen' bezeichnet werden; hier jedoch sind nur die gemeint, die nördlich der gemeinsamen Grenze – etwa bei 12°32' nördlicher Breite – liegen und insgesamt 44 km² Landfläche ausmachen.

Landschaftlich unterscheiden sich die Grenadinen von St. Vincent deutlich: Dort, wo das ‚Mutterland' rau ist und mit seinen Vulkanen hoch aufragt, sind die Grenadinen lieblich und flacher. Und anstatt schwarz- oder grausandiger Strände weisen die kleinen Inseln puderfeine, weiße Sandstrände auf – wie Puzzle-Teile von Atollen im türkisfarbenen Meer verstreut. Kein Wunder, dass die Grenadinen damit ein Lieblingsziel der internationalen Seglergemeinde sind. In ihrer Qualität sind sie nur mit den Virgin Islands vergleichbar. Angezogen wird davon natürlich auch der internationale Jet Set, wie die Mustique zeigt.

Der Inselstaat wird durch einen Generalgouverneur in Kingstown vertreten.

Andere wiederum wurden von Privatleuten gepachtet und in exklusive Ferienressorts verwandelt. Auf den Routen der **Kreuzfahrtschiffe** sind Ziele wie Palm Island, Petit Mustique oder die Tobago Cays inzwischen zu einem festen Programmpunkt geworden – hier führt man den Gästen die Bilderbuchseite der Kleinen Antillen vor und entlässt sie zu einem erholsamen Tag mit Baden, Schnorcheln und Wassersport an den Palmenstränden: Karibik par excellence!

Wer auf eigene Faust herumreisen möchte, sollte sich am besten mit einem **Kleinflugzeug** von St. Vincent oder Grenada aus in den Inselgarten der Grenadinen begeben. Bequia, Mustique, Canouan und Union Island haben jeweils ihre eigene Start- und Landebahn.

Mit Kingstown und untereinander sind außerdem die bewohnten Inseln durch täglich verkehrende **Personenfähren** verbunden.

Am stilvollsten ist es natürlich, die grenadinischen Gewässer per **Segelboot** zu durchkreuzen, in den betriebsamen Yachthäfen anzulegen oder vor unbewohnten Eilanden zu ankern.

Saint Lucia

Hinweis
Aktuelle regionale Reisetipps (Hotels, Restaurants, etc.) zu Saint Lucia entnehmen Sie bitte den gelben Seiten S. 223 ff.

Überblick und Geschichte

St. Lucia – ausgesprochen ‚Sänt Luhscha' – ist ein Teil des inneren Antillenbogens und liegt in der östlichen Karibik, 30 km südlich von Martinique und 160 km nordwestlich von Barbados. Mit rund 620 km² ist sie die zweitgrößte der englischsprachigen Windward Islands und hat eine längs gestreckte, kompakte Form (43 km lang und 22 km breit).

Das Landschaftsprofil ist ähnlich wie auf Martinique und Dominica gebirgig, allerdings nicht ganz so hoch (höchster Berg: Morne Gimie mit 951 m ü.d.M.). Weltberühmt sind die beiden zuckerhutförmigen und fotogenen Berge Gros Piton (798 m) und Petit Piton (736 m), die sich bei Soufrière steil aus dem Meer erheben und als Wahrzeichen der Karibik gelten. Sie sind das Resultat der vulkanischen Tätigkeit in erdgeschichtlich junger Zeit, die sich auch durch Schwefelquellen und den sog. Drive-In-Vulcano bemerkbar machen.

Abwechslungsreiche Landschaft

Im Gegensatz zum sonstigen Landschaftsbild ist der Südteil der Insel flach (mit Ausnahme der Halbinsel Moule-à-Chique). An den Küsten wechseln tiefe Buchten und Sandstrände mit Steilabhängen und Klippen ab. Das ursprünglich dichte Vegetationskleid des Regenwaldes musste in der Vergangenheit Zuckerrohr- und Bananenplantagen weichen oder wurde zur Holzgewinnung abgeschlagen.

Heute hat St. Lucia wieder überwiegend grünes Gepräge (Sekundärwald), während sich Reste des ursprünglichen Regenwaldes noch in den höheren Regionen erhalten haben und Heimat eines artenreichen Tierlebens sind. Insgesamt ist die Insel von außerordentlicher landschaftlicher Schönheit und trägt zu Recht den Beinamen ‚Helen of the Caribbean'.

Die Geschichte der Insel, die die indianischen Kariben ‚Hewanorra' nannten, wurde über weite Strecken von den üblichen Auseinandersetzungen zwischen Franzosen und Briten geprägt. Ob Kolumbus sie tatsächlich ‚entdeckt' hat, wird von der neue-

Kariben, Franzosen, Briten

ren Forschung verneint. Bisher wurde ihm immer nachgesagt, dass er am 13. Dezember (St. Lucia-Tag) 1502 an der Insel vorbeisegelte und ihr ihren Namen gab. Sicher ist, dass wegen des starken Widerstandes der Ureinwohner eine europäische Besiedlung erst sehr zögerlich und anfangs auch nicht erfolgreich einsetzte. Eine von St. Kitts her versuchte englische Kolonisierung wurde 1639 nach zwei Jahren von den Kariben vereitelt. 1651 versuchten Franzosen, von Martinique aus Fuß zu fassen. Erst 1660 trat eine Beruhigung ein, als zwischen Franzosen, Briten und Kariben ein Waffenstillstand ausgehandelt wurde. Kurze Zeit später jedoch brachen die Kämpfe zwischen den Europäern erneut aus. Bis 1814, als St. Lucia im Vertrag von Paris endgültig zur britischen Kronkolonie erklärt wurde, war sie abwechselnd siebenmal in französischer und siebenmal in englischer Hand. Zu etwa 90 Prozent dieser Gesamtzeit gehörte die Insel allerdings zu Frankreich, was bis heute an Orts- und Familiennamen ablesbar und in der kulturellen Atmosphäre zu spüren ist.

Seit 1871 dem Verband der Windward Islands angeschlossen, bot sich St. Lucia durch den hervorragenden Naturhafen von Castries (auf der Leeseite) eine günstige Erwerbsquelle, die die Nachbarinseln nicht kannten. Für ein halbes Jahrhundert lang war der Hafen eine der wichtigsten Kohlenbunkerstationen der Welt mit über 1.000 Schiffsanläufen jährlich.

Die Pitons – Wahrzeichen von St. Lucia

Als diese Zeit zu Ende ging und mit dem Fortfall des Kohlebunkerns eine wirtschaftliche Depression erwartet wurde, gestattete man den Amerikanern im Zweiten Weltkrieg die Einrichtung zweier militärischer Stützpunkte. So kam es, dass 1942 ein deutsches U-Boot Schiffe im Hafen von Castries torpedierte. Nach dem Krieg wurde 1948 der US-Stützpunkt aufgelöst, was zum Verlust vieler Arbeitsplätze führte. Die wirtschaftlichen Folgen wurden gemildert, weil fast gleichzeitig die Hauptstadt Castries völlig niederbrannte und unter großem Arbeitseinsatz wieder aufgebaut werden musste.

1967 erhielt St. Lucia von London den Status eines assoziierten Staates, der am 22. Februar 1979 schließlich die völlige Unabhängigkeit erlangte. Mit über 150.000 Einwohnern ist St. Lucia relativ dicht bevölkert, weil durch die gebirgige Inselstruktur nur begrenzter Siedlungsraum zur Verfügung steht. Etwa ein Drittel der Einwohner lebt im Großraum Castries. Vieux Fort im Süden und Soufrière im Westen stellen zwei weitere Ballungszentren dar. Traditionell ist das wirtschaftliche Standbein der Insel die Landwirtschaft, seit einigen Jahrzehnten zunehmend ergänzt durch den Fremdenverkehr. Da sowohl die Landwirtschaft als auch der Tourismus von z.T. unkontrollierbaren Faktoren abhängen, bemühte sich die Regierung parallel dazu um

Die Kleinen Antillen – St. Lucia

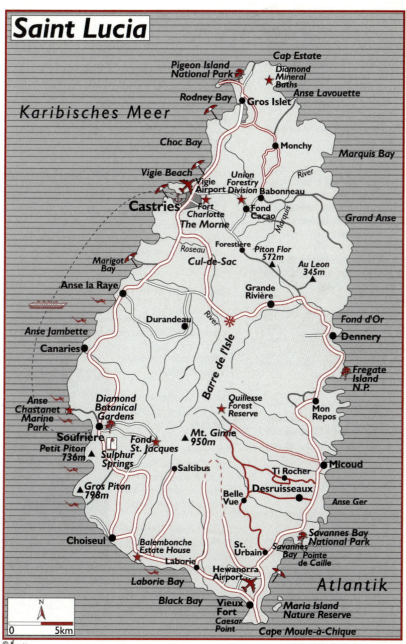

Redaktions - Tipps

· Beim Mittagessen am **Ladera Resort** – hoch in den Bergen zwischen dem Petit und dem Gros Pitons gelegen – den Blick auf das Wahrzeichen der Inseln, die beiden Pitons, genießen. (S. 227)

· Das **Hinterland** von St. Lucia zu Pferd entdecken.

· Schildkröten, die sich mühsam nach der Eiablage wieder zurück ins Meer schleppen, an den Stränden der landschaftlich spektakulären und zerklüfteten Atlantikküste beobachten.

· Die Unterwasserwelt im **Marine Park** an der Anse Chastenet erkunden. (S. 394)

· Nicht nur zu Karneval wird hier gefeiert. Feiern Sie mit, vom **Jazzfestival** bis zu Disko-Abenden in der Rodney Bay bietet die Insel für jeden Geschmack etwas.

· Einmal auf großem Fuß leben und eine Nacht im **Hummingbird Bird Beach Resort**, einem der schönsten Hotels, verbringen. (S. 227)

· Ausflug zum einzigen **befahrbaren Vulkan** der Welt. (S. 395)

den Aufbau von Arbeitsplätzen in der Leichtindustrie (Textilherstellung, Plastikverarbeitung, Kartonagen, Montagewerkstätten). Diese ist zwar gesamtwirtschaftlich noch nicht von allzu großer Bedeutung, stellt aber einen positiven Ansatz dar, die ärmlichen Lebensverhältnisse dauerhaft zu verbessern. Dazu verhilft auch der ‚Hess Oil Terminal' unweit südlich von Castries, einer der modernsten im karibischen Raum.

 Zeiteinteilung

Um alle Sehenswürdigkeiten der Insel sehen zu können, müssen Sie zwei Tage einplanen, an denen Sie die unten beschriebenen Touren machen können und Castries jeweils als Ausgangspunkt nehmen. Wenn Sie wandern, tauchen, an der Atlantikküste spazieren gehen oder am Strand liegen wollen, müssen Sie noch mindestens einen Extratag einplanen.

St. Lucia sehen und erleben

Die meisten Besucher werden den Aufenthalt auf dieser paradiesischen Insel an einem der schönen Sandstrände genießen, beim Sonnenbaden, Tauchen, Segeln oder anderen Wassersportarten.

St. Lucia bietet aber mehr als nur tropische Erholung. Für begeisterte Einkaufsbummler sind der Markt von Castries, das Duty-Free-Angebot von Pointe Seraphine oder verschiedene Spezialgeschäfte ein ‚Muss'.

Unvollständig bleibt der Inselbesuch, wenn Sie nicht die Pitons und den einzigen befahrbaren Vulkan der Welt gesehen sowie einen Spaziergang zu brodelnden Schwefelquellen unternommen haben.
Historisch Interessierte haben in den Ruinen von Morne Fortune, Vigie Peninsula und Pigeon Point ein weites Forschungsfeld.

Schulkinder in Soufrière

Naturliebhaber dürfen die Fahrt und/oder Wanderung durch den tropischen Regenwald von Fond St. Jacques ebenso wenig versäumen wie Frigate Island. Und nachhaltig empfohlen sei auch ein erholsamer Segeltörn entlang der Küste.

Im Einzelnen wird nun zunächst die Hauptstadt mit dem touristisch hoch entwickelten Norden vorgestellt, anschließend zwei Touren ab Castries zum Südende bei Vieux Fort.

Der Norden und die Hauptstadt Castries

Castries: das Zentrum

Die lebhafte Hauptstadt, deren Einwohnerzahl inzwischen auf die 70.000 zugeht, liegt an einem der größten und sichersten Häfen in der Karibik. Von der alten Kolonialstadt, die ein sehr wohlhabendes und charmantes Gepräge gehabt haben muss, ist nicht mehr viel übriggeblieben: 1927 zerstörte ein Feuer die Hälfte und 1948 ein größerer Brand fast die gesamte Stadt – mit Ausnahme jenes kleinen Teils in der Nähe des hübsch angelegten Columbus Square.

Yachthafen von Castries

Dessen Mittelpunkt ist das Monument für die Gefallenen des Zweiten Weltkrieges, in Nachbarschaft eines großen, 400 Jahre alten **Saman-Baumes**.

Rundgang durch die Inselhauptstadt

Am östlichen Ende des Platzes steht die ‚Kathedrale der unbefleckten Empfängnis' (**Cathedral of the Immaculate Conception**), das wichtigste Bauwerk der Stadt. Das 1897 fertig gestellte Gotteshaus hat zwar ein wenig attraktives Äußeres, ist aber vor allem wegen der Wand- und Deckenmalereien einen Besuch wert. Auf der westlichen Seite des Columbus Square ist die Bibliothek (Library) zu sehen und, in unmittelbarer Nähe, gibt es noch einige restaurierte Wohnhäuser im kreolischen Stil, die sich wohltuend vom ansonsten modernen Einerlei abheben. Die meisten Touristen besuchen Castries am Freitag und Samstag, wenn die Inselbewohner von weit her anreisen, um alle möglichen Waren, Gemüse, Früchte etc. zu kaufen oder zu verkaufen.

Den **Markt** mit seiner auffälligen Metallkonstruktion aus dem Jahre 1894 finden Sie auf der Jeremie Street, die das Stadtzentrum nördlich begrenzt. Weiterhin lohnt sich der Besuch von Castries wegen der vielfältigen Einkaufsmöglichkeiten am **William Peter Boulevard**, insbesondere von kunsthandwerklichen Artikeln und Luxusartikeln.

Am Stadtrand von Castries

Morne Fortune

Panorama-
ausblick

Am südlichen Stadtrand von Castries, etwa 1,5 km vom Zentrum entfernt, liegt der 260 m hohe Berg Morne Fortune. Einen Besuch wert sind dessen historische Baudenkmäler ebenso wie die Aussicht. Schon die gewundene Straße von Castries hinauf bietet einzigartige Panoramablicke.

Hoch über Stadt und Hafen gelegen, kam dem Hügel während der englisch-französischen Kriege eine Schlüsselstellung zur Kontrolle der Insel zu. Wegen der vorzüglichen strategischen Lage hatten die Franzosen Mitte des 18. Jahrhunderts die erste Festung errichtet. Aber angesichts der vielen Eroberungen und Rückeroberungen scheint der Name (= ‚Berg des Glücks') unglücklich gewählt. Die blutigste Schlacht von allen tobte im Mai 1796, als die britischen Truppen unter General Moore das Fort belagerten und schließlich einnehmen konnten, woran das im Jahre 1932 errichtete Monument erinnert. Heute liegen die Gebäude und Baracken in Ruinen. Dazwischen findet man heute Kanonen, alte Batteriestellungen sowie in restaurierten Gemäuern einen großen Schulkomplex. Von der Hügelspitze hat man einen weiten Blick in alle Himmelsrichtungen und kann an klaren Tagen die beiden Pitons und die nahe Insel Martinique erkennen.

Segeltörn mit der ‚Unicorn'

Der ‚Berg des Glücks' hat außer seiner Vergangenheit noch einiges mehr zu bieten. Auf dem Weg hinauf wäre da z.B. das Government House – die offizielle Residenz des Generalgouverneurs – ein schönes Beispiel des viktorianischen Baustils. Auf halbem Weg liegen außerdem die Bagshaw Studios, ein weithin berühmtes Unternehmen, das Seiden-Siebdrucke herstellt. Etwas weiter bergauf, an der Old Victoria Street, ist die Firma Caribelle zu besichtigen, die nach traditionellen Methoden Baumwoll- und Seiden-Batiken produziert. Schließlich gibt es auf der Morne Fortune einige hübsche und gute Restaurants, in denen man bei Erfrischungen oder einem Candlelight-Dinner die gute Aussicht genießen kann.

Vigie Peninsula

Nördlich wird der Hafen von Castries durch die Vigie-Halbinsel begrenzt, auf der viele Touristen zum ersten Mal den Boden von St. Lucia betreten. Hier befindet sich nämlich nicht nur einer der beiden Inselflughäfen, der **Vigie Airport**, sondern auch die größte Anlegestelle für Kreuzfahrtschiffe. Abgestimmt auf die Bedürfnisse der Kreuzfahrttouristen ist der große und moderne Duty-Free-Komplex ‚Pointe Seraphine', der aber auch anderen Touristen frei zugänglich ist. Hier finden Sie, in einem ansprechend gestalteten und um einen Innenhof mit Freilichtbühne angeordneten Gebäudekomplex, nicht nur eine Vielzahl von Geschäften (Elektronikwaren, Porzellan, Kunsthandwerk, Alkoholika, Textilien, Parfums und Kosmetika usw.), sondern auch Banken, eine Touristeninformation, Restaurants, einen Taxistand und sanitäre Einrichtungen. Für einen Einkaufsbummel benötigen Flugreisende ihren Reisepass und das Flugticket, Kreuzfahrtgäste ihren Schiffsausweis. Verwahren Sie bitte den Einkaufsbeleg, den Sie bei der Ausreise den Behörden vorlegen müssen. Ein Bustransfer in die Innenstadt von Castries wird mit einem Londoner Doppeldecker angeboten.

Unweit von Pointe Seraphine ist der **Yachthafen**, in dem auch viele der Ausflugsboote anlegen. Eine Sehenswürdigkeit ist das Segelschiff ‚Unicorn', das 1947 als Kopie einer Brigg des 19. Jahrhunderts gebaut wurde. Es wird zwar als ‚Piratenschiff' vermarktet, ist aber wohl eher als ein ‚Sklavenschiff' anzusehen und wurde daher als Kulisse in dem Film ‚Roots' genutzt. Wer nicht selbst die Fahrt nach Soufrière mitmachen möchte, bei der auch die Segel gesetzt werden, kann das Schiff auch morgens und nachmittags im Hafen bewundern.

Yachthafen mit Ausflugsbooten

Wer die historischen und natürlichen Attraktionen der Vigie Peninsula besuchen möchte, muss um das Ostende der Flugbahn herumfahren. Ab da wird die Halbinsel mit ihren Grashügeln, Schulgebäuden und Ruinen durch mehrere Straßen erschlossen. Sehenswert sind der Leuchtturm (Vigie Lighthouse), das Kap d'Estrées Point und die Überreste eines französischen Pulvermagazins aus dem Jahre 1784.

An der Nordostseite der Halbinsel erstreckt sich ab dem Flughafen der kilometerlange Vigie Beach, an dem sich drei Hotelanlagen und einige Strandbars angesiedelt haben.

Union

Ebenfalls nicht weit von Castries entfernt, liegt östlich die Forestry Division bei Union als ein lohnendes Ausflugsziel. Dort hat man nämlich eine Art Kombination von Zoo, Naturschutzgebiet und Wildgehege ins Leben gerufen, in der fast alle Arten der Inselflora und -fauna versammelt sind, einschließlich des seltenen St. Lucia-Papageis (*St. Lucian Parrot; amazona versicolor*). In Zusammenarbeit mit einem Tiergehege auf der englischen Kanalinsel Jersey versucht die Forestry Division, den vom Aussterben bedrohten Papagei zu züchten und die Jungen anschließend wieder in der Wildnis auszusetzen. Die besten Beobachtungsmöglichkeiten der Tier- und Pflanzenwelt bietet der botanische Lehrpfad (*Arboretum Trail*).

Der Norden

Der Nordteil von St. Lucia ist touristisch gut erschlossen. Hier liegen die meisten Hotels, hier gibt es phantastische Sandstrände, hier locken so einige Sehenswürdigkeiten, die einen Tages- oder Halbtagesausflug wert sind. Wenn man von Castries oder dem Flughafen Vigie an der Westküste entlangfährt, kommt man hinter dem **Vigie Beach** zunächst zum schönen Sandstrand der **Choc Bay**.

Hinter der Brücke über den Choc River verläuft die Hauptstraße dann in größerer Entfernung zum Meer, wobei man auf Stichstraßen nach links zu den einzelnen Stränden und ihren Hotels gelangt (u.a. **Labrelotte Bay**).

Touristisch erschlossene Küste

Schließlich erreicht man die weit ins Landesinnere vorstoßende Bucht von Gros Islet, deren südlicher Teil als **Rodney Bay** bekannt ist. Hier gibt es einen lang gestreckten, feinsandigen Strand, zwei größere Hotels, etliche Restaurants und Bars sowie den neuesten Yachthafen von St. Lucia mit 140 Liegeplätzen, zehn Fuß Tiefgang, Zollabfertigung und Duty-Free-Läden.

Nördlich der Bucht liegt das kleine Fischerdorf Gros Islet, das mehrfach in den blutigen britisch-französischen Auseinandersetzungen Kriegsschauplatz war.

Heutzutage ist sein Erscheinungsbild friedlich und verschlafen, mit Ausnahme jedoch der Freitagabende. Dann nämlich wird hier der ‚Jump Up' gefeiert, eine Straßenfete mit Musik und Tanz, bei der auch Snacks, Fish and Chips, Muscheln und Barbecue angeboten werden und die sich vom ‚Geheimtipp' zur viel beachteten Touristenattraktion gemausert hat.

Pigeon Island National Park

Nördlich von Gros Islet führt eine Straße in weitem Bogen nach links auf Pigeon Island zu. Der Name sagt schon aus, dass es sich hier eigentlich um eine Insel handelt, die allerdings seit 1970 durch einen Damm mit dem ‚Festland' verbunden ist.

Auch gilt Pigeon Point als ‚Schwesterinsel' von Mainau im Bodensee. Zum Nationalpark wurde sie wegen ihrer reichhaltigen historischen Baudenkmäler erklärt, dazu sind zahlreiche Funde aus der indianischen Vorgeschichte in einem Arawaken-Museum bestens dokumentiert.

In den europäischen Blickpunkt geriet die Insel zur Mitte des 16. Jahrhunderts, als sie als Schlupfloch eines berüchtigten französischen Piraten weithin bekannt war. Später bauten Briten und Franzosen ein Fort, das heute den Namen Rodney nach jenem Admiral trägt, der in der Seeschlacht bei den Saintes-Inseln den vielleicht wichtigsten Sieg des Empire gegen Frankreich errang.

Viele Ruinen aus dieser Zeit sind noch zu sehen, ebenso wie die Überreste der Walfangstation, die von 1909 bis zum Verbot des Walfangs 1926 in Betrieb war.

National-park im Norden

Die zwischenzeitlich von der Schauspielerin Josset Agnes Hutchinson gemietete Insel wurde während des Zweiten Weltkriegs von der US Navy zur U-Boot-Bekämpfung genutzt. Nach dem Bau des Yachthafens und der Zufahrtsstraße schützte man Pigeon Point ab 1975 als Nationalpark.

Das Gelände zwischen Pigeon Point und dem äußersten Norden (**Pointe du Cap**) wird durch weitläufige touristische Anlagen in **Cape Estate**, am **Cariblue Beach** und an der **Smuggler's Bay** genutzt.

An natürlichen Highlights erleben Sie hier schöne Sandstrände, gute Tauchgründe und Höhlen, während Sportanlagen, Hotels, Restaurants und ein Golfplatz den kommerziellen Teil ausmachen.

Von historischem Interesse sind die Ruinen der Plantage von **Morne Paix Bouche**, hier wurde 1763 *Joséphine Tascher de la Pagerie* geboren, die später nach Martinique zog und schließlich als Ehefrau Napoléons in der Pariser Notre Dame zur Kaiserin von Frankreich gekrönt wurde.

Marquis Valley

Eine weitere Attraktion des Nordteils liegt entfernt der Westküste, östlich von Castries und recht abseits am Marquis River. Gemeint ist die Marquis Plantation bzw. Marquis Estate.

Bananenplantage

Dabei handelt es sich um die größte noch in Gebrauch befindliche Bananenplantage von St. Lucia, die gleichzeitig bis zum Ende des 19. Jahrhunderts einer der größten Zucker- und Kakaoproduktionsstätten der Insel war.

Ihren Namen trägt die Plantage nach Marquis de Champigny, der im Januar 1723 an der nordöstlichen Küste St. Lucias mit 1.400 Männern landete, sich seinen Weg durch den Regenwald bahnte und die Briten aus ihrer neuen Siedlung bei Castries zu vertreiben suchte.

Man kann die Überbleibsel der Zuckerfabriken und -mühlen einschließlich des Kochhauses und der Schmiede besichtigen. Beachtung verdient auch das Herrenhaus mit seiner Veranda und den Konstruktionen aus massivem Holz, das bisher allen Hurricans widerstanden hat.

Da die Plantage noch in Betrieb ist, werden keine individuellen Besucher, sondern nur organisierte Touren empfangen. Dabei nimmt man nach dem obligatorischen Rum-Punch an einer Führung durch die alten Kakao- und Zuckerfabriken teil, anschließend beobachtet man die Arbeiter beim Pflücken und Verpacken der Bananen.

Ein Höhepunkt der Tour ist die Fahrt mit dem Motorboot den Marquis River hinunter, an Mangroven, seltenen Vögeln und Wasserfällen vorbei bis zur Mündung in den Atlantik.

Der Westen: über Soufrière nach Vieux Fort

Die Westküstenroute von Castries nach Vieux Fort bietet die wichtigsten natürlichen Sehenswürdigkeiten von St. Lucia, die vor allem um die zweitgrößte Stadt, Soufrière, konzentriert sind. Bis dort hat man übrigens die Qual der Wahl, ob man der Fahrt mit dem Wagen/Taxi oder lieber einer Seereise den Vorzug geben soll: Die meisten Reiseagenturen haben Schiffsausflüge im Programm, bei denen man an

Bord eines Katamarans, Motorbootes oder einer Segelyacht die dramatische Küstenszenerie aus der Distanz und in aller Ruhe genießen kann. In der Höhe von Soufrière sind Landexkursionen darin eingeschlossen, so dass diese Möglichkeit für Touristen mit wenig Zeit ideal ist, einen guten Überblick über die Schönheit der Insel zu erhalten.

Entlang der Westküste

Schiffsreisende passieren sofort nach Ausfahrt aus dem Hafen von Castries die **La Toc Bay** mit Sandstrand, Yachthafen und einigen Hotels. Benannt wurde die Bucht nach der La Toc Battery, die die britische Navy zum Schutz des Hafens unterhalb des Morne Fortune installierte. Baracken, Munitionslager, Beobachtungstürme und schwere Kanonen, darunter ein 18-t-Ungetüm, machten zusammen mit benachbarten Stellungen den Morne Fortune fast uneinnehmbar. Alle diese Einrichtungen wurden mit dem Abzug der letzten britischen Truppen im Jahre 1905 aufgegeben und sind heute nur noch als Ruinen zu sehen. Südlich der La Toc Bay segelt man am Industriehafen des **Hess Oil Terminal** vorbei, eine lang gestreckte Anlage mit 12 riesigen Tanks, die in eine künstlich aufgeschüttete und terrassierte Landschaft eingelassen worden sind. Sie dienen der Aufnahme von Öl u.a. aus Trinidad und Venezuela, das von hier aus in alle Welt weiterverschifft wird. Kurze Zeit später taucht linker Hand die berühmte Marigot Bay auf (s.u.).

Autotouristen legen den Weg ab Castries über den Morne Fortune zurück, von wo man ins Tal des Cul de Sac River mit seinen scheinbar endlosen Bananenplantagen hinabfährt. Danach geht es wieder bergauf, und nach einigen kurvenreichen Meilen zweigt hinter dem Dorf Marigot nach rechts ein kleiner Fahrweg zur **Marigot Bay** hinab. Der Hafen wirkt sehr romantisch und ist einer der sichersten im gesamten karibischen Raum. Er diente als Schauplatz des 1966 gedrehten Walt-Disney-Films ‚Dr. Dolittle'.

Romantischer Hafen

Auch historisch war die von See aus schwer einsehbare und durch Palmen zusätzlich verborgene Bucht von Bedeutung: Hier konnte sich 1778 der britische Admiral Barrington mit seiner Flotte vor den vorbeisegelnden

Palmenstrand der Marigot Bay

Franzosen verstecken. Es heißt, dass die Engländer damals ihre Schiffe auch noch mit abgeholzten Palmwedeln getarnt hätten. Heute wird die wirbelsturmsichere Marigot Bay als lebhafter Yachthafen und Standort der bekannten Freizeitflotte von ‚The Moorings', einer der größten Yacht-Charterer der Welt, genutzt. Zu jeder Tageszeit sind hier Dutzende von Segelbooten und kleinen Fähren unterwegs, die Besucher vom Yachthafen zum schönen Palmenstrand mit dem ‚Dolittle's Café' bringen.

Zurück auf der Hauptstraße, durchquert man die Ebene des **Roseau River** (Bananenplantagen), bevor sich der Weg mit einigen Serpentinen wieder in die grü-

Die Kleinen Antillen – St.Lucia

Idyllisch liegen die Dörfer an den Hängen.

nen Hügel an der Küste hinaufwindet (schöner Blick vor der Ortschaft Massacré). Auf Meeresniveau hinab bringt einen die Straße zum pittoresken Fischerdorf **Anse La Raye**, dessen Einwohner für die Herstellung von Einbaum-Kanus bekannt sind. Tauchenthusiasten finden südlich der Bucht einen der populärsten Spots der Region: den gesunkenen 400-t-Frachter ‚Lesleen M'. Das für seeuntauglich erklärte Schiff wurde unter Berücksichtigung aller ökologischen Vorsichtsmaßnahmen 1986 versenkt, um Korallen und Fischschwärme anzuziehen. Nun liegt es aufrecht in 20 m Tiefe da, das Deck nur 10 m unter der Oberfläche, so dass man häufig seine Umrisse von oben sehen kann. Die ‚Lesleen M' ist mit Ankerwinde, Mast, Schraube, Maschinenraum etc. noch vollständig. Als künstliches Riff ist das Wrack tatsächlich ein großer Erfolg, da es viele Fischarten anzog und sich weiche Korallen an den Wänden angesiedelt haben.

Wracktauchen

Von Anse la Raye geht es auf gewohnt kurviger Strecke hinauf in die Berge, dann wieder hinab zum nicht minder schönen Dorf **Canaries**, anschließend erneut in weitem Bogen ins Inselinnere, wo man am westlichen Ende des naturgeschützten Regenwaldes entlangfährt. Vom letzten Höhenzug vor dem Meer aus hat man einen atemberaubenden Blick auf das malerische Soufrière und die Vulkankegel der beiden Pitons, von denen der **Petit Piton** (736 m) dem Betrachter am nächsten liegt. Der dahinter aufragende Zwilling **Gros Piton** ist 798 m hoch. Da beide Gipfel steil aus dem Meer steigen, wird ihre tatsächliche Höhe häufig überschätzt. Die Serpentinenstraße bringt einen anschließend hinab zum Städtchen Soufrière, um das mehrere der größten Sehenswürdigkeiten der Insel versammelt sind.

Soufrière

Die Bucht war einst bevorzugtes Siedlungsgebiet der Arawaken und Kariben, wovon noch vereinzelte Petroglyphen (u.a. in Stonefields) und verschiedene Steinterrassen (u.a. in Belfond) zeugen. Im 17. Jahrhundert begannen französische Kolonisten, den Wald zu roden und ihre Plantagen aufzubauen. Ihre Siedlung, die sie nach den nahen Schwefelquellen benannten (franz. ‚soufre' = Schwefel), entwickelte

Hafenszene in Soufrière

sich zum landwirtschaftlichen Zentrum der Region und wurde folgerichtig 1746 zur Hauptstadt erklärt. Zwei Katastrophen beendeten die Vormachtstellung: 1780 vernichtete ein Hurrican fast alle Pflanzungen Soufrières sowie die meisten Gebäude. Dann kamen während der Französischen Revolution bürgerkriegsähnliche Zustände in die Stadt – gegenüber der heutigen Kirche wurden auf dem Marktplatz eine Reihe königstreuer Plantagenbesitzer guillotiniert. Nach Wiederherstellung der alten Verhältnisse vereinigten sich viele Sklaven mit desertierten Soldaten, und noch fünf Jahre lang zogen diese sog. ‚Brigands' marodierend über die Insel. Vom zerstörten Soufrière ging in der britischen Zeit die Hauptstadtfunktion auf das nördliche Castries über. Der französische Einfluss blieb jedoch hier bis auf den heutigen Tag wirksam, wahrnehmbar in der katholischen Kirche, den eleganten kreolischen Häusern und im Patois der einheimischen Bevölkerung.

Nettes Städtchen

Anse Chastanet/Marine Park

Nördlich der Bucht führt eine Stichstraße von Soufrière oberhalb der Klippen bis zur schönen Sandbucht der Anse Chastanet. Hier hat man eine phantastische Sicht auf das Panorama der Pitons. Besonders attraktiv sind auch die **Tauchplätze** vor der Küste. Korallenriffe und vielfarbige Fischschulen können von Fischer- und Ausflugsbooten erforscht werden. Weiter im Süden, zwischen den Pitons und am Küstenabschnitt bis Vieux Fort, locken darüber hinaus noch zahlreiche andere Spots, u.a. mit einer ganze Reihe von Schiffswracks. Sogar das Wrack eines Flugzeuges ist dort zu sehen.

Östlich von Soufrière

Fährt man vom Stadtzentrum in östliche Richtung, am Marktplatz und der Kirche vorbei, kommt man entlang des Soufrière River zunächst zur Plantage **Soufrière Estate**. Deren Geschichte geht zurück in die Zeit *König Ludwigs XIV.*, als von den drei Brüdern *Devaux* zunächst Kaffee, Kakao, Tabak und Baumwolle angebaut wurden. Als der Export von Zucker größere Gewinne versprach, ging man auch hier zum Anbau von Zuckerrohr über. Heute ist die Plantage immer noch im Besitz der *Devaux*, eine der mächtigsten Familien von St. Lucia. Geerntet werden vor allem Bananen, Kakaobohnen für den Export in die USA und Kokosnüsse, aus denen Copra für Öl und Seife hergestellt wird. Eine Besichtigungstour durch die Plantage, bei der man auch durch den herrlichen Botanischen Garten, den kleinen Zoo und am funktionierenden Wasserrad der ehemaligen Zuckerfabrik (1765) vorbeikommt, wird von mehreren Veranstaltern angeboten. Zur Soufrière Estate gehört eine weitere Attraktion, die oft das Ziel von Besichtigungsfahrten ist: die **Diamond Botanical Gardens, Waterfall and Mineral Baths**. Vom Parkplatz aus

Alte Plantage mit Wasserfall

Der Diamond Waterfall

geht man durch die Einlasspforte zunächst durch einen 1983 angelegten Botanischen Garten. Dieser wurde von den derzeitigen Besitzern der Plantage im landschaftlich schönen Tal eingerichtet und mit vorzüglichen Spazierwegen ausgestattet. Fast alle Blumen, Früchte, Sträucher und Bäume Westindiens sind hier zu sehen, und jedes Jahr kommen neue und seltene Pflanzen hinzu. Ab und zu passiert man Überreste jener Mineralbäder (nicht zu verwechseln mit den vulkanischen ‚Sulphur Springs'; s.u.), die *Ludwig XIV.* für seine Soldaten anlegen ließ. Während der Mordzüge der ‚Brigands' wurden diese Bäder zerstört, über viele Jahre hinweg blieben die Ruinen unberührt und wurden vom Urwald überwuchert. Heute sind in unmittelbarer Nähe der originalen Anlage neue Mineralbäder entstanden, deren therapeutischer Wert oft mit ‚Aix-les-Baines' in Frankreich verglichen wird. Gegen ein geringes Eintrittsgeld sind die Außenpools oder Innenbäder der Öffentlichkeit zugänglich. Von den Mineralbädern (Cafeteria, Souvenirshop) führt ein kurzer Pfad zum Diamond River, der aus dem vulkanischen Gebiet der Nachbarschaft ins Tal strömt und als **Diamond-Wasserfall** vielfarbig und spektakulär herabstürzt.

Mineralbäder

Fond St. Jacques

Ein ganzes Stück weiter östlich ist der **ursprüngliche Regenwald** in der Nähe von Fond St. Jacques Ziel einer möglichst ganztägigen Exkursion. Um die richtigen Pfade und interessantesten Stellen zu finden, sollte man dabei auf einen offiziellen Guide des Forestry Department zurückgreifen oder den ‚Walk' über ein Reisebüro buchen. Lohnend ist der Ausflug auf alle Fälle: Auf der Wanderung über den zentralen Gebirgsrücken in Richtung Mahault (s.u.) kommt man durch eine überquellende Vegetation mit einer unglaublichen Artenvielfalt. Außer den Blumen, Büschen und Mahagonibäumen kann man mit etwas Glück auch ein Exemplar – oder sogar ein Paar – des sehr seltenen und vom Aussterben bedrohten St. Lucia-Papageis (amazona versicolor) zu Gesicht bekommen. Wahrscheinlicher ist jedoch, dass man nur seinen merkwürdigen Schrei durch das Dschungeldickicht hört.

Die Sulphur Springs

Südlich von Soufrière

Nicht weit von Soufrière und östlich vom Petit Piton gelegen, bringt einen die Straße nahe der Küste (herrliche Aussicht) zu den berühmten **Sulphur Springs**. Deren brodelnde, dampfende und kochende Landschaft mit ihrem strengen Schwefelgeruch gab Soufrière den Namen und schenkte der Region eine weitere Hauptsehenswürdigkeit. Um zu den (vom Touristenamt verwalteten) Sulphur Springs zu gelangen, richtet man sich nach dem Hinweisschild *Drive-In-Vulcano* und fährt bis zum Parkplatz an der Sperre. Hier muss man ein kleines Entgelt entrichten, das einen Guide für die Tour einschließt. Nun geht es zu Fuß über Stege und Treppen weiter bis zu einem Aussichtspunkt, an dem man das gesamte Solfatarenfeld

Drive-In-Vulkan

überblicken kann. Solfatare bedeuten, dass die vulkanische Tätigkeit andauert, der Druck aber durch heißen Dampf und Gas, statt in Form von Lava entweicht. Obwohl also eine Eruption nicht bevorsteht und man den zischenden ‚Quellen' sehr nahe kommen kann, sollte man die Absperrungen nicht übertreten; der Untergrund ist nur sehr dünn, und in der Vergangenheit kamen unvorsichtige Touristen schon häufiger zu Schaden! Wirtschaftlich war das Gelände im 19. Jahrhundert als Schwefelabbaugebiet von Bedeutung. Heute versucht man, das schwefelhaltige Wasser für die Heilung von Rheumatismus und Hautkrankheiten einzusetzen (kleine Pools). Andere Pläne für die Nutzung der geothermischen Energie wurden jedoch wenig erfolgreich in die Tat umgesetzt, wie die Vielzahl an verrosteten Rohren und Ventilen beweist.

Bananenplantagen im Süden

Auf der Weiterfahrt in den Süden kommt man durch hochgelegene Regenwälder und Bananenplantagen, bis man zur südlichen Ebene hinabfährt. Die Karibische See erreicht man wieder im Fischerdorf Choiseul, von wo es küstennah durch **Laborie** (schöne Tauchgründe) und auf den **Hewanorra Airport** zugeht. Am westlichen Ende der Landebahn vorbei, kommt man direkt am Ufer entlang zum Städtchen **Vieux Fort**, das wegen seines Ausfuhrhafens (Bananen), des nahen Flughafens und verschiedener Industrieanlagen (Brauereien) für St. Lucia von großer wirtschaftlicher Bedeutung ist. Mit einigen Pensionen, Restaurants und einer großen Ferienanlage (an der Westküste) spielt auch der Fremdenverkehr in Vieux Fort eine wichtige Rolle. Südlich der Stadt liegt der äußerste Zipfel der Insel, **Moule-à-Chique**. Wer schon bis nach Vieux Fort gefahren ist, darf diesen Abstecher auf keinen Fall verpassen. Denn die bis über 200 m hohe Halbinsel, an deren Ende ein riesiger Leuchtturm in den Himmel ragt, offeriert herrliche Blicke bis hin zu St. Vincent und den Grenadinen. Wo sich das blaue Wasser des Atlantiks mit dem türkisfarbenen der Karibischen See vereinigt, steigt St. Lucia aus dem Meer, mit Klippen und Höhlen, welche die Heimat zahlreicher Seevögel sind.

Der Osten: über Dennery nach Vieux Fort

Die alternative Strecke von Castries nach Vieux Fort war nicht nur während des Straßenbaus im Westen die einzige Möglichkeit, von der Hauptstadt zum internationalen Flughafen zu gelangen, sondern wird auch in Zukunft von den Taxifahrern eher benutzt werden. Sie bietet auf ca. 50 km zwar nicht so viele Sehenswürdigkeiten, ist aber entlang der Ostküste relativ eben und gut zu fahren. Für Touristen ist sie vor allem wegen der spektakulären Szenerie interessant, mit der sie sowohl im gebirgigen Inselinneren als auch an der wild zerklüfteten Atlantikküste aufwartet. Von Castries gelangt man über den Vorort Bagatelle oder über den Serpentinenweg der Morne Fortune zu **Four Roads Junction**. Ab hier geht es zügig durch das Tal des

Cul de Sac River und ein landwirtschaftlich intensiv genutztes Gebiet bis zur Ortschaft **L'Abbaye**. Nun wird die Straße enger, kurvenreicher und steiler, denn sie windet sich an den Hängen des zentralen Gebirgsrückens hinauf. Auf dem Pass **Barre de l'Isle** sollte man am ‚Viewpoint' anhalten und die schöne Aussicht nach Westen und Osten genießen. An Baumfarnen und Ficusbäumen vorbei, fährt man anschließend kontinuierlich und in einigen Haarnadelkurven wieder abwärts, passiert die Ortschaft Grande Rivière und ausgedehnte Bananenplantagen, bis man schließlich hinter La Caye die Atlantikküste bei Dennery erreicht hat. Am südlichen Ortsausgang zweigt nach links eine Straße ab, die zurück ins Landesinnere führt und auf der man zur Errard Plantation kommt. Hier kann man auf organisierten Besichtigungstouren (keine individuellen Besucher!) Anbau, Ernte und Verarbeitung vieler tropischer Früchte und von Kakaobohnen sehen.

Durch's Gebirge

Bei der Weiterfahrt in den Süden ergeben sich immer wieder phantastische Ausblicke auf die zerklüftete, ab und an mit Sandstränden besetzte Küste, gegen die die mächtigen Wellen des Atlantik anrollen. Zwischen Dennery und Micou sieht man in der **Praslin Bay** einige Felsen aus dem Meer ragen, die als **Frigate Island National Park** unter Naturschutz stehen. Ihren Namen tragen die Eilande nach den Fregattvögeln, die hier von Mai bis Juli nisten. Auf Touren, die vom National Trust arrangiert werden (Anmeldung erforderlich!), kann man die Inseln besuchen und ihre interessante Flora und Fauna bewundern. Auch auf dem ‚Festland' – gegenüber der Frigate Islands – ist ein Nationalpark geplant. Bereits jetzt gibt es hier einen Nature Trail, auf dem man die bizarre Landschaft erwandern kann und mit etwas Glück einige seltene Tierarten (u.a. die harmlose Boa Constrictor) zu Gesicht bekommt. Ab dem Dorf **Micoud**, das den letzten Hafen an der Ostküste besitzt, wird die Landschaft flacher und weniger spektakulär. Zurück ins Inselinnere führt eine Straße bis Mahaut, von wo geführte Wanderungen durch den Regenwald möglich sind. Über den zentralen Gebirgsrücken ist eine Tour bis nach Fond St. Jacques möglich (s.o.).

Einheimischer Strandspaziergänger

Die Küstenstraße verläuft in einiger Entfernung zum Ozean, dem sie sich erst in der **Savannes Bay** wieder nähert. Diese weit geschwungene Bucht ist von Mangrovendickicht umsäumt und einschließlich des Inselchens Scorpion Island ebenfalls naturgeschützt (Savannes Bay Nature Reserve). Unweit südlich davon erreicht man den Hewanorra Airport, vor dessen östlichem Ende (Pointe Sable) der Club Méditerranée mit Golf- und Tennisplätzen an einem schönen (aber nicht ungefährlichen) Sandstrand liegt. Vor der Küste ragen die beiden Maria Islands (Maria Major und Maria Minor) aus dem Atlantik. Das auf ihnen eingerichtete Natur- und Vogelschutzgebiet besitzt einige Spezies, die sonst in der Karibik nicht vorkommen. Touren außerhalb der Brutzeit werden von manchen Reisebüros arrangiert. Wer das Kap **Pointe Sable** passiert hat, fährt ein kurzes Stück an der Anse des Sables entlang und kommt dann nach Vieux Fort bzw. zur Halbinsel Moule-à-Chique (s.o.).

Küstenstraße

Barbados

Hinweis
Aktuelle regionale Reisetipps (Hotels, Restaurants, etc.) zu Barbados entnehmen Sie bitte den gelben Seiten S. 151 ff.

Überblick und Geschichte

Das 36 km lange und 24 km breite Barbados (ausgespr.: Ba-bei-dos) ist mit 431 km² nur wenig größer als z.B. die Hansestadt Bremen, zählt aber dennoch zu den größeren Inseln der Kleinen Antillen. Sie ist außerdem **die östlichste Insel der Karibik**, wie ein weit in den Atlantik hinausgeschobener Vorposten, den Schiffsreisende aus Europa als ersten Teil der Neuen Welt erblicken.

Die anderen Inseln über dem Winde liegen 160 km weiter westlich und sind von Barbados durch den 2.700 m tiefen Tobago-Graben getrennt.

Das **landschaftliche Profil** wird durch ein altes Korallenplateau bestimmt, das von über 300 m Höhe (höchster Punkt: 343 m) treppenförmig zu den Küsten abfällt. Trotz ihres verhältnismäßig flachen Gepräges weist die Insel reizvolle landschaftliche Kontraste auf – vor allem an der wilden, zerklüfteten Ostküste.

An der geschützten Westseite liegen die karibischen Strände, an denen die meisten Ferienhotels entstanden sind: Hier ist nicht nur die Luft milder, sondern auch die Brandung weniger stark. Im Inselinnern ist das ursprüngliche Pflanzenkleid des Regenwaldes bis auf einige kleine Restbestände durch die Ausbreitung der Zuckerrohrkultur schon früh vernichtet worden.

Es waren die Portugiesen, die die Insel unter dem Namen *Isla de los Barbados* (= Insel der Bärtigen) auf die Seekarten setzten. Sicher waren damit nicht die indianischen Ureinwohner, sondern die Ficus-Bäume gemeint, deren Luftwurzeln wie herunterhängende Bärte aussahen. Viel prägender war jedoch der 300 Jahre währende englische Einfluss, so dass man Barbados innerhalb der Kleinen Antillen die *britischste aller Inseln* oder auch *Little England* nennt.

Diese Orientierung ist seit langem spürbar: Schon **1639** wurde ein **Parlament** gegründet, welches das drittälteste im Commonwealth ist – nach dem in London und dem auf den Bermudas.

Nach englischem Vorbild wurde außerdem die Insel in **elf Kirchspiele** eingeteilt, die nach den anglikanischen Kirchen benannt sind. Von Norden nach Süden sind dies: St. Lucy, St. Peter, St. Andrew, St. James, St. Joseph, St. Thomas, St. John, St. Michael, St. George, St. Philip und Christ Church.

Interessanterweise beherbergte die Insel bereits in der ersten Besiedlungsphase so viele Menschen, dass sich einige davon schon wieder zur **Emigration** entschlossen. So wurde das amerikanische **South Carolina** von einer Siedlergruppe aus Barbados (und nicht etwa von England aus) erschlossen. Für ein ganzes Jahrhundert galt Barbados als *Mutter der amerikanischen ‚Tochterkolonie'*.

Im 20. Jahrhundert war die Insel gut auf die Unabhängigkeit vorbereitet, die ihr, trotz der geringen Größe, am 30. November 1966 von London verliehen wurde.

Die vielschichtige koloniale Vorgeschichte lässt erahnen, weshalb Barbados schon immer eine der dichtbesiedelsten Inseln der Region gewesen ist. Heute hat sie über 260.000 Einwohner, das entspricht über 640 Menschen pro Quadratkilometer.

Die Bevölkerung ist multiethnisch zusammengesetzt: 70 Prozent haben afrikanische Wurzeln, 20 Prozent europäische aus dem Bereich Englands, Irlands und Schottlands, 10 Prozent verteilen sich auf andere Ursprünge. Alle Einwohner(innen) identifizieren sich stolz mit ihrem Mini-Staat und betrachten sich gemeinsam als *Barbadians* oder kurz *Bagians* bzw. *Bajans*.

Redaktions-Tipps

· Ausflug nach **Bridgetown** mit seinen Baudenkmälern, Einkaufsmöglichkeiten, Kneipen und dem Museum unternehmen. (S 403 ff.)

· Das Inselinnere mit dem befestigten Hügel **Gun Hill**, der Tropfsteinhöhle **Harrison's Cave** und der Vegetation des **Welchman Hall Gully** besuchen. (S. 420 ff.)

· Die Architektur der anglikanischen **Kirchen** und vor allem der herrschaftlichen **Plantation Houses**, allen voran **Nicholas Abbey**, anschauen. (S. 415)

· Eine Fahrt zur spektakulären **Ostküste bei Bathsheba** mit einem Besuch der **Andromeda Gardens**. (S. 417 f.)

· Gönnen Sie sich ein **Dinner** aus dem reichhaltigen gastronomischem Angebot, z.B. im Restaurant ‚La Mer' im neuen Hafen Port St. Charles. (S. 160)

· Einen Ausflug mit dem **U-Boot ‚Atlantis Submarine'** an der Westküste entlang unternehmen. (S. 153)

· Die nahen Inseln **Mayreau**, **Palm Island** und **Mustique** besuchen.

 ### Zeiteinteilung

Barbados hat so viele natürliche und kulturelle Schönheiten aufzuweisen, dass es Ihnen schwer fallen dürfte, Ihren Urlaub nur an einem der vielen Sandstrände zu verbringen. Allein Bridgetown bietet genug Sehenswürdigkeiten, um einen ganzen Tag in der Inselhauptstadt zu verleben.

Nehmen Sie sich also mindestens drei Tage Zeit, um Strand, Stadt und Sehenswürdigkeiten in Ruhe genießen zu können.

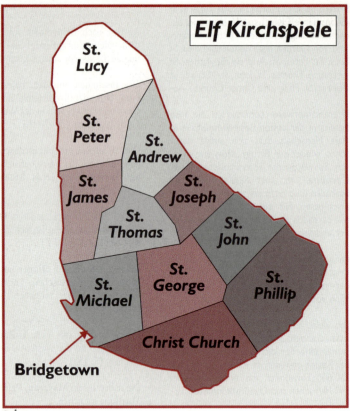

Barbados sehen und erleben

Die Südküste: zwischen Flughafen und Bridgetown

Wenn Sie auf dem **Grantley Adams International Airport** zum ersten Mal den Landesboden betreten, haben Sie vielleicht schon ein gutes Stück Ihres Urlaubszieles aus der Luft gesehen: Meist fliegen die Piloten von Süden auf die Küste zu und daran entlang, wobei linkerhand die weißen Strände zwischen Silver Sands und der Carlisle Bay mit ihrer fast ununterbrochenen Reihe von Hotels zu erkennen sind.

Der moderne Flughafen trägt seinen Namen nach **Sir Grantley Adams**, jener herausragenden Persönlichkeit, die vor der Unabhängigkeit das politische Leben bestimmte und die Partei ‚*Barbados Progressive League*' führte. Sein Sohn Tom Adams wurde übrigens 1976 Staatschef und hatte dieses Amt bis zu seinem Tod im Jahre 1985 inne.

Die Straße, die küstennah vom Flughafen und dem benachbarten Industriepark zur Hauptstadt führt, ist der Highway 7. Wer vorab einen Blick aufs Strandleben werfen möchte oder zur nahe gelegenen Unterkunft an die südlichste Inselspitze fahren muss, nimmt ab **Pilgrim Place** eine der kleinen Landstraßen in Richtung Süden. So gelangen Sie zu den Badestränden **Woman's Bay**, **Little Bay**, **Bottom Bay**, **Long Bay** und **Silver Sands Beach**.

Das Kap **South Point** ganz im Süden ist am Leuchtturm zu erkennen und bietet eine weite Sicht entlang der beiden Küsten. Zum Westen hin gelangt man über die Enterprise Road zum sog. *Miami-Beach*, für den man – als gäbe es nicht genug natürliche Strände auf der Insel – die Klippen weggesprengt hat. In Oistins an der Cotton House Bay kommt man wieder auf den Highway 7.

Wer vom Flughafen aus auf diesen Abstecher verzichten möchte, passiert auf dem Highway in Sichtweite die burgähnliche Gemeindekirche **Christ Church**, die dem Verwaltungsbezirk den Namen gibt. Sollten Sie in einheimischer Begleitung sein, wird man Ihnen sicher eine der mysteriösen Geschichten erzählen, die sich um diese Kirche ranken. Vor allem die Gruft *Chase Vault* (*Mystery Vault*) auf dem Friedhof war und ist Gegenstand schauriger Geschichten über wandernde Särge und andere übernatürliche Erscheinungen, diese werden sogar wissenschaftlich untersucht. Da die meisten Bajans an diese Geschichten glauben und sie sehr ernst nehmen, sollten Sie sich nicht darüber lustig machen.

Der nächstgelegene Ort ist das zentrale Fischerdorf **Oistins**, dem man seine historische Bedeutung nicht mehr ansieht. Hier war es, wo Truppen Oliver Cromwells an Land gingen und die königstreuen Barbadians zur Kapitulation zwangen. Im heute nicht mehr existierenden ‚Ye Mermaid's Inn' mussten sie 1652 die ‚Charta von Barbados' unterzeichnen, die sie unbedingtem Gehorsam dem Londoner Parlament gegenüber verpflichtete. Besucher des Ortes können mit etwas Glück den Stapellauf eines neu gebauten Holzbootes miterleben. Oft sieht man auch heimkehrende Fischer mit einem besonders prächtigen Fang, der anschließend auf den großen und viel besuchten Fischmarkt von Oistins wandert. Sie sollten den frittierten Fisch probieren.

Entlang der Strände der Ostküste

Die Inselspezialität, ‚Fliegenden Fisch', bekommen Sie hier sicherlich auch, wie auch auf vielen anderen Fischmärkten der Insel. Der weiße, ruhige Sandstrand des Ortes reizt zu einem Sprung in die Wellen.

Auf der Weiterfahrt kommt man nun in das Gebiet der Insel, das am besten touristisch erschlossen ist. Zunächst geht es von der Hauptstraße in die Maxwell Coast Road ab, die zum **Maxwell Beach** mit seinen Dutzenden von Hotels, Pensionen und Restaurants führt. Der Strand ist hier breiter als weiter westlich, die Dünung oft höher, und insgesamt geht's etwas ruhiger zu.

Die Fliegenden Fische

Der vierflügelige Typ des Flying Fish (wissenschaftlich: Atlantischer Kinnbartel-Flugfisch oder *Cypselurus heterurus*) stammt aus der Klasse der Knochenfische und besitzt vergrößerte Flossen, die sich zu ‚Tragflächen' ausgebildet haben. Trotz der Länge der zurückgelegten Strecken kann man nicht von einem ‚fliegenden' Fisch sprechen, weil er nicht wie ein Vogel mit seinen Schwingen schlägt. Es ist vielmehr ein Gleitflug, der bei günstigen Windverhältnissen bis zu 90 m betragen und zehn Sekunden dauern kann.

Fliegender Fisch

Der Fisch jagt, durch schnelle Schläge der unteren verlängerten Schwanzflossen unterstützt, mit großer Geschwindigkeit durchs Wasser, durchbricht dann die Wasseroberfläche und schwebt über der See dahin. Sein häufiges Vorkommen in den Gewässern von Barbados hat ihn zu einer Art nationalem Symbol werden lassen, dem man nicht nur auf den Speisekarten der Restaurants begegnet, sondern auch vielgestaltig als Logo oder zu Werbezwecken.

Vom Highway 7 bringt einen die nächste Abzweigung (Dover Road) zum **Dover Beach**, der in den Küstenstreifen von St. Lawrence übergeht. Wer allerdings weder die Südküstenstrände noch die Hauptstadt besuchen möchte, biegt kurz nach der Dover Road vom Highway rechts auf die autobahnähnliche Umgehungsstraße (*Bypass*) ab, die zur Westküste führt.

St. Lawrence Beach

Touristisches Ballungsgebiet

Ob Sie nun St. *Lawrence Beach* und *Rockley Beach* als die ‚Riviera von Barbados' bezeichnen oder nicht: Fest steht, dass die von Kasuarinen gesäumten Strände einen Vergleich nicht scheuen müssen, so wenig wie die touristische Infrastruktur. Die weißen Sandflächen sind gut besucht, jedoch niemals gedrängt voll, und zwischen den hoteleigenen Liegestühlen bleibt immer reichlich Platz. Jugendliche spielen Volleyball, sitzen in Gruppen um Kassettenrekorder oder machen selbst Musik, und Verkäufer versuchen, ihre Ware (meist Textilien und Souvenirs) an die Kunden zu bringen.

Abends gehört der Strand den Romantikern, die beim phantastischen Farbenspiel des Sonnenuntergangs träumen. Dahinter liegen an der schmalen Küstenstraße die Hotels wie Perlen aneinandergereiht, gut Hundert Anlagen, Pensionen und Gästehäuser. Einige sind, samt ihren Swimmingpools, architektonisch sehr gelungen, andere eher langweilig (aber selten störend), und immer finden sich in den tropischen Gartenanlagen der Hotels einige Palmen, die die Dächer überragen. Dementsprechend ist auch das Angebot an Restaurants, Schnellimbissen und Kneipen breit gefächert, und bei einem normal bemessenen Urlaub fällt es nicht schwer, jeden Abend woanders zu dinieren.

Rockley Beach

Der Rockley Beach schließt sich direkt an den St. Lawrence Beach an und hat eine ähnlich traumhafte Atmosphäre. Die beliebte Badebucht war einst der Strand des Bischofs, während sich heute das Badeleben säkularer und sicher lebhafter entwickelt. In der Luft liegt der Duft von Sonnencremes und Schnellimbiss-Restaurants, doch ist man auch hier von mediterranen Zuständen à la Mallorca weit entfernt.

Wieder auf dem Highway, ist man bereits in den Außenbezirken der Hauptstadt, deren erste Highlights in der großen Grünanlage der **Garrison Savannah** und mehreren historischen Gebäuden zu sehen sind. Nachdem man die Garrison Savannah passiert hat, kann man sofort anschließend nach links zum letzten Punkt der Südküste, ‚Needham's Point', abbiegen.

Needham's Point

Auf beiden Seiten der weit ins Meer ragenden Landzunge, die die Südküste von der Carlisle Bay trennt, gibt es schöne Sandstrände, die z.T. künstlich aufgeschüttet worden sind. Mehrere Hotelanlagen sorgen für touristische Akzente und stehen in architektonischer Konkurrenz zum Leuchtturm. Wei-

Die ‚Riviera' von Barbados

ter kann Needham's Point aber auch mit kulturhistorischen Sehenswürdigkeiten aufwarten, so mit den Überbleibseln des **Fort Charles** aus dem 17./18. Jahrhundert und vor allem mit dem schönen Militärfriedhof (*Military Cemetery*).

Die Hauptstadt: Bridgetown

Bridgetown ist nicht nur das politische und administrative Zentrum der Insel, sondern auch deren größtes Ballungsgebiet mit mehr als 100.000 Einwohnern (einschließlich der Vororte). Als zweiter Ort auf Barbados wurde Bridgetown von einer Siedlergruppe, die der *Earl of Carlisle* geschickt hatte, 1628 gegründet. Während die weit geschwungene Bucht nach dem Initiator dieser Expedition benannt wurde, hat die Stadt selbst ihren Namen nach einer damals vorgefundenen Brücke über den *Constitution River*, die nur von den indianischen Ureinwohnern angelegt sein konnte. Mit dem Aufschwung der Kolonie wurde die Bucht von Carlisle ein Anlaufhafen für Schiffe aus aller Welt, die 300 Jahre lang die schmale, innere Bucht der *Careenage* aufsuchten. Um der steigenden Zahl größerer Schiffe (Fracht- und Kreuzfahrtschiffe) adäquate Möglichkeiten zu bieten, wurde in den 1960ern etwas weiter nördlich der heutige *Deep Water Harbour* konstruiert.

Für Besucher ist die Stadt wegen ihrer vielen historischen Gebäude sehenswert, die Sie auf einem Rundgang kennen lernen sollten, darüber hinaus aber auch wegen ausgezeichneter Einkaufsmöglichkeiten und einem turbulenten Nachtleben. Schließlich bietet Bridgetown, die nicht nur als sauberste, sondern auch als sicherste Hafenstadt in der Karibik gilt, ein interessantes Ambiente, in dem der englische Einfluss – sichtbar u.a. an den Uniformen der Bobbies und Hafenbeamten – mit typisch karibischem Flair harmoniert.

Südlicher Stadtrand

Bevor Sie vom Süden auf dem Highway 7 nach Bridgetown fahren, geht es ca. zwei Kilometer vor dem Stadtrand zum eigentlichen Zentrum von Bridgetown und zu einer äußerst sehenswerten Anlage aus der militärischen Vergangenheit: zur **Garrison Savannah**. Am ehemaligen Paradeplatz der Garnison liegen eine Vielzahl historischer Gebäude.

Garrison Savannah

Alter Paradeplatz

Das große, parkähnliche Gelände liegt sofort rechterhand des Highways, aber auch auf der anderen Straßenseite sind zuvor schon etliche ehemalige Baracken und Überreste des alten Forts mit authentischen Kanonen zu sehen. Einige der Gebäude werden immer noch militärisch genutzt, da Barbados eine kleine Freiwilligen-Armee von Männern und Frauen besitzt. Der alte Paradeplatz, der von einer ganzen Reihe Kanonen aus verschiedenen Epochen und von unterschiedlicher Größe (sog. **Kanonen-Museum**) umstanden wird, steht seit dem Abzug der Truppen im Jahre 1906 für Erholung und Sport sowie für feierliche Anlässe zur Verfügung. Die Tradition der Pferderennen, die früher die Offiziere austrugen, wird heute fortgesetzt, freilich in ziviler Form. Beachtenswert sind die zwölf vorzüglich erhaltenen, mit Arkaden versehenen Baracken, der alte **Uhrenturm** (*Guard House*), der **Signal Tower** und andere Gebäude von **St. Ann's Fort**. Die Gesamtanlage der Festung geht auf die Regierungszeit von Königin Anna (1665-1714) zurück, obwohl nach dem schlimmen Hurrican von 1831 vieles neu errichtet werden musste. Wo früher etwa 2.000 Soldaten stationiert waren, sind heute z.T. Museen und andere Institutionen untergebracht. Das wichtigste davon ist das **Barbados Museum**. Seine imponierende, zweistöckige Westfassade mit Veranda und mächtiger Kanone lässt kaum darauf schließen, dass hier früher das Militärgefängnis untergebracht war. Der

Sehenswertes Museum

Die Kleinen Antillen – Barbados

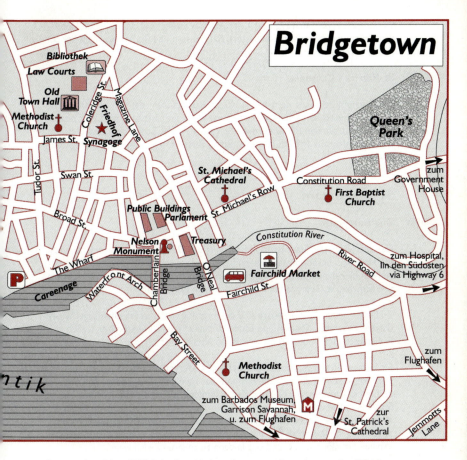

Bau aus dem Jahre 1853 beherbergt sehr sehenswerte Sammlungen, die 400 Jahre Inselgeschichte dokumentieren. Zu sehen sind alte Landkarten und Porträts, indianische Artefakte, Erinnerungen an Sklaverei und Zuckerindustrie, alte Puppen und Spiele, viktorianische Möbel etc. In einer gesonderten Galerie geben Vitrinen Aufschluss über die artenreiche Flora und Fauna der Insel (besonders: Fische und Vögel).

Auf dem Weg in die Stadt ist kurze Zeit später an der Ecke *Bay Street/Chelsea Road*, schräg gegenüber des Elektrizitätswerkes, das **Bush Hill House** (oder *Washington House*) beachtenswert. Hier lebte **George Washington**, später der erste Präsident der Vereinigten Staaten von Amerika, während seines Aufenthaltes auf der Insel. Er brachte wegen des gesunden Klimas 1751 seinen Bruder Lawrence nach Barbados, der an Tuberkulose erkrankt war – und leider später daran starb. Ohne es zu wissen, war Washington der erste Tourist der Insel und gab damit den Start für den heute wichtigsten Erwerbszweig.

Erster Tourist

Weiter geht es über den Highway 7, der jetzt Bay Street heißt, am Yachtclub, Hotels, den Amtsräumen des Premierministers, Kaufhäusern und Büros vorbei, bis zur St. Patrick's Cathedral.

St. Patrick's Cathedral

Die Bischofskirche aus dem Jahr 1840 ist das Zentrum der zahlenmäßig recht großen katholischen Gemeinde, die sich vor allem aus irischen Nachfahren zusammensetzt. Zusammen mit Kingstown (St. Vincent) bildet Bridgetown eine Diözese. Das Gotteshaus ist 1897 durch einen Brand zerstört und später wieder aufgebaut worden.

Stadtzentrum

The Careenage

Der alte Hafen der Stadt ist nach Eröffnung des **Deep Sea Harbours** nur noch für kleine Fischerboote, Yachten und die Küstenwachtschiffe zugelassen. Früher wurden hier die Segelboote repariert (engl.: to careen), was dem Hafen – ebenso wie dem von St. George's auf Grenada – seinen Namen gab.

Zu beiden Seiten der Careenage sind die sorgfältig restaurierten, alten Lagerhäuser durch Restaurants, Kneipen und Läden zu neuem Leben erwacht; hier treffen sich Einheimische und Touristen bis weit in die Nacht hinein.

Rundgang durch die Innenstadt

Ein beliebter Treffpunkt ist das **Waterfront Café**, von dem aus wunderbar die an- und ablegenden Schiffe oder die Beamten der Hafenpolizei zu beobachten sind, die in ihren pittoresken, aus Nelsons Zeit stammenden Matrosenanzügen mit flachen Strohhüten Dienst tun.
Vor allem im November/Dezember ist viel los, wenn die Yachten aus Europa auf ihrem Weg in die Karibik hier ihren ersten Stopp einlegen. Sie bleiben meist über Weihnachten bis Neujahr und segeln dann zu anderen Zielen weiter.

Die zwei Brücken, die auf die nördliche Seite führen, heißen **Chamberlain Bridge** und **O'Neal Bridge**, beide ursprünglich aus Holz gebaut und durch Hurricans und Feuer mehrfach zerstört.

Zwischen ihnen erstreckt sich am Südrand des **Inner Basin** der **Independence Square**. Tagsüber als Parkplatz genutzt, treffen sich hier abends die Einheimischen. Östlich davon findet samstags der turbulente und farbenfrohe **Fairchild** oder **Cheapside Market** statt, die beste Adresse für alle, die karibisches Lokalkolorit hautnah erleben möchten.

Der schönste Zugang zur Chamberlain Bridge führt durch den Independence Arch, eine Art Triumphbogen, der 1987 aus Anlass des 21. Jahrestages der Unabhängigkeit errichtet wurde.

Trafalgar Square

Am Nordufer betritt man dann den imposanten Trafalgar Square mit den wichtigsten und sehenswertesten Baudenkmälern der Stadt. Dominiert wird er vom interessanten Komplex der **Public Buildings**, die 1871-74 ausgeführt wurden, die z.B. die beiden neugotischen Häuser des **Parlaments** (*House of Assembly* und *Senate Chamber*) umfassen, die drittältesten des Commonwealth, mit schönen Glasfenstern innen sowie dem wertvollen *Speaker's Chair*.

Historische Gebäude

Davor erhebt sich das **Nelson Monument**. Die Bronze-Statue des Seehelden von Trafalgar wurde 1813 aufgestellt und ist damit 36 Jahre älter als die ungleich berühmtere Konkurrentin auf dem gleichnamigen Platz in London.

Nahebei sind ebenfalls sehenswert die 1865 vollendete Brunnenanlage aus Korallenkalk innerhalb der **Fountain Gardens** und der **Obelisk** mit der Gedenktafel der für England in den Weltkriegen Gefallenen.

Westlich wird der Platz durch das moderne Verwaltungsgebäude **The Treasury** abgeschlossen, von dessen Dach sich ein schöner Blick auf das Ensemble mit dem Hafen lohnt.

Nach Westen hin führt vom Trafalgar Square die **Board Street**, die für ihre Funktion als wichtigste Verkehrs- und Einkaufsstraße recht schmal scheint.

Das Parlament

Ihr Erscheinungsbild hat sich in den letzten Jahren stark gewandelt. Aus vielen ehemaligen Wohnhäusern wurden Duty-Free-Läden, Einkaufspassagen, Banken und Büros.

Gleich zu Beginn der Einkaufsstraße finden Sie die **Verandah Art Gallery**. Hier finden Sie eine gute Auswahl karibischer Kunstwerke. An ihrem Ende steht rechter Hand inmitten einer schönen Grünanlage die große **St. Mary's Church** (18. Jahrhundert). Direkt gegenüber herrscht vor allem samstags dichtes Gedränge im Supermarkt, weil dort die Lebensmittel am günstigsten sind.

Rings um die Board Street gibt es eine ganze Reihe kleinerer Parallelstraßen, auf die sich mittlerweile das Geschäftsleben mit Boutiquen und Duty-Free-Läden ausgedehnt hat, allen voran die **Swan Street** mit ihren hübschen, balkongeschmückten

Häuschen. Wer von der Board Street aus über die Henry Street nach rechts (nördlich) spaziert, erreicht nach wenigen Hundert Metern noch ein weiteres schönes Ensemble sehr sehenswerter Baudenkmäler:

Eng beieinander stehen hier die **Methodist Church** an der *James Street*, ein beachtenswerter Bau des 19. Jahrhundert, das ehemalige **Rathaus** (*Old Town Hall*), in dem sich heute das Polizeihauptquartier befindet, das **Oberste Gericht** (*Law Courts*) aus dem 18. Jahrhundert und daneben, in der *Coleridge Street*, die modern ausgestattete öffentliche Bibliothek von 1905.

Auf der dreieckigen Grünfläche gegenüber der Bibliothek sehen Sie einen alten **Trinkbrunnen** (*Montefiore Fountain*), der 1865 an anderer Stelle errichtet und 1940 hierhin versetzt wurde.

Gehen Sie nun von hier aus die *Magazine Lane* wieder in Richtung Stadtmitte, kommen Sie an der alten **Synagoge** vorbei. 1654 erbaut, muss sie – zusammen mit der berühmteren Synagoge von Willemstad auf Curaçao – als eines der beiden ältesten jüdischen Gotteshäuser der westlichen Hemisphäre gelten. Allerdings wurde sie nicht nur 1831 durch einen Hurrican zerstört und 1833 wieder aufgebaut, sondern wurde auch 1929 verkauft und verfiel danach zusehends.

Als viel beachtetes Sanierungsobjekt ist die Synagoge mit ihrem schönen Innenraum und dem sehenswerten Friedhof inzwischen fast komplett restauriert.

Östlich des Stadtzentrums

Verlassen Sie das Stadtzentrum über die *St. Michael's Row* nach Osten, kommen Sie nach wenigen Metern zunächst zur **St. Michael's Cathedral**. Die anglikanische Bischofskirche wurde bereits 1665 eingeweiht, ist allerdings Ende des 18. Jahrhunderts durch einen Brand so stark beschädigt worden, dass man sie anschließend wieder aufbauen musste. Sehenswert sind im Innern u.a. einige Grabdenkmäler, das Baptisterium und vor allem der weit gespannte, offene Dachstuhl aus Holz.

Unübersehbar erhebt sich dahinter die **Zentralbank**, die mit 11 Stockwerken das zweifellos höchste Gebäude von Stadt und Land darstellt. Sie beherbergt auch die *Frank Collymore Hall*, die beste Konzerthalle der Insel.

Kulturelles Zentrum

150 m weiter östlich beginnt an der **First Baptist Church** das ausgedehnte Gelände des **Queen's Park**. Hier sind Schulgebäude, Sportanlagen und historische Gebäude sehenswert. Das Hauptgebäude, Queen's Park House, war 1784-1906 die offizielle Residenz des Kommandierenden der britischen Westindischen Garnison und hieß vor Königin Victoria's Regentschaft ‚King's House'.

Heute beherbergt das Gebäude eine Kunstgalerie und ein Theater (*Daphne Joseph Hackett Theatre*).

Da es noch ein weiteres Theater (*Steel Shed*) und viele andere Einrichtungen für Kunst, Kultur und Folklore gibt, kann man den Queen's Park auch als ‚Zentrum der kulturellen Aktivitäten von Barbados' bezeichnen. Nicht nur Botaniker wird der riesige **Affenbrotbaum** interessieren, der inmitten des Parks steht: Mit ca. 18 m Umfang dürfte er der mächtigste Baum des ganzen Landes sein, und sein Alter wird auf 1.000 Jahre geschätzt. Dies ist insofern mysteriös, als die Heimat der Pflanze in Afrika liegt und daher niemand erklären kann, wie der Baum – 500 Jahre vor Kolumbus! – die Reise über den Atlantik geschafft hat...

Östlich des Queen's Park ist im Nobelviertel Belleville noch ein weiteres Haus aus der Kolonialzeit einen Abstecher wert, nämlich das **Government House**. Das wunderschön in einem Park gelegene Gebäude mit seinen Veranden, Fensterläden und Verzierungen stammt aus dem 17. Jahrhundert und wurde ab 1736 als Residenz des jeweiligen britischen Gouverneurs genutzt. Auch heute ist hier das Staatsoberhaupt zu Hause.

Der Travellers Tree

Nordwestlich des Stadtzentrums

Wer den Trafalgar Square in nordwestlicher Richtung über die Hafenstraße *The Wharf* und später den *Princess Alice Highway* verlässt, wird auf wenige Sehenswürdigkeiten stoßen, dafür aber auf viele von Touristen genutzte Institutionen: beispielsweise das hellgrau angestrichene Gebäude, in dem sich eine halbe Stunde vor Abfahrt die Passagiere des U-Bootes *Nautilus* melden, oder nahebei der Landeplatz für die Hubschrauber für die Inselrundflüge.

Rechter Hand ist die alte **Markthalle** zu sehen, auf der anderen Seite der auf aufgeschüttetem Gelände neu erbaute **Fischereihafen** mit einer künstlich angelegten, sturmsicheren Bucht. Ihm schräg gegenüber befindet sich das von Kreuzfahrt-Touristen stark frequentierte **Pelican Village**. Dieses ‚Dorf' wurde von der Regierung errichtet, um die verschiedenen Kunstgewerbe-Sparten zusammenzuführen und ihr Angebot in überschaubarer Weise zu bündeln. Zum Verkauf stehen in Dutzenden von Läden u.a. Textilien, Webarbeiten, Schmuck, T-Shirts, Sportsachen, Lederwaren, Mahagoni-Intarsien, handgeschöpftes Papier, handbemalte Textilien, Muscheln, Tonwaren, Malereien, Korallen, Puppen, Schnitzereien, Gewänder im Afrika-Look und vieles mehr. Natürlich ist in diesem Kunstgewerbezentrum auch für das leibliche Wohl gesorgt (‚Pelican Restaurant').

Souvenirs aller Art

Weiter westlich befindet sich der **Tiefseehafen** (*Deep Sea Harbour*), der mit großen Lagerschuppen (Kapazität 80.000 t) und den Verladeeinrichtungen für Zuckerrohr und Rohzucker ausgestattet ist und in dem auch die Kreuzfahrtschiffe anlegen. Daneben gibt es in dieser Gegend aber auch Geschäfte, Supermärkte, kleinindustrielle Betriebe und das Fremdenverkehrsamt. Auffälligstes Gebäude ist die Lagerhalle für Zucker mit ihrem riesigen Spitzdach auf der linken Seite. In einem eigenen Hafenbecken weiter nördlich warten Jolly Roger's ‚Piratenschiffe' und der nachgebaute Schaufelraddampfer auf Passagiere. An der Grünanlage des **Kensington Oval**, einem weithin bekannten Cricketplatz, stößt man auf den Zubringer zum Highway 1 (*Spring Garden Highway*), mit dem die Westküstenroute beginnt (s.u.).

Die Westküste: von Bridgetown zum North Point und zur nördlichen Ostküste

Die Fahrt entlang der Westküste kann zwar nicht die spektakulären Landschaftseindrücke der östlichen Seite bieten, führt jedoch durch einige hübsche Städtchen und an verschiedenen Sehenswürdigkeiten, vor allem aber an den schönsten Badebuchten der *Platin Coast* vorbei. Nicht umsonst antworten Einheimische auf die Frage, wo man denn am besten schwimmen oder schnorcheln könne, mit ‚West is best'.

Entlang der Westküste

Die maßgebliche Straße in den Norden ist der Highway 1, den man vom Stadtgebiet Bridgetowns über den Princess Alice Highway erreicht bzw. vom Flughafen über die neue autobahnähnliche Umgehungsstraße, den ABC-Highway. Nördlich von Bridgetown reiht sich am Highway 1 ein Hotel an das andere. Der parallel verlaufende Highway 2a führt durch kleine Dörfer in das Hinterland, das vom Zuckerrohranbau geprägt ist. An die Küste gelangen Sie vom *Deep Sea Harbour* und den **Mount-Gay-Rum-Destillerien** zunächst zur *Fresh Water Bay*. Oben auf dem Hügel *Cave Hill* ist der Campus der 1963 eröffneten **Universität** zu sehen, die zusammen mit den Hochschulen von Trinidad und Jamaika die *University of the West Indies* bildet. Dort gibt es auch einen Park mit künstlich angelegtem Wasserfall und einem Gebäude des 19. Jahrhunderts, ehemals eine Krankenstation für Leprakranke, die heute u.a. das Barbados-Archiv beherbergt.

Strände und Hotels

Die Straße führt bis Holetown zunächst am beliebten **Paradise Beach** mit der Mündung eines unterirdischen Baches vorbei, weiter am schmalen Sandstrand der **Batts Rock Bay**, dann an der schönen Paynes Bay mit ihrem großen Poloplatz auf dem Holder's Hill und schließlich an der **Sandy Lane Bay** entlang, die eine der besten Badebuchten der Insel aufweist und im berühmten ‚Sandy-Lane-Hotel' mit großem 18-Loch-**Golfplatz** einen Glanzpunkt der Insel-Hotellerie setzt.

Holetown

Kurz hinter dem Sandy Lane Beach kommt man in die historisch bedeutsame Ortschaft Holetown, wo 1627 eine erste britische Gruppe von 80 Männern und Frauen sowie 10 Sklaven an Land gingen und das damals so genannte *Jamestown* gründeten.

An die damalige Zeit erinnert nicht mehr allzuviel, obwohl man sich heute sehr um die Restaurierung des alten Ortskerns bemüht. Immerhin sind neben Geschäften, Restaurants und einem Einkaufszentrum auch das ehemalige **Plantation Fort** (oder *Fort James*) aus dem 18. Jahrhundert zu sehen, in dem sich heute die Polizeistation befindet, sowie einige Kanonen und das eine oder andere recht hübsche Haus.

Erster Ort der Insel

Ein beliebtes Fotomotiv stellt auch der **Obelisk** dar, der im Gedenken an jenen Kapitän Powell aufgestellt wurde, der 1625 Barbados als erster Brite sichtete und dessen begeisterte Beschreibung zwei Jahre später zur Siedlungsexpedition führte.

Die größte Sehenswürdigkeit ist jedoch die Kirche **St. James' Church**, deren Baudatum 1627 sie als die älteste der Insel ausweist. Allerdings ist von dem ehemaligen Holzbau nichts mehr erhalten, da er 1872 durch das jetzige, aus Korallenstein erbaute Gotteshaus ersetzt wurde. Neben der Kirche befindet sich in einem kleinen Anbau die erste Glocke, die man im Jahre 1696 aus England importierte. In sie ist die Inschrift ‚God Bless King William, 1696' eingraviert.

Sofort hinter der Kirchhofsmauer führt ein kleiner Weg zum Parkgelände von **Folkestone** mit seinem schönen, von Kasuarinen gesäumten Strand. Zu ihm gehört auch das **Naturreservat** des *Underwater Park*, dessen Areal nicht nur der meeresbiologischen Forschung dient (*kleines Museum*, Mo-Fr 10-17 Uhr), sondern auch alle Möglichkeiten des Wassersports bietet.

Wild wachsende Orchideen

Außer von den vielfarbigen Korallenriffen, die sie auf einem Unterwasserpfad kennen lernen können, sind Taucher vom Wrack des griechischen Frachters *Stavronikia* fasziniert, der nach einem Brand im Jahre 1976 hier versenkt wurde.

Wracktauchen

Im Hinterland können Sie bei der Portvale Sugar Factory und in Sir Fran Hutson Sugar Machinery Museum Geschichten rund um den Zucker erfahren, und das Mo-Sa von 9-17 Uhr.

Etwas weiter nördlich sollte man auf den wunderschönen Herrensitz **Porters** aus dem 17. Jahrhundert achten, mit Sicherheit eine der sehenswertesten Villen der Insel. In ihrem herrlichen Park befinden sich auch etliche Brotfruchtbäume.

Während kurz hinter Holetown der Highway 1a in Richtung Osten die Insel quert, bleibt der Highway 1 nahe der Küste und führt an den schönen Stränden bis Speightstown entlang.

Namen wie **Discovery Bay**, **Alleynes Bay**, **Settler's Beach**, **Mullins Bay**, **Glitter Bay** und **Goding's Bay** stehen eigentlich für einen ununterbrochenen Streifen herrlichen weißen Sandes, an dem sich selbstverständlich eine ähnliche touristische Szenerie wie weiter südlich etabliert hat.

Speightstown

Historische Ortschaft

Hinter einem hübschen Badestrand liegt Speightstown, die zweitgrößte und nördlichste Ortschaft der Insel. Ihr Name (engl. wie ‚spice' ausgesprochen) hat natürlich nichts mit Gewürzen zu tun, sondern geht auf den Plantagenbesitzer Mr. Speights zurück, auf dessen Grund und Boden sie entstand. Früher war das Städtchen ein wichtiges, eng mit der englischen Stadt Bristol verknüpftes Handelszentrum, von hier traten die beladenen ‚Zuckerschiffe' ihren Weg nach Europa an.

An die vergangenen Zeiten erinnern, anders als in Holetown, noch die alte Straßenführung und mehrere Häuser des 19. Jahrhunderts, die die typische Bauweise mit einer Holzgalerie, die im ersten Stock um die Häuser geführt wurde, aufweisen. Im Zeitalter des Autoverkehrs sind leider etliche Galerien durch vorbeifahrende Busse und LKWs in Mitleidenschaft gezogen worden.

Das älteste Gebäude ist **The Manse** aus dem 17. Jahrhundert, das auch als Kirche genutzt wurde, während vom ehemaligen **Fort Denmark** kaum noch etwas erhalten ist. Die St. Peter's Church in Speightstown ist der Startpunkt für eine 5,5 bzw. 7,5 km lange Wanderung auf dem **Arib Nature and Trail**. Geführte Wanderungen organisiert der National Trust. Von Speightstown führt die Hauptroute – der Highway 1 – durchs Landesinnere in Richtung Osten, wo Sehenswertes wie u.a. das Wildreservat oder die St. Nicholas Abbey locken. Diese Ziele sind weiter unten beschrieben.

Nördlich von Speightstown kommen Sie am neu gebauten **Port St. John's** vorbei. Das für 60 Millionen US$ neu geschaffene Areal bietet Seglern den Ankerplatz direkt vor der Haustür und alle erdenklichen Annehmlichkeiten. Auch wenn Sie sich hier keine Zeitwohnung leisten möchten, bietet der Yachthafen schöne Möglichkeiten zum Flanieren, Läden und das exquisite Restaurant ‚La Mer'. Weiter die Küste entlang, auf dem Highway 1b, gelangen Sie an die **Six Men's Bay** mit schönem Strand und einigen wenigen Hotels.

Um weiter bis zur äußersten Nordspitze zu kommen, gibt es zwei Möglichkeiten:

- Alternative A: über die schmaler werdende Küstenstraße, die nahe der **Arawak-Zementfabrik** vorbeiführt. Das 1984 eröffnete Unternehmen, das den Regierungen von Barbados sowie Trinidad und Tobago gehört, ist eine der wichtigsten und modernsten Industrieansiedlungen der Region.

Hier wird aus Korallenkalk Zement hergestellt, der vom eigenen Tiefseehafen aus direkt zu den Absatzmärkten in der Karibik und Südamerika verschifft wird. Nachdem man in einiger Entfernung den Leuchtturm von Harrison Point und die Stichstraße zur Archer's Bay (lohnende, von Kasuarinen umstandene und stille Bucht) passiert hat, geht kurz darauf ein Weg nach links zum North Point und der **Animal Flower Cave** ab.

- Alternative B: Hier fährt man hinter der **Six Men's Bay** über den Highway 1c auf die Gemeindekirche des Distrikts St. Lucy zu. Dahinter können Sie in das **Visitor Center** der **Mount Gay Distillery** (ausgeschilderter Weg nach rechts) gehen. Diese sehr produktive Rum-Brennerei gehört zweifellos zu den besten der Welt. An Werktagen kann man auf einem Rundgang alle Stufen der Kunst der Rumherstellung kennen lernen. Öffnungszeiten: Touren Mo-Fr um 11 und 14 Uhr, nach vorheriger Absprache.

Rum-destille

Zurück auf der Landstraße geht es dann über Springhall und Flatfield zum North Point.

Auf beiden Wegen durch die zum Teil karge, verkarstete Landschaft des Nordens sieht man im **Distrikt St. Lucy** – aber auch an anderen Stellen auf der Insel – die kleinen sog. **cattle houses**, die als Besonderheit der Bajan-Architektur gelten können. Denn die Handwerker haben in der Vergangenheit nicht nur elegante Plantagenhäuser gebaut, sondern auch billige, kleine und vor allem mobile Häuser. Diese *cattle houses*, die man mittels Wagen von einem Ort zum andern transportieren konnte, entstanden in der Zeit der Sklavenbefreiung, wurden aber besonders schön ausgestaltet, als viele Bajans am Bau des Panama-Kanals beteiligt und zu bescheidenem Wohlstand gekommen waren. Die häufig hübsch angemalten und mit Treppen und Zäunen ausgestatteten Hütten, früher typisch für die untere Mittelschicht, sind heute der Besitz stolzer und um ihren Erhalt besorgter Eigentümer.

Mobile Eigenheime

North Point

Die eigentümliche Karstlandschaft am nördlichsten Punkt der Insel mit ihrer Klippenküste ist vom Land wie vom Wasser aus gleichermaßen eindrucksvoll. Vor allem Taucher können die Wunderwelt der **Animal Flower Cave** und anderer Grotten aus der Nähe betrachten, besser als diejenigen Touristen, die an Land über Stufen von der Klippe herabsteigen.

Die ‚Tierblumengrotte' wird so wegen der vielen Seeanemonen (= Blumentiere) genannt, die hier in Fels- und Höhlenteichen sowie an den Grottenwänden wachsen. Während die starke Brandung des Meeres schroffe Klippen und tiefe Höhlengänge schuf, ist das durch den porösen Kalkboden sickernde Regenwasser für die Tropfsteinformationen verantwortlich, die der Küste ein amphibisches, surreales Aussehen geben. Wenn Sie vom North Point zur Weiterreise entlang der Ostküste aufbrechen, sollten Sie nach gut einem Kilometer nach links auf dem Highway 1c den Abstecher zur ruhigen und eindrucksvollen **River Bay** machen – es lohnt sich! Weiter südlich ist der weiße, bizarr emporragende **Pico Teneriffe** (80 m) an der **Cove Bay**, ebenso wie das Kap **Paul's Point**, einer der vielen landschaftlichen Höhepunkte der Atlantikseite.

Klippen und Grotten

Von Speightstown zur Ostküste über St. Nicholas Abbey

Während der Abstecher zum North Point auf nur wenigen Rundfahrten im Programm enthalten und deshalb eher für Selbstfahrer geeignet ist, gehört nachfolgend beschriebene Strecke zum üblichen Sightseeing. Dabei bleibt man hinter Speightstown auf dem Highway 1, der nun in östlicher Richtung die Insel durchquert und sich bei Portland mit dem Highway 2 vereinigt. Die Route durchschneidet den **Scotland District**, der seinen landschaftlichen Reiz durch das zerklüftete, ca. 200 m hohe und recht abrupt abfallende Kalkplateau erhält. Auf dem Weg zur Ostküste stehen auch hier wieder zwei Weg-Varianten zur Auswahl:

• Alternative A: Diese Strecke führt im Wesentlichen auf dem Highway 2 in Richtung Bathsheba, von dem ganz kurze Stichstraßen zu den einzelnen Sehenswürdigkeiten führen. Als erste ist dies das **Farley Hill House**. Es liegt inmitten des kleinen, aber schönen **Farley Hill Nationalpark**, der sich ausgezeichnet für ein Picknick eignet. Im Januar findet hier das **Barbados Jazz Festival** statt. Das Anwesen wurde 1861 von *Sir Graham Briggs* – dem reichsten und mächtigsten Zuckerbaron seiner Zeit – aus Anlass des Besuches von *Prinz Albert* erbaut. Hohen Besuch gab es auch im Jahre 1879, als die Prinzen *Albert, Victor* und *George* (später *George V., König von England*) im Farley Hill House residierten. Nachdem das hochherrschaftliche Anwesen eine Zeit lang geschlossen blieb und verfiel, wurde es in den 1950er Jahren für die Dreharbeiten zu dem Film ‚Island in the Sun', mit dem *Harry Belafonte* seine Karriere begann, instand gesetzt. Anfang der 1980er Jahre brannte der Bau bis auf die Grundmauern nieder und ist jetzt im Besitz der Regierung, die unentschlossen scheint, ob ein neuerlicher Aufbau die Mühe lohnt. Schließlich genießen auch so die Besucher die eindrucksvollen Ruinen, den Park mit seinen Königspalmen, den schönen Panoramablick vom Hügelpavillon und das Mahagoniwäldchen, das für alte Plantagenhäuser typisch ist. Kurz hinter der **Grenada Hall Signal Station**, fast vis-à-vis der Straße, liegt das Freigehege **Barbados Wildlife Reserve**. In den 1980er Jahren wurde es von einem Franko-Kanadier aufgebaut, der hier für die Affenart *green monkeys* und andere Arten eine natürliche Lebensumgebung schuf, sie allerdings auch züchtete und an Zoos und, wie man

Nationalpark mit Herrenhaus

Farley Hill House

mutmaßt, Labors verkaufte. Obwohl der Park auch über eine reiche Vegetation, eine große Freiluftvolière und viele andere Tiere (u.a. Rehe, Krokodile, Fischotter, Schildkröten, Hasen und Mungos) verfügt, sind die Affen mit ihrem grünlich schimmernden Fell die größte Attraktion. Öffnungszeiten: Tägl. 10-17 Uhr, ☏ 422-8826.

Vom Freigehege führt der Weg weiter durch die Ortschaft **Greenland** und an der Gemeindekirche **St. Andrew's Church** vorbei bis zur Ostküste.

• Alternative B: Diese Strecke, die auf schmalen asphaltierten Wegen etwas weiter nördlich verläuft, ist wegen der natürlichen und kulturellen Sehenswürdigkeiten besonders reizvoll. Der erste Besuch gilt der **St. Nicholas Abbey**. Die ‚Abtei' ist eines der ältesten Plantagenhäuser nicht nur der Insel, sondern der gesamten Karibik und wurde 1650-60 vom Engländer Benjamin Beringer erbaut.

Plantagenhaus im Renaissance-Stil

Nach dem Verkauf im Jahre 1810 ist das Anwesen mit seinen 180 ha großen Plantagen (hauptsächlich Zuckerrohr) im Besitz derselben englischen Familie. Nachdem man die Eingangsallee mit ihren alten Mahagonibäumen passiert hat, erblickt man das malerische Haus mit seinen geschwungenen Giebeln und vier Eckkaminen (!) inmitten einer üppigen Vegetation.

Die St. Nicholas Abbey

Für Architekturbegeisterte wird es interessant sein, dass die hier angewandte Renaissance-Stilrichtung als ‚jakobinischer Stil' bekannt ist und nur drei Plantagenhäuser dieses Stils erhalten sind (neben der ‚Abtei' die Drax Hall in Barbados und das Bacon's Castle in Virginia/USA).

Sehenswert sind außer den Räumlichkeiten des Haupthauses und der Nebengebäude vor allem die exquisite Möblierung und die Innenraumgestaltung aus dem 18./19. Jahrhundert. Interessant sind auch die Plantage selbst und der Hof, in dem ein riesiger Brotfruchtbaum Schatten spendet. Die Gänse, die hier wie in den meisten Plantagenhäusern gehalten werden, ersetzen mit ihrem lauten Geschnatter übrigens mühelos jeden Wachhund.

Einer der Höhepunkte des Besuches ist die Vorführung eines 20-minütigen Films aus dem Jahre 1934. Dieser Film wurde vom Großvater des heutigen Eigentümers gedreht und zeigt die Schiffsfahrt über den Atlantik, die Ankunft in Barbados, Straßenszenen in Bridgetown und immer wieder die beschwerliche Arbeit auf den Zuckerplantagen von St. Nicholas Abbey.

Kaum anderswo wird Geschichte so lebendig wie an diesem originalen Schauplatz! Öffnungszeiten: Mo-Fr 10-15.30 Uhr, außer feiertags, ☏ 422-8725.

Die Kleinen Antillen – Barbados

Nach dem Besuch von St. Nicholas fährt man hinauf zum 259 m hohen, der seinen Namen noch nach den vielen Kirschbäumen trägt, die hier einmal standen. Sie wurden 1763 durch stattliche und nicht minder schöne Mahagoni-Bäume ersetzt. Der **Cherry Tree Hill** bietet einen der schönsten Aussichtspunkte auf die raue Ostküste der Insel und die gesamte atlantische Küste.

Schöner Aussichtspunkt

Nun windet sich die Straße vom Scotland District hinab und dem Highway 2 entgegen, vorbei an Cricket-Spielfeldern und Baudenkmälern der kolonialen Epoche. Eines der schönsten ist die **Morgan Lewis Mill** aus dem 17. Jahrhunderts die einzige erhaltene Windmühle holländischen Typs. Öffnungszeiten: Mo-Sa 17-19 Uhr, ☏ 422-7429.

Die Ostküste: über Bathsheba in den Süden

Von Norden kommend, erreicht man die Ostküste über den Highway 2 von Farley Hill aus oder über die nördliche Landstraße von *Cherry Tree Hill* und *Morgan Lewis Mill*. Hinter Greenland kommt man dann zum schön gelegenen Dorf Belleplaine, von wo der Highway 2, vorbei am höchsten Berg der Insel und vielen Sehenswürdigkeiten, Barbados in südwestlicher Richtung durchquert.

Spektakuläre Küstenstraße

Nah am Wasser verläuft hingegen der ebenfalls von Belleplaine abzweigende Highway 3, der auf den folgenden Kilometern herrliche Sandstrände und bizarre, eindrucksvolle Felsklötze passiert, und damit zu Recht als schönste Küstenstraße von Barbados gerühmt wird. Einen ersten Stopp sollten Sie am **Barclays Park** einlegen, der mit seinen Picknickplätzen, einer guten Snack-Bar (probieren Sie die *fish cakes*!) und dem Sandstrand auch bei den Bajans sehr populär ist, insbesondere an Wochenenden. Beachten Sie aber bitte die Warnschilder und lassen sich nicht verleiten, hinaus in die Brandung des mächtig heranrollenden Atlantiks zu schwimmen. Nicht umsonst sprechen Einheimische wegen der Opfer, die die hohen Wellen und gefährlichen Unterströmungen gefordert haben, von einer ‚*Killer Coast*'.

Zwischen dem *Chalky Mount* zur Rechten und dem Ozean zur Linken geht es weiter bis zur Tent Bay mit dem Ferienort **Bathsheba**, einer malerischen Siedlung an der Atlantikküste. Sie bietet inmitten der grandiosen Landschaft ein beschaulich- ruhiges Leben mit einigen Fischerbooten, Wochenendhäuschen und dem Hotel Atlantis, in dem man gut zu Mittag essen kann.

Am südlichen Ortsausgang liegt neben einer Mauer mit modernen Wandmalereien ein Parkplatz hoch auf den Klippen (*Hillcrest*), wo häufig Bajans mit Schmuck und Kokosnüssen auf Kundschaft warten. Hier hat man den wohl schönsten Panoramablick auf die Strände mit den mächtigen Steinblöcken, die wie von urzeitlichen Riesen hinterlassene Würfel aussehen. Und im Inland, einige Kilometer von der Küste entfernt, rundet das steile, gut 170 m hohe **Hackleton's Cliff** die wilde Szenerie ab.

Von hier aus gelangt man auf der Küstenstraße in wenigen Minuten zu den Andromeda-Gärten, von denen sich wieder ein hübscher Blick auf die Küste und Bathsheba ergibt.

Andromeda Botanic Gardens

Die Andromeda-Gärten stellen das Lebenswerk von *Iris Bannochie* dar, die von 1954 bis zu ihrem Tod 1988 das Land, das ihrer Familie schon seit über 200 Jahren gehörte, in den vielleicht prächtigsten Garten der Karibik umwandelte.

Überquellende Vegetation

Frau Bannochie, die sich all ihre Kenntnisse über Botanik und Landschaftsgestaltung selbst aneignete, war eine der herausragenden Personen des Inselstaates, die viele wichtige Kontakte knüpfte und gegen alle Widerstände ihre Parkanlage kreierte. Durch ihre persönlichen Reisen oder auf dem Wege des Austausches mit anderen berühmten botanischen Gärten sind Tausende von Pflanzen aus der ganzen Welt hierher gekommen, einschließlich einiger sehr seltener Arten. Seit 1964 lebte sie mit ihrem Mann in dem schönen Haus mitten im Park.

Heute gehören die Andromeda-Gärten zum Barbados National Trust. Zu sehen sind u.a. Kohlpalmen, der Baum des Reisenden, Baumfarne, Brotfruchtbäume, Kakteen, Papyrus, Bougainvilleen und viele Oleander-, Orchideen- und Hibiskusarten, wie z.B. die nach J.W. von Goethe benannte *Goethea cauliflora*.

Natürlich darf auch die Zwerg -Poinciane (*Caesalpinia pulcherrima*) nicht fehlen, die nicht umsonst den englischen Namen ‚*Pride of Barbados*' trägt. Sie ist ein bis zu sechs Meter hochwachsender Strauch aus der Familie der Johannisbrotbäume, der mit den Flamboyants verwandt ist und dessen flammend rote Blütenstände ihn zum schönsten der Tropen machen. Öffnungszeiten: Tägl. 9-17 Uhr, ☏ 433-9261.

Kurz hinter dem Park sollten Sie bei Newcastle die Küstenstraße verlassen und auf einem Weg, der noch bis 1938 als Eisenbahntraße gedient hat, hinauf auf das Kalkplateau bis zur Gemeindekirche **St. John's Church** fahren.

Kunsthistorisch gesehen, kann der inmitten eines stimmungsvollen Friedhofes gelegene Bau nur wenig bieten, denn das alte Gotteshaus wurde durch den Hurrican im Jahre 1831 vollständig zerstört, so dass wir es heute mit einem neugotischen Bau von 1836 zu tun haben.

Aber die angenehme Atmosphäre im Inneren (schöner, offener Dachstuhl), vor allem auch die Aussicht von den Klippen auf die grandiose Küste, machen den Besuch lohnend. Versäumen Sie es deshalb nicht, einmal die Kirche zu umrunden, und beachten Sie die interessanten Grabsteine und Steinsarkophage.

In einem soll *Ferdinando Paleologos* beigesetzt sein, ein von den Türken vertriebener byzantinischer Kaiser, dessen Abstammung auf *Konstantin den Großen* zurückgeht.

Bei der nächsten Weggabelung hinter der Kirche fährt man nach links bis Coach Hill, dort nach rechts in Richtung Sealy Hall und kommt dabei linker Hand an einer schönen Palmenallee vorbei, die auf das Codrington College zuführt.

Codrington College

Die eindrucksvolle und kulturhistorisch bedeutsame Anlage ist das Vermächtnis des Lehrers, Plantagenbesitzers, Philanthropen und Gouverneurs der Leeward Islands, *Christopher Codrington*, der hier 1716 starb und auf seinem Grund und Boden testamentarisch die Einrichtung einer Hochschule verfügte. Das Hauptgebäude (*mansion house*) mit den 1743 ausgeführten *College Buildings* gilt als älteste theologische (anglikanische) Hochschule der westlichen Hemisphäre. Vor der Eröffnung der *West Indies University* war sie die einzige höhere Lehranstalt des Landes, aus der viele berühmte Persönlichkeiten der Antillen hervorgegangen sind.

Altehrwürdige Lehranstalt

Das 1987-91 umfassend restaurierte College lohnt einen Besuch nicht nur wegen der Architektur und der Gartenanlagen, sondern auch wegen des ausgeschilderten Wanderweges *Codrington Woods Nature Trail*.

Fahren Sie hinter dem Codrington College bis zur Kreuzung mit dem Highway 4b weiter, dort dann östlich wieder in Richtung Küste, bis Sie die äußerste Ostspitze, den *Eastpoint* oder das weiße **Ragged Point Lighthouse** erreichen. Die kahle, windgefegte Landschaft mit den steilen Klippen, der weite Blick auf den Ozean und an zwei Seiten der Insel entlang, ausgezeichnete Wandermöglichkeiten – für all das sollten Sie etwas Zeit mitbringen.

Anschließend geht es – nun in südwestlicher Richtung – nahe am Steilufer vorbei, wo nach wenigen Minuten linker Hand das merkwürdige Anwesen des Seeräubers *Sam Lord*, das **Sam Lord´s Castle**, auftaucht.

Sam Lord's Castle

Dieses ‚Schloss' ist nicht nur ein elegantes Haus im georgianischen Stil, sondern auch ein interessantes zeitgeschichtliches Dokument. Es war schließlich kein anderer als der Bukanier *Samuel Hall Lord*, der es 1830 errichten ließ – also einer jener staatlich unterstützten Piraten, die für ihr grausames Handeln meist noch belohnt oder geadelt worden sind.

Komfortables Piratennest

Der Legende nach soll Lord die fremden Schiffe durch Irrlichter, die er in Palmen oberhalb der Klippen aufhängte, gegen die gefährliche Küste gelockt und zum Kentern gebracht haben. Danach ließ er die Überlebenden töten und die Beute bergen.

Das Schloss selbst ist der beste Beweis dafür, dass dies ein einträgliches Geschäft war. Heute beherbergt es, erweitert durch moderne Anbauten, eines der bekanntesten Inselhotels, das man auch im Rahmen einer Dinner-Show oder bei einem Festessen im Schlosssaal besichtigen kann.

Zwei Kilometer weiter lohnt der atemberaubend schöne Strand von **Crane** mit seinem weißen Korallensand einen weiteren Halt. Heute erinnert nichts mehr daran, dass sich hier einst ein Hafen befand, dessen Schiffe mittels eines Kranes (engl.: crane) von den Klippen aus be- und entladen wurden. Stattdessen hat sich hier bereits im Jahre 1887 mit dem berühmten ‚Crane Beach Hotel' die erste Touristenunterkunft angesiedelt, damals wie heute vor allem bei Hochzeitspaaren und *Honeymoonern* beliebt.

Die spektakulär auf einem Felsenvorsprung errichtete Nobelherberge des Crane Beach Hotels ist wegen ihres altertümlichen Burgcharakters auch bei Nichtgästen ein beliebtes Fotomotiv.

Trotz dieser Pionierleistung ist die touristische Infrastruktur dieses Küstenabschnitts nicht mit der der Südwest- oder Westküste zu vergleichen. Es gibt nicht annähernd so viele Unterkünfte, und auch Restaurants sind vergleichsweise selten. Dafür hat man seine Ruhe und kann am Strand unterhalb der Steilküste mit ihren vielen Grotten die Einsamkeit genießen.

Ab Crane sind Sie wieder auf dem Highway 7, der noch an schönen Badebuchten wie der Foul Bay (lassen Sie sich von dem Namen nicht abschrecken) vorbei und kurze Zeit später zum modernen **Grantley Adams Airport** führt. Hier haben Sie Anschluss an den Highway zur Südwestküste bzw. nach Bridgetown oder zur Umgehungsstraße Richtung Westküste.

Das Inselinnere: quer durch Barbados

Das schon in frühester Kolonialzeit gut ausgebaute Straßennetz mag die wirtschaftliche Entwicklung des Landes positiv beeinflusst haben und ist für die Inseln der Antillen absolut untypisch. Für Sie als Besucher bedeutet das, dass Sie häufig zwischen zwei oder mehreren Wegvarianten wählen müssen.

Die Alternative ist, einige Strecken mehrfach zu fahren, was angesichts der geringen Entfernungen und der schönen Landschaft nicht allzu schlimm ist.

Die im Folgenden aufgezählten Sehenswürdigkeiten liegen alle an oder in der Nähe der Highways 2, 3, 4, 5 und 6 und sind dementsprechend geordnet (jeweils ab Bridgetown). Ihr Besuch kann ohne weiteres mit der Küstenroute verknüpft werden, so dass sich jeder sein individuelles Barbados-Sightseeing zusammenstellen kann.

So ist es durchaus praktikabel, an einem Tag von Bridgetown an der Westküste bis zum North Point zu fahren und dann über den Highway 2 zurück, an einem anderen Tag über den Highway 3/3a zur Ostküste, diese hinunter und über Highway 4 zurück und an einem dritten Tag entlang der Südküste und über den Highway 6 zurück.

Auch gibt es vielfältige Möglichkeiten, die Ausflugsziele im Inselinneren über kleine Querverbindungen miteinander zu kombinieren.

Highway 2: von Bridgetown nach The Potteries

Auf dieser Route verlassen Sie Bridgetown auf der Tudor Street, die in den Highway übergeht und in nördlicher Richtung verläuft. Nachdem man an der Peripherie der Hauptstadt das **Nationalstadion** passiert und die Umgehungs-Autobahn gekreuzt hat, sollten Sie die **Moravian Church** von **Sharon** besichtigen. Sie ist eines der wenigen Gotteshäuser des 18. Jahrhunderts, das unverändert die Zeit überdauert hat. Ihren Namen hat sie von den ‚Mährischen Brüdern' – das waren Missionare, die als erste den Sklaven den christlichen Glauben vermittelten.

Touristenmagnet Tropfsteinhöhlen

Die nächste Station erreicht man rechts des Highways, ziemlich genau in der Mitte der Insel: **Harrison's Cave**. Hinter dem prosaischen Namen versteckt sich eine faszinierende unterirdische Welt mit Wasserfällen, Stalaktiten, Stalagmiten, Grotten und Bächen. Für 200 Jahre in Vergessenheit geraten, wurde sie erst im 20. Jahrhundert wieder entdeckt und seit einiger Zeit als absolutes Highlight des Inselinneren vermarktet. Der große Parkplatz verrät, wie populär dieses Ausflugsziel ist. Der grosse Andrang wird bewältigt, indem Besichtigungen nur innerhalb einer geführten Tour möglich sind, wobei die Touristen in Elektrobussen durch die künstlich verbreiterten Höhlengänge chauffiert werden. Weil die effektvolle und bunte Beleuchtung ein wenig kitschig wirkt (vor allem Kindern aber Spaß macht!), sollten Freunde unverfälschter Tropfsteinhöhlen vielleicht doch lieber ins Sauerland fahren.

Immerhin ist die benachbarte **Cole's Cave** von ähnlichem Aussehen, aber weniger touristisch ausgeschmückt. Öffnungszeiten: Tägl. 9-16 Uhr, ☏ 438-6640. Es fährt ein Bus von Bridgetown nach Chalky Mount, kurz vor Harrison's Cave.

Direkt hinter Harrison´s Cave am Highway liegt eine weitere Sehenswürdigkeit: **Welchman Hall Gully**. Dieses von hohen Felsen gesäumte Tal wurde 1860 mit zahlreichen Obst- und Gewürzbäumen bepflanzt und in einen blühenden, tropischen Garten verwandelt.

Tropisches Tal

Nachdem dieser im Laufe der Jahrzehnte völlig verwilderte und eine Art Dschungel bildete, ist er heutzutage vom National Trust zu einem Naturschutzgebiet erklärt worden, das man auf gewundenen Pfaden durchwandern kann.

Reichhaltig vertreten sind auch die Ficus-Bäume mit ihren ‚bärtigen' Luftwurzeln, die der Insel den Namen gegeben haben. In einer der Höhlen steht ein mächtiger Steinpfeiler, der aus der Vereinigung eines Stalaktiten mit einem Stalagmiten hervorgegangen ist und mit mehr als 1,20 m Durchmesser zu den größten der Welt gehört.
Öffnungszeiten: Tägl. 9-17 Uhr, ☏ 438-6671.

Die ‚bärtigen' Luftwurzeln

Bei der Weiterfahrt sieht man linker Hand den **Mount Hillaby**, mit 343 m ü.d.M. der höchste Berg der Insel. Wer die schöne Aussicht von dessen Gipfel genießen möchte, muss von Welchman Hall über Seitenstraßen zur Ortschaft Hillaby und ab da den sehr schmalen Weg bis zur Spitze hinauffahren.

Von Hillaby aus lohnt sich auch ein Abstecher zu den **Turner's Hall Woods** mit der natürlichen Erdgasquelle *Boiling Spring* im Norden. Das Waldgebiet mit einer Fläche von etwa 18 ha weist noch Restbestände der vorkolonialen Vegetation auf, auch sind dort wildlebende Affen gut zu beobachten.

Ebenfalls ab Welchman Hall geht es auf einer Seitenstraße rechter Hand zum **Flower Forest**. Der ‚Blumenwald' bildet mit seiner Vielzahl an Blumen, Sträuchern, Bäumen, Blüten und Früchten eine Art Mischung aus Andromeda-Gärten und Welchman Hall Gully. Außer seiner Vegetation bietet der Flower Forest einen schönen Blick auf den Scotland District und die raue Ostküste.

Blumenwälder und Kalkberge

Hinter der Vereinigung der Highways 2 und 3a ist vor der Küste ein letzter Abstecher empfehlenswert, und zwar zum **Chalky Mount**. Auf dem skurrilen, 174 m hohen Bergrücken, der aus der Distanz an einen Mann mit über dem Bauch verschränkten Armen erinnert und daher auch ‚Napoleon' genannt wird, befindet sich in aussichtsreicher Lage die kleine Siedlung **The Potteries**. Sie ist bekannt wegen der Töpfer-Werkstätten, in denen noch, wie vor vielen Generationen, mit der Drehscheibe gearbeitet wird. Gegen ein Trinkgeld lassen sich die Handwerker gerne über die Schulter schauen, und natürlich ist ein Kauf der qualitätvollen Waren an Ort und Stelle möglich.

Vom Kalkberg kann man dann über kleine Straßen zur wildromantischen Küste hinabfahren, entweder zum südlich gelegenen **Bathsheba** oder nördlich zum **Barclays Park**.

Highway 3: von Bridgetown nach Bathsheba

Ausgangspunkt dieser Route ist der Queen's Park in Bridgetown, hinter dem die Hindsbury Road in den Highway 3 übergeht. Wer diese Straße durchfährt, kommt ziemlich exakt nach 20 km zu den **Andromeda-Gärten** (s.o.) an der Ostküste. Aber auch hier sollten Sie einige Abstecher einplanen, die alle einen kurzen Umweg wert sind. Zunächst wäre da das elegante **Plantagenhaus Francia**, das man vom Highway 3 über eine kleine, bei Locust Hall rechts abgehende Straße erreicht. Das um die Jahrhundertwende auf einem bewaldeten Hügel errichtete Gebäude mit seinen drei roten Giebeldächern und grünen Fensterläden besticht durch die umgebenden terrassierten Gärten, von denen man das St. George Valley überblicken kann.

Unmittelbar östlich des Anwesens erhebt sich der **Gun Hill**, auf dem die Briten eine ihrer vielen Signalstationen angelegt hatten. Von diesen konnten sie die gesamte Insel und deren Küsten überblicken und bei Gefahr durch Flaggen-Kommunikation zu den Waffen rufen. Außerdem waren die Signalstationen selbst mit Kanonen

Kanonen-stellung mit Aussicht

ausgerüstet. An einem mächtigen weißen Kalkstein-Löwen vorbei, der die Macht des *British Empire* symbolisieren soll und 1868 skulptiert wurde, kommt der Besucher auf die hoch gelegene Terrasse mit der eigentlichen Signalstation und kann einen der schönsten Panoramablicke ge-nießen, die Barbados zu bieten hat.

Statt vom Gun Hill wieder auf den Highway 3 zurückzufahren, ist die Strecke über den Highway 3b bis zur Kreuzung bei **Knights** und dort nach links in Richtung Wilson Hill sehr reizvoll. Nach 1,5 km liegt ein weiteres der ‚Great Houses', die geschichtsträchtige **Villa Nova**. Das 1834 erbaute herrschaftliche Plantagenhaus, das auch als Briefmarkenmotiv dient, ist heute ein edles Luxus-Hotel. Gäste wie der frühere Ministerpräsident von England, Sir Anthony Eden, oder Sir Winston Churchill waren hier ebenso langjährige Gäste wie auch Ihre Majestät, Queen Elizabeth II. Seit der Neueröffnung im Jahre 2001 verkehren hier auch gern viele Leinwand- bzw. TV-Stars. Die frühere Residenz von Lord Avon kann als bestes Beispiel eines Zuckerbaron-Herrensitzes gelten und ist mit vielen wertvollen Mahagoni-Möbeln eingerichtet. Fährt man ab hier in der gleichen Richtung weiter, auf die Gemeindekirche von St. Joseph und den Highway 3 zu, passiert man auf dem Weg eine weitere Signalstation, nämlich den **Cotton Tower**. Auch dieses Bauwerk ist restauriert, gehört dem National Trust und ist öffentlich zugänglich.

Steilküste

Sobald man den Highway 3 erreicht hat, bietet sich ein grandioser Blick vom **Hackleton's Cliff** hinab auf Bathsheba und die gesamte Ostküste. Entlang der gut 170 m steil abfallenden Kalksteinwand gibt es phantastische Wandermöglichkeiten. Zum Ufer kommt man, indem man entweder dem Highway nach **Bathsheba** folgt oder in südöstlicher Richtung oberhalb des Kliffs zur Kirche von **St. John** fährt.

Atlantikstrand bei Bathsheba

Highway 4:
von Bridgetown zum Ragged Point Lighthouse

Auch diese Route nimmt als Startpunkt den Queen's Park, von dem Sie über die Belmond Road zur Umgehungs-Autobahn gelangen. Vorher passieren Sie den **Ilaro Court**, ein extravagantes Domizil aus dem Jahre 1919, das eine angemessene **Residenz des Premierministers** abgibt. Dann fährt man auf der Umgehungsstraße ein Stück in nördliche Richtung (nach links), bei der nächsten Abzweigung dann auf dem Highway 4 nach rechts. Nach einer Weile lohnt der Besuch der linker Hand auftauchenden **St. George Church**, eines der wenigen Gotteshäuser, die den Hurrican von 1831 unbeschadet überstanden haben. Sehenswert sind das Altarbild und einige Skulpturen des 18. Jahrhundert. Nördlich der Kirche sind

Abstecher möglich, z.B. zum nahe gelegenen **Francia Plantation House**, zur *Gun Hill Signal Station* (s.o.) und zur **Orchid World**, einem 6,5 ha großen Orchideen-Garten; Öffnungszeiten: tägl. 9-17 Uhr, Groves, St. Georges, ☏ 433-0306.

Weiter dem Highway 4 folgend, sollten Sie auf der ausgeschilderten Stichstraße unbedingt der **Drax Hall** im St. George Valley einen Besuch abstatten. Die Drax Hall war einer der ersten Plätze auf Barbados, an denen Zuckerrohr angebaut wurde. Ob nun Drax Hall oder St. Nicholas Abbey (s.o.) das älteste Plantagenhaus der Insel darstellt, scheint unklar zu sein. Beiden gemeinsam ist jedoch ihr seltener Architekturstil, der als ‚jakobinisch' bezeichnet wird und eine Spielart der Renaissance ist. Auf dem Weg zur Ostküste ist noch der für Ornithologen interessante **Ashford Bird Park** beachtenswert, hinter dem man entweder zum **Ragged Point** an der Südostspitze oder zum **Codrington College** abbiegen kann.

Highway 6 und 5:
von Bridgetown zum Oughterson Wildlife Park

Der Highway 6, der in Bridgetown an der Careenage beginnt, verläuft in einigem Abstand parallel zur Südküste. Stadtauswärts folgen Sie den Straßen Fairchild, River und Collymore Rock. Im Vorort **Wildey** kommen Sie an den modernen Anlagen der **Banks Brewery** vorbei, in der nicht nur das Nationalgetränk *Banks* gebraut wird, sondern auch das stärkere *Jubilee Stout*, die Soft-Drinks *Tiger Malt* und *Plus* sowie ein dänisches Lizenz-Bier der Marke *Carlsberg* (Brauerei-Besichtigungen sind möglich). Kurze Zeit später gelangen Sie zum **Aquatic Centre**, einer unter chinesischer Mithilfe errichteten großen Sportanlage mit Schwimmbad für internationale Wettkämpfe sowie Tennis-, Hockey- und Fußballplätzen. Unweit südlich davon sieht man das **Observatorium**, 1963 erbaut und bis heute das einzige in der Karibik. Freitags haben Besucher hier die Möglichkeit, durch das riesige Teleskop den südlichen Sternenhimmel zu beobachten.

Für den weiteren Verlauf des Highway 6 sind keine Besonderheiten zu vermelden. Er endet an der Kreuzung mit dem Highway 5 bei **Six Cross Roads**, wo an der kleinen Straße in nördlicher Richtung (auf die Kirche von St. Philip zu) das Anwesen von **Sunbury** als Museum dient: **Sunbury Plantation**, Öffnungszeiten: tägl. 10-16 Uhr, ☏ 423-6270. Mit einer Bauzeit um 1660 ist das Plantagenhaus eines der sechs ältesten des Landes. 1981 wurde es von den heutigen Besitzern erworben und sorgfältig restauriert. Das Museum zeigt u.a. Kostüme, Alltagsgegenstände aus der ‚Zuckerzeit' sowie eine Sammlung von Kutschen und anderen Fahrzeugen. Daneben gibt es eine Kunstgalerie und ein Restaurant, in dem Tee, Snacks oder Mittagessen serviert werden. Setzen Sie den Weg bis zur Kirche fort und biegen auf dem Highway 4b rechts ab, erreichen Sie nach 1,5 km rechter Hand den Weg zur **Oughterson Plantation** und **Wildlife Park**. Das Plantagenhaus selbst ist im georgianischen Stil gehalten und reichlich mit einheimischen und importierten Antiquitäten möbliert. Besonders lohnt der Besuch aber wegen des ringsum angelegten Wildparks des *Caribbean Wildlife Trust*. Hier kann man auf einem knapp einen Kilometer langen Pfad durch Bambuswälder und zwischen tropischen Fruchtbäumen wandern.

Museale Plantagenhäuser

Grenada und zugehörige Inseln

Hinweis
Aktuelle regionale Reisetipps (Hotels, Restaurants, etc.) zu Grenada und zugehörigen Inseln entnehmen Sie bitte den gelben Seiten S. 174 ff.

Überblick und Geschichte

Vielfältige Landschaft

Mit etwa 12°10' nördlicher Breite liegt Grenada (ausgesprochen: Gri-nei-da) zwischen St. Vincent und Grenadinen im Norden sowie Trinidad und Tobago im Süden. Wie bei den anderen Inseln des inneren Antillenbogens, bestimmt der **vulkanische Ursprung** das abwechslungsreiche landschaftliche Profil mit vielen Hügeln, dicht bewaldeten alten Vulkanen, Kraterseen, Wasserfällen und Flussläufen. Mit 840 m ü.d.M. stellt der im nördlichen Teil gelegene Mount St. Cathérine die höchste Erhebung dar, während weiter südlich vier andere Gipfel Höhen von rund 700 m erreichen (*Sinai, Mt. Lebanon, Mt. Granby, Fedons*).

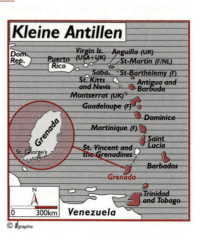

Kleine Antillen

Das gebirgige Inselinnere fällt besonders im Süden zur Küste hin treppenförmig ab. Der dortige Uferstreifen ist mit tiefen Buchten, schmalen Halbinseln, Flussmündungen, Naturhäfen und vorgelagerten Inselchen außerordentlich reich gegliedert. Hier liegen auch die längsten und bekanntesten Strände, allen voran die weißsandige *Grand Anse Bay*, während an anderer Stelle auch schwarzer (*Black Bay*) oder graubrauner Sand und im Norden einige Kreidefelsen vorzufinden sind.

Das Inselinnere wird landwirtschaftlich intensiv genutzt, insbesondere durch die Kultivierung von Bananen, Kakao, Muskatnussbäumen und anderen Gewürzpflanzen, die Grenada den Beinamen *Isle of Spice* (= Gewürzinsel) eingebracht haben. Trotz der landwirtschaftlichen und touristischen Nutzung hat sie ihre Ursprünglichkeit jedoch nicht verloren, so dass die Insel zusammen mit St. Lucia zu den **landschaftlich schönsten Flecken der Karibischen See** zählt und deshalb auch mehrfach von Hollywood als Filmkulisse genutzt wurde.

Zum heutigen unabhängigen Staat Grenada gehören neben der Hauptinsel zahlreiche kleinere und kleinste Eilande sowie die etwas größeren Vorposten Carriacou und Petit Martinique.

Die Kleinen Antillen – Grenada und zugehörige Inseln

Ein **historischer** Unterschied Grenadas zu den meisten anderen Westindischen Inseln besteht darin, daß sich ihre Ureinwohner von Anfang an den Europäern gegenüber abweisend verhielten. Schon **Kolumbus** zeigten sie sich 1498 so unfreundlich, dass er sich damit begnügte, das Eiland *La Concepción* zu taufen und schnellstmöglich weiterzusegeln – quasi als ‚erster Kreuzfahrt-Besucher' der Insel. Wann und warum der ursprüngliche spanische Name zugunsten von *Granada* (franz.: *Grenade*; engl.: *Grenada*) geändert wurde, ist nicht geklärt. Die oft zu lesende Verknüpfung mit der andalusischen gleichnamigen Stadt klingt jedenfalls wenig überzeugend.

Erst den **Franzosen** gelang es ab 1650, in der Nähe des heutigen St. George's Fuß zu fassen und die Insel offiziell dem Besitz ihrer westindischen Kompanie bzw. der Krone einzuverleiben. Der immer heftiger werdenden **Gegenwehr der Kariben** begegnete man mit äußerster Brutalität, bis sich die 40 letzten überlebenden Indianer bei Sauteurs (*Caribs' Leap*) von den steilen Klippen ins Meer stürzten. Das **18. Jh.** sah Grenada als heftig umkämpften **Zankapfel** der Kolonialmächte **England** und **Frankreich**, wovon noch fünf Forts zeugen. Das blutige Hin und Her wurde schließlich **1783 zugunsten Englands** entschieden. **1877** wurde das verarmte und wirtschaftlich unbedeutende Grenada zur **britischen Kronkolonie erklärt** – ein Status, den die Insel bis zum Jahre 1967 behielt.

Nach einer siebenjährigen Übergangszeit erlangte das Land **1974** seine **volle Unabhängigkeit**. Damit begann jene schmerzhafte Zeit der Wirren und politischen Experimente, die Grenada in die internationalen Schlagzeilen brachte – besonders durch die Ereignisse des Jahres 1983. Zunächst war es der autoritäre Präsident **Sir Eric Gairy**, der mit Geheimpolizei und diktatorischer Strenge die Bevölkerung gegen sich aufbrachte. Schließlich wurde Gairy 1979 durch einen unblutigen Putsch unter Führung des Sozialisten **Maurice Bishop** gestürzt.

Redaktions - Tipps

- Ein mindestens halbtägiger Ausflug nach **St. George's**, einer der schönstgelegenen Städte der Karibik. (S. 429 f)

- Eine **Inselrundfahrt**, auf der mindestens eine der Plantagen und Fabrikationsbetriebe für Muskat oder andere Gewürze (z.B. in Gouyave) und historische Stätten wie Sauteurs besichtigt wird.

- Picknick-Korb mit **Muskatnuss-Rum** füllen und einen Sonnenuntergang genießen.

- Gewürze, vor allem frische Muskatnüsse (*nutmeg*), aber auch Zimt und Gewürznelken für zu Hause kaufen und danach in die *Nutmeg Processing Station* gehen, um den Arbeitsprozess von der frischen Nuss bis zum Pulver zu erkunden.

- Die touristisch weniger erschlossenen Strände aufsuchen und das Landesinnere mit Wasserfällen, Kraterseen und Regenwald kennenlernen.

- Eine **Wanderung** durch die naturschönsten Gebiete.

- Ein **Bootsausflug** an der Küste entlang und dem Treiben im Hafen von St. George's zuschauen.

- **Exkursion** zu einer der Nachbarinseln, wie z.B. Carriacou.

Der charismatische Revolutionär Bishop versuchte, mit seiner Bewegung **New Jewel** (*Joint Endeavour for Welfare, Education and Liberation*) einen ‚Dritten Weg' zwischen Kapitalismus und Kommunismus zu gehen, für den er freilich Unterstützung bei Kuba suchte und fand. Von Anfang an wurde dieses Experiment von den karibi-

Grenada aus der Luft gesehen

schen Nachbarstaaten (besonders Dominica und Barbados) und den USA argwöhnisch beobachtet. **1983** kam es innerhalb der New Jewel-Bewegung zu **schweren Auseinandersetzungen**, in deren Verlauf am 19. Oktober **Maurice Bishop** und Mitglieder seines Kabinetts **ermordet** wurden. Die Unruhen führten dazu, dass sich Ronald Reagan ‚auf Bitten' der Gouverneurin von Dominica zum Eingreifen veranlasst sah.

Militärintervention der USA
Zusammen mit Streitkräften anderer karibischer Kleinstaaten **intervenierten die USA in mehrtägigen militärischen Operationen**, in deren Verlauf u.a. am Flughafen, an der Grand Anse Bay und auf dem Richmond Hill blutig gekämpft wurde. US-Kampfflugzeuge bombardierten irrtümlich das Krankenhaus in St. George's, und auf amerikanischer Seite kamen 17 GIs ums Leben. Nur langsam konnten die politischen und wirtschaftlichen Wunden verheilen, die Grenada in diesem Jahr beigebracht wurden. Die Meinungen über das amerikanische Eingreifen sind geteilt, nicht zuletzt auf der Insel selbst.

Die Gruppe jener Revolutionäre, die für die Ermordung Bishops verantwortlich war, wurde 1986 vor ein Militärgericht gestellt und zum Tode verurteilt. Schon vorher war mit massiver Unterstützung der USA einer neuer Premierminister ins Amt gehoben worden, der natürlich eine rein westlich orientierte Politik betrieb.

Nach wie vor jedoch ist die Symbolgestalt der Revolution, der Katholik und Sozialist Maurice Bishop, äußerst populär, was sich in Wandmalereien ebenso ausdrückt wie auf T-Shirts und in Porträts, die man allenthalben sieht.

 Zeiteinteilung

Sie sollten sich mindestens zwei Tage Zeit nehmen, um die Insel in Ruhe abfahren zu können. Für weitere Ausflüge, Wanderung, Exkursion zu Nachbarinseln etc. sollten Sie jeweils einen halben bis einen zusätzlichen Tag einplanen.

Grenada sehen und erleben

Angesichts der abwechslungsreichen Natur, Geschichte und Kultur der Insel versteht es sich fast von selbst, den Urlaub nicht ausschließlich am Strand zu verbringen. Die vielfältigen Ausflugsziele können Sie am bequemsten innerhalb organisierter Touren erreichen, die von diversen Agenturen angeboten werden und in fast jedem Hotel zu buchen sind. Die Hauptstadt St. George's besuchen Sie am besten in Eigenregie. Wer wandern möchte, sollte jedoch einen Führer dabei haben, um wirklich zu den schönsten Flecken zu gelangen.

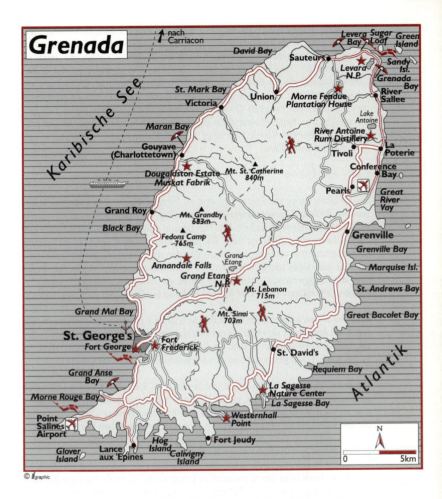

Der Südwesten: vom Flughafen nach St. George's

Grenadas Südwesten ist mit seinen Hotels, Restaurants, Diskotheken, Stränden sowie Sport- und Freizeitanlagen das touristische Aushängeschild der Insel. Im Südwesten betritt schließlich auch die überwiegende Mehrheit der Touristen zum ersten Mal grenadinischen Boden, die meisten im internationalen Flughafen von Point Salines, aber etliche auch im großen Yachthafen der Prickly Bay.

An der äußersten Südwestspitze der Insel, etwa zehn Fahrminuten von den Hotels an der Grand Anse Bay und 20 min von der Hauptstadt St. George's entfernt, liegt der moderne Flughafen **Point Salines**. Der Bau war einer der Gründe für das militärische Eingreifen der USA im Jahre 1983. Den Airport verlässt man über eine gut ausgebaute, breite Straße, die nach der Invasion von den Amerikanern angelegt wurde. Viele Einheimische, besonders aber die Taxifahrer, nutzen die Piste als ‚Autobahnersatz', nirgendwo sonst auf der Insel wird so gerast! Eines der ersten auffälligen Gebäude ist dann linker Hand die **Amerikanische Botschaft**, die schwer bewacht ist und mit ihrer isolierten Lage als ‚weiße Trutzburg' die besonderen Beziehungen zwischen Grenada und den USA verdeutlicht. Kurze Zeit später erreicht man **Ruth Howard**, ein kleines Dorf mit Rumbrennerei, von wo man nach rechts über eine kleine, 2 km lange Stichstraße nach Lance aux Épines bis zum Prickly Point fahren kann.

Lance aux Épines

Die Halbinsel Lance aux Épines ragt weit ins Meer hinaus, umgeben von gleich drei schönen Buchten: Die feinsandige **True Blue Bay**, die **Prickly Bay** mit dem größten Yachthafen der Insel und die **Mt. Hartmann Bay**, in der die Freizeitflotte der Yacht-Charterfirma *Moorings* liegt. Da alle Buchten zudem über ausgezeichnete Bademöglichkeiten verfügen, ist es kein Wunder, dass unter solchen Voraussetzungen hier das zweite touristische Zentrum Grenadas entstanden ist, das dem Besucher alle Kategorien von Unterkünften bietet, von einfachen, gepflegten Guesthouses über Mittelklasse-Hotels bis hin zu komfortablen First-Class- und Luxushotels.

Halbinsel mit Yachthäfen

Aber der Süden hat nicht nur Yachthäfen, Strände und Hotels zu bieten. Unweit von Lance aux Épines ragt die Halbinsel des **Mt. Hartman** wie ein Finger ins Meer. In dieser naturschönen Gegend ist auch die *Grenada-Taube* (*leptotila wellsi*) anzutreffen, die es nur auf Grenada gibt und die zu den seltensten Tieren der Welt gezählt wird.

Die Taube mit ihrem weißen Bauch und rostbraunen Rückengefieder, die sich lieber auf dem Boden aufhält als fliegt, wurde 1991 zum nationalen Symboltier erklärt. Sie ist eher zu hören als zu sehen: Man erkennt sie an ihrem charakteristischen Kuckucksruf, der alle sieben bis acht Sekunden ertönt (nur von den männlichen Tieren).

Grand Anse und Morne Rouge Bay

Auf der anderen Seite des südwestlichen Landrückens ist die Grand Anse Bay zum Inbegriff des grenadinischen Bilderbuchstrandes geworden. Zusammen mit der benachbarten **Morne Rouge Bay**, beide nur durch den Felsvorsprung **Goat Point** abgetrennt, bietet die insgesamt ca. 5 km lange Bucht mit ihren feinsandigen Stränden alle Wassersportmöglichkeiten. Über solch paradiesischen Zuständen vergisst man leicht, dass gerade in der Grand Anse während der Invasion 1983 heftig gekämpft wurde und dass damals das Strandleben von Stacheldraht und Minen abgelöst wurde. Die Wunden jener unruhigen Zeit sind inzwischen verheilt. Die Bucht und ihr Hinterland werden eindeutig vom Tourismus dominiert.

Bilderbuch-Strand

Hinsichtlich der touristischen Infrastruktur ist eine ‚Zweiteilung' der Grand Anse festzustellen: Einige wenige Hotels sind direkt am Strand gelegen, so dass die Gäste aus ihren (meist luxuriösen) Zimmern geradewegs ins warme Wasser gehen können.

Hinter diesen Anlagen befindet sich ein breiter Streifen Brachland. Wo heute Kühe grasen oder die karibischen Frösche ihr abendliches Konzert geben, standen früher einfache Bungalows, die der *New Jewel-Regierung* gehörten. Nach deren Abriss plante man immer wieder, das Areal neu zu bebauen oder in eine Park- bzw. Sportlandschaft umzuwandeln. Solange diese Pläne nicht verwirklicht werden, stellt sich dieser ‚touristische Zwischenraum' als ein sympathisch unverdorbenes Gelände mit provinziellem Ambiente dar, um das ständig Jogger – meist Studenten der nahe gelegenen Sportschule – ihre Runden ziehen. Dahinter erstreckt sich landeinwärts wieder ein Bebauungsgebiet bis zu den Hügeln hinauf, besetzt mit einigen guten Mittelklasse-Hotels und First-Class-Herbergen. Deren Gäste haben es zwar weiter zum Strand, allerdings selten mehr als 400 m, dafür aber ruhiger und in jedem Fall die bessere Aussicht.

Der Weg von der Grand Anse nach St. George's ist nur kurz. Sobald man **Ross Point**, hinter dem sich die **Martin's Bay** mit einem weiteren Strand erstreckt, passiert hat, sind es nur noch 2,5 km bis zur Hauptstadt. Zunächst erreicht man eines der beiden Hafenbecken von St. George's Harbour, **The Lagoon**, mit der hübschen Siedlung *Belmont Village*. Fährt man die Lagoon Road wenige Hundert Meter nach links, kommt man zur großen **Marina** der *Grenada Yacht Services*. Zum Zentrum geht's jedoch nach

Der Blick vom Ross Point

rechts immer nahe an der Lagoon entlang, bis man nach einer Weile entweder direkt am Ufer zum *Grenada Yacht Club* und dem **Kreuzfahrt-Pier** mit Touristenbüro abzweigen kann oder, an den **Botanischen Gärten** vorbei, über die Tanteen Road weiterfährt. Beide Straßen führen zum inneren Hafenbecken (**The Carenage**), wo man bereits mitten in der ‚guten Stube' der Hauptstadt ist.

Die Hauptstadt: St. George's

Eigentlich ist St. George's mit gut 4.400 Einwohnern mehr das ‚Hauptstädtchen' des Inselstaates als eine Hauptstadt. Mit Sicherheit aber kann der Ort als einer der reizvollsten und am schönsten gelegenen in der Karibik gelten. Auf Hügeln rund um den vorzüglichen Naturhafen **Carenage** erbaut, stellt sich St. George's als eine gelungene Mischung französischer und britischer Kolonialarchitektur dar. Mit seinen roten Ziegeldächern, schönen georgianischen Gebäuden, bunten Fischer- und Ausflugsbooten sowie lebhaften Kneipen erinnert der Ort ein wenig an eine griechische Hafenstadt. Da fast alle wichtigen Baudenkmäler und Einkaufsplätze nur wenige Fußminuten vom Hafen entfernt sind, eignet sich St. George's gut für einen gemütlichen Stadtrundgang, dessen Vergnügen allenfalls durch die Hitze und

Pittoreske Hauptstadt

Botanischer Garten

manchmal etwas steile Gassen getrübt werden könnte. Ein Beförderungsmittel braucht man aber eigentlich nur, um einige der am Ende dieses Kapitels aufgeführten ‚weiteren Sehenswürdigkeiten' zu besuchen. Wenn Sie mit dem Taxi, Bus oder Mietwagen von Süden (Flughafen, Grand Anse Bay) her kommen, können Sie noch vor dem Stadtzentrum den ersten lohnenden Stopp an den **Botanical Gardens** einlegen. Hier sind – wie in so vielen karibischen Hauptstädten – die wichtigsten lokalen Blumen, Bäume und Büsche in einem Areal versammelt und verleiten den Besucher zu einem erholsamen Spaziergang. Nahebei befindet sich auch ein kleiner **Zoo**. Höchstens vier Fahrminuten hinter dem Park erreicht man das innere Hafenbecken ‚The Carenage', in dessen Nähe man aussteigen bzw. sich einen Parkplatz suchen sollte.

The Carenage

Mit *The Carenage* wird sowohl der hufeisenförmige, innere Hafen bezeichnet als auch die Straße, die um diesen gelegt ist; für letztere existiert allerdings auch der Name *Wharf Road*. Auf der Uferpromenade spielt sich ein Großteil des öffentlichen Lebens ab: Yachten, Ausflugs- und Fischerboote sowie Schoner aller Größen dümpeln im Wasser, an Land warten der Markt sowie zahlreiche Geschäfte und Restaurants auf Kunden, Touristen bekommen hier weitere Informationen über die Insel. Auffällig ist die **Christusstatue** *Christ of the Deep*, die eine Reederei aus Genua hier aufstellen ließ. Die Inschrift widmet sie dem ‚Volk von Grenada, in dankbarer Erinnerung an die brüderliche, christliche Hilfe und Freundschaft, die man den Passagieren und der Crew des italienischen Schiffes Bianca C, das am 22. Oktober 1961 durch ein Feuer in diesem Hafen vernichtet wurde, entgegengebracht hat'. Ein schöner Stadtrundgang führt nun immer am Hufeisen der Carenage entlang auf das Fort George zu, bis hinter der *Young Street* rechter Hand die *Matthew Street* abzweigt. Das sehenswerte Eckhaus aus Ziegelstein ist die **Nationalbibliothek** (**Natio-**

Im Zentrum der Stadt:: der Hafen

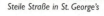
Steile Straße in St. George's

The Carenage

nal Library), die bereits 1846 gegründet und 1892 in diesem ehemaligen Lagerhaus untergebracht wurde. Wenn Sie hinter der Bibliothek nach rechts gehen, stoßen Sie an der Einmündung zur *Young Street* auf das **Nationalmuseum**. Der eher bescheidene Bau hat eine interessante und turbulente Geschichte hinter sich: 1704 von den Franzosen als Militärbaracke gebaut, wurde er später für die unterschiedlichsten Zwecke genutzt.

Im frühen 19. Jahrhundert beherbergte das Gebäude ein Gefängnis, in seinen Kellern wurde Rum destilliert, und insgesamt drei Hotels etablierten sich nacheinander in seinen Gemäuern, bevor schließlich 1976 die Sammlungen des neuen Nationalmuseums hier einzogen. Besuchern werden in einer kleinen, aber interessanten Sammlung zur Natur- und Vorgeschichte u.a. ausgestopfte Inseltiere und Skelette, Beispiele präkolumbinischer Keramik, geflochtene Körbe, ein riesiger Einbaum und eine Übersicht über die indianischen Petroglyphen geboten. Die Zeit der europäischen Besiedlung repräsentieren große Kupferschüsseln zur Rumherstellung im Kellergewölbe genauso wie verschiedene Instrumente und ein Eselskarren. In die jüngste Geschichte führen die Fotodokumente über die Invasion von 1983. Postkarten, Literatur und Reproduktionen alter Landkarten können erworben werden.

Im Nationalmuseum

Scots Kirk

Vom Museum aus folgt man der steil ansteigenden *Young Street* mit ihren Läden und Fußgängertreppen bis zur nächsten Kreuzung, wo man links in die Straße zum Fort George abbiegt. Hier sieht man bereits die Scots Kirk, oft auch einfach *The Kirk* genannt. Das (oft geschlossene) Gotteshaus mit seinem auffälligen neugotischen Glockenturm wurde 1830 von Presbyterianern aus Schottland errichtet.

Sendal Tunnel

Wenige Meter dahinter führt der Weg über den Sendal Tunnel, den die Franzosen bereits im 18. Jahrhundert projektiert hatten, der aber erst 1895 fertig gestellt wurde. Der 3,65 m hohe und 102 m lange Tunnel, der durch die Felsnase geschlagen wurde und die *Melville Street* am Ufer der Karibischen See mit dem Hafenbecken des Carenage verbindet, war für die damalige Zeit ein beachtliches technisches Unterfangen. Seinen Namen erhielt das Bauwerk nach dem britischen Gouverneur. Auf einer schräg ansteigenden Straße geht es nun geradewegs in das weitläufige Gelände des

Historische Baudenkmäler

Fort George

Hier lohnen sowohl der phantastische Blick auf die Stadt mit dem Hafen, ihren bunten Dächern und hoch aufragenden Kirchen, als auch die Baudenkmäler der geschichtsträchtigen Stätte selbst. Die Verteidigungsanlage wurde als *Fort Royal* von

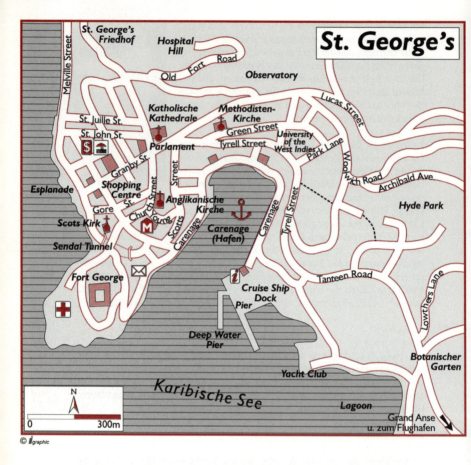

den Franzosen 1705 nach Plänen des französischen Ingenieurs Callius errichtet und stellt damit ein gutes Beispiel für die fortifikatorische Baukunst des frühen 18. Jahrhunderts dar.

Die meisten der ursprünglichen Verließe, Wachstuben und unterirdischen Gänge sind noch erhalten, ebenso wie die (sanierungsbedürftigen) britischen Zubauten. In der jüngeren Geschichte war Fort George zentraler Schauplatz der Auseinandersetzungen innerhalb der sozialistischen Fraktionen, die mit der Ermordung von *Maurice Bishop* und Mitgliedern seines Kabinetts am 19. Oktober 1983 ihren traurigen Höhepunkt hatten.

Zu weiteren Stationen des Stadtrundgangs gelangt man, indem man vom Fort George aus zunächst wieder bis zur *Young Street* geht, dann, an mehreren Bankgebäuden vorbei, über *Halifax Street* und *Cross Street* hinunter zum äußeren Hafen.

Die Kleinen Antillen – Grenada und zugehörige Inseln

Am Hafen bieten die **Esplanade** und das **Shopping Centre** mit ihren Läden sowie dem Fisch- und Fleischmarkt stets eine farbenprächtige und lebhafte Atmosphäre, vor allen Dingen am Samstagvormittag.

Mehr noch gilt dies für den **Markt** (*market*) an der Kreuzung *Granby Street/Halifax Street*, der nicht nur Obst-, Gemüse- und Gewürzstände umfasst, sondern ganz allgemein das Hauptgeschäftsviertel der Stadt darstellt. Günstig kann man hier auch Korb- und Flechtwaren erstehen.

Markt

Einen würdigen architektonischen Rahmen verleiht der Szenerie das **Rathaus** (*Town Hall*) auf der *Grenville Street*.

Folgen Sie nun der geraden und ziemlich steilen *Granby Street* hinauf bis zur Kreuzung mit der *Hospital Hill Road*. Auf dieser sehen Sie nach wenigen Metern linker Hand ein Ensemble wichtiger Institutionen:

Parlament (Houses of Parliament)

Die Ziegelsteingebäude, die in ihren Dimensionen der geringen Größe des Inselstaates entsprechen, sind gute Beispiele für den frühen georgianischen Baustil, der das Stadtbild von St. George's ohnehin prägt.

Am ältesten ist die **Registratur** aus dem Jahre 1780 neben dem **Government House** (1802). Als drittes im Bunde steht das sog. *York House*, in dem das **Oberste Gericht** (*Supreme Court*) untergebracht ist. Grena-

Das Parlamentsgebäude

da hat, wie die USA, ein Zweikammersystem mit Repräsentantenhaus (15 Mitglieder) und Senat (13 Mitglieder), für die die genannten Gebäude bestimmt sind. Die Regierung orientiert sich am britischen Vorbild und besteht aus einem Premierminister und einem Ministerialkabinett.

Römisch-katholische Kathedrale

Schräg gegenüber dem Parlament und wie dieses aus Ziegelsteinen errichtet, stellt die *Roman Catholic Cathedral* das mächtigste und auffälligste Baudenkmal der Hauptstadt dar. Ihre Größe erklärt sich aus der verhältnismäßig bedeutenden katholischen Gemeinde, die noch die französische Kolonialzeit hinterlassen hat. Obwohl insgesamt im Jahre 1804 fertig gestellt, ist der Turm von 1818 heute der älteste Gebäudeteil, da alle anderen Baukörper 1884 verändert wurden. Im Innern sind u.a. die Steinglasfenster und Heiligen-Statuen von Interesse.

Kathedrale...

Von der Kathedrale geht man wieder bis zur Kreuzung *Granby Street*. Hier bieten sich zwei Möglichkeiten, zum Hafen zurückzukehren:

... und weitere Kirchen

- Biegt man links in die *Lucas St*, dann rechts in die *Tyrrel Street* ab, sollte man der farbenprächtigen **Methodist Church** (1820) einen Besuch abstatten. Weiter geht es über die *Tyrell Street* und *Hughes Street*.

- Geht man geradeaus die *Church Street* hinab, lohnt linker Hand die **Anglican Church** einen Besuch. Das schöne Gotteshaus, das 1825 für die britischen Soldaten errichtet wurde, ist von außen pastellfarben und hat einen Westturm mit Zinnen.
Im Innern ist der offene Dachstuhl über dem einschiffigen Raum sehenswert, im hinteren westlichen Bereich eine Empore auf Säulen und darunter die Taufkapelle mit sehr schönen neoklassizistischen Reliefs und Emblemen.

Weitere Sehenswürdigkeiten

Die nachfolgend genannten weiteren Besichtigungsziele sind am besten mit dem Mietwagen oder dem Taxi zu erreichen; sie befinden sich alle an der östlichen oder südöstlichen Peripherie der Stadt.

Governor General's Residence

Zu dieser ehemaligen Residenz des britischen Generalgouverneurs gelangt man vom Südende der Stadt über die *Lowthers Lane* oder vom Zentrum aus über die *Lucas Street*. Das östlich oberhalb der Carenage 1802 errichtete Gebäude gilt als bestes Beispiel für die Architektur des frühen georgianischen Stils. Der Generalgouverneur (z.Zt. Sir Paul Scoon) ist übrigens das offizielle Staatsoberhaupt und wird jeweils von der britischen Königin Elizabeth II. auf Vorschlag des Premierministers ernannt. Während man von hier aus in östlicher Richtung zum Richmond Hill (s.u.) gelangt, führt westlich der Residenz von der *Lucas Street* die *Sans Souci Road* am Sitz des Regierungschefs (*Prime Minister's Residence*) vorbei, zu einem weiteren hochherrschaftlichen Gebäude des späten 18. Jahrhundert, dem **Sans Souci House**.

Richmond Hill

Hügel mit Forts

Fährt man von der *Governor General's Residence* über die *Upper Lucas Street* nach Osten, kommt man zum geschichtsträchtigen, 200 m hoch gelegenen *Richmond Hill*. Der Hügel besitzt spärliche Überreste des ehemaligen Fort Adolphus aus dem 18./19. Jahrhundert, vor allem aber das interessante **Fort Frederick**. Die in der

Fort Frederick

Franzosenzeit (1791) errichtete Anlage ist wegen ihrer Bastionen sehenswert, aber auch wegen der prächtigen Aussicht auf die Hauptstadt. Im Zusammenhang mit den Ereignissen von 1983 spielte die Festung eine wichtige Rolle als Hauptquartier der mobilen Einsatzkräfte der Revolutionsregierung.

Die Küsten: einmal rund um Grenada

Da für eine Inselumrundung auf der Küstenstraße nur weniger als 100 km zu fahren sind, ist diese Tour bequem an einem Tag zu schaffen. Wegen des Linksverkehrs ist es dabei empfehlenswert, im Uhrzeigersinn vorzugehen, d.h. von St. George's an der Westküste bis zur Nordspitze und an der Ostküste wieder in südlicher Richtung; so ist man stets dem Meer am nächsten.

Spektakuläre Wohnlage

Auf der Küstenstraße

Startpunkt dieser Tour soll **St. George's** sein, das man am nördlichen Ausgang über die *Melville Street* verlässt.

Nachdem Sie bei **L'Embouchérie** auf der alten *Green Bridge* den St. John's River überquert haben, geht gleich anschließend nach rechts ein Weg zum **Queen's Park** ab, der im August nicht nur zentraler Schauplatz der Karnevalsparaden, sondern auch sonst für die Einheimischen mit seiner Pferderennbahn ein wichtiger Platz ist.

Für die Rundfahrt bleiben Sie aber auf der Küstenstraße, die im weiteren Verlauf nicht nur schöne Badebuchten, sondern auch z.T. dramatische Steilabfälle passiert. Nachdem man hinter der gleichnamigen Ortschaft das Kap von **Molinière** passiert hat, an dem man übrigens hervorragend schnorcheln kann, durchfährt man kleine, an die Berghänge gebaute Fischerorte mit so sympathischen Namen wie **Happy Hill**.

Acht Kilometer hinter St. George's und nach Durchfahren der Ortschaft Brizant erreicht man die hübsche Bucht von **Halifax Harbour**, in der zwei kleine Bäche ins Meer münden. Kurz darauf ist in **Concord** der Abstecher durch das gleichnamige Tal in Richtung *Mt. Qua Qua* zum Fuß der **Concord-Wasserfälle** lohnend. Die Stichstraße bringt Sie dabei bis zum ersten von drei Wasserfällen, die insgesamt unter dem Namen Concord Falls bekannt sind.

Drei Wasserfälle

Wer die beiden anderen (und schöneren) Kaskaden sehen möchte, muss etwa 45 min auf recht schwieriger Strecke wandern, wobei zweimal der Fluss zu durchwaten ist. Am besten macht man diese Tour mit einem örtlichen Führer. Nach *Au Coin*, dem zweiten Wasserfall, erreicht man relativ schnell den dritten, *Fontainbleu*. Hier fällt das Wasser ca. 20 m tief in einen schönen Pool mit klarem, kühlen Wasser, in dem man sich nach der Anstrengung herrlich erfrischen kann.

Wieder zurück auf der Küstenstraße, liegen weitere Stationen entlang der kurvenreichen Straße zunächst an freundlichen Fischerdörfern wie **Marigot** (wo Sie einen Abstecher zum schwarzen Sandstrand der *Black Bay* unternehmen können) und Grand Roy. Anschließend geht es durch Papaya- und Brotfrucht-Haine, vorbei am Nesbit-Hügel (135 m) und an der langgestreckten *Palmiste Bay*, bis schließlich wieder ein größerer Ort zu sehen ist:

Gouyave

Malerisches Städtchen

Gouyave, das in einigen Karten auch als *Charlottetown* geführt wird, ist die drittgrößte Ansiedlung Grenadas. Das malerische Städtchen hat eine lange Tradition als Fischerort und Gewürz-Zentrum der Insel. An die Bedeutung des erstgenannten Wirtschaftszweiges erinnert Ende Juni der sog. *Fisherman's Birthday*, bei dem die Fischfang-Flotte gesegnet und anschließend eine Straßenkirmes abgehalten wird. Einige der Gewürzpflanzungen in der näheren Umgebung können besichtigt werden. Besonders interessant ist dabei der Besuch von **Dougaldston Estate**, einer traditionsreichen Muskatnuss-Fabrik, in der Muskatnüsse und andere Gewürze im Urzustand gezeigt und ihre Verarbeitung erklärt wird.

Muskatnüsse und -blüten

Auch **Victoria**, der nächste Ort entlang der Küstenstraße, hat einen kleinen muskatverarbeitenden Betrieb. Vier Kilometer dahinter hat man in der Badebucht von **Duquesne** die letzte Möglichkeit zu einem Bad an der Westküste, denn ab hier geht die Hauptstraße durch das Tal des Duquesne River ein ganzes Stück landeinwärts, und zwar zunächst in südöstlicher Richtung bergauf durch Gewürzplantagen, hinter **Union** durch das Tal des *Little St. Patrick River*, dann wieder bergab.

Dramatische Geschichte

Die hübsch gelegene Ortschaft, auf die man nun an der Nordküste stößt, ist das geschichtsträchtige **Sauteurs**. Ihren Namen hat die nördlichste Ansiedlung der Insel wegen jener ca. 35 m hohen Klippen, die als ‚Hügel der Springer' (= franz.: *Morne des Sauteur*; engl.: *Caribs' Leap* oder *Leaper's Hill*) traurige Berühmtheit erlangt haben. Hier war es, wo 1651 die etwa 40 letzten karibischen Ureinwohner – Männer, Frauen und Kinder – von den Franzosen so hart bedrängt wurden, dass sie sich lieber selbst ins Meer stürzten, als gefangen genommen und massakriert zu werden. Zwar sind die Klippen wegen der üppigen Vegetation aus der Entfernung inzwischen kaum mehr auszumachen, aber erstens kann man sie auf einem kurzen Spaziergang ab der katholischen Kirche leicht erreichen, zweitens verliert der Ort dadurch nichts von seiner menschlich anrührenden Bedeutung, und drittens ist die umgebende Landschaft auch so eindrucksvoll genug.

Wem bei den *Caribs' Leap* der Sinn nach Baden und/oder Schwimmen steht, der sollte sich zur nordwestlich gelegenen, zwei Kilometer langen **Sauteurs Bay** mit ihrem schönen Sandstrand aufmachen. Von hier führt ein Weg in einer knappen Stunde bis zum wildromantischen grenadinischen Nordkap, dem **David Point**.

Von Sauteurs aus ist es nicht mehr ohne weiteres möglich, der küstennahen Straße zu folgen – erstens kann man sich leicht verfahren, da die ausgeschilderte Hauptstraße landeinwärts verläuft, zweitens ist der Weg in sehr schlechtem Zustand und je nach Witterung nur mit Geländewagen zu schaffen. Das erste Stück bis zur **Levera Bay** und ein wenig darüber hinaus dürfte aber keine Probleme bereiten.

Die Bucht, die wohl Kolumbus gesichtet und ‚Concepción' getauft hatte, lädt mit dem dunkelsandigen **Levera Beach**, einem der schönsten Strände Grenadas, zum Picknick unter Palmen ein. Das Baden kann hier allerdings gefährlich werden, weil am nordöstlichsten Punkt der Insel Atlantik und Karibische See bisweilen recht stürmisch aufeinander treffen. Die Natur des gesamten Küstenstreifens ist so herrlich, dass man sie im **Levera-Nationalpark** geschützt hat. Hier kann man nicht nur, mit phantastischem Blick auf die östlich vorgelagerten Eilande *Sugar Loaf*, *Green Island* und *Sandy Island*, am Ufer entlang spazieren, sondern bei guten Witterungsverhältnissen auch schwimmen oder tauchen.

Picknick am Strand

Die Unterwasserattraktionen sind Korallenriffe und Seegrasflächen, die von Hummern und farbenprächtigen Fischen bevölkert werden.

Weiter sind am **Bedford Point**, der äußersten nordöstlichen Spitze, sogar noch Reste einer alten Festung zu entdecken. Und südlich der Bucht gibt es östlich des 258 m aufragenden Levera Hill den idyllischen Kratersee **Levera Pond**. Da eine solche Fülle von Highlights regelmäßig in- und ausländische Besucher anzieht, sollten unabhängige Touristen die stark frequentierten Wochenenden meiden.

Wer küstennah an der Grenada Bay entlang südwärts fährt, stößt vor dem Bauerndorf **River Sallee** auf eingefasste und recht produktive Mineralquellen (*boiling springs*). Wie an vielen Stellen dieser Erde, sollen auch hier Wünsche in Erfüllung gehen, wenn Besucher Geldstücke in den Brunnen werfen.

Bei der Weiterfahrt haben Sie in River Sallee die Wahl, ob Sie einen kurzen Abstecher zur Ortschaft **Mount Rich** unternehmen möchten, wo es im Tal des *St. Patrick River* noch einige gut erhaltene **prähistorische Felsritzungen** der karibischen Ureinwohner zu sehen gibt. Am eindrucksvollsten sind diejenigen an einem langen Stein, direkt am Flussufer, dort wurden seitlich und oben sechs Zeichnungen (Köpfe, Waffen etc.) angebracht.

Ansonsten versuchen Sie, weiter südwärts und bergauf mit Blick auf das *High Cliff* und die **Antoine Bay** zu fahren, denn das nächste Ziel ist überaus lohnend: der **Lake Antoine**. Dieser fast kreisrunde See bedeckt, wie der Grand Étang, den Krater eines ehemaligen Vulkans (bzw. befindet sich auf dem Boden eines eingestürzten Vulkankraters, ist also eine sog. *Caldera*) – aber damit hören die Gemeinsamkeiten auch schon auf: Wo der Grand Étang hoch ist, liegt der Lake Antoine fast auf Meeresniveau vor niedrigen, baumbewachsenen Hügeln; wo sich um den Grand Étang tropischer Regenwald ausbreitet, stehen am Lake Antoine einige Palmen auf dem leicht zum See abfallenden Flachland, dazwischen sieht man Weiden, auf denen Kühe grasen.

Vom Kratersee führt der einspurige Weg über **La Poterie** bis zur *Conference Bay*, besser ausgebaut ist jedoch die Straße über **Tivoli**. Lohnend ist in jedem Fall der Abstecher zur *River Antoine Rum Distillery*, die als private Destillerie schon seit dem 18. Jahrhundert in Betrieb und angeblich die älteste in der ganzen Karibik ist.

Über Conference, Upper Pearls und Moya geht es anschließend in einiger Entfernung zum Meer nach **Pearls**, ein Ort, der früher wegen seines Flughafens von Bedeutung war und in jüngerer Zeit durch archäologische Ausgrabungen von sich reden machte.

Die dabei aufgedeckte ‚*Amerindian Site*' ist als älteste bekannte Fundstelle der Insel von besonderer Bedeutung. Sie ergab, dass die indianische Entdeckung Grenadas sehr früh stattfand und dass das Land deswegen wohl auch dichter besiedelt war als die nördlicheren Inseln.

Relikte der Ureinwohner

Die damals vom südamerikanischen Kontinent übergesetzten Ureinwohner scheinen noch engen kulturellen Kontakt zu ihrer Heimat behalten zu haben.

Parallelen gibt es ebenfalls zu Funden, die man auf Trinidad (*Pitch Lake*) gemacht hat. Etliche Artefakte (u.a. aus Keramik) zeigen Schildkröten, die wohl von den Arawaken mit Vorliebe verspeist wurden. Interessanterweise wird auch heute noch der nahe gelegene *Conference Beach* gerne von Seeschildkröten zur Eiablage aufgesucht.

Durch den Bau des Flugplatzes (die Startbahn ging mitten durch die alte Siedlung) ist leider viel zerstört worden. Der **Pearls Airport** selbst, drei Kilometer außerhalb des Ortes gelegen, wurde 1940 gebaut und 1984 durch den Point Salines International Airport an der Südwestküste abgelöst.

Am östlichen Punkt seiner alten Startbahn endet die Straße nach *Pearls Beach*. Wer einen Geländewagen gemietet hat, kann allerdings von hier aus weiterfahren bis zu einem der unberührtesten und schönsten Strände Grenadas.

Vom palmenbestandenen Ufer mit hellgrauem Sand hat man einen herrlichen Blick auf das südliche Kap *Telescope Point*, den vorgelagerten bizarren Felsen *Telescope Rock* sowie die Inselkette der *Grenadinen* am Horizont.

Von Pearls aus geht es weiter nach **Paradise**, dann über den Great River bis **Telescope**, wo Sie westlich auf die *Inseltransversale* nach Grand Étang und St. George's abbiegen können.

Grenville

Die mit rund 6.000 Einwohnern zweitgrößte ‚Stadt' Grenadas liegt reizvoll an der gleichnamigen Bucht und hat den Touristen – außer einigen Restaurants und Kneipen – vor allem den bunten Obst- und Gemüsemarkt sowie den Fischmarkt zu bieten. Am Samstag, wenn Markttag ist, erlebt man hier eine überquellende Fülle an Menschen, Waren und Eindrücken. Bekannt ist Grenville auch für seine geschickten Handwerker, die aus Palmblätterstreifen u.a. Hüte, Körbe, Taschen oder Matten herstellen. Lohnend ist ebenfalls der Besuch eines größeren Betriebes, in dem neben verschiedenen anderen Gewürzen vor allem Muskat für den Export verarbeitet wird.

Markt mit Lokalkolorit

Wenn Sie Grenville am südlichen Ortsausgang verlassen, fahren Sie auf der Küstenstraße an der weit geschwungenen *Grenville Bay* in wenigen Minuten bis nach **Marquis**. Diese ehemalige französische Siedlung hat außer ihrem Namen noch einige bauliche Reminiszenzen an die Kolonialzeit (u.a. die katholische Kirche).

In der näheren Umgebung sind weitere historische Monumente erhalten, so am geschichtsträchtigen *Battle Hill* und in **Post Royal** (*altes Fort*). Naturliebhaber wird der Blick auf das vorgelagerte felsige **Marquis Island** entzücken. Sie können auch südlich des Dorfes am Ufer des *Marquis River* landeinwärts wandern, wo Sie nach etwa 35 min zum pittoresken *Marquis River Waterfall* gelangen.

Die Autostraße verlässt am Südende der *St. Andrew's Bay* zunächst die Küste und führt bergauf über Mt. Fann und Mahot bis **Bellevue**. Wer nun auf direktem Weg nach St. George's möchte, kann hier westwärts fahren, wo einen die gut ausgebaute Straße über **Perdmontemps** (Piedmontagne) am Südfuß des Mount Maitland (522 m) zur Hauptstadt zurückbringt.

Reizvoller jedoch ist die kurven- und aussichtsreiche Straße entlang der tief zergliederten Südküste. Hinter **Bacolet** führt eine Stichstraße auf eine Landzunge an der gleichnamigen Bucht, in deren Nähe auch das äußerst interessante **Naturreservat La Sagesse** liegt. Das ehemals private Gelände ist nun öffentlich zugänglich und bietet dem Besucher eine amphibische Landschaft mit Bächen, Mangroven und Salzseen.

Reizvolle Küstenstraße

Sehr reichhaltig ist auch das Tierleben des Naturparks, wobei insbesondere die Vielzahl an Vögeln und Schmetterlingen (allein 45 verschiedene Arten) interessant ist. Die von der Vegetation überwucherten Relikte einer alten Rumdestillerie mit Zuckermühle und Wasserrad sind von zusätzlichem Reiz.

Paradiesische Landschaft

Bei der Weiterfahrt auf der südlichen Hauptstraße ist **Westerhall** die nächste Station, wo ein schönes Plantagenhaus mit alten Einrichtungsgegenständen Stammsitz einer weiteren Rumdestillerie ist. Der hier hergestellte ‚*Westerhall Plantation Rum*' ist eine sehr edle und – wegen der limitierten Produktion – auch sehr teure Marke. Über einen Fahrweg kann man nun den sehr lohnenden Abstecher auf die Landzunge zwischen Westerhall Bay und Chemin Bay mit dem Calivigny Harbour unternehmen.

Mindestens genauso schön ist der benachbarte Felsrücken, der die Chemin Bay vom tief eingreifenden **Port Egmont** trennt und der ebenfalls auf einer Stichstraße befahrbar ist.
Außer der schönen Aussicht, dem lebhaften Yachthafen und einer exquisiten Ferienanlage bietet die Landzunge noch die Überreste des **Fort Jeudi** aus dem 18. Jahrhundert.

Zuletzt können Sie auf der Hauptstraße im malerischen Fischerdorf **Woburn** nochmals der Südküste einen Besuch abstatten. Der Ort sowie die gleichnamige Bucht, die durch die Eilande Hog Island und Calivigny Island geschützt wird, dienten als Kulisse für den Film ‚Island in the Sun'.

Von Woburn aus fahren Sie anschließend weiter: in südlicher Richtung über **Ruth Howard** zur **Grand Anse Bay** bzw. zur **L'Anse aux Épines**, oder nördlich nach **St. George's**.

Das Inselinnere: quer durch Grenada

West-Ost-Verbindung

Den besten Zugang zu den natürlichen Schönheiten des Landesinneren hat der Autotourist über die Inseltransversale, die auf einer Strecke von knapp 23 km St. George's im Südwesten mit Grenville an der Ostküste verbindet. Von dort aus können Sie entweder an der Küste entlangfahren oder aber erneut die Insel durchqueren, und zwar in Richtung Gouyave.

Von Süden her kommend, gelangt man auf diese Straße, indem man in St. George's die Sans Souci Road (an der *Governor General's Residence* und an der Residenz des Premierministers vorbei) hinauffährt oder am nördlichen Stadtausgang in die River Road nach rechts, in nordöstliche Richtung, abbiegt.

Durch das Tal des St. John's River geht es nun auf einer sehr kurvigen, aber gut ausgebauten Straße immer höher hinauf, mit schöner Aussicht auf Hügel, die mit Bananen-, Kakao- oder Gewürzplantagen bedeckt sind.
Man kommt durch einige kleine Ortschaften, deren Namen – *Beaulieu, Snug Corner, Constantine* – französischen oder englischen Ursprungs sind.

Nach sieben Kilometern hat man **Constantine** erreicht, wo nach Norden (Richtung Willis) ein kleines Sträßchen zu den **Annandale Falls** abzweigt. Diese leicht zu erreichenden Wasserfälle liegen inmitten einer üppigen Vegetation mit grünen Abhängen und steilen Schluchten.
Der Pool, in den sich die Annandale Falls 16 m hinabstürzen, lädt mit seinem blaugrünen, kühlen Wasser zu einem erfrischenden Bad ein.

Nach diesem lohnenden Ausflug fahren Sie zurück bis zur Hauptstraße und setzen den Weg in Richtung Grenville fort. Hinter der Ortschaft **Vendôme** geht es dann ostwärts, am Nordwestfuß des **Mt. Sinai** (703 m) entlang, geradewegs hinauf in die üppige Vegetation und atemberaubende Bergwelt des **Grand Étang**.

Nach ca. fünf Kilometern oder 15 aufregenden Fahrminuten durch enge Kurven hat man den malerischen, 515 m hoch gelegenen See erreicht. Der 5,3 km^2 große und sehr tiefe Grand Étang bedeckt wie ein Eifelmaar den Krater eines ehemaligen Vulkans. Umgeben wird er vom **Grand Étang Forest Reserve**, einem artenreichen Naturschutzpark mit tropischem Regenwald.

Hochgelegener See

Am besten stattet man zunächst dem **Grand Étang Forest Centre** einen Besuch ab. In dem architektonisch gelungenen Pavillon bekommen Sie alle notwendigen Informationen und hilfreiche Broschüren zu Flora, Fauna und Wanderwegen des Parks. Wenige Meter unterhalb der Straße beginnt der ausgeschilderte *hiking trail* rund um den Grand Étang, den man allein bewandern kann.

Auf dieser wunderschönen Wanderung sieht man am Nordufer des Sees den 707 m aufragenden **Mt. Qua Qua**, der allerdings meistens von Wolken und Nebel verhangen ist. Überhaupt ist es hier oben merklich kühler, und die Niederschlagsmengen sind die höchsten auf der ganzen Insel; Empfindliche sollten sich durch entsprechende Kleidung darauf einstellen. Die Fauna ist durch viele seltene Vögel vertreten, u.a. durch langschnäbelige Doktorvögel, Kolibris und Kuckucks. Mit viel Glück kann man auch Mona-Affen, Meerkatzen oder Mungos entdecken. Die größten Chancen, seltene Tiere und Pflanzen zu sehen, hat man allerdings auf einer geführten Wanderung abseits der ausgetretenen Pfade. Vom Grand Étang geht es in vielen Kehren wieder bergab durch Wälder mit Baumfarnen und Bambus, später an Muskatnuss-, Kakao- und Bananenkulturen vorbei. Hinter den Ortschaften Adelphi und Birch Grove haben Sie die Möglichkeit, nach links in Richtung Westküste abzubiegen.

Wanderziel

Briefmarke mit Papagei

Hier wartet eine faszinierende Straße, die am alten Vulkanstock des **Mt. Cathérine** im Norden vorbeiführt, der mit 840 m ü.d.M. der höchste Berg der Insel ist. Wer die alte Richtung fortsetzt, gelangt in das **Great River Valley** und kommt durch freundliche Bauerndörfer wie Balthazar, La Digue und Grand Bas.

Nach etwa 23 km (ohne Abstecher) hat man die Außenbezirke von **Grenville** erreicht. Da die Beschriftung sehr zu wünschen übrig lässt, muss man hier nach Intuition fahren oder Einheimische nach dem rechten Weg fragen.

Die zugehörigen Inseln

Der Staat Grenada besteht nicht nur aus der gleichnamigen Hauptinsel, sondern hat noch zwei größere Trabanten, wie schon der offizielle Beiname ‚The Three Island State' beweist. Gemeint sind hier die beiden Schwesterinseln Grenadas, Carriacou und Petit Martinique, die jeweils ihren eigenen Charakter haben und deren Besuch sich unbedingt lohnt. Von ‚Yachties' schon seit langem als Lieblingsziel entdeckt, kommen die idyllischen Eilande nunmehr durch den 15-Minuten-Flug auch für reine Grenada-Urlauber als Tagesausflug in Betracht. Stilvoller ist es allemal, die Strecke mit einem alten Holzschoner von St. George's zurückzulegen und sich für eine Nacht (oder länger) in einer der netten Pensionen Carriacous einzuquartieren.

Carriacou

Größte Insel der Grenadinen

Das nördlich von Grenada gelegene Carriacou (indian.: ‚Land der vielen Riffe') ist mit 34 km² und etwa 8.000 Einwohnern die größte Insel der Grenadinen-Kette. Früher wegen seiner Zucker- und Baumwollplantagen von wirtschaftlicher Bedeutung, führt die Insel seit dem letzten Jahrhundert ein ungestörtes, friedliches Dasein.

Ihre **Landschaft** ist geprägt einerseits durch schöne Sandstrände und tief eingeschnittene Buchten, andererseits im Landesinnern durch einen zentralen Hügelrücken in Nord-Süd-Richtung, der bis zu 300 m aufsteigt. Vor der Küste schließlich liegen etliche kleine und kleinste Inselchen, sowie vielfarbige Korallenriffe im türkisblauen Wasser. Carriacous **Einwohner** stammen überwiegend von Sklaven ab, die z.T. noch die Rituale ihrer afri-

Karibischer Markttag (Gemälde)

kanischen Heimat bewahrt (Shango-Kult aus Guinea) oder sich dem Voodoo-Kult verschrieben haben. Eine weiße Minorität, die besonders in der Ortschaft Windward zu Hause ist, hat schottische Vorfahren.

Wirtschaftlich waren nach der kolonialen Blütezeit der Anbau von Erdnüssen und Zitrusfrüchten sowie bescheidene Viehzucht vorherrschend; daneben galten die Inselbewohner immer als gute Händler und Bootsbauer. Als Carriacou in den 1970ern von Yachtbesitzern als Segel-, Schwimm- und Tauchparadies entdeckt wurde, setzte eine touristische Entwicklung ein, die sich heute in einigen Bars, Pensionen und Hotels niederschlägt. Tagesbesucher sollten sich einen Mietwagen oder ein Taxi nehmen, um die wichtigsten Sehenswürdigkeiten und schönsten Strände der kleinen Insel aufzusuchen. Besonders Ende Januar lohnt sich der Aufenthalt, wenn in altertümlichen Umzügen mit einem Big Drum Dance das Erntedankfest der Fischer und Bauern gefeiert wird. Auch der August mit seinem Karnevalsfest (hier *Mardi Gras* genannt) und der *Carriacou Regatta* zieht Besucher aus nah und fern an.

Auf einer **kleinen Inselrundfahrt** kommen Sie (im Uhrzeigersinn) vom **Flughafen Lauriston** zunächst zur ‚Hauptstadt' **Hillsborough** (ca. 1000 Einwohner). Parallel zur Uferlinie liegt die Main Street, an der noch einige der steinernen alten Handelshäuser aus der Kolonialepoche zu sehen sind. Der Market Square ist Ende Januar turbulenter Mittelpunkt des Big Drum Dance. Spannend wird es am Hafen, wenn einer der von St. George's kommenden Holzschoner, die Fracht und Passagiere befördern, einläuft.

Kleinstadt mit Vergangenheit

Ein Highlight für Kulturbeflissene ist das *Carriacou Historical Museum* in der *Paterson St*, das in den Gebäuden einer ehemaligen Baumwoll-Spinnerei (1826) untergebracht ist. Mit seiner hier unerwartet qualitätvollen Sammlung von Artefakten der präkolumbischen Zeit und der Inselgeschichte ist es unbedingt besuchenswert.

Nördlich von Hillsborough bietet das im Inselinnern hoch gelegene **Bel Air** den vielleicht schönsten Panoramablick über Carriacou. Sehenswert sind auch die Ruinen verlassener Zuckerfabriken und Windmühlen, die an die Zeit erinnern, als das Eiland sowohl unter den Franzosen als auch unter den Engländern als ‚Zuckerinsel' einen Namen hatte.

An der nördlichen Ostküste ist ein Besuch der Ortschaft **Windward** interessant, die weithin wegen ihrer Bootsbaukunst bekannt ist. Die Namen der Betriebe wie *Mac Farlane* und *MacDonald* lassen erkennen, dass hier die Nachfahren schottischer Einwanderer seit Generationen ihre Tradition in Leben und Arbeit pflegen. Wenn sie ihre robusten, hölzernen Schoner zu Wasser lassen, kann man einer eigentümlichen Bootstaufe beiwohnen. Als bunt bemalte Boote mit großen weißen Segeln tun die Schoner heute u.a. als Fracht- und Personenfähren Dienst. Südlich von Windward besitzt **Dover**, etwa 300 m landeinwärts der Watering Bay gelegen, einige gut sichtbare Ruinen der ersten Kirche der Insel. Von der Ostküste geht es an der *Jew Bay*, *Grand Bay* und *Manchineel Bay* entlang bis zur eindrucksvollen Halbinsel im Südwesten, an deren äußerster Spitze, in **La Pointe**, die Ruinen eines alten französischen Plantagenhauses zu entdecken sind. Nördlich der Landzunge erstreckt sich die **Tyrell Bay**, die einen der besten Naturhäfen der Karibik aufweist, dessen enge, schlauchähnliche Bucht im Norden kleineren Schiffen selbst bei Wirbelstürmen Schutz bietet. Hier liegen normalerweise Segelschiffe aus aller Herren Länder vor Anker, deren Besitzer – wenn sie nicht gerade faulenzen oder schwimmen – bei einem kühlen Drink im ‚In-Treff' Barba's Oyster Shell anzutreffen sind.

Traditionsreiches Gewerbe

Petit Martinique

Wie ein steiler Hügel erhebt sich das etwa 5 km von der Nordostküste Carriacous entfernte Petit Martinique aus dem blauen Meer. Die kurze Bootsfahrt zu der

Vulkaninsel, die von allen drei Inseln am wenigsten von Touristen besucht und völlig unberührt ist, ist ein lohnendes Unterfangen.

Unberührtes Eiland

Petit Martinique bietet an der Westseite schöne Badebuchten mit hellbraunem Sand, eine herrliche Natur, interessante Baudenkmäler und eine freundliche Bevölkerung von nur wenigen Hundert Einwohnern. Bis 1967 gab es keine Wege auf der Insel, sondern nur Pfade, die sich auch heute noch durch das dichte Ufergebüsch schlängeln.

Auf einer Entdeckungstour wandert man an der kleinen Schule vorbei und sieht dann die auf einem Hügel gelegene, einzige Kirche, eine katholische.

Geprägt wurde die Inselgeschichte von den alteingesessenen Familien (*grandees*) französischen Ursprungs. Ihnen gehörten auch die großen Schoner, die selbst die von Carriacou übertrafen und mit denen sie von Guyana bis St. Kitts Handel trieben. Auf Pfaden kommt man zu den beiden kleinen Siedlungen, von denen **White Town** als ehemals rein französisches Dorf den Schiffseignern vorbehalten war, während in **Black Town** früher die Farbigen wohnten, die für die ‚*grandees*' arbeiteten, nebenbei in bescheidenem Rahmen Baumwolle anbauten und sich Ziegen hielten.

Ein Besuch Petit Martiniques wäre unvollständig, wenn man nicht den (bisweilen sehr windigen) Hügel **Top Peak** hinaufgestiegen wäre. An einem klaren Tag hat man von hier aus eine phantastische Sicht über den ganzen Inselbogen der Grenadinen bis hinauf nach St. Vincent.

Weitere Inseln

Auf einem Segeltörn, der von verschiedenen Agenturen auf Grenada angeboten wird oder natürlich auch in Eigenregie durchgeführt werden kann, erschließt sich dem Besucher eine karibische Wunderwelt mit Dutzenden größerer und unzähliger kleiner vorgelagerter Inseln.
Besonders erwähnt werden sollte vielleicht die flache Insel **Sandy Island** westlich von Carriacou, die – wie ihr Name schon sagt – hauptsächlich aus Sand besteht und mit ihren Palmen geradewegs aus einem Werbefilm über die Kleinen Antillen stammen könnte.

Ein Kranz von Inseln

Ganz anderes Gepräge hat dagegen die 15 km südlich gelegene, bewohnte **Ile Ronde**, die mit ihren Klippen etwa 150 m steil aus dem Meer aufragt. Näher zu Grenada gelegen sind die unbewohnten Eilande: **Sister Islands**, **Marquis Islands**, **Diamond**, **White Island**, **Saline Island**, **Green Island**, **Frigate Island**, **Little Tobago**, **Rose Rocks**, **Large Island**, **Bonaparte Rocks** und viele andere.

Mit ihren Schwimm- und Schnorchelmöglichkeiten und idealen Bedingungen für ein Picknick werden sie ebenso gern von Seglern angelaufen. Südlich von Grenada sind die beliebtesten Ausflugsziele: **Hog Island**, **Calivigny Island** und **Glover**, wo noch Ruinen einer norwegischen Walfangstation (bis 1925 in Betrieb) zu sehen sind.

INFO Die ABC-Inseln: Aruba, Bonaire, Curacao

Die zwischen 11° und 12° nördlicher Breite gelegenen Inseln Aruba, Bonaire und Curaçao stellen das südwestliche Ende des Inselbogens der Kleinen Antillen dar, der im Norden mit den Jungferninseln beginnt. Sie befinden sich 20 bis 50 km vor der Küste Venezuelas im karibischen Meer und liegen ‚unter dem Wind' außerhalb des Hurrican-Gürtels.

In ihrem **geologischen Aufbau** ähneln sich die nach ihren Anfangsbuchstaben so genannten ABC-Inseln untereinander sehr, weisen dagegen große Unterschiede zu den Antillen ‚über dem Wind' auf.

Die Inseln basieren auf den Ausläufern der Küstenkordillere Südamerikas. Darüber hat sich **Korallenkalk** abgelagert, der z.B. auf Bonaire gut 70 Prozent der Landoberfläche einnimmt. Charakteristisch ist dabei eine starke Zerfurchung durch alte Täler, die heute nur selten Wasser führen, aber Hinweise auf ein feuchteres Klima in der Vergangenheit geben.

Die breiten Sandstrände Arubas gehören zu den schönsten der Antillen.

Zur Küste hin werden die Inseln durch große, blattartige Buchten gegliedert, die jeweils hervorragende Naturhäfen darstellen. In den Buchten und entlang des Küstenstreifens zieht sich eine Reihe vorzüglicher, feinsandiger und weißer Strände hin.

Dazwischen finden sich immer wieder steile Abfälle, die von der Meeresbrandung zu tiefen Höhlen oder auch Naturbrücken, wie auf Aruba, ausgewaschen wurden.

Das Inselinnere zeichnet sich durch relativ ebene, gewellte Flächen mit nur vereinzelten Bergen aus. Tropischer Regenwald ist hier Fehlanzeige, **wüstenähnliche Landschaft** dominiert die Inseln. Dennoch haben die ABC-Inseln mit zahlreichen Kakteen-Arten, Agaven, Aloë-Pflanzen und den charakteristischen Divi-Divi-Bäumen, deren Krone wegen des ständigen Passats im rechten Winkel nach Westen abgeknickt ist, durchaus eine beachtliche Flora und Fauna zu bieten. In der Tierwelt dominieren urweltlich anmutende **Leguane** und **Eidechsen**. Unter den mehr als 170 Vogelarten sind besonders die großen Flamingo-Bestände berühmt.

Einzigartig sind die Artenvielfalt und Farbenpracht unter Wasser, wo in den **Korallengärten** alle Formen tropisch-maritimen Lebens vorhanden sind.

Zudem gibt es auf den ABC-Inseln zahlreiche **historische Funde aus der indianischen Zeit**, als sie von den Arawaken und Kariben als Sprungbrett zu den anderen Antillen benutzt wurden. Vor allem auf Aruba und Bonaire zeugen Felszeichnungen von den Ureinwohnern. Für die spanischen Konquistadoren waren die Eilande mit ihrem Wüstenklima völlig uninteressant und wurden nur als Reservoire von Indianersklaven genutzt. Erst den Holländern gelang es, der kargen Landschaft Siedlungsraum und sogar landwirtschaftliche Nutzflächen abzutrotzen.

Der **Sklavenhandel** und später, im 19. Jahrhundert, Gold und schließlich Erdöl im 20. Jahrhundert machten die Inseln schließlich wirtschaftlich interessant. Wegen schwankender Ölpreise auf dem Weltmarkt ist heute der **Tourismus** eine der Hauptsäulen, durch die der hohe Lebensstandard der vermögenden Inselbewohner bzw. Investoren gehalten wird.

Der Großteil der **Bevölkerung** setzt sich aus Nachfahren von Nord- und Südeuropäern, Juden, Indianern und Afrikanern zusammen. Aus ihnen erklärt sich die merkwürdige Mischsprache des Papiementos, in der holländische, spanische, portugiesische, französische, englische und afrikanische Elemente verschmolzen sind.

Demgegenüber zeigt sich in Kultur und Architektur sowie im politisch-sozialen Bereich (Bildungs- und Gesundheitswesen, Verkehr, Administration usw.) eindeutig der niederländische Einfluss. Politisch gehörten die ABC- Inseln bis 1986 gleichermaßen zu den **Niederländischen Antillen** (wie auch Saba, St. Eustatius und Sint Maarten).

Die Gebäude im holländischen Kolonialstil wirken in der Karibik exotisch.

Seit dieser Zeit ist Aruba aus dem Verband herausgelöst und genießt als autonomer Landesteil der Niederlande den so genannten *‚Status Aparte'*.

Der Wohlstand der Insel **Aruba**, der westlichsten und kleinsten der ABC-Inseln (nur 20 km von der venezuelanischen Küste entfernt; 30 km lang, 8,5 km breit), war über 20 Jahre fest mit der Ölindustrie verbunden. Heute wird hier auf Massentourismus gesetzt. Mit einer gut geölten Tourismusindustrie wird hier vor allem auf amerikanische, niederländische und südamerikanische Urlauber gebaut. Im Norden der Insel fallen vor allem die riesigen Dioritblöcke auf. Während die Küste dort steil und felsig zum Meer abfällt, geht im Süden der Korallenkalk nahtlos in eine breite Küstenterrasse über.

An der Südwestküste befinden sich die kilometerlangen, sehr breiten Sandstrände, die zu den schönsten der Antillen gehören. Genau dort haben sich auch etliche Hotels angesiedelt und bieten mittlerweile über 300 Betten, eine gehobene Restaurant-Szene, Kasino und Einkaufszentren im amerikanischen Stil. Die Inselhauptstadt Oranjestad steht mit rund 20.000 Einwohnern in ihrer Bedeutung weit hinter Willemstad zurück und ist auch an Sehenswürdigkeiten nicht so reich wie die Konkurrentin aus Curaçao. Trotzdem gibt es auch hier sehenswerte Erinnerungen an die Kolonialarchitektur, allen voran das Fort Zoutman und die Wilhelminastraat mit vielen Häusern aus der Zeit ab 1870.

Die eigentlichen Sehenswürdigkeiten der Stadt sind, in der **Arnold Schuttestraat** gelegen, die Giebelhäuser mit ihren roten und blauen Ziegeln im ‚holländischen' Stil. Leider handelt es sich nicht um originale, sondern um nachgeahmte Architektur – Oranjestads ‚Disney-World' nannte dies ein kritischer Holländer. Nicht so recht passen in die karibische Umgebung will die originale **holländische Windmühle** (De Olde Molen) aus dem Jahre 1804, die in ihre Einzelteile zerlegt und nahe des Palm Beach 1962 wieder zusammengesetzt wurde. Mit blauen Delfter Kacheln ausgestattet, vermittelt sie eine niederländisch-gemütliche Atmosphäre.

Neben der Wüstenlandschaft und den **Flamingos** lockt vor allem die phantastische Unterwasserwelt **Bonairs** die zahlreichen Urlauber an. Aber auch Windsurfer, Segler und Hochseeangler kommen voll auf ihre Kosten. Für Kreuzfahrer oder Inselhüpfer auf einem Zwischenstopp ist die mit 40 km Länge und 5 bis 12 km Breite zweitgrößte und östlichste der Niederländischen Antillen ‚unter dem Wind' per Auto an einem Tag durchaus in Ruhe zu erkunden. Einen Abstecher lohnen die hübschen Gebäude der im holländischen Kolonialstil erbauten Hauptstadt Kralendijk.

Einen Kontrast dazu bilden die spanisch-maurischen Villen in Belem, im flachen Südteil der Insel. Die weißen ‚Berge' aus Salz machen deutlich, dass die Salzgewinnung in den Salinen ein bedeutender wirtschaftlicher Faktor war. Vom Meer her sichtbare Obeliske dienten früher den Salzschiffen zur Orientierung.

Hinter den riesigen Öltanks von **BOPEC** (*Bonaire Petroleum Corporation*) gelangen Sie zum Goto-Meer, dem beeindruckendsten Landschaftsbild, das Ihnen Bonaire bieten kann. Rund 11.000 Rote Flamingos haben hier ihr Zuhause. Bei Sonnenuntergang hinterlassen sie eine riesige rosa Wolke am Himmel, wenn sie ihre Schlafstätte in Venezuela aufsuchen. Auf Grund strikter Vogelschutzbedingungen genießen die farbenprächtigen Vögel, deren

Gelege maximal zwei Eier umfasst, auf Bonaire ein weitgehend gesichertes Leben und haben der Insel den Beinamen ‚Flamingo Island' eingebracht.

Die Hauptsehenswürdigkeiten Curaçaos sind der 1.400 ha große Nationalpark um den 375 m hohen Christoffelberg, der höchst gelegene Berg der Insel, sowie spektakuläre Küstenabschnitte im Nordwesten mit seinen Stränden und Buchten, ein Seeaquarium und der Tafelberg an der Südseite. Sehenswert ist auch die interessante Architektur.

Neben den stattlichen historischen Landhäusern ist damit insbesondere Willemstad gemeint, dessen Bauten aus der Kolonialzeit eines der reizvollsten Stadtbilder der Karibik abgeben. Mit seinem holländischen Charme kann Willemstad als ‚Klein-Amsterdam' gelten und ist somit südlicher Widerpart zu ‚Klein-Kopenhagen', das man 1.000 km weiter nördlich in Christiansted auf St. Croix oder Charlotte-Amalie auf St. Thomas vorfindet.

Die weltberühmte Taucherdestination Bonaire, aber auch Curaçao, sind für ihre **atemberaubenden Tauchgründe** mit angenehm warmem und kristallklarem Wassers sowie einer Sichtweite von mehr als 30 m weithin bekannt.

Nicht ohne Grund werben sie mit dem Slogan ‚*most beautiful diving spots on earth*'.

Bonaire verfügt über eine geradezu märchenhafte Unterwasser-Schönheit, die mit allen Arten von Korallen (auch schwarze Korallen) und Seeanemonen, reichen Fischbeständen, geheimnisvollen Schiffswracks und vier Arten von Seeschildkröten – vor allem der *Green Turtle* (*chelonia mydas*) – aufwarten kann.

Das geschützte Goto-Meer ist das Zuhause der Flamingos auf Bonaire.

Um das empfindliche Biotop zu schützen und für die Zukunft zu bewahren, gehören alle Gewässer rings um die Insel bis zu einer Tiefe von 60 m zum Naturschutzgebiet **Bonaire Marine Park**. Die besten Spots liegen an der Westseite. Auf Curaçao sind zahlreiche Tauchstellen sowohl mit dem Boot als auch per Auto erreichbar.

Einige der schönsten Spots auf Curaçao befinden sich an der Südküste und sind in den Bando-Abao, den Zentral-Curaçao- und den Curaçao-Unterwasserpark konzentriert.

Trinidad und Tobago

Hinweis
Aktuelle regionale Reisetipps (Hotels, Restaurants, etc.) zu Trinidad und Tobago entnehmen Sie bitte den gelben Seiten S. 238 ff

Überblick und Geschichte

Trinidad und Tobago, die südlichsten der karibischen Inseln, liegen nur einen Katzensprung von der venezuelanischen Küste entfernt und teilen sogar einige kulturelle Besonderheiten Südamerikas. Die größere der beiden Inseln, Trinidad mit 4828 km², liegt nur 10 km vor der venezuelanischen Küste entfernt, genau gegenüber dem Orinoko-Delta, das kleinere Tobago (300 km²) liegt 32 km nördlich von Trinidad.

Kulturell wurden die beiden Inseln jedoch nicht nur von Südamerika beeinflusst. Heute wird die **besondere T-and-T-Atmosphäre** vor allem geprägt durch den **kosmopolitischen Mix** aus Afrikanern, Westindern, Chinesen, Thailändern, Europäern sowie Syrern. Ihre Musik, ihre Küche und die unterschiedlichen kulturellen, sozialen und politischen Hintergründe fließen ein in das mitreißend bunte Leben auf den beiden Inseln.

Auch geologisch bilden die T-and-T-Inseln eine **karibische Besonderheit**. Während die anderen Antillen-Inseln entweder vulkanischen Ursprungs sind oder aus Korallenkalk entstanden, waren Trinidad und Tobago einmal Teil des südamerikanischen Kontinents. Die Verbindung zum Festland riss erst vor rund 14.000 Jahren, also nach der letzten Eiszeit, ab.
Damals stieg der Meeresspiegel so weit an, dass die Landbrücke zwischen Trinidad und Venezuela überflutet wurde. Vorher schon hatte sich Tobago von Trinidad gelöst und war ins Karibische Meer gedriftet.

Südamerika's Nachbarn

Die ehemalige Zugehörigkeit zu Südamerika wird auch durch die **relativ große Landfläche** Trinidads deutlich, die die anderen Inseln der Kleinen Antillen nicht haben.

Zudem findet sich hier eine Flora und Fauna, die teilweise Überschneidungen mit dem Festland zeigt und solcherart auf den anderen Antillen-Inseln nicht wieder anzutreffen ist. Die äquatornahe Lage sorgt darüber hinaus für ein im Winter wie im Sommer fast **gleichmäßig feucht-heißes Klima**. Durch die geringen Klimaunterschiede bleiben Trinidad und Tobago von Hurricans verschont.

Die Kleinen Antillen – Trinidad und Tobago

Redaktions-Tipps

- Wandern Sie durch den **Maracas National Park** und gönnen sich ein erfrischendes Flussbad. (S. 464)

- Erleben Sie den quirligen Wochenmarkt in **Chaguanas**, der Heimatstadt des Nobelpreisträgers V.S. Naipaul. (S 470)

- Beobachten Sie die Hundertschaften von **Scharlachibissen** in den Caroni-Sümpfen bei Sonnenuntergang und erleben Sie, wie sich der Himmel rot färbt. (S. 471)

- Genießen Sie die Abendatmosphäre der Stadt an der **Savannah**. (S. 455)

- Üben Sie freitagabends **Liming** an der Brain Lara Promenade oder bei einem Cricket-Match.

- Feiern Sie mit am Freitagabend, wenn die **Sunday School** in der Buccoo Bay zum Tanz einlädt.

- Erleben Sie auch als Tauchanfänger die **Unterwasserwelt** des Atlantiks zwischen der Speyside Bay und Little Tobago. (S.475)

- Machen Sie sich früh morgens auf in den **Tobago Forest Reserve** zur Vogelbeobachtung. Versäumen Sie nicht einen Spaziergang vom Hafen zum Court House und zum Botanischen Garten von Scarborough. (S. 477/481)

- Gehen Sie entweder zum **Wellenreiten** in die Mount Irvine Bay, oder wählen Sie die gemütliche Variante: fahren Sie mit einem Glasbodenboot zu einem Korallenriff, z.B. ins Buccoo Reef.

Beide Inseln werden vor allem von **mit grünem Regenwald bedeckten Bergen** geprägt, die in Trinidads Norden mit dem Mount Aripo auf 925 m ansteigen. Ansonsten ist die Inselmitte Trinidads weitgehend flach. Die flache Ostküste umschließt mit zwei Halbinseln den Golf von Paria. Hier liegen die meisten Industrie- und Hafenanlagen. Auf Tobago gehen die sanften grünen Hügel bis auf 600 m hoch.

Auch im Hinblick auf **Zahl, Dichte und Zusammensetzung der Bevölkerung** sticht der Inselstaat aus der Inselwelt der Kleinen Antillen heraus. Von den knapp 1,3 Millionen Menschen leben über 50.000 in Port of Spain, rund 30.000 jeweils in San Fernando und Arima. Etwa 39,6 Prozent sind Nachfahren afrikanischer Sklaven; 40,3 Prozent sind indischen Ursprungs – wodurch sich Trinidads ethnische Zusammensetzung von der eines jeden anderen Landes in Amerika unterscheidet. 18,5 Prozent sind Mulatten und der Rest der Bevölkerung setzt sich aus Nachkommen chinesischer, europäischer und anderer Einwanderer zusammen.

Durch den hohen Anteil an Indern ist es auch zu erklären, dass sich 23,8 Prozent der **Gläubigen** zum Hinduismus und 6 Prozent zum Islam bekennen. Am stärksten ist die römisch-katholische Kirche vertreten, der etwa 30 Prozent aller Einwohner angehören. 11 Prozent sind Anglikaner, der Rest verteilt sich auf verschiedene christliche Kirchen und Xango-Anhänger, eine afrikanisch beeinflusste Naturreligion.

Heute kann sich der Inselstaat als eine **Präsidialrepublik im Commonwealth** bezeichnen. Bis es soweit war, hat das Inselpaar allerdings eine turbulente Geschichte auf dem Weg zur Unabhängigkeit durchlebt. 1958 wurde die westindische Föderation gegründet (Hauptstadt: Port of Spain), am 31. August 1962 wurden Trinidad und Tobago ein völlig unabhängiger Staat innerhalb des Commonwealth, seit 1976 besteht die Republik Trinidad und Tobago, deren Präsident Königin Elizabeth II. als Staatsoberhaupt ablöste. Die politischen Geschicke werden von einem Zweikammersystem (Repräsentantenhaus und Senat) geleitet. Tobago hat ein eigenes **House of Assembly**, das über einige Inselangele-

> **INFO** **Das Insel-Wappen...**
>
> ... besteht auf Trinidad aus dem **Scharlachibis**. Bei Sonnenuntergang bevölkern die Vögel zu Hunderten die Sümpfe von Caroni und färben den Himmel rot (siehe auch Info-Kasten zum Scharlachibis auf S.471). Auf Tobago sind die **Cocricos** zu Wappenehren gelangt, obwohl sie bei den Einheimischen nicht immer beliebt sind.
>
> Die Huhn-großen Vögel fallen zum Teil in Scharen in Gärten ein und betreiben dort ordentlich Raubbau. Doch wenn sie ihren namengebenden Ruf ‚Cocrico' ausstoßen, so heißt es, gibt es bald Regen.

genheiten bestimmt. Die Frage, ob sich die beiden Inseln auf Grund ihrer unterschiedlichen Struktur voneinander lösen und in Zukunft getrennte politische Wege gehen, wurde in den letzten Jahren vor allem auf Tobago immer wieder diskutiert. Wirtschaftlich dominiert die **Erdöl-** und **Erdgasindustrie**, die vor allem an der Südwestküste Trinidads (Pointe-à-Pierre) beheimatet ist. 1996 und 1997 wurden neue Vorkommen entdeckt, die 25 Jahre reichen sollen. Um von den schwankenden Ölpreisen auf dem Weltmarkt unabhängiger zu werden, wird ein Kurs fortschreitender Privatisierung und Handelsliberalisierung gefahren.

Reiche Bodenschätze

Auch die weltweit größten Vorkommen von **natürlichem Asphalt** werden weiterhin ausgebeutet. Mit diesen Wirtschaftszweigen hat Trinidad das Gepräge (und die Probleme) eines modernen Industriestaates und besitzt von allen selbstständigen Ländern der Karibik bei einer Arbeitslosigkeit von fast 15 Prozent den höchsten Lebensstandard. Eine **intensive Landwirtschaft** macht die Insel von Importen weitgehend unabhängig. Dennoch entfielen Ende der Neunziger nur 1,7 Prozent des Bruttoinlandsproduktes auf den Sektor Landwirtschaft. Gut 43 Prozent entstanden im Industriebereich und rund 56 Prozent bei den Dienstleistungen.

Demgegenüber spielt der **Tourismus** eine nur untergeordnete Rolle auf Trinidad. Ganz anders sieht es auf Tobago aus, das inzwischen hauptsächlich von den Deviseneinnahmen des Fremdenverkehrs lebt. Im Rahmen eines umfassenden Konjunkturprogramms wurde die staatliche Fluggesellschaft British West Indian Airways (BWIA) mehrheitlich an ein US-amerikanisches Konsortium verkauft.

 Zeiteinteilung

Für beide Inseln bieten sich eine ganztägige Inselrundfahrt und der Besuch der jeweiligen Nachbarinsel an. Aber auch eine Fahrt zum südamerikanischen Festland mit Exkursion nach Venezuela (siehe gelbe Seiten unter ‚Tagesausflüge') oder zu den Grenadinen lohnt sich. Wenn Sie ein wenig mehr Zeit haben, bietet sich ein zweitägiger Aufenthalt auf Trinidad für den nördlichen und den südlichen Inselteil sowie ein Tag für eine Inselrundfahrt auf Tobago an. Für Tauchgänge, Strandstunden, Exkursion, Wanderung etc. sollten Sie einen weiteren Tag einplanen.

Inselbesichtigung Trinidad

Mit 4.828 km² ist Trinidad die mit Abstand größte Insel der Kleinen Antillen und liegt, nur durch den maximal 27 m tiefen Golf von Paria getrennt, unmittelbar vor der venezolanischen Küste und gegenüber dem Orinoko-Delta. In ihrem Aufbau ist die Insel Bestandteil des südamerikanischen Subkontinents (venezolanische Küstenkordillere) und wird durch drei parallele Gebirgsketten bestimmt, die in westöstlicher Richtung verlaufen. Am eindrucksvollsten ist dabei die **Northern Range**, ein von dichtem Regenwald überzogenes und von vielen Tälern durchschnittenes Gebirgsland, das im **Cerro del Aripo 925 m** und im **Tucuche 937 m** erreicht.

Trinidads Topographie ...

Zum Golf hin erstrecken sich schöne, palmenbestandene Sandstrände (besonders Maracas Bay). Südlich der Northern Range breitet sich eine landwirtschaftlich genutzte Ebene aus, in der auch die Hauptstadt Port-of-Spain liegt. Die beiden anderen Gebirgszüge sind die nur mäßig hohen **Central Ranges** (300 m) und **Southern Ranges** (303 m), die durch eine weitere Ebene im Süden getrennt sind.

Auf Grund der Nähe zu Südamerika hatte Trinidad eine historische Brückenkopffunktion für die indianischen Stämme der **Arawaken** und **Kariben**, die von hier aus die anderen Antilleninseln besiedelten. In den europäischen Blick geriet die Insel durch **Kolumbus**, der sie 1532 auf seiner dritten Reise ‚entdeckte' und nach drei markanten Bergspitzen im Südosten benannte (einer anderen Version zufolge nach der Heiligen Dreifaltigkeit).

Die in der Folgezeit gegründete spanische Siedlung bei **St. Joseph** (*San José*) war zwar als Basis der Expeditionen ins sagenhafte Goldland El Dorado von Bedeutung, konnte sich jedoch gegen die Angriffe der Ureinwohner sowie holländischer, französischer und englischer Freibeuter nicht lange halten. Immerhin waren es die Spanier, die die ersten schwarzen Sklaven nach Trinidad brachten.

... und Geschichte

Bereits 1595 landete **Sir Walter Raleigh** auf der Insel, entdeckte den Pitch Lake und machte britische Ansprüche geltend. Trotzdem blieb Trinidad formal **im Besitz der spanischen Krone**, die 1783 Katholiken aller Länder das Angebot machte, hier Siedlungen zu gründen. Nutznießer waren vornehmlich die **Franzosen**, die sich in großer Zahl niederließen und u.a. Zuckerrohrplantagen etablierten.

Der französische Einfluss ist in Ortsnamen und im Dialekt des Patois bis heute spürbar. 1797 jedoch eroberten britische Truppen die Insel, die 1802 zur königlich britischen Kronkolonie erklärt wurde. Wegen der Sklavenbefreiung 1834 und dem damit verbundenen Mangel an Arbeitskräften holten die Engländer in den folgenden Jahren eine große Menschenanzahl aus Indien, China und Madeira ins Land – insgesamt etwa 150.000 Immigranten in den Jahren 1845-1917.

Multikulturelle Gesellschaft

Diese Masseneinwanderung ist für die außerordentlich große ethnische und religiöse Vielfalt Trinidads verantwortlich, auf der letztlich auch ihre ‚kulturelle Eigenart' beruht: Überbleibsel des British Way of Life sind genauso vorhanden wie französische und iberische Elemente; in Religion, Festtagskalender, Sprache und Archi-

INFO Artenreichste Flora und Fauna

Das finden Sie auf keiner anderen Antillen-Insel:
Wegen der Nähe zu Südamerika umfasst die Tierwelt 108 Säugetier-, 400 Vogel-, 55 Reptilien-, 25 Amphibien- und 617 Schmetterlingsarten. Daneben gibt es rund 2.300 verschiedene Pflanzenarten.

tektur sind daneben die afrikanischen, ostasiatischen und arabischen Akzente unübersehbar. Und die Vermischung all dieser Einflüsse mit karibischer Lebensfreude führte in der Musik zur Erfindung des Calypso, der Steelbands und des afro-karibischen Jazz.

Hinduistische Gebetsstätte

1889 schließlich wurde Tobago mit Trinidad zu einer **gemeinsamen Kronkolonie** vereinigt und folgte ab nun dem Weg der Schwesterinsel bis hin zur staatlichen Unabhängigkeit und Ausrufung der Republik.

Neben der grandiosen Tier- und Pflanzenwelt ist die erwähnte Vielfalt der Menschen und Kulturen ein Höhepunkt des Inselstaates, den Sie am besten während des **weltberühmten Karnevals** erleben können. Zu den touristischen Attraktionen gehören außer der turbulenten Hauptstadt der gebirgige Norden mit seinem Regenwald, die **herrlichen Strände** und **Naturparks** und die **kilometerlangen Kokospalmenhaine** an der Ostküste.

Zudem sind der **Pitch Lake** und die **Mangroven des Caroni Swamp** eine Tagestour wert. Hier sollten Sie sich einem organisierten Tagesausflug ab Port of Spain anschließen, ausführliche Hintergrundinformationen werden Ihnen mehr Details offenbaren als auf selbstständigen Exkursionen.

Touristenattraktion

Und um sich in den Sümpfen von Caroni bewegen zu können, wartet dort dann bereits ein Motorboot auf Sie. Zudem ist eine organisierte Tour zumeist billiger als eine Fahrt mit dem Taxi.

Hinweis
Wer Trinidad intensiv sehen und erleben möchte, sollte sich einen Mietwagen besorgen. In vier Tagen können Sie die Inseln mit allen ihren Sehenswürdigkeiten bequem abfahren und den einen oder anderen Halt machen.

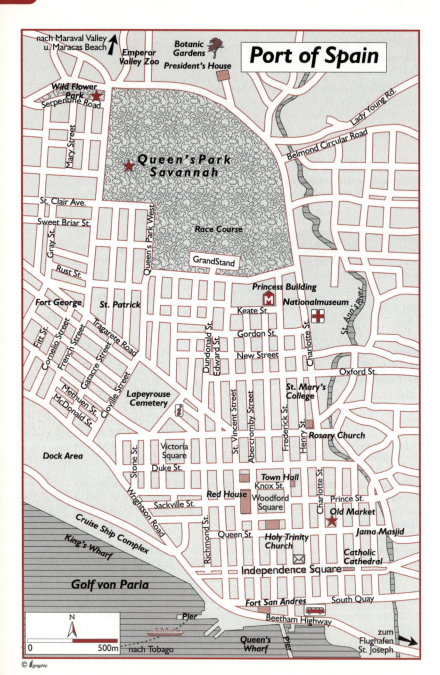

Die Hauptstadt: Port of Spain

Port of Spain ist nicht nur die wirtschaftliche, politische und administrative Metropole des Inselstaates, sondern auch die mit Abstand größte Stadt auf den Kleinen Antillen. Von den rund 80 verschiedenen Nationen und Ethnien, die auf Trinidad beheimatet sind, hat jede hier ihre größere oder kleinere Gemeinde.

Größte Stadt der Kleinen Antillen

Das Stadtbild wird von Kirchen, Moscheen und Hindu- Tempeln genauso geprägt wie von modernen Zweckbauten, Einkaufszentren oder historischen Gebäuden aus der englischen Kolonialzeit.

Ein guter Startpunkt für die Stadtbesichtigung ist der große, grüne Freiplatz, der **Queen's Park Savannah**. Heute finden hier Pferderennen und andere Sportveranstaltungen statt. Früher hingegen diente der Platz unterschiedlichsten Zwecken, etwa als Feld für eine Zuckerplantage, später als Kuhweide. Er bot schon einem Friedhof Platz, diente als Cricket-, Polo-, Fußball- und Golfplatz und schließlich als einer der ersten ‚Vergnügungsparks' Westindiens. Zu diesem Zweck richtete man 1902 eine elektrische Trambahn rund um die Savannah ein. 1913 endete der erste Start eines Flugzeugs auf Trinidad mit einem Absturz, bei dem der Pilot getötet wurde.

Seit 1948 schließlich ist der Park Schauplatz der alljährlichen Karnevalsfeierlichkeiten.
Außerdem wird hier jeden Samstag der lokale Markt abgehalten. Für Jogger und andere Sportler ist die Savannah immer noch der beste Laufsteg. Immerhin vier Kilometer lang ist eine Umrundung des beliebten Picknick-Platzes der Einwohner Port of Spains. Auch einige

Blick über die Savannah auf Trinidads Stadtzentrum

der schönsten Bauwerke der Stadt befinden sich rings um den Park. Hier wird nun der Spaziergang rund um die Grünanlage im Uhrzeigersinn beschrieben. Startpunkt ist in der südöstlichen Ecke der **Memorial Park**, das markante **Kriegerdenkmal** für die Opfer der Weltkriege.

Dahinter erhebt sich das **National Museum and Art Gallery**, das wichtigste Museum der Insel, mit einer geologischen und archäologischen Sammlung, die u.a.

Arawaken-Artefakte zeigt. In der Gemäldeabteilung sollten Sie den Werken **Cazabons** Aufmerksamkeit schenken, dem bedeutendsten Maler Trinidads im 19. Jahrhundert.

Am **Princess Building** vorbei geht man am Südende des Parks entlang. Die Holzbuden, der **Grand Stand**, dienen Händlern während der Karnevalstage als Verkaufsstände. Davor ist das **Carnival Village**, ein Informationszentrum für die geplanten Aktivitäten des größten Inselfestes. An Ministerien, dem altehrwürdigen Queen's Park Hotel und dem Gingerbread House vorbei gelangt man zur Westseite der Savannah.

Bemerkenswerte Architektur-Denkmäler

Hier finden Sie weitere Mitglieder der ‚**Magnificent Seven**' genannten Häuser, eine Bezeichnung für das merkwürdige Architekturensemble, das hier Stil-Einflüsse unterschiedlichster Art in nächster Nachbarschaft versammelt. Den Anfang macht das **Queen's Royal College** (1904), das immer noch als Jungenschule dient.

Dann folgt der **Hayes Court** (1910), die Residenz des anglikanischen Bischofs.

Daneben gibt das **Ambard's House of Roomar** mit seinen schmiedeeisernen Gittern, Erkern und Veranden das beste Beispiel für den kreolischen Baustil ab.

Queen's Royal College

Hinter der nächsten Straße sieht man das **Archbishop's House** (1903), die Residenz des katholischen Erzbischofs mit angeschlossener Kapelle. Daneben liegt die **White Hall** (1904), ein riesiges ehemaliges Privathaus mit maurischen Stilmerkmalen, in dem sich heute Regierungsbüros befinden. Den Abschluss der Zeile bildet das **Stollmeyer's Castle** (1904), ein entzückendes Schloss im Stil der schottischen Gotik. Die obere Grenze der Savannah bildet die Circular Road, die an der nordwestlichen Ecke in die Saddle Road übergeht, die ins Maraval Valley und zum Maracas Beach führt. Genau dort befinden sich auch der **Wild Flower Park**, eine kleine, naturbelassene Grünfläche mit Fischteichen. Gegenüber passiert man jenseits der Circular Road zunächst den **Emperor Valley Zoo**, der einen vollständigen Überblick über das reichhaltige Tierleben von Trinidad und Tobago bietet. An ihn schließen sich die **Royal Botanic Gardens** an, die als eine der ersten Westindiens bereits 1820 durch Gouverneur Woodford eröffnet wurden.

Hier findet man Blumen, Bäume und Sträucher aus allen Teilen der Welt. Besucher mit wenig Zeit haben die Möglichkeit, sich einen exzellenten Eindruck von der Fülle der Vegetation Trinidads zu verschaffen. Dahinter versteckt sich inmitten eines grünen Parks die hochherrschaftliche, weiße **Residenz des Staatspräsidenten** (Baujahr 1875) und noch etwas weiter östlich der Amtssitz des Premierministers.

Am nordöstlichen Ende der Savannah zweigt die **Lady Young Road** nach Osten ab und führt zu einem hoch gelegenen, phantastischen Aussichtspunkt. Links der Straße sieht man vom Park aus die verspiegelte Fassade des Hilton-Hotels, das einen deutlichen architektonischen Akzent setzt. Ein Abstecher auf dessen Dachterrasse lohnt sich wegen des schönen Panoramablicks. Wenn Sie von hier aus wieder südwärts gehen, erreichen Sie nach rund 400 m den Memorial Park, den Ausgangspunkt des Rundgangs.

Im Stadtzentrum

Zu den Hauptsehenswürdigkeiten des Zentrums gelangt man vom Memorial Park über die **Frederick Street**, die lebhafte und wichtigste **Einkaufsstraße** der Stadt mit vielen Boutiquen, Straßenhändlern und Shopping Center. Am National Museum (s.o.) vorbei führt sie auf den Hafen zu und passiert dabei mehrere hübsche Plätze, Kirchen und wichtige Institutionen.

Zunächst sind das, jenseits der Oxford St, das **St. Mary's College** und das St. Joseph's Convent, dann kommt man zur Kreuzung Park Street. Geht man auf dieser zwei Blocks nach Osten, gelangt man zur neugotischen **Rosary Church**. In der anderen Richtung ist der große **Lapeyrouse Friedhof** an der Tragarete Road sehenswert, der von einer hohen Mauer umschlossen ist und sehr aufwändig gestaltete Grabsteine und -monumente aufweist. Wenn Sie noch ein paar Blocks weiterlaufen, gelangen Sie in den Kew Place, Ecke Philipps Street, wo Sie die **Touristeninformation** finden.

Südlich der Park Street führt die Frederick Street auf den zentralen **Woodford Square** zu, um den sich, ähnlich wie um die Savannah, einige eindrucksvolle Bauwerke gruppieren. Der Park selbst gibt, wie der Hyde Park in London, jedem das Recht, seine Meinung öffentlich kundzutun. An der nordöstlichen Ecke des Platzes steht die **Town Hall**, an der nordwestlichen das **Courthouse** (Gericht). Zum Westen hin nimmt das **Red House** das gesamte Areal zwischen Abercromby und St. Vincent Street ein. Dieses mächtige Gebäude ist eines der herausragenden Baudenkmäler der Karibik und Sitz des Inselparlamentes. Das originale ‚Rote Haus' (1844-48) wurde nach einem Brand 1907 im Stil der Neorenaissance wieder errichtet.

Im Süden wird der Woodford Square von der **Holy Trinity Church** begrenzt. Die anglikanische Kathedrale wurde 1823 fertig gestellt und besticht vor allem durch

Holy Trinity Church

Stollmeyer`s Castle

den herrlichen Dachstuhl aus Mahagoni, eine Kopie der Westminster Hall in London. Sehenswert sind auch der Altar und mehrere Schnitzarbeiten.

Hinter der Kathedrale quert die betriebsame Queen Street die Frederick Street, die im Osten zum **Alten Markt** und der **Jama Masjid**, der Hauptmoschee, führt. Auf der nächsten Querstraße, dem **Independence Square** genannten Boulevard, lohnt ein Besuch der römisch-katholischen **Cathedral of the Immaculate Conception**. Das um 1833 im neugotischen Stil eingeweihte Gotteshaus ist die Hauptkirche der Insel und fällt durch seine zwei markanten, oktogonalen Westtürme auf. Während die Kathedrale damals noch direkt am Meeresufer stand, ist sie inzwischen durch die Landgewinnung mitten ins Stadtzentrum gerückt.

Östlich der Kirche steht auf dem **Columbus Square** die Statue des europäischen Entdeckers (1911).

Südlich davon verläuft der **South Quay** bereits auf aufgeschüttetem Gelände. An dieser verkehrsreichen Straße findet man den **Bus Terminal** und weiter westlich das **Fort Andres**, das 1785 zum Schutz des Hafens angelegt wurde.

Überragt wird es heute von den beiden Zwillingstürmen des **Financial Complex**, die 1985 eingeweiht wurden und mit knapp 100 m Höhe bzw. 22 Stockwerken die einzigen Hochhäuser der Kleinen Antillen darstellen. In ihnen sind die Central Bank, das Finanzministerium und verschiedene andere Institutionen untergebracht. Wenn Sie die Stadt nach Osten über die Picton Road verlassen, kommen Sie zu zwei weiteren Forts, die nicht nur historische Landmarken, sondern auch als Aussichtspunkte beliebt sind: das **Fort Picton** mit einem 13 m hohen Rundturm und das **Fort Chacon**, 1784 von den Briten erbaut und heute Sitz einer Polizeiwache.

Sehenswürdigkeiten im Westen der Hauptstadt

Im Umkreis von 15 km um Port of Spain liegen einige der schönsten landschaftlichen und kulturellen Attraktionen der Inseln. An dieser Stelle lesen Sie zunächst diejenigen, die im Westen der Hauptstadt liegen. Weiter unten erfahren Sie dann Näheres über die Sehenswürdigkeiten im Norden, Osten und Süden. Die Legendenpunkte beziehen sich auf die Insel-Karte in der hinteren Umschlagsklappe.

Ein lohnender Ausflug führt vom Zentrum zum 335 m hoch gelegenen **Fort George**. Diese Verteidigungsanlage aus den frühesten britischen Tagen (1777-79) weist noch einige erhaltene Gebäudeteile und mehrere alte Kanonen auf. In den Kämpfen zwischen Franzosen und Engländern wechselte das Fort fünfmal den Besitzer; später diente es 150 Jahre lang als Signalstation. Die meisten Besucher kommen freilich nicht wegen der historischen Bedeutung, sondern wegen der phantastischen Aussicht auf Port of Spain (das Gelände wird um 18 Uhr geschlossen).

Festung mit Aussicht

Auf den Weg zum Fort lohnt sich ein Abstecher in die wegen ihrer Restaurants und Pubs lebhafte **Ariapita Avenue** in **Woodbrook**. Spätestens in der Taylor Street müssen Sie dann links abbiegen, um auf der Tragerate und Western Main Road nach **St. James** zu gelangen, jenem Stadtteil, der, so heißt es, niemals schläft. Hier kommen Sie in der **Naipaul Street** an dem Geburtshaus des gleichnamigen Nobelpreisträgers vorbei, und ein paar Querstraßen weiter sehen Sie den zwar erst 1962 erbauten, aber beeindruckend großen **Hindu-Tempel Massid**. Das im Innern farbenprächtig ausgeschmückte Bauwerk ist mit seiner 15 m hohen Kuppel weithin sichtbar.

Ein anderer Ausflug führt zu einem Relikt aus der Zeit, als die Zuckerindustrie noch auf vollen Touren lief. Der Ausgangspunkt ist dieses Mal der Fährhafen (tägliche Abfahrten nach Tobago), von wo Sie über die Wrightson Road am Financial Complex und der Hauptpost vorbei zur westlichen Peripherie fahren, die von modernen Sportanlagen wie dem 1983 eröffneten **Nationalstadion** (25.000 Sitzplätze) dominiert wird. Anschließend geht es auf dem **Audrey Jeffers Highway** am Einkaufszentrum **Sunrise Mall** vorbei und schließlich auf der Diego Martin Road weiter. Am Ende der Straße biegen Sie nach dem Hinweisschild ‚**River Estate Water Wheel**' rechts in das reizvolle **Diego Martin Valley** ab und gelangen zu einem **großen eisernen Mühlrad**, dem über 200 Jahre alten, besterhaltenen Relikt aus der ‚Zuckerzeit'. Daneben steht der Nachbau eines alten Plantagenhauses.

Relikt der Zuckerzeit

Für ein kleines Erfrischungsbad lädt in unmittelbarer Nähe (Fünf-Minuten-Spaziergang) ein natürlicher Swimmingpool inmitten tropischer Vegetation ein, der aus einer kleinen Kaskade, dem **Blue Basin Waterfall**, gespeist wird. Sie sollten währenddessen jedoch keine Wertgegenstände im Auto lassen und mit einer möglichst großen Gruppe den Spaziergang antreten, um Tagediebe nicht in Versuchung zu bringen.

Wieder zurück auf der Küstenstraße Audrey Jeffers Highway, geht es auf aussichtsreicher Strecke weiter westwärts durch hübsche Fischerdörfer wie z.B. **Carenage** mit einem Fischmarkt und einer bemerkenswerten kleinen Kapelle namens St. Peter. Am **St. Peter's Day Festival** findet am ersten Wochenende im Juli einer kleiner Karnevalsumzug statt mit Steelband-Musik und Tanz bis spät in die Nacht hinein.

Vorbei an der **L'Anse Mitan** sowie an den Sandstränden der **Dhien's Bay** und **St. Peter's Bay** geht der Blick bis nach **Chaguaramas**, wo 1999 der ‚Miss Universe'-Schönheitswettbewerb ausgetragen wurde. Mit Motorbooten können Sie

Tropfsteinhöhlen

von dort zu einer der fünf vorgelagerten Inseln übersetzen, die unter dem Namen **Gaspar Grande** zusammengefasst sind. Dort gibt es bereits touristisch erschlossene Flecken wie das Fantasy Island (Resort, Wasserrutschbahnen, Picknickplätze usw.) oder den Pier One, eine kleine Marina mit Restaurants und kleinen Geschäften. Unbedingt einen Besuch wert sind die **Gasparee Caves**, Tropfsteinhöhlen mit riesigen **Stalaktiten** und **Stalagmiten**, durch die Sie von *local guides* geführt werden. Weiter westlich befindet sich der Strand Chagville gegenüber dem Kongresszentrum von Chaguaramas, ein eher dreckiger öffentlicher Badestrand. Während des Zweiten Weltkrieges waren hier amerikanische Truppen stationiert, deren Kasernen noch zu sehen sind. Heute vergnügen sich die Trinidadians an den Sandstränden oder auf dem öffentlichen Golfplatz. Das Club-Haus ist ein guter Platz für einen Pausen-Drink.

Kurz hinter der Polizeistation gelangen Sie auf der rechten Seite in das **Tucker Valley**. Vorbei an einem verlassenen Dorf – dies geschah, um der US-Armee Platz zu machen – geht es zu einem Parkplatz, von dem aus Sie direkt zum **Maqueripe Strand** gelangen. Bei klarem Wetter können Sie von hier aus bis nach Venezuela sehen.

Der Norden: von Port of Spain nach Mayaro

Auf der ersten Etappe dieser Strecke verlassen Sie das Zentrum von Port of Spain über die **Saddle Road** am Nordrand der Savannah und biegen an der ersten Ampel rechts ab ins hübsche **Maraval Valley**. Durch eine zunächst dichte, dann immer spärlichere Bebauung geht es immer höher hinauf in die Ortschaft **Moka**, am international bekannten 18-Loch-Golfplatz des **St. Andrew's Golf Club** vorbei. Die gewundene Straße, z.T. am Hang aufgemauert, wurde von US-Soldaten gebaut und 1944 dem Verkehr übergeben. Durch eine wunderschöne Landschaft mit **Bambuswäldern** und **Bananenplantagen** führt der Weg bis zu einer

Blick auf Trinidads Nordküste

Panoramastraße

Gabelung, an der man rechts durch ein Felsentor zum reizvollen **Santa Cruz** abbiegen kann. Von hier aus können Sie alternativ über **San Juan** zurück nach Port of Spain fahren und auf dem Weg eine alte **Plantage mit Kakao, Kaffee und Zitrusfrüchten** besuchen. Nach Mayaro geht es jedoch weiter nach links in **Richtung Maracas**. Genießen Sie auf den folgenden Kilometern die herrlichen Ausblicke zunächst an einer kleinen Parkbucht linker Hand, wo vom Feldweg der **Blick zurück ins Maraval-Tal** über den Golfplatz bis nach **Port of Spain** reicht; dann am höchsten Punkt der Straße, an der Bushaltestelle mit Bambusdach, wo Sie links zum ersten Mal die Karibische See und auf der anderen Seite ins **Santa Cruz Valley** sehen können. Ab hier geht es auf schmaler, aber aussichtsreicher und durchgängig asphaltierter Straße stetig abwärts.

Am Parkplatz auf der linken Seite ist nochmals ein Stopp zu empfehlen. Hier sind auch einige Verkaufsstände, und sicher wartet bereits ein Calypsosänger, der gegen ein kleines Trinkgeld ein Lied auf Sie dichtet. Wanderer können am **Timberline Resort** auf angelegten Pfaden die Natur bewundern, während sich etwas weiter die wohl beste Sicht auf die drei schönsten Strände der Nordküste eröffnet: **Maracas Beach**, **Tyriko Beach** und **Demians Beach**. Manchmal verleihen die ihre Kreise ziehenden Geier der paradiesischen Szenerie einen Hauch Dramatik.

Maracas Bay

Die Maracas Bay mit den genannten palmengesäumten Stränden ist bei den Trinidadians sehr beliebt – besonders am Wochenende – und verfügt über Souvenirstände, Restaurant, Parkplatz, Telefonzellen und zwei tägliche Busverbindungen nach Port-of-Spain. Noch stört **kein Hotel an dem weitläufigen Strand** die Sonnenanbeter oder Wassersportler. Je weiter Sie nach Osten kommen, desto leerer wird es. Und spätestens hier erinnert nichts mehr an die hektische Betriebsamkeit der Hauptstadt.

Trinidads schönste Strände liegen im Norden

Las Cuevas Bay

Die ‚Bucht der Höhlen' bietet acht Kilometer weiter östlich eine ähnlich idyllische Szenerie. Hier gibt es nicht nur **einen schönen und bewachten Strand mit Kleiderkabinen und Restaurant**, sondern auch die Möglichkeit, mit Fischerbooten an der Nordküste entlang zu fahren und dabei die namensgebenden Grotten aufzusuchen. Hinter der Bucht wird die Straße enger und windet sich durch das Fischerdorf **Filette**, dessen katholische Kirche sofort links am Wegrand zu sehen ist. Auf einer Holzbrücke überqueren Sie den **Yarra River**, kommen dann hinter der zweiten Brücke durch riesige Bambuswälder und an *breadfruit*-Bäumen vorbei zum **einsam gelegenen Strand** der **Yarra Bay**, die durch ein lang gestrecktes Riff geschützt wird.

Der Strand der Maracas Bay

Blanchisseuse

Die kleine Ortschaft mit Fischereizentrum, Polizeistation, Restaurants und kleiner Kirche (interessanter ‚Glockenturm') ist **Endstation der Nordküstenstraße**:

Ab hier führt der Weg durchs Inselinnere auf Arima zu. Trotzdem sollten Sie an der Weggabelung noch ein wenig an der Küste bleiben und erst einmal an der James Trace nach links auf der Steintreppe zum wunderschönen, unberührten Strand absteigen. Aber Achtung, das Baden an den Klippen ist gefährlich! Und wenn Sie noch ein Stückchen weiterfahren, kommen Sie am Ufer des Marianne River zu einer Lagune mit herrlicher Vegetation, schließlich zu einer hölzernen Hängebrücke über den Fluss. Lassen Sie sich das Vergnügen nicht nehmen, mit dem Wagen über die Brücke zu fahren und sie in Schwingungen zu versetzen. Danach aber ist die asphaltierte Straße zu Ende und eine Weiterfahrt bis Matelot oder Grand Rivière nur mit Motorrad oder Jeep möglich, auch das nur während der Trockenzeit!

Kurvenreich durch den Regenwald

Zurück in Blanchisseuse, geht es links nach Arima, wobei die ca. 30 km bis dort eigentlich nur aus Kurven bestehen. Die Fahrt ist ein Erlebnis: Mitten durch den Regenwald, an blühenden Bäumen, Termitennestern und wildwachsenden Früchten oder ab und zu an Häuschen mit kleinen Gemüsebeeten vorbei – man hat das Gefühl, mitten im Garten Eden zu sein. Es lohnt sich, einfach einmal den Wagen zu parken, den Motor abzustellen und dem Konzert der Natur zu lauschen oder auch in einem der natürlichen Pools am Wegrand zu baden. Wem das nicht genug ist, der kann zusätzlich durch den Naturgarten wandern, in dem – in heimatlichen Gefilden nur mühsam kultivierte – Pflanzen wie Hibiskus zur vollendeten Pracht gedeihen.

Wenn Sie etwas mehr Zeit haben, können Sie an der nächsten Kreuzung hinter Blanchisseuse einen Abstecher zum kleinen Fischerdorf **Paria** oder nach **Brasso Seco** im Inselinnern unternehmen. Ansonsten bleiben Sie auf der Straße nach Arima und erreichen ca. 20 km später das **Asa Wright Nature Centre** (s.u.)

Arima

Naturcenter und Kleinstadt

Vom Asa Wright Centre gelangt man durch das Arima Valley nach 12 km zur sympathischen Kleinstadt Arima, die einmal der drittgrößte Ort der Insel war.

Die größte Attraktion ist hier der westlich vom Zentrum gelegene Park *Cleaver Woods*, in dem ein ameroindianisches Museum in einem 1937 nachgebauten Kariben-Schilfhaus untergebracht ist. Neben einigen Fund-

Ameroindianisches Museum

INFO Asa Wright Nature Centre

Für Vogelliebhaber ist das Asa Wright Nature Center ein ‚Muss'. Mitte der Neunziger Jahre wurden hier bis zu 186 verschiedene Vogelarten gezählt. Von der Straße nach Arima zweigen Sie 17 Meilen hinter Blanchisseuse scharf nach rechts ab und kommen auf einer schlechten Straße nach wenigen Minuten zum **360 m hoch gelegenen und 7 ha großen Naturcenter**.

Auf dem **Springhill**, einer ehemaligen Kakao- und Kaffeeplantage, wurde dieses Naturschutzgebiet 1967 gegründet und ist heute mit seiner landschaftlichen Gestaltung und der hier beheimateten Fauna und Flora einer der interessantesten Plätze auf Trinidad.

Auf acht Wanderwegen können Sie auf eigene Faust Vogelentdeckungsreisen unternehmen. Am meisten werden Sie allerdings profitieren, wenn Sie von einem der vielen qualifizierten Vogelkundler begleitet werden.

Zu den unbestrittenen Höhepunkten gehören Kolibris, Termiten, Schmetterlinge, natürliche Pools, ein Tal mit chinesischem Bambus, Tucans, Agutis und in der Dunston Cave die weltweit am besten zugängliche Kolonie der fast ausgestorbenen, nachtaktiven Guacharo-Vögel (*nocturnal oilbirds*). Aber auch das alte Plantagenhaus mit seiner Teakholz-Veranda ist unbedingt sehenswert und ideal, um abends.

Wenn Sie die Natur näher erforschen wollen, sollten Sie in der einfachen einstöckigen Lodge eine Nacht buchen und früh am nächsten Morgen eine ausführliche Tour durch das Naturschutzgebiet unternehmen. Von Arima aus ist der Naturpark auch gut mit dem Taxi, für ca. 8 US$, zu erreichen; lassen Sie sich vom Taxifahrer vorher bestätigen, dass er auf Sie wartet.

Info: Asa Wright Nature Center; ☏ 868-622-7480; täglich geöffnet von 9-17 Uhr, geführte Touren (nur mit Voranmeldung!); Mahlzeiten (kreolische Küche) sollten ebenfalls mindestens einen Tag voher bestellt werden; Übernachtungsmöglichkeit. *Siehe auch S. 240/241.*

stücken sind hier hauptsächlich Fotodokumente zu sehen. Im Zentrum selbst verdient der Uhrenturm *Arima Dial* Beachtung, der 1898 errichtet und 1985 mit modernster Technik ausgestattet wurde.
Ab Arima kann man entweder in westlicher Richtung zurück nach Port of Spain fahren, wobei man an weiteren interessanten Sehenswürdigkeiten vorbeikommt, oder die Inselrundfahrt über Sangre Grande zur Ostküste fortsetzen.

Von Arima nach Port of Spain

Falls man nicht in Zeitnot ist oder unbedingt zum Flughafen muss, sollte man der alten Landstraße (*Eastern Main Road*) den Vorzug vor der parallel verlaufenden

Autobahn geben. Zwar herrscht hier fast immer eine große Verkehrsdichte (vor allem wegen der Routentaxen), doch liegen die meisten der nachfolgend genannten Besichtigungspunkte an der Landstraße oder nördlich davon.

Hindu-Tempel und katholisches Kloster

Der erste lohnende Abstecher geht einige Kilometer hinter Arima rechts von der Eastern Main Road ins **Lopinot Valley**. Am Ende der Straße (7,5 km) wartet der sog. *Lapinot Complex* mit einem der schönsten Plantagenhäuser Trinidads (Museum). Es gehörte dem französischen Adligen Charles Joseph de Lopinot, der auf dem nahe gelegenen Friedhof beigesetzt ist und dessen Geist in Sturmnächten noch herumspuken soll.

Wieder auf der Eastern Main Road, passiert man in einiger Entfernung eine Ortschaft mit dem schönen Namen **El Dorado**, in der sich einer der bedeutendsten Hindutempel befindet, Shiv Mandir.

Den Calypso-Song gibt's nicht nur zu Karneval.

Ebenfalls nördlich der Landstraße liegt wenige Kilometer weiter der **Mount St. Benedict**, dessen große, weiße Klosteranlage schon vom Flughafen zu sehen ist. Gegründet wurde die Abtei von brasilianischen Mönchen im Jahre 1912. Der Besuch lohnt sich wegen der Beispiele tiefer katholischer Volksfrömmigkeit und vor allem wegen der weiten Aussicht von der 243 m hoch gelegenen Klosterterrasse.

Anschließend bringt einen die Eastern Main Road durch **St. Joseph**, einem betriebsamen Ort, der bis zum 18. Jahrhundert die Hauptstadt der Insel war. Das Straßensystem und die Straßennamen sind völlig identisch mit denen von Port of Spain. Der Ort wird heute von einigen Industrieanlagen, dem Komplex der *West Indies University*, der katholischen Kirche und vielen mittelständischen Läden geprägt.

Wer die Natur bevorzugt, sollte in St. Joseph ins **Maracas Valley** abbiegen. Am Ende der ca. 5 km langen Straße (Parkplatz) wandert man in 2,5 km zum **Maracas Waterfall**, mit etwa 100 m Fallhöhe der höchste der Insel.

Von dort aus können erfahrene Wanderer den Gipfel des **Tucuche** (937 m) besteigen, wo man nicht nur einen phantastischen Rundblick hat, sondern mit etwas Glück auch den *Golden Tree Frog* sieht, der nirgendwo sonst in der Welt vorkommt.

Bei der Weiterfahrt in Richtung Port of Spain lenkt am Ortsausgang von St. Joseph links der Landstraße die mächtige **Moschee** *Mohammed Ali Jinnah Masjid* die Blicke auf sich, die 1948 von einem britischen Architekten entworfen wurde. Dann kommt man durch die älteste Siedlung Trinidads, **San Juan**, wo eine Straße ins **Santa Cruz Valley** abbiegt (s.o.). Der beste Weg von der Eastern Main Road ins hauptstädtische Zentrum ist anschließend die rechts abgehende **Lady Young Road**, die einen noch prächtigeren Blick auf Port of Spain bietet als das Fort George und einen am Hilton-Hotel vorbei zur Savannah führt.

Mohammed-Ali-Jinnah-Moschee

Von Arima zur Ostküste

Zur Ostküste gelangt man von Arima über die Valencia Road, die zunächst durch das weite Farmland des Aripo-Distrikts führt. Im Städtchen **Valencia** lohnt sich ein Abstecher zum nördlich gelegenen **Hollis Reservoire**, einem durch einen hohen Damm aufgestauten See.

Ebenfalls hat man in Valencia die Wahl, einen längeren Ausflug zur nördlichen Ostküste zu unternehmen. Dabei fährt man über **Matura** und **Salibea** zur *Balandra Bay*, wo man bereits die mächtige Brandung des Atlantiks sieht. Nun geht es an vielen Sandstränden vorbei in den Norden, wo in der Nähe des Fischerdorfes **Toco** ein malerischer, verlassener Leuchtturm steht (*Galera Point*). Weiter kann man an der Nordküste über **Sans Souci** und **Grande Rivière** bis **Matelot** fahren, wo die Asphaltstraße endet. Dieser Ausflug ist nur für Touristen mit viel Zeit geeignet und beansprucht mindestens einen halben Tag. Weder ist es mit normalen PKW möglich, von Matelot an der Nordküste bis Blanchisseuse zu fahren, noch an der Ostküste von Salibea herunter nach Manzanilla!

Halbtagesausflug zur Nordküste

Ansonsten geht der Weg ab Valencia in südöstlicher Richtung nach **Sangre Grande**, einem landwirtschaftlichen Zentrum Trinidads. Über Upper Manzanilla erreicht man die Atlantikküste beim Fischerdorf **Manzanilla**. Hier findet man eines der schönsten Landschaftsbilder der Insel, dessen Bestandteile die Wellen des Ozeans, ein langgestreckter Sanstrand, ein riesiger Palmenhain und dahinter das Nariva-Sumpfgebiet mit seinem reichen Vogel- und Pflanzenleben sind.

Auf der Manzanilla-Mayaro Road

Etwa 15 km lang ist die Fahrt entlang der **Cocos Bay** auf der *Manzanilla Mayaro Road*, wobei die Straße fast schnurgerade durch die dichtstehenden Kokospalmen führt, immer in Sichtweite des Atlantik-Strandes.
Die Bucht wird durch die Halbinsel *Point Radix* bei **St. Joseph** abgeschlossen, um kurz darauf in der nicht minder schönen **Mayaro Bay** eine Fortsetzung zu finden. Hier liegen auch die kleinen Siedlungen **Pierreville** und **Mayaro**, in denen man eine bescheidene touristische Infrastruktur vorfindet und morgens phantastische Sonnenaufgänge erleben kann.

Der Süden: Mayaro – San Fernando – Port of Spain

Landschaftsfahrt in den Süden

Für die nun folgende Etappe sollte man sich zwei Tage reservieren (Übernachtung in San Fernando). Hat man mehr Zeit, kann man die Tour durch Rundfahrten in den Südosten und in den Südwesten beliebig verlängern. In diesem Fall würde man ab Mayaro an der gleichnamigen Bucht entlang weiter bis **Guayaguayare** fahren, dann zurück nach **Rio Claro** oder westlich über **Moruga**, **Basse-Terre** und **Princess Town** nach San Fernando. Auf der kürzeren Strecke verlässt man in Pierreville die Atlantikküste und fährt auf der *Napama Mayaro Road* in westlicher Richtung durch ein landwirtschaftlich intensiv genutztes Gebiet. Durch kleine Bauerndörfer kommt man nach **Rio Claro**, ab hier orientiert man sich an den Hinweisschildern nach **Poole** und **Tableland**.
Kurz danach sollte man zum **Devil's Woodyard** abbiegen, dessen blubbernde Schlammlöcher (*mud volcanoes*) genau wie der Pitch Lake Hinweise auf die vulkanische Vergangenheit der Insel geben. Eine kleine Eruption fand hier zum letzten Mal 1852 statt. Für Hindus ist der Devil's Woodyard ein heiliger Platz, den sie mit nackten Füßen betreten. Anschließend geht es durch eine weite Ebene mit der Kleinstadt **Princess Town** und vielen Zuckerrohrplantagen auf San Fernando an der Westküste zu.

San Fernando

Die mit rund 40.000 Einwohnern zweitgrößte Stadt der Insel lebt in erster Linie von der nahen Erdölraffinerie und hat ein eher modernes Erscheinungsbild. Für die

Ausbildungssituation im Inselstaat ist das *San Fernando Technical Institute* von großer Bedeutung. Für den Touristen bietet San Fernando außer einigen hübschen Häusern im kreolischen oder Art-Deco-Stil nicht viel.

Empfehlenswert ist ein Spaziergang über die Hauptstraße *Royal Road*, die nicht nur die interessantesten Gebäude aufweist, sondern auch über viele Restaurants (Imbissbuden, Pizzerien, japanische und westindische Lokale), Supermärkte und Banken verfügt.

Eine Stadt, die vom Erdöl lebt

Am oberen Ende der Royal Rd sollte man an der Tankstelle rechts abbiegen, dann das markante China-Restaurant ‚*Great Wall*' passieren und sofort dahinter nach links auf den **San Fernando Hill** fahren, dessen bizarre Felsen weithin sichtbar sind. Bis 1986 wurde der Sandstein des Hügels abgebaut, dann stellte man das Gelände unter Naturschutz.

Oben auf dem Hügel mit seinen drei Pavillons bietet sich ein weiter Ausblick über die Stadt, die vorgelagerte Ebene, den Hafen und die Erdölraffinerie von Pointe-à-Pierre; an klaren Tagen kann man bis nach Venezuela schauen.

Zur Zeit des hinduistischen Divali-Festes wird auf dem Fernando Hill ein großes Gerüst mit Lichtern aufgestellt. Es ist möglich, mit dem Wagen auf einer asphaltierten Straße bis zur Spitze zu fahren. Dazu muss man hinter dem großen Wassertank am Informationsstand um Erlaubnis fragen.

Von San Fernando zum Pitch Lake und weiter in den Süden

Wer schon bis nach San Fernando gekommen ist, sollte die kurze Fahrt zum Pitch Lake auf keinen Fall versäumen, selbst wenn man nicht vorhat, noch weiter in den Südwesten vorzudringen.

Zunächst fährt man vom Stadtzentrum auf die Umgehungsstraße (*San Fernando Bypass*) und kommt zu einem großen Verteilerring. Nach rechts führt eine breite Avenue zur **Gulf City**, einem riesigen, modernen Einkaufszentrum in einer reichen Villengegend (hier wohnen die besser Verdienenden der Ölraffinerie).

Geradeaus geht es auf der *Southern Main Road* in Richtung La Brea, immer relativ nahe am Strand des *Golf of Paria* entlang.

Jenseits der Brücke über den *Moskito Creek* passiert man rechter Hand eine heilige Stätte der Hindus, die hier ihre Toten verbrennen und die Asche dem Meer übergeben – deswegen heißt die Küste im Volksmund auch ‚*Shore of Peace*'. Achten Sie bitte die Atmosphäre des Ortes und verzichten darauf, die Rituale zu fotografieren.

Weiter fährt man an einer Sägemühle und kleineren Industriebetrieben sowie an vielen Mangobäumen vorbei bis sich das Naturphänomen des *Pitch Lake* durch ‚Bergschäden' an der Straße und den Häusern ankündigt.

Labiler Untergrund

In einem Radius von 15 km rund um den eigentlichen Asphaltsee ist nämlich der Untergrund labil und die gesamte Infrastruktur ‚schwimmt' in einer langsamen Bewegung. Tiefe Schlaglöcher (nirgendwo in Trinidad sind die Straßen so schlecht wie hier), schiefstehende Häuser oder Tankstellen, verlassene Gebäude und breite Risse in Mauern und Zäunen sind dafür unübersehbare Zeichen.

Pitch Lake

In **La Brea** biegt man nach rechts von der Hauptstraße ab und kommt nach wenigen hundert Metern zum Parkplatz am berühmten Asphalt-See (vgl. S. 469).

Naturphänomen Asphalt-See

Auf den ersten Blick scheint die grau-schwarze Ebene wenig attraktiv zu sein, tatsächlich aber verbirgt sich hier ein herausragendes Naturwunder und eine der größten Sehenswürdigkeiten der Karibik. Das Gelände ist von 10-18 Uhr geöffnet und verfügt über ein kleines, sehenswertes Museum sowie eine Cafeteria.

Es kann gefährlich werden, auf eigene Faust den Pitch Lake zu erkunden. Besser ist es, einen der örtlichen Führer mitzunehmen (Preis vorher aushandeln). Bei Besuchen innerhalb einer organisierten Inselrundfahrt sollte man den Führern etwa 15-20 TT$ Trinkgeld geben.

Wer nach der Wanderung über den See eine Erholungspause braucht, fährt dazu am besten – in 5 Minuten zu erreichen – zum südlich gelegenen **Vessigny Beach** (*Antilles Beach*), der über einen Parkplatz, Cafeteria sowie Umkleide- und Sanitärräume verfügt.

Südlich von La Brea

Während der Pitch Lake normalerweise bei Inselrundfahrten den südlichsten Punkt darstellt, können Individualtouristen mit viel Zeit noch weiter entlang der Küste bis zum Ende der Halbinsel fahren.

Dabei kommt man an Buchten wie *Guapo Bay*, *Irois Bay*, *Granville Bay* und *Columbus Bay* vorbei, die mit ihren Sandstränden sämtlich zum Baden geeignet sind, und erreicht schließlich das äußerste Kap, das im Volksmund auch **The Serpent's Mouth** genannt wird.

Eine andere Attraktion ist das **Fyzabad Lake Resort**, das südöstlich von La Brae im Inselinnern liegt und am besten auf der Rückfahrt nach San Fernando über die *Southern Main Road* zu erreichen ist (hinter der Ortschaft St. Mary's rechts abbiegen). Dabei handelt es sich um einen idyllischen Süßwassersee, der inzwischen mit Picknick- und Campingplätzen, Reitwegen, Wanderpfaden und Kanuverleih touristisch gut erschlossen ist. Ganz in der Nähe steht die TRINTOC-**Ölraffinerie** in merkwürdigem Kontrast zum Grün der Umgebung. 6,5 Kilometer südöstlich davon ist im Dorf **Siparia** ein Kristallisationspunkt des Katholizismus: Die 1758 erbaute Wallfahrtskirche *La Divina Pastora* besitzt eine berühmte schwarze Madonna und ist alljährlich Ziel einer großen Prozession (April/Mai).

INFO Der Asphalt-See von La Brea

Wo sich heute der größte Asphaltsee der Erde ausbreitet, war vor Millionen Jahren ein Schlammvulkan, der heute immer noch – 90 m unter der Oberfläche – durch einen Spalt in der Sandsteinschicht für eine ständige Reproduktion des natürlichen Bitumen sorgt. Die chemische Zusammensetzung des Asphalts besteht zu 29 Prozent aus Wasser, 39 Prozent aus natürlichem Bitumen, 27 Prozent aus Mineralstoffen, aus Öl, Sand oder Tartan sowie zu 5 Prozent aus organischem Material. Das Phänomen wurde Europäern zum ersten Mal durch den Seefahrer Sir Walter Raleigh bekannt gemacht, der 1595 an der Küste landete und im Asphaltsee eine vorzügliche Möglichkeit entdeckte, seine Schiffe zu kalfatern. Das ‚schwarze Gold' wurde daraufhin weithin bekannt und nach dem Zuckerrohr zur ersten Industrie Trinidads. Die hohe Qualität des natürlichen Asphalts wurde bei Straßenbauten in vielen Metropolen der Welt verwandt. Die Asphaltdecken u.a. in Durban, Kairo, London, Glasgow, Washington und Rio de Janeiro wurden im 19. Jahrhundert aufgetragen und erfüllen immer noch ihrem Zweck. Mit Raupen und Eisenbahnwaggons wird der Rohstoff in großen Klumpen abgetragen (ca. 300 t täglich) und in der nahe gelegenen Fabrik weiterverarbeitet. In den letzten 80 Jahren betrug die Ausbeute insgesamt 13 Millionen t, und mit einer geschätzten Kapazität von 200 Millionen t dürfte auch in naher Zukunft der Pitch Lake ein bedeutender Wirtschaftsfaktor bleiben.

Bei einer Führung wandert man zunächst zum Pumpenhaus, durch das nach Regenfällen das Wasser abgepumpt wird, um den Asphalt besser abbauen zu können. Dann besucht man die Fabrik und kommt auch an klaren Süßwasserseen vorbei. Interessant sind die vielen Lotusblumen, die hier in zwei Arten gedeihen. Sie können selbst dann überleben, wenn der See austrocknet und bis zu 5 Jahren ihre Wurzeln im Schlamm versteckt hält. Ein völliges Austrocknen ist aber selten, genauso wie die komplette Bedeckung des Pitch Lake mit Wasser, etwa nach heftigen Regenfällen.

Die kleinen Seen bilden sich ausschließlich durch Niederschläge, beheimaten aber trotzdem winzige tropische Fische. Ihr schwefelhaltiges Wasser ist gut zur Behandlung von Hautkrankheiten geeignet. Immer wieder sieht man auch organisches Material wie Wurzeln etc., das z.T. Tausende von Jahren alt ist.

‚Bodenprobe' auf dem Asphalt-See

Bei der Führung auf leicht federndem Untergrund kommt man zu Schwefelblasen im Asphalt. An anderen Stellen tritt Metangas aus, das leicht mit dem Feuerzeug entzündet werden könnte; und schließlich werden Besucher auch zu jenen Stellen geleitet, an denen man ein Stück in den Untergrund einsinkt oder zähflüssiges Bitumen aus dem Untergrund ziehen kann. Ein Mythos der indianischen Ureinwohner erklärt den Ursprung des Sees folgendermaßen: Vor langer Zeit lebte in dem Tal der Stamm der Chaima, die den Kolibri als heiliges Tier verehrten. Als jedoch der Häuptling nach einem großen Sieg über seine Feinde einen Kolibri tötete und verspeiste, zog er damit die Rache der Götter auf sich. Diese befahlen der Erde, dass sie sich öffnen und das Dorf mit allen seinen Bewohnern verschlucken solle. Anschließend deckten sie das Tal mit Asphalt zu und verbargen damit für immer die Stätte des Frevels.

Von San Fernando nach Port of Spain

Für die Rückfahrt zum 60 Kilometer entfernten Port-of-Spain benutzt man ab San Fernando am besten den *Solomon Hochoi Highway* (später *Uriah Butler Hwy*), der autobahnähnlich ausgebaut ist. Die einzelnen Sehenswürdigkeiten entlang der Strecke sind i.d.R. gut ausgeschildert. Die erste Station nördlich von San Fernando ist **Pointe-à-Pierre**, das sich mit seiner Ölraffinerie, dem Frachthafen (dem größten der Insel), Tanks, Silos etc. als reines Industriegebiet darstellt.

Industrieregion mit Naturschutzgebiet

Merkwürdigerweise hat man mitten im Komplex der TEXACO-Raffinerie ein Natur- und Vogelschutzgebiet errichtet (**Pointe-à-Pierre Wildfowl Trust**), das nicht nur 86 seltenen Spezies aus aller Welt zur Heimat geworden ist, sondern sich mit großem Erfolg auch der Aufzucht der Scharlachibisse gewidmet hat. Das 26 Hektar große Gelände steht Studierenden und Wissenschaftlern zur Verfügung, kann nach Voranmeldung beim Touristenbüro aber auch von ‚Normaltouristen' aufgesucht werden (tägl. 10-17 Uhr).

Etwas weiter nördlich ist auch die Gegend um **Point Lisas** industriell geprägt. Hier werden in Fabriken, die einem indischen Konsortium gehören, Stahl, Eisenkabel und Bleche hergestellt.

Im weiteren Verlauf des Highways passiert man ausgedehnte Zuckerrohrplantagen, aber auch viele Reisfelder. Hinduistische Sakralbauwerke mit ihren bunten Fähnchen machen genauso wie viele Ortsnamen (*Calcutta*, *Chaguanas*, *Cacandee*) deutlich, dass diese Region mehrheitlich von Indern bewohnt wird.

Insbesondere **Chaguanas** lohnt dabei einen Besuch, bei dem man in den Geschäften Saris oder andere Textilien mit asiatischen Ornamenten kaufen und die beste indische Küche der Insel genießen kann.

Caroni Swamp

Riesiger Sumpf

Zwischen Chaguanas und Port of Spain breitet sich vor der Küste ein riesiges, von Flüssen und Kanälen durchzogenes Sumpfgebiet aus, das mit Mangrovendickicht bewachsen ist.
Hier befindet sich mit dem **Caroni Bird Sanctuary** eines der interessantesten und schönsten Vogelschutzgebiete der Karibik. Am (ausgeschilderten) Parkplatz warten bereits die Führer, die Touristen mit kleinen Motorbooten durch diese amphibische Wunderwelt befördern, vorbei an Schlammspringern, Krabben und manchmal sogar Boas, die sich um einen Ast winden.

Bootsfahrt zu den Ibissen

Die Hauptattraktion ist natürlich der Scharlachibis, der Nationalvogel Trinidads. Ganze Schwärme sieht man am besten zwischen August und März, kurz vor Sonnenuntergang. Deswegen starten die Bootstouren i.d.R. auch nur nachmittags. Weder die Geruchsbelästigung durch die Gasabfüllanlage am Eingang des Naturparks noch das reichhaltige Auftreten von Moskitos (Mückenspray und lange Kleidung nicht vergessen!) beeinträchtigen dieses großartige Erlebnis.

INFO   Der Scharlachibis (Roter Sichler)

Schwarm der Scharlachibisse

Der Scharlachibis (engl.: *Scarlet Ibis*, lat.: *Eudocimus ruber*), der zur Ordnung der Stelzvögel und zur Familie der Ibisvögel gehört, hat seinen Namen wegen der prächtigen, rosa bis tiefroten Färbung des Gefieders bekommen. Bei der Geburt sind die Jungibisse allerdings schwarz, erst ab dem zweiten Jahr setzt ihre rote Färbung ein, die das gesamte Gefieder mit Ausnahme der alleräußersten Flügelspitzen betrifft.

Die roten Ibisse werden bis zu 64 cm lang (Flügelspannweite knapp ein Meter) und ernähren sich von Insekten, Krustentieren, Würmern, Fischen, Fröschen und kleinen Reptilien. Ihre Beutetiere finden sie in küstennahen Salztümpeln, Sümpfen und Mangrovendickichten, ihre bevorzugten Heimatgründe.

Die Scharlachibisse des Caroni Swamp nisten zwischen April und Juli im venezuelanischen Orinoko-Delta, wo sie jeweils zwei Eier in 21-23 Tagen ausbrüten. Anschließend kehren sie nach Trinidad zurück. Kreuzungen mit dem Weißen Sichler (*Eucodimus albus*) sind möglich und ergeben Bastarde.

Die Vögel, die man außer an ihrem scharlachroten Gefieder auch an den schwarzen Flügelspitzen und dem gebogenen Schnabel erkennt, wurden früher rücksichtslos verfolgt.

Heute genießen sie außer im Caroni Swamp teilweise auch in Venezuela Schutz. Insgesamt nisten auf Trinidad ca. 3.000 Brutpaare. Kurz vor Sonnenuntergang kommen sie an bestimmten Stellen zusammen, um ihre Nachtquartiere in den Baumkronen aufzusuchen. Wenn sich die zahlreichen Ibisse wie eine leuchtende Klangskulptur zusammendrängen und immer mehr Vögel dazustoßen, ist der Moment gekommen, auf den Bootsführer und Besucher gewartet haben.

Nach dem Besuch des Caroni Swamp gelangt man hinter der Brücke über den Caroni River zur Autobahnkreuzung mit dem Churchill-, Roosevelt- und Beetham Highway, an der es östlich zum Piarco-Flughafen und westlich, an der Carib-Brauerei und einem großen Einkaufszentrum vorbei, nach Port of Spain geht.

Tobago

Tobago sehen und erleben

Trinidads kleine Schwester

Die ca. 32 km nordöstlich von Trinidad gelegene und mit 300 km² erheblich kleinere Schwesterinsel Tobago (ca. 50.000 Einwohner) hat ein solch eigenes Gepräge, dass man kaum verstehen kann, wieso die beiden Inseln in einem Staat zusammengefasst sind. Die Ebenen und die Weitläufigkeit Trinidads fehlen hier völlig. Nur im Süden läuft Tobago flach aus; daher gibt es hier im Meer auch einige Korallenriffe. Ansonsten ist die Insel in ihrer Gesamtheit gebirgig und von einem dichten Regenwald bedeckt.

Weide- und Sumpfland im Inselinnern

Ihr Rückgrat wird durch die näher an der Nordküste entlangziehende *Main Ridge* gebildet, die trotz ihrer geringen Höhe von maximal 572 m (*Pigeon Peak*) manchmal unüberwindlich erscheint. Zum Meer hin wird Tobago durch viele z.T. spektakuläre Buchten gegliedert, die fast alle feinsandige Strände aufweisen. Dass man sich dort ‚wie Robinson' fühlen kann, ist keine touristische Klischeevorstellung: Warum sonst hätte *Daniel Defoe* (1660-1731) Tobago als Schauplatz seines Romans ‚*Robinson Crusoe*' gewählt?! Nach Eigenwerbung der Insel-Touristiker soll dabei auf jeden Besucher mindestens ein Kilometer Strand kommen.

Natur

Die Strände sind am schönsten und sichersten im Süden, wo deshalb auch die meisten Hotels konzentriert sind. Demgegenüber hat die Nordseite ein eher wildes Gepräge. Auf der bis zu 12 km breiten und 41 km langen Insel breitet sich die Natur in geradezu überschwänglicher Fülle aus. Besonders die Vogelwelt ist reichhaltig vertreten, und allein sieben der hier beheimateten Kolibri-Arten kommen ausschließlich auf Tobago vor.

Geschichte

Ihren Namen verdankt die Insel ausnahmsweise einmal nicht Kolumbus, sondern der langen Tabakspfeife der indianischen Ureinwohner. Nach deren Ausrottung oder Deportation durch europäische Siedler begann die verworrene, hektische Zeit in der Abfolge unterschiedlicher Kolonialherren: mehr als dreißigmal musste Tobago seinen Besitzer wechseln.
Außer dem üblichem Hin und Her zwischen französischer und englischer Herrschaft kämpften auch Spanier, Holländer, Kurländer und unabhängige Freibeuter verbissen um diesen paradiesischen Flecken Erde; Zeugnis von der kriegerischen Epoche legen die vielen Forts ab. 1803 fiel die Insel endgültig an das britische Empire,

das 1889 Tobago mit Trinidad zu einer Kolonie vereinigte. Dabei waren die wirtschaftlichen Voraussetzungen so grundverschieden, dass Tobago nie mehr als ein bloßes Mauerblümchen-Dasein führen konnte.

Noch heute sehen die Trinidadians ein wenig hochnäsig auf ihre ‚armen Verwandten' hinab, was auf der Insel immer schon Anlass für Diskussionen gab, sich von der größeren Schwester politisch zu trennen. Während sich Trinidad durch Erdöl, Landwirtschaft und Industrialisierung einen hohen Lebensstandard erwirtschaften konnte, blieb Tobago mehr oder weniger unberührt – ein Glücksfall, denn das gehört heute zum größten Kapital der Insel. Denn die Regenwälder, Sandstrände, Korallenriffe, Palmenhaine und Kolibris sind so idealtypisch ‚karibisch', dass der Fremdenverkehr mit Erfolg und zu Recht Tobago als wahres Paradies vermarkten kann.

Typisch ‚karibisches' Reiseziel

Tobago sehen und erleben heißt hauptsächlich, sich wohl fühlen und die Seele baumeln lassen. Trotzdem gibt es auch hier einige Dinge, die man auf einer Inselrundfahrt kennen lernen sollte. Der geringen Größe Tobagos entsprechend, reichen dafür zwei Tage bequem aus. Selbstfahrern wird die Suche nach den Attraktionen leicht gemacht:
Hinweisschilder mit einer schwarzen Kanone über blauen Wellen, von einer orangefarbenen Sonne überstrahlt, weisen zu jeder der historischen Sehenswürdigkeiten.

Ein Erlebnis abseits der Strände und Straßen ist eine Wanderung durch den tropischen Wald. Erkundigen Sie sich, wann David Rook im *Grafton* oder *Mount Irvine* eine *Nature Lecture* mit Lichtbildern hält, durch die Sie perfekt auf die Exkursion vorbereitet werden. Anschließend sollten Sie sich am besten einer geführten Wanderung anschließen.

Taucher am Buccoo Reef

Als ein ‚Muss' gilt auch ein Besuch des Buccoo Reefs, das mit seinen tropischen Fischen und Korallenformationen einen leicht erreichbaren Unterwassergarten darstellt. Wer dort nicht tauchen oder schnorcheln möchte, kann mit einem Glasbodenboot die Pracht bewundern.

Die karibische Seite: Crown Point – Charlotteville

Fast alle Besucher betreten zum ersten Mal den Inselboden am Südwestzipfel Tobagos, wo auf dem Flughafen **Crown Point** auch größere Maschinen landen können. Von hier aus ist es nur ein Katzensprung zu den meisten Hotels, von denen einige in unmittelbarer Nachbarschaft zur Landebahn liegen und dementsprechend vom Fluglärm am meisten betroffen sind. Aber auch einige der schönsten natürlichen Sehenswürdigkeiten Tobagos sind nur wenige Kilometer entfernt: Sofort westlich des Flughafens kann man den Palmenstrand der **Store Bay** in wenigen Minuten zu Fuß erreichen, ebenso das Westkap **Sandy Point**.

Pigeon Point und Buccoo Reef

Herrlicher Strand

Fährt man vom Terminal geradeaus nach Norden (*Sandy Bay*), kommt man, am Platz des alten *Forts Milford* vorbei, ebenfalls in wenigen Minuten automatisch auf jene Halbinsel, an deren Ende der Pigeon Point liegt. Der palmengesäumte Strand, der oft als der ‚Traumstrand der Karibik' bezeichnet wird, ist inzwischen so populär, dass Autofahrer eine Art ‚Eintritt' bezahlen müssen. Dafür kann man auch an den touristischen Einrichtungen (Umkleidekabinen, Cafeteria, Souvenirshop, geringer Eintritt für den Strandbesuch) teilhaben – aber keine Angst: Gedränge à la Mallorca ist auch in absehbarer Zukunft nicht zu befürchten.

Postkartenmotiv: Pigeon Point

Der *Pigeon Point* ist mit seinem Landesteg der bevorzugte Startpunkt für Exkursionen zum nahen **Buccoo Reef**. In diesem Unterwassergarten direkt vor der Küste kann man, knapp unter der Meeresoberfläche, die gesamte Wunderwelt maritimer Flora und Fauna bestaunen, etwa Fächer- und Gehirnkorallen ebenso wie Zebra-, Kugel- und Trompetenfische, u.v.m.

In unmittelbarer Nachbarschaft bietet der sog. **Nylon Pool** das Erlebnis eines überfluteten Sandstrandes: Von tieferen Stellen umgeben, breitet sich dort ca. 50-120 cm unter dem lauwarmen Wasser eine Fläche mit blendend weißem Sand aus. Empfehlenswert ist die Teilnahme an einer Glasbodenboot-Fahrt, auf der an drei Punkten gehalten wird: einmal am Buccoo-Riff zum Schnorcheln, dann am **Nylon Pool** zum Baden und schließlich an einer Insel (*No Man's Island*), auf der zu Calypsomusik das Barbecue eingenommen wird. Vom Pigeon Point geht es wieder am Flughafen vorbei und über die Shirvan Road und Grafton Road zur südwestlichen Küste, wo zwischen **Bobby Point**, **Black Rock** und **Plymouth** an den Buchten *Mt. Irvine Bay*, *Stone Haven Bay* mit dem *Grafton Beach* und *Great Courland Bay* eine relativ große Dichte an Hotels und Restaurants zu verzeichnen ist. Freilich sind die Zustände auch hier nicht mit denen in mediterranen Touristikzentren zu vergleichen, und Urlauber können sich

INFO Die Unterwasserwelt Tobagos

Die Riffe von Tobago sind ein **Traum für Tauchbegeisterte**. Der Strom von Guyana fließt um den südlichen und östlichen Inselteil, dadurch entsteht eine enorme Vielfalt der Unterwasserwelt. Weichkorallen und Hartkorallen, Schwämme, Canyons und Wracks faszinieren vor allem um die Insel Little Tobago herum. Es gibt Steinformationen, Korallen-Mauern und -Gärten, Canyons und große Fischschwärme zu bestaunen, ebenso wie Mantarochen, Engelsfische, Rochen, Delphine, Haie, Schildkröten, Adlerrochen und Schlangenaale. Sie können Felsblöcke sehen, die sich von der Küste abgelöst haben, sowie natürliche Felsbögen.

Zudem liegt hier die 1997 versunkene ‚Scarlet Ibis', ein über 100 m langes sog. ‚Roll-on-roll-off'-Schiff, das in ‚Maverich' umgetauft wurde und in ca. 30 m Tiefe einer Sandbank aufsitzt. Mittlerweile bildet es ein künstliches Riff, Schwärme von Fischen haben hier ihre Heimat gefunden. Eins der **weltgrößten Korallenriffe**, das Buccoo Reef, können Sie auch mit einem Glasbodenschiff besichtigen.

Darüber hinaus gibt es zahlreiche **Tauch-Spots**, die eine große Bandbreite an Erscheinungen unter Wasser bestaunen lassen und sowohl für Anfänger geeignet sind als auch Könner herausfordern. Beliebte Tauchspots sind u.a. Arnos Vale, Pirates's Bay, Store Bay, Man-O'War Bay und Batteaux Bay.
Am abwechslungsreichsten, aber auch nicht ganz ungefährlich, ist die Unterwasserwelt im Bocas-Kanal, der zwischen den Inseln im Nordwesten Tobagos liegt. Am noch unverdorbenen Taucherstandort Tobago haben sich mittlerweile auch etliche Tauch-Stationen etabliert.

auf lange, feinsandige Strände mit wenig Andrang freuen, an denen morgens die Fischer noch traditionell ihre Beute einholen. Außerdem sind die Sportmöglichkeiten ausgezeichnet. Neben den Wassersportangeboten der Hotels (insbesondere für Surfer ist die Küste ideal) genießt der 18-Loch-Golfplatz am *Mount Irvine* Weltruf. Und zusätzlich kann die Region gleich mit mehreren natürlichen und kulturellen Sehenswürdigkeiten aufwarten. Nirgendwo sonst kann man z.B. die Lederrücken-Schildkröte so gut beobachten wie am **Grafton Beach** und in der Great Courland Bay.

Plymouth

Attraktionen ganz anderer Art besitzt das sympathische Dorf Plymouth, die zweitgrößte Siedlung der Insel. Wer sich von der Hauptstraße nach dem Hinweisschild ‚*Fort James*' richtet, kommt auf einer Stichstraße zum *Plymouth Tourist Centre* (Getränke- und Souvenirstand) und sofort dahinter zu einem eingezäunten freien Platz, auf dem einmal die Festung Fort James gestanden hat.

Am Grafton Beach

Die Kleinen Antillen – Tobago

> **INFO** **Die Lederrücken-Schildkröte (Leather-Back Turtle)**
>
> Die Leather-Back Turtle ist die weltweit größte Art der Seeschildkröten und kann bis zu 725 kg schwer und 1,85 m lang werden. Die beste Zeit zur Beobachtung dieser Tiere ist von März bis August, wenn die weiblichen Schildkröten zur Produktion der Nachkommenschaft an den Strand kommen.
>
> Jedes Weibchen gräbt dazu sorgfältig kleine Gruben in den Sand, in die es zwischen 80 und 125 weiße Eier ablegt. Dies geschieht i.d.R. in der Dunkelheit – zwischen 19 und 5 Uhr.
>
> Nach 55-70 Tagen schlüpfen die kleinen Schildkröten und versuchen instinktiv sofort, das Wasser zu erreichen. Dies gelingt etwa 60 Prozent der geschlüpften Tiere, aber nur ein oder zwei davon werden alle Gefahren im Meer überstehen und das geschlechtsreife Alter erreichen.
>
> Zur Eiablage schwimmen sie später dann an genau den Strand zurück, an dem sie selbst zur Welt gekommen sind.

Gemeinde der Kurländer

Heute erinnern die 1978 aufgestellten Betonsäulen (*Couronian Monument*) an eine interessante Epoche dieses geschichtsträchtigen Ortes. Hier gingen lettische Kurländer an Land und etablierten 1639-1693 eine blühende Gemeinde, in der auch Angehörige vieler anderer Nationen aufgingen. So lebten dort außer Letten auch Deutsche, Skandinavier, Holländer, Engländer, Franzosen, Juden, Kariben und Gambianer aus Afrika als freie Bürger zusammen, die mit Nordamerika, Brasilien, Europa und Afrika Handel trieben.

Vorher schon hatten die Holländer das älteste Fort und die erste Siedlung in Plymouth gegründet (*Nieuw Vlissingen* und *Nieuw Walcheren*), die allerdings zweimal, durch Spanier und Kariben, zerstört wurde. Deren Erbe trat die kurländische Kolonie ‚Neu-Kurland' an, in der es ein *Fort Jacobus* und eine gleichnamige Siedlung gab.

Wechselvolle Geschichte

Von den Holländern 1659-1664 erobert und in *Fort Beveren* umgetauft, gaben die Briten den Uferstreifen an die Balten zurück, der allerdings während der nächsten 160 Jahre von Holländern, Franzosen, Engländern und Kariben heftig umkämpft wurde. Bis 1693 jedoch unterstanden die Bucht und ihr Hinterland formal den Herzögen von Kurland. Daneben existierten weitere lettische Siedlungen auf Tobago u.a. in Black Rock (*Fort Bennett*) und Mount Irvine (*Little Kurland Bay*), sowie baltische Festungen wie *Fort Schmoll* und *Fort Kasimir*.

Rätselhafter Grabstein

Auf der anderen Seite der Straße befindet sich neben einer Taubstummenschule der **Mystery Tombstone**, ein schwarzer Grabstein aus dem Jahre 1783, der vor allem wegen seiner weißen Inschrift Rätsel aufgibt. Denn über die hier beigesetzte Frau wird in den letzten drei Zeilen gesagt: „*Sie war eine Mutter, ohne es zu wissen, und eine Ehefrau, ohne es ihren Mann wissen zu lassen, es sei denn durch ihre freundliche Nachsicht ihm gegenüber.*"

Nach dem Besuch von Plymouth setzt man die Inselrundfahrt entlang der Nordküste über die *Arnos Vale Road* fort und kommt auf aussichtsreicher Strecke an einsamen Buchten vorbei und durch eine paradiesische Landschaft. Ein kurzer Abstecher ins Inselinnere auf der *Franklyn Road* bringt Sie zu den malerisch überwucherten Resten der alten Zuckerfabrik von **Franklyn's**, die außer verschiedenen Maschinenteilen und Silos noch einen Ziegelstein-Schornstein und ein großes, eisernes Mühlrad aufweist.

Zurück zur Küste findet man über das Dörfchen **Golden Lane**, in dem man das geheimnisumwitterte Grab der afrikanischen Hexe Gang Gang Sara aufsuchen kann, die vor vielen Hundert Jahren nach Tobago geflohen war. Auf dem Weg nach Norden passiert man im weiteren Verlauf der Strecke die **King Peter's Bay**, die nach einem Häuptling (König) der Kariben benannt ist.

Dann ergibt sich ein herrlicher Blick auf die **Castara Bay** mit Sandstrand und Bucht, in der oft Fischer beim Einholen der Netze zu beobachten sind. Weiter geht es zur **Englishman's Bay**, die sich wie eine Mondsichel vor den Regenwald schmiegt, zur **Parlatuvier Bay** und zur **Bloody Bay**, einem ehemaligen Piratenschlupfloch – allesamt phantastisch gelegene Naturhäfen mit goldgelben Sandsteifen, auf die man von der hoch gelegenen Straße hinunterschaut. Hinter der Bloody Bay kann man noch ein Stückchen an der Leeward-Seite entlangfahren, doch eine durchgängige Verbindung mit Charlotteville besteht nur für Jeeps oder Motorräder, und auch für diese ist sie nur außerhalb der Regenzeit passierbar. Deswegen verlässt man hier die karibische Küste und durchquert auf der gewundenen, doch gut befahrbaren *Roxborough Palatuvier Road* das Inselinnere. Hier breitet sich die **Tobago Forest Reserve** aus, in deren Regenwäldern u.a. Mahagoni-, Tulpenbäume, Hibiskus und Bougainvilleen wachsen und (harmlose) Schlangen, Frösche, Schmetterlinge, Kolibris, Eisvögel und Tukans leben.

Tropischer Regenwald

Altes Mühlrad bei Franklyn's

Strand der Castara Bay

Die ganze tropische Wunderwelt kann man von einem Aussichtspunkt links der Straße bewundern oder, besser noch, auf einer geführten Wanderung intensiv erleben.

Eindrucksvoller Wasserfall

Kurz bevor man die atlantische Seite an der Ortschaft Roxborough mit ihren Kakao-Plantagen bzw. die *Prince's Bay* erreicht, sollte man gegenüber der Schule von Roxborough nach rechts den Schildern zum **Argylle-Wasserfall** folgen. Dies ist zwar nicht der einzige, aber der eindrucksvollste von Tobagos Wasserfällen und wird inzwischen als Touristenattraktion vermarktet. Gruppen benötigen einen autorisierten Führer, Individualtouristen können vom Parkplatz aus auch allein zu den Kaskaden wandern.

Auf dem neu angelegten Weg spaziert man etwa eine halbe Stunde am Argyll-River entlang und passiert die moderne, zweistöckige Cafeteria (Umkleidemöglichkeit); dahinter wird der Pfad eng und beschwerlich – rutschfeste Schuhe sind unbedingt nötig. Nach einer Weile erreicht man den untersten Pool, von dem aus drei Kaskaden zu sehen sind. Hier kann man ein erfrischendes Bad nehmen. Wer weiter hinauf möchte, muss an einem Seil an den Felsen entlangklettern und wird dafür mit dem Anblick auf vier weitere Kaskaden belohnt.

Auf der Weiterfahrt erreicht man nach wenigen Kilometern das Städtchen **Roxborough**, dessen *Main Street* direkt am Hafen entlangführt. Hier sieht man noch etliche schöne alte Holzhäuser, viele davon allerdings in beklagenswertem Zustand.

An einer Baumschule und dem Dorf **Louis d'Or** vorbei sowie durch landwirtschaftlich genutztes Gebiet (Bananen, Muskat, Brotfrucht), kommt man zu einem Aussichtspunkt, der auf die geschützte Bucht der **King's Bay** mit ihrem dunkelsandigen Palmenstrand blickt. Hier ist Baden problemlos möglich, was man wegen des Wellengangs und der Unterströmung nicht von jedem Strand an der Atlantikseite sagen kann.

Im Hinterland bieten sich die bewaldeten Berge entlang des *King's Bay River* zum Wandern an; dort liegt auch der **King's Bay Waterfall**, unter dem man eine erfrischende Dusche nehmen kann.

Vorgelagerte Inseln

Weiter führt die *Windward Road* entlang der Küste zur **Tyrrell's Bay,** in der das Fischerdorf **Speyside** liegt. Wegen der vorgelagerten Inseln, zu denen man von Speyside aus mit Glasboden- oder anderen Booten übersetzen kann, hat das Dörfchen in den letzten Jahren eine gewisse touristische Bedeutung erlangt, die sich auch in einigen netten Restaurants zeigt.

Am nächsten zur Küste befindet sich die ‚Ziegeninsel' **Goat Island.** Sie ist im Privatbesitz der McLeod-Familie, deren weißes, hochherrschaftliches Wohnhaus gut zu sehen ist.

Dahinter liegt das ca. 180 ha große **Little Tobago**, das auch Paradiesvogel-Insel (*Bird of Paradise Island*) genannt wird. Den Beinamen bekam sie, weil Sir William Ingram 1909 hier aus Neuguinea importierte Paradiesvögel aussetzte, die sich prächtig vermehrten. Leider sind die farbenprächtigen Vögel nach dem Hurrican ‚Flora' nie wieder aufgetaucht, dafür entschädigen jedoch genügend andere tropische Arten.

Seit 1925 untersteht Little Tobago der Kontrolle des Staates, der hier – wie auch auf Goat Island – ein Vogelschutzgebiet einrichtete. Interessierte können an Ort und Stelle die Vogelwelt beobachten, die besten Zeiten sind morgens und vor Einbruch der Dunkelheit. Die Gewässer um Little Tobago sind darüber hinaus wegen ihrer Korallenformationen und Fischschwärme bekannt und gelten als einer der besten Tauchgründe in der Karibik. Auf Glasboden- und anderen Booten können Sie von Speyside zum Korallenriff übersetzen.

Little Tobago

Kurz hinter der Ortschaft biegt die *Windward Road* nach links ab und führt durchs Inselinnere auf Charlotteville zu. An der Abzweigung sind noch die Überreste einer alten Zuckermühle zu sehen, ein Stückchen weiter an der Küste hat man am *Blue Waters Inn* gute Bademöglichkeiten.

Am *Flagstaff Hill Viewpoint* (Leuchtturm) hat man nochmals eine wunderschöne Aussicht, dann geht es eng und steil am Rand des höchsten Inselberges, dem **Pigeon Peak** (572 m), auf einer wirklichen Serpentinenstraße hinab nach Charlotteville.

Charlotteville

Seinen Namen bekam das pittoreske Fischerdorf in der Zeit der französischen Besetzung. Das kleine, verschlafene Nest, das sich um einen zentralen Fußballplatz ausbreitet, besitzt einige hübsche Holzhäuser in kreolischer Architektur, eine Uferstraße mit Marktständen, einen Strand und sehr viel Lokalkolorit.

Am Ortseingang kann man nach links auf die *Nord Road* abbiegen, die für normale PKWs allerdings keine Verbindung zur Bloody Bay und anderen Punkten der Leeward-Seite bereitstellt, außerdem nicht immer befahrbar ist. Auch mit Geländewagen oder Motorrädern sollte man den Weg nicht in der Regenzeit benutzen. Trotzdem ist ein Abstecher auf den ersten zwei Kilometern der Nord Road empfehlenswert.

Über schmale Brücken, vorbei an einem kleinen Guesthouse und nach einem Kilometer unasphaltierter Strasse schraubt man sich hinauf, entlang der Westseite der **Man-O'War Bay**. In dieser herrlichen, von den Holländern ursprünglich Jan-de-Moor-Baai genannten Bucht trafen sich im 17. und 18. Jahrhundert Piraten unterschiedlicher Herkunft. Den besten Ausblick hat man, wenn man den Wagen an der kleinen Blechhütte mit dem Hinweisschild ‚To Fort Campbell' abstellt. Ab hier geht man in fünf Minuten über einen Pfad zum Platz eines ehemaligen Forts, der als kleiner Park gestaltet ist. Bis auf zwei Kanonen sind kaum Überreste der Verteidigungsanlage zu entdecken, dafür aber ist vom Pavillon in der Mitte die Aussicht auf Charlotteville und die Bucht einfach phantastisch.

karibisches Traumbild

Mit blühender Vegetation, vielen Papageien und den nordöstlich vorgelagert Inselchen **St. Giles Island** und **Marbel Island** (wo Angler sehr gute Fischgründe vorfinden) rundet sich der Blick zu einem karibischen Traumbild.

Die atlantische Seite: Roxborough – Scarborough – Crown Point

Wegen der fehlenden Verbindung zwischen Leeward- und Windward-Küstenstraße muss man von **Charlotteville** auf dem gleichen Weg, wie oben beschrieben, nach **Roxborough** zurückfahren. Ab hier geht es in südwestlicher Richtung immer nahe der Küste entlang bis **Richmond**, wo ein elegantes ‚Great House' aus dem 18. Jahrhundert mit Kräutergarten und Privatfriedhof zu sehen ist. Das innen mit afrikanischer Kunst dekorierte Gebäude dient heute als gemütliche Pension.

‚Great House' bei Richmond

Die nächste Station ist das an der gleichnamigen Bucht gelegene **Goldsborough** mit einer hübschen neugotischen Kirche. Wanderer können im Hinterland ein ganzes System von Flüssen, Bächen und Wasserfällen aufsuchen sowie die vorwiegend mit Zedern und Zypressen bewachsene Landschaft bewundern.

Anschließend führt die *Windward Road* auf die weit geschwungene **Barbados Bay** zu, einst der Ausfuhrhafen für Holz nach Barbados. Am östlichen Anfang bringt einen eine kleine Stichstraße nach links zum **Fort Granby** (ausgeschildert), das nur eine kurze Lebenszeit hatte (1764-1781). Dieses mit einem weißen Holzzaun umfriedete Gelände besitzt zwar nur noch spärliche fortifikatorische Überbleibsel, besticht dafür aber umso mehr durch eine sehr schöne Aussicht.

Vom Parkplatz an der kleinen Cafeteria geht man über einen gepflegten Treppenweg durch den Park mit seinen Bäumen, Papageien, Reihern und vielen anderen Vögeln bis zur äußersten Spitze des Kaps, wo man den Blick auf die Bucht und die Lavaklippen genießt.

Kurz darauf kommt man zur **Hillsborough Bay,** deren schöner Palmenstrand zum Schwimmen zu gefährlich sein kann. Die Bucht ist nicht nur schön, sondern auch von historischer Bedeutung. Denn hier befand sich seit 1768 mit *George Town* die erste britische Hauptstadt Tobagos. Der später in **Mount St. George** umgetaufte Ort ist immer noch Sitz der offiziellen Residenz des Premierministers von Trinidad und Tobago; außerdem besitzt er mehrere schöne Holzhäuser im kreolischen Zuckerbäckerstil (*gingerbread houses*). Im **Studley Park** ist das ehemalige Gerichtsgebäude aus dem Jahre 1788 sehenswert. Die Bucht selbst war einst der Haupt-Ausfuhrhafen für Zucker und Rum.

Kreolische Architektur

Von hier aus kann man über die *St. George-Castara Road*, die sich weit nach Norden bis zum Pass auf der *Main Ridge* hinaufwindet, einen lohnenden Abstecher ins

Inselinnere unternehmen. Kurz hinter Hillsborough sollte man dabei dem **Green Hill Waterfall** einen Besuch abstatten. Im weiteren Verlauf ist der Stausee **Hillsborough Dam** sehenswert. Weiter führt die Küstenstraße, an der Minister Bay und Bacolet Bay vorbei, auf die **Rockly Bay** mit der heutigen Hauptstadt von Tobago zu.

Scarborough

Die ca. 17.500-Einwohner-Kapitale hat nichts mit der hektischen Betriebsamkeit von Port of Spain gemeinsam, kann allerdings auch nicht annähernd so viele Sehenswürdigkeiten aufweisen. Immerhin gibt es mehrere malerische Häuser, die sich von den Hügeln bis zum Hafen aneinander reihen. Am Hafen selbst mit seinen beiden Piers liegt das großzügige, moderne Areal der **Scarborough Mall**, welches einen Markt, ein Einkaufszentrum, die Hauptpost, mehrere Banken, die Touristeninformation und zentrale Busstation umfasst.

Provinzielle Inselhauptstadt

Jenseits der Uferstraße Carrington Street ist die Anlegestelle für die Fährschiffe nach Trinidad. Im Osten der Scarborough Mall lohnt der **Botanische Garten** einen Besuch, mit Palmen, Flamboyants, Saman-Bäumen und unzähligen blühenden Pflanzen. Ein Wanderweg führt durch den gesamten Park bis auf eine Hügelspitze mit großartiger Aussicht.

Am südöstlichen Ende des Botanischen Gartens finden Sie in Hafennähe die *Burnett Street*, die Haupteinkaufsstraße der Stadt. Hier liegt auch der *James Park* mit dem **Inselparlament**, das 1925 gebaute *House of Assembly*.

Zur größten Sehenswürdigkeit Scarboroughs, der hoch über dem Ort thronenden Befestigungsanlage, ist es von hier aus nicht weit, trotzdem sollte man sich in der Mittagshitze für die kurze Strecke doch besser ein Taxi holen.

Selbstfahrern ist der Weg vom Stadtzentrum aus gut beschildert: zunächst über die *Main Street*, dann schräg nach rechts über die *Fort Street*. Dabei passiert man die 1824 gebaute **Methodistenkirche** und sofort dahinter ein herrliches Holzhaus im kreolischen Stil.

Schließlich erreicht man, hinter dem bereits 1819 gegründeten Scarborough Hospital, den Parkplatz im **Fort King George**. Diese 1779 errichtete Festung spielte im Verlauf der vielen Kämpfe zwischen Briten und Franzosen

Kanonen des Fort King George

eine wichtige Rolle. Das gut gepflegte Gelände mit seinen alten Kanonen auf zwei Terrassen bietet zu jeder Zeit einen herrlichen Blick auf die Hauptstadt und ihre Umgebung; insbesondere die Sonnenuntergänge sind spektakulär.

Landmarken sind der kleine Leuchtturm, eine überkuppelte Zisterne, Pulvermagazine, Kasernen und Offiziershäuser, in denen heute kulturelle Institutionen untergebracht sind, so z.B. die *Melbourne Gun Arts Gallery*, das *Museum of Tobago History* und das *Centre of Fine Art*.

Junge Fischer mit ihrem Fang

Von Scarborough führen viele Straßen zum äußersten Südwesten oder zur Nordküste. Der wichtigste Verkehrsweg ist der *Claude Noel Highway* zum Crown Point Airport. Auf diesen einzigen Highway der Insel (benannt nach einem Boxer) ist man so stolz, dass man sogar ein *Highway-Monument* errichtete.

Wer noch etwas Zeit übrig hat, sollte jedoch die küstennahe Milford Street bevorzugen, die an den schönen Stränden der Rockly Bay und Little Rockly Bay vorbeiführt.

Wo sich in der Vergangenheit erbitterte Seegefechte um die Vorherrschaft der Insel abgespielt haben, vergnügen sich heute Tobagonians und Touristen mit Sonnenbaden und Wassersport.

An der **Lambeau Bay** vorbei, an der häufig Treibholz zu sehen ist, geht es zum **Columbus Point** in der Nähe der Pferderennbahn. An jener Stelle soll Kolumbus die Insel auf seinem Weg von Trinidad nach Grenada gesichtet haben. Schließlich gelangt man zum Crown Point und damit zum Ausgangspunkt der Rundfahrt.

Robinson Crusoe's Insel? Auf eine letzte Attraktion, die sich südlich der Landebahn befindet, sei noch hingewiesen: In der **Robinson Crusoe's Cave** hat angeblich Robinson Crusoe 1719 seinen unfreiwilligen ‚Urlaub' auf Tobago verbracht.

Zwar haben die Tobagonians insofern Recht, als Daniel Defoe die Insel zum Schauplatz seines Romans machte (allerdings nichts von dieser Höhle sagte). Da sich der Schriftsteller aber an der wahren Geschichte des schottischen Matrosen Selkirk orientierte, scheidet Tobago als tatsächliche ‚Robinson-Insel' aus: dieser wurde nämlich auf das Eiland Juan Fernández im Pazifik (heute Chile) verschlagen!

Literaturverzeichnis

Die nachstehende Auswahl umfasst selbstverständlich nur einen kleinen Teil der erhältlichen Literatur. Allzu detaillierte Bücher wurden ebenso wenig berücksichtigt wie wissenschaftliche Abhandlungen. Vgl. auch die Buchtipps auf Seite 80.

Reiseführer

ADAC-Reiseführer Karibik, ADAC-Verlag 2000. Gut bebilderter und recherchierter Reiseführer aller karibischer Inseln mit angemessenem Teil über die Kleinen Antillen, 20 Stadtplänen und 2 Übersichtskarten.

Baedeker Allianz Reiseführer Karibik, Ostfildern 1996. Präzises und gut illustriertes Handbuch (mit 808 Seiten allerdings etwas schwer geraten), das in alphabetischer Reihenfolge den gesamten karibischen Raum (Antillen, Bahamas) vorstellt, außerdem noch die Bermudas und die festländischen Angelpunkte Miami, Caracas und Cartagena. Daneben viele Hintergrundinformationen landeskundlicher und kulturgeschichtlicher Art sowie Hinweise für eine Karibik-Kreuzfahrt und eine separate Reisekarte.

Beese, Gerhard, Karibische Inseln, Westindien von Kuba bis Aruba, Köln, 4. Auflage 1992. Gut bebilderter DuMont-Kultur-Reiseführer, der sich auf 432 Seiten mit Natur und Umwelt, dem karibischen Kulturraum und den geschichtlichen Hintergründen auseinander setzt sowie die einzelnen Inselstaaten vorstellt. Inzwischen leider nur noch antiquarisch erhältlich.

Fodor's, Caribbean – A Complete Guide. 2002. Sorgfältig recherchiertes und recht preiswertes (US$ 21) Handbuch über alle Inseln der Kleinen Antillen plus Cayman, Dominikanische Republik und Jamaika. Auf 814 Seiten viele praktische Infos für preisbewusste Traveller, keine Illustrationen.

Geo Special, Karibik, Gruner & Jahr, Hamburg 2000. Reich bebildertes Magazin mit qualitätvollen Beiträgen zu kulturellen, historischen und touristischen Themen der Großen und Kleinen Antillen, bei denen auf 182 Seiten nicht nur die Licht-, sondern auch die Schattenseiten der karibischen Inselwelt dargestellt werden.

Heck, Gerhard, Trinidad und Tobago, DuMont-Reiseverlag, Köln 2000. Ein Reise-Taschenbuch, das auf 226 Seiten alles Wissenswerte zum Zwei-Insel-Staat enthält, ausführliche Karten, Pläne, praktische Reisehinweise, mit schönen Bildern.

Heck, Gerhard, Aruba, Bonaire, Curaçao, DuMont-Reiseverlag, Köln 2001. Ein Reise-Taschenbuch des selben Autors zum niederländischen Archipel im Süden der Karibik, genauso empfehlenswert, 240 Seiten.

HB-Bildatlas Special, Kleine Antillen, HB-Verlag 2001. 114 Seiten starker Band mit Basisinformationen, dessen Stärken auf dem fotografischen Sektor mit vielen animierenden Bildern liegen.

Honychurch, Lennox, Dominica – Isle of Adventure, London 4. Auflage 1998. Bestes Handbuch zum Reiseziel Dominica aus der Feder des führenden Archäologen und Landeskenners; Hintergrundartikel, praktische Tipps, Anleitungen zur Inselerkundung, 140 Seiten mit Karten und sehr schönen Farbbildern.

Marco Polo, Karibik – Kleine Antillen, Mairs Geographischer Verlag, Ostfildern 2001. Komprimierte Informationen und Inselkurzbeschreibungen (ohne Trinidad und Tobago) samt Reiseatlas auf 144 Seiten, geeignet für eine erste Orientierung.

Miller, Nikolaus und **Alo**, Guadeloupe – Martinique, DuMont-Reiseverlag, Köln 2001. Der 240 Seiten starke Band aus der Reihe Reise-Taschenbuch bietet Artikel zur Landeskunde der größten französischen Antilleninseln, ihrer Geschichte und Kultur, praktische Reiseinformationen sowie aussagekräftige Illustrationen und Karten.

Polyglott Apa Guide, Karibik – Kleine Antillen, Langenscheidt-Verlag, München 1999. Aus dem Englischen übersetzter, 384 Seiten starker Reiseführer mehrerer Autoren, der jedes relevante Eiland von den Virgin Islands bis zu den ABC-Inseln vorstellt. Üppig mit animierenden Buntbildern ausgestattet, dafür aber wenige praktische Infos.

Raisch, Isolde, Kleine Antillen: Barbados, St. Lucia, Grenada. Goldstadt-Verlag, Pforzheim 1996. 262 Seiten starker Reiseführer mit interessanter Inselauswahl, gutes Verhältnis von länderkundlichen und reisepraktischen Informationen.

Seeliger-Mander, Evelin, Trinidad und Tobago Urlaubshandbuch, Reise-Know-How-Verlag, Bielefeld 2000. Akribisch genauer und übersichtlicher Reiseführer, der auf 336 Seiten alle relevanten Informationen für den preisbewussten Besucher der T&T-Inseln zusammenträgt.

Seeliger-Mander, Evelin, Barbados. Reise-Know-How-Verlag, Bielefeld 2000. Erweiterung des genannten Buches nach Osten, wo auf 264 Seiten die populäre Reisedestination Barbados vorgestellt wird.

Seeliger-Mander, Evelin, St. Lucia, St. Vincent, Grenada. Reise-Know-How-Verlag, Bielefeld 2003. Jüngstes Buch der selben Autorin, die sich in ähnlich genauer Weise drei nördlicheren Antillen-Inseln nähert.

van der Helm, Rien, Aruba – Reise-Handbuch zur Karibik-Insel. Unterwegsverlag 2001. Sorgfältig recherchierter und gut illustrierter Reiseführer eines langjährigen, intimen Kenners der ABC-Inseln, viele Karten und Pläne, aus dem Niederländischen übersetzt, 181 Seiten.

Wöbcke, Birgit und **Manfred**, Kleine Antillen, DuMont-Reiseverlag, Köln 2000. Gelungener, knapp 400 Seiten starker Überblick in der gewohnt guten Aufmachung der ‚Richtig Reisen'-Serie.

Historisches

Grün, Robert (Hrsg.), Bordbuch von 1492 –Christoph Columbus, Thienemann-Verlag 2000. Interessante und kurzweilige Beschreibung der ‚Entdeckung' Amerikas, allerdings ohne Vorwort oder Quellenangaben.

Matthias Gillner, Bartolomé de las Casas und die Eroberung des indianischen Kontinents, Kohlhammer Verlag, Stuttgart 1997. Interessantes, 298 Seiten starkes historisches Werk über den offiziellen Chronisten der spanischen Krone, der im 16. Jahrhundert zum Ende der Indianersklaverei beitrug. Wer diesen im Originalton lesen möchte, sollte sich in Bibliotheken oder antiquarisch dessen „Kurzgefaßter Bericht von der Verwüstung der westindischen Länder" besorgen, der als Nachdruck von H.M. Enzensberger im Insel-Verlag herausgegeben wurde (Frankfurt/M. 1981).

Labat, Jean-Baptiste, Sklavenbericht – Abenteuerliche Reise in der Karibik 1690-1705, Stuttgart 1984. Schonungslose Beschreibung der Behandlung der Ureinwohner bei der Kolonisierung der Karibik aus der Feder eines Zeitzeugen.

Landeskunde

Amsler, Kurt, Karibik – Tauchführer, Jahr Top Special 1996. Der Autor beschreibt in Wort und Bild (zahlreiche Farbfotos und dreidimensionale Zeichnungen) die 28 besten Tauchplätze der Karibik und die 116 häufigsten Fische der Region.

Bartholomes, Bernhard, Segeln in der Karibik, Delius Klasing Verlag. Der Autor, der während mehrmonatiger Segeltörns fast die gesamte karibische Inselwelt erkundet hat, stellt in mehreren, stets über 200 Seiten starken Bänden anhand von detaillierten Karten, Luftfotos, nautischen Daten und Hintergrundartikeln die einzelnen Segelreviere der Kleinen Antillen vor, besonders natürlich deren Marinas, Ankerplätze und Badebuchten. Bisher erschienen sind Bd. 1: Martinique-Grenada (2002); Bd. 2: Anguilla-Dominica (1999) und Bd. 3: Virgin Islands (2000).

Blancke, Rolf, Farbatlas Pflanzen der Karibik und Mittelamerikas, Ulmer Verlag 1999. Unverzichtbares Werk für Botanisch Interessierte, das die wichtigsten und auffälligsten Pflanzen (Palmen, Farne, Bäume, Sträucher, Stauden, Gräser, Kakteen, Epiphyten etc.) in Wort und Bild darstellt, Hintergrundinfos über Vegetation und Vegetationszonen liefert sowie die schönsten Botanischen Gärten der Region vorstellt.

Lachmann, Petra/Grembleswski-Strate, Otto, Fische der Karibik. Bestimmungsbuch für Taucher und Schnorchler, BLV Verlagsgesellschaft 1995. Dieses zwar 223 Seiten dicke, trotzdem aber leichte und handliche Buch ist ein ‚Muss' für alle, die die Unterwasserwelt der Karibik auf Tauch- oder Schnorchelgängen erleben möchten. Denn hier werden nicht nur fast alle Fische des Lebensraumes Karibik und deren Systematik vorgestellt, sondern auch Infos etwa zur Ökologie der Riffe oder zur Biologie geliefert. Weiter gibt es wertvolle Fotografier- bzw. Film-Tipps.

Und die Nennung auch der lateinischen und englischen Namen erleichtert die Kommunikation mit anderen Tauchern.

Meier, Chris, Karibik – Kulinarische Reiseskizzen. Hädecke-Verlag 1996. Das Buch macht auf 141 Seiten in Wort und Bild Appetit auf die Köstlichkeiten der Region, bietet Rezepte und Informationen zu Stichworten wie z.B. Feste, Zigarren, Rum und Gewürze. Weitere empfehlenswerte Bücher zum Thema sind:
Sookia, Devinia, Karibische Küche, Über 90 Rezepte von den Inseln der Karibik, Könemann-Verlag, Köln 1998 (144 Seiten).
Essen & trinken, Karibische Versuchung, Naumann & Göbel 2001 (nettes Büchlein von 96 Seiten, dessen Vorzüge im günstigen Preis sowie einer gelungenen Auswahl nicht zu komplizierter und leicht nachzukochender Gerichte liegen).
Zahl, Peter-Paul, Geheimnisse der karibischen Küche von Jamaica bis Curaçao, Geschichte, Gegenwart, Genuß, Rotbuch-Verlag 1998 (dieses ‚Kochbuch' ist insofern interessant, als es von einem bekannten und kritischen Schriftsteller und Journalisten stammt, der seit 1985 auf Jamaica wohnt).

Belletristik

Kincaid, Jamaica, Nur eine kleine Insel, Fischer-Taschenbuch, München 2001. Kleine, aufschlussreiche Geschichte, die auf 77 Seiten einen Blick hinter Antiguas Kulisse der palmengesäumten Strände wirft und dabei soziale Schieflagen, Vetternwirtschaft und Korruption ans Tageslicht bringt.

Michener, James A., Karibik. Econ-Verlag 1990. Schwergewichtiges Werk (1050 Seiten) des amerikanischen Romanciers, dessen Markenzeichen ein auf guter Recherche und historischen Grundlagen beruhendes, mehrere Generationen umfassendes Geschichts- und Sittenbild ist. In diesem Roman wird eine farbige Universitätsdozentin auf einer Kreuzfahrt durch die Karibik mit deren Geschichte, Kultur und Religion konfrontiert. Nicht so spannend wie z.B. Micheners Werke ‚Hawaii', ‚Alaska' oder ‚Texas', aber trotzdem eine gleichzeitig kurzweilige und langanhaltende Reiseliteratur.

Naipaul, Vidiadhar Surajprasad, Dunkle Gegenden. Sechs große Reportagen. Eichborn-Verlag Frankfurt/M. 1995. Weitere Werke des Literatur-Nobelpreisträgers von 2001 sind in den letzten Jahren in einer Vielzahl neuer Übersetzungen auf dem deutschsprachigen Markt erschienen, u.a. „Wahlkampf auf karibisch. Oder: Eine Hand wäscht die andere" und „An der Biegung des großen Flusses" (Ullstein-Taschenbuchverlag 2001 bzw. 2002).

Walcott, Derek, Omeros, Carl Hanser Verlag, München 1995. Auch vom zweiten karibischen Literatur-Nobelpreisträger existieren in deutscher Sprache mehrere Bände mit Gedichten und Erzählungen, u.a. „Das Königreich des Sternapfels – Gedichte" (Fischer-TB-Verlag, Frankfurt 1993) und „Mittsommer/Midsummer" (Carl Hanser Verlag, München 2001).

STICHWORTVERZEICHNIS

A

Adams, Grantley 400,401
Adams, Tom 401
Affen 66,415
Affenbrotbaum 60,61,409
Airpässe 119-121
Aloë Vera 63
Amphibien 66,67
Amsterdam 34,82
Anegada 255,256
Anguilla 41,**269-270**,340
- The Valley 270
Anreise 110-111
Antigua 11,23,28,33,**279-292**, 340
- Bird Island 285
- Court House 283
- Devil's Bridge 287,288
- English Harbour.33,81,**289-291**,340
- Fig Tree Drive 289
- Fort Barrington 284
- Fort James 284
- Hotels 141-144
- Jumby Bay 286
- Parham 286,287
- Reisetipps 139-150
- Shirley Heights 291,292
- St.John's 81,280-284
- Yachthäfen 150
Arawaken 17,18,19,56,253,328,342,452
Architektur 36,37,80-82
Aruba 34,39,49,445,**447**
- Oranjestad 82,447
Auskunft 111,112
Ausreise 112
Auto-Fahren 135
Azteken 23

B

Bäume ....60·61
Bahamas 38,49,57,124
Bananen ....46,63·64
Barbados 14,21,26,28,39,41,54
....56,74,**398-423**

- Andromeda-Gärten 417
- Animal Flower Cave 413
- Barbados Museum 404
- Barbados Wildlife Reserve 414
- Barclays Park 416
- Bathsheba 416
- Bridgetown 403-410
- Chalky Mount 416,421
- Cherry Tree Hill 416
- Christ Church 401
- Codrington College 418
- Crane 418-419
- Deep Sea Harbour 406,410
- Dover Beach 402
- Drax Hall 423
- Farley Hill House 414
- Folkestone 411
- Francia 421
- Garrison Savannah 403,404
- Government House 409
- Gun Hill 421,422
- Hackleton's Cliff 416,422
- Harrison's Cave 420
- Holetown 410,411
- Hotels 155-158
- Houses of Parliament 81,407
- Independence Square 406
- Maxwell Beach 401
- Morgan Lewis Mill 416
- Mount Gay Distillery 410,413
- Mount Hillaby 421
- Needham's Point 403
- North Point 413
- Oistins 401
- Oughterson Plantation 423
- Pelican Village 409
- Ragged Point 418
- Reisetipps 151-166
- Rockley Beach 403
- Sam Lord's Castle 418,419
- Sandy Lane Bay 410
- Sharon 420
- Speightstown 412
- St. George Church 422
- St. James' Church 411
- St. Lawrence Beach 402
- St. Mary's Church 407

- St. Michael's Cathedral 408
- St. Nicholas Abbey 415
- St. Patrick's Cathedral 406
- Sunbury 423
- Synagoge 408
- The Careenage 406
- Trafalgar Square 407
- Villa Nova 422
- Welchman Hall Gully 420
- Yachthäfen 166
- Zentralbank 408

Barbuda 11,**292-294**,340
- Codrington 293,294
- Hotels 144
- Reisetipps 139-150
- Yachthäfen 150

Baum des Reisenden 60
Behinderte 112
Belafonte, Harry 84,86,414
Bermudas 49,398
Bermudez, Juan 21
Bevölkerung 71-74
Bier 90,91
Bishop, Maurice 16,40,425-426,432
Bodenschätze 47
Bonaire 34,82,445,**446**,447
Botschaften 113-114
Brendan 20
British Virgin Islands siehe unter
„Jungferninseln, britische"
Brotfrucht 61
Buc de Rivery, Aimée du 343,344
Bukaniere 29,30,32

C

Cabral, Pedro Alvarez 20,21
Calypso 84,85,86
Campbell, Owen 78
Campo, Pedro a 21
CARICOM 41
CARIFTA 41
Carriacou 442-443
- Hillsborough 443
- Reisetipps 182-183
Casas, Bartolomé de Las 24,25
Cayman·Graben 53
Césaire, Aimé 39,78

Chinesen 29,72
Ciboney 17,18
Clerc, Edgar 323
Colbert 35
Colón, Bartolomé 21
Commonwealth 34,363,398,450
Cortéz, Hernando 21
Cousteau, Jacques-Yves 331
Créole ....76·77,85,314
Crusoe, Robinson 482
Cunard, Samuel 125
Curaçao 34,39,42,82,445,**446**,448
- Willemstad 42,82,448

D

Dänen ...23,36,37,38,39,82,253,254,255
d'Aubigne, Francine 343
de Champigny, Marquis 391
Defoe, Daniel 482
d'Esnambuc, Pierre Belain 343,345,349
Deutsche 23
Diplomatische Vertretungen 113-114
Dominica 11,23,41,48,**362-379**
- Anse Bateaux 371
- Berekua 371
- Boiling Lake 362,369,370
- Cabrits-Nationalpark 375
- Callibishie 376
- Carib Territory 377
- Castle Comfort 371
- Emerald Pool 378
- Fort Shirley 81,375
- Freshwater Lake 370
- Hotels 168-169
- Indian River 374
- Layou 373
- Marigot 377
- Morne Diablotin 54,362,373
- Morne Trois Pitons NP 369,377
- Pont Cassé 379
- Portsmouth 374
- Reisetipps 166-173
- Rosalie 378,379
- Roseau 365-367
- Soufrière 372
- Sulphur Springs 368
- Trafalgar Falls 368

Stichwortverzeichnis

- Valley of Desolation 370
- Yachthäfen 173
- Dominikanische Republik 49
- *Drake, Sir Francis* 29,31,33
- Dreieckshandel 20,27,29

E

- Einreise 114
- *Eisenhower* 254
- Elizabeth I., Königin 31
- Elizabeth II., Königin 34,300,381,422,434
- Energiegewinnung 47
- Engländer 23,33,34,80,81,340
- Erdöl 39,42,44,47,451,470
- Essen 88-90,114-115,242,245

F

- Feiertage 116
- Felsbilder siehe ‚*Petroglyphe*‘
- Filibuster 29,30
- Flamingo 68,447
- Fliegende Fische 70,402
- Florida 21,33,49,57
- Flüge 110-111
- Fluggesellschaften 110-111
- Fotografieren 116,133
- Frachtschiffe 111
- Franzosen 23,35,36,81,314,315,425
- Französische Revolution 72
- Freibeuter 29,30,31,32
- Frösche 67

G

- *Gauguin, Paul* 83,349,350
- Geld 135-136
- Geologie 49-52
- Gesundheit 117-118,119
- Golf von Paria 53,452
- Golfstrom 53
- Grenada 11,19,28,38,**424-442**
- Concord 435
- Fort Frederick 434,435
- Fort George 431,432
- Governor General's Residence ...434
- Grand Anse 428,429
- Grand Étang Forest 441
- Grenville 439
- Gouyave 436
- Hotels 176-177
- Lake Antoine 438
- Lance aux Épines 428
- La Sagesse 439,440
- Levera National Park 437
- Morne Rouge Bay 428
- Mount Qua Qua 441
- Nationalmuseum 431
- Pearls 438,439
- Reisetipps 174-183
- Richmond Hill 434
- Roman Catholic Cathedral 433
- Sauteurs 436,437
- St. George's 429-434
- The Carenage 430,431
- Westerhall 439
- Yachthäfen 182
- Grenada-Taube 68,428
- Grenadinen 382
- **Guadeloupe** 12,23,35,42,52,**309-335**
- Abymes 317
- Anse Bertrand 321
- Baie-Mahault 332
- Bananier 328
- Basse-Terre 310,326-335
- Capesterre-Belle-Eau 327
- Carbet-Wasserfälle 327-328
- Cascade aux Ecrevisses 333
- Clugny 332
- Col des Mamelles 333
- Deshaies 331
- Fort Fleur de l'Epée 316
- Fort St-Charles 329
- Gosier 317,325
- Goyave 327
- Grande Anse 331,332
- Grande Terre 309,317-326
- Grands Fonds 326
- Hotels 186-187
- Justizpalast 313
- Kathedrale 313
- Lamentin 332
- Madeleine 330
- Mahaut 331
- Maison de la Forêt 333
- Maison du Volcan 334

- Marché Saint-Antoine 315,316
- Matouba 334
- Montebello 327
- Morne-à-l'Eau 320
- Moule 323,324
- Musée Schoelcher 315
- Museum Edgar Clerc 323
- Petit-Bourg 327
- Place de la Victoire 311
- Place Gourbeyre 313
- Plage Malendure 331
- Pointe de la Grande Vigie 322
- Pointe des Châteaux 325
- Pointe Macou 317
- Pointe-à-Pitre 310-317
- Pointe-Noire 331
- Port-Louis 321
- Porte d'Enfer 322,324
- Ravine Chaude 332
- Reisetipps 184-200
- Réserve Cousteau 331
- Rivière des Pères 330
- Route de la Traversée 332,333
- Saint-François 324,325
- Sainte-Anne 325
- Sainte-Marie 327
- Sainte-Rose 332
- Soufrière 51,54,310
- Stadtmuseum 316
- Trois-Rivières ....·328
- Vieux-Bourg 317
- Vieux-Fort 329
- Vieux-Habitants 330
- Yachthäfen 194
- Zévalos-Haus 324
- Zoo 333

Guayana 18,21,42
Gustav III. Adolf, König 272,338

H

Haile Selassie, Kaiser 75
Haïti 19,28,33,35,38,49,76
Hawkins, John 33
Heinrich II., König 32
Heiraten 119
Heyerdahl, Thor 19
Heyn, Piet 32

Hindus 75
Holländer 23,34,82,476
Hochseeangeln 70
Hurricans 47,55,56-57,299,363

I

Igneri 18
Iles des Saintes 34,**335-336**
- Reisetipps 194-195
Impfungen 119
Inder 72
Industrie 47
Insekten 68-69
Inselhüpfen 119-121
Internetcafés 121
Iren 37,273,300,340

J

Jamaika 33,49
Joséphine, Kaiserin, s. *Tascher*
Juden 37,71,74,408,476
Juliane, Königin 42
Julius I., Papst 24
Jungferninseln,
amerikanische 43,82,**253-250**
Jungferninseln,
britische 34,72,**253-250**

K

Kakteen 62
Kannibalismus 19
Kariben 18,19,24,71,73,253,363
................................377,381,425,452,462
Karibenstrom 53
Karibische Platte 51
Karneval 87-88
Kartenmaterial 122
Kelten 20
Kinder 122
Kleidung 123,133
Klima 54-56,58
Kolumbus, Bartholoméo 271,338
Kolumbus, Christoph 17,19,20,21
22-23,24,253,297,342,363,381,425,452
Korallen 59,69-70
Kordilleren 52
Korsaren 29,30

Stichwortverzeichnis

Krankheit 117-118
Kreolen 71,77
Kreuzfahrten 123-126
Kriminalität 126,127
Kuba 21,22,26,38,40,49,71
Kunst 83
Kurländer 37,472,476

L
La Désirade 23,35,**336-337**
- Reisetipps 196

Lamming, George 78
Landwirtschaft 45-46
Le Clerc, Francis 32
Leguan 67
Les Saintes s. ‚Iles des Saintes'
Limbo 87
Literatur 78-80,482-485
Lord, Samuel Hall 31,419
Ludwig XIII., König 343
Ludwig XIV., König 35,352,394,395
Ludwig XV., König 28
Ludwig XVI., König 271,338

M
Malteser·Ritterorden 37
Mangroven 62,69,321
Manzanillo-Baum 61,118
Marie-Galante 23,35,**336**
- Reisetipps 195-196

Marley, Bob 73
Martinique 12,35,39,42,**342-361**
- Ajoupa-Bouillon 354
- Anse Mitan 344,358
- Anse Noir 358
- Aquarium 347
- Archäologisches Museum 345
- Balata 347,353
- Basse-Pointe 355
- Bellafontaine 348
- Californie 357
- Caravelle 356
- Casse·Pilote 348
- Châteaux Dubuc 356
- Cul-de-Sac du Marin 360
- Deux·Choux 353
- Domaine de la Pagerie 357,358
- Fort Louis 344,345
- Fort-de-France 40,344-348
- Grand Marché 346
- Grand-Rivière 355
- Grande Anse 358
- Grande Anse des Salines 361
- Hotels 203-205
- Kathedrale 346
- La Trinité 356
- Lamentin 357
- Le Carbet 348,349
- Le Coin 348
- Le Diamant 359
- Le François 361
- Le Marin 360,361
- Le Prêcheur 352
- Le Robert 361
- Le Vauclin 361
- Lorrain 355
- Macouba 355,361
- Marigot 356
- Montagne Pelée 51,342,350,353
- Morne Rouge 353
- Morne-Vert 348
- Paul-Gauguin-Museum 349
- Petite Anse 359
- Petite Savane 354
- Pitons de Carbet 353
- Place de la Savane 344
- Plantation Leyritz 355
- Rathaus 346
- Reisetipps 200-212
- Rivière-Pilote 360
- Rivière-Salée 357,360
- Rocher du Diamant 359
- Sainte-Anne 361
- Sainte-Marie 356
- Savane des Pétrifications 361
- Schœlcher (Gemeinde) 348
- Schœlcher-Bibliothek 346
- St-Pierre 349-352
- Ste-Luce 360
- Tartane 356
- Trois-Ilets 357
- Trois-Rivières 360
- Yachthäfen 212

Mietwagen 127

Monroe, James 38
Montserrat ..13,34,41,51,297-308,340
- Plymouth 51,300,304
- Reisetipps 212-219
- Volcano Visitor's Center 308

Morgan, Henry 31
Moslems 75
Mungo 66
Musik 83-88,453

N

Nachtleben 127
Naipaul, Vidiadhar Surajprasad
.........16,79,80,459
Napoléon I. Bonaparte 358,391
Nelson, Horatio 34,290,291,297
Nevis 41,295,**296-297**,340
- Nevis Peak 297

Niederlande 34,42,77
Nisbet, Frances 291,297
Normandie 271,338
Notfall 134
Nutzpflanzen 62,63

P

Palmen 60
Papageien 68
Papiemento 42,77
Passat 54,55
Patois 76,452
Perse, Saint-John 78,316
Petit Martinique **443-444**
Petroglyphen 83,270,328,431,437
Pfeilwurz 381
Pflanzenwelt ....59·64
Philipp II., König 33
Phönizier 20
Pissarro, Camille 83
Pizarro, Francisco 23
Plattentektonik 50,52
Ponce de León, Juan 21
Portugiesen 26,71,398
Post 127
Prachtfregattvögel 294
Puerto Rico 33,38,43,49,71
Puerto-Rico-Graben 53

R

Raleigh, Sir Walter 33,452
Rasta-Bewegung 75
Reggae 75,84
Reisezeit 54,56,57-58,128
Religionen 74-75,450
Rhys, Jean 78,79,371
Richelieu 35
Robert, Georges 40
Rockefeller, John D. 271
Rockefeller, Lawrence S. 254
Rodney, George 35,291,390
Rogers, Woodes 31,32
Rum 64,91-92,115

S

Saba 14,34,42,258,**272-277**
- Mount Scenery 272,276
- Reisetipps 220-223
- Saba Marine Park 277
- The Bottom 276
- Windwardside 275

Santo Domingo 21,33
Scharlach-Ibis 68,451,471
Schildkröte 70,476
Schlangen 67
Schœlcher, Victor 315,343,346
Schotten 37,273
Schouten, Pieter 32
Schweden 37,271,338
Schweine 65
Seewaldmüller, Martin 21
Segeln 128-129
Shango 75
Shirley, Thomas 291
Sklaven 24-29,38,71,299
Soca 84
Soziale Lage 48
Spanier 33,71,257
Sportangebote 130
Sprache 75-78,130
St. Barth siehe unter „St-Barthélémy"
St. Barthélémy 35,37,**271-272**
.........**337-339**
- Corossol 339
- Gustavia 272,338
- Reisetipps 197-200

- Strände 339
St. Martin siehe unter „St.Maarten"
St.Croix 28,34,37,82,253,254,255
St.Eustatius 32,34,51,258
.....................275,277-278
- Oranjestad 277,278
St.John 28,254
St.Kitts 35,41,80,271,**295-297**,340
- Basseterre 295
- Brimstone Hill 80,296,340
St.Lucia 32,51,383-397
- Anse Chastanet 394
- Castries 384,387-388
- Diamond Waterfall 394,395
- Fond St. Jacques 395
- Frigate Island National Park 397
- Gros Piton 383,393
- Hotels 225-227
- Marigot Bay 392
- Marquis Valley 391
- Morne Fortune 388
- Moule-à-Chique 396
- Petit Piton 383,393
- Pigeon Island National Park 390
- Pointe Seraphine 388,389
- Reisetipps 223-231
- Rodney Bay 390
- Savannes Bay 397
- Soufrière 393,394
- Sulphur Springs 395,396
- Union 389
- Vigie Peninsula 388,389
- Yachthäfen 231
St. Maarten/St. Martin 13,32
........34,35,42,**256-268**,275
- Boundary Monument 261,267
- Hotels 233-235
- Maho Bay 259
- Marigot 256,266-267
- Mont des Accords 258
- Mullet Bay 260
- Oyster Pond 264,265
- Philipsburg 256,261,262-264
- Reisetipps 231-238
- Simson Bay 259,260
- Yachthäfen 238
St.Thomas 36,37,253,254

St.Vincent 19,28,51,**380-381**
- Soufrière 51,380
Steelbands 86-87
Strom 130
Stuyvesant, Peter 257

T

Taino 18
Tascher de la Pagerie, Joséphine Rose
.....................343,345,346,357-358,391
Taxen 134
Telefonieren 130,131
Tierwelt 59,65-70
Tobago 12,28,32,81,**472-482**
- Argylle-Wasserfall 478
- Bloody Bay 477
- Buccoo Reef 473,474,475
- Castara Bay 477
- Charlotteville 479
- Crown Point 473
- Fort King George 481,482
- Hillsborough Bay 480
- Hotels 242-243
- King's Bay 478
- Little Tobago 478,479
- Pigeon Point 249,474
- Plymouth 475,476,477
- Reisetipps 238-252
- Scarborough 81,481,482
- Speyside 478
- Tauchen 249,475
Tortola 34,255
Tourismus 44,47,48
Trinibagianesisch 78
Trinidad 12,18,29,33,36,39,40,47
........49,52,53,72,86,**449-471**
- Arima 462,463
- Asa Wright Centre 462,463
- Blanchisseuse 461,462
- Caroni Swamp 470,471
- Chaguaramas 459
- Cocos Bay 466
- El Dorado 464
- Fort George 459
- Gaspar Grande 460
- Holy Trinity Church 457
- Hotels 240-241

- La Brea 468,469
- Las Cuevas Bay 461
- Manzanilla 465
- Maracas Bay 461
- Maraval Valley 460,464
- Mount Aripo 450
- Mount St. Benedict 464
- Pitch Lake 467
- Port of Spain 81,455-460
- Queen's Park Savannah 455
- Red House 457
- Reisetipps 238-252
- San Fernando 466,467
- Siparia 468
- St. Joseph 464
- Yachthäfen 252

Trinken 90-92,115
Trinkgeld 131
Trinkwasser 131

U
Überbevölkerung 74
Unabhängigkeit 40,41,42
Unterkünfte 131-132,137-138
Ureinwohner 71
USA 37,38,39,40,56,57,254,363,426
US Virgin Islands siehe
unter „Jungferninseln, amerikanische"

V
Venezuela 49,52,53,449
Verhalten im Alltag 132-133
Verkehrsmittel 134
Verkehrsunfall 134
Versicherung 134,135
Vespucci, Amerigo 21
Virgin Gorda 255,256
Virginia 297
Vögel 67-68
Voodoo 75
Vulkanismus 51,52,299,304-306,362

W
Währung 45,135-136
Walcott, Derek 16,79
Warner, Thomas 297
Waschbär 65

Washington, George 405
Weltkrieg, Zweiter 34,39,40
Wikinger 19,20
Wirtschaft 44-47

Z
Zeit 136
Zeittafel 15-17
Zobel, Joseph 79
Zoll 136
Zouk 84,315
Zucker 26,64,340

IWANOWSKI'S REISEBUCHVERLAG

FÜR INDIVIDUELLE ENTDECKER

REISE-HANDBÜCHER

Europa
Dänemark
Finnland
Irland
Island
Kreta
Kykladen
Nord- und
  Mittelgriechenland 2003
Norwegen
Peloponnes
Rhodos/Dodekanes
Samos/Ostägäis
Schottland
Schweden
Slowenien mit Istrien u. Triest
  2003
Toskana
Zypern

Afrika
Botswana
Kenia/Nordtansania
Mauritius/Réunion
Namibia
Namibia/Naturschutzgebiete
Südafrika
Zambia

Amerika
Chile
Kanada/Osten
Kanada/Westen
Karibik/Kl. Antillen
Mexiko
USA/Florida
USA/Große Seen
USA/Hawaii
USA/Nordosten
USA/Nordwesten
USA/Ostküste
USA/Süden
USA/Südwesten
USA/Westen

Asien
Bali
Sri Lanka/Malediven
Thailand

Pazifik
Australien
Neuseeland
Südsee

SPEZIAL-FÜHRER

Andalusien
Bahamas
Dominikanische Republik
Florida, Vergnügungsparks
Hongkong mit Macao
Kalifornien
Kapstadt & Garden Route
Kuba, Inselführer
Liparische Inseln, Insel- und
  Wanderführer
Madagaskar, Inselführer
Madeira, Inselführer
Mallorca, Wanderführer
Mallorca, Inselführer
Malta, Inselführer
Namibia, Gästefarmführer
New York, Stadtführer
Peking mit Umgebung
Polens Ostseeküste &
  Masuren
Rom
Singapur, Stadtführer
San Francisco, Stadtführer
Teneriffa, Inselführer
Trentino und Gardasee

REISEGAST-SERIE

China   Philippinen
England   Russland
Indonesien   in Vorbereitung
Japan   Thailand
Korea   USA

Salm-Reifferscheidt-Allee 37 • 41540 Dormagen • Tel. 02133/26030 • Fax 02133/260333